## Zu diesem Buch

Diese ersten dreihundert Jahre des Frühmittelalters waren eine Zeit des turbulenten Aufbruchs und Umbruchs, aber auch des Fortwurstelns, eine Zeit, wild und blutbefleckt wie kaum eine, und doch weihrauchgeschwängert, in der das Abendland, Europa, Deutschland entstehen. Es kommt zur Abspaltung von Byzanz, der Ostkirche. Der Krieg mit dem Islam beginnt. In Rom mausern sich die Päpste zu mächtigen Herrschern, die sogar gegen den Kaiser rebellieren.

Papst Gregor I., «der Große», der einzige Papst des Mittelalters und der Neuzeit mit dem Titel eines Kirchenlehrers, ist ein Law-and-order-Typ, ein Mann der doppelten Moral, der immer wieder Buße predigt und den nahe bevorstehenden Weltuntergang, selbst aber die Ausbreitung päpstlicher Macht um jeden Preis betreibt, wozu er Kerker und Folter, Geiselnahme und Plünderungen empfiehlt, doch auch mit Bestechungen, Steuererleichterungen, papalen Renten zu operieren versteht und neben all seinen Attacken auf Schismatiker, Ketzer und Heiden noch Zeit findet, Werke zu schreiben, die von Geistlosigkeit, Aberglauben, Banalität und Absurdität strotzen.

Den Abschluß dieses Bandes bilden die Kapitel über Karl, den sogenannten Großen: seine widerrechtliche Alleinherrschaft, seine opportunistischen Beziehungen zu den Päpsten, seine Zerschlagung des Langobardenreiches auf päpstliches Drängen, seine überaus blutige dreißigjährige «Schwertmission» bei den Sachsen, seine Zerstörung des Awarenreiches.

## Der Autor

Karlheinz Deschner, geb. 1924 in Bamberg, im Krieg Soldat, studierte Jura, Theologie, Philosophie, Literaturwissenschaft und Geschichte. Seit 1958 veröffentlicht Deschner seine entlarvenden und provozierenden Geschichtswerke zur Religions- und Kirchenkritik. Der forschende Schriftsteller lebt in dem durchaus katholisch geprägten Franken-Städtchen Haßfurt am Main. 1988 wurde er mit dem Arno-Schmidt-Preis ausgezeichnet.

Weitere im Rowohlt Taschenbuch Verlag erschienene Bände der «Kriminalgeschichte des Christentums»: Band 1 «Die Frühzeit» (rosach 9969), Band 2 «Die Spätantike» (rosach 60142), Band 3 «Die Alte Kirche» (rosach 60244).

KARLHEINZ DESCHNER

# Kriminalgeschichte des Christentums

Vierter Band

FRÜHMITTELALTER

Von König Chlodwig I. (um 500)
bis zum Tode Karls «des Großen» (814)

ROWOHLT

Veröffentlicht im Rowohlt Taschenbuch Verlag GmbH,
Reinbek bei Hamburg, August 1997
Unveränderter, fotomechanischer Nachdruck
Copyright © 1994 by Rowohlt Verlag GmbH,
Reinbek bei Hamburg
Alle Rechte vorbehalten
Umschlaggestaltung: Walter Rebhuhn
(Foto: Reiterstatue Kaiser Karls des Großen,
Bronze. Musée Carnavalet, Paris /
Bildarchiv Preußischer Kulturbesitz, Berlin)
Gesamtherstellung Clausen & Bosse, Leck
Printed in Germany
2290-ISBN 3 499 60344 6

# INHALT

*Gewidmet besonders meinen Freunden Alfred Schwarz und Herbert Steffen sowie allen, deren selbstlosen Beistand ich, nach dem steten meiner Eltern, dankbar erfuhr:*

Wilhelm Adler
Prof. Dr. Hans Albert
Lore Albert
Klaus Antes
Else Arnold
Josef Becker
Karl Beerscht
Dr. Wolfgang Beutin
Dr. Otto Bickel
Prof. Dr. Dieter Birnbacher
Dr. Eleonore Kottje-Birnbacher
Kurt Bir
Dr. Otmar Einwag
Dr. Karl Finke
Franz Fischer
Kläre Fischer-Vogel
Henry Gelhausen
Dr. Helmut Häußler
Prof. Dr. Dr. Norbert Hoerster
Prof. Dr. Walter Hofmann
Dr. Stefan Kager und Frau Lena
Hans Kalveram
Karl Kaminski und Frau
Dr. Hedwig Katzenberger
Dr. Klaus Katzenberger
Hilde und Lothar Kayser
Prof. Dr. Christof Kellmann
Prof. Dr. Hartmut Kliemt
Dr. Fritz Köble
Hans Koch
Hans Kreil
Ine und Ernst Kreuder
Eduard Küsters
Robert Mächler
Jürgen Mack

Volker Mack
Dr. Jörg Mager
Prof. Dr. H. M.
Nelly Moia
Fritz Moser
Regine Paulus
Arthur und Gisela Reeg
Hildegunde Rehle
M. Renard
German Rüdel
Dr. K. Rügheimer u. Frau Johanna
Heinz Ruppel und Frau Renate
Martha Sachse
Hedwig und Willy Schaaf
Friedrich Scheibe
Else und Sepp Schmidt
Dr. Werner Schmitz
Norbert Schneider
Alfred Schwarz
Dr. Gustav Seehuber
Dr. Michael Stahl-Baumeister
Herbert Steffen
Prof. Dr. Dr. Wolfgang Stegmüller
Almut und Walter Stumpf
Artur Uecker
Dr. Bernd Umlauf
Helmut Weiland
Klaus Wessely
Richard Wild
Lothar Willius
Dr. Elsbeth Wolffheim
Prof. Dr. Hans Wolffheim
Franz Zitzlsperger
Dr. Ludwig Zollitsch

# ÜBERBLICK

«Schon lange hatte Christus ein Auge geworfen auf die germanischen Völker ... Eine neue Blütezeit zog am Himmel der Kirche herauf.»
Der katholische Theologe Leo Rüger[1]

«Auch das katholische *Mittelalter* ist keine Zeit der ‹Finsternis›, sondern der Fröhlichkeit und Lebensbejahung gewesen ...
Wir greifen aus der Fülle heraus den Blauen Montag, die Schul- und Kinderfeste, das Bischofsspiel, das Gregoriusfest, den Rutengang, das Totschlagen des Winters, die Fastnachttage, das Lehrerfangen, das Salvesingen, den Palmesel, den Pfingstlümmel.» «Wir machen uns keiner Übertreibung schuldig, wenn wir die Auswirkung des Prinzips der Bindung durch die katholische Kirche während des Mittelalters als eines der größten Glücksgeschenke und Wohltaten der Weltgeschichte bezeichnen.»
Der Katholik Hans Rost[2]

«Das Leben der mittelalterlichen Christenheit ist in all seinen Beziehungen durchdrungen, ja völlig gesättigt von religiösen Vorstellungen. Es gibt kein Ding und keine Handlung, die nicht fortwährend in Beziehung zu Christus und dem Glauben gebracht werden. Alles ist auf eine religiöse Auffassung aller Dinge eingestellt, und wir stehen vor einer ungeheuren Entfaltung innigen Glaubens.»
Johan Huizinga[3]

Historische Epocheneinteilungen sind nicht prädestiniert. Sie wurden nicht «höheren» Orts beschlossen, um dann durch die Menschheit erfüllt zu werden. Vielmehr ist die Geschichte des Menschen ein ungeheures Chaos von Geschichten, und nachträglich sucht er dann den krausen Verlauf, all die verwirrend divergierenden Tendenzen irgendwie in Ordnung zu bringen, in überschaubare Schemata. Er sinnt Strukturen und Zäsuren hinein – und schon erscheint das Ganze als Ausdruck sinnvoll gestaltender Kräfte, schon sieht alles aus, als hätte es so sein müssen, nicht anders sein können, als hätte es zum Beispiel das Weströmische Reich nur gegeben, damit Europa es beerben konnte. Eine Anschauung, die unsere Lust am Periodisieren fördert und wohl auch fördern soll. In Wirklichkeit ist all dies zeitliche Abgrenzen und Zuordnen, sind diese scheinbaren Fixpunkte, Eckdaten, Entwicklungslinien nichts als das Resultat gewisser oder besser recht ungewisser Gesichtspunkte, prekärer Orientierungsversuche, sind bloße Konstrukte, auf die man sich geeinigt hat, sei es nun mit «höheren» Sinngehalten oder ohne sie.

Das «frühe Mittelalter», die Zeit etwa vom 6. bis zum 10. Jahrhundert, ist eine Zeit turbulenten Aufbruchs und Umbruchs, aber auch des Fortwurstelns, schöner gesagt der Assimilation, der Kontinuität, eine Zeit des Untergangs und Übergangs, des alten Erbes und des Neubeginns: die Entstehung des Abendlandes, Europas, Deutschlands, die Verbindung von antiken, christlichen, germanischen Traditionen, die Scheidung von Byzanz, der Ostkirche, dem Islam.

Nicht zuletzt aber ist es eine Zeit, in der Politik und Religion untrennbar sind.

Auch die Allianzen der Päpste mit den Staaten wechseln. Doch wie immer sie im Gang der Zeit sich drehn und wenden, stets sucht Rom sich an die je stärkste Macht zu klammern – an Byzanz, die Ostgoten, die Langobarden, Franken – und profitiert durch sie. Umgekehrt sieht das ganz anders aus. Johannes Scherr, der noch immer lesenswerte deutsche Kultur- und Literaturkritiker des 19. Jahrhunderts, schreibt sogar: «So oft der Staat in einem ‹Do-ut-des›-Schacher [eine Politik der gegenseitigen Konzessionen] mit der Kirche sich einläßt, wird er der verlierende Teil sein.»[4]

Wie immer man das eine oder andere gewichten mag, es ist auf alle Fälle eine Zeit, die sich, eher mehr denn weniger, im Blutrausch fortwälzt. So klingt's grotesk, feiert Ferdinand Gregorovius, der doch so Verdienstvolle, «bereits frische Gestaltungen des nationalen Lebens»: «Italien erneuerte sich durch die Langobarden, Gallien durch die Franken, Spanien durch die Westgoten, Britannien durch die Sachsen.» Und nennt zwei Dutzend Seiten früher doch dies Langobardenregiment «eine der schrecklichsten Epochen in der Geschichte Italiens». Erneuerung durch Schrekken also, aber – durch nie abreißende Schrecken, durch eine kontinuierliche Greuelgeschichte, eine immerwährende Historie von Mord und Totschlag, von Krieg, Unterdrückung und Ausbeutung *bis heute*.[5]

## VON ÜBERZEUGTEN UNTERTANEN ZU ÜBERZEUGTEN HERREN

Zunächst erkannten die römischen Bischöfe die Oberherrschaft Ostroms selbstverständlich an, völlig frei und bedingungslos. Das gilt noch von Gregor I., «dem Großen» (gest. 604). Byzanz war eine Weltmacht, die wesentliche Räume Asiens und Europas umfaßte, deren Einfluß von Persien bis an den Atlantik reichte. Und die kirchliche Verwaltung, seit je an die politische Struktur des Gesamtreichs stark angelehnt, orientierte sich daran. Der sogenannte Cäsaropapismus, der mit dem ersten christlichen Kaiser aufkam, betraf die Kirche in Ost und West. Die Monarchen, deren Gewalt als von Gott stammend galt, befahlen zur Völkerwanderungszeit allen Patriarchen und Bischöfen. Und alle hatten zu gehorchen, natürlich auch der Bischof von Rom. Wie jeder Prälat war er dem Kaiser unterstellt. Es gab auch «gar keinen Widerstand oder Protest seitens irgendeines Papstes oder Patriarchen gegen die Einmischung der weltlichen Macht in die kirchlichen Angelegenheiten». Die Kaiser übten diese Einmischung «ohne jeden Unterschied in West und Ost aus, und beide Teile der Kirche schienen am Cäsaropapismus nichts Schlimmes zu finden» (Alivisatos). So erweist sich das alte Apologetengeschwätz von der «byzantinischen Gefangenschaft» der Päpste als blanker «Unsinn». Die Päpste waren «überzeugte Untertanen und keine Sklaven des Römischen Reiches» (Richards).[6]

Dann aber festigte das Fiasko des westlichen Kaisertums 476 das Papsttum. Es erfuhr einen großen Zuwachs an Macht, eine Erweiterung seines Einflußbereiches; wie auch, alles in allem, der Episkopat.

Zunächst zwar erschienen das Ende der römischen Hegemonie, der Zusammenbruch des Senatorenadels, der Abbau der Verwaltung, den klerikalen Kreisen als Katastrophe; hatten sie doch eng mit diesem Staat kollaboriert und ebendadurch stets an Bedeutung gewonnen. Doch sein Zerfall zog keinesfalls den des römischen Katholizismus nach sich. Im Gegenteil: wie dieser fast immer und überall aus Zusammenbrüchen, Katastrophen profitiert, so auch seinerzeit.

In Rom sanken die Tempel nieder, der Kaiserpalast zerfiel, in den Theatern, den riesigen Thermen häufte sich der Schutt, wuchs das Unkraut, der Efeu – und die Priester bedienten sich. Antike Badesessel wurden zu Bischofsstühlen, prachtvolle Wannen, aus Alabaster, aus Porphyr, zu Taufbecken, zu dubiosen Märtyrerbehältern. Man holte marmorne Wandverkleidungen, kostbare Mosaikfußböden, schöne Säulen, Steine aus alten Villen, um die Gotteshäuser zu bereichern. Man machte Tempel zu Kirchen, das Rom der Cäsaren zu einer Pfaffenstadt, in der das Religiöse herrschte (oder was man dafür hielt); in der alle weltlichen Feste zugunsten der kirchlichen verschwanden, zeitweise sogar der Glaube an das bevorstehende Ende der Welt allgemein war und der Ansturm auf die Priesterprivilegien derart, daß Kaiser Maurikios 592 den Übertritt von Soldaten ins Kloster und von Zivilbeamten in den Klerus verbot.

Und wie im kleinen, so im großen. Die weltliche Macht der Päpste, die Basis des künftigen Kirchenstaates, blühte förmlich aus Ruinen, den Trümmern des Weströmischen Reiches hervor, dank der Ohnmacht von Byzanz und einer stets wachsenden kurialen Herrschgier. Schon im 5. Jahrhundert sind die Bischöfe Roms, angebliche Nachfolger Jesu, der kein Reich von dieser Welt, der Jünger ohne Geld im Gürtel wollte, die größten Grundbesitzer im Römischen Reich. Und dessen Debakel beschleunigt nur ihren Aufstieg; wobei sie die verfallende Staatsverfassung komplett übernehmen.[7]

Unter den Merowingern, in frühbyzantinischer Zeit, bekommen die Bischöfe Einfluß auch auf die «weltlichen» Angelegenheiten, den gesamten kommunalen Bereich. Sie kontrollieren staatliche Arbeiten und Beamte, Stadtbefestigungen, die Truppenversorgung, ja, wirken noch bei der Ernennung von Provinzgouverneuren mit.

Alles Unheil verwandeln sie zu ihrem Heil, jedes Fiasko funktionieren sie zu ihrem Vorteil um, das Desaster des Kaiser- wie des Gotenreiches. Und selbst aus dem Unglück der Langobardeninvasion wirken sie ihr Glück. Erst distanzieren sie sich mit Hilfe der Langobardenschwerter von Byzanz, dem durch mancherlei «Barbaren»-Bedrängnisse geschwächten, dann machen sie die Langobarden durch die Franken fertig – immer auf Seiten der Starbanditen: eine Parasitenstrategie, wie sie die Welt noch nicht gesehen.

Ihre Primatansprüche gegenüber ihresgleichen, den andren Patriarchen, besonders gegenüber denen von Byzanz, hatten die Päpste mit vielerlei Raffinessen und Fälschungen seit langem verfochten (II, 2. Kapitel). Und waren sie, zumindest als kirchliche Oberhäupter des Westens und Gouverneure der partes Romanae, im 7. Jahrhundert bereits de facto relativ selbständig, werden sie es de jure, wenn auch durch reinen Rechtsbruch, im 8. Jahrhundert. Zwar datierten sie ihre Briefe noch bis 787 nach den Regierungsjahren der byzantinischen Kaiser. Der byzantinische Gouverneur aber wurde schon unter Gregor II. (715–731), bei der «römischen Revolution», aus Rom, das byzantinische Heer aus Benevent und Spoleto gejagt, natürlich mit dem Beistand langobardischer Truppen. Nachdem freilich die Langobarden den Päpsten zu mächtig geworden, steckten diese sich hinter die Franken und ließen von ihnen die Langobarden vernichten. Von nun an kollaborierten und wuchsen sie mit den fränkischen Kaisern. Und als sie stark genug waren, wollten sie die Herren auch des Kaisertums sein.

Bis 754 ist der römische Papst ein (mehr oder weniger) ergebener Untertan Konstantinopels. Doch bald datiert man in Rom nicht mehr nach Kaiserjahren, unterläßt auch das Prägen von Kaisermünzen, das Aufstellen von Kaiserbildern in den Kirchen, erwähnt den Kaiser auch nicht mehr im Gottesdienst. Dagegen verbündet der Papst sich gegen seinen bisherigen Herrn mit dem deutschen König. Auf diesen überträgt er imperiale Privilegien, auch ganz neue, ja ihm bietet er die Kaiserkrone an – eine Politik, die vor allem dem Papst nützt, ihn fast zum «Vater der Herrscherfamilie» macht.[8]

Karls Kaiserkrönung 800 in Rom durch Leo III. war ein widerrechtlicher Vorgang, eine Provokation des byzantinischen Kaisers, des vordem einzigen legalen Oberhaupts der christlichen Welt, und konnte in Konstantinopel nur als Rebellion verstanden werden. Und tatsächlich führte die Hinwendung der Päpste zu den Franken den definitiven Bruch mit Byzanz herbei.

Auch wenn Kaiser Michael I. 812 Karl «den Großen» als Imperator des Westens und gleichberechtigten Souverän anerkennt, im Grunde galt in Byzanz das westliche Kaisertum stets als usurpiert. Bei der Krönung Lothars 823 übergab diesem der Papst zum Schutz der Kirche das Schwert. Und allmählich brachte Rom die romanisch-germanischen Königreiche unter seinen Einfluß; war es ja schon nach dem Sturz der weströmischen Monarchen neue

Symbiosen mit den neuen Herrschern eingegangen, mit Theoderich, Chlodwig, Pippin, Karl. Doch auch die künftigen germanischen Großreiche Alfreds (871–899), Ottos I. (936–973), Olafs des
Heiligen (1015–1028), der barbarisch die Ausbreitung des Christentums betrieb, konnten nur auf christlicher Basis entstehen, zu
schweigen vom mittelalterlichen deutschen Kaisertum überhaupt.[9]

Dies Heilige Römische Reich war freilich kaum römisch und
schon gar nicht heilig – es sei denn, man sieht (durchaus richtig)
mit Helvétius, Nietzsche und anderen im Heiligen den Inbegriff
des Verbrecherischen. Jedenfalls erreichte das Papsttum, durch
das Beseitigen beziehungsweise Gewinnen von Arianern und Heiden, durch die Erschleichung eines eigenen Staates, die stete
Vergrößerung sowohl seiner Macht wie seines Besitzes.[10]

Zumal im frühen Mittelalter war die Vernetzung von Staat und
Kirche äußerst eng. Das weltliche und kanonische Recht hatten
nicht nur dieselbe Grundlage, sondern rein klerikale Wünsche
und Forderungen fanden auch in weltlichen Gesetzen Ausdruck.
Die Dekrete der «concilia mixta» galten für Staat und Kirche
gleichermaßen.

Auch waren die Bischöfe versippt und verfilzt mit der Aristokratie. Sie waren die Brüder, Vettern, die Söhne des weltlichen
Adels. Sie verbanden die gleichen politischen und wirtschaftlichen Interessen. Folglich wurden sie durch das ganze Mittelalter
auch in den Kampf der Großen hineingezogen, fochten sie mit
den Königen gegen die Fürsten und umgekehrt, mit dem Papst
gegen den Kaiser und mit dem Kaiser gegen den Papst, mit einem
Papst gegen den anderen, immerhin 171 Jahre lang. Sie kämpften
mit den Pfarrgeistlichen gegen die Mönche und auch gegen ihresgleichen, in Feld-, in Straßen-, Kirchenschlachten, mit Dolch,
Gift, auf jede nur mögliche Weise. Hochverrat, Rebellion wurden
für den Klerus, so der katholische Theologe Kober, «zu einer ganz
gewöhnlichen Erscheinung».[11]

Die christliche Großkirche hatte gegenüber Staaten und sogenannten Obrigkeiten praktisch überhaupt kein Prinzip außer
dem: Paktiere immer mit der nützlichsten Macht. Sie ließ sich bei

allen Staatskontakten nur von einem leiten, ihrem Vorteil (in ihrer Sprache – die wichtigste kirchengeschichtliche Erkenntnis überhaupt: «Gott»!). Opportunität blieb stets das oberste Prinzip. Nur wenn man bekam, was man wollte, war man auch bereit, selber zu geben, möglichst wenig, natürlich, auch wenn man viel versprach. «Vernichte Du mit mir die Irrgläubigen», rief der (bald selber als «Ketzer» verdammte) Patriarch Nestorius in seiner Antrittsrede 428 dem Kaiser zu, «so will ich mit Dir die Perser vernichten» (II 157 f.).

Waren sie schwach, bogen sie sich wie Weiden im Wind. Als Patriarch Poppo von Aquileja 1024 Grado in Besitz genommen und dessen Patriarchenstuhl, was der Beginn von Venedigs Einverleibung in das deutsche Reich sein konnte, war Papst Johann XIX. sofort damit einverstanden. Als aber Poppo, im gleichen Jahr noch, fliehen mußte, der rechtmäßige Patriarch zurückgekehrt war, gab Papst Johann auch dazu seinen Segen. Drei Jahre später – Konrad II. weilte zur Kaiserkrönung in Rom – verurteilte Johann, den deutschen Wünschen gemäß, den venezianischen Patriarchen und schlug Grado wieder zu Aquileja. Und nach dem Scheitern der deutschen Ambitionen machte Johanns Nachfolger Benedikt IX. Grado wieder unabhängig.[12]

Wie sehr man, der eigenen Macht wegen, auch katholische Kaiser und Fürsten bekämpfte, stets blieben, trotz aller Spannungen, Konflikte, Gegensätze, von der Spätantike bis tief in die Reformationszeit Staat und Kirche eng liiert. Länger als ein Jahrtausend läßt sich die Geschichte beider nicht trennen. Mehr noch: «Im Mittelpunkt aller Interessen, gleichviel ob geistlicher oder weltlicher Art, stand die Kirche; auf sie bezogen sich Tun und Lassen, auf sie Politik und Gesetzgebung, alle treibenden Kräfte der Welt standen in ihrem Dienst und leiteten davon ihre Gerechtsame ab. Kultur und Geschichte des Mittelalters fallen mit der Kirche zusammen.»[13]

Mit ihrer gewaltigen materiellen Begünstigung aber, ihrer organisatorischen Festigung, der Teilhabe am rechtlichen und staatspolitischen Leben wuchs ihr Einfluß immer mehr. Untersagte die vorkonstantinische Catholica auch Klerikern aufs

strengste die Annahme öffentlicher Ämter, war doch schon der
spätantike Bischof Galliens mit militärischen Optionen, wie dem
Festungsbau, betraut. Und was man im Süden durch die Araber,
die «Ungläubigen», verlor, machte man wett durch die Ausdehnung des Katholizismus nach Norden. Unter den Merowingerkönigen wurde das Christentum die entscheidende ideologische
Macht. Es kam fast zu förmlichen Bischofsdynastien, ja, Chilperich von Soissons sprach das vielzitierte: «Niemand regiert als
nur die Bischöfe, unser Ruhm ist dahin.» Auch unter den arianischen Ostgoten übernahm der Episkopat staatliche Aufgaben. In
England sind die Prälaten im frühen Mittelalter Mitglieder der
Reichstage, Staatsmänner, Feldherren. Mit dem Regenten bestimmen sie das Recht, sie sind seine ersten Berater, sie wählen die
Könige mit, stürzen und erheben sie. Auch in Italien fungierten
Bischöfe und Äbte, neben den Grafen, als Verwaltungsbeamte
und erließen gemeinsam mit den weltlichen Großen die Gesetze.
Ja, von der Mitte des 6. bis gegen Ende des 7. Jahrhunderts wird
hier das öffentliche Leben ganz und gar von der Kirche geprägt
und beherrscht.[14]

Auch später, um weiter über unsern Zeitraum hinauszublikken, überlebte sie ihre Verbündeten, überdauerte sie alle Zusammenbrüche. Ging eine Macht unter, stand sie schon bei der
nächsten. Oder hielt sich doch wenigstens dafür bereit. Zwar war
sie ein Staat nur unter Staaten, hatte aber allen ihre «Metaphysik»
voraus. Und während sie stets Religiöses vorschob, geistliche Visionen, spirituelle Verkündigung, während sie aller Welt «das
Höhere» predigte, erstrebte sie die politische Weltherrschaft.

Schon verhältnismäßig früh freilich hatten Päpste und Bischöfe
versucht, den Staat zu ihrem Büttel zu machen, ihn sich unterzuordnen, sich selber zu erheben. Kirchenlehrer wie Ambrosius
(I 438 ff.) oder Johannes Chrysostomos (II 147 f.) lassen dies bereits deutlich erkennen; am arrogantesten jedoch, nur wenige
Generationen später, Papst Gelasius I. (492–496) in seiner weltgeschichtliche Relevanz gewinnenden «Lehre von den zwei Gewalten». Schon danach muß die königliche Gewalt der geheiligten
Autorität der Bischöfe «fromm den Nacken» beugen (II 329 ff.).

Noch Augustinus aber kennt nirgends die Lehre von einer Subordination des Staates. In einer Zeit, da die Kirche konform war mit diesem, konnte der Heilige, weiß der Himmel wie oft, versichern, daß der christliche Glaube die staatsbürgerliche Treue stärke, daß er gehorsame, willige Untertanen schaffe. Da war es dann auch ganz egal, wer regierte. «Was verschlägt es, unter welcher Herrschaft der Mensch lebt, der doch sterben muß, wenn ihn nur die Machthaber nicht zu Gottlosigkeit und Unrecht nötigen!» Fehlte freilich die «Gerechtigkeit» – und das heißt hier die Kirche, der Bischof –, dann waren für Augustinus Regierungen kaum etwas anderes «als große Räuberbanden».[15]

Im Mittelalter aber wächst die Herrschsucht des Klerus mit dessen Macht ständig. Kein Elend der Massen bewegt ihn auch nur entfernt so wie der eigene Egoismus.

Die fränkischen Synoden etwa des frühen 9. Jahrhunderts kümmern sich viel weniger um die allgemeine Not als um die Unverletzlichkeit des Kirchengutes und die Befreiung der Prälaten von jedem weltlichen Druck. So erklärt die Pariser Synode im Juni 829, als die Massen schon jahrelang entsetzlich leiden: «Und Kaiser Konstantin, so sagten sie, auf dem Bericht des Rufin fußend, habe zu den Bischöfen auf dem Konzil von Nicäa geäußert: ‹Gott hat euch zu Priestern gemacht und euch die Gewalt gegeben, auch über uns zu richten, und deshalb werden wir von euch mit Recht gerichtet, ihr aber könnt nicht von Menschen gerichtet werden, denn ihr, von Gott uns gegeben, seid Gottes, und Menschen dürfen Götter nicht richten.»[16]

Die «Götter» aber begannen nun, die gelasianische Zweigewaltenlehre aufzugreifen und Ernst zu machen mit bisher nur theoretisch Vertretenem. Für Nikolaus I. (858–867), der das Papsttum «auf die stolze Höhe einer Weltstellung» führte, «die alle anderen Gewalten weit hinter sich ließ» (Seppelt), kam ganz selbstverständlich die geistliche Gewalt vor der weltlichen, kam jener eine «direktive Obergewalt» zu; woraus wieder eine Gehorsamspflicht der Fürsten sich ergab, allmählich aber eben nicht nur gegenüber Weisungen auf kirchlichem Gebiet, sondern auch in Grenzkonflikten, bei allen Fragen des christlichen Sittengesetzes

– ein weites Feld. Denn faktisch hieß das, wann immer der Klerus seine Interessen verletzt sah, sollte, mußte sich der Staat beugen (wie ja in manchen Fällen – etwa bei Abtreibung oder sogenannter Störung religiösen Friedens – nicht selten noch heute).[17]

Verfocht das Papsttum aber zunächst die Zweigewaltenlehre, wonach die angeblich von Gott stammende weltliche und geistliche Gewalt, die auctoritas sacrata pontificum und die regalis potestas, einander ergänzten, so vermischte sich dann damit die Lehre von den «zwei Schwertern» (duo gladii), wonach Christus, laut römischer Behauptung, dem Papsttum beide Schwerter übergeben, ergo geistliche und weltliche Macht zuerkannt habe, kurz die Hegemonie. Denn als die römischen Hohenpriester selbst mächtig und Herren eines Staates waren, konnten sie eine starke deutsche Erbmonarchie so wenig brauchen wie etwa die monarchische Einheit Italiens, die sie deshalb bis ins späte 19. Jahrhundert mit allen Mitteln, auch mit Waffengewalt, bekämpften.[18]

Ziel des Papsttums wurde nun (und ist insgeheim, kein Zweifel, noch heute) die politische Weltherrschaft mit religiösen Parolen. Während es die Massen geistlich gängelte, während es – typisch für das ganze christliche Mittelalter – das gesamte Leben auf ein künftiges bezog, auf die Erlangung der ewigen Seligkeit, das Himmelreich, verfolgte es selbst immer rigoroser rein weltliche Interessen, emanzipierte es sich endgültig vom westlichen Kaisertum, rang es in einem hundertjährigen Kampf die Staufer nieder, um selbst Herr über alle und alles zu sein: ein Parasit, der, nachdem er erst andre für sich bluten ließ, nachdem er sich hochgelogen und hochgefälscht, nachdem er immer mehr sogenannte Gerechtsame und Kompetenzen ergaunert, geraubt hat, auch selber die Waffen ergriff, auch weiter mit himmlischen Tiraden für seine irdische Macht sorgte, stets brutal bis zum äußersten.

Theoretisch grundlegend für das Verhältnis zum Staat wurde die paulinische Lehre von der göttlichen Einsetzung der Obrigkeit und der Pflicht zu allgemeiner Unterwerfung. Der hier gepredigte Gehorsam, die absolute Folgsamkeit der Untertanen, kontrastiert zwar kraß mit dem weitverbreiteten Staatshaß der ältesten Christen, blieb aber bestimmend bis heute. Dadurch empfiehlt sich die

Kirche den jeweiligen Machthabern, mit denen sie kollaborieren muß, um selbst mit an der Macht zu bleiben.[19]

Bereits bei Gregor VII. (dem Verfasser des «Dictatus papae»), der 1076 den Kampf mit dem Kaiser beginnt, der Ansprüche auf Korsika und Sardinien erhebt, auf das normannische Reich in Unteritalien, auf Frankreich, Ungarn, Dalmatien, Dänemark, Rußland, finden sich Anklänge an die Theorie, der zufolge dem Papst alle Gewalt gebühre, auch das Verfügungsrecht über die Staaten. Gregor und seine Nachfolger fordern zumindest eine «potestas indirecta in temporalia», die dann Bonifaz' VIII. Bulle «Unam sanctam» (1302) zu einer «potestas directa in temporalia» steigert, worauf noch das Laterankonzil von 1517 besteht und wovon sich erst Leo XIII. 1885 offiziell distanziert.

Nach Gregor VII. und seinen hochmittelalterlichen Nachfolgern geht, im Anschluß an Augustin, die kaiserliche Macht auf den Teufel zurück. Sie ist, wie überhaupt jedes weltliche Fürstentum, «fleischlich», im Besitz von «Sündern». Doch könne die teuflische Macht durch die entsündigende, heilende, rettende Macht des Papsttums, durch Unterordnung unter den Priester-König, in Segen verwandelt werden. Ja, jede neue Staatsgründung in dieser vom Teufel tyrannisierten Welt werde erst durch die päpstliche Anerkennung legitim. Der Papst erscheint hier als alleiniger Hort der Wahrheit, der Gerechtigkeit, als oberster Herr und Richter der Welt. Alles müsse ihm, dem Nachfolger Petri, Gehorsam leisten. «Wer von Petrus geschieden ist», erklärte der Papst, «vermag keinen Sieg im Kampfe, kein Glück in der Welt zu finden. Denn mit stahlharter Strenge zerstört und zersprengt er, was sich ihm entgegenstellt. Niemand und nichts ist seiner Macht entzogen.»[20]

Aus dieser überragenden Stellung des Papstes zieht Bernhard von Clairvaux die Konsequenz: «Die Fülle der Gewalt über die Kirchen des Erdkreises ist durch einzigartige Vorrechte dem Apostolischen Stuhl verliehen. Wer daher dieser Gewalt widersteht, widersteht den Anordnungen Gottes.» Andere christliche Schriftsteller freilich erregt es damals, daß der Papst – lieber Kaiser sein wolle! Er übernimmt nun auch das Lehenswesen, den ausschlaggebenden rechtlich-politischen Faktor der Zeit. Er vergibt, als Oberlehnsherr, Königreiche und Fürstentümer. Und wie einst Gregor VII. Wilhelm den Eroberer mit England belehnen wollte, so später Hadrian IV. Heinrich II. mit Irland, der aber so wenig wie Wilhelm darauf einging.

Doch noch im 20. Jahrhundert figuriert im Petersdom eine Statue des großen Faschistenpartners Pius XII. als «rector mundi», als Führer der Welt.[21]

## 1. KAPITEL

# DIE EINFÜHRUNG DES CHRISTENTUMS BEI DEN GERMANEN

«Die Einführung des Christentums bei den Germanen war kostbarste Himmelsgabe ... Das Christentum hat die guten Naturanlagen unserer Vorväter veredelt, der geschichtlichen Sendung des deutschen Volkes im Abendland die Weihe gegeben ...»
Hirtenbrief des deutschen Episkopats vom 7. Juni 1934[1]

«In diesem Sinne sehnten sie sich also förmlich nach einer Wandlung und Bekehrung.» «Wenn man die Gestalt Christi ihnen recht aufgehn ließ, da mußte ihnen doch die Kunde von Christus als das erhabenste Heldenlied in die Ohren hineinklingen, das sie je gehört.» Anton Stonner (mit Imprimatur) 1934[2]

# Zur Verbreitung des Christentums im Westen

In der ausgehenden Antike und den folgenden Jahrhunderten eroberte das Christentum die germanische Welt. Es hatte sich durch Heere und Händler über Nordgallien bis an den Rhein verbreitet. In den alten germanischen Rheinprovinzen gab es Christengemeinden vielleicht schon seit der Wende zum 3. Jahrhundert, gab es seit konstantinischer Zeit Kirchenbauten in Bonn, Xanten, Köln, besonders in Trier, offiziell seit 293 Kaiserresidenz (I 213 ff.).[3]

Ein Bischof Maternus von Köln nahm an der Lateransynode 313, ein Bischof Agroecius von Trier an der Synode 314 in Arles teil. Doch kennen wir aus Köln nach dem Tod des Bischofs Severin (n. 397) in mehr als 150 Jahren den Namen keines einzigen Bischofs. Der älteste historisch gesicherte Oberhirte von Mainz, Sidonius, begegnet im 6. Jahrhundert. Erst im 5., 6. Jahrhundert aber finden sich auch Prälaten mit germanischen, auf dem Konzil von Paris 614 (615?) 35 Bischöfe (von 79 tagenden) mit deutschen Namen, darunter die von Straßburg, Speyer, Worms. Die ältesten christlichen Inschriften (nur auf Grabsteinen) stammen aus dem 5. Jahrhundert, meist aus dem Friedhof an der – erst im 30jährigen Krieg untergegangenen – Albanskirche in Mainz.[4]

Im späteren 4. Jahrhundert jedoch wird das Christentum in gewissen rheinischen Gegenden schon die herrschende Religion – weil «die Gesetze eines Theodosius, Gratian und Valentinian II. den Eintritt befahlen». (Vgl. I 402 ff., 421 ff., 443 ff., 449 ff.)[5]

In Gallien hatte die katholische Kirche bereits früher ein beträchtliches Ausmaß. Schon um 250 gab es Bischofskirchen in

Lyon, Vienne, Arles, Toulouse, Narbonne, Autun, dessen Oberhirte Simplicius im 4. Jahrhundert eine Statue der Kybele (hier Berecinthia genannt) attackierte, die man bei einer Flurprozession mitgeführt.

Auf dem Konzil von Arles (314) tagten 16 Vertreter gallischer Bistümer. Interessant, daß sich seinerzeit das Verteilungsbild der christlichen Gemeinden mit den «wirtschaftsintensiven Zonen» (Beisel) annähernd deckt. In der zweiten Hälfte dieses Jahrhunderts schießen die Bischofssitze «fast überall geradezu aus dem Boden» (Demougeot). Die Notitia Galliarum, ein Provinzverzeichnis für Gallien und Germanien, führt zwischen 390 und 413 immerhin 17 Metropolen mit 95 unterstellten Diözesen auf. Allerdings verschwinden viele wieder im Laufe des 5. Jahrhunderts. Zahlreiche Bistümer sind vakant, die Prälaten geflohen, verbannt, gelegentlich auch mit ihrer Stadt zugrunde gegangen, wie bei den Helvetiern der Oberhirte von Nyon durch die Alemannen. (Zur Zeit Chlodwigs gibt es dann allenfalls 9 Metropolitanverbände mit etwa 120 Bischofssitzen.)[6]

Aber es kam zu Spaltungen im Episkopat, und diese begünstigten die Einmischung der Päpste. (Vgl. etwa II 250 ff.)[7]

Im ausgehenden 5. Jahrhundert begann man die Franken zu «missionieren», im ausgehenden 6. Jahrhundert die Angelsachsen, die Langobarden, im 9. ging man zur Christianisierung des europäischen Nordens, um die Jahrtausendwende zur «Bekehrung» der Tschechen, Polen, Ungarn über. Und da das Christentum nun nicht mehr, wie in vorkonstantinischer Zeit, eine verachtete, sondern die anerkannte Religion eines Weltreiches war, zogen die Päpste statt einzelner gleich ganze Völker in ihr Netz – wie sie, anderwärts, auch ganze Völker mitvernichteten, «mit Stumpf und Stiel», prahlt Kirchenlehrer Isidor; die Ostgoten etwa (II 424 ff.) oder die Wandalen (II 415 ff.), über die der in Marseille lebende Mönch Prosper Tiro dem Mittelalter seine bis heute nachwirkende Verzeichnung zuführt, häufig «Greuelpropaganda» (Diesner).[8]

## KONVERSIONSMETHODEN UND -MOTIVE

Die Christianisierung der germanischen Völker – in den Quellen nationes, gentes, populi, civitates u. a. genannt – geschah nicht nur zu sehr verschiedenen Zeiten, sondern auch auf sehr verschiedene Art.

Zwei typisch christliche Aktivitäten aber gehörten bei der Germanenmission zusammen, die Predigt und die Zerstörung. Dabei war in merowingischer Zeit nicht die Predigt das Hauptmittel der Mission. «Es gab eine sinnenfälligere Methode, um den Heiden die Unkraft ihrer eigenen Götter und die Übermacht des Christengottes zu beweisen, nämlich die Vernichtung der heidnischen Heiligtümer. Die Missionspredigt pflegte solche Zerstörungen einzuleiten oder zu erläutern, stand also, ganz im Gegensatz zur altchristlichen Missionsweise, an zweiter Stelle» (Blanke). Und Jürgen Misch schreibt: «Schon die ersten Missionare setzten sich bedenkenlos über vieles hinweg, das eigentlich zur Substanz der Lehre Jesu gehört. Um der nominellen Annahme willen wurde geändert, weggelassen und verfälscht. Das zeigt sehr deutlich, daß es hier weniger um die Verbreitung einer neuen Heilslehre ging zur Rettung der Seelen aller, die daran glaubten, sondern um ganz reale Machtinteressen derer, die davon profitierten . . . Das Reich Gottes auf Erden war durchaus materieller und weltlicher Natur. Und seine Einrichtung wurde mit allen, aber auch wirklich allen Mitteln vorangetrieben.»[9]

Natürlich hat man nicht nur zerstört, kam es häufig «bloß» zu sogenannten Christianisierungen, das heißt, man wandelte die heidnischen Tempel in christliche um, indem man durch exorzistische Riten die bösen Geister austrieb, die Gebäude als Kirchen neu weihte. Wie man ja alles sich anverwandelte, einverleibte, was brauchbar schien, und alles andere als Werk des Teufels diffamierte, zerstörte. (Vgl. III 576 ff.)

Ein wichtiges Motiv bei der Heidenbekehrung, auch bei der Gängelung bereits Bekehrter, war ohne Zweifel das stete Skrupel- und Schreckeneinjagen, eine kontinuierliche Angstmacherei – Angst durch die Jahrhunderte. Angst war überhaupt der «be-

zeichnende Zustand des durchschnittlichen Menschen im Mittelalter ...: Angst vor der Pest, Angst vor der Invasion fremder
Heere, Angst vor dem Steuereinnehmer, Angst vor der Hexerei
und der Magie, vor allem Angst vor dem Unbekannten» (Richards). Die Priester vieler Religionen lebten und leben von der
Angst der durch sie Angeführten, besonders auch die christlichen
Priester.[10]

Es spricht für sich, daß der hl. Caesarius von Arles (gest. 542),
ein absolut romhöriger Erzbischof (Spezialist für «Landseelsor-
ge» und, sein ganz besonderer Ruhm, die Tag-für-Tag-Predigt), in
fast all seinen mehr als zweihundert tradierten Propaganda-Auf-
tritten mit dem «Jüngsten Gericht» schreckt. Was immer Anlaß
seiner homiletischen Ergüsse ist, kaum je versäumt er, eindringlich «Christi Richterstuhl» zu beschwören, den «ewigen Richter»,
sein «hartes und unwiderrufliches Urteil» etc.[11]

Übertritte der heidnischen Germanen zum Christentum waren
häufig rein materiell motiviert, schon durch «Prestigegründe» bedingt, zumal wenn man unter die Botmäßigkeit christlicher
Nachbarn geriet. An deren Fürstenhöfen konnten selbst vornehme Heiden vom Mahl «wie Hunde» weggescheucht werden, weil
es Christen verboten war, mit Heiden an einem Tisch zu essen.
Bezeichnenderweise kroch ja auch der Adel zuerst zu Kreuze, bei
Bayern, Thüringern, Sachsen ganz gleich.

Auch Habsucht spielte eine Rolle, wie anschaulich die Anek-
dote von jenem Normannen illustriert, der mit fünfzig anderen
einst zu Ostern an den Hof Kaiser Ludwigs kam, um sich taufen
zu lassen. Da aber mehrere Taufkleider fehlten, flickte man
schnell Ersatzgewänder zusammen, worauf ein älterer Täufling
wütend dem Kaiser zurief: «Schon zwanzigmal hat man mich hier
gebadet und mir die besten und weißesten Kleider angetan, aber
so ein Sack steht keinem Krieger, sondern einem Schweinehirten
[subulcos] zu. Und wenn ich mich nicht meiner Nacktheit schäm-
te, nachdem man mir meine Kleider weggenommen, aber nicht
die von Dir gegebenen angelegt hat, würde ich Dir Dein Gewand
samt Deinem Christus lassen.»[12]

Wir wissen längst, vieles – nicht alles –, was man der Welt über

den «Germanen» erzählt hat, ist gelogen. So bieder, offenherzig,
treu, so ehrenhaft, gerecht und lauter, wie ihn das geläufige Ger-
manenbild allzulange vorgeführt und gerade in Deutschland
schulfähig gemacht hat, war er nicht. Oder doch nur in einem
Frühstadium seiner Entwicklung. Die überlieferten Werte der germanischen Heldensage, der politischen Germanen-Ideologie, der
Wahn vom «adligen Volk» der Deutschen, von seinen hehren
Vorzügen der Ehre und Treue, dies etwas kitschige Klischee, das
Bild vom «Lesebuch-Germanen», ist falsch, ist vor allem auch
antithetisch inspiriert, nämlich großenteils vom «Gegenbild des
Römers». Und es wurde, es ist um so gefährlicher, als es – unter
anderem – auch über die seit der Romantik übliche Identifizie-
rung einer altdeutschen und altnordischen Kultur – im späteren
19. Jahrhundert noch an politischer Brisanz gewann «für das
Verhältnis des ‹Indogermanen› zum ‹Semiten›» (von See). Dabei
wird der «Indogermane», eine Art wiederbelebter Germane, so
zum Gegenpol des Juden wie der Germane zu dem des Römers –
als paßte die Menschheit oder ein großer Teil von ihr genau zu der
Formel des Berliner Nationalökonomen Werner Sombart in seiner Streitschrift «Händler und Helden» (1915).

Sombart erschien damals, «vom Militarismus erfüllt», wie er
renommiert, «der Krieg selbst als ein Heiliges, als das Heiligste
auf Erden». Und ganz ähnlich dachten, schrieben, predigten seinerzeit ungezählte Feld- und andere Pfaffen (auf der Seite
Deutschlands ebenso wie auf der seiner Gegner).[13]

Eines am überkommenen Bild des Germanen aber ist – unter
anderem – richtig: seine Vorliebe für Streit, Kampf, Krieg; so
unverkennbar, daß die Propagandisten des Christentums hier an-
setzten.

## Jesus Christus wird zum germanischen Haudegen oder Vom «Griff ins Leben»

Der Machtgedanke wurde ein wesentliches Bekehrungsmotiv. Also mußte alles, was an Mächtigem, Magischem, an Amuletten, Orakeln, Zaubersprüchen in den heidnischen Kulten vorhanden, wirksam war, durch die Stärke, die allvermögende Magie des christlichen Glaubens überwunden werden, zumal mit dem Heiligen- und Reliquienkult. Am sichersten aber erwies sich die Quelle übernatürlicher Kraft durch die Potenz des christlichen Idols im Krieg, und innerhalb des Krieges wieder in der Schlacht. «Erweist sich Christus *hier* als der Helfer, so ist er es in dem ureigensten Lebensbezirk der Germanen. So wird er schon von hier aus *der* Heiland» (Schmidt).[14]

Allerdings wurde das Christentum von Anfang an mit seiner Übernahme durch die Germanen auch nationalisiert, germanisiert. Und nicht erst in christlichen Epen erschien den Germanen Christus als eine Art Volks- und Gaukönig. Die Franken hielten sich sofort für seine besondere Gefolgschaft, sein bevorzugtes, sein auserwähltes Volk. Die Krieger scharten sich um ihn, wie sie sich um ihre Fürsten scharten. Auch der Heilige wird jetzt als Held Christi und Gottes empfunden, germanisches Gefolgschaftsdenken auch auf seine Beziehung zu Gott übertragen, kurz, die herkömmlichen christlichen Begriffe füllen sich «mit einem ganz neuen Inhalt, dem germanisch-aristokratisch-kriegerischen» (Zwölfer). «Aus der Religion des Duldens und Leidens, der Weltflucht und der Weltverneinung haben die mittelalterlichen Germanen eine Kriegerreligion gemacht, aus dem Schmerzensmann einen germanischen Heerkönig, der mit seinen Recken erobernd durch die Lande zieht und dem man durch Kampf zu dienen hat. Der christliche Germane kämpft für seinen Herrn Christus, wie er für seinen irdischen Gefolgsherrn kämpft; selbst der Mönch in der Zelle fühlt sich als Glied der militia Christi» (Dannenbauer).[15]

Und natürlich verstand es der Klerus, die zum römischen Kreuz bekehrten Germanen noch stolz darauf zu machen. So prahlt man im Prolog zur Lex Salica, dem ältesten fränkischen Stammesrecht:

> Der Franken erlauchtes Volk,
> von Gott selbst geschaffen,
> Tapfer in Waffen,
> Fest im Friedensbunde,
> Tiefdenkend im Rat,
> Körperlich edel,
> Von unversehrter Reinheit,
> Erlesener Gestalt,
> Kühn, rasch und ungestüm,
> Zum katholischen Glauben
> bekehrt,
> Frei von Ketzerei . . .[16]

Von Gott selbst geschaffen sind nach christlicher Lehre ja alle Völker – aber hofiert wird stets das am meisten, was man am meisten braucht. So treten hier die Franken an die Stelle des Auserwählten Volkes der Bibel, des Volkes Israel. Und in einem jüngeren Prolog der Lex Salica figuriert auch Christus als der eigentliche Herrscher der gens Francorum. Tritt er «selbst an die Spitze der Franken». Er liebt die der alten Weltmacht weit Überlegenen, «das auserwählte Volk eines neuen Bundes». «Sie haben die Römer besiegt und das römische Joch abgeschüttelt.»[17]

Bei den Franken, die erst den Drachentöter St. Georg besonders verehrten, dann den Ex-Haudegen Martin von Tours, spielte die größte Rolle das Heer, und darin das meist in Keilform kämpfende Fußvolk. Reiter waren zunächst selten, Pferde wurden normalerweise als Lasttiere gebraucht (erst 626, unter Chlodwig II., erfolgte die erste fränkische Kavallerieattacke gegen die Sachsen). Den Kern der sehr uneinheitlichen Streithaufen bildeten die zuweilen «robustiores» genannten «Elitekämpfer». Als Nationalwaffe tat die «Francisca» genannte Wurfaxt, die auch im Nahkampf Verwendung fand, ihr Bestes. Ein bewährtes, oft gebrauchtes Befriedungsinstrument war das fränkische Schwert;

die Waffe der Führer: das zweischneidige Langschwert, die Spatha; die Waffe des «gemeinen» Mannes: ein kurzes einschneidiges Hiebschwert, der Scramasax – in späterer karolingischer Zeit vom Norden Europas bis in den Orient verbreitet. Den Dolch stießen diese christlichen Kämpfer am liebsten in die Achselhöhle. Auch Lanze und Wurfspeer scheinen nicht selten gewesen zu sein, wohl aber Pfeil und Bogen.[18]

Erstaunt die Aufzählung des Schlacht- und Totschlagarsenals? Doch beruhen die Grundlagen der christlich-abendländischen «Kultur» nicht darauf? Auf «the most efficient military machine in Europe» (McKitterick)? Oder wie es im Schlußwort eines «Kriegshistorikers» heißt: «Wieviel eindrücklicher und einleuchtender erscheint doch alles, wenn die Geschichtsschreibung den Griff ins Leben hinein wagt!»[19]

Viele germanische Fürsten konvertierten fraglos aus rein machtpolitischen Gründen. Sie verehrten in Christus den «starken Gott», besonders den überlegenen Schlachtenlenker, den Siegverleiher. So der Franke Chlodwig, so Edwin von Northumbrien, die Wikinger, die sich alle nach einem Gelübde und wohlgelungenen Gemetzel taufen ließen. Und wie früher Odin als «Siegesgott, Siegesherr» galt, wie Wodan (Odins Name im Süden) als Kriegsgott bezeugt ist, so nun auch Christus. Er tritt an die Stelle der alten Schlachtengötter, wird politisiert, mythisiert, erscheint «fast als Nationalgott» (Heinsius). Und jedes christlichen Königs Ehrensache wird es jetzt, die «Barbaren» zu schlagen, «die schon in ihrer Eigenschaft als Heiden außerhalb der Weltordnung stehen».[20]

Franken, zum Glaubensfanatismus erzogen, sahen es als ihre Pflicht und ihr Recht an, «für Christus zu kämpfen» (Zöllner). Und noch bis ins 7./8. Jahrhundert ließen sich fränkische Christen mit ihren Waffen begraben, ganz dem alten Heidenglauben an das Weiterleben nach dem Tod gemäß. Selbst der auferstandene Christus hält auf einem Grabstein (in dem fränkischen Friedhof bei Niederdollendorf, gegenüber Bonn, gefunden) statt des Kreuzstabes die Lanze in der Rechten, das germanische Herrschaftszeichen.[21]

Man versteht, daß das oft so blutrünstige Alte Testament

(I 71 ff.) den Menschen des Frühmittelalters mehr entsprach als das teils pazifistische Neue; daß man die alttestamentlichen Könige den Frankenfürsten als Vorbilder anpries und diese so gern mit jenen verglich – für den Historiker Ewig das Ankündigen einer neuen Stufe «in der Verchristlichung der Königsidee».

## APOLOGETISCHE AUSFLÜCHTE

Überall verbreitete man pathetisch den Unsinn von der providentiellen Leitung der Geschichte. Nach Seuchen und anderen Katastrophen, besonders aber nach siegreichen Schlachten trumpfte man damit auf. Jeden kriegerischen Erfolg verdankte man dem rechten Glauben und der Hilfe Gottes.

Nach dem Gemetzel am Frigidus (394), das der fromme Theodosius, begünstigt durch einen Wirbelsturm, gegen den das Heidentum wieder anerkennenden Eugenius gewann (I 453 ff.), empfand man Kampfausgang und «Bora-Wunder» auf allen Seiten als Zeichen christlicher Überlegenheit, als «Gottesgericht». Selbst Claudius Claudianus, der «hartnäckige Heide» (Orosius), als letzter bedeutender Dichter des alten Rom schon zu Lebzeiten durch eine Statue auf dem Forum Traianum geehrt, schrieb nach der Schlacht: «Du bist der von Gott über alles geliebte Kaiser . . . für den sogar der Äther streitet und zu dessen Fahnen die Winde strömen.» Und ein anderer prominenter Heide, der praefectus praetorio Nicomachus Flavianus, wählte seinerzeit den Freitod.[22]

Unter den Karolingern werden die entscheidenden Siege häufig dem Beistand St. Peters zugeschrieben. «Jetzt aber sei versichert», erklärt Pippin dem päpstlichen Legaten Sergius im Kampf gegen die Bayern (S. 328), «daß durch das Einschreiten des heiligen Petrus, des Apostelfürsten, durch das Gottesurteil . . . Bayern und die Bayern zur Herrschaft der Franken gehören.» Und selbst geringere Erfolge, die Eroberung einer Festung, ja, schon das Auffinden einer Quelle (im Sachsenkrieg 772) gibt man als große göttliche Wunder aus.[23]

Hatte man aber Unglück – und wie oft geschah's! –, wurden die Priester auch nie verlegen. Jetzt war das Unheil, die Katastrophe, eine Gottesstrafe, für geringe Gläubigkeit etwa, die herrschenden Laster. Mit dieser Theologie log man sich durch alle Wechselfälle bis heute.

«Unsere Frevel führen die Niederlage der römischen Armee herbei», klagt 396, während des ersten großen Germanensturms, Kirchenlehrer Hieronymus. «Weh uns, die wir Gott gegen uns in einer Weise aufgebracht haben, daß er nun die Raserei der Barbaren benützt, um seinen Zorn an uns auszulassen.» Analog erfolgt Roms Eroberung 410 (II 34 ff.), so der spanische Priester Orosius seinerzeit, nur wegen «des sündigen Volkes», «mehr durch Gottes Zorn als durch die Kraft des Feindes». Und noch im 20. Jahrhundert floriert dieser Pfaffentrug, heißt es nach dem verlorenen Ersten Weltkrieg in Deutschland: «Wo hat es also gefehlt? An der Lebendigkeit und Folgerichtigkeit unserer Glaubensüberzeugung» (die man doch vier Jahre lang überschwenglich gepriesen!). Und gleich nach dem verlorenen Zweiten Weltkrieg erklärt der deutsche Jesuit Max Pribilla, in der Jesuitenpostille, Nazismus und Zusammenbruch als Folge der «charakterlichen Untüchtigkeit» der Deutschen; zuvor hatte er, natürlich in derselben Zeitschrift, Hitlers «deutsche Revolution» mit Goebbelszungen gefeiert.[24]

Der versierte Augustin wieder – der gegen die Heiden, die Roms Fall mit der Preisgabe der Götter, dem Versagen des Christengottes begründen, nicht weniger als 22 Bücher schreibt (II 37 ff.) – meint vorsichtig, der Ausgang eines Krieges beweise noch nicht dessen Gerechtigkeit. Gottes Pläne seien rätselhaft, jedermann verborgen. Darauf rekurrierte man gern nebst passenden Psalm- und sonstigen Bibelworten, sobald Gottes Entscheidungen proheidnisch, widersinnig, ungerecht erschienen. Immer aber und ohne Risiko konnte man den Endsieg Christi prophezeien und pries diesen Endsieger dann mit sich nur so jagenden, der alten Kirche zumeist unbekannten Ruhmestiteln: «Oberr der Himmel», «Herr der Glorie», «Gottkönig», «der allmachtvolle Gott», der «Siegruhmwalter», «Siegesheld» usw.[25]

## VON DER ALTLAST

Im allgemeinen konvertierten die Germanen nicht individuell, sondern kooperativ, stammesweise. Denn anders als die gebildeten Griechen und Römer waren die «Barbaren» leicht und rasch von der Kirche zu gängeln, standen sie auch weder kulturell noch religionsgeschichtlich so tief, wie die Berichte ihrer christlichen «Bekehrer» vorgeben.

Schon das Wort «barbarus» hatte vorwiegend herabsetzenden Sinn. Es wird im Christentum traditionell negativ als Gegensatz zu «christianus» gebraucht, bis die germanischen Völker katholisch werden und die muselmanischen als neue Barbaren – Berber, Barbaresken! – erscheinen. Das Nichtchristliche nämlich muß immer des Teufels sein, oft genug schon das Nichtkatholische. «Barbarus» kann aber auch zur Selbstbezeichnung der Germanen dienen, deren Heidentum im übrigen, so leicht sie es äußerlich aufgeben, zum Teil oft lang fortwirkt.[26]

Die Päpste setzten ihre Legaten auf die Fürsten an. Denn hatte man sie – ihre Frauen waren oft schon katholisch –, hatte man meist, sofort oder später, auch das Volk. Die Religion war ein Politikum, wie, unter ganz anderen Umständen, noch heute, und die Großen zogen, überredend, versprechend, drohend, ihren Anhang hinter sich her. Nicht das Evangelium jedenfalls entschied, die Überzeugung, sondern der Königsentschluß, die Fürstenheirat, Feldschlacht, Eroberung, der Vertrag. Die meisten gingen «leichten Fußes von einer Religion in die andere hinüber» (Baetke).[27]

Auch im kleineren Maßstab setzte man zur «Bekehrung» bei den Besitzenden, den Grundherren an. Denn in der Regel gewannen die Propagandisten des Christentums erst die Großagrarier und errichteten dann auf deren Land einen Stützpunkt, hinterließen meist ein Kirchlein, Schüler – und zogen zum nächsten Herrn.

Nicht allzu mühereich unterwarf man sich so viele «Barbaren», die bald ehrfürchtig zu all den «heiligen» Priestern und Mönchen emporsahen, mächtig beeindruckt durch Exorzismen, Zeremonien, Mirakel. Gläubig übernahmen sie die so fremden Mysterien, so fremden Dogmen und dienten in scheuer Andacht diesem übermächtigen Schamanentum des Südens, anscheinend nur noch von dem Wunsch beseelt, die Kirche reich und mächtig zu machen – zum Heil der eignen Seele, aus Horror vor dem Höllenfeuer, aus Verlangen nach dem Paradies.[28]

Die «Missionierung» vollzog sich ungleichmäßig, außerhalb der Städte langsamer, obwohl gerade die heidnischen Franken häufig keinen großen Widerstand leisteten, mochten sie auch da und dort, zumal auf dem Land, sich der Zerstörung ihrer Idole zäh widersetzen. Der Mensch ist in religiöser Hinsicht besonders konservativ. Und wie noch heute die Bauern, die Landbewohner, am Christentum mehr festhalten, so waren es im ausgehenden Altertum, im frühen Mittelalter, die Bauern, die am längsten zum Heidentum standen, während die Stadtbewohner, heute großenteils schon nicht mehr christlich, damals oft schon überwiegend christlich waren. Die Germanen aber sind hauptsächlich Bauern, Landbewohner, und im Ostreich die fränkischen, die alemannischen Heiden zahlreicher als die einheimischen Christen gewesen.

Das Christentum war eine Stadtreligion und, seit es Staatsreligion war, auch – grotesk genug, bedenkt man seinen revolutionären Ursprung – die Religion der feudalen, der führenden Kreise, die darin vor allem ihren Vorteil suchten. Lang hielten die Bauern am überkommenen Glauben, an ihren Gottheiten, vor allem an der gallischen Trias, dem Kult des Jupiter, Merkur, des Apollo, ihren fana fest. Und selbst als sie «bekehrt» waren, kehrten sie immer wieder zu der – ja auch viel schöneren, sinnvolleren – Verehrung von Bäumen, Steinen, Quellen zurück.

Jahrhundertelang geißeln Synoden heidnische Bräuche, vom Konzil von Valence (374) bis ins 9. Jahrhundert hinein. Allein zwischen dem Konzil von Orléans (511) und dem von Paris (829) wettern die canones von mindestens 19 gallischen Bischofsversammlungen gegen den Glauben und die Praktiken des bäuerlichen Heidentums, das viel beharrlicher an der Überlieferung festhielt als der opportunistische Adel.

Die Germanen waren von einer gleichsam natürlichen, einer nicht aufgeschwätzten, aufgezwungenen, sondern mit ihrem Wesen identischen Frömmigkeit. Sie hatten eine Naturreligion mit deutlich pantheistischen Zügen, geprägt durch Anbetung von Wald-, Berg-, Brunnen-, Fluß- und Meeresgöttern, durch Verehrung der Sonne, des Lichts, des Wassers, der Bäume, Steine, im Grunde, wie man gerade heute wissen sollte, tausendmal sinnvoller als der christliche Geisterglaube, in dessen Gefolge eine hypertrophe technokratische Zivilisation die Natur nahe an den Ruin gebracht hat.

Das «Lexikon für Theologie und Kirche» lastet freilich der «Religion der Germanen» u. a. ihren Schicksalsglauben an, besonders den Glauben «an Dämonen, Gespenster» (nirgends doch ausgedehnter, verrückter als im frühen Christentum: vgl. III 389 ff.!). Aber nein, dieser germanische Dämonen- und Gespensterglaube war es, der schließlich «eine große, oft quälende und bedrückende Rolle» spielte und, ausgerechnet, «Quelle des späteren Hexenwahns» wurde! Das Christentum ist unschuldig – es mußte lediglich die Folgen der «Quelle», die Altlast sozusagen, beseitigen, mußte die bösen Hexen jagen, foltern und verbrennen . . .

## «Demonstrative Zerstörung . . .»

Zur Merowingerzeit standen bei der Missionierung «Machtproben des Christengottes» oft im Vordergrund, einerseits «Wunder», andererseits Zerstörung der heidnischen Kultstätten. Die Götterbilder ließen sich – durch straflose Vernichtung – ja leicht als machtloses Menschenwerk kompromittieren, während der «geistige» Christengott unantastbar über den Wolken thronte. Zudem waren die heidnischen Franken meist tolerant und ohne Priesterkaste, indes ihnen eine fanatische Kirchenorganisation gegenübertrat, die vor Zwangstaufen nicht zurückgeschreckt ist, auch wenn sie, zumindest zunächst, sich mit formaler Verdammung des alten Glaubens und einem Lippenbekenntnis zum neuen begnügte. Treffend nennt R. W. Southern das mittelalterliche Europa eine Zwangsgemeinschaft, in die jeder Mensch durch die Taufe geriet.[29]

Doch nicht genug. Schnell begann man auch mit der Schleifung paganer Tempel und Altäre.

So vernichteten Trierer Christen bereits um 336 den großen Tempelbezirk im Altbachtal, vermutlich auf Initiative des Ortsbischofs, des hl. Maximin, und des damals in Trier lebenden hl. Athanasius (I 8. Kap.). 50 Kapellen mit nordischen Göttern, ein Theater für Kultspiele und ein Mithrasheiligtum wurden dem Erdboden gleichgemacht. In Bonn zerschlug man Weihealtäre der aufinianischen Matronen. Die ausgedehnte Anlage bei Karden mit dem Haupttempel des Mars wird um 400 ruiniert. Man verheert einen großen Tempel am Ursprung der Seine, einen Tempel bei Orléans (auf Befehl der Königin Radegunde, einer katholischen Heiligen, niedergebrannt) oder, schon Ende des 3. Jahrhunderts, das Mithräum von Mackwiller. Und je mächtiger man wird, desto gewalttätiger auch – «die demonstrative Zerstörung heidnischer Kultstätten ist ein häufiger Zug der Bekehrungsgeschichte geworden» (Schieffer).[30]

Der hl. Gallus, Onkel des hl. Gregor von Tours, später Bischof von Clermont-Ferrand, brennt einmal als Priester und «Gesellschafter» Theuderichs I., des ältesten Chlodwigsohnes, bei Köln einen Heidentempel mit allen «Götzenbildern» ab und wird nur mit Mühe durch den König vor der Wut der Bauern gerettet. «Hölzerne Glieder und Dankgaben für Heilungen und Mahlzeiten im Heiligtum, die den Gallus erzürnten, gab es auch in den Martyrerkirchen» (Oediger). Vielleicht erzürnte er ja nicht zuletzt deshalb so. Im Chorgesang aber «bezauberte er jeden, der ihn hörte», und «glänzte» als Bischof «durch alle Tugenden eines wahren Oberhirten», einschließlich durch die «der Wundergabe» (Fest: 1. Juli).[31]

Um 550 brachte der Diakon Wulfilaich die «rustici in territorio Trevericae urbis», die Bauern des Trierer Raums dazu, ein gewaltiges Bild der Diana (ursprünglich wohl der keltischen Göttin Arduinna), «das das abergläubische Volk abgöttisch verehrte», zu demolieren. Er allein war zu schwach, so taten sie ihm, nachdem er sie «unablässig» beschwätzt hatte, den Willen. «Denn die anderen Bilder, die kleiner waren, hatte ich selbst schon in Stücke gehauen.» Keine Frage, daß dabei auch Wunder geschahen.[32]

Einige der bekanntesten christlichen Heiligen wurden im Kampf gegen das Heidentum Brandstifter und Räuber.

In Tirol arbeitete der hl. Vigilius, Bischof von Trient, «mit Feuereifer an der Ausbreitung des Christentums» (Sparber), bis er eines Tages im Rendenatal ein vielverehrtes, auf schroffem Fels stehendes Götterbild zertrümmerte, eine Statue des Saturnus, und um 400 von den aufgebrachten Bauern, «verstockten und wilden Heiden», gesteinigt worden ist – viele Dutzende von Kirchen sind ihm in Italien geweiht.

Dort vergriff sich auf dem Monte Cassino auch der hl. Benedikt (gest. 543), der «Vater des abendländischen Mönchtums», dessen Strenge seine ersten Mönche und den Priester Florentinus zu Mordanschlägen auf ihn trieb, an dem alten Apollotempel, dem letzten Apollotempel, den die Geschichte nennt. Benedikt fand da noch Heiden, fällte ihre heiligen Haine, zerschlug das Götterbild, den Altar und wurde noch 1964 durch Papst Paul VI. zum Patron Europas ernannt.[33]

In der Gegend von Bregenz rottete ein Ire, der hl. Kolumban der Jüngere (gest. 615), mit seinen Mönchen den Götterdienst aus und bereicherte dafür unmittelbar oder mittelbar die Welt um annähernd hundert Klöster im 7. Jahrhundert.

Kolumban war kurz durch Gallien gezogen, wo «das christliche Leben beinah verschwunden und nur das Bekenntnis noch übrig war» (Jonas von Bobbio), und begründete dann die katholische Propaganda («Mission») im Innern des Kontinents. Der rigorose, die «Abtötung» (mortificatio) fordernde Asket, dessen «Regula monachorum» schon für geringste «Verfehlungen» drakonische Strafen androhte, war zugleich eine hochpolitische Figur. Gefördert von Merowingern und verfolgt von Brunichild («eine zweite Jesabel») sowie von «Theudereich, dem Hund», aber auch im Streit mit burgundischen Bischöfen, zieht und flieht er auf seiner «peregrinatio pro Dei amore» beziehungsweise «pro Christo» dahin, Wunder wirkend, Heilungs- und Strafwunder,

dabei immer im Kampf auch gegen den «Aberglauben der Heiden» («Laß verderben ihre Kinder») und ihre Tempel, die es
«niederzubrennen» galt; rühmt doch noch im 20. Jahrhundert das
«Lexikon für Theologie und Kirche» seinen « Feuereifer». Nach
der Ausschaltung Theudeberts II. durch Theuderich 612 (S. 227)
floh Kolumban vor den katholischen Merowingern nach Italien
in den Schutz des Langobardenkönigs Agilulf, eines Arianers.
Doch noch immer hilft er gegen Überschwemmungen und Gei-
steskrankheiten und gilt als Patron Irlands. Die 1916 in Dublin
gegründete Missionsgesellschaft «Society of St. Columban» wirkte vor allem in China. Und in Irland selbst wirkt bekanntlich noch
heute Kolumbans «Feuereifer» fort.

Einer seiner Schüler, der hl. Gallus, assistierte ihm und brannte, aus Burgund vertrieben, am Zürichersee und Bodensee Tempel
nieder, heilige Haine, kurz, er machte Jagd auf Götzenbilder, um
dem «in Schmutz versunkenen» Heidengeschlecht durch Jesus
Christus «den Weg zum Himmelreich» zu erschließen. Seinerseits
hatte er sich noch kräftig und für immer – Heilige unter sich – mit
Kolumban zerstritten und von ihm getrennt. Und lange nachdem
sein Grab wiederholt geschändet worden und manch Mirakulö-
ses dort geschehen war, stieg der Tempelschänder zum «Volksheiligen» auf, auch zum Patron von St. Gallen, auch der
Fieberkranken, auch zum Schutzheiligen der Gänse und Hühner.[34]

Ganz besonderes geistliches Glück hatte der aus Aquitanien
stammende, im Kloster Oye (bei La Rochelle) aufgewachsene
spätere Missionsbischof Amandus, der Apostel der Belgier, ein
Vertrauensmann Papst Martins I. (S. 342 ff.). Auf einer Pilger-
fahrt nach Rom erschien ihm St. Peter persönlich. Doch selbst mit
himmlischer Hilfe klappte es nicht immer. Also erwirkte Amandus, als man um Gent, seinem Propagandastützpunkt, die Frohe
Botschaft mißachtete, einen Königsbefehl zur Zwangstaufe – anscheinend einmalig in der Missionsgeschichte der Merowingerzeit. Sogar «freiwillig» sollen sich durch seine Wunder (u. a.
Erweckung eines Hingerichteten zum Leben) die Altgläubigen
bekehrt haben; obwohl es Amandus, wie vielen von Luxeuil ge-

prägten Mönchen, weniger um Heidentaufe ging als um die Festigung des Christentums im Sinne Roms.

Im Norden Galliens missionierten auch der emsige Mönch Jonas aus Bobbio, ein Helfer des Amandus, die hl. Vedastus, Audomar, Ursmar, Lupus oder Eligius, der Bischof von Noyon, unter dessen zahlreichen Mirakeln seine «Pferdeoperation» die Christenheit besonders begeistert hat. Säbelte Eligius doch einem störrischen Gaul, den er beschlagen sollte, das Bein ab, befestigte bequem auf dem Amboß das Hufeisen und setzte die Hachse wieder an. Natürlich avancierte er u. a. zum Patron der Hufschmiede. Und noch heute geht der «Eulogiusritt» am Bodensee samt Pferdesegen auf ihn zurück.[35]

Einer der wildesten Heidenbekämpfer im Westen wurde Martin von Tours (gest. 397). Trotz heftigen Widerstands manchmal der Bauern riß er mit Hilfe seiner Trabanten, einer Mönchshorde, die Tempel nieder, stürzte Druidensteine, oft erbittert verteidigte heilige Eichen. «Mit den Füßen zertrat er die Altäre und die Götterbilder» (Sulpicius Severus). Und dabei war der Heilige «ein Mann von bewunderungswürdiger Sanftheit und Geduld; freundlichernste Heiterkeit und unwandelbarer Friede leuchtete aus seinen Augen . . .» (Walterscheid, mit Imprimatur).

Zur Vernichtung des Paganismus brachte der Glaubensheld freilich beste Voraussetzungen mit. Hatte er doch eine Laufbahn als Haudegen im römischen Heer (Kaiser Julians) beendet, seine christliche als Teufelsaustreiber begonnen. Bezeichnend, daß er den Teufel in Gestalt Jupiters, Merkurs, auch der Venus und Minerva zu sehen glaubte, war er ja überhaupt der festen Überzeugung, in den «Götzenbildern» stecke Satan.

Infolge seiner «Totenerweckungen» wurde Martin Bischof, dann merowingischer Königs-, dann karolingischer Reichsheiliger, schließlich Schutzpatron der Franzosen; 425 Dörfer Frankreichs tragen noch heute seinen Namen. Den Namen eines Brandstifters, Diebes, der noch mit den Füßen der Heiden Heiligstes ruinierte, auch sämtliche Tempel niederriß – das «Symbol der fränkischen Reichskirche», mehr noch: «wesentlicher Bestandteil fränkischer Reichskultur» (Bosl).

Seinen internationalen Ruhm verdankte der Vielbewunderte dem Mörderkönig Chlodwig, der Martin sehr verehrte; seinetwegen auch einen eigenen Soldaten erschlug, der im Gebiet des Gottesmannes etwas Heu genommen: «Wo bleiben unsere Siegesaussichten, wenn wir den heiligen Martin beleidigen?» Die Merowingerfürsten führten als hl. Reliquie den legendären Mantel (capa) dieses Menschen auf ihren Kriegszügen mit. Eide wurden darüber geleistet und Verträge geschlossen. Der Aufbewahrungsort hieß Capella, der dafür verantwortliche Geistliche Capellanus: Ursprung unserer Wörter Kapelle und Kaplan. Und weil Martin überall, wo er heidnische Kultstätten vernichtet hatte, auf den Trümmern sogleich christliche bauen ließ, darunter das erste gallische Kloster (Ligugé), wurde er auch noch «Bahnbrecher des abendländischen Mönchtums» (Viller/Rahner).[36]

Tempelzerstörungen bezeugen viele geistliche Quellen, wie die Lebensbeschreibungen des Erzbischofs von Lyon, Landbert, der Bischöfe Gaugerich von Cambrai, Eligius von Noyon, Lupus von Sens, Hugbert von Tongern und Löwen oder des Abtes und Missionsbischofs Amandus.[37]

Gern hat man Klöster auf ruinierten Tempeln errichtet, St. Bavo in Gent etwa, St. Medard in Cambrai, das Wulfilaichkloster in Eposium oder Fleury-sur-Loire, das anstelle eines alten gallischen Druidenheiligtums entstand. Auch das schon im 4. Jahrhundert erbaute Martyrium des hl. Vincentius von Agen erhob sich offenbar über einem heidnischen fanum. In Köln, wo vielleicht schon Irenäus das Christentum verbreitet hat, wurde unter der Kirche St. Ursula eine große heidnische Nekropole gefunden.[38]

Mögen im Westen viele Tempel auch nur geschlossen, Altäre bloß entfernt worden sein, so hat doch die Kirche bei Franken, Sachsen, Friesen die heidnischen Heiligtümer verbrannt oder sonstwie kaputt, Opferstätten zu Viehtriften gemacht, heilige Bäume gefällt, wobei besonders in der Merowingerzeit der wirkliche Glaubensmärtyrer «geradezu Seltenheitswert» hatte (Graus). Je weiter aber die Bekehrung fortschritt, desto rücksichtsloser rottete der Klerus aus – auch wenn uns Domvikar Konrad Algermissen

weismachen möchte, daß es nur in «ganz wenigen Fällen» zur
«Zwangsanwendung» kam; nie dann natürlich «Gewaltmethoden
Roms oder der Kirche, sondern germanischer Fürsten». (Dabei
stand dem Lügner als «Leitwort ... bei allen meinen Ausführungen das Wort ‹Wahrheit› vor Augen», feierte er überdies schon im
Vorwort – 1934! – den Nazi-Staat und seine Regierung: mit Imprimatur, versteht sich.)

Staat und Kirche förderten gemeinsam die Ausbreitung des
neuen und die Vernichtung des alten Glaubens. So befiehlt der
neustrische König Childebert I. in einer Konstitution Anno 554,
«ohne Zweifel im Einvernehmen mit den Bischöfen» (A. Hauck):
«Die heidnischen Götterbilder auf den Feldern und die den Dämonen gewidmeten Idole müssen sofort entfernt werden und
niemand darf es den Bischöfen wehren, wenn sie diese vernichten.»

Im nächsten Jahrhundert propagiert Papst Bonifaz V. (619–625)
das Christentum in England und schreibt an den König der Angeln, Edwin: «Hand anlegen müßt Ihr an die, welche Ihr bisher
aus irdischem Stoff für Euch zu Göttern gemacht habt, müßt sie
mit allem Eifer zertrümmern und in Stücke schlagen.» Und so
schleudert auch bald darauf, 627, der bekehrte northumbrische
Oberpriester Coifi eine Lanze in seinen eigenen Tempel.[39]

Auch das Concilium Germanicum, das erste 742 oder 743 ein-
berufene Konzil im germanischen Teil des Frankenreiches, verfügte, «daß das Volk Gottes keine heidnischen Dinge treibe,
sondern allen heidnischen Unflat wegwerfe und verabscheue,
möge es sich handeln um die Totenopfer oder um Wahrsagerei,
um Amulette oder Schutzzeichen, um Beschwörungen oder Be-
schwörungsopfer, die törichte Menschen neben den Kirchen in
heidnischer Weise darbringen unter Anrufung der heiligen Martyrer und Bekenner, wodurch sie den Zorn Gottes und der
Heiligen herabrufen, endlich auch um jene gotteslästerlichen
Feuer, die sie ‹neid fyr› nennen».[40]

Jeder andere Glaube ist eben für die Verfechter des «wahren»,
des allein wahren und seligmachenden Glaubens, abscheulich, ja,
einfach unerträglich. So wurde die Ausübung heidnischer Kulte

gesetzlich mit hohen Strafen bedroht: kürzere oder lebensläng-
liche Landverweisung, Recht- und Friedlosigkeit, Vermögenskon-
fiskation oder, bei Armen, Versklavung. Strikt verbot man das
Essen von «Götzenopferspeise», pagane Gelage, Gesänge, Tänze
oder das Aufbewahren von Götterbildern, die auch – unter der
Erde – als Baumaterial für christliche Kapellen dienten.[41]

Im ausgehenden 8. Jahrhundert zählt der für die «Heidenbe-
kehrer» des westlichen Germanien bestimmte «Indiculus superstitionum et paganarum» dreißig Praktiken auf, die schon die
gallischen Konzilien verurteilt hatten: Magie, Wetterbeschwö-
rung, Weissagung, gewisse Mahlzeiten, Tänze, Riten des Toten-
kultus, Opfer und fana für die Genien der Bäume, Steine,
Quellen, Feste und Opfer vor allem zu Ehren des Jupiter (Donar)
sowie des Mercurius (Odin).[42]

Die politisch-militärischen Voraussetzungen aber für all diese
missionarischen Maßnahmen waren bei den Franken unter ihrem
ersten großen Führer, Chlodwig I., geschaffen worden.

## 2. KAPITEL

# CHLODWIG, DER BEGRÜNDER DES FRÄNKISCHEN GROSSREICHES

«... eine der hervorragendsten Gestalten der Weltgeschichte».
Der Historiker Wilhelm von Giesebrecht[1]

«Und daß er sich als Christ, und zwar als katholischer Christ
wußte, ist sicher und kommt bei den einzelnen Handlungen
seiner Regierung immer wieder zum Ausdruck.» Der Theologe
Kurt Aland[2]

«An die große lebendige Einheit der Familie der katholischen
Kirche angeschlossen, ohne durch eine Irrperiode arianischer
Uncultur hindurchgewandert zu sein, empfing dieses kräftige
und gelehrige Volk [der Franken] eine dauernde geistige Nahrung, die es zu Großem befähigte.» Hartmann Grisar SJ[3]

## Die Heraufkunft der Merowinger

Die Urheimat der Franken, deren Namen man im frühen Mittelalter mit Begriffen wie «mutig», «kühn», «frech» in Verbindung brachte, war am Niederrhein. Ihr Volk, das keine einheitliche Führung hatte, entstand vermutlich durch den Zusammenschluß zahlreicher Kleinstämme im 1. und 2. nachchristlichen Jahrhundert zwischen Weser und Rhein. Erstmals erwähnt werden sie bald nach der Mitte des 3. Jahrhunderts, als sie mit den Römern erbitterte Kämpfe führten, die auch noch im ganzen 4. und 5. Jahrhundert fortdauerten. Damals durchbrachen die rechts des Stroms sitzenden Franken die römische Rheinlinie, über die einzelne wahrscheinlich schon vorher in das Anliegergebiet eingesickert waren. Sie stießen auf Xanten vor, das die römische Bevölkerung um 450 geräumt, darauf der fränkische Kleinstamm der Chattuarier besiedelt hatte. Sie drangen in den Raum zwischen Rhein und Mosel. Sie nahmen Mainz und Köln, das sie, bei seiner endgültigen Besetzung um 460, zum Zentrum eines unabhängigen fränkischen Staates, der Francia Rinensis, unmittelbar links des Flusses machten. Allmählich brachten sie das Land an der Mosel und das bis zur Maas an sich. Trier wurde von ihnen in der ersten Hälfte des 5. Jahrhunderts viermal erobert und von den Römern jedesmal zurückgewonnen, bis es um 480 endgültig fränkisch blieb. Seine Einwohnerzahl sank von vermutlich 60 000 im 4. auf einige tausend im 6. Jahrhundert.

Die Invasoren gründeten in Belgien und Nordfrankreich fränkische Fürstentümer, die jeweils einem Regulus, einem Kleinkönig, unterstanden. Bereits um 480 gehörte der ganze Rheingau zwischen Nijmegen und Mainz, das Maasgebiet um Maastricht sowie das Moseltal von Toul bis Koblenz zur Francia Rinensis. Die Römer erlaubten den Franken die Niederlassung unter der Bedingung, ihnen als «foederati» (Verbündete) Kriegsdienste zu leisten, und sie wurden auch von allen Germanen ihre zuverlässigsten Waffengefährten, zerfleischten sich freilich meist in wilden Stammesfehden selbst. Schließlich aber geboten die Merowinger über das ganze römische Gallien.[4]

Etwa zwischen Somme und Loire lag im späteren 5. Jahrhundert der Teil des Landes, den die Römer noch beherrschten, fast ringsum eingeschnürt von germanischen Völkern. Die größten Gebiete hatten Westgoten und Burgunder im Süden und Südosten besetzt, die Alemannen saßen im Osten, die Franken im Norden, etwa zwischen Rhein und Somme. Doch wie die Germanen die Römer einschnürten, so schnürten die Franken sich wieder gegenseitig ein, Kleinstämme, die Kleinkönige regierten, mit einer nicht nur räumlich, sondern auch politisch sehr begrenzten Macht. Waren diese Stämme doch demokratisch, «militär-demokratisch» organisiert, ihre Führer noch immer beträchtlich vom Willen des ganzen freien Volkes abhängig. Die «Gesamtheit der Franci», der freien Waffenträger, erhob den König und setzte ihn wieder ab, wenn er ihr nicht mehr paßte.[5]

Einer der ersten halbwegs bekannten dieser Kleinkönige ist Chlodio (ca. 425 – ca. 455), der Führer der unter ihm aus Toxandrien vorstoßenden Salfranken. Um 425 riß er die Römerstadt Cambrai am Oberlauf der Schelde an sich, wurde um 435 von Aëtius, dem obersten römischen Heermeister und faktischen Machthaber in Gallien, bei Arras schwer geschlagen, besetzte aber 455 das Land bis zur Somme. Chlodio ist der erste zuverlässig bezeugte Merowinger. Seinem Geschlecht soll Merowech entstammen, wohl ein gleichzeitig lebender Verwandter und Ahnherr der nach ihm benannten Dynastie, seit dem 4. Jahrhundert eines der führenden fränkischen «Fürstengeschlechter». Und bald werden die hochoffensiven Salier (im Unterschied etwa zu den in Köln regierenden rheinischen Frankenkönigen, den Herren der Francia Rinensis, der Mainzer- und der Moselprovinz, Merowin-

ger im agnatischen Sinn) durch zwei Jahrhunderte in Gallien
herrschen.[6]

Merowech, der Heros eponymos, nach sagenhafter Überlieferung mit einem Meeresungeheuer halb Mensch, halb Stier am
Strand gezeugt (der Stierkopf spielt in der Symbolik der Merowinger eine besondere Rolle), wurde Vater von Childerich I.,
einem in Tournai herrschenden fränkischen Fürsten. Dieser war
noch unter dem Oberbefehl der in Soissons residierenden gallorömischen Kommandanten – des Aegidius, des comes Paulus, des
Aegidius-Sohnes Syagrius – gegen Westgoten, Sachsen und Alanen (oder Alemannen?) zu Feld gezogen, baute aber, als römischer Foederat lange gegen Germanen kämpfend, bereits seine
eigene Macht aus. Zwar diente er loyal; doch als er im Schatten
der gallorömischen Militärs selber mächtiger geworden, scheint
sich sein Verhältnis zu Syagrius (469–486), dem «rex Romanorum» (Gregor von Tours), verschlechtert zu haben. Dagegen
unterhielt Childerich, der zuletzt wahrscheinlich an der Spitze der
Belgica secunda stand, einer zwar formell noch römischen, faktisch aber von salfränkischen Kleinfürsten kommandierten Provinz, ein gutes Verhältnis zur katholischen Kirche Galliens, mit
der die Franken an Rhein und Somme früh kontaktierten. Denn
obwohl Childerich kein Christ, ja, nach Bischof Gregor, so geil
auf die Töchter seiner Franken war, daß er vorübergehend nach
Thüringen fliehen mußte, gab er bereits Kirchen und Geistlichen
Immunitäten, hatte er gute Beziehungen zum belgischen Episkopat, besonders zum Metropoliten von Reims.

Childerich starb 482. Fast 1200 Jahre später, 1653, fand ein
Antwerpener Arzt bei Tournai sein Grab, das weitaus bestausge-
stattete unter mehr als 40 000 von Archäologen freigelegten
Gräbern der Merowingerzeit. In einem reichverzierten Brokatge-
wand war der König von Tournai samt Pferd, Insignien, Waffen
nebst vielen Gold- und Silbermünzen bei seiner Residenz bestattet
worden. 1831 verschwanden (auch) diese Grabschätze größten-
teils durch einen Einbruchdiebstahl in der Kaiserlichen Kunstga-
lerie in Paris. Sic transit gloria mundi.

## Kometenhafter Aufstieg eines Staatsbanditen

Bei Childerichs Tod 482 wurde sein anscheinend einziger Sohn, der sechzehnjährige Chlodwig I. (466–511), sein Nachfolger; ein fränkischer Zwergpotentat neben anderen solchen Potentätchen, Ragnachar in Cambrai etwa (S. 75) oder Chararich (S. 75), dessen Machtbereich nicht näher bekannt ist. Chlodwigs Vater hatte manches vorbereitet, der Sohn aber setzte fort, vollendete sozusagen. Denn der «kometenhafte Aufstieg» (Ewig) dieses skrupellosen durchtriebenen Bauernfürsten, mit dem auch die «Vorgeschichte des Deutschtums» (Löwe) beginnt, wird von der Geschichtsschreibung seit nun rund eineinhalb Jahrtausenden glorifiziert. Doch ethisch gesehen (auch gewissermaßen christlich gesehen), unter dem Gesichtspunkt von «Menschenrechten» (und Christenpflichten, die ja schon damals galten, nicht zu rauben nämlich, nicht zu morden), ist Chlodwigs Laufbahn nichts anderes gewesen als der kometenhafte Aufstieg eines Gangsters, eines Staats- und Starbanditen (um kleinere Gangster durch solche Nachbarschaft nicht zu kompromittieren).

Verbündet mit verschiedenen Bruderstämmen, dehnte Chlodwig das salische Teilreich um Tournai, das unbedeutend und auf einen kleinen Teil Nordgalliens in der Belgica secunda beschränkt gewesen, durch fortgesetzten Raub, Mord, Krieg immer weiter über die provinzialrömischen Gebiete links des Rheins aus, erst bis zur Seine, dann bis zur Loire, dann bis zur Garonne, wodurch die Gallorömer unter die Herrschaft der Franken kamen. «Den Franken habe zum Freund, nicht zum Nachbarn», hieß es schon damals.[7]

Ein so kriegslustiges Volk, dem überdies der Ruf der Treulosigkeit anhaftete, war für den christlichen Klerus von früh an attraktiv. Arianer, besonders aber Katholiken suchten seinen Führer zu gewinnen. Denn alle namhaften Fürsten des Abendlandes sind seinerzeit entweder Arianer oder Heiden gewesen. Kaum also war Chlodwig in Tournai König geworden, da wandte sich der Metropolit von Reims an ihn, der hl. Remigius, ein Mann «von hoher Wissenschaft», rühmt Bischof Gregor im selben

Atemzug, und Erwecker eines Toten. Der Sprengel des Remigius aber lag mitten im Land des Syagrius, den Chlodwig dann zur Strecke brachte – anscheinend mit Hilfe der katholischen Bischöfe dort. Und schon jetzt fühlte Remigius sich berufen, dem «berühmten und durch Verdienste erhabenen Herrn König Chlodwig» graue Eminenzen aufzudrängen, «Berater», die seinem «Rufe förderlich» seien. «Zeige Dich voll Ergebenheit gegen die Bischöfe (sacerdotes) und hole stets ihren Rat ein», schreibt er dem Fürsten, noch bevor dieser Christ ist. «Wenn Du Dich mit ihnen verstehst, wird Dein Land gut dabei fahren.»[8]

486 oder 487 schlug Chlodwig gegen Syagrius los, formal dort der letzte Repräsentant des Römischen Reiches, faktisch aber schon unabhängig. Noch unter dessen Vater, dem Heermeister Aegidius, hatte Chlodwigs eigener Vater Sachsen und Westgoten bekämpft, doch offenbar auch schon wider Aegidius selbst die Waffen erhoben, wie eben jetzt Chlodwig auch gegen den Sohn. Der Zeitpunkt war günstig, kurz vor dem fränkischen Raubzug war der mächtige Westgotenkönig Eurich gestorben, von den Salfranken in Gallien am meisten gefürchtet. Sein Tod dürfte Chlodwig nicht wenig ermuntert haben. Im Bund mit seinem Vetter, Regulus Ragnachar von Cambrai, vernichtete er in der Schlacht bei Soissons den letzten Rest römischer Macht in Gallien. Während der Franke, «noch vom heidnischen Aberglauben befangen» (Gregor), übel hauste, auch zahlreiche Kirchen plündern ließ, floh Syagrius nach Toulouse, in die westgotische Hauptstadt. Doch Chlodwig drohte dem etwas schwachen Nachfolger Eurichs mit Krieg, worauf Alarich II. den Flüchtling ausgeliefert, der Sieger ihn «heimlich» getötet, mit dem Rest des geschlagenen Feindes die eigene Soldateska verstärkt und Soissons, bisher Hauptsitz des Syagrius, zu seiner neuen Residenz gemacht hat.

Eine fünfhundertjährige Geschichte war damit beendet, alles Land bis zur Seine geraubt und bald, nachdem der Räuber, der rex Francorum, seine Macht etwas gefestigt, sollte er weiter rauben. «Viele Kriege führte er fortan und gewann viele Siege», rühmt Bischof Gregor, just nachdem er noch über einen ganz persönlichen Mord des Königs breit berichtet hatte.[9]

## EIN GROSSES BLUTBAD UND DAS
## ERSTE DATUM DEUTSCHER KIRCHENGESCHICHTE

Chlodwig ging bald von Soissons nach Paris, das dann die bedeutendste Stadt, zumindest im 7. Jahrhundert der eigentliche Mittelpunkt des Frankenreiches wurde, wo auch die meisten Merowingerkönige begraben liegen. Und um 493, als er schon von der Seine zur Loire vorgestoßen, Herr über ganz Nordgallien und unmittelbarer Nachbar der Westgoten geworden war (die, neben den Burgundern, über Südgallien herrschten), da wurde er, der unstreitig erste aller fränkischen Fürsten, immer interessanter für die Katholiken und sie für ihn. Er heiratete jetzt die junge burgundische Prinzessin Chlotilde, eine Tochter des Teilherrschers Chilperich II. und Nichte des Oberkönigs Gundobad, die, im Gegensatz zu ihren Brüdern, katholisch war und heilig wurde.[10]

Schon diese Hochzeit hatten wahrscheinlich gleich zwei Heilige, der hl. Avitus und der hl. Remigius, arrangiert. Und da es katholische Taktik war, mit den Gattinnen der Germanenfürsten auch diese selbst und ihr Volk zu gewinnen, kann es durchaus sein, daß Chlotilde, «die gläubige Königin», dem König seit ihrem Hochzeitstag, wie der Chronist sagt, «in den Ohren lag», den rechten Glauben anzunehmen, «von den Götzen» abzulassen, «denn sie können sich und anderen nichts nützen», ja, daß sie Jupiter einen «Schweinekerl» schimpfte, der es mit seiner Schwester getrieben. Doch wurde Chlodwig «auf keine Weise» umgestimmt. Sein Stamm schien einfach noch nicht konversionsbereit – «bis er endlich einst mit den Alemannen in einen Krieg geriet». Endlich, schreibt Gregor, weil seine Gemeinschaft fast stets durch Katastrophen (der anderen) erstarkt. Erst inmitten eines «gewaltigen Blutbads», in dem die vereinigten Salier und Rheinfranken die heidnischen Alemannen metzelten, soll ihn, als sein Heer schon wich, schon fast vernichtet war, die «entscheidende Gnade» heimgesucht, soll er «mit Tränen» gerufen haben: «Jesu Christe, du, von dem Chlotilde sagt, du seiest der Sohn des lebendigen Gottes . . . und da er solches gesprochen, wandten die Alemannen sich und begannen zu fliehen».[11]

Dies ist reine Sage. Oder genauer: katholische Kirchengeschichte, an die Lügen der Kirchenväter erinnernd nach dem Sieg
Konstantins über seinen Mitherrscher Maxentius (I 222 f.). Doch
steht Chlodwigs Konversion offenbar mit dem Alemannenkrieg
in Zusammenhang, womit er seinen Raubstaat auf den Mittel-
und Oberrheinbereich ausgedehnt, vielleicht auch ostrheinisches
Gebiet schon seiner Kontrolle unterworfen hat.

Die Alemannen (oder Sueben), erstmals 213 genannt, waren
aus dem Elbgebiet eingewandert und vermutlich Ende des 2. Jahrhunderts durch verschiedene westgermanische Heer- und Wan-
derhaufen in der Gegend des Mains verstärkt worden; heißt ihr
Name doch, was noch heute jeder (wenn er's weiß) heraushört:
alle Männer. Die Alemannen, die an Rhein und Limes die Grenzen des römischen Reichs bedrängten, waren im Jahr 406, zum
Teil mit Wandalen und Alanen, nach Gallien und Spanien gewan-
dert. Ihre Mehrheit aber hatte das Elsaß erobert, ein großes
Gebiet der heutigen Schweiz sowie das Land zwischen Iller und
Lech.[12]

Als sie von dort weiter nach Nordwesten vorzudringen suchten, stießen sie mit den Franken zusammen, besonders mit den
das Moselgebiet beherrschenden Rheinfranken. Diese, bereits um
475 mit den Burgundern gegen die Alemannen verbündet, setzten
sich um 490 in einer Schlacht bei Köln, wo man den dortigen
Kleinkönig Sigibert am Knie verwundet hat (vgl. 74), nicht deutlich durch. Grund genug für Chlodwig, einzugreifen: um 496/497
blieb bei (dem nicht genau lokalisierten) Tolbiacum, wahrscheinlich im Elsaß, der namentlich bisher unbekannte alemannische
König auf dem Schlachtfeld. Chlodwig fiel in das rechtsrheinische
Alemannien ein und vernichtete einen großen Teil seiner noch
heidnischen Bewohner. Ein Jahrzehnt später, um 506, erhoben sie
sich zwar weithin wieder, wurden jedoch, vielleicht bei Straßburg, erneut blutig zusammengeschlagen, wobei abermals der
Alemannenkönig in der Schlacht umkam. Von den Franken verfolgt, flohen sie südwärts bis ins Alpenvorland, in die Raetia
prima (Provinz Chur), die Raetia secunda (Provinz Augsburg),
(Einfluß-)Gebiete des Ostgotenkönigs Theoderich, der seinem

Schwager Chlodwig Einhalt geboten und die Flüchtlinge in Rätien, in Pannonien, in Norditalien angesiedelt hat. Im Elsaß aber, im südlichen Rheinhessen, in der Pfalz, in Gegenden an Main und Neckar gerieten die Alemannen unter die direkte Gewalt Chlodwigs. Und von da aus drangen die Franken später weiter nach Osten vor, bis zur Saale, zum oberen Main und fast bis zum Bayrischen Wald.[13]

Wann Chlodwig sich taufen ließ, weiß man nicht sicher. Die hl. Chlotilde rief seinerzeit «heimlich» den hl. Bischof Remigius, der ja mit Chlodwig schon kontaktierte, als noch die Arianer den «scharfen Geist» des Königs zu benebeln suchten. Und nun sucht sie, die hl. Gattin, durch den hl. Remigius, schreibt der hl. Gregor, «das Wort des Heils dem König zu Herzen zu führen».

Und da alles Heilige sich so findet, geschieht schließlich wieder, wie so oft, eine Art Wunder, «rief alles Volk zur selben Zeit . . .: Wir verlassen die sterblichen Götter, gnädiger König, und sind bereit zu folgen dem unsterblichen Gott, den Remigius verkündet.» Zusammen mit seinen Schwestern Lantechilde (einer Arianerin, die aber nun erkennt oder doch «bekennt, daß der Sohn und der Heilige Geist gleichen Wesens mit dem Vater sei») und Albofledis, die Nonne wurde, sowie mit angeblich 3000 Franken, wahrscheinlich Kriegern, läßt sich König Chlodwig mit großem Pomp und im Beisein vieler Bischöfe in Reims taufen – Anno 496 oder 497 nach den einen, 498 oder 499 nach den anderen, und nach Forschern, die den Alemannenkrieg 506 ansetzen, 506, 507 oder 508 – «das erste Datum der deutschen Kirchengeschichte» (Kawerau). Es knüpft bezeichnenderweise an ein großes Blutbad an und ist eines der wichtigsten Ereignisse des Frühmittelalters. Nicht weil Chlodwig Christ, sondern weil er römisch-katholischer Christ wurde, was das Schicksal der Franken und Europas bestimmt; was über das Kaisertum Karls zu einer engen Verbindung mit dem Papsttum führt und zum «Heiligen Römischen Reich Deutscher Nation».[14]

## König Chlodwig und zwei «Heilige Gottes»

Chlodwigs Taufe war ein grandioses Fest. Straßen und Kirchen prangten im Schmuck. Die Taufkirche selbst erfüllte «himmlischer Wohlgeruch», ja, die Anwesenden meinten, versetzt zu sein «in die Wohlgerüche des Paradieses». Der König aber schritt, berichtet Gregor von Tours, als «ein neuer Konstantin» – ein vernichtend treffender Vergleich – «zum Taufbade hin, sich reinzuwaschen von dem alten Aussatz und sich von den schmutzigen Flecken, die er von alters her gehabt, im frischen Wasser zu reinigen». Und Remigius, «der Heilige Gottes», sprach ihn «mit beredtem Munde also an: ‹Beuge still deinen Nacken, Sicamber, bete an, was du verbrannt, verbrenne, was du angebetet hast›» (adora quod incendisti, incende quod adorasti).

Wer war dieser Heilige, der so frech zur Verfolgung rief, wie seinerzeit auch sein Kollege Avitus?

Remigius, gleich den meisten (nicht nur) damaligen Prälaten «vornehmer» Abkunft, avancierte bereits mit 22 Jahren zum Bischof von Reims. Sein älterer Bruder Principius war ebenfalls Bischof (von Soissons) und ebenfalls Heiliger. (Seine Überreste sollen 1567 von den Calvinisten verbrannt worden sein.) Remigius, der Apostel der Franken, predigte Heiden und Arianern mit Feuereifer den Katholizismus, er führte geradezu «einen radikalen Krieg» (Schultze), wobei er, so ein Konzil von Lyon, «überall die Altäre der Götzen zerstörte und mächtig den wahren Glauben unter vielen Zeichen und Wundern verbreitete».[15]

Nach Gregor von Tours hat Bischof Remigius den Chlodwig an Weihnachten 496 in Reims getauft. Angeblich brachte dazu eine Taube ein Salbölfläschchen – eine Fälschung, die erstmals dreieinhalb Jahrhunderte später bei dem berüchtigten Bischof Hinkmar von Reims auftaucht, der 852 den hl. Leib des Remigius noch unverwest aufgefunden haben will. Das wunderbare Salbölfläschchen aber wurde in der Abtei St. Remigius zu Reims «unter vielen Schlössern» gehütet und bis zum 18. Jahrhundert bei der Krönung der französischen Könige gebraucht, wobei das Salböl, ein weiteres Wunder, nie ausging – wie der Schwindel in dieser Religion.

Gefälscht hatte man längst am laufenden Band (III 1., 2. u. 3. Kap.). Auch der Brief des Papstes Hormisdas, der Remigius zum Apostolischen Vikar für Gallien ernennt, ist eine Fälschung. Und ebenfalls gefälscht wurde ein angeblicher Gratulationsbrief von Papst Anastasius II. (496–498) zur Chlodwig-Taufe. Der Römer hatte kein großes Interesse am Abendland, geschweige an einem fränkischen Bauernfürsten. Vielmehr suchte er das Akakianische Schisma im Osten zu beenden, dabei so versöhnungsbemüht – in der Hölle sieht Dante das Grab dieses Papstes im «Ketzer»-Kreis –, daß es nach seinem Tod zur Aufstellung eines Gegenpapstes, zu Straßenkämpfen und Kirchenschlachten kam (II 336 ff.). Das bedeutendste Ereignis aber seines Pontifikats, die weltgeschichtliche Entscheidung im Norden, den Beginn des katholischen Sieges über den Arianismus, des christlichen Sieges über das germanische Heidentum, hatte Papst Anastasius ignoriert. Dies quälte später Abbé Jérôme Vignier, einen auch sonst als Fälscher hervorgetretenen Oratorianer, derart, daß er Chlodwig im Namen von Papst Anastasius (etwas verspätet) beglückwünscht hat – im 17. Jahrhundert.[16]

Echt war dagegen ein – leider undatierter – Glückwunschbrief, den der hl. Avitus, der mächtige Metropolit von Vienne (um 490–518), zur Taufe Chlodwigs schickte, worin es hieß: «Euer Glaube ist unser Sieg»!

Avitus, «von Adel» wie Remigius, sogar mit Kaiser Avitus verwandt, war der Sohn seines Vorgängers, Erzbischofs Isichius von Vienne, und Bruder des Bischofs Apollinaris von Valence. So einträgliche, einflußreiche Ämter behielt man gern in der Familie (vgl. III 499 f.). Wie die Heiligkeit. Bischof Remigius und sein Bruder Principius waren Heilige. Ebenso Bischof Avitus und sein Bruder Apollinaris. Und wie Remigius ist auch Avitus ein Fanatiker gewesen (Fest: 5. Februar). In seinen «wundervollen Briefen», schwärmt der hl. Gregor, «schmetterte er die Irrlehre zu Boden» – die eutychianische und pelagianische Häresie, besonders aber den Arianismus.

Neben Lyon zählte die Metropole Vienne zum «wichtigsten
Vorort der katholischen Kirche im arianischen Burgunderreich»
(Zotz). Und mit seinem hl. Bruder Bischof Apollinaris (Fest: 5.
Oktober) arbeitete Avitus verbissen für den Übertritt dieses Reiches zum Katholizismus. Der Oberhirte pries König Chlodwig die
Taufe zur Festigung des Kriegsglückes an. Ähnlich dachten und
schrieben später andere, etwa Bischof Nicetius von Trier, gleichfalls Heiliger (Fest: 1. Oktober). Der hl. Avitus empfahl Chlodwig –
ein großes Thema des Mittelalters – die Heidenmission als Macht-
erweiterung, er empfahl Krieg: «die Glaubenssaat unter die ferner
wohnenden Stämme» auszustreuen, «frisch und ohne Scheu»; es
werde ihm das «weiche Taufgewand die Kraft der starren Waffen
mehren»! Heute freilich möchte man uns eine friedliche Mission
des Avitus einreden. Eine «Waffenmission» sei ihm ebenso «un-
erwünscht» gewesen, wie ein «anti-arianischer Ketzerkrieg» (Staubach). In Wirklichkeit umjubelte Erzbischof Avitus den Frankenkönig derart – «Unsterblichen Ruhm hinterläßt ihr der Nachwelt» –, daß ihn die Burgunder, deren Katholisierung in der Tat
sein «Hauptverdienst» ist, später der Untreue verdächtigten.[17]

Selbstverständlich ließ Katholik Chlodwig auch die Seinen,
noch Heiden oder Arianer, konvertieren, so daß schließlich das
ganze Königshaus der Franken katholisch ist. Ergo besteht fortan ein enges «Bündnis zwischen Königtum und Episkopat»
(Fleckenstein). Kirchenfürsten nehmen die ehrenvollste Stelle in
Chlodwigs Umgebung ein und haben den größten Einfluß auf ihn,
besonders Avitus und Remigius.

Natürlich wird die Geistlichkeit reich aus der Kriegsbeute des
Merowingers beschenkt. Großzügig bedenkt er die Prälaten mit
Stiftungen, mit Landzuweisungen. Sogar im Krieg sucht er Kirchenbesitz und Kirchenbauten möglichst zu schonen. So über-
schreitet die katholische Agitation jedes Maß. Man identifizierte
geradezu das Schicksal des Königs und das des Katholizismus,
suggerierte Chlodwig das Elend der ach so unterdrückten Catholica, einen Kampf auf Leben und Tod gegen den Arianismus. Und
er «fühlte sich jetzt als auserwähltes Werkzeug Gottes und frönte
erst recht seiner Eroberungslust» (Cartellieri).

Von nun an wirkten «Königtum und Kirche vereint für die weitere Ausbreitung des Christentums» (Schultze). Einerseits wurde das Frankenreich die Hauptstütze des Katholizismus. Andererseits sicherte sich so Chlodwig bei seiner Eroberung Galliens den Beistand des galloromanischen Klerus. Dieser wieder schützte dadurch seine riesigen Reichtümer vor dem Zugriff der Arianer und unteren Volksschichten. Zugleich aber brachte er das galloromanische Volk auf die Seite der Franken. Und bedenkt man, daß damals Römer und Nichtrömer einander weniger fremd waren als Arianer und Katholiken, wird verständlich, wie aufmerksam sich das katholische Gallien und besonders seine Priester dem einzigen katholischen Germanenkönig zuwandten. Die Katholiken, sagt Gregor von Tours, wünschten sehnlichst die fränkische Herrschaft herbei.[18]

Natürlich gaben bei Chlodwigs Bekehrung politische Motive den Ausschlag, falls er überhaupt, unwahrscheinlich genug, andere hatte. Doch durch alle Jahrhunderte behaupteten die Apologeten das Gegenteil. Schon der Trierer Bischof Nicetius, die «Zierde des fränkischen Episkopats», führt um 565 gegenüber Chlodwigs Enkelin Chlodoswinth die Konversion des Königs auf die Erkenntnis der «Wahrheit» zurück, auf die «Richtigkeit der katholischen Lehre». Und noch 1934 behauptet der katholische Theologe Algermissen, «nicht Zwang und ‹Schwertmorden›, sondern religiöse Überzeugung bewog einen so tapferen und klugen germanischen Helden wie Chlodwig zur Verwerfung seines heidnischen Irrwahns und zur freien Annahme der Lehre des Gekreuzigten».[19]

In Wirklichkeit war, von der Forschung heute weithin vertreten, Chlodwigs Bekehrung ein Politikum, wie einst die Konstantins. Anders als alle anderen Germanenvölker nahm der König mit den Seinen den Katholizismus an, weil dies zwischen dem Eroberer und den unterworfenen und noch zu unterwerfenden Galloromanen von vornherein eine Verbindung ergab, die den übrigen Germanenreichen fehlte. Chlodwig, von früh an der Kirche zugetan, wurde Katholik, um die arianischen Germanenstämme unterjochen und das angrenzende Gallien mit seiner starken Mehrheit katholischer Romanen leichter gewinnen zu können.

Mit Hilfe der katholischen Kirche des Landes schuf er so das Reich der Franken, das von Anbeginn aus zwei Hälften bestand, teils germanisch, teils gallorömisch war. Im Norden, in ihren ursprünglichen Wohnsitzen, in Brabant, Flandern, an Niederrhein und Mosel, saß die Masse der Eroberer, der (salischen) Franken, übrigens auch nach ihren Eroberungen, indes ihr Reich, das Erbe Roms und seiner Verwaltung antretend, sich über das vorherrschend römische Gallien südlich der Loire erstreckte. (Man schätzt heute den fränkischen Bevölkerungsanteil zwischen Rhein und Loire auf zehn Prozent, im Süden auf zwei Prozent, bei vielleicht fünf Millionen Menschen in Gesamtgallien.) Der Einfluß der Kirche aber auf die galloromanische Bevölkerung war groß, der Katholizismus das am besten organisierte und brutalste Christentum. Dies nützte Chlodwig, ganz wie einst Konstantin. Und natürlich konnte er nie vergessen, daß es im Süden noch starke arianische Staaten gab: in Spanien die Westgoten, die noch immer Narbonne besaßen; in Italien die Ostgoten, die auf die Provence übergriffen.[20] Und schließlich waren da auch noch die arianischen Burgunder.

## CHLODWIGS BURGUNDERKRIEG (500) – «DAS GLÜCK DES REICHES» UND EIN HL. LANDESVERRÄTER

Es ist umstritten, ob die Burgunder, ein ostgermanisches Volk, von Bornholm stammen, das noch im 13. Jahrhundert ihren Namen führte: Burgundarholm (dänisch: Borghundarholm; Erweiterung wieder vom älteren Burgund, d. h. Bergland), oder ob die als ursprüngliche Heimat wohl doch zu klein erscheinende Insel ihnen nur als Sprungbrett von Skandinavien aufs südliche Festland diente.[21]

Die Burgunder, schon in vorchristlicher Zeit nach Mitteleuropa, ins Gebiet zwischen Oder und Weichsel gezogen, wanderten, bedrängt von Goten und Rugiern, um 200 in die Niederlausitz, im 3. Jahrhundert in das Tal des oberen, des mittleren Mains und in den Odenwald. Durch die Völkerflut des Jahres 406 von Alanen, Sueben, Wandalen den Maingegenden entrissen, setzten sie sich, ohne weiter mit diesen Stämmen zu ziehen, als römische Foederaten zwischen Mainz und Worms (Borbetomagus) fest. 413 ist ihr König Gundahar (Gunther) als Foederatenkönig nachweisbar. 435 brechen sie in Gallien ein. Zwei Jahre später überrennen die Hunnen, was östlich des Rheins verblieb. Und was damals von dem Wormser Burgunderreich nicht ausgelöscht wurde – angeblich 20 000 Menschen, der historische Hintergrund des Nibelungenliedes –, siedelte als Foederaten der Römer, die sie gegen die Alemannen einsetzten, in der Sapaudia (Savoyen), vor allem um den Genfer See, von wo aus sie das Rhônetal abwärts zogen und nördlich fast bis zur oberen Seine.[22]

Seit der Mitte des 5. Jahrhunderts vergrößerte sich das burgundische Territorium rasch und reichte schließlich vom Oberlauf der Loire bis an den Rhein, von der Provence bis nach Langres im Norden. Die Hauptstadt war seit etwa 461 unter König Gundiok (Gundowech) Lyon. 463 wurde er magister militium per Gallias, römischer Heermeister, wie dann sein jüngerer Bruder Chilperich I., der offenbar erst mit ihm, nach Gundioks Tod (470) aber allein die Burgunder führte. Etwa ein Jahrzehnt später regierten Gundioks vier Söhne: Gundobad als Hauptherrscher (princeps) in Lyon, Godegisel in Genf, die beiden anderen Brüder, Chilperich II., der Vater der hl. Chlotilde, und Godomar, wahrscheinlich in Valence und Vienne.[23]

Das Christentum lernten die Burgunder erstmals wohl gegen Ende des 4. Jahrhunderts durch die donauaufwärts wandernden Westgoten kennen. In Gestalt des Arianismus brachten sie es vielleicht bereits an den Rhein. Daß sie damals Christen «in irgendeiner Form» waren (Schmidt), geht aus dem Nibelungenlied hervor. Allmählich aber neigten sie dem Katholizismus zu. Bereits König Gundiok, obwohl Arianer, wird 463 von Papst Hilarius – der einstige Diakon auf der «Räubersynode» von Ephesus (II 220 ff.) schrieb als Papst fast nur noch an westliche Adressaten

(II 297) – «filius noster» genannt. Und Gundioks Sohn Gundobad (480–516) gerät, nach Kriegen gegen seine drei dabei umkommenden Brüder (Chilperich ließ er mit seiner Familie bis auf zwei Töchter, eine künftige Heilige und eine künftige Nonne, ermorden), als Alleinherrscher immer mehr unter den Einfluß der katholischen Kirche, besonders des hl. Avitus, ohne freilich den letzten Schritt zu tun.[24]

Das kurzlebige Königreich der Burgunder – nach heutiger Forschung «5000 Krieger und 25 000 Seelen» umfassend (Beck) – lag südöstlich von den Franken, im Juragebiet zwischen Rhône, Saône und den Alpen. Als es Chlodwig Anno 500 überfiel, motivierten ihn wohl weniger die Rachegelüste der hl. Chlotilde als der verkehrsmäßig sehr wichtige Rhôneraum, die Alpenpässe Hochburgunds. Die katholische Kirche aber, auf die der König hörte, scheint diesen Krieg mit inszeniert zu haben, und zwar die der Franken wie die Burgunds. Verbreitete sich doch «schon überall in diesen Gegenden», so der hl. Gregor, «der Ruf von der furchtbaren Macht der Franken, und alle wünschten sehnlichst unter ihrer Herrschaft zu stehen»!

Gundobad selbst bezichtigte die katholischen Bischöfe Burgunds, damals 25, an ihrer Spitze Avitus von Vienne, den eigenen König verraten zu haben, obwohl ihre Lehre von der Obrigkeit dies verbot und Gundobad den Katholiken sehr wohlwollend gegenüberstand. Von Chlodwig aufgestachelt, ging auch Gundobads Bruder Godegisel, der Unterkönig von Genf und fürsorgliche Onkel von Chlodwigs Gattin Chlotilde, zu den Franken über, denen er jährliche Tribute zusagte sowie die Überlassung nicht näher bezeichneter Gebiete. «Solches hörte Chlodwig gern . . .» Und dank dieses Verrats besiegten die Verbündeten in der Schlacht an der Ouche bei Castrum Divionense (Dijon) Gundobad, der sich, schwer geschlagen, gerade noch in das feste Avenio (Avignon) retten konnte, an dessen Mauern Chlodwig scheiterte. Er verwüstete die Äcker, fällte die Ölbäume, vernichtete die Weinberge, die Ernte, während Godegisel triumphierend in Vienne einmarschierte.

Doch nach dem Abzug der Franken gewann Gundobad, mit

Hilfe wohl der Westgoten unter Alarich II., wieder die Oberhand. In Vienne schloß er den Bruder ein und stach ihn in einer arianischen Kirche, wo er Asyl gesucht, samt einem arianischen Bischof, mit eigener Hand nieder. Seinen Anhang ließ er grausam zu Tode foltern. Und da auch ein weiterer Bruder Gundobads, Chilperich, der Vater der hl. Chlotilde, das Zeitliche bereits gesegnet hatte (nach umstrittener fränkischer Überlieferung gleichfalls, nebst Gattin, unter Gundobads Mörderhand) und dieser 501 Alleinherrscher geworden war, vermochte der hl. Avitus, der lebenslang Burgund katholisch zu machen suchte, immerhin zu schreiben: «Es war das Glück des Reiches, daß die Zahl der königlichen Personen sich verminderte; soviel allein blieb der Welt erhalten, wie für die Herrschaft ausreichte. Wiedereingesetzt wurde dort, was der katholischen Wahrheit gewogen war.»

In Genf nämlich trat anstelle Godegisels jetzt Gundobads Sohn Sigismund, der zwischen 496 und 499 durch Avitus katholisch geworden. Und die Ermordung der Königsbrüder, von denen Godegisel die Katholiken besonders geschätzt, in Lyon sogar ein Nonnenkloster gegründet hatte, sah der hl. Kirchenfürst als gerechtfertigt an, da ja nur noch der Katholik, der künftige Heilige und künftige Mörder Sigismund (S. 83 f.), und der Mörder Gundobad lebten, der den Sieg des Katholizismus nicht mehr wesentlich behindert hat.[25]

Erzbischof Avitus aber ließ nicht locker. Obwohl er einerseits aus den «Anzeichen der Trübsale» doch «das Ende der Welt fast schon bevorstehen» sieht, wie später ganz ähnlich Papst Gregor «der Große» (7. Kap.), beschäftigt ihn unablässig die Tagespolitik, und auch dies wird bei Gregor nicht anders sein. In Briefen und Gesprächen dringt Avitus immer wieder auf den Brudermörder ein, der auch bereits mit diversen katholischen Prälaten sympathisiert, mit Stephan von Lyon etwa, Sidonius Apollinaris, dem hl. Epiphanius von Pavia. Auch weilten in nächster Umgebung des Königs schon Katholiken. Ja, er selber ist, wie bereits Chilperich I. und II., mit einer Katholikin (letzterer mit Caratene, der Mutter Chlotildes) verheiratet gewesen. Doch obwohl Avitus bei jeder Gelegenheit Gundobad zum «wahren Glauben» zu bringen und «der arianischen Irrlehre» den Garaus zu machen suchte, verharrte der König «bis an sein Lebensende in seiner Torheit» (Gregor von Tours), wie gern er auch in der Bibel las, wie geistlich angekränkelt er überhaupt war. «Bekenne ich nicht das Gesetz Gottes?» hielt er dem ihn bedrängenden katholischen Eiferer entgegen. «Aber weil ich nicht drei Götter will, sagt ihr, ich bekenne das göttliche Gesetz nicht. In der hl. Schrift habe ich nur von Einem Gotte gelesen.» – Nicht einmal ein vorgegaukeltes Wunder führte zum Erfolg: In der Osternacht wurde Gundobads Palast «durch einen Blitzstrahl eingeäschert . . . Der heilige Bischof aber . . . flehte unter Tränen und Seufzern Gottes Barmherzigkeit an . . . und der Strom seiner fließenden Tränen löschte den Brand».[26]

Es dauerte nur wenige Jahre, so folgte der Krieg gegen die Westgoten, unter allen germanischen Völkern lange das erste und angesehenste, in Gallien zunächst auch das mächtigste und daher seit längerem Chlodwigs Hauptangriffsobjekt, sein eigentliches Ziel.

## DIE WESTGOTEN

Der ostgermanische Volksstamm der Westgoten (Wisigoten) hatte sich schon früh, noch am Djnepr, von den Ostgoten getrennt. Diese wurden schließlich in einem grauenhaften zwanzigjährigen Krieg durch den katholischen Kaiser Justinian I. und nicht ohne energischen Beistand des Papstes sowie den der «jungfräulichen Gottesmutter», die als «strategischer Berater» fungierte, vollständig ausgerottet (II 424 ff.). Die Westgoten waren an der Donau arianische Christen geworden und dann in jahrzehntelangen Raubzügen durch die nordgriechischen Reichsprovinzen, durch Illyrien und Italien gezogen (I 405 ff., II 21 ff.). Nach dem Tod ihres Königs Alarich I., 410 bei Cosenza im Busento begraben, wandten sie sich unter seinem Schwager und Nachfolger Athaulf 412 nach Gallien und fielen 415, durch ein römisches Heer bedrängt, über die Pyrenäen in Spanien ein. Im Sommer erlag der

König in Barcelona dem Mordanschlag eines katholischen Gefolgsmanns. Athaulfs Kinder aus erster Ehe fielen seinem katholischen Nachfolger Sigerich zum Opfer, ehe dieser selbst, schon nach einer Woche, umgebracht worden war. Und dessen Nachfolger Wallia wieder (415–418) ließ zunächst jeden Westgoten töten, dem er ebenfalls Thronansprüche zutraute. Dann dezimierte er in kaiserlichem Auftrag in langwierigen Kämpfen Wandalen, Sueben und Alanen, die 409 in Spanien eingedrungen waren. Ein Teil der Wandalen, die Silingen, und die Alanen wurden dabei fast gänzlich vernichtet. Danach siedelten die Westgoten, aus Spanien abberufen, weitgehend selbständig im südwestlichen Gallien mit dem Königssitz Toulouse.[27]

Auch unter den Westgoten gab es eifrige Christen, wie König Theoderich II. (453–466), der täglich, noch im Morgengrauen, die Frühmesse besucht, freilich auch seinen älteren Bruder Thorismund 453 ermordet hat, in der gewalttätigen gotischen Königsgeschichte immerhin «der erste und einzige, der eines vorbedachten Brudermordes aus bloßer Machtgier fähig war» (Giesecke). Theoderich bekriegte vor allem die Sueben, die seit einem halben Jahrhundert in den Gebirgen des heutigen Portugal ansässig und erst seit kurzem Katholiken waren. Es kam anscheinend zu verheerenden Kämpfen, und im Oktober 456 besiegte Theoderich den Suebenkönig Rechiar, einen Katholiken, seinen Schwager. Er wurde im Dezember hingerichtet, der Katholizismus vollends vernichtet und das Suebenvolk über hundert Jahre arianisch.

Wie Theoderich II. aber im Thronkampf seinen Bruder Thorismund ermordet hatte, so fiel er selber 466 durch seinen Bruder Eurich, dem eigentlichen Gründer des Westgotenreiches, das länger bestand als alle Ostgermanenstaaten, bis 711/713, als ihm die Araber ein Ende machten.[28]

Bei den Westgoten kam es immer wieder zu Querelen mit den zahlenmäßig weit überlegenen Romanen, weniger wegen der großen Landabtretungen, wegen ethnischer Mißachtung der germanischen «Barbaren», als aus religiösen Gründen. Die gotischen Könige erkannten zwar im allgemeinen Glaubensfreiheit prinzipiell an, waren sowohl gegenüber dem Katholizismus als auch

gegenüber häretischen Sekten meist äußerst duldsam. Aber sie
hatten es mit einer grundsätzlich intoleranten, aggressiven, vom
Bekehrungsfanatismus besessenen Kirche zu tun, mit dauernden
landesverräterischen Umtrieben auch des katholischen Klerus,
der stets von neuem mit den Feinden der Arianer kollaborierte.[29]

Eurich (466–484) wurde der bedeutendste Fürst seines Volkes
und schließlich sogar der mächtigste Germanenkönig seiner Zeit.
Er dehnte das Westgotenreich im Norden bis zur Loire aus, während es im Südosten bis in das Mündungsgebiet der Rhône
reichte. Eurich war aber auch ein überzeugter Arianer, ja, angeblich ein so entschiedener Katholikenfeind, daß es ihm widerstrebt
haben soll, das Wort «katholisch» auch nur auszusprechen. Arianische Priester gehörten jedenfalls zu seinem engsten Kreis, auch
zu seiner Tafelrunde.

Durch den Tod erledigte katholische Pfarr- oder Bischofsstellen
ließ der König lange unbesetzt. So verwahrlosten Kirchen, verfielen. Sidonius Apollinaris, Clermonts Oberhirte, klagt: «Man
kann sehen – es ist zum Weinen! – wie Kuhherden nicht nur in den
halboffenen Vorhallen liegen, sondern sogar die von Unkraut
überwucherten Seiten der grünenden Altäre abweiden.» Doch
durfte selbst Sidonius nach kurzer Verbannung auf seinen Stuhl
zurück (der übrigens in der Familie blieb, sein Sohn Apollinaris
drückte ihn wieder: III 500). Denn Eurich bekämpfte die Katholiken in Wirklichkeit maßvoll, ja, unterhielt zu mehreren Bischöfen gute Beziehungen.[30]

Der König residierte in Toulouse (Tolosa). Von dort drangen
seine Generale sowohl nach Norden wie nach Spanien vor, gegen
Bretonen kämpfend, Franken, Burgunder, gegen römische Truppen des comes Paulus und kaiserliche aus Italien, auch gegen die
Sueven. In Gallien schoben sie, im harten Kampf wider Adel und
katholische Prälaten, die Grenze bis zur Loire, Saône, Rhône und,
seit 477, bis zur Provence vor. Mancherorts beteiligten sich die
katholischen Oberhirten führend am Widerstand; Bischof Sidonius etwa, der beim Vorstoß gegen die Auvergne, zusammen mit
seinem Schwager Ecdicius, sogar jahrelang Clermont verteidigt
hat. Und in nicht minder harten Kämpfen eroberten die Goten

Spanien, manche Städte dabei jahrelang belagernd. Im Friedensvertrag von 475 erkannte der römische Kaiser Nepos König Eurich als souveränen Herrscher über die von ihm eroberten Gebiete der pyrenäischen Halbinsel an.[31]

Im Großreich von Toulouse (418–507), dessen diplomatische Beziehungen unter Eurich bis zu den persischen Sassaniden reichten, stellten die Westgoten allenfalls zwei Prozent der Bevölkerung. So konnten sie dem steten Druck der Merowinger aus dem Norden nicht standhalten: Chlodwig erstrebte den Zugang zur Mittelmeerküste.

## DER KRIEG GEGEN DIE WESTGOTEN

Eurichs Sohn Alarich II. (484–507), Gatte der zweiten Tochter Theoderichs, Thiudigotha, scheint nichts Gutes geahnt zu haben. Als er nämlich sah, berichtet Gregor von Tours, «daß König Chlodwig ohne Unterlaß die Völker bekriegte und sich unterwarf, schickte er Gesandte an ihn und sprach: ‹Wenn es meinem Bruder beliebt, so wäre es der Wunsch meines Herzens, daß wir uns einmal sehen, so Gott will.›» Die beiden Potentaten trafen sich um 502 auf einer Loire-Insel bei Amboise, anscheinend an der Grenze zwischen ihren Reichen, «sprachen, aßen und tranken miteinander, gelobten sich Freundschaft und schieden dann in Frieden».[32]

Aber Alarich II. war Arianer. Und obwohl die arianischen Westgotenkönige die Katholiken Synoden halten, Klöster gründen, Kirchen bauen und restaurieren ließen, obwohl auch Alarich selbst katholische Minister hatte und katholische Bischöfe begünstigte, empfanden es vor allem die Bischöfe seit langem als sehr schmerzlich, Untertanen eines andersgläubigen Königs, eines «gottlosen Fürsten» (nefarius princeps) zu sein – «viele wünschten schon damals in allen gallischen Landen von ganzem Herzen, die Franken als Herren zu haben» (Gregor von Tours).

So orientierte sich der meist aus Angehörigen des römischen Senatorenadels bestehende katholische Episkopat Galliens alsbald an Chlodwig, dem einzigen katholischen Germanenkönig, zumal der den Bischöfen auch noch brieflich bedeutete, daß der Kirche aus dem Krieg zwischen Franken und Westgoten kein Schaden entstehen dürfe.[33]

Verschiedene Prälaten leiteten längst auch politisch Städte, ganze Gebiete, organisierten die Verteidigung, verhandelten mit dem Feind. Bezeugt ist dies beispielsweise für das Jahr 451 von Anianus von Orléans und Lupus von Troyes. Und natürlich sympathisierten Bischöfe der westgotischen Gebiete schon lange vor Kriegsbeginn 507 mit den Franken, traten sie «bereits vor dem fränkischen Angriff auf die Seite der neuen Herren und sicherten diesen schon sehr früh die Unterstützung im Lande» (Bleiber).

Bischof Volusianus von Tours, ein Angehöriger des senatorischen gallischen Adels, erleichterte wahrscheinlich Chlodwig die Eroberung von Tours. Als es 496 Alarich II. zurückgewann, wurde der Bischof des Landesverrats für schuldig befunden und verbannt – «gleich wie ein Gefangener nach Spanien gebracht» (Gregor von Tours). Auch sein Nachfolger Verus mußte wegen Konspiration mit den Franken noch kurz vor der Entscheidungsschlacht zwischen Chlodwig und Alarich ins Exil. Ebenso Cäsarius von Arles, von dem das alte katholische Kirchen-Lexikon von Wetzer/Welte versichert: «Sein Leben war heilig.» Eben, eben! Bischof Cäsarius wurde gleich dreimal hochverräterischer Beziehungen zum Landesfeind bezichtigt und dementsprechend auch gleich dreimal exiliert oder eingesperrt. Das erstemal kam er um 505 nach Bordeaux, das zweitemal brachten ihn Anschuldigungen «der Juden und Arianer» (Wetzer/Welte) hinter Gitter, das dritte- und letztemal steckte man ihn – «auch jetzt gewiß nicht ohne Grund» (Schmidt) – 513 unter militärischer Bedeckung nach Ravenna, wo er nur infolge der Fürsprache vor allem des Bischofs Ennodius von Pavia der Bestrafung entging. Quintianus, Oberhirte von Rodez, der unter demselben Verdacht stand (obwohl er Alarich sein Bistum verdankte!), floh «bei Nacht» ins Frankenreich. In Arvern (Clermont) bekam der «Mann Gottes» von dem Bischof Eufrasius dann gleich «Häuser, Äcker und Weinberge». Denn: «Das Vermögen unserer Kirche, sprach er, ist groß genug . . .»[34]

Zwar hatten die katholischen Seelenhirten noch auf der Synode von Agde (506) unter dem Vorsitz des Cäsarius von Arles («Sein Leben war heilig») König Alarich II. ihre Ergebenheit versichert und, wie die Konzilsakten festhalten, «mit zur Erde gebeugten Knien für seine Herrschaft, für langes Leben und für das Volk zu dem Herrn gebetet». Doch derselbe Galactorius, Bischof von Béarn, der in Agde derart für König Alarich gebetet und die Treueversicherung unterzeichnet hatte, trat alsbald an die Spitze eines bewaffneten Haufens, um offen Chlodwigs Heer zu unterstützen. Er wurde aber vor der Entscheidungsschlacht abgefangen, besiegt und hingerichtet – und als «Märtyrer» Heiliger der Kirche![35]

Die unverhohlene Sympathie der Bischöfe seines nächsten Schlachtopfers kam Chlodwig natürlich sehr zustatten. Anno 507 schloß er ein Bündnis mit den Burgundern und eröffnete dann mit der Erklärung: «Es kümmert mich sehr, daß diese Arianer immer noch einen so schönen Teil Galliens besitzen. Auf, mit Gottes Hilfe, laßt uns das Land erobern» im Frühjahr unter Bruch des 502 geschlossenen Friedens den Krieg gegen die schlecht vorbereiteten Westgoten. Unterstützt wurde er von den Rheinfranken unter Führung von Chloderich, dem Sohn König Sigiberts von Köln, «des Lahmen», sowie von den Burgundern, die aber vielleicht erst nach der Entscheidungsschlacht sich anschlossen. Sogar die katholischen Byzantiner waren dem katholischen Frankenkönig gefällig. Das demonstrative Erscheinen einer Flotte von 100 Schiffen in Süditalien, wo die Kaiserlichen die Küsten Apuliens und Kalabriens brandschatzten, verhinderte den rechtzeitigen Beistand des arianischen Ostgotenkönigs Theoderich.[36]

Es kam zu einer Reihe schwerer Gemetzel – «im Zeichen der Heiligen Martinus und Hilarius», der beiden «Vorkämpfer gegen den Arianismus», der «Lehrmeister des gallischen Episkopates», «Patrone des Frankenreichs» (Ewig). Denn Chlodwig, der die Kirchen und den Klerus unter seinen besonderen Schutz stellte, versäumte nicht, dem Krieg, den er zur Stillung seiner Raublust, Machtsucht wohl weit mehr als aus religiösen Gründen führte, den Charakter eines heiligen Kampfes zu geben, eines Glaubenskrieges zur Befreiung der ach so unterdrückten katholischen Hierarchie, die ihn natürlich mit offenen Armen aufgenommen, ihm vielfach die Stadttore geöffnet, wenn sie nicht gar selbst mitgekämpft hat, wie der Sohn und Nachfolger von Sidonius Apollinaris, Bischof Apollinaris. Hatte der Vater schon zwischen 471 und 474 als Bischof die Verteidigung Clermonts gegen die Westgoten organisiert, so führte nun der bischöfliche Sohn seine Diözesanen in die Schlacht, wobei «eine große Menge Volks von Arvern umkam», wie der hl. Gregor stolz berichtet; «darunter fielen die vornehmsten Senatoren».[37]

Auf katholischer Seite bestreitet man (nicht nur) diesem Krieg gern, ja, mit Leidenschaft, den Charakter eines Religionskrieges. «496 hatte Chlodwig die Alemannen besiegt. 507 überwand er die arianischen Westgoten», schreibt Domvikar Algermissen, um nach Anführung einer langen Reihe fränkischer Raubkriege bis ins 9. Jahrhundert fortzufahren: «Bei all diesen Zügen handelte es sich um weltliche Eroberungszüge, wie sie in alten Zeiten den Völkern selbstverständlich waren, nicht etwa um Religionskriege. Daß es dabei auch zum ‹Schwertmorden› kam, braucht nicht erwähnt zu werden.» Klar, das läuft so nebenbei; «aber dies Blutvergießen geschah nicht gegen eine alte oder für eine neue Religion. Die Ausbreitung des Christentums erfolgte nicht durch die fränkischen Kriegsführer, die bestimmt keinen Missionstrieb hatten . . .»[38]

Chlodwig vielleicht wirklich nicht. Aber zumindest bedienten die Bischöfe sich seiner und noch vieler, vieler anderer christlicher Helden, hetzten sie die Fürsten, indirekt und direkt, an und auf.

Und wie stellt Bischof Gregor denn die Sache dar? Da befiehlt der Merowinger, in der Gegend von Tours dürfe «aus Verehrung gegen den heiligen Martinus» niemand etwas wegnehmen als Futtergras und Wasser. Und als dort einer seiner Haudegen doch etwas Heu holt, schlägt ihn der König «mit dem Schwert schneller nieder, als das Wort den Lippen entflieht, und sprach: ‹Wie sollen wir siegen, wenn wir den heiligen Martinus erzürnen?›» Darauf erhofft der Einmal-mehr-Mörder «ein Vorzeichen des Sieges in jenem heiligen Tempel» von Tours und erhält es auch prompt.

Weiter betet er in der Nacht beim Viennefluß, und am Morgen zeigt ihm «eine Hirschkuh von wunderbarer Größe auf Gottes Geheiß» eine Furt für seine Schlächter. Vor Poitiers strahlt ein Feuerglanz von der Hilariuskirche her, auf daß der König «um so schonungsloser, vom Licht des heiligen Bekenners Hilarius geleitet, die ketzerischen Scharen niederkämpfe, gegen welche dieser so oft für den Glauben gestritten». Wieder darf hier niemand «plündern», «rauben». Auch geschehen weitere Wunder und noch «viele andere Wunder». Und dann tritt endlich die katholische Liebe, die Nächsten-, die Feindesliebe in volle Aktion; es kommt zum «Schwertmorden» . . .[39]

Der Kriegszug – «ein Religionskrieg» (Pontal) und auch «als Religionskrieg» proklamiert (Ewig) – kostete Alarich II. gleich in der ersten Schlacht bei dem heutigen Vouillé (17 km nordwestlich von Poitiers), tief im westgotischen Reich, das Leben, laut Gregor durch Chlodwigs eigene Hand. Und alles verlief unter solch ungeheurer Anhäufung von Brand, Raub, Mord, daß eine spätere Zeit dies den Heiden im fränkischen Heer zuschrieb. «Doch war die Soldateska der Merowinger dafür bekannt, oft selbst im eignen Land nicht minder als im eroberten zu wüten: Felder, Häuser, Kirchen, rücksichtslos wurde verwüstet, geplündert, verbrannt, Kleriker und Laien noch am Altar massakriert.»[40]

Die Franken drangen tief ins Herz des Westgotenreiches vor, bis zur Garonne. Sie nahmen Bordeaux, wo Chlodwig überwinterte, und, im Frühjahr 508, gemeinsam mit den kurz zuvor in den Krieg eingetretenen Burgundern, die westgotische Königsstadt Toulouse. Hier raubten sie den gesamten Königsschatz, «Thesaurus Alarici» (Fredegar), da ihn der erste Alarich ein Jahrhundert früher durch die Eroberung Roms begründet hatte; ein Räuber beraubt den anderen, das Spiel der großen Politik – bis heute. Ein Königsschatz freilich war damals für germanische Fürsten fast so wichtig wie die Herrschaft über ein Volk, da sie nur mittels des Schatzes ihre Gefolgsleute entlohnen, ergo nur so herrschen konnten. Chlodwig ließ Toulouse in Flammen aufgehn und nahm dann auf ganz wunderbare Weise Angoulème. Denn: «Solche Gnade erwies ihm dort der Herr, daß die Mauern, als er sie

anblickte, von selbst niedersanken.» Katholische Kirchengeschichtsschreibung.

Darauf trennte sich Chlodwig wieder von den Burgundern und
zog nordwärts, versäumte aber nicht, in Tours dem hl. Martin,
seinem «Sieghelfer», einen Teil der großen Beute abzutreten –
feiner gesagt, mit Gregor: «er weihte viele Geschenke der heiligen
Kirche des heiligen Martinus», da er, mit Fredegar, «mit deren
Hilfe all dies offenbar vollbracht hatte». Außerdem erhielt er in
Tours die Ernennung zum Ehrenkonsul durch eine Gesandtschaft
des byzantinischen Kaisers Anastasios, als entschiedener Mono-
physit ein übler «Ketzer» (II 324 ff., 345 ff.). Doch ging und geht
Staatskunst stets über Religion, ging und geht auch und gerade
Religionspolitik über Religion. Die Ehrenkonsulswürde war eine
Auszeichnung mit eindeutig politischem Hintergrund, galt sie
doch dem seinerzeit vehementesten Antipoden sowohl der West-
wie Ostgoten. Chlodwig demonstrierte darauf in der Kirche des
hl. Martin seinen quasi imperialen Rang, hüllte sich in eine vestis
regia, ein Purpurgewand, legte ein gleichfalls vom Kaiser über-
sandtes Diadem um das Verbrecherhaupt und soll seither auch
«gleich einem Kaiser» Augustus genannt worden sein.[41]

Doch nun griff der Ostgote Theoderich zugunsten des westgotischen Brudervolks ein. Sein Befehlshaber Ibba stoppte im Jahr
508 Franken und Burgunder. Arles wurde befreit, Narbonne 509
zurückgewonnen, 30 000 Franken sollen, nach Iordanes, gefallen
sein. Die Burgunder verloren fast alle Eroberungen, die sie auf
Kosten der Westgoten gemacht. Und die Westgoten, die Aquitanien
einbüßten, behielten nur noch Septimanien (auch Gotien genannt),
die Mittelmeerküste südwestlich der Rhônemündung mit dem
Königssitz Narbonne. Ihr Staat verlagerte sich – ein Menschenalter
später – mit Barcelona als Residenz hauptsächlich nach Spanien,
dessen südlichen Teil im beginnenden 8. Jahrhundert die Mauren
überrannten (S. 302 f.). Die Ostgoten dagegen hatten beträchtliche
Gebiete gewonnen. Erst recht die Franken, deren Königreich sich
511 vom Rhein bis zur Provence erstreckte, wenn auch ihr Raub
Nordgalliens nie vertraglich legalisiert worden ist.

Der eigentliche Sieger aber war die Katholische Kirche.

Schon während des Krieges hatte Chlodwig wiederholt das Martinskloster von Tours reich beschenkt und die ganze Umgegend streng vor Plünderung geschützt. Und nach dem Krieg empfing der katholische Klerus, der Chlodwigs Raubsiege als Befreiung von jahrzehntelanger «Ketzerherrschaft» bejubelte, den Dank des Königs. Noch kurz vor seinem Tod rief er die Bischöfe 511 nach Orléans zur ersten fränkischen Reichssynode. Sie befahl die Wegnahme der arianischen Kirchen und ihre Verwendung für den katholischen Gottesdienst. Auch gab der König Ländereien der «Ketzer» den katholischen Kirchen oder erlaubte diesen zumindest die Nutznießung. Ja, er hat auch schon einzelne von den Staatslasten befreit und überhaupt dem katholischen Klerus seinen besonderen Schutz zugesichert.

Dafür beherrschte er freilich die fränkischen Prälaten ähnlich wie einst Kaiser Konstantin die Kirche seiner Zeit. In einem an die Spitze der Akten gestellten Schreiben der Synodalen wandten sich diese an «ihren Herrn, den Sohn der Katholischen Kirche, Chlodwig, den glorreichen König», sprachen von dem «Konsens des Königs und Herrn» und erbaten die «Bestätigung der bischöflichen Beschlüsse mit höherer Autorität».[42]

## MÜSSEN WIR UNS FREI MACHEN VON MORALISTISCHER WERTUNG DER GESCHICHTE?

Nachdem Chlodwig den Krieg gegen die Westgoten mit Hilfe der Rheinfranken gewonnen hatte, ergaunerte er, zwischen 509 und 511, in den letzten Jahren seines Lebens, ihre Königswürde – falls dies nicht schon um 490 geschah. Jedenfalls erzwang er den Zusammenschluß der rheinfränkischen Teilstämme mit den salischen Franken.

Zunächst stiftete er Chloderich, den Sohn König Sigiberts von Köln, zum Vatermord an. «Hier siehe, Dein Vater ist alt geworden und hinkt auf einem verkrüppelten Bein . . .» Sigibert «der Lahme», Chlodwigs alter Kampfgefährte, hinkte seit der Schlacht von Tolbiacum gegen die Alemannen, bei der er verwundet worden war (S. 55). Der Prinz beseitigte durch gedungene Mörder den Vater in der Boconia silva, dem Buchenwald; Chlodwig beglückwünschte durch eine Delegation den Vatermörder und ließ, noch durch diese, auch diesem den Schädel spalten – «ränkevolle Diplomatie» nennt das elegant, zu elegant, der deutsche Historiker Ewig. Nach solchem Doppelakt eilte Chlodwig in Sigiberts Residenzstadt Köln, beteuerte feierlich seine Unschuld an beiden Morden und übernahm, vom Volk umjubelt, die Francia Rinensis, «Sigiberts Reich und Schätze» (Gregor).[43]

Darauf suchte der Herrscher die mit ihm verwandten salischen Kleinkönige heim, etwa den König der Tongrer, Chararich, der einst gegen Syagrius nicht mitgekämpft. Chlodwig fing ihn samt Sohn «mit List», ließ sie erst in ein Kloster stecken, scheren (Zeichen des Verlustes der Königswürde), ließ den Chararich zum Presbyter, den Sohn zum Diakon weihen, dann köpfen, und bemächtigte sich, siehe oben, ihres Schatzes und Reiches.

Einen weiteren Verwandten, seinen leiblichen Vetter, König Ragnachar von Cambrai, hatte Chlodwig besiegt, nachdem er dessen Gefolge (leudes: das kann sowohl alle Untertanen als auch die näheren «Dienstleute» des Königs bedeuten) mit einer Menge Gold, das freilich falsch war, auf seine Seite gebracht. Nach der Schlacht verhöhnte er den gefesselt vorgeführten Ragnachar, der ihm 486 im Krieg gegen Syagrius geholfen: «Warum hast du unser Blut so gedemütigt und dich in Ketten legen lassen? Du wärest besser gestorben» – und spaltete ihm mit einem Axthieb den Schädel. Auch des Königs Bruder Richar hatte man ergriffen. «Wenn du deinem Bruder beigestanden hättest, würden wir ihn nicht gebunden haben», sagte Chlodwig und tötete ihn mit dem nächsten Schlag. «Die genannten Könige waren aber Chlodwigs nahe Blutsverwandte» (Gregor von Tours). Und auch ihren Bruder Rignomer ließ er in der Nähe von Le Mans liquidieren – «baute Chlodwig seine Stellung im gesamtfränkischen Bereich aus», faßt das Vorstehende wieder Historiker Ewig zusammen.[44]

Diesem Ausbau von Chlodwigs «Stellung im gesamtfränkischen Bereich» fielen anscheinend mehrere Dutzend fränkischer

Gaufürsten zum Opfer. Der Tyrann ließ sie ermorden, raubte ihre Länder, ihren Reichtum, nicht ohne dann zu klagen, daß er ganz allein sei. «‹Ach, daß ich nun wie ein Fremdling unter Fremden stehe und mir keiner der Verwandten, wenn das Unglück über mich kommen sollte, Hilfe gewähren kann!› Aber er sprach dies nicht, weil er bekümmert gewesen wäre um den Tod derselben, sondern aus List, ob sich vielleicht noch einer fände, den er töten könnte.» So der hl. Gregor, für den Chlodwig «ein neuer Konstantin» ist; er verkörpert geradezu «sein Herrscherideal» (Bodmer), ja, erscheint ihm des öfteren «nahezu als Heiliger» (Fischer). Ohne Scham schreibt der berühmte Bischof wieder selbst: «Gott aber warf Tag für Tag seine Feinde vor ihm nieder und mehrte sein Reich weil er rechten Herzens vor ihm wandelte und tat, was seinen Augen wohlgefällig war.» Was sich, der Kontext zeigt es, auch noch auf Chlodwigs Verwandtenmorde bezieht. Alles hochheilig – und hochkriminell.[45]

Dies also der primus rex Francorum (Lex Salica), der König, der ganz nach den Worten des hl. Remigius bei seiner Taufe regierte: bete an, was du verbrannt, verbrenne, was du angebetet (S. 57). Dies der Katholik, der nichts Heidnisches mehr mit sich herumschleppte, doch als fast absoluter Tyrann gebot, der beinah barst von hypertropher Brutalität und Raubgier, vorsichtig-feig gegenüber Stärkeren, alles Schwächere aber unbarmherzig massakrierend; der keine Heimtücke und Grausamkeit scheute, alle seine Kriege im Namen des christkatholischen Gottes führte; der souverän wie selten einer, doch gut katholisch, Krieg, Mord und Frömmigkeit verband, der sein «christliches Königtum mit voller Absicht am 25. Dezember begonnen», der mit seiner Beute überall Kirchen baute, sie beschenkte, darin betete, der ein großer Verehrer des hl. Martin war, seine «Ketzerkriege» in Gallien gegen die Arianer «im Zeichen einer verstärkten Petrusverehrung» führte (K. Hauck), dem die Bischöfe auf dem Nationalkonzil von Orléans (511) eine «wirklich priesterliche Seele» nachrühmten (Daniel-Rops). Ein Mann, der beim Anhören von Jesu Passion erklärt haben soll, wäre er mit seinen Franken dort gewesen, hätte er das Unrecht an ihm gerächt; womit er sich auch noch, nach dem alten Chronisten, als «echter Christ» erwies (christianum se verum esse adfirmat: Fredegar). Wie ja auch Theologe Aland heute sagt: «Und daß er sich als Christ, und zwar als katholischer Christ wußte, ist sicher und kommt bei den einzelnen Handlungen seiner Regierung immer wieder zum Ausdruck.» Kurz, dieser Mann, der sich den Aufstieg zur fränkischen Alleinherrschaft, wie Angenendt anschaulich zitiert, «mit der Axt» bahnte, war kein bloßer Heerkönig mehr, sondern, gerade dank seines Bündnisses mit der katholischen Kirche, «Stellvertreter Gottes auf Erden» (Wolf). Ein Mann, der schließlich, samt seiner hl. Chlotilde, in der von ihm erbauten Apostelkirche in Paris, später Sainte-Geneviève genannt, die ihm gebührende letzte Ruhestätte fand, nachdem er 511, knapp über vierzig Jahre alt, gestorben war: ein rücksichtslos verschlagener Großverbrecher auf dem Thron, nach dem Historiker Bosl indes: «ein Barbar, der sich zivilisierte und kultivierte . . .» – Wann, wo, wie?[46]

Theologe Aland nennt Chlodwig, durchaus zu Recht, dem Konstantin verwandt (I. 5. Kap), nennt beide etwas euphemistisch Machtmenschen, Gewaltherrscher und meint rechtfertigend: «Solche rauhen Zeiten konnten nur von derartigen Männern gemeistert werden.» Aber machten die rauhen Zeiten die rauhen Männer? Oder die rauhen Männer die rauhen Zeiten? Das hängt doch sehr zusammen. Und schon Augustin hat das bornierte Bezichtigen der Zeiten korrigiert: «Wir sind die Zeiten; wie wir sind, so sind die Zeiten» (I 56 f.).

Aland will die Frage offenlassen, ob Konstantin und Chlodwig Christen waren. «Denn die Söhne Konstantins, ebenso wie Theodosius, also Herrscher, an deren christlichem Bekenntnis kein Zweifel sein kann, haben durchaus vergleichbare Bluttaten begangen. Von solcher moralistischen Wertung der Geschichte müssen wir uns freimachen, wenn wir sie überhaupt verstehen wollen. Denn schließlich: wer selbst von uns, deren Volk nunmehr eine 1500 Jahre unter dem Vorzeichen des Christentums stehende Geschichte hinter sich hat, will von sich sagen: ich bin Christ? Spricht Luther doch von dem Christentum, das immer im Werden, nie im Wordensein steht.»[47]

Die merowingischen Chronisten glorifizierten Chlodwig aus zwei Gründen besonders: wegen seiner Taufe und seiner vielen Kriege. Und genau darauf gründet auch sein weltgeschichtlicher Ruhm. Er wurde Katholik und hat alles um sich, was er niederschlagen und zusammenrauben konnte, niedergeschlagen und zusammengeraubt. So schuf er aus einem unbedeutenden Teilfürstentum ein mächtiges germanisch-katholisches Imperium, wurde er der Besiegler des Bundes von Thron und Altar im Frankenreich, wurde er ganz offensichtlich das auserwählte Werkzeug Gottes, der ja tagtäglich seine Feinde vor ihm niederwarf, wie der hl. Bischof rühmte, «weil er rechten Herzens vor ihm wandelte und tat, was seinen Augen wohlgefällig war».[48]

Solange man so die Geschichte betrachtet, solange man sich freihält von ihrer «moralistischen» Wertung, solange die übergroße Mehrzahl der Historiker vor solch hypertrophen, welthistorischen Bestien und all ihrer Nachbrut fort und fort auf dem Bauch liegt, vor Respekt, Ehrfurcht, Bewunderung, zumindest aber voller Verständnis, stets tieferer Einsicht – will man oder soll man oder darf man doch nicht «moralisieren», sondern man will «verstehen», auf deutsch gesagt: den Mächtigen in den Arsch kriechen –, so lange wird auch die Geschichte verlaufen, wie sie verläuft.

## 3. KAPITEL

# DIE CHLODWIG-SÖHNE

«Auch die Nachfolger des ersten fränkischen Großkönigs
förderten Kirche und Kultus: das Mönchtum entfaltete
sich . . ., die Reste des Heidentums wurden mit wachsender
Energie bekämpft . . . Die nach altchristlicher Lehre dem Königtum obliegenden Aufgaben, Sicherung des inneren Friedens
und Belohnung der Guten und Bestrafung der Schlechten,
wurden zu konstitutiven Elementen einer sich entwickelnden
Herrscherethik . . .»
H. H. Anton[1]

«Es war ein *tatenfrohes* Geschlecht, das diese neue Welt aufbaute, begeisterungsfähig und pflichtbewußt zugleich, nicht
befangen in schnödem Materialismus, an dem die Römerwelt
zugrunde gegangen war.» Katholik Franz Zach[2]

## REICHSTEILUNG UND AUVERGNATENAUFSTAND

Chlodwigs Reich, fast aequa lance geteilt, fiel zunächst an seine vier Söhne: alle gleichermaßen «Könige der Franken»; alle, nach germanischer Erbregel, gleichberechtigte Erben; alle katholisch; und alle, ausgenommen Theuderich I., der Älteste, den Chlodwig um 485 mit einer Konkubine gezeugt (was keine Rolle spielte, da nur das königliche Blut des Vaters entschied), mit einer Heiligen als Mutter. Doch alle brachten ihr Leben mit gräßlichen Mordtaten hin, mit Fehden, Feldzügen. In der bewährten Tradition des Vaters erweiterten sie systematisch das Reich. Sie eroberten Thüringen (531), Burgund (533/534), die Provence (537). Zu den genannten Annexionen kamen zahlreiche andere Beutezüge – eine ungewöhnlich verworrene Zeit, eine der dunkelsten, blutigsten Epochen der Geschichte, voller Ausschweifung und Brutalität, Brudermord, Bruderkrieg und Verrat, ein einziges Gerangel um «Macht und Reichtum» (Buchner), nichts als «sinnloses Beutemachen und Gemetzel» (Schulze).[3]

Doch selbst kritische Historiker gehen (dankbar) in die Knie vor der «Reichsgründung» der Merowinger, vor ihrem Brückenschlag «von der Antike zum Mittelalter», ihrer Sieghelferstellung gegenüber «dem katholischen Christentum», dem Bundesschluß «zwischen Thron und Altar» – als hätte all das die Geschichte nicht noch viel blutrünstiger gemacht!

Die Grenzen der vier Reichsteile stehen nicht genau fest.

Am besten noch kennen wir Theuderichs I. Erbe (511–533). Der vermutliche Hugdietrich der Sage bekam den Löwenanteil mit der Hauptstadt Reims; ein Gebiet, in dem das spätere

Austrien mit seiner überwiegend germanischen Bevölkerung rudimentär vorgebildet war: den gesamten Osten, von Burgund bis zum Rheinland, vielleicht sogar schon bis in die Gegend von Fritzlar und Kassel; auch große, ehemals alemannische Territorien sowie Ostaquitanien. Erhielt doch jeder Sohn einen Anteil an den vom Vater geraubten aquitanischen Ländern südlich der Loire; drei davon waren freilich Exklaven.

Chlotar I. (511–561), Chlodwigs jüngster Sohn, vielleicht noch ohne das salische Mündigkeitsalter von 12 Jahren, übernahm hauptsächlich das Gebiet der salischen Franken mit den Königsstädten Tournai und Cambrai, also das altfränkische Territorium zwischen Kanalküste, Somme und dem Kohlenwald in etwa jenen Grenzen, die es vor den Raubzügen seines Vaters hatte. Als Regierungssitz wählte Chlotar das ganz im Süden gelegene Soissons.

Die südliche und westliche Francia fiel an Chlodomer und Childebert.

Chlodomer (511–524), beim Tod Chlodwigs etwa 15 Jahre alt, herrschte als König von Westaquitanien, dem Land meist nördlich der mittleren Loire, in Orléans. Und Childebert I. (511–558) gebot den Küstenländern von der Somme bis zur Bretagne; er residierte in Paris, der unbestrittenen Hauptstadt.[4]

Über die erste Regierungzeit dieser vier Könige ist wenig bekannt. Rivalität bestand unter ihnen von Anfang an, gefördert wohl noch durch die einander eng benachbarte Lage der vier zentralen Königspfalzen Reims, Soissons, Paris, Orléans im Kern des Reiches. Und ausgerechnet sie sollte vermutlich, grotesk genug, dessen «ideelle Einheit» symbolisieren.[5]

Bei einem Aufstand in der Auvergne, mutmaßlich um 520, suchte Childebert dies Gebiet Theuderichs zu ergattern, der noch in Thüringen operierte, dann aber die Rebellion niederschlug, die Auvergne verheerte, auch die Diözese des hl. Quintinianus, Bischofs von Clermont. Man «verwüstete alles und machte jegliches nieder», brach Burgen, entweihte Katholikentempel, tat noch in ihnen «viel Böses», ermordete den Priester Proculus «am Altar der Kirche jämmerlich». Childebert drang inzwischen bei den Westgoten ein, und einen Teil dessen, was er raubte, unter anderem «60 Kelche, 15 Patenen, 20 Evangelienbehältnisse, alles aus reinem Golde und mit kostbaren Edelsteinen geziert», verschenkte er «an die Kirchen und Gotteshäuser der Heiligen» (Gregor von Tours). Dann schließt er mit seinem älteren (Halb-) Bruder Theuderich (wie der Vater ein Verwandtenmörder, wenn auch kleineren Kalibers) zwar Frieden, doch wird dieser, trotz Schwur und Geiselstellung, bald wieder gebrochen, und so «verfielen viele Söhne von Senatoren der Knechtschaft» (Fredegar).[6]

## Der Burgunderkrieg 523/524 – von einer Heiligen gefordert, gegen einen Heiligen und Mörder geführt

Bald nach dem Auvergnatenaufstand fielen die katholischen Frankenkönige über das katholische Burgunderreich her.

Dort herrschte seinerzeit noch Sigismund (516–523), der Sohn des Burgunderkönigs Gundobad (S. 62 ff.). Seit 501 war Sigismund Unterkönig in Genf. Und was dem Eiferer Avitus mit dem Vater nicht gelungen, gelang ihm mit dem Sohn. Um 500 bekehrte sich Sigismund vom Arianismus zum Katholizismus. Triumphierend meldete dies sein Mentor von Vienne nach Rom. Und nun konnte Bischof Avitus den Tod des alten «Ketzer»königs, mit dem er doch so angeregt kontaktierte, konnte er die Beseitigung der «arianischen Pest» und die Alleinherrschaft des bekehrten Sigismund kaum erwarten. Er erscheint ihm als Bannerträger der Christen, sein Anblick als Paradies.[7]

Sigismund führt dann auch in ganz Burgund den Katholizismus ein. Und sein ältester Sohn aus erster Ehe, ein Enkel des Ostgotenkönigs Theoderich, der arianische Prinz Sigerich, konvertiert ebenfalls (516/17) zur großen Freude des Avitus. Doch Sigerichs Schritt mag mehr politisch begründet gewesen sein. Er erregt den Verdacht seines hl. Vaters, der 522 den etwa 28jährigen durch zwei Diener im Schlaf erdrosseln läßt. Denn Sigismund, «dieses Muster der Frömmigkeit», so Katholik Daniel-Rops, «ließ sich mitunter zu entsetzlichen Gewaltakten und verschiedenen Verbrechen hinreißen». Aber schließlich ist Sigismund nicht nur, so Bischof Gregor, «der greulichste Kindermörder», sondern auch ein Heiliger (Fest: 1. Mai). Also eilt er nach der Ermordung seines Ältesten ins Kloster S. Maurice (St. Moritz im Wallis), fastet, betet und stiftet einen ununterbrochenen Chorgesang zum Gedächtnis seines Opfers![8]

Denn längst hatte Avitus den Regenten gut gegängelt. Mit aller Inbrunst hing er am Katholizismus. Schon sein erster Regierungsakt war die Einberufung eines Konzils 517 in Epaon, das scharfe Beschlüsse gegen die Arianer faßte. Und bereits vor seinem Regierungsantritt korrespondiert Sigismund mit dem Papst. Als erster Germanenkönig macht er auch eine Wallfahrt nach Rom. Dort kann er von Symmachus (einem Heiligen Vater der Straßen- und Kirchenschlachten und großer Fälschungen: II 337 ff.) kaum genug Reliquien erwerben. Der Papst ist für Sigismund der Herr der ganzen Kirche. Und dem Kaiser Anastasios I. (II 324 ff., 346 ff.) schreibt er nach Byzanz: «Mein Volk ist euer; mich freut es mehr, euch zu dienen, als über mein Volk zu herrschen.»[9]

Gekrönte Schafe sind ein wahrer Segen für die Hirten, wenn auch Rom damals die Taufe des Burgunders so wenig registriert wie vordem die Chlodwigs (S. 58). Erzbischof Avitus aber preist Sigismunds Kirchenstiftungen, seine energischen Attacken wider den Arianismus in Genf. Er überhäuft den König mit schmeichelnden Titeln, nennt den Jüngling «Vater der katholischen Völker», inspiriert ihn zu Briefen, ja, verfaßt sie für ihn, wie die an den oströmischen Kaiserhof.

Nachdem Avitus freilich mit Sigismunds Hilfe die Katholisierung der Burgunder, sein Lebensziel, erreicht hatte, was ihm allein wohl nie gelungen wäre, trat er dem Mohren, der seine Schuldigkeit getan, sogleich bezeichnend gegenüber – der «typische Vertreter der katholischen, nur auf die Förderung egoistischer Interessen bedachten Hierarchie, eine herrschsüchtige, intrigante, herzlose Natur, voll Hinterlist, Falschheit und Undankbarkeit gegen das Herrscherhaus, dem er soviel verdankte» (Hauck). Bereits auf dem burgundischen Reichskonzil (517) –

das unter Avitus' Vorsitz vor allem der Bekämpfung des Arianismus sowie der Sicherung des Kirchengutes dient (Verbot der Freilassung von Kirchensklaven u. a.) und gleichsam den Beginn der Katholisierung der Burgunder nach außen anzeigt – ignoriert der Kirchenfürst den König gänzlich. Dabei waren synodale Dank- oder Ergebenheitsadressen an den Landesfürsten durchweg üblich, hätte Sigismunds entscheidender Beistand bei der Niederringung des Arianismus Dank und Anerkennung geradezu gefordert. Doch Avitus und die Bischöfe, die auf dem Konzil die arianischen Kirchen verfluchen und Geistliche, die mit Arianern speisen, mit einjähriger Exkommunikation oder (sind sie jünger) mit Prügelstrafen bedrohen, übergehen den König. Ja, sie verfügen einen mit dem Landesgesetz unvereinbaren Erlaß, der zum Kampf des Regenten gegen den nun übermächtigen Episkopat führt.[10]

Und ein weiterer Kampf, ebenfalls zwischen Glaubensbrüdern, kommt dazu.

523 fallen Childebert, Chlotar und Chlodomer über die Burgunder her, Katholiken über Katholiken, aufgestachelt von der hl. Chlotilde, um deren bei den Machtkämpfen in Burgund liquidierte Eltern zu rächen: «Denket daher, ich bitte euch, voller Zorn an jenes Unrecht, das ich erlitten, und rächet tatkräftig den Tod meines Vaters und meiner Mutter.» So spricht eine Heilige, die auch nach Fredegar «unablässig» zur Rache trieb. «Deshalb zogen jene nach Burgund . . .» Nur König Theuderich, von Chlodwig mit einer Konkubine gezeugt und verheiratet mit Suavegotho, Sigismunds Tochter, rückt nicht mit aus. Die Söhne der Heiligen aber schlagen den Burgunder völlig. Er wird von seinen Untertanen verraten und samt Familie, seiner Frau, den beiden Söhnen, auf Befehl Chlodomers bei Orléans in einem Brunnen ersäuft, «um keine Feinde im Rücken zu haben» – eine Variante der Methoden seines katholischen Vaters und: «Einziger Höhepunkt in Chlodomers Regierungszeit» (Ebling).[11]

Sigismund aber, der Mörder seines eigenen Sohnes, avanciert zum Heiligen der katholischen Kirche, deren Liturgie freilich lange schwankte, ob sie *für* oder *zu* Sigismund beten solle! Immerhin verdankt man ihm nun einmal die Katholisierung der Burgunder. In dem von ihm gegründeten St. Moritz beigesetzt, beginnt bald sein Kult. Fieberkranke lassen Sigismund zu Ehren (der gegen Sumpf- und Wechselfieber hilft) Messen lesen. Im 7. Jahrhundert prangt er auch im sogenannten Martyrologium Hieronymianum als Heiliger. Im Lauf des späteren Mittelalters wird er einer der böhmischen Landespatrone und schlagartig zum Modeheiligen. Der Prager Erzbischof erklärt Sigismunds Fest zum Fest der Erzdiözese. Seine Statue erscheint auf französischen, auf deutschen Altären, am Freiburger Münsterturm; es gibt Sigismundkirchen und eine Sigismundbruderschaft. Seine Überreste, zunächst in St. Moritz ruhend, sind begehrt. Die Hirnschale gelangt nach St. Sigismund im Elsaß, ein anderes Kopfstück in die Kathedrale nach Plozk an der Weichsel, ein Teil der Leiche im 14. Jahrhundert in den Prager Veitsdom, ein anderer zur selben Zeit nach Freising, das schließlich Zentrum seiner Verehrung in Deutschland wird.[12]

Schon 524 freilich wechselt das «Kriegsglück». Sigismunds Bruder und Nachfolger Godomar erringt die Gewalt über sein Land zurück. Er gewinnt die Schlacht bei Véseronce (bei Vienne), in der Chlodomer von Orléans durch eine List der Burgunder fällt. Als ihr Nachbar war ihm am meisten an deren Unterwerfung gelegen. Man erkannte den von einem Speer Getroffenen an seinem Haar, hieb ihm das Haupt ab und steckte es auf eine Stange. Die Mitglieder des merowingischen Königshauses unterschieden sich nämlich durch das lange Haar von allen Stammesgenossen. Es hatte eine Art Fetischcharakter. Sein einfaches Abschneiden, ja, schon das Kürzen symbolisierte den Verlust der Würde.

Ähnlich verhielt es sich mit der klerikalen Tonsur. Die Aufnahme in den Priester- oder Mönchsstand disqualifizierte nach kirchlichem Gesetz unwiderruflich für jedes weltliche Amt. Die Tonsur – in den Quellen durch Wendungen mitgeteilt wie «in (ad) clericum tonsurare (tondere)», «clericum facere (efficere)», «clericum fieri iubere» u. a. – war deshalb im Frühmittelalter ein verbreitetes Mittel zur unblutigen Ausschaltung politischer Gegner, zugleich da die Karriere fördernd und dort den geistlichen Stand.[13]

## «Lieber tot als geschoren ...»
## Eine Heilige gibt Order, ihre Enkel zu ermorden

Nach Chlodomers Tod teilten die drei Brüder, «vor allem Krieger und reine Bandenhäuptlinge» (Pontal), sein Erbe unter sich, wobei sie alle Ansprüche der drei unmündigen Söhne des gefallenen Königs ignorierten, auch kein vormundschaftliches Regiment ihrer Mutter erlaubten.

Der fromme Childebert bekam anscheinend den Löwenanteil. War er doch ein Landesvater, der kirchliche Einrichtungen förderte, der gerne mit Bischöfen verkehrte, ihnen Grundbesitz, Kriegsbeute, große Geldsummen überwies, auch in ständiger Verbindung mit dem «Heiligen Stuhl» stand. Und da Childebert und Chlotar, der Chlodomers Witwe Guntheuka heiratete, offenbar den Erbanspruch von Chlodomers unmündigen Söhnen Theudebald und Gunthar fürchteten, regte Childebert – seinerzeit als weise, mild, gütig geschildert – ihre Ermordung an, und Chlotar war darüber «hoch erfreut». Schließlich hatten beide eine Heilige als Mutter, die hl. Chlothilde, und schließlich hatte diese bereits als katholische Prinzessin die Taufe ihrer Söhne bei Chlodwig durchgesetzt, hatte sie beide «mit Liebe erzogen» und ganz gewiß gut katholisch erzogen. Und da Chlothilde auch mit der Erziehung der unmündigen Söhne des gefallenen Chlodomer befaßt war, fragten Childebert und Chlotar, die sich der Neffen bemächtigt hatten, nun Chlothilde, ob sie wünsche, daß ihre Enkel «mit abgeschnittenem Haar [als Mönche] weiterleben oder daß beide getötet werden sollen?» Darauf antwortete die «Idealgestalt weiblichen Heiligkeitsstrebens», die den beiden Kindern «in einzigartiger Liebe» (unico amore: Fredegar) zugetane Apostola Francorum: «Lieber tot als geschoren, wenn sie doch nicht zur Herrschaft gelangen.»

Ganz offensichtlich zählte selbst für eine Heilige ein Mönch nichts, Macht aber alles.[14]

Die hohe katholische Familienbande arbeitete beispielhaft zusammen. Mit ausdrücklicher Billigung der Heiligen, die ja, aus purer Rache, auch schon zum Burgunderkrieg gehetzt, stieß

Chlothar erst dem einen, dann dem anderen der brüllenden Brü-
dersöhne das Messer in die Schulter. «Alsdann brachten sie auch
die Diener und Erzieher der Knaben um», bestieg Chlothar sein
Pferd «und zog von dannen». Gregor weiter: «Die Königin aber
legte die Leichen der Kinder auf eine Bahre, folgte ihnen unter
vielen Chorgesängen und unbeschreiblicher Trauer zur Kirche
des heiligen Petrus und bestattete sie dort beieinander. Der eine
war zehn, der andere sieben Jahre alt . . . Die Königin Chlotilde
aber führte ein solches Leben, daß sie von jedermann verehrt
wurde . . . ihr Wandel war stets rein in Keuschheit und aller Ehr-
barkeit; den Kirchen, Klöstern und allen heiligen Orten gab sie
Güter und gewährte ihnen gern und freundlich, was sie bedurften . . .»

Ein dritter Sohn Chlodomers, Chlodowald, der Jüngste, wurde
gerettet und trat, sich angeblich selber scherend, in den Klerus
ein. «Er verzichtete auf das irdische Reich und wandte sich dem
Herrn zu», schreibt Gregor schön. Und Fredegar fügt hinzu: «und
führte ein würdiges Leben; an seinem Grabe geruht der Herr
Wunder geschehen zu lassen.» (Chlodowald, Begründer des nach
ihm benannten Klosters Saint-Cloud bei Paris, starb um 560.)[15]

Die hl. Chlotilde aber schmerzten, «mehr als alles», versichert
ein Katholik, «die Mordtaten ihrer Söhne, weil sie sich zum Vor-
wurf machte, sie habe durch eine Art Übereilung mit dazu
beigetragen» (von Sales Doye). So was Sensibles! Und das alte
katholische Kirchenlexikon von Wetzer/Welte weiß, die Heilige
sei in einem «Zustande gar nicht wissend, was sie sagte», gewesen. Man habe nicht einmal versucht, sie «zur Besinnung kommen zu lassen und Weiteres abzuwarten», ja der Bote berichtete
«fälschlich», sie sei mit der Bluttat ihrer Söhne einverstanden
gewesen.

Auch später war die zu Krieg und Mord aufstachelnde Heilige
hilfreich. Sie half und hilft nicht nur gegen «bösartiges *Fieber*,
weil sie in Tours am Fieber starb», wie es mit umwerfender Logik
heißt, sondern, und geht's zynischer noch, auch gegen «*Kinder-
krankheiten*, weil sie drei Waisen, die Kinder ihres Sohnes Chlo-
domir, zu sich nahm und sie lieb gewann» (von Sales Doye). Die

beiden Onkel aber teilten sich, vermutlich im Frühjahr 532, das
blutig genug verdiente Erbe, wobei Childebert, der Inspirator des
Ganzen, den Löwenanteil bekam, der eigentliche Mörder-Onkel
Chlothar, der Zustoßer, immerhin Tours und Poitiers samt den
Sanktuarien der hl. Frankenpatrone Martin und Hilarius und
dem Schatz.[16]

Theuderich I., der Schwiegersohn des Burgunderkönigs, hatte
diesen nicht bekriegt. In Reims über das östliche Frankenreich
regierend, reizte ihn besonders Germanien, zumal das benachbarte Thüringen, und so versuchte er wiederholt, dorthin vorzudringen.

## Die Vernichtung des Thüringerreiches
## und die Ausrottung seines Königshauses

Der Name der Thüringer wird erstmals um 400 von einem römischen Heerestierarzt in einem Werk über Tierheilkunde genannt. Aus verschiedenen Gruppen Mitteldeutschlands und
anderer elbgermanischer Stämme zusammengewachsen, waren
sie bald das weitaus stärkste Volk zwischen Elbe und Rhein; das
einzige dort mit einem erblichen, im späteren 5. Jahrhundert von
König Bisin begründeten Königtum, auch eines der wenigen germanischen Königreiche außerhalb der römischen Einflußsphäre.
Thüringen, dessen Blütezeit damals begann, reichte von der mittleren Elbe, der Ohre, dem Harz über den Obermain bis zur
Donaugegend bei Regensburg (um 480 plünderte man Passau)
und von der Tauber bis zum Böhmerwald; die Residenz war vielleicht Weimar. Als König Bisin vor 510 starb, wurde sein Reich
unter seine Söhne Hermenefred (verheiratet mit Amalaberga,
einer Nichte des Ostgotenkönigs Theoderich), Baderich und Berthachar geteilt. Und seit 510 gehörte Thüringen dem westgotischen Militärpakt, dem antifränkischen Bündnissystem Theoderichs an, das aber nach dessen Tod 526 rasch zerfiel.

Theuderich I., längst von Expansionsgelüsten besessen, hatte

bereits nach 515, gelockt wahrscheinlich durch interne Macht-
kämpfe, einen Vorstoß auf das mächtige Land unternommen, der
allerdings mißlang. Einen zweiten Angriff wagte er erst einige
Jahre nach Theoderichs Tod, 529, wobei Teilkönig Berthachar in
der Schlacht umkam. Seine Kinder, darunter Radegunde, ver-
schleppte man 531 ins Frankenreich, als Theuderich Thüringen
erneut überfiel, gemeinsam mit Sohn Theudebert, Bruder Chlotar
(auf den Theuderich noch in Thüringen einen mißglückten Mordanschlag machte) und sehr wahrscheinlich mit den Sachsen, die
von der Nordseeküste südwärts drängten. (Die christlich inspi-
rierten Quellen des Merowingerreichs schweigen allerdings über
eine sächsische Beteiligung, vermutlich um nicht zugeben zu müssen, man habe nur mit Hilfe eines nichtfränkischen, ja heidnischen Stammes gesiegt.)

An der Unstrut fielen 531 so viele Thüringer, «daß das Bett des
Flusses von der Masse der Leichname zugedämmt wurde, und die
Franken über sie, wie über eine Brücke, auf das jenseitige Ufer
zogen» (Gregor von Tours). Die Invasoren haben Thüringen
furchtbar verheert, ausgeraubt, die Königsburg, deren genaue
Lage nur zu vermuten ist, erstürmt und verbrannt. Hermenefred,
der seinerseits schon, teilweise mit fränkischer Hilfe, die nächsten
Verwandten im Machtkampf blutig ausgeschaltet, wurde tributpflichtig gemacht, 534 aus unwegsamen Landesteilen auf Ehren-
wort, Zusicherung von Leib und Leben, in die Eifel nach Zülpich
gelockt, mit Geschenken überhäuft – und während eines Ge-
sprächs mit Theuderich von der Stadtmauer gestürzt. Jetzt gehörte Thüringen großenteils dem Mörder. Chlotar hatte nur
einen Beuteanteil, Sachsen gegen einen Tribut Nordthüringen erhalten. Viele Thüringer waren geflohen, teils in die ostgotische
Interessensphäre, teils zu den Langobarden nach Mähren. Ostgoten und Langobarden, beide Verbündete Thüringens, hatten
dies preisgegeben.[17]

Nur die schöne Prinzessin Radegunde überlebte das ausge-
merzte thüringische Königshaus. Als Tochter des früh beseitigten
Berthachar hatte sie am Hofe ihres Onkels Hermenefred geweilt,
bis sie Chlothar in seine Pfalz Athies bei Saint-Quentin ge-

schleppt. Fast wäre ein Krieg zwischen den beiden Frankenfürsten um die junge Königstochter entbrannt, zumal deren Besitz den Anspruch auf das Thüringerreich legalisierte. Theuderich machte einen Anschlag auf Chlotar, den (ungerechnet die Nebenfrauen) sechsmal Verheirateten, der dann Radegunde ins Kloster fliehen ließ, wenn er sie nicht gar verstieß, nachdem er noch ihren Bruder, vielleicht Blutrache fürchtend, ermordet hatte.

Vor Poitiers gründete Radegunde das Kloster zum hl. Kreuz. Und hier soll sie, nur im Gedenken an ihre Heimat, ihre Toten, als Asketin gelebt haben – mit den Worten ihres etwa zwanzig Jahre jüngeren Sekretärs und «Seelenfreundes» Venantius Fortunatus, des nachmaligen Bischofs von Poitiers, des ebenso (auch von ihr) verwöhnten wie versierten Gelegenheitsbedichters fränkischer Großer, der immer wieder ihre «dulcedo», ihre Liebenswürdigkeit, preist: «Ich sah sie Frauen in die Knechtschaft schleppen, die Hände gebunden, mit fliegenden Haaren, den nackten Fuß im Blut ihres Gatten oder tretend auf des Bruders Leiche. Alle weinten, ich weinte für alle . . . Wenn der Wind rauscht, lausche ich, ob nicht der Schatten eines der Meinigen mir erscheine. Eine Welt trennt mich von denen, die ich liebte. Wo sind sie? Ich frage den Wind, die ziehenden Wolken frage ich, ein Vogel, wollt' ich, brächte mir Kunde.»

Radegunde wurde Heilige, Helferin bei Krätze, Kinderfieber, Geschwüren – und nach dem Glauben vieler Bewohner von Poitiers, wo man auch ihren bischöflichen Freund als Heiligen verehrt, lag es nur an Radegunde, daß sie 1870/71 keine deutsche Besatzung bekamen.[18]

# WEITERE KRIEGE GEGEN GOTEN UND BURGUNDER

Zunächst zwar blieben die Westgoten, die einen Teil ihres von Chlodwig geraubten Landes wieder an sich gerissen, unbehelligt. Die Furcht vor Theoderich, dem Ostgotenkönig, hielt die Franken in Zaum. Doch scheint mancher katholische Prälat in den rückeroberten Westgotengebieten erneut mit den Franken konspiriert zu haben. Oberhirte Quintian mußte aus Rodez flüchten (S. 69). «Denn wegen seiner Liebe zu uns, sagte er, ist er aus seiner Stadt vertrieben worden.» So erklärt Theuderich, läßt Quintian 516 in Clermont zum Bischof machen und ihm «alles Kirchengut» übergeben.[19]

Nach Theoderichs Tod (526) kam es zu ersten Aktionen gegen die Westgoten. Und obwohl scharfe konfessionelle Konflikte zwischen Arianern und Katholiken im allgemeinen fehlten, war der Anlaß anscheinend religiöser Natur. Die Schwester der Frankenkönige, Chlothilde, eine Chlodwigtochter, hatte den Westgotenkönig Amalarich (507–531) geheiratet, den Sohn Alarichs II. (S. 68 ff.), der die Katholiken angeblich wegen ihres Glaubens mißhandelte. «Oftmals ließ er», behauptet Bischof Gregor, «wenn sie zur heiligen Kirche ging, Mist und anderen Kot auf sie werfen, und zuletzt soll er sie mit solcher Grausamkeit geschlagen haben, daß sie ein mit Blut getränktes Schweißtuch ihrem Bruder übersandte.» Childebert fiel darauf 531 in Septimanien ein, begleitet unter anderen von dem späteren Bischof von Bordeaux, Leontius, besiegte Amalarich bei Narbonne und schob die Grenzen seiner aquitanischen Exklave bis zu den Pyrenäen vor. Amalarich floh nach Barcelona, wo ihn aber, als er eben nach Italien weiter wollte, der Franke Besso im Herbst erschlug.

532 greifen auch Theuderich und Chlotar in den Westgotenkrieg ein, der natürlich nichts als ein reiner Raubkrieg ist, wie die Frankeneinbrüche auch in Italien. 541 überschreiten Childebert und Chlotar erstmals die Pyrenäen, verwüsten Pamplona, das Ebrotal, scheitern aber an Saragossa, da die Belagerten «in Bußgewändern unter Chorgesang mit dem Rock des heiligen Märtyrers Vincentius auf den Mauern der Stadt umherzogen» (Gregor). «Caesaraugusta (Zaragoza) wurde durch Gebete und Fasten befreit» (Fredegar).[20]

Inzwischen, kurz nach dem Übertritt der Burgunder zum Katholizismus, hatte sich auch das Schicksal ihres Reiches entschieden. 532 nämlich, ein Jahr nach der blutigen Niederringung Thüringens, waren Childebert und Chlotar erneut in Burgund eingefallen, während Theuderich, der König von Reims, noch in Thüringen operierte und gegen Ende 533 starb. Damit verschwindet, nach Chlodomer, der zweite Chlodwigsproß von der Bildfläche. Und sofort suchen die beiden Brüder des Toten dessen Sohn und Nachfolger, ihren in Reims regierenden Neffen Theudebert I. (533–548) zu beseitigen und um seinen Reichsteil zu bringen. Doch der Dreißigjährige, schon reichlich kriegserprobt, behauptet sich, ja er greift bald mit aller Energie aus, besonders nach Osten. Aber auch seine Vorstöße, richtiger Raubzüge 532 und 533 nach Südwestgallien, bis in die Narbonensis, in die ostgotische Provence, werden zu «einem vollen Erfolg» (Ewig).

In den letzten Schlachten metzelt Theudebert vielleicht sogar noch die Burgunder mit. Ihr König Godomar, der spurlos in der Nacht der Geschichte versinkt, wird endgültig besiegt, sein Reich 534 unter die drei Franken aufgeteilt. Der burgundische Stamm behält zwar, wie die Alemannen, die Thüringer, sein eigenes Stammesrecht. Er wird jedoch fortan zur Teilnahme an den Kriegen der Franken und zur Zinspflicht gezwungen, zur Entrichtung eines Tributs, auch wird der burgundische Arianismus durch den fränkischen Katholizismus definitiv vernichtet.[21]

Chlotar und Childebert, die beiden noch überlebenden Chlodwigsöhne, hatten den Neffen nicht beseitigen, sein Reich nicht rauben, ja, ihn nicht einmal von der Verteilung des niedergerungenen Burgund ausschließen können. So machte der söhnelose Childebert sich den immer mächtigeren Theudebert nunmehr zum Freund. «Ich möchte dich wie einen Sohn halten», sagte er, überhäufte ihn mit Wohltaten und adoptierte ihn gar als Erben. Und kaum hatten die beiden katholischen Könige sich geeinigt, begannen sie einen Feldzug gegen Chlotar, den Bruder und Onkel, den sie in jeder Hinsicht ausschalten, schon anderntags töten wollten. Der wich denn auch vor der anrückenden Familienbande in die Forêt de la Brotonne bei Rouen zurück, «legte hier im Gebüsch große Hindernisse an», setzte jedoch «allein auf die Gnade Gottes». Und auch die hl. Königin Chlothilde warf sich am Grab des hl. Martin nieder und «wachte die ganze Nacht».

So war, nach Gregor, auch wieder einmal mehr das wunderbare Eingreifen dieses Heiligen evident, ein schweres, die gegnerische Kampfkraft schwächendes Unwetter, «Blitze, Donner und Hagel», während auf Chlothars Seite «nicht ein einziger Regentropfen» fiel, ja, vom ganzen Sturm «nichts verspürt» wurde. In Wirklichkeit brachte eine große außenpolitische Krise, Justinians beginnendes Gotengemetzel (II 424 ff.), den eben erst ausgebrochenen Bruderkrieg zum Erliegen. Witterten die fränkischen Haudegen doch jetzt neue Beute in Italien, neue Möglichkeiten des Ausgreifens.[22]

Beide Seiten, Byzantiner und Goten, wünschten die kampferprobten Franken als Bundesgenossen. Kaiser Justinian erinnerte an den gemeinsamen katholischen Glauben, die arianische «Ketzerei» seiner Feinde «und fügte Geldgeschenke hinzu, versprach auch, mehr zu geben, wenn sie erst am Werke wären». Und die Franken versprachen ihm auch «mit großer Bereitwilligkeit ihre Bundesgenossenschaft» (Prokop), schlossen aber mit den «ketzerischen» Goten einen Vertrag, da ihnen Wittigis die Provence abtrat, die Childebert erhielt, sowie Churrätien, das Theudebert kassierte, der somit um 536 bereits vom Großen St. Bernhard das Alpenvorland bis weit nach Osten beherrschte. Ergo hatten die Franken nun Zugang sowohl zum Mittelmeer als auch zu Italien. Sie erhielten ferner das Protektorat über alemannische Gebiete. Und schließlich zahlten die Goten den Frankenfürsten, die nichtfränkische Hilfskontingente garantierten, noch 2000 Pfund Gold.[23]

Nun dachten die Franken freilich gar nicht daran, ihrem germanischen Brudervolk beizustehn. Childebert, ausschließlich an gallischen Raubobjekten interessiert, und Chlotar von Soissons, beim neuen Landgewinn im Süden leer ausgegangen, griffen überhaupt nicht in den Kampf ein. Dafür sorgte auch die Kirche, die sonst nicht so friedensorientiert ist. Jetzt jedoch hatte Papst Vigilius, der für 700 Goldstücke von Byzanz gekaufte Mörder seines Vorgängers (II 427 ff., 446 ff.), den provenzalischen Bischof Aurelianus von Arles – per Schreiben vom 23. August 546 – beauftragt, für die Wahrung des Friedens zwischen Childebert und Justinian zu sorgen.[24]

# Theudebert I. – «Magnus», «religiosus», «christianus princeps», «eine Art Gipfel»

Drangen die Goten vor, wie unter Witigis, als sie 537 Rom einschlossen und die Byzantiner in Dalmatien attackierten, beorderten die Franken Hilfstruppen nach Venetien und ließen es schwer verheeren. Als aber Witigis 538 in Bedrängnis geriet, schickte man ihm zehntausend Burgunder zur Belagerung Mailands (II 431 f.). Und im nächsten Jahr fiel Theudebert I. selber mit angeblich 100 000 Mann in Italien ein. Erst brachte er Rätien, soweit noch ostgotisch, schon wegen seiner Alpenpässe in seine Gewalt. Dann, nachdem ihm die Goten den Poübergang ermöglicht, schlug er nacheinander, zur nicht geringen Überraschung beider, Goten und Byzantiner. Er erstürmte Genua, verwüstete mit wilden Plünderungen zum Schrecken des ganzen Landes die Aemilia, drang zeitweilig fast bis Venedig vor und wurde nur durch Hunger und Seuchen, die ein Drittel seiner Männer getötet haben sollen, zum Rückzug genötigt. Doch hinterließ er Garnisonen, nahm später wieder Verbindung mit Goten wie Byzantinern auf, schickte um 545 neue Heere nach Venetien, verweigerte beim Gotenuntergang König Totila (II 434 ff.) seinen Beistand und ist noch vor der byzantinischen Endoffensive, 547 oder 548, gestorben.[25]

Theudebert hatte in Norditalien nur ein Interesse: keine der kämpfenden Parteien gewinnen zu lassen, um selber möglichst viel an sich zu reißen. Dabei griff er eben bald diese, bald jene, gelegentlich beide zusammen an. Er schlug ganz Rätien, Bayern und Innernoricum (Kärnten) zu seinem Territorium und prahlte in einem Brief an Justinian, die Ausdehnung seines Reiches sei zugleich die Ausdehnung des katholischen Glaubens. Tatsächlich wurden damals auch die Bischöfe von Säben, Teurnia und Agunt im Pustertal durch fränkische Erzbischöfe bestellt.[26]

Theudebert, der sich als erster Franke Augustus nannte und als Nachfolger der römischen Caesaren fühlte, der imperiale Attitüden liebte, sozusagen widerrechtlich Goldsolidi mit seinem eignen Bild prägen, in Arles nach Art der Kaiser Zirkusspiele

abhalten ließ, der an eine Eroberung Konstantinopels gedacht
haben soll und von einem, gemeinsam mit Gepiden und Langobarden geplanten Zug gegen Byzanz Kaiserwürde und Weltherrschaft erhoffte, ein solcher Mann stand natürlich mit der Kirche
auf gutem Fuß, ja, stützte sich bei seiner intendierten Weltmacht-
politik bewußt auf sie. Er sandte seine Bischöfe zu den Nationalkonzilien, berief ein eigenes Konzil 535 nach Clermont und hielt
sogar Verbindung zum römischen Stuhl: 538 informierte er sich
über die «Bußdisziplin» bei Papst Vigilius (537–555), dem Mörder
seines Vorgängers, des Papstsohnes Silverius, vielleicht aber auch
schon in den Tod von Silverius' Vorgänger Agapet I. verstrickt
(II 446 ff.).

Kein Wunder, daß Theudebert, der im großen Maßstab raubte,
plünderte, der gegen den eignen Onkel zu Feld zog, der die Goten,
die Byzantiner bekriegte, von katholischen Bischöfen als ein mit
allen Herrschertugenden ausgezeichneter Regent gefeiert und mit
dem Epitheton «magnus» geschmückt, vom hl. Bischof Aurelian
von Arles als «religiosus» und «christianus princeps» bezeichnet
worden ist. «Er regierte», schreibt der hl. Gregor, «sein Reich mit
Gerechtigkeit, ehrte die Bischöfe, beschenkte die Kirchen, half
den Armen und erwies Vielen viele Wohltaten aus einem frommen
und liebevollen Herzen.»

In der Tat war König Theudebert ein Wohltäter der Kirche, die
er «fiskalisch geschont und . . . zielbewußt gefördert» hat (Zöllner), während er seine fränkischen Untertanen mit Steuern nach
römischer Art nur so schröpfen ließ. Es spricht für sich, daß sein
Finanzminister Parthenius (ein Enkel des Bischofs Ruricius von
Limoges, Mörder seiner Frau und seines Freundes) nach Theudeberts Tod in Trier, trotz bischöflichen Schutzes, vom wütenden
Volk aus einer Kirche gezogen, bespien, geschlagen und gesteinigt
worden ist. Andererseits rühmt Bischof Gregor wieder: «Alle Abgaben, die die Kirchen der Auvergne seinem Staatsschatz zu
leisten hatten, erließ er ihnen.» (Eine Schwester des Königs wurde
wohl Gründerin von Saint-Pierre-le-Vif in Sens.)

Auch die spätere Geschichtsschreibung verbeugt sich durch die
Zeiten vor dem Herrscher. Noch an der Schwelle des 20. Jahr-

hunderts rühmt ein Historiker: «Eine imponierende Persönlichkeit, dieser Theudebert! Voll von wilder Sinnenlust und unbändigem Stolz; treulos und unbedenklich in der Wahl seiner Mittel in einem Grade, daß er selbst in diesem leidenschaftlichen Zeitalter das Maß des Gewohnten weit überschritt; kühn, schrankenlos in seinen Plänen und Zielen . . ., in den Künsten der diplomatischen Intrige erfahren wie kein Zweiter; ein Feldherr, den der Sieg nie im Stich läßt . . . so erscheint Theudebert als der glänzende Scheitelpunkt des heißblütigen, aber begabten Geschlechtes der Merowinger. In fortwährender Steigerung . . . war jetzt eine Art Gipfel erreicht» (Schultze).[27]

## MÖRDERKÖNIGE UND MÖRDERPÄPSTE

Noch verbrecherischer und noch mehr der Kirche ergeben war indes die Theudebert überlebende Sippe.

Chlotar I. führte auch in seinen letzten Lebensjahren fast unentwegt Krieg, ohne daß dies die Prediger von Frieden, Nächsten-, Feindesliebe bekümmert oder gar erregt hätte. Dabei hatte der König – lange der schwächste Frankenfürst, bis er nach Childeberts I. Tod (558) das Reich allein regierte – doch auch den wachsenden kirchlichen Reichtum gerügt, freilich gemäß der Konstitution seines Bruders vom Jahre 554 auch das Heidentum zielbewußt auszurotten gesucht. In einem Winterfeldzug 555 gegen die Sachsen unterlag er zwar, überwand aber schon im Jahr darauf Sachsen und Thüringer gemeinsam und beorderte auch Truppen gegen die Oströmer nach Italien. 557 bereits bekriegte er die Sachsen erneut, angeblich wider Willen, doch wurde er «unter gewaltigem Blutvergießen geschlagen, und eine so große Menge fiel auf beiden Seiten, daß niemand sie schätzen oder berechnen kann» (Gregor). Dafür siegte er über Dänen und Euten.

Schließlich sah er sich sogar in einen regelrechten Krieg mit dem eigenen Sohn Chramm verstrickt, dem Unterkönig Aquitaniens. Mit ihm nämlich schmiedete der fromme, kinderlose

Onkel Childebert I. wieder einmal – unter beiderseitiger Eides-
leistung – ein Komplott gegen den eigenen Bruder. Und während
die Sachsen, von Childebert gerufen, 557 das Rheinland bis in die
Gegend von Deutz verheerten, berannte Chramm zwar vergeblich Clermont, Dijon, eroberte jedoch Chalon-sur-Saône und
Tours, indes Onkel Childebert die Champagne bis Reims brandschatzte, Reims selber mit Feuer und Schwert verwüstete, aber
am 23. Dezember 558 in Paris starb und in der Kirche des hl.
Vicentius, später Saint-Germain-des-Prés genannt, feierlich beigesetzt wurde.[28]

Childeberts Tod befreite Bruder Chlotar aus einer üblen Situation. Er kassierte dessen Reich und Schätze, verbannte seine Frau
samt den beiden Töchtern und beherrschte nun das ganze fränkische Reich für kurze Zeit, bis 561, allein. Sohn Chramm, als
einziger Chlotar-Sohn mit seiner zweiten Gattin Chunsina gezeugt (alle sonstigen Söhne des mit fünf Frauen gesegneten Königs
stammten von Ingunde oder Aregunde), versöhnte sich kurz mit
ihm. 560 aber, nach einer neuerlichen Rebellion, wurde er in der
Bretagne vom Vater geschlagen, gefangengenommen und auf dessen Befehl samt Frau und Töchtern in einer Hütte verbrannt,
nachdem man Chramm erst noch mit einem Schweißtuch erdros-
selt hatte (auf dieselbe Art läßt der hl. Sigismund seinen Sohn
ermorden: S. 83).[29]

Ein Jahr später starb mit Chlotar auch der letzte der vier
Chlodwigsöhne, die alle, wie der Vater, für Raub, Mord und
Krieg gelebt. Und die alle, eher mehr als er, auf Religion hielten.
Oder doch so taten. Überall fahndeten sie nach Märtyrergebein,
sorgten für Translationen, die Verehrung der Heiligen. Sie stifte-
ten viele Klöster, dotierten sie reich. Sie schenkten dem Klerus
großzügig Besitz und erließen ihm Abgaben. Die alten Annalen
sind voll des Lobes.[30]

Natürlich taten die Bischöfe alles, um auf ihre Kosten zu kommen. Die meisten waren zwar wie eh und je notorisch feig und
fürstenhörig. Doch andere wußten die Herren schon richtig zu
packen. Als etwa Chlotar von sämtlichen Kirchen den dritten Teil
ihrer Einkünfte verlangte und «alle Bischöfe» auch unterschrie-

ben, widerwillig genug, weigerte sich ein einziger, der hl. Injuriosus (welch passender Name für einen Bischof!). «Wenn du», sagte er zu Chlotar, «Gott nehmen wirst, was sein ist, so wird der Herr dir bald dein Reich nehmen.» Und rasch kroch der stolze König zu Kreuz, verlangte nicht weiter Geld, schickte vielmehr, des hl. Martins Rache fürchtend, Injuriosus, dem Zornigen, viele Geschenke, erbat Verzeihung, seinen Beistand und nahm alles zurück – wenn wir Gregor von Tours glauben dürfen.[31]

Vielleicht machte sich Chlotar I., in dessen Land die Kirche schlechter organisiert und besonders zerrüttet war, noch am wenigsten aus dem Christentum. Gleichwohl ist auch er gläubiger Katholik, ein Christ gewesen, der einen Krieg nach dem anderen führte, der noch seine nächsten Verwandten, unmündige Knaben, Mädchen, den eigenen Sohn ermorden ließ, während er sich selber beträchtlich verlustierte, mit ungezählten Kebsen und mindestens sechs Ehefrauen nacheinander – «und nicht immer nacheinander» (Schultze). Und doch wird der König von einem geistlichen Autor des 7. Jahrhunderts mit einem Priester verglichen und hoch gelobt. Und doch kümmerte er sich um die Überführung von Märtyrergebein; förderte er die Verehrung des Medardus, des Schutzheiligen des Königshauses; unterstützte er die Gründung von Kirchen und Klöstern, dem Klerus immerhin so hörig, daß er Waldarada, seine langobardische Frau (wegen zu naher Verwandtschaft des ersten und zweiten Gatten!), nach kirchlichem Einspruch dem bayerischen Herzog Garibald zur Ehe gab. (Die Polygamie des Königs aber mit Ingund und deren Schwester Aregund rügt Bischof Gregor nicht.)[32]

Besonders glaubenseifrig und klerusergeben war Childebert I. Der Usurpator und Blutschänder errichtete dem heiligen Kreuz und dem spanischen Erzmärtyrer Vinzenz von Saragossa, dessen Leiden man mit großer propagandistischer Wirkung ausschmückte, eine Basilika bei Paris, die spätere Abtei Saint-Germain-des-Prés. Er pilgerte zur Zelle des hl. Eusicius, dem er gleichfalls eine Kirche erbaute. Überhaupt beschenkte er die Catholica reich, stiftete Klöster, worin er für sein Seelenheil und den Bestand des Frankenreiches beten ließ, gab Land hin, große Geld-

summen, auch seine Kriegsbeute. So verteilte er einmal an die
fränkische Kirche Dutzende von Kelchen, viele Patenen, Evange-
lienkapseln, alle aus Gold und Edelsteinen, die er im spanischen
Krieg geraubt hatte. Childebert machte Orléans zur kirchlichen
Hauptstadt des Reiches. Vier Nationalkonzilien tagten dort (533,
538, 541 und 549). Alle Frankenkönige schickten dazu (ausgenommen das Konzil 538) ihre Bischöfe. 552 berief Childebert ein
weiteres Nationalkonzil nach Paris. Er erließ ein Edikt gegen das
Heidentum, lebendig vor allem noch im nördlichen und östlichen
Frankenreich. Er verfolgte jeden scharf, der Götterbilder an den
Feldern errichtete und ihre Zerstörung durch Priester nicht litt. Er
verbot sogar heidnische Gelage, Lieder, Tänze, ohne freilich die
Zwangsbekehrung direkt zu fordern.

Childeberts Beziehungen zum Kaiserhof wickelten sich seit 540
meist über die Kirche ab. Und natürlich stand dieser Fürst, von
Bischof Venantius Fortunatus in Versen besungen, als «mild»,
«gut und zu allen gerecht», als «König und Priester» gerühmt und
mit dem Melchisedech des Alten Testaments verglichen, in ständiger Verbindung mit Rom. Der stete Anstifter von Landraub und
Mord großen Stils ließ sich von dort durch den Subdiakon Ho-
mobonus Reliquien liefern. Der Mörder-Papst Vigilius, der des
Königs Intervention bei Totila zugunsten der Kirche erbat, nannte Childebert (am 22. Mai 545) «unseren ruhmreichen Sohn» und
lobte (am 23. August 546) seinen «christlichen und gottgefälligen
Willen».[33]

Vigilius' Nachfolger aber, Papst Pelagius I. (556–561), ebenso
wie der Vorgänger eine Kreatur des byzantinischen Hofes (noch
ihre Nachfolger konnten nur mit Zustimmung des Kaisers gewählt werden), mußte sich, da man seine Orthodoxie bezweifelte,
denkbar blamabel demütigen und im Februar 557 einem Childebert ein ausführliches Glaubensbekenntnis vorlegen! Und am 13.
April erkundigte sich der Papst, ob dies Glaubensbekenntnis den
König, den Bischof von Arles und seine coepiscopi befriedigt
habe.

Die Rechtgläubigkeit des Heiligen Vaters war freilich nicht nur
im Frankenreich suspekt. Denn als Stellvertreter des Vigilius hatte

auch Pelagius die Schwenkmanöver des Papstes im Dreikapitelstreit getreu mitausgeführt, erst unerschrocken protestiert, dann
zugestimmt, dann vielleicht den Papst sogar beseitigt. Zumindest
begegnete er eisiger Ablehnung bei Adel, Klerus und Volk, da ihm
der Ruf vorausging, den Tod des Vigilius verschuldet zu haben,
wie dieser schon den Tod seines Vorgängers, vielleicht seiner zwei
Vorgänger. Erst nachdem sich Pelagius durch einen feierlichen
Eid bei den Evangelien und dem Kreuz «gereinigt» hatte, waren
überhaupt mit Mühe zwei Oberhirten und ein Presbyter bereit,
Pelagius zum Papst zu weihen.[34]

Natürlich setzte der dogmatisch anrüchige Pelagius die Ketzer-
bekämpfung selbst energisch fort. Bereits 557 wurden die Manichäer in Ravenna vor die Stadt geführt und gesteinigt. Und wie
der Papst den Narses zur Ketzerjagd trieb – dessen Bedenken
durch die Versicherung beschwichtigend, die Bestrafung des
Übels sei nicht Verfolgung, sondern Liebe! –, so forderte er auch
König Childebert I. zum Vorgehen gegen Schismatiker auf und
verlangte entschieden staatlichen Zwang.[35]

Papst Pelagius I. starb im selben Jahr wie der letzte Chlodwig-
sohn, Chlotar I., 561.

In diesem Jahrzehnt aber begann, neben Franken und Westgoten, ein weiteres Germanenvolk eine immer größere Rolle zu
spielen, die Langobarden.

## 4. KAPITEL

# DIE LANGOBARDENINVASION

«Bald wütete das wilde Volk der Langobarden wie ein Schwert,
aus der Scheide seiner Wohnstatt gezogen, gegen unsern
Nacken, und das Volk, das in unserm Lande wie eine dichte
Saat dastand, wurde dahingemäht und verdorrte.»
Papst Gregor I.[1]

Die Langobarden, die «Langbärte» (von longus, lang und barba, Bart), wie ihr Name traditionell gedeutet wird, eher den Ost- als den Westgermanen zugehörig, waren ein zahlenmäßig kleines Volk und kamen wahrscheinlich aus Skandinavien, vielleicht von Gotland. Um die Zeitenwende saßen sie, dadurch verwandt mit den Sachsen, an der unteren Elbe, wo ein Teil ihres Volkes auch ständig blieb und wo noch im 20. Jahrhundert die Namen Bardengau und Bardowiek an sie erinnern.

Jahrhundertelang werden die Langobarden in der Geschichte kaum genannt. Wie Bodenfunde belegen, folgten die Abwanderer zunächst der Elbe und zogen seit dem 4. Jahrhundert innerhalb von zweihundert Jahren bis zum Balkan: über Böhmen, Mähren, einen Teil des heutigen Niederösterreich, das «Rugiland» (das sie um 488 beim Abzug der – gleichfalls aus Skandinavien kommenden, gleichfalls germanischen – Rugier besetzten, die der Insel Rügen ihren Namen hinterließen). Sie drangen weiter über Ungarn nach Süden vor, ein Reich im Donauraum bis Belgrad schaffend. Langobardische Hilfstruppen hatten Justinians Kriege gegen die Perser sowie 552 unter Narses in der Entscheidungsschlacht gegen die Ostgoten (II 437) unterstützt. Von Byzanz enttäuscht, verbündete sich ihr Führer Alboin mit den Awaren und rottete mit diesen 567 in einer weiteren Entscheidungsschlacht das Reich der Gepiden aus, eines weiteren ostgermanischen Stammes – ein solches Gemetzel, auf beiden Seiten angeblich 60 000 Tote, «daß von dem zahlreichen Volke kaum noch ein Bote übrigblieb, die Vernichtung zu melden» (Paulus Diakonus).

Alboin nahm die Tochter des erschlagenen Gepidenkönigs Kunimund, Rosemund, zur Frau. Doch nun saßen die Gepiden nicht mehr zwischen Langobarden und Awaren, die alsbald nachdrängten. Und im Frühjahr 568 verließ, so ein zeitgenössischer burgundischer Chronist, «das gesamte langobardische Heer, nachdem es seine Wohnsitze in Brand gesteckt hatte, gefolgt von Frauen und der übrigen Bevölkerung» Pannonien. Unter Druck der awarischen Expansion und gelockt vom Süden, fielen sie, geführt von ihrem König Alboin, über Emona (Laibach) und die Pässe der Julischen Alpen in den meist ungeschützten Norden Italiens ein – derselbe Weg, über den einst schon Alarich und Theoderich gezogen.

Es war der letzte große Treck der Völkerwanderung – ein fast harmlos klingendes Wort, aber ein jahrhundertelanges Rauben, Massenmorden, Hungern und Verhungern steht dahinter, das Verkaufen auch von Männern, Frauen, Kindern auf den Sklavenmärkten, so meldet ein Augenzeuge, «wie minderwertiges Vieh». Und zwei Jahrhunderte später werden die Langobarden selber aufgerieben, zermahlen von dem, was schlicht Geschichte heißt und doch kaum mehr ist als die unbändige Macht- und Mordgier des Menschen.

Mit den Langobarden, alles in allem vielleicht 130 000 sogenannte Seelen, kamen noch andere Stammesgruppen, Völkerschaften aus Pannonien, Norikum, dem Balkan, viele Sachsen, Reste der Gepiden, Thüringer, Sueben, slawische Sarmaten. Und wie die Langobarden für die Integration anderer offen waren, so auch für religiöse Toleranz. Seit etwa 500 weitgehend christianisiert, bestand ihre große Mehrheit aus Arianern. Doch gab es bei ihnen auch Katholiken – Alboin selbst war zunächst mit Chlotars I. Tochter Chlodosinda verheiratet –, es gab vor allem Heiden, die, nicht im mindesten bekämpft, noch länger ihre Opfer und Opferschmäuse hielten, wobei der Glaubenswechsel einzelner Könige anscheinend kaum eine Rolle spielte.[2]

# DER EINFALL

In Italien als dünne Herrenschicht in Städten und Burgen hausend, gründeten die Langobarden das letzte Germanenreich auf dem Boden des einstigen Imperium Romanum. Erst im Jahrzehnt zuvor hatte man dort die arianischen Ostgoten in einem grauenhaften Krieg, einem zwanzigjährigen Kreuzzug, so gut wie ausgerottet und das Land in eine rauchende Ruine, eine Wüste verwandelt – das Gemeinschaftswerk von Kaiser und Papst, dem Hauptprofiteur (II 424 ff.). Die Langobarden aber, denen die Vernichtung der Ostgoten den Weg freigemacht hatte, kamen nicht als foederati, sondern als brutale Eroberer in die unter oströmischer Reichsherrschaft stehende Region, bewaffnet mit so monströsen Spießen, daß man damit, schreibt noch Viscount Montgomery of Alamein beeindruckt, «den durchbohrten Gegner aufheben konnte, während er sich an der Lanzenspitze vor Schmerzen krümmte». Was die Byzantiner, Ausbeuter übelster Sorte, den Ostgoten geraubt, raubten nun wieder, Stück um Stück, die Langobarden: weithin abermals gebrandschatztes Land, entvölkerte Städte, ruinierte Klöster und Kirchen zurücklassend – über den von Christen schon ruinierten Tempeln.

Nahezu mühelos fiel König Alboin Italien in den Schoß. Es war durch den langen Gotenkrieg erschöpft, durch den Dreikapitelstreit gespalten. Die herrschende Pest, die Hungersnot taten ein übriges. Vor allem aber überraschte die Byzantiner der Angriff offenbar. Justinians Neffe, Justinos II., reagierte nicht (er wurde 574 geisteskrank). Ein im nächsten Jahr geschicktes Söldnerheer hat man ausgelöscht. Und die nachfolgenden Kaiser banden Krisen im Osten sowie auf dem Balkan.

Die Langobarden gewannen zunächst mehrere venetianische und lombardische Städte nördlich des Po. Im September 569 saßen sie in Mailand, das ihnen ohne Schwertstreich zufiel. Ausschreitungen, Gewalttaten unterblieben, nur die üblichen Abgaben wurden verlangt. Bis 571 eroberten sie das Po-Tal und drangen, wieder Land und Leute schikanierend, in Richtung Umbrien und Toskana vor. Erst 572, nach dreijähriger Belagerung, nahmen sie das heftig umkämpfte Pavia und machten es zu ihrer Hauptstadt. Ihre Herrscher residierten im ostgotischen Königspalast.

Alboin freilich, der Siegreiche, wurde noch im selben Sommer durch seinen Schildträger Helmichis vergiftet, veranlaßt von dessen mutmaßlicher Geliebten, Königsgattin Rosamund. Ihren Vater, den Gepidenfürsten Kunimund, hatte der Langobarde einst im Kampf erschlagen. Vermutlich spielte bei dem Giftmord auch das Gold der Byzantiner eine Rolle. Mörder und Königin flohen samt Kronschatz zu ihnen nach Ravenna, wo beide gegenseitig sich vergiftet haben sollen.

Nur zwei Jahre darauf wurde auch Alboins (wahrscheinlich gleichfalls arianischer) Nachfolger Klef umgebracht, der jedoch selber eine lange Reihe prominenter Römer liquidiert hatte. Zehn Jahre blieben die Langobarden nun ohne König. Angeblich vertraten 36 Herzöge (nach den bereits kassierten Städten) Klefs minderjährigen Sohn Authari, der 584 zum König gewählt und wahrscheinlich wieder aus dem Weg geräumt worden ist. Die Langobarden bekundeten in derlei viel Geschick: schon um 512 war König Tato, 551 König Hildichis getötet worden.[3]

Beim Einfall der neuen Räuber hatten die alten sich auf die Linie Padua–Mantua zurückgezogen, um Ravenna, die Residenz ihres Statthalters, zu schützen. So stießen die Invasoren kaum auf Widerstand. Sie drangen vom Norden in die Region der Suburbicaria vor, gründeten um 570 die mächtigen Herzogtümer Spoleto und Benevent, machten Streifzüge sogar nach Kalabrien und eroberten bis 605 den größten Teil Italiens. Nur das Herzogtum Rom, die Küstenenklaven Venedig, Ravenna, Neapel, Rhegium, Tarentum und andere, bloß über den Seeweg miteinander verbunden, unterstanden weiter dem Kaiser. Auch Sizilien, Sardinien und Korsika wurden vorerst von den Langobarden verschont, weil sie nichts von der Seefahrt verstanden. Doch hörten auch nach ihrer «Landnahme» die Kämpfe nicht auf, machten sie Ausfälle in byzantinisch gebliebene Gebiete. Liebten sie neben der Jagd ja vielleicht am meisten den Raub, Beute und Beutezüge.

Bei ihrer Offensive hatten sie gelegentlich ein paar Mönche

aufgehängt, Priester abgestochen, Kirchen beraubt, jedenfalls nach Bischof Gregor von Tours und Papst Gregor I., der behauptet, bei einem Gemetzel seien «400 Gefangene, bei einem zweiten 40 Bauern und bei einem dritten eine Gruppe Valerianischer Mönche niedergemacht worden». Aber im Grunde wissen wir wenig Gesichertes über diese Invasion. Ein Drittel des Bodens wurde enteignet, vor allem den verhaßten Großgrundbesitzern genommen. Vermutlich hat man viele von ihnen erschlagen oder wirtschaftlich abhängig, zu zinspflichtigen Halbfreien gemacht, so daß die Güter bloß die Besitzer wechselten, die Hörigkeit erhalten blieb. Zahlreiche Menschen waren gefangen, verknechtet, an fränkische Sklavenhändler verkauft worden, viele verjagt. Auch vordem schon Unterdrückte, einheimische kleine Handwerker, Landarbeiter, bäumten sich auf, denunzierten, übten Lynchjustiz an den bisherigen Blutsaugern. Tausende kamen über Nacht um Hab und Gut.

Die Reichen hatten sich ohnedies oft abgesetzt, nicht selten bis über die Alpen, auch die bekanntesten Bischöfe mehr auf die Flucht als auf den Herrn vertrauend. Der Patriarch von Aquileia, Paulinus, war mit all seinen Schätzen auf die Insel Grado, der Mailänder Erzbischof Honoratus, ebenfalls nebst Kasse und den meisten seiner Geistlichen, in die Reichsfestung Genua geflohen, Bischof Fabius von Firmum samt Kirchenschatz nach Ancona, Bischof Festus von Capua zum Papst, wo er bald starb. Auch Mönche von Monte Cassino eilten nach Rom, Kleriker von Venafrum nach Neapel, Meßgewänder und Kelche aus ihrer Kirche an einen Juden verkaufend; auch flüchtend und im Exil wollte man standesgemäß leben. In Sizilien, dem sichersten Refugium, wo besonders große Priesterscharen landeten, verhökerte man auch besonders viel Kirchengerät. Selbst ganze katholische Bistümer verschwanden, mindestens 42, nicht durch Verfolgung allerdings, sondern durch Verluste ihrer Güter, durch Hunger und Seuchen.[4]

## Kollaboration und Bekehrungseifer

«Bald wütete», erzählt Papst Gregor I. (590–604), «das wilde Volk
der Langobarden wie ein Schwert, aus der Scheide seiner Wohnstatt gezogen, gegen unsern Nacken, und das Volk, das in unserm
Lande wie eine dichte Saat dastand, wurde dahingemäht und
verdorrte. Denn die Städte wurden entvölkert, die festen Plätze
zerstört, Kirchen niedergebrannt, Männer- und Frauenklöster
dem Erdboden gleichgemacht; die Landgüter sind verlassen, und
niemand nimmt sich ihrer an; das flache Land liegt brach und ist
verödet, kein Besitzer wohnt mehr dort, und wilde Tiere hausen,
wo viel Volk einst wohnte.»[5]

Nun, das dürfte mehr Wasser auf die Mühlen gregorianischer
Propaganda und Weltuntergangsstimmung oder -stimmungsma-
che (S. 158) gewesen sein als der Wirklichkeit entsprochen haben.
Denn weniger «das Volk» wurde «dahingemäht und verdorrte»
als die Besitzenden, die Großagrarier. Auch floh längst nicht alles, nicht einmal alle Priester rannten davon. In Treviso ging
Bischof Felix König Alboin entgegen und übergab ihm den Ort,
was nur zu seinem Vorteil war.

Andere Fälle lagen anders. Bischof Cethegus von Amiternum
floh erst später aus seiner besetzten Stadt nach Rom. Er kehrte
aber zurück, kollaborierte dann vermutlich mit den Byzantinern,
wurde in eine Verschwörung verwickelt und unter Langobardenherzog Umbolus hingerichtet. Doch gab es auch erfreulichere
Kontakte mit den Reichsfeinden, freilich nicht gerade für den
Heiligen Vater, der «vielen Berichten» entnehmen mußte, daß
Geistliche mit «ausländischen», wohl langobardischen Frauen
zusammenlebten.[6]

Sosehr Gregor I. aber über die Langobarden jammerte, sosehr
sie für ihn «Wilde» waren, «entsetzliche», «abscheuliche» Häretiker überdies, ja, teilweise Heiden, die zu Tiergöttern beteten –
vernichten wollte er sie nicht. Hätte er's gewollt, behauptete er,
«würde jene Nation heute weder einen König noch Herzöge oder
Grafen haben, und sie würden dem unausweichlichen Untergang
ausgeliefert sein». Ob es nur Gregors Gottesfurcht war, sein Chri-

stentum, was ihn vom Genozid abhielt, wie er dem Kaiser schreibt? Seine Vorgänger jedenfalls hatten ungezählte Kriege unterstützt, einige sogar die Ausrottung der Wandalen und Goten. Und auch Gregor war nicht zimperlich, ging es um Blutvergießen (S. 171 ff., 190 ff.).[7]

Doch, kein Zweifel, nicht vernichten, «bekehren» wollte er die Langobarden, denn das konnte nur sein Nutzen sein. So spielte er eine zwielichtige Rolle, und selbst sein fast stets für ihn Partei ergreifender Biograph Jeffrey Richards räumt ein: «Seine immer stärkere Verwicklung in alle Bereiche dieses Problems war es, die viel dazu beigetragen hat, die weltliche Macht und den Einfluß des Papsttums zu vergrößern.»[8]

Allmählich also arrangierte man sich – allen voran eben, wie gewöhnlich beim Überlaufen, die klerikalen Kreise. Das Zu-Kreuze-Kriechen ist ihnen eigentümlich, und sie hatten es doch bei Goten, den Byzantinern gerade wieder demonstriert und werden es durch die Jahrhunderte demonstrieren, noch lange über den deutschen Primas, den Fürst- und Erzbischof Kardinal Bertram von Breslau hinaus, der 1933 die entschlossene Kehrtwendung des hohen Klerus mit den schamlosen Sätzen rechtfertigt: «Wiederum hat sich gezeigt, daß unsere Kirche an kein politisches System, an keine weltliche Regierungsform, an keine Parteikonstellation gebunden ist. Die Kirche hat höhere Ziele . . .» Gewiß, und ihr höchstes Ziel: der Opportunismus in dieser oder jener Form; um zu überleben, die Macht zu behalten, die Macht zu mehren, wie eben jetzt. «Denn viele Bischöfe beeilten sich, sich mit den Langobarden zu verständigen, mit dem Ergebnis, daß die reguläre Nachfolge und Kontinuität im bischöflichen Amt in vielen norditalienischen Diözesen gewahrt wurden» (Richards).[9]

Die Langobarden ließen den Katholiken ihre Kathedrale sogar in der Residenzstadt Pavia, deren Einwohnern man nach dreijähriger Zernierung kein Haar gekrümmt, bestätigten auch in anderen Städten katholischen Besitz, ja machten den feindlichen Prälaten nicht geringe Schenkungen. Dem Bischof Felix von Treviso stellte König Alboin einen Schutzbrief für «das sämtliche Vermögen seiner Kirche» aus (Paulus Diakonus). Doch reagierten die Katholiken zuweilen wie die Mönche von Bobbio, welche die Gunsterweise arianischer Könige natürlich entgegennahmen, «Ketzern» aber nicht einmal den Gruß erwiderten. Und während die Langobarden nicht im geringsten um eine Bekehrung der Katholiken sich kümmerten, stand es umgekehrt ganz anders.

Als Alboin, der berühmteste Langobardenfürst, die katholische Frankenprinzessin Chlodoswintha heiratete, wandte sich Nicetius von Trier alsbald an sie: «Ich wundere mich, daß Alboin sich nicht Gedanken und Sorgen um das Reich Gottes und um sein Seelenheil macht, sondern jene in Ehren hält, sich mit jenen zufrieden gibt, die seine Seele eher in die Hölle bringen als sie den Weg des Heils führen . . . Herrin, ich beschwöre dich daher bei dem Zittern vor dem Tage des Jüngsten Gerichts, daß du diesen Brief mit Verständnis liest und ihn verständig und häufig mit ihm besprichst.» Der hl. Bischof versäumt nicht, die Königin anzuregen, den Gatten durch dogmatische Fragen zu irritieren. Dabei verketzert er nach Kräften den Arianismus und führt, selbst ein Mann von «großen Wundertaten» (Gregor von Tours), die «Wunder» der katholischen Heiligen für die Rechtmäßigkeit seines Glaubens ebenso ins Feld wie einst den Segen des Katholizismus für Chlodwig. «Und du weißt ja, was er nach seiner Taufe alles gegen die Ketzer Alarich und König Gundobad vollbracht hat; und dir ist auch nicht unbekannt, wieviele Geschenke der Gnade Gottes er und seine Söhne auf dieser Erde ihr eigen nennen konnten . . . Wache, wache, denn du hast einen gnädigen Gott. Ich bitte dich, so zu handeln, daß du das Volk der Langobarden stark gegen seine Feinde machst und wir uns über das Seelenheil deines Gemahles und deiner selbst freuen können.»[10]

Erfolg hatte Nicetius nicht. Doch als 584 ein Teil der Herzöge Klefs Sohn Authari zum König einsetzte, war zwar auch er Arianer, aber nun drang überall der Katholizismus vor. Und schließlich wurden die Langobarden so katholisch wie die Franken, bei denen inzwischen, nach dem Tod des letzten Chlodwigsohnes, Chlotars I. (561), die Epoche der Enkel und Urenkel angebrochen war.[11]

## 5. KAPITEL

# DIE SPÄTEREN MEROWINGER

«. . . die Priester des Herrn mit ihren Gehilfen tötete man an den Altären der Kirchen selbst. Nachdem alle niedergemacht waren, daß keiner übrigblieb, der männlich ist, steckte man die ganze Stadt mit den Kirchen und den übrigen Gebäuden in Brand und ließ dort nichts zurück als den nackten Boden.»
Bischof Gregor von Tours[1]

«Niemand regiert als nur die Bischöfe, unser Ruhm ist dahin . . .» König Chilperich I.[2]

Während der Unterschied zwischen Franken und Galloromanen allmählich schwand, aber nicht die unterschiedliche Gesetzgebung, blieben die äußeren Grenzen des Merowingerreichs, wie sie waren, und zwar bis zum Ende der Merowingerzeit. Gewiß gab es politische Verwicklungen, einige Attacken der Awaren in Thüringen, der Westgoten in Südfrankreich, auch ein paar fränkische Ausfälle, Raubzüge jenseits der Grenzen. Aber nicht mehr um Expansion nach außen ging es vor allem, um Erweiterung des Gesamtreiches, das Unterwerfen und Schröpfen fremder, ferner Nachbarn, sondern die Könige, vier wieder, und ihre vielen Nachfolger suchten ihren Besitz, ihre Teilreiche, auf Kosten der anderen Teilreiche zu vergrößern und diese nahezu ununterbrochen und auf jede Weise zu schädigen, zu schwächen; kurz, jeder erstrebte die Vorherrschaft.

So kam es im späteren 6. und frühen 7. Jahrhundert, als fast alle Merowingerfürsten vorzeitig und gewaltsam starben, zu fortgesetzten Brutalitäten und Übergriffen großen Ausmaßes im Reich, wüteten fast unaufhörlich Bürger- und Beutekriege, immer neue Orte wurden eingeäschert, ganze Landstriche verheert, ungezählte Plünderungen, Verstümmelungen, Morde begangen, dazu kamen Seuchen, Hungersnöte. Die Bauern verkrochen sich in den Wäldern und raubten auf eigene Faust. Alle Mittel waren in diesem tobenden Hexenkessel den Kämpfenden recht, versprachen sie nur Aussicht auf Erfolg.[3]

## Die Chlodwig-Enkel

Nach dem Ableben Chlotars I. wurde das Frankenreich in vier Teilreiche geteilt, nach dem frühen Tod seines ältesten Sohnes in drei, nach dem Tod seines zweiten Sohnes in zwei.

Zunächst teilten 561, wie schon ein halbes Jahrhundert früher nach Chlodwigs I. Abtritt, vier Erben das Reich, Chlotars I. Söhne (nach dem Alter angeführt):

Charibert I. von Paris, der schon Ende 567 starb, nachdem er seine Frau, Königin Ingoberga, verstoßen und sich mit den beiden Schwestern Meroflede und Marcovefa, einer Nonne, verbunden und in vierter Ehe Theodechilde, die Tochter eines Schafhirten, geheiratet hatte.

Guntram von Orléans (561–592), der das frankoburgundische Teilreich abwechselnd von Chalons an der Saône und von Orléans aus regierte. Von ihm ist der erste mittelalterliche Befehl zur Sonntagsheiligung (588) erhalten. Auch hat er gelegentlich – so daß man ihn «für einen Bischof des Herrn hätte halten können» (Gregor) – Bettage, Fasten (nur Wasser und Brot), Nachtwachen befohlen und überhaupt die Kirche sehr beschenkt, angeblich sogar sich selbst kasteit, freilich auch Mätressen sich gegönnt. Seine Konkubine Veneranda entließ Guntram, um Marcatrude, Tochter eines gewissen Magnachar, zu heiraten, die er aber gleichfalls verstieß, da sie Venerandas Kind vergiftet hatte. Darauf nimmt er Austrichilde, eine Magd Magnachars, dessen zwei Söhne er der «Ehre» seiner Gattin wegen umbringen und deren Güter er «für den Kronschatz» einziehen läßt. Und ihr, Austrichilde, verspricht der fromme Fürst, der voller «Wunderkraft» und «Herzensgüte» war (Gregor) und schon zu Lebzeiten als Heiliger galt, die Hinrichtung der Ärzte, die sie nicht heilen konnten – und erfüllte auch, was er versprochen (S. 129 f.). Und wurde später als Heiliger verehrt! (Fest: 27. März)

Die politische Szene beherrschten Sigibert I. von Reims (561–575), der König des fränkischen Ostreichs, und der Jüngste, Stiefbruder der drei andern, Chilperich I. von Soissons (561–584), deren Frauen Brunichild und Galswintha, Schwestern aus dem westgotischen Königshaus, bei ihrer Verehelichung zum Katholizismus überwechselten.[4]

Da Charibert I., der älteste Chlodwigenkel und König von Paris, schon 567 starb, wurde sein Gebiet, fast die ganze Westhälfte Galliens, aufgegliedert und kassiert. Anstelle der Vierteilung trat so eine neue Teilung, die nun im wesentlichen fortdauernde Dreiteilung des Frankenreichs in Austrien, Neustrien – beide die «Francia» im weiteren Sinn – und Burgund. (Auch in der Langobardenzeit hieß das östliche Oberitalien Austria, das westliche Neustria.)

Auster, Austrien (Ostland), meist Austrasien genannt und von Sigibert regiert, bestand aus den Gebieten um Maas und Rhein sowie etlichen noch weiter ostwärts davon, mit einem größeren germanischen Anteil; die Residenz war erst Reims, dann Metz. Zu Neustrien (Niwister, Neu-Westland) gehörte der westliche Teil und der politische Kern des Merowingerreiches, den die Franken seit dem 5. Jahrhundert erobert hatten, also weitgehend das einstige Herrschaftsgebiet des Syagrius, von der Loire bis zur Seine und nach Flandern reichend. Diese «Francia» im engeren Sinn, mit überwiegend romanischer Bevölkerung und den Hauptstädten Soissons, später Paris, fiel an Chilperich I.; die Neustrier selber nannten sich auch lieber Franci, ihr Land Francia. Burgund war gegenüber dem alten Burgund wesentlich erweitert, Chalon-sur-Saône bevorzugter Königssitz Guntrams. Geteilt wurden aber auch Aquitanien und die Provence.

Die Zerstückelung des Chariberterbes hatte eine Kette weiterer Bürgerkriege um die Vorherrschaft zur Folge. Die blutigen Konflikte zwischen den Brüdern rissen nicht ab bis zum Tod Sigiberts, der seinerzeit auch heidnische Haufen, «die Wildheit der Völker» vom rechten Rheinufer, gegen das gute katholische Neustrien führte. Seit 562, als Sigibert erste Auseinandersetzungen mit den Awaren in der Nähe der Elbe banden, machte Chilperich, der in Soissons residierende jüngste und vielleicht wendigste der Brüder, Einfälle in das Ostreich und versuchte Reims, Tours und Poitiers zu gewinnen, «indem er alles verheerte und zugrunderichtete»

(Gregor von Tours); während Sigibert, ein Förderer des hl. Medardus, des Bistums Soissons Schutzpatron, die Reichsgutbezirke von Soissons und Paris angriff, die meisten Dörfer um Paris plündern, einäschern, die Bewohner in Gefangenschaft fortschleppen ließ und vergeblich seine Hand nach der provenzalischen Hauptstadt Arles ausstreckte, die Bruder Guntram gehörte. Doch Ortsbischof Sabaudus, ein würdiger Hirte des Herrn, legte Sigiberts Heer herein, lockte es hinterlistig wieder vor die Tore, so daß es «im Rücken von den Speeren der Feinde getroffen und von vorne mit Steinwürfen von den Städtern zugedeckt wurde . . .» (Gregor von Tours)[5]

Der Kampf zwischen den Brüdern Chilperich und Sigibert verschärfte sich noch durch eine familiäre Tragödie, die in die Nibelungensage einging.

## «. . . WÜRDIG EINER MESSALINA UND AGRIPPINA»

Sigibert von Reims hatte um 566 Brunichild, die Tochter des Westgotenkönigs Athanagild, etwa ein Jahr darauf Chilperich von Soissons ihre ältere Schwester Galswintha geheiratet. Chilperich aber, der zuvor seine Frau Audovera verstoßen, überhaupt «bereits mehrere Weiber hatte», ließ die heimwehkranke Galswintha, die einstige, gerade noch «zur rechtgläubigen Kirche» übergetretene Arianerin, bald nach der Hochzeit durch eine seiner Kreaturen erdrosseln. Dann heiratete er, «die Tote nur wenige Tage beweinend» (Gregor), seine frühere Mätresse Fredegunde. Dies führte zu einer irren Feindschaft der beiden Königinnen, «Frauen, würdig einer Messalina und Agrippina» (Mühlbacher), und zu einem skrupellosen Blutrachekrieg der Könige von Reims und Soissons.[6]

Zumal Fredegunde, als ehemalige Unfreie («ex familia infima») zur Königin aufgestiegen und den König anscheinend völlig beherrschend, wird ein Prachtexemplar der Epoche. Sie ist die enge und langjährige Freundin des Bischofs Egidius von Reims, eines der aktivsten Politiker Austriens, ist gelegentlich auch Schützling des Bischofs Ragnemond von Paris und zugleich Mordexpertin von hohen Graden, eine Christin, für die das Liquidieren von Königen fast zur Tagesordnung gehört, eine der teuflischsten, nahezu bloß mit Erpressung, Folter, Dolch und Gift regierenden Furien der Weltgeschichte.

Gemeinsam mit König Chilperich läßt sie allmählich mehrere Dutzend einflußreiche Widersacher ermorden. Ohne Skrupel, eher mit tiefer Genugtuung geht sie über Leichen. Sie läßt ihre Opfer einkerkern, geißeln, lange auf die Folter bringen und natürlich immer wieder ihrer Schätze berauben. Sie läßt aufhängen, verbrennen, vergiften; läßt einem Priester, der mit ihrem Mordbefehl scheitert, Hände und Füße abhauen; läßt den Bischof Praetextatus töten, ebenso ihren Stiefsohn Chlodovech, ebenfalls dessen Mutter Audovera. Sie soll auch schuld an der Ermordung König Sigiberts sein, dem die von ihr gedungenen Mörder, 575 auf dem Königshof Vitry, «in jede Seite ein tüchtiges Messer – Scramasax» stießen, das überdies «in Gift gesteckt war» (Gregor). Sie soll sogar den Tod Chilperichs, ihres eigenen Mannes, verursacht haben, auch ihres Stiefsohns Merovech. An der Beseitigung ihres Sohnes Samson gleich nach der Geburt hindert sie nur der König, doch stirbt das Kind mit kaum zwei Jahren. In Tournay schlichtet sie eine ganze Geschlechterfehde durch Liquidierung der Sippenhäupter. Sie macht eigenhändig einen mißglückten Mordanschlag auf ihre Tochter Rigunthe, schickt einen geistlichen Killer gegen Brunichild aus, schickt zwei weitere Pfaffen mit vergifteten Dolchen zu Brunichild und Childebert. Ja, einmal kamen gleich zwölf Kreaturen Fredegundes an den katholischen Königshof jener, wo man Kleriker wie Laien, «zum Gespött der Menschen», Hände, Nasen, Ohren abschnitt. Viele töteten sich aus Furcht vor den Torturen selbst. «Einige starben auch auf der Folter.» König Guntram entging den «Gesandten» der Fredegunde, die immerhin, als sie mit ihren Schätzen nach Paris floh, den Schutz des Bischofs Ragnemond genoß – eine edle christliche Haltung. Gregor von Tours sammelt ausführlich die Verbrechen der «inimica Dei atque hominum», die schließlich, als

Witwe im neustrischen Teilreich immer mehr führend, mit allen
Mitteln bis zu ihrem Tod für die Anerkennung ihres unmündigen
Sohnes Chlotar (II.) kämpft.[7]

## CHILPERICH I. – KRIEGSZÜGE UND GEISTLICHE LIEDER

Bei den stets mehr eskalierenden Kämpfen zwischen Chilperich,
der vor allem einen unmittelbaren Zugang zu seinen aquitanischen Exklaven, und Sigibert, der einen größeren Anteil am
neustrischen Königsgut erstrebte, verbündete sich dieser zunächst mit Guntram, der erst in Orléans, später in Chalon-
sur-Saône, wo er die Marcelluskirche erbaut, über Burgund regierte. Guntram war besonders kirchenhörig und wurde wegen
seiner vielen Schenkungen an den Klerus und der Berufung von
Konzilien, um es zu wiederholen, dann auch Heiliger (Fest: 28.
März). Der fromme Fürst, ebenso grausam wie feig, erwies sich
freilich als unzuverlässiger Patron und ging, wiederholt wortbrü-
chig werdend, mal zum einen, mal zum andern Bruder über. So
geriet er 573 mit Sigibert wegen der Provence in Streit, und nun
verband sich Guntram (der auch gegen die Langobarden operierte und die eroberten Alpengebiete zur fränkisch-burgundischen
Kirche schlug) mit Chilperich von Soissons und bekriegte wieder
einmal Sigibert von Reims. Sengend und brennend zog Chilperichs Sohn Theudebert durch die Gegend von Tours, Limoges,
Cahors und die übrigen Städte dort, «verwüstete und zerstörte
sie, äscherte die Kirchen ein, raubte die heiligen Gefäße, tötete die
Geistlichen, zerstörte die Mannsklöster, schändete die Frauen
und verwüstete alles. Damals war mehr Klagegeschrei in den
Kirchen, als zu den Zeiten der Verfolgung des Diocletianus» (Gregor von Tours).

In der Mitte der siebziger Jahre unternimmt Chilperich wieder
einen verheerenden Kriegszug gegen Sigiberts Reich, wobei er bis
Reims vordringt, und Sigibert zieht, wie schon früher einmal, mit
heidnischen Stammesverbänden von östlich des Rheins, gegen

Neustrien. Er besetzt Paris und treibt den Bruder auf Tournai zurück. Doch da, kurz vor dem Sieg, fast im Augenblick seines Triumphes – Chilperichs Krieger waren bereits zu ihm übergegangen – erliegt Sigibert vierzigjährig, im Winter 575 in Vitry (Artois), einem Mordanschlag mit vergifteten Dolchen (quos vulgo scramasaxos vocant) durch zwei Dienstleute von Chilperich und Fredegunde. «Da schrie er laut auf, stürzte zusammen und hauchte nicht lange danach den letzten Atem aus» (Gregor von Tours). Sigiberts Witwe Brunichild wurde von Chilperich beraubt und in ein Kloster in Rouen gesperrt, ihre Töchter hielt man in Meaux gefangen.[8]

Die Beseitigung des Reimser Regenten brachte den ersehnten Umschwung für die Mörder, brachte Erfolg auf Erfolg. Chilperich riß in der ausgebrochenen Verwirrung die umstrittenen Territorien an sich und gebot nun von Paris aus über zwei Länder, ein ererbtes und das seines Bruders Charibert. Die ganze Westhälfte des Frankenreiches unterstand ihm. Der König, der nur auf seine Konkubine, auf Macht scharf war und Geld, verscherbelte die Bischofsstühle an die Meistbietenden, trieb brutal die Steuern ein, weshalb in Limoges ein Aufstand ausbrach, den er freilich mit aller Härte niederschlug; glich er doch in seiner Verachtung des Menschenlebens «einem Cäsar Borgia oder sonst einem italienischen Machthaber der Renaissancezeit» (Cartellieri).

Klar, daß ein solcher Mann auch dem Christentum zugetan, daß er sehr um die Bekehrung der Juden bemüht, ja, Verfasser war eines theologischen Traktats über die Hl. Dreifaltigkeit sowie geistlicher Lieder. Und mochte er auch das Trinitätsdogma als anthropomorphen Unsinn verwerfen und erklären, «der Vater und der Sohn seien derselbe, wie auch der heilige Geist derselbe wie mit dem Vater und dem Sohne»; mochte auch das ihm von Gregor zugeschriebene Wort «Niemand regiert als nur die Bischöfe, unser Ruhm ist dahin . . .» übertrieben gewesen, vielleicht gar nicht gefallen sein; mochte er schließlich auch in seinen Kriegen gegen Sigibert die Christentempel einäschern, Klöster plündern und zerstören, Nonnen schänden lassen, so genoß die Kirche doch jede Freiheit in allen religiösen Dingen. Es entstanden An-

sätze zu förmlichen Bischofsdynastien, wie in Tours. Sogar im
Gericht führte der Bischof neben dem Grafen den Vorsitz. Wie
sich überhaupt die Beamten des Staates und die Könige selber
grundsätzlich dem sittlichen Urteil der Bischöfe und ihrer geistlichen Zucht unterwarfen.[9]

Nur knapp war der fünfjährige Sohn des erdolchten Sigibert,
Childebert II. (575–596), dem Schicksal seines Vaters entrissen
und durch den Herzog Gundowald nach Austrien in Sicherheit
gebracht worden. Dort erhoben ihn die Großen zum König, und
Hausmeier Gogo regierte für ihn. Offenbar aber blieb der Thronfolger, nach zwei Mordanschlägen schon mit etwa 26 Jahren,
vielleicht durch Gift, sterbend, bis zuletzt ein Werkzeug König
Guntrams, der ihn als Senior der Dynastie, nach dem Tode seiner
eigenen Söhne als Sohn und Erben adoptierte, blieb er ein Werkzeug freilich auch seiner Mutter Brunichild.

Diese heiratete in Rouen den Merovech, Chilperichs Sohn aus
erster Ehe mit Audovera. Der Metropolit von Rouen, Bischof
Praetextatus, hat Merovech, sein Taufkind, entgegen dem Kirchenrecht, mit dessen Tante getraut und anscheinend gemeinsam
mit jenem «einen echten Thronsturzversuch unternommen, wenn
nicht gar einen Mord geplant» (Bund). In der zweiten Sitzung des
Konzils von Paris (577) beschuldigte König Chilperich den Bischof Praetextatus auch, ihm wertvollen Schmuck und 5000
Solidi in Gold gestohlen zu haben. In der dritten Sitzung immerhin bekannte der Kirchenfürst (bald darauf ausgepeitscht, auf
eine Insel verbannt und 585 in einer Kirche ermordet), dem König
zu Füßen liegend, einen Anschlag auf dessen Leben geplant zu
haben. Doch ehe die Verschwörer ihr Komplott noch politisch
hatten nutzen können, war Merovech, auf Betreiben wohl seiner
Stiefmutter Fredegunde, von der Nachfolge ausgeschlossen, 576
verhaftet, geschoren und zum Presbyter degradiert worden. Auf
dem Weg ins Kloster Anisola (S. Calais) befreite ihn zwar sein
Gefolgsmann Gailen, doch 577 oder 578, auf einer abermaligen
Flucht von Feinden umstellt, bat er Gailen, ihn zu töten, worauf
man diesem, der nicht gezögert, es zu tun, Hände, Füße, Nase,
Ohren abgeschlagen, ihn weiter gefoltert und liquidiert hat. Auch

viele Begleiter Merovechs wurden zu Tod gemartert. Die Haupt-
anstifter des Anschlags sollen Bischof Egidius von Reims (der den
hl. Gregor zum Bischof geweiht) sowie Herzog Gunthram Boso
gewesen sein (ein intriganter Gangster, über dessen Tötung dann
Bischof Agerich von Verdun sich so verzehrte). Und auch Merovechs junger Bruder ist ein Opfer Fredegundes geworden.[10]

577 konnte Brunichild der Gefangenschaft Chilperichs entkommen und ins Ostreich flüchten, ins Herrschaftsgebiet ihres
Sohnes Childebert II., den sie zu einem Bündnis mit Guntram
veranlaßte. Doch 581 fiel Brunichilds Anhang einer Empörung in
Reims zum Opfer, wo Metropolit Egidius, der in viele Intrigen,
Verschwörungen, in Hochverrat verstrickte Bischof, an der Spitze
einiger Großer die Regierung an sich riß. Und da Chilperich ohnedies im Vormarsch und der starke Mann war, machte sich der
Kirchenfürst samt Mitregenten an den Erfolgreichen heran; Bischof Egidius leitete selbst die Gesandtschaft an ihn. Und gleichzeitig zerstritten die Reimser Frondeure sich mit König Guntram,
dessen Chariberterbe in Aquitanien 581 Chilperichs Feldherr Desiderius eroberte, so daß Chilperich jetzt das gesamte Reich seines
567 verstorbenen Bruders besaß.

Als der König sich aber anschickte, auch Guntrams Land selbst
mit Hilfe der Reimser Überläufer, einem förmlichen Bündnis mit
der austrischen Regentschaft, in die Zange zu nehmen, um Guntrams Heere zu zermalmen, trat in Austrien, durch einen Aufstand
des minor populus gegen das Bündnis, ein abermaliger Kurs-
wechsel ein, doch diesmal zugunsten der wohl dahinterstehenden
Brunichild, und Chilperich mußte zurückstecken. Anfang des
Jahres 584 restituiert Guntram seinen Neffen in Marseille. Und
im selben Jahr wird Chilperich eines Nachts in seinem bei Paris
gelegenen Hof Calam (Chelles) nach der Heimkehr von der Jagd
durch mehrere Messerstiche getötet. «So beendete er ein sehr
grausames Leben mit einem dementsprechenden Tod» (Fredegar).
Er erinnert sehr an den seines eigenen Opfers Sigibert (S. 121).
Auch Chilperich hinterließ einen unmündigen Sohn, den noch
nicht einjährigen Chlotar II. Für ihn suchte seine Mutter Fredegunde nun das Regiment zu behaupten.[11]

## Prälaten und hoher Adel drängen an die Macht

Chilperich, für Gregor von Tours der «Nero und Herodes seiner Zeit», war möglicherweise das Opfer konspirativer Adelskreise aller Teilreiche geworden, vielleicht aber auch das seiner Gattin Fredegunde. Hatte sie ihn ja derart betrogen, daß ihr Sohn Chlotar erst als Merowingersprößling galt, nachdem sie mit mehr als 300 weltlichen und geistlichen Eideshelfern, darunter drei Oberhirten, Chilperichs Vaterschaft beschworen. Und nach dem Tod beider Brüder durch Mörderhände tobte der Kampf zwischen ihren Frauen fort – obwohl (oder weil?) doch so viele sinistere Figuren inzwischen von der Bühne abgetreten waren.[12]

So hatten Chilperichs Söhne aus der ersten Ehe mit Audovera schon das Zeitliche gesegnet. Theudebert war 575 im Krieg gefallen, seine Leiche noch auf dem Schlachtfeld gefleddert worden. Merovech trieb Fredegundes Hetze in den Tod. Ihr letzter Stiefsohn Chlodovech landete auf einem pestverseuchten Gutshof. Er überlebte dort, wurde der Zauberei angeklagt, verhaftet und 580 meuchlings erstochen. Gräßlichen Martern erlagen seine Geliebte, deren Mutter und Chlodovechs eigene Mutter Audovera, während seine Schwester Basina im Kloster Poitiers verschwand. Ihrer schlimmsten Feinde ledig, konnte sich Fredegunde nun mit Sohn Chlotar ins politische Spiel bringen, wobei sie mehrere Mordanschläge auf König Guntram, auf Childebert und Brunichild inszenierte, deren verhinderten Killer sie, ergrimmt über das gescheiterte Attentat, verstümmeln ließ.

Der leitende Kopf aber der Konspiration wider das ostfränkische Herrscherhaus war Bischof Egidius von Reims, dessen Schatzkammer von Gold und Silber überquoll. Eines Nachts kam es zum Aufstand. Das «niedere Volk» (minor populus) erhob sich gegen ihn und die Herzöge des Königs, weil sie «sein Reich verkaufen, seine Städte unter die Herrschaft eines anderen bringen». Man suchte den Oberhirten, die Optimaten zu ergreifen; Egidius floh, ließ dabei alle Begleiter hinter sich, «und so groß war seine Angst, daß, als ihm ein Stiefel vom Fuß fiel, er nicht einmal sich soviel Zeit ließ, ihn wieder anzuziehen».

Der Bestechung («zweitausend Goldstücke und viel Kostbarkeiten»), des Hochverrats, der Anzettelung eines Bürger- und
Bruderkriegs überführt, vor allem durch den Abt Epiphanius, «der
immer um alle seine geheimen Pläne gewußt», gab Bischof Egidius
nach ständigem Leugnen zuletzt zu, «als Majestätsverbrecher den
Tod verdient» zu haben, «da ich immer gegen das Wohl des Königs
und seiner Mutter gehandelt habe und auf meinen Rat oft Kämpfe
geführt worden sind, welche viele Gegenden Galliens verwüsteten» (Gregor). Er wurde 590 auf dem Konzil von Metz abgesetzt
und zum Tode verurteilt, nach Intervention der arg bekümmerten
Prälaten aber von Childebert nach Straßburg verbannt. Abt Epiphanius jedoch enthob man seines Amtes.[13]

Waren bei Sigiberts Tod dessen Würdenträger, angeführt von
Bischof Egidius, zu Chilperich übergegangen, schwenkten bei
Chilperichs Tod nun zahlreiche seiner Großen zu Sigiberts Sohn
Childebert um.

An Ostern geboren, an Pfingsten getauft, an Weihnachten zum
König erhoben, erschien Childebert II. (575–596) am Merowin-
gerhof wie eine Art «Verheißung glückhafter Gottesnähe» (Karl
Hauck). (Besonders profitierte davon u. a. der Bischof Agerich
von Verdun, Childeberts Taufpate. Zwar hatte er den «unreinen
Geist» eines Mädchens nicht austreiben, doch den jungen König
durch ein Wunder – eine Weinvermehrung – angeblich derart
beeindrucken können, daß ihm dieser beträchtliche Schenkungen
machte.) Auf der anderen Seite schlüpfte Chilperichs Witwe, die
viele Hochgestellte jetzt verließen, mit ihrem vier Monate alten
Söhnchen bei Bischof Ragnemond von Paris unter. Und alsbald
traf dort, von ihr im Herbst 584 zu Hilfe gerufen, der König von
Burgund ein – als einziger der vier Söhne Chlotars I. noch am
Leben. Der hl. Guntram versprach Fredegunde auch seinen
Schutz, verdrängte aber sofort ihren Sohn von der «cathedra regni» und kassierte den größten Teil von Chariberts Erbe.[14]

Mit der immer desolateren Lage in den verschiedenen Teilreichen, den fortgesetzten Kriegs- und Raubzügen der Könige,
ihrem Ringen um die Vorherrschaft, war die Merowingerdynastie
selbst geschwächt, die Klasse der feudalen Grundherren jedoch,

besonders deren oberste Schicht, die Hocharistokratie, gestärkt
worden. Sie fühlte sich nicht mehr auf das Königtum angewiesen,
sondern eher von ihm behindert, ja, die Könige bedurften immer
mehr des Hochadels und wurden allmählich von ihm abhängig.
Wie bei den Herrschern, waren auch bei den Großen bewaffnete
Auseinandersetzungen, Okkupationen von Grafschaften, Bistümern, gewaltsame Aneignungen von Grundeigentum, Arbeitskräften nahezu alltäglich. Und da ihre Ländereien weit verstreut,
oft in mehreren Reichsteilen lagen, konnten sie mal zu diesem,
mal zu jenem König übergehn. Besonders die führenden Familien
nutzten die stetig wachsende Anarchie, erweiterten ihren Besitz,
vergrößerten ihre Schlagkraft und rückten so mehr und mehr in
den Vordergrund, bis sie schließlich die durch ständige Macht-
kämpfe geschwächten Könige selbst mattstellten.[15]

## GUNDOWALDS REVOLTE
### UND BISCHÖFLICHE ÜBERLÄUFER

Mit Chilperichs Tod brach sein ganzes Regiment jäh zusammen.
Die Leitung ging 584 vorübergehend auf das burgundische Teilreich über. Dabei geriet König Guntram jedoch in Gegensatz zu
dem Prätendenten Gundowald in Südgallien, der behauptete, ein
Sohn Chlotars I. zu sein – vielleicht stammte er einer Friedelehe
des Königs. Jedenfalls hatten ihm sowohl Chlotar als auch sein
Sohn Sigibert das lange Haar abgeschnitten. Jetzt aber brachten
ihn die austrischen Verräter wieder ins Spiel.

Aus seinem Exil in Köln war der offenbar festgehaltene Gundowald (vor 568) zu Narses nach Italien, später nach Konstantinopel geflohen. Dort «lud» ihn 581 eine Gesandtschaft, angeführt
von Herzog Gunthram Boso, einem hochintriganten Rebellen,
nach Gallien ein. Durch Kaiser Tiberios I. reich ausgestattet,
landete Gundowald im September 582 in Marseille. Zwar mußte
er, schäbig verraten von Gunthram Boso, zunächst auf eine pro-
venzalische Insel ausweichen, fand dann aber, zumal im Süden

und Westen des Reiches, starken Zulauf, wirkte sich jetzt ja schon die steigende Bedeutung des Hochadels aus, die noch geschichtsbestimmend werden sollte.

Die Revolte des Gundowald war vielen willkommen. Fürsten und Grafen besonders aus Neustrien wie Burgund, doch auch aus Austrien, schlossen sich ihm an: Desiderius etwa, der Herzog von Toulouse, und Herzog Bladast, zwei Große Chilperichs I.; Eunius Mummolus, ein Herzog König Guntrams und dessen bester Feldherr; Gunthram Boso, der Herzog Childeberts II.; Waddo, der Hausmeier der Königstochter Rigunthe. Aber auch viele Prälaten wechselten das Lager.

Gleich nach Gundowalds Landung in Marseille nahm ihn Theodorus, der Ortsbischof, mit offenen Armen, «mit der größten Güte» auf und stellte ihm sogar eine Reitertruppe zur Verfügung. Auch die Bischöfe Nicasius von Angoulême und Antidius von Agen gingen zu Gundowald über. Ebenso hing ihm ein Bischof Epiphanius (mit unbekannter Diözese) an und kam deshalb durch Guntram noch in Haft, in der er «nach vielen Leiden starb». Immer mehr Magnaten vergrößerten Gundowalds Feldschar. Er gab reiche Geschenke und beherrschte Aquitanien bald nahezu ganz. Bischof Sagittarius von Gap zählte zu seinen nächsten Vertrauten. Ähnlich Bischof Bertram von Bordeaux, der dem Usurpator Gundowald, so Gregor von Tours wieder, «in enger Freundschaft verbunden», mit König Guntram aber (mütterlicherseits) verwandt war, weshalb dieser ihm dann vorwarf, er habe über seine eigene Sippe die ausländische Pest (pestem extraneam) gebracht. (In enger Freundschaft verbunden war Bischof Bertram von Bordeaux auch Königin Fredegunde; der Kirchenfürst soll sie sehr getröstet haben. Er und Bischof Palladius von Saintes warfen sich an der königlichen Tafel zum Vergnügen vieler gegenseitig Unzucht, Ehebruch und Meineid vor.) Und auch Bischof Palladius von Saintes, der den König «schon öfters hintergangen hatte», durch gleich dreifachen Meineid nämlich, und der Abt von Cahors, den Guntram später geißeln und einkerkern ließ, unterstützten den Rebellen. Im Osten zählte hochwahrscheinlich wieder Bischof Egidius von Reims zu den Verschwörern; in Burgund, nach Fredegar, vor allem Bischof Syagrius von Autun und Bischof Flavius von Chalon-sur-Saône.[16]

Im Dezember 584 proklamierte man den Prätendenten in Brives-la-Gaillarde (Limousin) durch Schilderhebung zum König. Doch Anfang des nächsten Jahres kam es zu einer abermaligen Annäherung Guntrams und Childeberts II., der das Mündigkeitsalter von 15 Jahren erreicht hatte. Der Senior der Merowingerdynastie erneuerte Childeberts Einsetzung zu seinem Erben, rüstete ein Heer und drang bis in baskisches Gebiet vor. Im äußersten Süden Aquitaniens, in St-Bertrand-de-Comminges (Lugdunum Convenarum) im Pyrenäenvorland, wurde Gundowald belagert, von seinen Anhängern, an deren Spitze Herzog Eunius Mummolus und Bischof Sagittarius, erneut verraten und bei einem Ausbruchsversuch heimtückisch getötet. Guntrams Schwertträger Cariatto, behauptet jedenfalls Fredegar, «der diese Sache gefördert hatte, erhielt zur Belohnung dafür den Bischofsstuhl von Genf». Gundowalds Leiche wurde geschändet und unbestattet liegengelassen.

Die Verräter, «die vornehmsten Männer in der Stadt», brachten alle Schätze an sich, auch «die heiligen Kirchengeräte», dann ließen sie die Tore öffnen. Guntrams Heer brach darauf ein und metzelte «alles Volk» nieder; «die Priester des Herrn mit ihren Gehilfen tötete man an den Altären der Kirchen selbst. Nachdem alle niedergemacht waren, daß keiner übrigblieb, der männlich ist, steckte man die ganze Stadt mit den Kirchen und den übrigen Gebäuden in Brand und ließ dort nichts zurück als den nackten Boden.» Die Tat des hl. Guntram (Fest: 28. März), der doch die besten Beziehungen zu den Bischöfen unterhielt, von Gregor von Tours als «gütig und stets zum Erbarmen geneigt» charakterisiert, der als «König und Priester» gefeiert wird. Tatsächlich aber konnte Guntram gegen rebellische oder widersetzliche Große erbarmungslos sein und sie ohne Untersuchung erschlagen oder steinigen lassen. Er nahm nun einen großen Teil Aquitaniens an sich und richtete hart die abgefallenen weltlichen Großen, doch bemerkenswert mild die gleichfalls abtrünnigen Prälaten. Den Feldherrn Eunius Mummolus und Bischof Sagittarius ließ er töten.[17]

## König Guntram beweist seine Heiligkeit

Diese katholischen Fürsten schreckten beim Kampf auch vor Zerstörung der Kirchen nicht zurück, wie gerade Bischof Gregor häufig bezeugt. Chilperichs Herzöge Desiderius und Bladast (letzterer koitierte «sogar oft» in der Vorhalle der Kirche des hl. Hilarius zu Poitiers) verwüsteten 583 das Gebiet der Bischofsstadt Bourges, die angeblich 15 000 Mann ins Gefecht warf, in «ein gewaltiges Blutbad, so daß auf beiden Seiten mehr als siebentausend fielen. Mit dem übrigen Teile des Heeres drangen die Herzöge bis zur Stadt selbst vor, indem sie alles plünderten und verheerten, und es wurde eine solche Verwüstung dort angerichtet, wie man seit Vorzeit von keiner gehört hat. Kein Haus, kein Weinberg, kein Baum blieb verschont, alles wurde umgehauen, niedergebrannt und vernichtet. Sie nahmen auch aus den Kirchen die geweihten Gefäße und steckten die Kirchen selbst in Brand.»

585 attackierten Truppen des hl. Guntram die Kirche des hl. Vinzenz bei Agen, «voll von Schätzen aller Art, die den Bewohnern der Stadt gehörten. Denn diese hatten gehofft, Christen würden die Kirche eines so großen Märtyrers nicht verletzen. Die Türen waren aber sorgfältig verschlossen. Als nun das Heer herankam und die Türen der Kirche nicht zu öffnen vermochte, legte es unverzüglich Feuer an, und als dies die Pforten verzehrt hatte, nahmen sie alle Habe und alles Gerät, das sie dort fanden, und selbst die heiligen Kirchengerätschaften mit sich fort.» Und im eroberten Comminges stach dieselbe katholische Soldateska die Priester mit ihren Dienern an den Altären der Kirchen ab und setzten sie in Flammen. Wurden doch auch in Guntrams Land, in den Gegenden an der Saône, der Rhône, die Kirchen beraubt und die Priester getötet.[18]

Wie gesagt: heilig. Ein Heiliger, von dem Gregor einmal schreibt, er «sprach fortwährend von Gott, von der Erbauung von Kirchen»; der aber auch den letzten Wunsch seiner Gattin, Königin Austrichilde, erfüllte, nämlich die Ärzte, die ihr nicht helfen konnten, mit dem Schwert zu töten. Noch in extremis forderte sie «unter schwerem Seufzen Genossen auf dem Toten-

bett», forderte vom Gatten einen Eid, daß ihr Tod «nicht unge-
rächt bleibe», und dieser fromme christliche Schwur wird «von
dem braven König Guntram pünktlich erfüllt», sagt der gleichfalls brave Daniel-Rops und sieht so dies haarsträubende Verbrechen «von einem grimmigen Humor gewürzt». Nach Fredegar
wurden die Ärzte zuvor auf königlichen Befehl sogar noch «man-
nigfachen Foltern» (diversis poenis) unterzogen. Der hl. Guntram
ließ ja auch die Söhne des Magnachar, eines fränkischen Großen,
hinrichten und natürlich all ihr Vermögen «für den Kronschatz»
einziehen, nur weil sie Lästerliches über eine Königin sprachen,
die doch auch bei Bischof Gregor als «schändliches Weib» mit
einer «schändlichen Seele» figuriert.[19]

Nach Gundowalds Ausschaltung kämpften die rebellierenden
Optimaten in Austrien und Neustrien weiter gegen Guntram,
Brunichild und den inzwischen mündigen Childebert, der die
Moselstadt Metz, statt Reims, zu seinem Hauptsitz gemacht hatte. Mehrere Mordanschläge auf Guntram und die Königin schlugen fehl. Und nach der Geburt von Childeberts Söhnen Theudebert und Theuderich 586 und 587 planten austrische Verschwörer
auch Childeberts Beseitigung sowie die Erhebung seiner Kinder.
Zu den Revoluzzern unter Führung des Herzogs Rauching von
der Champagne gehörte natürlich auch wieder Bischof Egidius
von Reims. Doch bekam Guntram, der abgesetzt werden sollte,
Wind von der Sache, und Childebert, von ihm verständigt, würg-
te sie ab. Er befahl Rauching zu sich, und unmittelbar nach der
Audienz rissen ihn beim Verlassen des Raums zwei Türsteher an
den Beinen nieder. «Sogleich warfen sich die, welche dazu bestellt
waren und schon bereitstanden, mit Schwertern auf ihn und zerstückelten ihm den Kopf derart, daß das ganze wie Hirnmasse
aussah.» Rauchings Schätze, größer angeblich als die des Königs,
kassierte dieser.[20]

Die Königssippe, Childebert II., seine Frau Faileuba, seine
Mutter Brunichild und Onkel Guntram trafen sich darauf an der
Grenze ihrer beider Länder in der Pfalz Andelot und schlossen am
28. November 587 eine Erbverbrüderung, einen Pakt, der die
Solidarität zwischen dem frankoburgundischen und austrischen

Herrscherhaus stärkte, verschiedene Besitzstreitigkeiten regelte und die Nachfolgefrage; der jeweils Überlebende, Onkel oder Neffe, sollte im Reich des anderen herrschen, ebenso seine Nachkommen.[21]

Der Vertrag von Andelot hatte vor allem innenpolitische Folgen. Doch geriet Guntram auch in allerlei außenpolitische Verwicklungen, besonders mit den Langobarden und den Westgoten, ja, er war da längst hineingeraten.

So hatte der wehrhafte Heilige bereits zwischen 569 und 575 immer wieder vereinzelt über die Westalpenpässe anstürmende Langobardenscharen zurückgedrängt. Sie plünderten, sengten und brannten auf diesen nicht sonderlich vorbereiteten Beutezügen in die Provence und das südliche Burgund alles, was sie erreichen konnten. Mehrmals wurden sie dabei, vor allem durch Guntrams Feldherrn Eunius Mummolus, nahezu aufgerieben, wie 571 inmitten der Wälder bei Embrun durch ein fränkisches Heer, in dem auch die Bischöfe von Embrun und Gap persönlich mitgekämpft und «viele getötet haben». Ein anderes Mal metzelte Mummolus in der Provence, so der hl. Gregor, «viele Tausende von ihnen und bis zum Abend hin ließ er vom Blutvergießen nicht ab, bis endlich die Nacht dem Morden ein Ende machte». Auch fochten die Franken nicht ohne entsprechende Gebietserweiterungen nach Süden, Guntram schlug angrenzendes oberitalienisches Gebiet seinem Reich zu sowie zwei Bistümer der fränkischen Kirche, das bereits bestehende Bistum Aosta und das von ihm neu gegründete Saint-Jean-de-Maurienne. Etwas später folgte noch das Bistum Wallis.[22]

## PÄPSTLICHE KRIEGSWÜNSCHE

In Rom regierte seinerzeit Pelagius II. (579–590), der später an der Pest starb. Gerade während die Langobarden die Stadt zerniert hatten, war er Papst geworden. Und so beeilte er sich, sowohl Kaiser Tiberios II. (578–582) um Hilfe zu rufen, als auch den

König Guntram. Denn die arianischen Invasoren bekämpften nicht nur das Römische Reich, sondern auch die mit ihm liierte Römische Kirche und Hierarchie (längst nicht so den katholischen Glauben). Und sie erstrebten die Einigung Italiens mit Rom als Hauptstadt. Das aber hätte den Papst um seinen Einfluß gebracht; er wäre nur noch Primas einer Landeskirche gewesen. So kam es zum ersten päpstlichen Kriegswunsch an die Franken. Dies sollte noch Schule machen . . .

Dem fränkischen Bischof Aunachar von Auxerre kündigt Pelagius damals Reliquien an, fordert aber auch dringend das Einschreiten der Frankenkönige zugunsten Roms. Er erregt sich über die langobardischen «Götzendiener» und schreibt, es hätte sich gehört, «daß ihr anderen Glieder der katholischen Kirche, einem Leibe unter der Leitung eines Haupts verbunden, mit allen euren Kräften unserem Frieden und unserer Ruhe um der Einheit des Heiligen Geistes willen zu Hilfe eilet. Denn nicht unnütz [otiosum], vielmehr höchst bewundernswert von der göttlichen Vorsehung gefügt erachten wir es, daß eure Könige dem Römischen Imperium im Bekenntnis des rechten Glaubens gleich sind; nämlich damit dieser Stadt und dem gesamten Italien nachbarliche Helfer erständen. Sehet euch also vor, geliebter Bruder, daß nicht, wenn euren Königen von Gott die Macht gegeben ist, uns zu helfen, eure Liebe lau erfunden werde . . .» Und betont zum Schluß noch einmal: «So mahnen wir euch denn, daß ihr die Heiligtümer der Apostel, deren Kraft ihr suchet, von der Besudelung der Heiden befreit, so viel und so schnell es in euren Kräften steht, und euren Königen eindringlich anlieget, daß sie sich von Freundschaft und Bündnis des verruchten Feinds, der Langobarden, mit heilsamem Ratschlusse eiligst lösen möchten, damit, wenn für jene die Zeit der Rache kommt, wie wir es von Gottes Barmherzigkeit rasch erwarten, sie nicht als deren Spießgesellen erfunden werden.»[23]

Doch weder das Schreiben noch die Reliquien fruchteten. Kräfte verschleißende Kämpfe im eigenen Land hinderten die Franken daran einzugreifen.

Auch Pelagius hatte es ja nicht nur mit den Langobarden zu

tun, «jener gottlosen Nation», wie er seinem Nachfolger Gregor
584 nach Konstantinopel schrieb, obwohl die Langobarden ja
längst christianisiert waren (S. 106). Auch gegen den Oberhirten
von Forum Sempronii (Fossombrone) rief Pelagius den Staat zu
Hilfe. Erst wollte er den renitenten Bischof in ein Kloster verbannen, dann sollte ihn der magister militum Johannes mit
Gewalt nach Rom schaffen. Auch die Bischöfe Venetiens und
Istriens widerstrebten ja dem Papst. Hartnäckig verharrten sie in
jenen schismatischen Vorstellungen, die sie seit der Zeit des Mör-
derpapstes Vigilius (II 427 ff., bes. 447 ff.) und des Dreikapitelstreites vertraten. So wollte Pelagius auch den Narses und andere
Generale dazu bringen, die mächtigen Erzbischöfe von Mailand
und Aquileja, die ranghöchsten Prälaten des Nordens, die den
Verkehr mit ihm mieden, nach Rom oder vor den Kaiser zu
schleppen. Doch die papalen Anstrengungen im Verein mit mehreren Schreiben Gregors, des künftigen Papstes, der ausführlich
die Verurteilung der Drei Kapitel rechtfertigte, hatten keinen Erfolg. Trotz wiederholter «Polizeimaßnahmen», die «den päpstlichen Mahnungen ... Nachdruck» gaben («Lexikon für Theologie und Kirche»), schwärte das norditalienische Schisma fort,
sogar noch über den Pontifikat seines berühmten Nachfolgers
hinaus.[24]

583 rief Pelagius II. noch einmal die Franken herbei. Und nun
kam es zum Krieg, zumal auch der kurz zuvor gekrönte oströmische Kaiser Maurikios (582–602) das frühere, gegen die Langobarden gerichtete Bündnis mit den Franken erneuerte. Der
Byzantiner, den Pelagius ebenfalls um militärische Hilfe bat, zahl-
te dabei König Childebert II., diesem skrupellosen, durch keine
Verträge zu beirrenden Sigibertsohn, die beträchtliche Summe
von 50 000 Goldsolidi, damit er die Langobarden vertreibe. Es
folgte denn auch ein siebenjähriger, gelegentlich allerdings unter-
brochener Krieg (584–591).

Zunächst rückte der König 584 in Italien ein, die Langobarden
gelobten einen jährlichen Tribut von 12 000 Solidi, und Childebert kehrte wieder heim. Darauf wollte Kaiser Maurikios sein
Geld zurück, bekam freilich «nicht einmal eine Antwort» (Paulus

Diakonus), geschweige sein Geld. Doch erfolgte 585 ein weiterer Zug. Da Childebert aber Absichten gegen die Westgoten hatte, versöhnte er sich rasch mit den Langobarden, ja, verlobte seine Schwester Chlodoswinda mit ihrem König Authari, der ihn reich beschenkte. Als jedoch im nächsten Jahr, 586, der König der Westgoten, Rekkared, katholisch wurde (S. 148), womit die austrische Politik «am Ziel ihrer Wünsche stand» (Büttner), änderte Childebert, offenbar aus religiöser Rücksicht, seine Pläne abermals. Er verlobte jetzt die eben noch mit dem arianischen Langobarden Authari verlobte Schwester Chlodoswinda mit dem Katholiken Rekkared und schickte Gesandte nach Byzanz, um die Fortsetzung des Langobardenkrieges anzusagen.[25]

Auch seinen Onkel Guntram suchte Childebert gegen die Langobarden zu mobilisieren. Guntram verweigerte sich zwar, doch Childebert und Brunichild rüsteten gleichwohl ein Expeditionsheer aus, während sie entsprechende Briefe nicht nur dem Kaiser sandten, sondern bezeichnenderweise auch den Bischöfen von Konstantinopel und Melitene sowie dem Apokrisiar des päpstlichen Stuhles in Konstantinopel. Ein weiteres Schreiben an den Mailänder Erzbischof bat diesen, den Exarchen von Ravenna über den bevorstehenden Kriegszug zu unterrichten, damit er seinerseits Vorbereitungen gegen die Langobarden treffe. Diese freilich wollten den Konflikt verhindern und schickten eine Gesandtschaft mit Geschenken an Childebert: «Friede sei zwischen uns: vernichte uns nicht, und wir wollen uns dir unterwerfen und einen bestimmten Tribut zahlen.» Doch die Franken marschierten und erlitten damals, 588, eine solche Niederlage, so Gregor, «daß man sich seit alter Zeit einer ähnlichen nicht erinnern kann».[26]

Schon bald darauf aber fielen sie mit großem Aufgebot unter zwanzig Herzögen erneut in Italien ein – plünderten und mordeten allerdings, wie später die Kreuzritterheere, bereits da und dort zu Hause derart, «daß man meinen konnte, sie trügen den Krieg in ihr eigenes Land» (Gregor). In Italien dagegen, im Bunde mit dem Exarchen von Ravenna, waren sie nur teilweise erfolgreich, obwohl ihr Überfall kein lokal begrenzter Raubzug mehr war, sondern offenbar ein wohlausgeklügelter Zweifrontenkrieg.

Durch eine weit ausholende Zangenbewegung suchten sie den Langobarden den Garaus zu machen und die einst von Theudebert I. okkupierten Gebiete (S. 95 ff.) zurückzuerobern. Zwar gewannen sie in mehrfachen Gefechten die offenen Landstriche Oberitaliens, dazu eine Menge Burgen, schleppten auch viele Gefangene fort, scheiterten aber an den meisten befestigten Städten, besonders an Pavia, litten zudem unter Ruhr, Hungersnot und kehrten von Krankheiten und Entbehrungen aufgerieben zurück. Immerhin nötigte Childebert 591 den Langobarden einen Jahrestribut von wieder 12 000 Goldschillingen auf. Fast dreißig Jahre wurde er gezahlt, bis Chlotar II. ihn 617/618 durch die einmalige Entrichtung des dreifachen Jahresbeitrages ablösen ließ.[27]

Das herausragende kirchenpolitische Ereignis im elfjährigen Pontifikat des Pelagius war der Übertritt der arianischen Westgoten in Spanien unter König Rekkared zum Katholizismus. Und während die Ostgoten, das ostgermanische Brudervolk, durch die katholischen Machthaber ausgerottet wurden aus der Geschichte, begannen die Westgoten, katholisch geworden, immer mehr selber auszurotten.

## 6. KAPITEL

# DIE WESTGOTEN
# WERDEN KATHOLISCH

«Kein anderes Land in der westlichen Welt erfuhr eine so tiefgreifende und nachhaltige Formung durch das Christentum wie Spanien.» William Culican[1]

«In der katholischen Zeit erlangte der hispano-romanische Klerus einen überragenden Einfluß . . . Die erlesene Kultur der hohen toledanischen Geistlichkeit und der gemäßigte Charakter der Herrscher, die eifrigst bemüht waren, sich nach den Entscheidungen der Konzile von Toledo zu richten, waren die natürlichen Ursachen dieser praktischen Regierungsform . . .» Antonio Ballesteros y Beretta[2]

# Die Gründung des spanischen Westgotenreichs

Nach der Niederlage bei Poitiers 507 durch Chlodwig (S. 70 ff.) brach das Tolosanische Großreich zusammen, und die Westgoten, fast restlos aus Südfrankreich verdrängt, konzentrierten sich auf Spanien, wo sie eine Provinz nach der anderen erobert hatten. Seit 473 gehörte ihnen, mit Ausnahme des kleinen Suebenreichs im Nordwesten und der baskischen Gebiete an der Biskaya, das ganze Land. Statt Toulouse wurde Toledo ihre neue Hauptstadt.

Obwohl auch die Westgoten längst Christen waren, hatten sie, nach Gregor von Tours, «die abscheuliche Gewohnheit angenommen, einen König, der ihnen nicht paßte, zu töten, und den König einzusetzen, der ihnen gefiel». Tatsächlich grassierte hier der Königsmord, waren Mord und Totschlag «an der Tagesordnung» (Claude). Von insgesamt 35 westgotischen Königen wurden 17 getötet oder abgesetzt. Nach dem Ende von Eurichs Dynastie sprang einer nach dem andern über die Klinge, auf dem Marktplatz, im Palast, beim Gastmahl, Amalarich 531, Theudis 548, Theudegisel 549.

Die katholische Kirche aber galt als durchaus rechtmäßige Glaubensgemeinschaft und konnte sich religiös auch frei entfalten. «Obgleich ein Ketzer», schreibt Bischof Isidor von Sevilla etwa von Theudis, «gewährte er der Kirche Frieden und gab sogar den katholischen Bischöfen die Erlaubnis . . ., in Freiheit und nach Gutdünken anzuordnen, was für die Kirchenzucht nötig geworden.» Mit Ausnahme Eurichs waren diese arianischen Könige tolerant, auch Theudegisels Nachfolger Agila war es.[3] Gegen ihn aber rebellierte 551, besonders geschützt durch das katholi-

sche Römertum des Südens, der gotische Adelige Athanagild.
Und da er sich im Bürgerkrieg gegen den König nicht durchzusetzen vermochte, rief er die Truppen des katholischen Kaisers
Justinian herbei, «die er nachher trotz aller Bemühungen nicht
wieder aus dem Königreich entfernen konnte. Bis auf diesen Tag
dauern die Kämpfe mit ihnen fort», schreibt Bischof Isidor.

Schon im Sommer 552 landete ein Expeditionsheer unter dem
patricius Liberius. Es besetzt in Kürze den ganzen Südosten Spaniens, Málaga, Cartagena, Córdoba. 554 schlug es bei Sevilla,
gemeinsam mit Athanagild, König Agila schwer, den sein Anhang
schließlich im Frühjahr 555 in Emerita (Mérida) ermordete, um
zu Athanagild (555–567) überzugehen, dem ersten regelrechten
Gegenkönig in der westgotischen Geschichte. Noch kurz bevor
Athanagild, der nun selbst häufig gegen die bisherigen Bundesgenossen, die Oströmer, focht, im Juni 567 in Toledo starb, als
erster westgotischer König seit Eurich im Bett, verheiratete er, um
des Friedens mit den Franken willen, seine beiden Töchter Brunichild und Galswintha mit den katholischen Merowingern Sigibert von Reims und Chilperich von Soissons (S. 118).[4]

Athanagilds Nachfolger Liuwa I., Ende 567 im septimanischen
Narbonne von den gotischen Großen zum König erhoben, ernannte bereits ein Jahr später seinen Bruder Leowigild (568–586)
zum Nachfolger, ja Mitherrscher, und dieser wird nach dem Tod
Liuwas (572) Alleinherrscher. Doch schon im nächsten Jahr macht
er seine Söhne Hermenegild und Rekkared zu Mitregenten.[5]

Die Neubegründung der westgotischen Königsmacht gelang
dem Arianer Leowigild nicht ohne entsprechende Brutalität. Das
darf man den katholischen Chronisten gern glauben. «Die Vornehmsten und Mächtigsten tötete er oder er zog ihr Vermögen
ein, ächtete sie und schickte sie in die Verbannung», schreibt
Bischof Isidor. Und Gregor von Tours behauptet: «Leowigild tötete alle jene, die gewohnt waren, die Könige zu beseitigen, und
ließ nichts übrig, was männlich war.»[6]

Der christliche Herrscher führte Jahr um Jahr Krieg. 570/571
drängte er die Oströmer, die byzantinischen Besatzungen im Südosten zurück. 572 nahm er Córdoba ein. Dann rang er einen

Stamm nach dem andern nieder und erstickte jede regionale Selbständigkeit. 574 unterwarf er Kantabrien, 581 eroberte er baskische Gebiete, 585 vernichtete er das Suebenreich.[7]

## Die Katholisierung der Sueben

Die Sueben, anfänglich im Gebiet der Havel und Spree wohnend, von Cäsar zuerst erwähnt, waren im Jahr 409, geführt von ihrem König Hermerich, mit Alanen und Wandalen nach Spanien gekommen. Hier bildeten sie im Norden und Nordwesten ein eigenes Königreich mit der römischen Provinz Gallaecia (Galicien) als Zentrum. Erst um 450 unter König Rechiar katholisch geworden, wechselten sie in eineinhalb Jahrhunderten, aus denen wir sehr wenig über sie wissen, noch viermal die Konfession, wurden sie arianisch, katholisch, wieder arianisch, bis sie, in den Westgoten aufgehend, 589 endgültig zum Katholizismus übertraten.[8]

Der häufige Glaubenswechsel zeigt, wie wenig wichtig die Konfession den Sueben war. Als Heiden haben sie nicht das Christentum, als Arianer nicht die Katholiken verfolgt. Und als Katholiken führten sie Kriege wie die Heiden oder Arianer. Ihr erster katholischer König, Rechiar (448–456), heiratete eine arianische Prinzessin, eine Tochter Theoderichs I., und unternahm noch mehr Feld- und Raubzüge als sein heidnischer Vater. Er verheerte und plünderte das Baskenland, die Gegend von Zaragoza, die Provinz Carthaginiensis und mehrmals und besonders furchtbar und unter Bruch eines Friedensvertrages die Tarraconensis, wobei er große Haufen von Gefangenen mit fortschleppte. Schließlich wurde er von dem wiederholt bei ihm vorstellig gewordenen Westgoten Theoderich II. vernichtend geschlagen und hingerichtet.[9]

Im Jahr 457 töteten die Westgoten auch den von ihnen eingesetzten Statthalter der Sueben, den Warnen Agiwulf, da er sich unabhängig zu machen suchte. Sein Gegenspieler, Suebenkönig Maldra, ein Brudermörder, wurde zwischen 458 und 460 ermor-

det, vermutlich durch seinen Neffen Frumari, dem dann wieder
Maldras Sohn Remismund, allerdings vergeblich, nach dem Leben trachtete.[10]

Ein fröhliches Christentum, wie überall. Auch bei den Westgoten, wo Leowigild geschundene, aufsässige Bauern unterdrückt, wo er ringsum geplündert, erobert, einverleibt hat.

## Der Arianer Leowigild
### und die katholische Opposition

Aber Leowigild, dieser letzte arianische Westgotenkönig, stärkte
freilich auch die Macht der Krone. Er verbesserte das Münzsy-
stem, revidierte die Gesetze, fügte fehlende ein, merzte überflüs-
sige aus. Er gründete als erster Germanenfürst Städte – die
wichtigste nannte er nach seinem Sohn Rekkared Reccapolis (am
oberen Tajo). In achtzehnjähriger Regierung faßte er das bereits
auseinanderbröckelnde Westgotenreich wieder zusammen. Selbst
der hl. Isidor von Sevilla, der Leowigilds Erfolge der Gunst des
Schicksals und der Tapferkeit seines Heeres zuschreiben möchte,
räumt ein, daß den Goten, bisher bloß auf einen kleinen Raum in
Spanien beschränkt, nun dessen größter Teil gehörte. «Nur der
Irrtum der Ketzerei verdunkelte den Ruhm solcher Tapferkeit.»[11]

Das war natürlich der entscheidende Punkt: «das verderbliche
Gift dieser Lehre», die «tödliche Seuche des Irrglaubens». «Erfüllt
von der Wut arianischen Unglaubens, verfolgte er die Katholiken
und verbannte die Mehrzahl der Bischöfe. Er nahm den Kirchen
ihre Einkünfte und Privilegien, trieb durch Schreckmittel viele
zum Übertritt in die arianische Pestilenz, noch mehr gewann er
dafür ohne Verfolgung durch Gold und Geschenke. Er wagte
sogar außer anderen ketzerischen Schändlichkeiten die Katholiken umzutaufen, und zwar nicht nur Laien, sondern auch Mitglieder des Priesterstandes, so den Vincentius von Caesaraugusta,
der aus einem Bischof ein Apostat wurde und sozusagen aus dem
Himmel in die Hölle geschleudert wurde.»[12]

In Wirklichkeit betrieb Leowigild gegenüber dem grundsätzlich intoleranten Katholizismus, der sich im westgotischen Reich
noch gefestigt hatte, lange eine ausgesprochene Entspannungspo-
litik. Viele Klöster konnten unter ihm gegründet, viele katholische Kirchen gebaut werden. Den aus Afrika übersiedelten Abt
Nanctus und seine Mönche stattete der König persönlich mit
Grundbesitz aus. Ja, er kam selbst theologisch den Katholiken
durch Zugeständnisse in der Trinitätslehre entgegen.

Nicht genug. Er betete in ihren Kirchen und an Gräbern ihrer
Märtyrer. «Ganz offensichtlich sollte ein friedlicher Aus-
gleich . . . angestrebt werden» (Haendler). Blieben diese Vermitt-
lungsversuche freilich erfolglos, konnte er auch scharf reagieren
und katholischen Kirchen Einkünfte und Güter zugunsten arianischer entziehen. Nur gegen den Klerus wandte er sich dann, nicht
gegen die Katholiken insgesamt. Und die strengste nachweisbare
Strafe war nicht etwa die Hinrichtung, wie Gregor von Tours
behauptet, sondern die Verbannung. Sogar in den Jahren der Rebellion der Katholiken, zwischen 580 und 585, erlitt die Romana
religio zwar erhebliche, aber nicht entscheidende Einbußen.[13]

Leowigild, der zwei Söhne aus erster Ehe hatte, vermählte Hermenegild 579 mit der jungen Frankenprinzessin Ingunde, einer
Tochter König Sigiberts I. von Metz und der Brunichild. Als einst
diese und ihre Schwester Galswintha aus dem westgotischen Königshaus die Frankenkönige Sigibert I. und Chilperich I. heirateten, wurden beide Arianerinnen katholisch. Jetzt erwartete man
natürlich, daß die katholische Ingunde den arianischen Glauben
annahm. Doch als die Zwölfjährige Anfang 579 die westgotische
Grenze kaum überschritten hatte, trat ihr bereits Phronimius, der
Bischof des septimanischen Agde, entgegen und mahnte sie, «sich
niemals durch das Gift des ketzerischen Glaubens zu beflecken».[14]

Auch weiterhin hörten die Katholiken nicht auf, die am Hof
von Toledo Vermählte zu beknien. Wie so oft schon gefährdete
(und spaltete) der konfessionelle Gegensatz auch jetzt das Westgotenreich. Hermenegilds Mutter war Tochter des Befehlshabers
Severianus in der Carthaginiensis, der byzantinischen und eifrig
katholischen Südprovinz. Seine Onkel waren die drei katholi-

schen Bischöfe Leander, Fulgentius und Isidor von Sevilla. Leowigilds zweite Frau aber, Goswintha, Witwe seines Vorgängers Athanagild (S. 140), eine eifrige Arianerin, versuchte sofort, Ingunde zum Arianismus zu bekehren; zunächst sehr freundlich, zuletzt, nach Gregor, mit Händen und Füßen. Sie trat sie blutig und ließ sie nachts in einen Fischteich werfen. Leowigild selbst vermittelte und trennte die Streitenden, indem er das junge Paar nach Sevilla entfernte, wo der Halbgote Hermenegild als Statthalter seines Vaters residierte.[15]

## Ein Rebell und Verräter wird heilig

In Sevilla steckte sich der Mönch und spätere Orts- und Erzbischof Leander, Bruder der Mutter Hermenegilds, hinter die katholische Frankenprinzessin, die damit in den Bannkreis einer ganzen heiligen Familie (spanisch-byzantinischer Abstammung) geriet. Der hl. Leander war der Bruder und Amtsvorgänger des hl. Isidor, Erzbischofs von Sevilla, Bruder auch des Bischofs Fulgentius von Astigi (Ecija) und Bruder der hl. Florentine. Wie hätte der Katholizismus da nicht florieren sollen!

Dem hl. Leander gelang denn auch gleich ein doppeltes Werk: Hermenegilds Übertritt zum Katholizismus noch 579 – und seine Rebellion gegen den eigenen Vater 580. Zuvor freilich versicherte der erste spanische Heilige aus königlichem Geschlecht sich noch der Mitwirkung der verfeindeten Nachbarreiche: des katholischen Byzanz, dem er die von seinem Vater eroberten Gebiete in Andalusien mit Córdoba abtrat, des katholischen fränkischen Königs und des katholischen Suebenkönigs Miro.

Erst nachdem diese «jugendliche und heldenmütige Person» (Grisar SJ) derart das Vertrauen seines Vaters mißbraucht und ihn von drei Seiten eingekreist hatte, erklärte er sich selbst in Sevilla zum König, brachte zahlreiche andere Städte und Kastelle auf seine Seite und schlug im Winter 579/580 gegen den völlig überraschten Leowigild los. Doch verstand dieser, trotz zunächst schwerer Bedrängnis, seine Gegner diplomatisch zu trennen. Nachdem er 581 noch im Norden die Basken bekämpft, vielleicht ebenfalls Verbündete Hermenegilds, dann die Byzantiner durch die hohe Summe von 30 000 Solidi zur Desertion gebracht hatte, schloß er 583 Sevilla ein.[16]

Der hl. Erzbischof Leander, offenbar wegen Aufhetzung zur Empörung von Leowigild verbannt, war inzwischen nach Konstantinopel geeilt, wohin die Byzantiner auch Ingunde und deren kleinen Sohn Athanagild schickten; doch starb sie bereits auf der Reise, und Athanagild, anscheinend nach wenigen Jahren, in Konstantinopel. Erzbischof Leander aber, der dort Freundschaft mit dem späteren Papst Gregor I. schloß, suchte Kaiser Tiberios zu einer militärischen Intervention zugunsten Hermenegilds aufzustacheln, hatte allerdings kein Glück, da die Truppen für Spanien fehlten.[17]

Anfang 584 brach in Sevilla der Widerstand zusammen. Der zum Entsatz herbeigeeilte katholische Suebenkönig Miro, der Leowigild schon früher bekriegt und 574 mit den Franken ein antigotisches Bündnis betrieben, wurde von Leowigild auf dem Weg nach Sevilla umzingelt und zum Vasallen gemacht, 585 das Suebenland dem westgotischen Reich angegliedert.

Hermenegild hatte Sevilla vor dessen Fall verlassen und bei den Byzantinern in Córdoba Zuflucht gesucht. Die aber ließen ihren Verbündeten im Stich. Gegen viel Geld gaben sie ihn preis und traten auch die seit 579 besetzten Gebiete wieder ab. Hermenegild, nach Valencia und Tarragona verbannt, wurde hier, nach mehreren gescheiterten Versöhnungsversuchen Leowigilds, 585 getötet. Bruder Rekkared hatte geschworen, ihm werde nichts Schimpfliches geschehen.

Das Motiv ist unklar, ungewiß auch, ob Leowigild selbst seine Hände im Spiel hatte – jedenfalls eine «Passion», «würdig der alten Martyrer» (Daniel-Rops). «Toll vor Wut», behauptet dieser katholische Historiker, «gibt schließlich Leuwigild den Befehl, und der Herzog Sisbert enthauptet Hermenegild in seinem Kerker. Es war am Vorabend von Ostern 585, ein schöner Tag, um als Martyrer zu sterben.» Und ahnt offenbar gar nicht die Ironie seiner Worte: «Der Karsamstag des Jahres 585 war das blutige Morgenrot des Katholizismus in Spanien.»[18]

Bereits Papst Gregor I. läßt Hermenegild sterben wegen seiner standhaften Weigerung, Arianer zu werden und an Ostern die Kommunion aus der Hand eines arianischen Bischofs zu empfangen! Er macht den ungetreuen Sohn und Rebellen, den «König Hermenegild», zum katholischen Märtyrer, zum schuldlosen Opfer des arianischen Fanatismus. Und je mehr man sich von den Ereignissen, den Tatsachen, entfernt, desto makelloser gerät der Heiligenschein um den Kopf des Verräters, bis ihn 1586 der «eiserne Papst» Sixtus V. heiligspricht.

Doch noch der vom Vater ins Verlies entsandte Rekkared, bald darauf selbst katholisch, fand für den Bruder keine Entschuldigung. Denn «welcher gerechte Grund konnte bestehen, gegen den Vater die Waffen zu richten?»

Sogar für die katholischen Bischöfe Johann von Biclaro, Gregor von Tours und Isidor von Sevilla ist Hermenegild nur der durch einen blutigen Bürgerkrieg niedergerungene Rebell. Alle drei nennen ihn «Empörer». Bischof Johann, einst von Leowigild doch verbannt, registriert gleichwohl Jahr um Jahr mit unverhohlener Genugtuung die Niederlagen des ungetreuen Sohnes. Und auch Bischof Gregor, der Hermenegild um ein Jahrzehnt überlebt, sieht mit den meisten alten, auch katholischen Autoren in dem perfiden Prinzen, den er einmal sogar «elend» (miser) nennt und entschieden verurteilt, keinen Heiligen – obwohl er dies im Lichte des bekannten Helvétius-Wortes von den tausend heiliggesprochenen Verbrechern nur allzusehr ist.[19]

Ingundes katholische Verwandte im Frankenreich, denen es doch sonst auf etwas Blutvergießen wahrhaftig nicht ankam, erregten sich jetzt allerdings nicht wenig. Und König Guntram, der Heilige, begann einen besonders um Nîmes und Narbonne sich abspielenden kräfteverzehrenden Krieg; angeblich natürlich wegen der Hinrichtung des Hermenegild, die, gut christ-katholisch, gerächt werden sollte. In Wirklichkeit wollte Guntram das den Westgoten gehörende Septimanien (das jetzige Languedoc) erobern. Auch Brunichilds Sohn Childebert II. beteiligte sich als

Bruder Ingundes daran, während Fredegunde mit Leowigild Beziehungen anknüpfte.

Nach gründlichen Vorbereitungen stieß ein burgundischer Heerbann 585 schwer brandschatzend in die Rhônegegend, ein aquitanischer gleichzeitig nach Septimanien vor. Zudem lief eine Flotte nach Galicien (Gallaecia) aus. Doch wurde Guntrams Armada gänzlich vernichtet, das Invasionsheer bei Carcassonne schlimm geschlagen. Nach Gregor kamen dabei etwa 5000 Franken um und mehr als 2000 gerieten in Gefangenschaft. Beide fränkischen Verbände warfen die Westgoten unter Rekkared wieder auf fränkisches Gebiet, wo sie, wie so oft, noch ungezählte Grausamkeiten und Räubereien begingen, besonders in der Provence, die dann, im Gegenzug, auch Leowigilds Sohn Rekkared mehrmals verwüstet und ausgeplündert hat.[20]

Leowigild aber betrieb nach seinen anfänglichen Ausgleichsversuchen zwischen beiden Konfessionen jetzt begreiflicherweise eine scharfe antikatholische Politik, wobei er sich auch der arianischen Kirche bediente, die er beherrschte, ja, deren Glaubensfragen er als oberste Instanz entschied. Auch die Sueben, die er seinem Reich eingegliedert, suchte er wieder dem Arianismus zuzuführen. Vergeblich. Daß er selbst, ehe 586 in seiner Hauptstadt einer schweren Krankheit erlag, auf dem Totenbett katholisch wurde, wie katholische Kreise bald darauf kolportierten, war eine der häufigen Lügen dieser Art.

In der kirchlichen Überlieferung erscheint der letzte arianische Herrscher der Goten und einer ihrer bedeutendsten überhaupt fast stets als leibhaftiger Antichrist, als vom «Wahnsinn der arianischen Gottlosigkeit erfüllt», wie Isidor von Sevilla, ein Schwager des Königs, schreibt. «Viele Leute trieb er mit Gewalt in die Arme der arianischen Pest. Die meisten aber brachte er ohne Verfolgung um ihr Heil durch die Verlockungen mit Gold und Geschenken.» Noch im 20. Jahrhundert geißelt Jesuit Grisar Leowigild als «entmenschten Vater» und fabuliert: «Wie in den Zeiten der ersten Martyrer, die der Spanier Prudentius so ergreifend besungen hatte, füllten sich damals wieder die öffentlichen Gefängnisse; viele wurden gegeißelt und unter Qualen getötet.»

Tatsächlich jedoch «kann von einer Verfolgung keine Rede sein . . . im äußersten Fall kam es zu Verbannungen» (Claude).[21]

## «. . . von der Glut des Glaubens entbrannt» oder «Katholik werde ich niemals»

Noch kein Jahr nach Leowigilds Tod trat sein Sohn Rekkared (586–601), Halbgote wie Hermenegild, zum Katholizismus über, zum wenigsten, gewiß, aus religiösen Gründen. Vielmehr wollte er zur Festigung seiner Innen- wie Außenpolitik die stärkere Kirche als Bundesgenossen, wollte er zu der vom Vater geschaffenen stabilen staatlichen Einheit noch eine stabile religiöse dazu.

Und Rekkared, der Katholik, war natürlich von völlig anderem Schlag, «ein frommer Mann und seinem Vater ganz unähnlich», versichert Bischof Isidor. «Ein Mann des Friedens» war König Rekkared, «des Glaubens. Denn gleich zu Anfang seiner Regierung trat er zum katholischen Glauben über und veranlaßte das gesamte Gotenvolk, die Seuche des eingewurzelten Irrglaubens abzuschütteln . . . Er erklärte sich laut dafür, daß die drei Personen in Gott eins seien, daß der Sohn vom Vater ‹consubstantialiter› gezeugt sei . . .» O der «Mann des Friedens», «des Glaubens», der «fromme Fürst»! Er «war sanft und mild, von außerordentlicher Herzensgüte», weiß der hl. Isidor weiter. «Er war so freigebig . . . er war so milde, daß er dem Volk die fälligen Steuern oftmals erließ», behauptet der Heilige. «Viele beschenkte er mit Gütern, noch mehr erhöhte er in Rang und Würden. Sein Geld verteilte er unter die Armen, seine Schätze unter die Bedürftigen . . .» Ja, alles «zum allgemeinen Besten», ganz besonders natürlich zum Besten des Klerus. Denn selbstverständlich gab er der hl. Kirche zurück, was ihr gehörte, «die Kirchengüter, die seines Vaters frevelhafte Habgier dem Fiskus zugewiesen . . .» Aber sonst gab er nichts, behielt er alles, alles, was der alte Herr genommen, geraubt, alles, was «sein Vater erobert hatte, erhielt er dem Reich . . .»

Nicht genug der edlen Taten: «Auch führte er ruhmreiche Kriege gegen feindliche Völkerschaften, und sein Glaube gab ihm Kraft dazu»; solche Kraft, daß der «Mann des Friedens» einmal «Tausende von Feinden in der Schlacht erschlagen» ließ, Franken übrigens, also Katholiken. Ja, die Kraft «des Glaubens»! Und «des Friedens»! «Auch gegen die Übergriffe der Römer», gleichfalls katholisch, «und die Einfälle der Basken erhob er öfters das Schwert. So führte er nicht nur Krieg, sondern schien auch sein Volk, wie die Ringer in der Ringbahn, durch Übung zur Schlagfertigkeit zu erziehen ...».[22]

Ist das kein herrlicher Glaube? Keine herrliche Religion? Keine grandiose Kirchengeschichtsschreibung? Der Erguß eines Bischofs, eines Heiligen, eines Kirchenlehrers, eine einzige Mixtur aus dreister Unverschämtheit, Widersprüchlichkeit und Heuchelei. Mit einem Wort: katholisch!

Der Arianismus brach nun im ganzen Reich zusammen, freilich nicht ohne heftige, von Bischöfen und Grafen geschürte Widerstände, Aufstände, besonders in Septimanien sowie im ehemaligen Suebenland.

Zwar trat ein Teil des arianischen Episkopats sofort zu Rekkared über. Doch das Volk, dessen Konversion der König gleichfalls verlangte, zögerte. Es kam zu einer schweren Revolte in Narbonne unter dem arianischen Bischof Athaloc und den beiden reichen Grafen Granista und Wildigern, denen sogar die Franken zu Hilfe eilten, natürlich nur, um nach altem Brauch «im Trüben zu fischen» (Dannenbauer), diesmal vergeblich. Den Führer einer weiteren Verschwörung, Graf Segga, der im Bund mit dem Arianerbischof von Mérida, Sunna, stand, hatte Rekkared 588 mit zwei abgehackten Händen in die Verbannung geschickt.[23]

Anfang 589 flackerte die Empörung sogar in der Hauptstadt auf. Leowigilds Witwe Goswintha und der arianische Bischof von Toledo, Uldida, beide kurzfristig katholisch geworden, kehrten zum Arianismus zurück. Uldida wurde, wie viele andere arianische Episkopen, verbannt, die greise Königinwitwe «starb» bald darauf, wahrscheinlich eines nicht freiwilligen Todes. Eine Konspiration im nächsten Jahr, die den dux Argimund an Rekkareds Stelle setzen sollte, endete mit einer Hinrichtung, während man Argimund selbst ausgepeitscht, geschoren, verstümmelt und auf einem Esel durch Toledo gezerrt hat.[24]

Endlich dachten die Goten, die einst, schreibt Bischof Isidor, das «verderbliche Gift» des Arianismus, «die Irrlehre», so begierig eingesogen und gar lang behalten, «an ihr Seelenheil, sagten sich von dem tiefeingewurzelten Irrglauben los und gelangten durch Christi Gnade zum alleinseligmachenden, katholischen Glauben» – Alleluja![25]

Auf dem 3. Konzil von Toledo im Mai 589, zu dessen würdiger Vorbereitung ein dreitägiges, vom König befohlenes Fasten gehörte, trat ein Teil der Arianer zum Sieger über. Der König erklärte den Katholizismus zur offiziellen Staatsreligion und begann, den Arianismus schnell und vollständig auszurotten: durch Zerschlagung seiner Kirchenorganisation, durch Ausschließung der Arianer von allen öffentlichen Ämtern und Verbrennung ihrer heiligen Bücher. Nicht zu Unrecht konnte Rekkared erklären: «Auch ich bin, wie ihr an meinen Taten seht, von der Glut des Glaubens entbrannt . . .» Der Madrider Historiker Antonio Ballesteros y Beretta aber behauptet: «Mit der Bekehrung des Königs Rekkared nahmen die Verfolgungen ein Ende, und für die spanische Kirche begann eine ihrer glanzvollsten Zeiten.» In Wirklichkeit verfolgten Rekkared und die Bischöfe die Arianer derart gründlich, daß man nach seiner Regierung von Arianern in Spanien nichts mehr hört.[26]

Und die Bischöfe, angeführt von keinem anderen als Leander von Sevilla, der «Seele dieser Versammlung» (Ballesteros), der auf dem Konzil «de triumpho ecclesiae ob conversionem Gothorum» sprach, waren natürlich von Rekkared, der sich selbst als «Apostelkönig» sah, begeistert. Sie erkannten ihm «apostolisches Verdienst», ein «apostolisches Amt» zu, feierten ihn als wahrhaft katholisch, als «neuen Konstantin», «allerheiligsten König», sie erachteten ihn als kaisergleich und «voll des göttlichen Geistes».

Der Arianismus wurde auf dem Konzil, auf dem ein kleiner Teil der häretischen Prälaten, vier Westgoten und vier Sueben, zusammen mit anderen Priestern und den vornehmen westgotischen

Adligen, zum Katholizismus konvertierte, verdammt, auch das
Judentum schweren Pressionen ausgesetzt, die Kirchensklaverei
zugunsten des Kirchenbesitzes verschärft und das nunmehr fast
alle Untertanen umfassende katholische Staatskirchentum in Spanien begründet. Der Westgotenkönig, jetzt jeweils vom Erzbischof von Toledo geweiht, galt als «Gesalbter des Herrn». Und
nach der Toleranz der arianischen Herrschaft in Spanien erfüllte
der Katholizismus dort mit Terror und Grausamkeit das kom-
mende Jahrhundert.[27]

Der Metropolit von Sevilla aber, der hl. Leander, wohl der
einflußreichste Kirchenpolitiker des Landes damals, vermittelte
den Verkehr zwischen König und Papst. Ehrerbietigst schrieb ihm
der spanische Konvertit, freilich erst drei Jahre nach der Wahl
Gregors I. Und dieser war voller Anerkennung für die «Verdienste» des Königs – wie noch alle Päpste ihre hohen Handlanger auf
der benachbarten Halbinsel lobten, bis zu Pius XII. und General
Franco. Gregor I. schickte kostbare Reliquien, sah angesichts von
Rekkareds grandioser Leistung die eigenen Bekehrungsunterneh-
men fast verschwinden und jubelte: «Mit Worten, trefflichster
Sohn, vermag ich meine große Freude nicht auszudrücken über
das Werk, das Du geleistest, und über das Leben, das Du führst.»
Mit den obligatorischen Reliquien trafen die nicht minder obligatorischen Belehrungen, richtiger Regierungsanweisungen, am
spanischen Königshof ein. Und Rekkared, der dem Papst einen
kostbaren Kelch für St. Peter schickte, pflegte den Kontakt nicht
zuletzt wegen seines Konflikts mit den Byzantinern.[28]

«Er war sehr friedliebend, und wenn er einzelne Kriege führte,
so geschah es fast nur, damit sein Volk der Waffen nicht entwöhnt
würde», schreibt ein moderner Katholik von Rekkared, der seine
zahlreichen Kriege (gegen Franken, Burgunder, Byzantiner, Basken) offenbar nur als eine Art Volksleistungssport betrieb. Und
ein Zeitgenosse, der hl. Isidor von Sevilla, seinerseits als «Leuchte
des Jahrhunderts» angesehen, preist nicht nur Rekkared, der
Feinde scheren, peitschen, verstümmeln und töten ließ, sondern
auch die Totschlagkünste seines Volkes: bewahrten doch «die Goten sich ihre Freiheit mehr durch Kampf als durch friedliche

Unterhandlungen . . . In den Künsten der Waffen sind sie sehr ausgezeichnet und kämpfen nicht nur mit Stoßlanzen, sondern auch zu Pferde mit Wurflanzen. Andererseits verstehen sie sich nicht nur auf den Reiterkampf, sondern auch auf das Gefecht zu Fuß . . . Sie lieben es sehr, sich im Speerwurf und Scheingefecht zu üben; kriegerische Spiele veranstalteten sie täglich. Die einzige Übung im Kriegswesen, die ihnen noch fehlte, war die im Seekrieg. Aber nachdem Fürst Sisebut durch die Gnade des Himmels auf den Thron berufen war, kamen sie durch seine Bemühungen so weit in kriegerischer Tüchtigkeit, daß sie nicht zu Lande, sondern auch zu Wasser kampfgerüstet dastanden, und ihnen selbst die römischen Soldaten untertänig dienten, wie ihnen so viele Völker und ganz Spanien gehorsam war.» «Alle Völker Europas zitterten vor ihnen . . .»[29]

Genau dies ist – hier durch einen Heiligen und Kirchenlehrer (!) bekundet – der Katholizismus, wie er bereits zwei Jahrtausende weltgeschichtlich sich auswirkt, richtiger auswütet: einerseits Bergpredigt, Feindesliebe, Friede, Freude, andererseits Stoßlanzen, Fußgefecht, Reiterkampf, Seekrieg – und alle Völker zittern!

Gemeinsam mit den Bischöfen macht Rekkared dem Arianismus in Spanien für immer den Garaus, macht er die Kirche zu einem Instrument der Unterdrückung, wie man dies nie zuvor in gotischer Geschichte gekannt. Jede christliche Opposition wird zerschlagen, Arianern der Staatsdienst verboten, das gesamte arianische Kirchengut zugunsten der katholischen Bistümer eingezogen und dem konvertierten Klerus das Zölibat aufgenötigt.

Es kam auch zu Zwangsbekehrungen. Ein Teil des arianischen Episkopats hat, wie Bischof Uldida oder der hartnäckige Oberhirte von Mérida, Sunna, in der Verbannung den Tod gefunden. «Catholicus numquam ero», soll Sunna auf Rekkareds Übertrittsforderung bekannt haben. «Katholik werde ich niemals, sondern in dem Kult, in dem ich gelebt habe, will ich auch in Zukunft leben oder für den Glauben, an den ich mich von Jugend an gehalten habe, gern sterben!»

Viele arianische Bischöfe aber wurden katholisch, wie unter Leowigild viele katholische Kleriker, darunter Bischof Vincentius von Caesaraugusta, zur arianischen Reichskirche übergetreten waren. Nun begann das Bündnis des Staates mit der Catholica, begann das, was Bischof Johann von Biclaro die «renovatio» nennt, die Haltung des «christianissimus imperator». Nach alter katholischer Tradition ließ Rekkared sofort alle arianischen Bibeln und Lehrschriften in Toledo öffentlich und restlos verbrennen. «Nicht ein einziger gotischer Text blieb in Spanien erhalten» (Thompson).[30]

Doch das war nun einmal der Geist der Zeit – und ganz im Sinne des Heiligen Vaters.

## 7. KAPITEL

# PAPST GREGOR I. (590–604)

«In seinem Liber Regulae Pastoralis hat Gregor das Idealbild eines Seelen-hirten entworfen. Es ist nicht zuviel gesagt, daß er selbst in seiner gesamten Amtstätigkeit dieses Ideal verwirklicht hat.» Der katholische Papsthistoriker Franz Xaver Seppelt[1]

«Gerecht und liebevoll wie gegen die Armen und die wirtschaftlich Schwachen war Gregor auch gegen die *Sklaven*, die *Häretiker* und die *Juden*.» Der ka-tholische Theologe F. M. Stratmann[2]

«Die Kirchengeschichte hat nicht viele Gestalten aufzuweisen, die mit dem-selben Recht den Beinamen des Großen erhalten haben.» Heinrich Kraft[3]

«Seine Haupttätigkeitsbereiche waren das Judentum, das Heidentum und das Schisma. Alle drei Gruppen wurden von Gregor angegriffen, wobei er Gewalt, Predigt oder Bestechung anwandte; manchmal sogar alle drei.» Jeffrey Richards[4]

«. . . und durch den Weihrauchnebel andächtiger Verehrung strahlte sein Bild mit dem Goldglanz des Heiligenscheins in übernatürlicher Vergröße-rung . . . ohne ein großer Herrscher oder eine große Persönlichkeit zu sein.» «Ein religiöser Papst war Gregor ohne Zweifel, aber religiös doch nur im Sinne seiner Zeit. Was das bedeutet, wie äußerlich und für unser Gefühl abstoßend seine Auffassung vom Christentum war, bezeugen zur Genüge die Maßregeln, die er zur Bekehrung von Juden und Heiden angewandt wissen wollte. Es ist noch nicht das Schlimmste, daß er gegen Widerstrebende mit Prügeln, Folter und Kerker vorzugehen riet, mit naivem Zynismus emp-fahl er sogar die Steuerschraube als Mittel der Bekehrung: den Übertretenden sollten Erleichterungen der Abgaben in Aussicht gestellt, Widerspenstige durch Steuerdruck mürbe gemacht werden.» Johannes Haller[5]

«Sein Gesichtsausdruck war gütig; er hatte schöne Hände, mit langen spitz zulaufenden Fingern, zum Schreiben gut geeignet.» Johannes Diakonus[6]

«Gregor ist weder philosophisch noch theologisch gebildet.» «Hier enthüllt sich der tiefe Niedergang, den der Zusammenbruch Italiens über das Gei-stesleben gebracht hat, in grausamer Nacktheit. Die Geistesarmut, der Mangel an eigenen Gedanken, der Verfall des Geschmacks feiern hier Tri-umphe wie sonst selten.» Heinrich Dannenbauer[7]

## WELTFLÜCHTIG UND KARRIEREGEIL

Neben Leo I. (II 5. Kap.) ist der hl. Gregor I. (590–604) der einzige Papst – von über 260 – mit dem Titel eines Kirchenlehrers, der einzige auch mit dem Beinamen «der Große», den er nicht verdient, wie Haller sagt, weshalb ihn schon Mommsen einen im Grund recht kleinen großen Mann nennt. Doch wenigstens kam er aus der «großen Welt», entstammte der erste Mönch auf dem angeblichen Stuhl Petri (II 55 ff.) dem Senatorengeschlecht der Anicier, also reichem römischem Hochadel, de senatoribus primis, sagt Gregor von Tours (alle kirchlichen Schriftsteller betonen die «edle» und/oder reiche Abkunft ihrer Helden). Und auch rein äußerlich war das «Wunder seiner Zeit», der nur mittelgroße, mit winzigen gelblichen Augen, einer dezenten Hakennase und zwei kärglichen Löckchen versehene Mann mit dem gewaltigen, fast kahlen Schädel, ein Wunder für sich, nicht nur für seine Zeit. Denn dies wahrhaft ungewöhnliche Haupt vervielfältigte sich und konnte so, als hl. Reliquie, zugleich in vielen Städten sein. Konstanz, zum Beispiel, besaß Gregors Kopf, auch Prag, auch Lissabon, auch Sens . . .

Gregor war um 573 praefectus urbis, höchster Zivilbeamter Roms. Edelsteingeschmückt und flankiert von bewaffneter Leibgarde, residierte er in einem prächtigen Palast. Denn obwohl schon «von Himmelssehnsucht angeweht», wie sein Vorwort zu den «Moralia» bekennt, hielt er doch am schönen Schein, an seiner «äußeren Lebenshaltung» fest und diente wohl gar nicht so ungern «der irdischen Welt».[8]

Die Familie war in Rom, in der Umgebung Roms, besonders

aber in Sizilien begütert. Beziehungen gab es bis Konstantinopel, angeblich auch intensiv religiöse. Reichtum und Religion schließen einander ja nicht aus. Im Gegenteil: wen Gott liebt, den macht er reich, und natürlich kommt er – ungeachtet aller Kamele und Nadelöhre – gerade so in den Himmel. Gregors reiche Sippschaft hatte der Welt bereits zwei Päpste geschenkt: Agapet I. und Felix III., den er selbst seinen Ururgroßvater (atavus) nennt. Und Mutter Silvia sowie die beiden Tanten, die Nonnen Tarsilla und Aemiliana, machte die Kirche ebenfalls heilig. (Die übergroße Mehrheit der Heiligen seit dem 4. Jahrhundert entstammt reichen oder doch vornehmen Häusern oder hat es wenigstens zum Bischof gebracht. Heiligkeit nistet in hohen Rängen. Dort brütet sie ihre Basiliskeneier aus. Die Heiligenviten betonen solche Abkunft stets sehr. Gregors jüngste Tante aber, Gordiana, gleichfalls Nonne, entrann diesem selbstgewählten Schicksal(sschlag) und zog sich des Neffen Tadel zu, weil sie eine Ehe unter ihrem Stand einging: mit ihrem Gutsverwalter.[9]

Gregor seinerseits, der das Weltende bevorstehen, fast schon herbeigekommen, der sogar die Kirche nur noch als «altes Wrack» sah, dem Wellensturm hoffnungslos preisgegeben, stimmte bald seine Trauerdithyramben an. «Die Geißelschläge der himmlischen Gerechtigkeit haben kein Ende», schrieb er – und erwartete das Ende doch. Erdbeben und Hungersnot gab es, Pestilenz, Zeichen am Himmel, feurige Schwerter, von Menschenblut gerötet. Die Äcker waren verwüstet, Kastelle geschleift, die Städte zerstört. Rom selbst lag im Ruinenschutt, entvölkert, dahin all sein Pomp, die maßlose Lust. Aber Gottes Zorn drohte, «sein nahendes Gericht unter schrecklichen Plagen». Ja, die Welt fand Gregor «alt und grau und durch ein Meer des Jammers zum nahen Tod gleichsam hingedrängt». Doch wer Gott liebe, «soll über der Welt Ende jauchzen . . .»[10]

Schon zwischen seiner Wahl und Weihe am 3. September 590 hatte Gregor, vor Schwäche fast ständig bettlägrig, zur Bekämpfung der aus Ägypten eingeschleppten Beulenpest aufgerufen, der auch sein Vorgänger Pelagius II. (S. 131 ff.) am 8. Februar 590 erlegen war. Gregor erklärte die Seuche selbstverständlich als

Gottesstrafe, als Vergeltung für die Sünden der Langobarden, der Heiden, der «Ketzer», verlangte deren Bekehrung «zu dem wahren und rechten katholischen Glauben», forderte Reue, Buße, drei Tage lang Beten und Psalmensingen, «solange es noch Zeit ist zu Tränen». Also setzte er zwischen den Ruinen der geschlagenen Stadt einen spektakulären siebenfachen Bittgang in Bewegung – Ferdinand Gregorovius läßt mit ihm «das Mittelalter Roms» beginnen –, mit schauerlichen Trauerchorälen, mit Gebetsgeplapper von allen möglichen heiligen Märtyrern aus, einschließlich solcher, die es nie gegeben; wie die in jener blutigen Schmierenkomödie des hl. Kirchenlehrers Ambrosius von Mailand erfundenen Gervasius und Protasius (I 431 ff.). Verblüffend denn auch der Erfolg. Meldet doch dem hl. Gregor von Tours ein Augenzeuge, damals seien «im Verlauf einer Stunde, während das Volk die Stimmen im Gebet zum Herrn erschallen ließ, achtzig Menschen zu Boden gestürzt und gestorben». – Immerhin: in Konstantinopel soll die Pest zwischen 542 und 544 nach Gottes unerforschlichem Ratschluß 300 000 Menschen hinweggerafft haben.[11]

Inmitten all dieser grauenhaften Weltuntergangsstimmungen, -visionen und -realitäten (nicht nur die Pest ging um, auch antike Tempel waren eingestürzt, sogar päpstliche Kornspeicher und Kirchen) bereitete Gregor, den man den «letzten Römer», den «ersten mittelalterlichen Papst» genannt, erstaunlich zielstrebig seine Karriere vor. Angeblich stieg er, gleich so manchem Heiligen Vater, aus lauter Bescheidenheit und mönchischer Weltverachtung zur kirchlichen Spitzenposition auf. Tatsächlich aber hatte er im damaligen Staat, hatte er als byzantinischer Präfekt Roms keine Aufstiegschancen mehr, ging es ihm «weniger um die Nachfolge Christi als um die der römischen Cäsaren» (Misch). Oder, so Ferdinand Gregorovius schon: «Das höchste Ziel, welches dem Nachkommen der Anicier winkte, konnte nur der Thron des Bischofs sein.»

Ergo benutzte Gregor, einer der reichsten Männer Roms, sein Vermögen zur Gründung von sechs «monasteria» auf seinem italischen und sizilischen Besitz. Auch das eigene Palais auf dem Caelius (dem vornehmen Monte Celio) verwandelte er um 575 in

ein (später spurlos verschwundenes) «Andreaskloster», um sich
von der Welt zurückzuziehen und ganz ungeteilt Gott zu dienen –
und entging, wie er «freilich irrig» annahm, «nackend und bloß
dem Schiffbruch dieses Lebens». Dabei fastete und nachtwachte
der zwischen Überschwemmungs- und Pestkatastrophen in dü-
sterem Bußwahn bald das Weltende erwartende Mann (der doch
die «so herrliche Ruhe» auch rühmt, die er im Kloster «genossen»)
angeblich derart, daß er in Ohnmacht fiel, an Magenkrämpfen litt
oder, so berichtete ein bei der Papstwahl anwesender fränkischer
Diakon, «mit geschwächtem Magen kaum sich aufrecht halten
konnte». Gregor kasteite sich «bis zum Herzbruch», zu schweren
Gebresten, die er, zum Beispiel, «auf sich nimmt, um den Kaiser
Trajan aus dem Fegefeuer zu lösen» (Keller).

579 wurde der Unehrgeizige einer der sieben Diakone Roms
(höhere Verwalter, denen die sieben kirchlichen Regionen der
Stadt unterstanden) und, im selben Jahr noch, römischer Apokrisiar (Geschäftsträger) am Kaiserhof, ein eigentlich erst durch
Kaiser Justinian institutionalisierter Posten mit beträchtlichen
Vollmachten, vergleichbar etwa den päpstlichen Nuntien im Mittelalter. In Byzanz, wo Gregor zwischen 579 und 585 wirkte (nicht
ohne die ständige Gesellschaft seiner Vertrautesten aus dem Andreaskloster), sollte er zunächst die Gunst von Kaiser Tiberios II.
und (ab 582) die des Maurikios sowie, Hauptzweck der Sache,
schleunigst Militär und Geld zur Bekämpfung der Langobarden
gewinnen. Sah sich doch Papst Pelagius «in solche Bedrängnis
gebracht», wie Gregor schrieb, «daß wir dem Untergange preisgegeben sind, wenn nicht Gott das Herz des frommsten Kaisers
rührt, seiner Knechte sich zu erbarmen» – der Schrei nach Militär
gegen, so Pelagius, «das gottloseste Volk». Denn wer wider den
Papst kämpft, ist immer gottlos! Apokrisiar Gregor kontaktierte
deshalb auch mit den Generälen Narses und Priscus, freundete
sich, bei Priestern üblich, mit den einflußreichsten Frauen an, mit
Kaiserin Konstantina, der Prinzessin Theoktista, mit der Schwester des Maurikios, und hob dazwischen, strahlender Höhepunkt, den ältesten Kaisersohn aus der Taufe (was man sich
besonders zu merken hat).

590 gelangte er dann auf den päpstlichen Thron – trotz aller
Schwäche und nur widerstrebend natürlich. Das gehörte nicht
bloß damals zum guten Ton, gehört zur Etikette, zur klerikalen
Heuchelei bis ins 20. Jahrhundert. Waren seinerzeit doch auch
geringere Kirchenämter so begehrt, daß Kaiser Maurikios 592
(nach manchen war es 593) den Übertritt von Soldaten ins Kloster
oder von Zivilbeamten in den Klerusstand verbot. Und Gregor
wußte sehr gut, «einer, der das Weltkleid auszieht, um schnell ein
Kirchenamt zu übernehmen, wechselt nur die Stellen, will aber
die Welt nicht verlassen».

Dachte er dabei vielleicht an sich? O nein. Er soll ja sogar, wie
freilich schon einst Kirchenlehrer Ambrosius (I 401), geflohen
sein, auch Kaiser Maurikios brieflich inständig gebeten haben,
ihn nicht zu erheben «zu solcher Ehre und Macht». Doch der Brief
wurde (un)glücklicherweise von Gregors Bruder Palatinus abgefangen, vernichtet und durch einen anderen Brief ersetzt, der
prompt die kaiserliche Zustimmung fand. So hatte gerade Gregors «Bruder, der der Stadtpräfekt» war, schreibt Haller, an
dieser Papstwahl «wesentlichen Anteil». Dem Patriarchen von
Konstantinopel aber macht Gregor freundliche Vorwürfe, seine
Wahl und die damit verbundene Bürde nicht verhindert zu haben,
nennt sich ihm gegenüber einen unwürdigen, kranken Mann –
und geht bald energisch gegen den Patriarchen vor.[12]

## DER TITELSTREIT MIT DEM «FASTER», DIE «SUCHT NACH EIGNEM RUHM»

Zunächst zwar hat Gregor den wegen seiner Askese weithin be-
wunderten Patriarchen Johannes IV. von Konstantinopel, den
«Faster» (582–595), geschätzt, er ist sogar mit ihm befreundet
gewesen. Er hatte ihn als Apokrisiar kennen- und achten gelernt,
«einen sehr bescheidenen, bei allen beliebten Mann», wie er selbst
sagte, «der sich mit Almosen, guten Werken, mit Beten und Fasten
beschäftigte». Mit alldem konnte Gregor ja einverstanden sein.

Anders wenn es um Titel und Rechte, vermeintliche oder wirkliche Vorrechte ging; beispielsweise um den Titel eines «ökonomischen Patriarchen», den Johannes seit dem Jahr 588 führte, der im Osten aber schon seit etwa einem Jahrhundert üblich war.

Einen solchen Verstoß gegen die «Demut des bischöflichen Amtes», solche «Herrschaftsgelüste» des byzantinischen Hofpatriarchen, konnte der wahre episcopus universalis nicht hinnehmen. Seine Vorgänger, die römischen Bischöfe, hatten sich zwar den päpstlichen Primat über Jahrhunderte hinweg, aus Machtsucht, aus purer Herrschgier, erschlichen (II 55 ff.), und die Bestreitung dauerte bis in die Neuzeit fort (II 87 ff.). Doch seit Kaiser Justinian I. wurde dem Römischen Stuhl der Glaubensprimat und die erste Stelle gesetzlich zuerkannt.

Bereits Vorgänger Pelagius hatte so gegen die «törichte und anmaßende» Bezeichnung des Patriarchen protestiert. Gregor fand den Titelstreit eigentlich «armselig», behauptete aber, gegen die Arroganz des Patriarchen nicht seine Sache zu verteidigen, sondern die Gottes. Auch nannte er sich selber, nach einem augustinischen, dann in den Papsturkunden beibehaltenen Wort, demütig «Knecht der Knechte Gottes» (servus servorum Dei), schrieb jedoch auch: «Ich bin aller Bischöfe Knecht, sofern sie bischöflich leben. Wer aber aus Sucht nach eitlem Ruhm und wider die Satzung der Väter seinen Nacken erhebt, der wird, so hoffe ich zu Gott, mir den Nacken selbst nicht mit dem Schwert beugen.» «Er kämpfte in Demuth um die Weltherrschaft der Kirche und in der Kirche», formuliert Ludo Moritz Hartmann, «ebenso wie sein Rivale, der asketische Patriarch Johannes der ‹Faster›.»

Sie streiten gern. Auch Gregor stritt gern. Und in Demut.

Schon in einer fanatischen Pfaffenkontroverse (582) mit dem Vorgänger des Johannes, Eutychius, der lehrte, bei der «Auferstehung» würden die Körper stofflos werden, hatte Gregor dies bestritten und erreicht, daß der Kaiser das Buch des Patriarchen verbrennen ließ. (Beide Kampfhähne waren danach derart erschöpft, daß Gregor schwer erkrankte, Eutychius starb.) Und der Titelstreit setzte sich noch unter dem Nachfolger des Johannes

fort, die Entfremdung zwischen beiden Kirchen, das Auseinan-
derdriften von Byzanz und dem Westen. Bereits ein Jahr nach
Gregors Tod wirft ihm kein anderer als Nachfolger Papst Sabi-
nianus «Sucht nach eigenem Ruhm» vor.[13]

Das hätte man gewiß schon vielen Päpsten attestieren können,
den scheinbar demütigsten noch, etwa Gelasius I. (492–496). Wie
Gregor sich nicht würdig fühlte, so versäumte auch Gelasius nicht
die Versicherung seiner völligen Unwürdigkeit. Und wie Gregor
sich «Knecht der Knechte Gottes» nannte, so beteuerte Gelasius,
«der Geringste aller Menschen» zu sein (sum omnium hominum
minimus), und forcierte doch wie kein Papst vor ihm seinen Rang
und Vorrang, und zwar gegenüber allen anderen Priestern nicht
nur, sondern, in seiner sogenannten Zwei-Gewalten-Lehre, auch
gegenüber dem Kaiser, der vor ihm «fromm den Nacken» zu
beugen habe (II 324 ff.).

O diese Demütigen!

Patriarch Johannes IV. freilich nahm die Sache, wie es scheint,
gelassen. Er reagierte mitunter nicht oder schrieb an Gregor, wie
dieser selbst fand, äußerst freundlich und vernünftig. Doch den
Titel, den «verderbten», den «hochmütigen» Titel, das «pestar-
tige Wort», wie Gregor donnerte, nahm jener gelegentlich weiter
in Anspruch; er kehrte auch in den Akten der Kirche von Konstantinopel immer wieder, was den Papst besonders reizte. Er zog
alle Register. Er schrieb stets von neuem, erging sich in unbe-
stimmten Drohungen. Er befahl seinem Apokrisiar (der offenbar
in dem von Gregor so hochgespielten Titelstreit eine andere Auffassung vertrat), sich der Kirchengemeinschaft mit Johannes zu
enthalten. Er beschuldigte ihn, seinen Nachfolger Papst Sabinian,
den Kaiser, der Gregor brieflich zur Zurückhaltung, zum Frieden
drängte, falsch zu informieren, doch fürchte er nichts, posaunte
er pathetisch, «außer dem allmächtigen Gott».

Der Papst erhitzte sich immer mehr. Er wandte sich an den
Patriarchen Eulogius von Alexandria, der indes den Zorn des
Römers so wenig verstand wie der gleichfalls von ihm behelligte
Patriarch Anastasius von Antiochien, der ihn vor Hochmut, vor
Neid warnte, so daß Gregor sein Brief «stechend wie eine Biene»

erschien. Auch der General Narses suchte ihn zu beruhigen. Doch
Gregor drohte, verdammte, erging sich in Hohn. Er kanzelte den
im Grunde so friedfertigen Johannes ab, beschimpfte ihn als
Nachahmer Luzifers, den Vorboten des Antichrist. In apokalyp-
tischen Tönen beschwor er das Wüten der Pest und des Schwertes,
«Volk erhebt sich gegen Volk, der ganze Erdkreis ist erschüttert».
Ganze Städte sah der Papst vom Erdboden verschlungen, sah
wieder einmal die Prophezeiung der Endzeit erfüllt. Und alles nur
wegen eines schon an die hundert Jahre üblichen Titels, alles nur
weil er ehr-, eifer-, herrschsüchtig, weil er gierig auf den Vorrang
war, den Primat, den er bedroht sah, ganz unnötigerweise, was
die Ironie der Sache noch erhöht.

Dabei belehrte er den Patriarchen ausgerechnet über die Demut. Er bezichtigte ihn der «Eitelkeit», «Torheit», warf ihm den
steifen Nacken des Hochmuts vor, die Störung des Friedens der
ganzen Welt. Er verlangte vom Kaiser, den «bösen Titel» zu unterdrücken, den Patriarchen «durch die Befehle meines allerfrömmsten Herrn» zu zwingen, ihn zu binden «mit den Fesseln
der kaiserlichen Gewalt». Und da der Kaiser eigentlich so wenig
einen Grund für Gregors Gezeter sah wie die Patriarchen, steckte
sich der Papst auch noch hinter die Kaiserin. Beiden Herrschaften
machte er klar, daß es bei allem natürlich gar nicht um seine,
«nicht um meine, sondern um Gottes Sache» gehe, um die ganze
Kirche, die ehrwürdigen Synoden, den Herrn Jesus Christus, daß
der Patriarch sich vergangen habe «gegen den Geist des Evangeliums, gegen den hl. Apostel Petrus, gegen alle Kirchen . . .» etc.

Der Titelstreit, fast ausschließlich von Gregors Seite geführt,
dauerte über den Hingang des Patriarchen Johannes hinaus. Der
Nachfolger, der hl. Kyriakos, dem Gregor doch selbst wieder
Zurückhaltung bescheinigte, ein ruhiges Herz, ein vornehmes
Betragen, sah sich nicht zum Ablegen der Bezeichnung veranlaßt.
Und so setzte der Papst den Kampf bis zu seinem Tod fort. Und da
die Patriarchen den Titel «ökumenischer Patriarch» weiter beibe-
hielten, resignierten die römischen Bischöfe schließlich und übernahmen den Titel gleichfalls.[14]

Mit persönlicher Anmaßung, mit Eitelkeit, Stolz hatte das alles

natürlich nicht das geringste zu tun. Stolz war dem ersten Mönchs-
papst völlig fremd, Demut ihm bei seiner Herkunft angeboren.

An Peter, den Rektor (Güterverwalter) von Sizilien, schrieb er
im Juli 592: «Du hast mir einen jämmerlichen Gaul und fünf gute
Esel geschickt. Den Gaul kann ich nicht reiten, weil er so erbärm-
lich ist, und auf den guten Eseln nicht sitzen, weil sie eben Esel
sind.» Ja, der biblische Jesus, das scheint Seine Heiligkeit vergessen zu haben, konnte einen Esel reiten. Aber jetzt sollte es schon
ein edles Roß sein. Heute fährt man im Mercedes 600, Spezialan-
fertigung. Oder reist im Jumbo mit eigens eingebautem Schlafgemach. Was haben sie mit dem Galiläer zu tun?[15]

Von Gregor I., dem demütigen Knecht der Knechte Gottes, bis
ins 20. Säkulum ließen sich die Päpste bekanntlich auch den Fuß
küssen. Eigene Ordines, Zeremonienbücher, regelten die Einzel-
heiten. Doch war es, wie wir ebenfalls wissen, nicht eigentlich ihr
Fuß, sondern der Fuß Gottes. Deshalb verrichteten auch alle Kaiser, einschließlich Karls V., regelmäßig dies schmutzige Geschäft
am Portal der Peterskirche.[16]

## Im «Staub irdischer Beschäftigung»

Durch Herkommen, Laufbahn, Stand war Gregors Selbstbewußtsein verständlicherweise ausgeprägt. Stets brachte er sich
gegenüber Klerus wie Laien dementsprechend zur Geltung. Er
war, modern gesagt, ein Law-and-order-Typ, ein ehemaliger
Polizeipräfekt, ein Strafrichter, der stark auf Gehorsam, Disziplin
drang, vor allem gegenüber Mönchen und Nonnen, wobei ihn
besonders deren Moral beziehungsweise Unmoral interessierte
sowie die Einhaltung ihres Armutsgelübdes.[17]

Seine Geistlichen und Beamten pflegte Gregor, dessen Einfluß
in der römischen Stadtverwaltung entscheidend wurde, «Soldaten Petri» oder auch «Soldaten der Römischen Kirche» zu nennen
(milites beati Petri, milites ecclesiae Romanae). Den Lateran verwandelte der erste Mönch auf dem Papstthron fast in eine Art

Kloster, bevölkerte ihn jedenfalls mit Mönchen, die er in hohe Ämter brachte. Doch er selbst, der die mönchische Demutsfloskel «Knecht der Knechte Gottes» annahm, die nach seinem Tod in die offizielle Titulatur der Päpste eingeht, will natürlich «der erste Diener in der Kirche Gottes» sein (Altendorf).

Nie gebraucht Gregor den Namen Sankt Peters ohne den Zusatz «Fürst der Apostel».

Strikt verbietet er den Untergebenen (subditi), sich über das Leben der Vorgesetzten (praepositi) ein Urteil anzumaßen. Auch wenn diese versagten und mit Recht tadelnswert seien, dürfen sie nicht getadelt werden. Vielmehr soll man willig das Joch der Ehrerbietung tragen. «Denn wenn wir gegen die uns vergehen, die über uns gesetzt sind, verstoßen wir gegen die Ordnung dessen, der sie über uns gesetzt hat.» Und wer einen schlechten Herrscher erdulde, dürfe nicht den tadeln, den er erdulde. Daran ist etwas, zugegeben. Auch wenn derartiges leichter gesagt als getan wird; Gregor es überdies bloß in hinterhältiger Absicht vorbringt, nämlich gar nicht will, daß Herrscher, Vorgesetzte, durch Untergebene kritisiert, getadelt, geschweige gestürzt werden. Denn der Macht böser Herrscher unterworfen zu sein, habe der Mensch «zweifellos selbst verdient. Er soll also eher die eigene Übeltat tadeln als die Ungerechtigkeit des Herrschers.»

Untertanen müssen sich jeder Kritik auch an schlechten Vorgesetzten enthalten. Ein böser Regent sei nur die Strafe Gottes für die bösen Menschen, und wer gegen die obrigkeitliche Gewalt murre, tadle den, der sie verliehen; was freilich nur den paulinischen Gedanken und seine augustinische Weiterführung aufgreift, wenn auch mit Nachdruck.[18]

Daß für den von Natur – und von Amts wegen – erzkonservativen, legalistischen, für den auf Autorität bedachten und pochenden Papst Gehorsam eine große Rolle spielt, versteht sich von selbst. Eindringlich predigt er ihn allen Untertanen, sich damit, gleich seinen Vorgängern und Nachfolgern, beim Staat beliebt machend, bei den Kaisern, den Königen und Königinnen, bei all den Gouverneuren, hohen Militärs, dem Adel, bei der ganzen herrschenden Kaste, mit der er dauernd, in Byzanz ebenso wie in

Britannien, in Afrika, im Frankenreich, zu tun hatte, deren Wohl-
wollen er brauchte, seit er, um seine eigenen Worte anzuführen,
«nach außen emporgekommen», aber «innerlich abgefallen», seit
er bedeckt war «mit dem Staub irdischer Beschäftigung».[19]

## DER MANN DER DOPPELTEN MORAL

Zu solch innerlichem Abfall, den mit Staub bedeckten irdischen
Beschäftigungen, gehört wohl auch, daß Gregor stets gern seine
Macht vergrößert, seine Befugnisse erweitert hat.

Bei den Bischofswahlen etwa sollten Volk, Klerus und Adel
entscheiden. Der Papst konnte nur aus kirchenrechtlichen Gründen ein Veto einlegen oder, einigten sich die Wähler nicht, einen
Kandidaten ernennen und weihen. Tatsächlich aber erklärte er da
und dort seine ganz neue Beteiligung an der Wahl, der Weihe,
einfach für alte Gewohnheit. Tatsächlich wirkte er auf alle mögliche Weise auf diese Vorgänge ein, scheute er keine Einflußnah-
me, nicht einmal die Einschaltung eines Militärbefehlshabers, des
Herzogs Arsicinus, Befehlshaber der Pentapolis.[20]

Auch in Dalmatien suchte Gregor durchzugreifen.

Schon gegenüber seinem Vorgänger opponierten dortige Prälaten. Unter dem Erzbischof Natalis von Salona und dem früheren
römischen Güterverwalter (Rektor) in Dalmatien, dem Bischof
Malchus, sollten Kirchengüter vergeudet und allerlei sonstige
krumme Dinge begangen worden sein. Erst nach mehrmaliger
Ladung hatte sich Malchus Ende 593 oder Anfang 594 in Rom
dem Gericht gestellt, war aber noch am gleichen Tag, in der Nacht
nach seiner Verurteilung, plötzlich gestorben. Nicht nur am Hof
von Konstantinopel hieß es, Gregor habe den Bischof vergiften
lassen. Der Papst gab sich große Mühe, die Sache zu widerlegen.

Kurz nach seiner Unterwerfung starb auch Erzbischof Natalis
von Salona, ein durch lukullische Gastmähler bekannter, bei den
Mächtigen sehr beliebter Bonvivant. Seine Schlemmereien «zum
Zweck der Wohltätigkeit» soll er mit Hinweisen auf das Alte

und Neue Testament verteidigt haben. Gregor, der ihm den Entzug des Palliums, ja, die Exkommunikation angedroht, wollte als Nachfolger des Natalis jeden anerkennen, nur nicht einen gewissen Maximus, der dann gerade den Bischofsstuhl bestieg, gedeckt durch eine starke antipäpstliche Volksstimmung, durch die Bischöfe und den Kaiser, der die Anerkennung des Maximus erzwang. Gregor, der dem Erzbischof Bestechung bei der Wahl, Gewaltanwendung und Verstöße gegen den Zölibat vorwarf, exkommunizierte ihn. Doch auch wiederholten Aufforderungen in den Jahren 595 und 596, sich in Rom dem Gericht zu stellen, leistete Erzbischof Maximus keine Folge; noch zu gut erinnerte man sich an das plötzliche Ende des Bischofs Malchus. Nur in Ravenna, wo er sich sicherer fühlen mochte, tat Maximus im Juli 599 öffentlich Buße, lag drei Stunden lang auf einer Straße und schrie: «Ich habe gegen Gott und den seligen Gregor gesündigt» und blieb, obwohl wider Gregors ausdrücklichen Willen ordiniert, rechtmäßiger Bischof von Salona. Nach sieben Jahren des Kampfes war der Papst fast völlig unterlegen.[21]

Sieht man auf viele Bischöfe in Gregors näherem Umkreis – vom gallischen Episkopat zu schweigen (s. 9. Kap.) –, lesen sich die Charakterbeschreibungen des idealen Bischofs in seiner Regula Pastoralis wie die reinste Satire, aber im Grunde nicht anders als so viele evangelische Partien im Hinblick auf Christentum und Kirchengeschichte. Fordert Gregor doch einen Bischof, «der allen fleischlichen Leidenschaften erstorben stets ein geistliches Leben führt; der den weltlichen Wohlstand mißachtet und sich vor keiner Not fürchtet; der nur nach geistlichen Dingen verlangt . . .; der nicht dazu verführt wird, die Güter anderer zu begehren, sondern von den eigenen großzügige Schenkungen macht . . .» Et cetera. Mitleidig soll der Bischof sein, verlangt Gregor, und sich übers Glück der andern freuen, keine krummen Dinge soll er drehen, kurz, in allem, was er tut, das beste Beispiel bieten.[22]

Gregor selbst ist davon weit entfernt – auch wenn man auf katholischer Seite fast stets das Gegenteil behauptet, Papsthistoriker Seppelt ihn geradezu «das Idealbild eines Seelenhirten» nennt, und dies sogar «in seiner gesamten Amtstätigkeit».[23]

Wo er Macht hat, übt sie Gregor, vielgerühmt doch ob seiner Gerechtigkeit gegenüber Untergebenen, rücksichtslos aus. Der seinetwegen bei der päpstlichen Nachfolge übergangene Erzdiakon Laurentius, der seine Enttäuschung nicht verbergen konnte, verlor sein Amt. Gregor feuerte ihn ein Jahr darauf in einer feierlichen Zeremonie und angesichts des gesamten Klerus «wegen des Stolzes und anderer Verbrechen».[24]

Viel bezeichnender noch folgendes. Der Mönch Justus, Arzt im Andreaskloster, der ihn selbst, den immer häufiger kranken Papst, pflegte, bekannte vor dem eignen Ende einem Bruder, dem Kollegen Copiosus, drei Goldmünzen versteckt zu haben. Als Gregor dies erfuhr, befahl er, Justus rigoros zu meiden. Keiner im Kloster durfte den Todkranken besuchen, keiner ihm helfen. Nach seinem Ableben aber sollte die Leiche samt den drei Münzen auf den Mist geworfen werden und der versammelte Konvent rufen: «Zur Hölle mit dir und deinem Geld!» Als Justus dies von Copiosus hörte, starb er vor Gram.

So streng nahm Gregor das Mönchsgelübde – bei anderen. Er selbst aber, der angeblich alles, was er nicht seinen Klöstern gegeben, verkauft und das Geld unter die Armen verteilt hatte, war immerhin auch als Mönch noch so vermögend, daß er dem Andreaskloster (ohnedies in Eigentümeralüre von ihm oft «mein Kloster» genannt) 587 eine weitere Schenkung machen konnte. Ja, er besaß mindestens dreizehn Jahre nachdem er Benediktiner geworden, noch immer mehrere Landgüter.[25]

Freilich war der Papst auch ein Mann der Kompromisse, des Lavierens, der doppelten Moral. So sehr und scharf er stets darauf drang, fortgelaufene Nonnen und Mönche zurückzuzwingen, bei Vornehmen konnte er Ausnahmen machen.

Als Venantius, ein Patrizier aus Syrakus und vermutlich Gregor-Freund, unter Mißachtung des kirchlichen Verbots sein Kloster verließ, die schöne, dominante Italica heimführte, Vater zweier Töchter und gar Mittelpunkt eines mönchsfeindlichen Literatenzirkels wurde, gebot ihm Gregor nicht die Rückkehr. Nur freiwillig suchte er ihn dazu mit viel Mühe und völlig vergebens zu bewegen, ja, er betreute auch noch die Kinder aus dieser widerrechtlichen Ehe, einmal mehr demonstrierend, so Jeffrey Richards, sein moderner und ihm meist so wohlgesinnter Biograph, «daß es in Gregors Weltbild ein Gesetz für die Reichen und ein anderes für die Armen gab».[26]

Als in Sardinien ein Bischof vor dem Sonntagsgottesdienst das Feld eines Bauern umgepflügt und die Grenzsteine versetzt hatte, bestrafte Gregor lediglich den Mitarbeiter des Bischofs, und milde genug.

Noch großmütiger aber erwies er sich gegenüber Erzbischof Januarius von Calaris, der aus Sardinien ein «Hauptunglücksgebiet» machte. Die Laien plünderten dort Kirchengüter, die Priester Klostergüter, die Pächter flohen von den Latifundien der Mutter Kirche, das Heidentum nahm überhand, die Armen wurden geschröpft, alle möglichen Gebühren für klerikale Handlungen eingetrieben. Es gab offenbar viele herumschwärmende Nonnen, gab Fälle von Gewalttätigkeit im Klerus, von Wucher, Homosexualität, Selbstkastrierung. Der Archidiakon grapschte offen nach fremden Weibern, und der Erzbischof griff, wiewohl, so Gregor, «alt und beschränkt», gewaltsam und rechtswidrig nach fremdem Gut. Schon fast zu Beginn von Gregors Pontifikat war die Beschwerdeflut (tanta moles Querimoniarum) über den Kirchenfürsten von Calaris ungeheuer, und immer neue Berichte trafen ein. Aber auch zehn Jahre später hatte Gregor ihn noch nicht gefeuert – er blieb bis zuletzt im Amt und könnte den Papst sogar knapp überlebt haben.[27]

Ja, ging es um reiche Katholiken oder straffällig gewordene Bischöfe, konnte der Papst äußerst großzügig sein. Trotz haufenweise widerspenstiger oppositioneller und krimineller Prälaten setzte er in seiner ganzen Amtszeit nur sechs ab, darunter Bischof Demetrius von Neapel, «perversus doctor», vielleicht ein «Ketzer» und wegen krimineller Delikte todeswürdig. Übrigens waren auch die Diözesanen dieses wichtigsten Bistums in Campania unter Gregor dauernd derart aufmüpfig, daß man meinte, sie hätten länger Krieg gegeneinander geführt als gegen die Langobarden.[28]

Ein letztes Beispiel für Gregors Doppelmoral. Als Bischof Andreas von Tarent, der auch seine Priester mißhandelte und Weiber unterhielt, eine arme, von kirchlicher Mildtätigkeit lebende Frau so barbarisch verprügelte, daß sie kurz darauf starb, verbot der Papst dem Bischof lediglich für zwei Monate die Darbringung der Messe – dem Bischof vermutlich nur angenehm. Dagegen ließ Gregor «alle Fleischessünder» in Klosterkerker stecken, die einen modernen Forscher «an die alten Sklavenzwinger erinnern» (Grupp), wurde doch in diesen Mönchs-Zuchthäusern der «Sünder», wie Mönch Johannes Klimakus, ein jüngerer Zeitgenosse Gregors, bezeugt, so eingeschlossen, «daß er keinen Fuß bewegen konnte»![29]

## «ANDERS ZU DENKEN ALS DIE MEHRHEIT . . . EIN FAST TODESWÜRDIGES VERBRECHEN»

Erst recht griff dieser Papst, wie die meisten Päpste vor und besonders nach ihm, hart gegen Andersgläubige durch, gegen alle Nichtkatholiken. Die propagatio fidei, die planmäßige Ausbreitung der päpstlichen Macht, nahezu um jeden Preis, war sein großes Ziel.

Aus diesem Grund mischte er sich in England und im merowingischen Franken ein, dessen Könige er vergebens für eine Kirchenreform zu gewinnen suchte. Er empfahl als Zwangsmittel Tortur und Kerker, gelegentlich auch die friedliche Umwandlung heidnischer Kultstätten oder Bräuche, «damit die Leute um so zutraulicher an den gewohnten Plätzen zusammenkommen», je nach den Umständen. Auch riet er zuweilen, Konvertiten Steuererleichterung zu verheißen, Starrsinnige aber durch hohe Steuern zu «bekehren». Die Sardinier, die noch am Heidentum festhielten, sollte ihr Bischof gewaltsam zu Christen machen – falls es Sklaven waren!

Doch propagierte Gregor nicht nur die Bekehrung der Heiden auf Sardinien, Sizilien, Korsika und anderswo, sondern er bekämpfte auch unablässig die «Häresie». Er tritt ebenso eifrig für den Ketzerkrieg innerhalb des Christentums wie für den Missionskrieg zur Glaubensverbreitung nach außen ein, gerne auch «Verteidigung der römischen Kirche» genannt oder «die Hirtensorge des Papstes».[30]

Schon bloße Außenseiter und Abweichler haben nichts zu lachen. «Anders zu denken als die Mehrheit, einen anderen Lebensstil als die Majorität zu pflegen, bedeutet mehr und mehr eine direkte Infragestellung der Lehren und Praktiken der vielen – und damit schon ein fast todeswürdiges Verbrechen» (Herrmann).[31]

Bereits das istrianische Schisma der «Drei Kapitel» hatte für den Papst nichts mit wirklichem Glauben, mit echter Religion zu tun. Diese Katholiken waren nichts als Eigensinnige, Widerspenstige für ihn, leidige Querulanten. Sie taumelten einfach nur deshalb in «der Blindheit ihres Unwissens», um wider die Kirchendisziplin nach Lust und Laune zu leben. «Sie verstehen weder das, was sie verteidigen, noch das, dem sie folgen.» Also schickte der Römer mit allerhöchster Erlaubnis Truppen nach Grado. Doch bald zog der Kaiser den sogenannten religiösen Frieden vor und versagte Gregor die Unterstützung gegen den Erzbischof Severus von Aquileja, den der Heilige Vater nach Rom geschleppt sehen wollte. Zähneknirschend fügte er sich. Doch sobald Maurikios tot und Phokas an seine Stelle getreten war, blutig genug, nützte der Papst die Wende. Er schrieb an den inzwischen von seinem Wahnsinn genesenen, von Phokas in Ravenna wieder eingesetzten Exarchen Smaragdos, der in seiner früheren Amtszeit Erzbischof Severus samt drei seiner Bischöfe schon einmal (588) gewaltsam nach Ravenna entführt, dort ein Jahr festgehalten und zum Widerruf gezwungen hatte: «Wir hoffen, daß der Eifer, den Ihr früher in dieser Sache gezeigt habt, mehr denn je zu größerer Glut entfacht wird und Ihr bereiter sein werdet, die Feinde Gottes zu bestrafen und zu bändigen . . .»[32]

Freilich war Gregor ein vielseitiger Papst, und ging's nicht mit Gewalt, lockte er mit Geld. So schickte er zur Römischen Kirche zurückkehrende istrianische Schismatiker mit einer päpstlichen Rente nach Sizilien, den Diakon Felix etwa oder einen gewissen religiosus Johannes. «Denn wir wissen uns zu bedanken», wie der

Generöse einmal dem Herzog Arigis mit der Bitte um Dienstleute
und Ochsen zum Holztransport schrieb, «und unseren Söhnen,
die uns einen freundlichen Willen beweisen, Gegendienste zu leisten». Was zurückkehrt, in den Schafstall kommt, was nützt und
sich als demütig erweist, ist gut. Gregor propagiert gern die Tugend der Demut. Und demütig ist selbstverständlich nur, wer dort
steht, wo der Papst steht und untertänigst gehorcht.

Ein «Ketzer» dagegen konnte, nach Gregor, gar nicht demütig
sein. «Ketzerei» war von vornherein das Gegenteil, war Spaltung
der Herzen, Ruinierung der Seelen, ein Baals-, ein Teufelsdienst,
war Abfall, Empörung, Hochmut. «Denn der Ort der Häretiker
ist der Hochmut selbst . . ., der Ort der Gottlosen ist der Hochmut, so wie umgekehrt die Demut der Ort des Guten ist.»[33]

Toleranz gegen «Ketzer» war von Anfang an, seit neutesta-
mentlicher Zeit, undenkbar. «Ketzer» wurden schon in der frühen Kirche als «Antichristen» bekämpft, als «Erstgeborene
Satans», «Tiere in Menschengestalt», «Bestien», «Teufel»,
«Schlachtvieh für die Hölle» usw. usw. (I 3. Kap.). Das alles war
ja alte, gute Tradition in dieser Kirche und von einem Vorgänger
Gregors, der seiner würdig ist, Gelasius I. (492–496), auf den Satz
gebracht worden: «Toleranz gegen Ketzer ist verderblicher als die
schrecklichsten Verwüstungen der Provinzen durch die Barbaren.»[34]

In Afrika, wo nach völliger Vernichtung der arianischen Wandalen (II 398 ff., bes. 415 ff.) wieder das katholische Kaiserhaus
herrschte, störten den Papst die Manichäer, Reste der Arianer,
nicht zuletzt auch der Donatisten. Denn wieder einmal, wie zur
Zeit Augustins, war der Donatismus Vorkämpfer der Verelende-
ten. Doch sofort drang Gregor auf Unterdrückung der «Ketzer».
In einem Brief an den afrikanischen Präfekten Pantaleo Anno 593
zeigt er sich aufs höchste verwundert, daß der Staat nicht ener-
gischer gegen die Sektierer vorgehe. Später protestierte er, indem
er drei Bischöfe nach Konstantinopel delegierte, auch noch bei
Kaiser Maurikios wegen Mißachtung der kaiserlichen Ketzerge-
setze in Afrika. Auch forderte er ein scharfes Durchgreifen und
hatte damit offenbar Erfolg, obwohl sich sonst der katholische

Episkopat Afrikas auch von Papst Gregor I. nicht viel dreinreden ließ. Doch von den Donatisten ist in der zweiten Hälfte seiner Amtszeit nicht mehr die Rede.[35]

Allem, was nicht katholisch ist, zürnt der «große» Papst – er wäre denn nicht «groß». Er rottet es nicht nur aus, er diffamiert es. So machte er in Rom zwei bisher verschlossene arianische Bethäuser, Kirchen eines Volkes, das es freilich nicht mehr gab, zu Kirchen der Katholiken: S. Severin an der Via Merulana und S. Agatha de'Goti in der Subura, nahezu ein Jahrhundert lang kirchliches Zentrum der in Rom lebenden Goten. Nachdem die letzten Spuren der «Ketzerei» verfolgt waren, sei nach vollendeter Weihe, berichtet der «große» Papst, der Teufel in der zwar unsichtbaren, doch deutlich zu fühlenden Gestalt eines Schweines zwischen den Beinen der Gläubigen hindurch zur Tür hinausgelaufen. Und drei Nächte lang habe er noch im Dachstuhl gräßlich gepoltert, bis endlich eine wohlriechende Wolke auf den Altar gesunken sei . . .[36]

Heiden besaßen für Gregor weder ein göttliches noch ein menschliches Recht. Heiden gab er – die Dinge, wie in seinen Kreisen bis heute Brauch, auf den Kopf stellend – als Verfolger der Katholiken aus! Zwar plädierte er nicht unbedingt für den Zwang, nicht um jeden Preis für Prügel, Folter, Kerker, selbst gegenüber Heiden nicht, die nach ihm «wie wilde Tiere leben». Nein, lang- und gutmütig, wie er nun einmal war, regte er ganz menschenfreundlich an, heidnische Pächter von Kirchengütern durch Geldauflagen kleinzukriegen. Man solle einen solch verblendeten, dickköpfigen Bauern, der sich auf jede Weise sträube, «zu Gott dem Herrn zu kommen», dann «so sehr mit Steuern belasten, daß ihn diese Strafe antreibt, schleunigst den rechten Weg einzuschlagen».[37]

Half freilich alles nicht, verfehlte einer auch bei schlimmstem Steuerdruck «den rechten Weg», zeigte sich der Heilige Vater von etwas härterer Art. Jetzt gebot er rigorose Einkerkerung, bei Sklaven sogar das Foltern, das ja schon Augustin, der Sprecher der «mansuetudo catholica», der kirchlichen Sanftmut, erlaubt; er nicht nur gegenüber Sklaven, sondern gegenüber allen (donatistischen) Schismatikern – wobei der begnadete numidische Zun-

genverdreher das Foltern «Kur» nennt, emendatio, eine Art
Taufvorbereitung, eine Bagatelle verglichen mit der Hölle!
(I 478 ff., bes. 485.)

Gregor, dem verehrten Vorbild tausendfach verpflichtet, christianisierte also im augustinischen Licht die trüben Reste des
sardischen Paganismus. Anno 599 hielt er brieflich Erzbischof
Januarius von Calaris, Sardiniens Metropoliten, «wärmstens»
zur «pastoralen Wachsamkeit gegenüber den Götzendienern» an.
Er empfahl Bekehrung zunächst durch «überzeugende Ermah-
nung» (und nicht ohne Beschwörung des «göttlichen Gerichts»),
schreibt dann aber mit schöner Klarheit: «Wenn Ihr jedoch findet,
daß sie nicht gewillt sind, ihre Lebensart zu ändern, so wünschen
wir, daß Ihr sie mit großem Eifer festnehmt. Sind sie Sklaven,
dann züchtigt sie mit Schlägen und Folter, um ihre Besserung zu
bewirken. Sind sie aber freie Menschen, sollen sie durch strenge
Kerkerhaft zur Reue gebracht werden, wie es angemessen ist,
damit diejenigen, die es verachten, die Worte der Erlösung hören,
welche sie aus der Gefahr des Todes retten, auf alle Fälle durch
körperliche Qualen zum erwünschten gesunden Glauben mögen
zurückgeführt werden.» Ein zweites Schreiben mahnt den Bischof
noch «eindringlicher» und schärft ihm auch die Aufsicht über
«Ketzer» ein. Er möge gegen sie in «glühendem Eifer» entbren-
nen, die Sklaven auspeitschen, die Freien einkerkern lassen.[38]

Durch körperliche Qualen also zu einem gesunden, einem katholischen Kopf.

Aus Sardinien bezog Papst Gregor übrigens auch für sich selber
Sklaven. Es soll dort besonders brauchbares und profitabel zu
verbrauchendes Material gegeben haben, und so schickte er seinen Notarius Bonifazius auf die Insel, wobei er nicht versäumte,
den kaiserlichen Defensor brieflich um freundliche Mitwirkung
zu bitten, damit er auch wirklich gute Exemplare bekomme.[39]

Heiden gab es damals noch in vielen Gegenden, nicht nur auf
Sardinien, wo sie selbst Erzbischof Januarius unter seinen Pächtern duldete. Heiden gab es auf Korsika, Sizilien, in Kampanien,
von Gallien oder gar Britannien zu schweigen. Und überall trieb
Gregor zu ihrer Austilgung, wobei er nicht nur seinen Klerus

einschaltete, sondern auch den Adel, die Gutsbesitzer und natürlich den weltlichen Arm. Überall sollte dieser zusammen mit dem
kirchlichen zuschlagen. So gebot er 593 dem Prätor Siziliens, dem
Bischof von Tyndaris bei dessen Heidenvernichtung jede Hilfe zu
leisten. Und als er 598 dem Agnellus von Terracina befahl, die
Baumverehrer seines Bistums aufzuspüren und sie so zu züchti-
gen, daß anderen das Heidentum vergehe, ersuchte er um Beistand des dortigen Militärbefehlshabers Maurus. Selbstverständlich geschah das alles, mit dem Diakon Johannes zu sprechen,
«durch Anwendung gerechter Gewalt».[40]

Auch den byzantinischen Exarchen von Nordafrika, Genna-
dius, preist Gregor wiederholt wegen seiner vielen Kriege gegen die
Heiden, damit wieder schönstens auf den Spuren des hl. Augustin
wandelnd (I 503 ff.; 514 ff.). (Eines der gregorianischen Klöster in
Sizilien hieß das «Prätorianerkloster».) Dagegen hatte der Papst
nicht das geringste Verständnis für die liberale Praxis des Gou-
verneurs (praeses) von Sardinien, der auch noch aus einer evi-
denten finanziellen Notlage handelte, indem er nämlich dringend
sein suffragium aufbringen, also nach bewährtem Brauch das
Volk erpressen mußte, um das Geld zu bekommen, das ihm die
Erlangung seines Postens gekostet. Doch die letzten Härchen
müssen sich Gregor gesträubt haben, als er 595 der Kaiserin Konstantina berichtete, der Gouverneur lasse sich nicht nur das
Gestatten von Götzenopfern abkaufen, sondern ziehe eine Op-
fersteuer sogar von getauften Heiden ein.

Papst Gregor anerkennt, ja sanktioniert geradezu den Religionskrieg, den Angriffskrieg, zur Unterwerfung der Heiden. Im
strikten Gegensatz zu Jesus billigt er Schwert und Kampf als
Missionierungsmittel. Erst der Krieg, dann das Christentum. Erst
sollte mit aller Gewalt unterworfen, dann mehr oder weniger
sanft bekehrt werden; eine Maxime, die nach dem Katholiken
Friedrich Heer «die christliche Eroberungs- und Expansionspoli-
tik bis an die Schwelle des Ersten Weltkrieges» bestimmt. Dabei
arbeitete Gregor – in einem Brief an den Kaiser – mit dem alten,
schon ambrosianischen Gedanken, daß «der Friede der res publica am Frieden der universalen Kirche hänge»! Ergo unterhielt er

als militärischer Befehlshaber sogar seine eigene Soldateska, die sich auch mehrmals siegreich schlug.

Das alles ergab sich gleichsam ganz von selbst, war scheinbar die natürlichste Entwicklung der Welt. Aus «der abwesenden kaiserlichen Macht wuchsen dem Papsttum politische Aufgaben der Verteidigung und der Versorgung von Rom zu», und so wurden die Päpste, «ohne es eigentlich zu wollen, allmählich die unangefochtenen Herren von Rom» (Richards). Auch nach dem katholischen Papsthistoriker Seppelt verlief das alles «ganz naturgemäß», «wie von selbst», war Gregor «der Hort und Führer», der «Konsul Gottes», der «selbständig die Geschicke Italiens, die ‹seines Landes›», in die Hand nahm. Gregor protestierte gegen die geplante Verminderung der Besatzung Roms, ersuchte um Verstärkung der Garnison. Ja, der Nachfolger des armen Menschensohnes scheut sich auch nicht, selber Nachschub an Truppen zu schicken, sie zur Pflichterfüllung zu mahnen, ihnen eingehende Weisungen zu geben und natürlich auch Nachrichten über den Feind weiterzuleiten. Er kommandiert einen Tribun nach Neapel ab, den Dux Leontius nach dem Kastell Nepe, jedesmal Gehorsam gegen deren Anordnungen heischend. Und sprach aus seinem Mund nicht «der Herr»? Der arme pazifistische Wanderprediger Jesus?[41]

## GERECHT UND LIEBEVOLL GEGEN DIE JUDEN?

Bis heute gilt Papst Gregor I. als großer Beschützer der Juden, die sich damals vor allem als Händler, aber auch als Bauern im ganzen Reich aufhielten, von Afrika bis Spanien und Gallien. «Die Juden fanden in Gregor einen Wahrer ihrer Rechte, die ihnen seitens der Päpste für Jahrhunderte garantiert blieben» (Kühner). Ja, nach dem katholischen Theologen Stratmann war Gregor nicht nur gerecht gegen die Juden, sondern sogar «liebevoll».[42]

Gewiß, Gregor wollte nicht, «daß die Juden unbillig unterdrückt und gequält werden» – der Akzent dürfte auf unbillig liegen. Gewiß, Gregor gestand den Juden die, wieder seine Worte, «durch das römische Gesetz gewährte Handlungsfreiheit» zu. Aber dieses Gesetz erlegte den Juden viele und schwere Nachteile auf. Sie wurden hart besteuert. Sie durften keine neuen Synagogen bauen. Sie durften keine Nichtjuden zum Judentum bekehren und keine Nichtjuden heiraten. Sie durften nichts vererben, kein Amt bekleiden, weder ein militärisches noch ein ziviles. Sie durften auch keine christlichen Sklaven halten und nicht mit christlichen Sklaven Handel treiben, was Christen selbstverständlich erlaubt war. Das alles fand der «große» Gregor, der das Judentum überhaupt nicht als Religion ansah, sondern als «Aberglauben» (superstitio), völlig richtig.[43]

Gegen christliche Sklaven hatte der Papst an sich nichts, gar nichts. Im Gegenteil, die hielt er haufenweise selbst. Über christliche Sklaven in jüdischen Diensten aber war er empört. Fand er es doch «ganz verderblich und abscheulich für Christen, bei Juden im Sklavendienst zu stehen». Und gegen Juden, die christliche Sklaven zur jüdischen Religion bekehrt hatten, forderte Gregor sofortiges strenges Einschreiten. Und natürlich sollten solche Sklaven befreit werden. Ebenso aber heidnische oder jüdische Sklaven in jüdischen Diensten, die Christen werden wollten, falls diese Sklaven nicht innerhalb eines Vierteljahres an Christen verkauft worden sind.[44]

Gewiß, Papst Gregor bot den Juden sogar wirtschaftliche Vorteile an. Er ging bis zur Bestechung, ließen sie sich taufen. Sein Angebot reichte von kostenlosen Taufkleidern bis zur Gewährung einer Rente. Jeder dritte Jude Roms, der katholisch wurde, mußte nur noch zwei Drittel seiner Miete zahlen. Das war dem versierten Finanz- und Verwaltungsfachmann (und Weltuntergangsapostel) die Sache immerhin wert. Wie er ja auch Katholiken die Bekehrung vom Dreikapitelschisma durch eine Rente versüßte (S. 172 f.). Mochte die Juden auch mehr das Geld locken als Christus, der Heilige Vater gewann doch gleich ihre Kinder mit, und deren Kinder, und so weiter, und deshalb schrieb er, «ist jede Ermäßigung der Miete um Christi willen nicht als Verlust zu betrachten». Ergo senkte er auch bei bekehrten Juden die Erbschaftssteuer.

Doch solch papale «Entwicklungshilfe» beiseite, war Gregor einer der Schrittmacher antijüdischer Politik im Westen. Zwar lehnte er jede Judenverfolgung noch scharf ab, erhob er Einspruch gegen die Zwangsbekehrung der Juden in Unteritalien, die Besetzung einer Synagoge durch Katholiken auf Sardinien. Er sah aber selbst die Absicht der Zwangstaufe noch als löblich an und propagierte nachdrücklich die «Bekehrung» der Juden. Auch verbot er ihnen strikt den Neubau oder auch nur die Erweiterung von Synagogen, verbot ihnen jede Missionstätigkeit und, in nicht weniger als zehn Briefen, das Halten christlicher Sklaven. Seinem Sonderbeauftragten in Sardinien, dem Notar Johannes, befahl er damit aufzuhören, entlaufene Sklaven ihren jüdischen Herrn zurückschicken zu lassen. Ja, Gregor untersagte Juden den geringsten Einfluß im öffentlichen Leben der Christen.[45]

Nach einem Wort dieses Papstes durfte kein Christ Sklave oder auch nur Diener von Juden sein, die Christus doch getötet und verworfen hätten. Auch befahl er einmal (591), daß ein Jude die von ihm gekauften Kelche, Kandelaber und Pallien «kraft eines Gesetzes» zurückgeben müsse. Und er verübelte es einem Bischof, daß er von jüdischen Händlern einen Pelz erworben. Er selbst soll nie mit ihnen geredet und sie angehalten haben, ihre Waren außerhalb des «porticus» feilzubieten, um auch den Schein eines Verkehrs zu vermeiden. Schließlich wissen wir auch, daß der angebliche Protektor der Juden den König Rekkared besonders belobte, weil er allen Versuchen widerstand, ein von ihm erlassenes antijüdisches Gesetz von den Juden sich wieder abkaufen zu lassen.[46]

## GESCHÄFTE VOR DEM WELTENDE
## ODER VOM «EIGENTUM DER ARMEN»

Derselbe Mann, der den drohenden Weltuntergang, das nah bevorstehende göttliche Gericht prophezeite, trieb eine so intensive Kirchengüterpolitik, als käme das göttliche Gericht nie.

Der Papst verfügte über eine Reihe gut organisierter Patrimo-

nien, etwa fünfzehn bei seinem Amtsantritt, insgesamt viele
Hunderte von Quadratkilometern Land, Patrimonium des hl. Pe-
trus genannt. Das heißt, das alles gehörte eigentlich gar nicht dem
Papst oder dem Klerus oder der Kirche, nein, es gehörte eigentlich
dem seligen Apostelfürsten. Und dieses Besitztum Petri reichte
von Nordafrika, wo sich beinah menschenleere Gegenden zu
Gregors großer Freude mit Kriegsgefangenen (billigstes «Arbeits-
material») bevölkerten, über Italien, das Stadtgebiet Roms, das
«Patrimonium urbanum», bis hinüber nach Korsika, Sardinien,
Dalmatien, Istrien und in die Provence; ein gewaltiger weitver-
streuter Güterbesitz, der größte in Italien. Vieles davon entstammte kaiserlichen Stiftungen. Vielleicht der letzte riesige
Schub waren die Ländereien der Arianischen Kirche, dieser nach
Vernichtung des Ostgotenreiches geraubt. Und während der Privatbesitz immer mehr schrumpfte, nahm der Reichtum der Kirche immer mehr zu.

In Sizilien, seit alters die Kornkammer Roms, war das Patrimonium des «hl. Petrus» so groß, daß es Gregor in zwei Verwal-
tungszentren (Rektorate) einteilte: Palermo und Syrakus, mit
insgesamt 400 Pächtern (conductores) – und er ist selbst darüber
informiert, daß seit Jahren «viele Leute durch die Verwalter des
römischen Kirchengutes gewaltsames Unrecht erlitten», daß man
sie beraubt und ihre Sklaven fortgeschleppt habe.

Unterstützt wurde der Papst bei der Bewirtschaftung durch einige
seiner engsten Vertrauten sowie durch die (am angeblichen, von ihm
mit immerhin 100 Pfund Gold bedeckten Petrusgrab eidlich ver-
pflichteten) Rektoren der diversen Patrimonien. Doch kümmerte
sich Gregor selbst noch um (Beinah-)Bagatellen. Und er, der trotz
des Schwarms seiner Wehwehchen noch einschritt, gingen die Diakone Catanias in Sandalen (campagi) daher, weil dies nur römischen
Diakonen gestattet war, fand dann neben all seinen Standpauken,
düsteren Bußpredigten, seiner zehrenden Weltuntergangserwar-
tung immer noch Zeit, erstaunlich viel Zeit, über Felder etwa,
Zuchtstuten, alte Ochsen zu sinnieren, über unbrauchbare Kühe
oder Sklaven, die natürlich möglichst getaufte Glieder der heiligen
Kirche sein sollten, wobei die Methoden des Heiligen Vaters nicht

sehr skrupulös gewesen sind. Hauptsache, die Erträge stiegen noch vor dem Jüngsten Gericht und der Chef konnte seinem Chef dort eine gute Rechnung legen. Seine Devise hieß, schrieb man: «Ansehen, Leistungsfähigkeit und Disziplin». Das könnte heute das Credo jedes US-Marketing Researchers sein.[47]

Zwar suchte der sinistere Weltuntergangsverkünder echt edel zu verhindern, daß «der Säckel der Kirche mit schändlichem Gewinn besudelt werde» – tat aber zugleich alles, um die Produktion zu steigern, den Gewinn. Dabei ging er, nicht als einziger Papst, so weit, Einkommen, aus Gallien beispielsweise, Pachtgelder mit am Ort geprägten Münzen, deren Wert von den amtlichen abwich, auch am Ort auszugeben, um beim Umtausch keine Wertminderung in Kauf zu nehmen.[48]

Die päpstliche Grundherrschaft stellte Gregor ständig große Güter- und Geldmengen zur Verfügung und machte die katholische Kirche überhaupt zur ersten Wirtschaftsmacht Italiens; zumal da selbst in solchen Zusammenhängen nicht unerhebliche Beträge noch aus Vermächtnissen und Schenkungen dazukamen, auch für den Heiligen Vater und die Bischöfe persönlich. Nach dem quadripartitum, einer sehr alten Tradition, der Vierteilung des Kirchenvermögens, kassierte der Papst, wie jeder Bischof, ein Viertel der gesamten Einkünfte für sich allein. Es kam sogar vor, daß manche Oberhirten ein Drittel für sich behielten oder aber, daß sie die übliche Vierteilung zwar für bisherige Einnahmen durchführten, alle neuen aber allein einstrichen (vgl. III 473 f.). Diese Praxis etwa der Bischöfe Siziliens verbot Gregor freilich. Immerhin: «Es ist bezeichnend, daß zur selben Zeit, als der letzte Bankier in Rom zu Grunde ging, ein italienischer Grundbesitzer eine hohe Summe Geldes durch den Papst auf die sicilischen Kircheneinkünfte zur Zahlung in Sicilien anweisen ließ, während er die Summe in Rom dem Diakon-dispensator auszahlte» (Hartmann).[49]

Gewiß hat sich Gregor, wie wohl die allerwenigsten Päpste, auch für die Pächter, die Bauern eingesetzt, hat er das schlimmste Unrecht zu steuern gesucht. Waren diese Kirchengüter doch, das zeigt die päpstliche Korrespondenz, ein einziger Sumpf von Ausbeutung, Bestechung, Unterdrückung, Schwindel.

Die elenden Bauern, richtiger Landsklaven, die man schon
durch eine dreimal jährlich erhobene Reichsbodensteuer (burda-
tio), ferner durch die Pachtgelder und Abgaben an die Allein-
seligmachende schröpfte, wurden noch durch die verschiedensten
Mittel und Methoden der Kirchenbüttel zusätzlich bedrückt:
durch Erpressung weiterer Gelder, zum Beispiel, durch stark erhöhte Gebühren für eine Heiratserlaubnis, durch falsche oder
geänderte Kornmaße. Selbst wenn auf dem Seeweg nach Rom bei
Schiffbruch Getreide verlorenging, waren offenbar die Bauern
schuld, mußten es die Kolonen neu liefern. Nur falls die Rektoren
die günstige Zeit für die Seefahrt versäumten, wollte der Papst sie
selbst für Verluste belangen. Gregors Einschreiten in bekannt-
gewordenen diversen Fällen war leider nicht selbstverständlich,
hob aber zweifellos die Ertragsfähigkeit der päpstlichen Güter
und lag somit auch in seinem Interesse, in dem eines «gerechten
und doch tüchtigen Gutsherrn», wie ihn Richards rühmt, der
freilich auch zugeben muß: «Viele der alten Mißstände dauerten
jedoch fort.»[50]

Vermutlich fast alle.

Gregor nannte sich den «Kassenverwalter der Armen» und den
gewaltigen päpstlichen Besitz «das Eigentum der Armen»; eines
«seiner schönsten Worte», rühmt das katholische Handbuch der
Kirchengeschichte. Aber über Almosengeben ging das alles in
aller Regel nicht hinaus, auch wenn Gregor sich, zugegeben, mitunter ganz persönlich, Notleidender und nicht zuletzt sonstiger
«Bedürftiger» annahm. Zwar sollte dies etwa Subdiakon Anthemius erledigen. Doch hat er das, tadelt der Papst 591, «nur in
wenigen Fällen getan» und dabei offenbar auch noch die wichtigsten vergessen. So befiehlt ihm Gregor gleich: «Ich will aber,
daß Du der Frau Pateria, meiner Tante, unverzüglich nach Empfang dieses Auftrages zum Unterhalt ihres Gesindes 40 Dukaten
und 400 Scheffel Weizen anweisest, der Frau Palatina, der Witwe
des Urbicus, 20 Dukaten und 300 Scheffel Weizen, und Frau Vi-
viana, der Witwe des Felix, ebenfalls 20 Dukaten und 300 Scheffel
Weizen. Die 80 Dukaten sind in die Rechnung einzusetzen.»[51]

Die Tante des Heiligen Vaters erhält immerhin mehr Weizen als

jede der beiden Witwen. Und doppelt soviel Geld (übrigens zur
Bezahlung ihrer Dienerschaft: Arbeitsplätze!) wie die beiden Witwen zusammen. Aber, so schreibt das Handbuch der Kirchengeschichte, «die Sorge um einen Rest von Ruhe und Ordnung, ja um
das tägliche Brot für die Armen erfüllte oft die ganze Aufmerksamkeit des römischen Bischofs.» Um gleich darauf – nun wirklich glaubhaft – zu versichern: «Gregor war auch in den härtesten
Zeiten nie nur Armenpfleger . . .» Schade, daß wir aus guten, das
heißt bösen Gründen nicht wissen, was der Klerus im Laufe seiner
ganzen Sieg- und Heilsgeschichte für die Armen ausgab und was
für sich![52]

## SKLAVEN BRAUCHEN UND VERBRAUCHEN WIE DAS VIEH
## ODER «DIE VERSCHIEDENHEIT DER STÄNDE»

Wir wissen von Gregor selbst, daß zahlreiche Bischöfe weder
Unterdrückter sich annahmen noch der Armen; generell sagt er es
von den Bischöfen Kampaniens. Doch war er selber denn ein
milder Herr? An die «coloni» von Syrakus schrieb er anläßlich der
Ernennung des defensor Romanus zum Rektor: «Wir befehlen
Euch also, seinen Anordnungen, die er zur Förderung der Interessen der Kirche für richtig hält, bereitwillig zu gehorchen. Wir
haben ihn ermächtigt, sollte jemand sich unterfangen, ungehor-
sam oder widerspenstig zu sein, diesen schwer zu bestrafen. Wir
haben ihn auch angewiesen, alle der Kirche gehörenden, aber
davongelaufenen Sklaven wieder aufzuspüren und alles von jemand rechtswidrig besetzte Land umsichtig, energisch und
schnell wieder zurückzubekommen.»[53]

   Zum Bewirtschaften seiner Güter brauchte Gregor natürlich
ganze Heere von Sklaven, an den Boden gebundene Kolonen.
«Freie Kirchenbauern fanden sich selten» (Gontard). Es versteht
sich von selbst, daß der Papst an der Sklaverei nicht gerüttelt hat –
woher hätte er, der Verwalter des Gutes der Armen, dann auch
das Geld für die Armen nehmen sollen! Von der Erhaltung der

«Arbeitsplätze», schon seinerzeit die Sorge jedes Unternehmers, ganz zu schweigen. Gewiß erinnert Gregor – denn seine Kirche wird seit je, vielleicht das größte aller ihrer Wunder, den Reichen und den Armen gerecht, beiden zugleich! – auch die Herren daran, daß die Sklaven ja als Menschen, der Natur nach, ihresgleichen seien, wie die Herren geschaffen. Aber so gleich auch die Menschen geschaffen sind, ganz gleich, die Verhältnisse waren nun einmal ganz anders. Ergo mußte man, nach Gregor, die Sklaven so ermahnen, «daß sie zu jeder Zeit die Niedrigkeit ihres Standes beachten» und daß sie «Gott beleidigen, wenn sie durch anmaßendes Verhalten gegen seine Ordnung verstoßen». Die Sklaven müssen sich, lehrt der hl. Papst, «als Diener der Herren betrachten» und die Herren als «Mitdiener unter Dienern». Schön gesagt.

Ist das keine nützliche Religion? Von Natur, lehrt Gregor, seien «alle Menschen gleich», aber eine «geheimnisvolle Fügung» stufe «die einen niedriger ein als die anderen», schaffe die «Verschiedenheit der Stände», und zwar als «eine Folge der Sünde». Fazit: «Da nun jeder Mensch nicht in gleicher Weise durch das Leben geht, soll der eine über den anderen herrschen.» Fazit: Gott und die Kirche – in praxi für den hohen Klerus stets dasselbe! – waren für die Erhaltung der Sklaverei. Und von Britannien über Gallien nach Italien gab es seinerzeit einen ständigen christlichen Sklavenhandel.

Die Römische Kirche brauchte Sklaven, die Klöster brauchten Sklaven – Gregor selbst regte 595 über den gallischen Rektor Candidus den Kauf von englischen Sklavenknaben für römische Klöster an – sie alle kauften, brauchten und verbrauchten Sklaven wie ihr Vieh. Und noch einen Feind wie dem Langobardenkönig Agilulf konnte der Papst versichern, daß die Arbeit dieser Unfreien doch beiden Parteien zustatten käme! (Welch modernes Denken wieder – über alle Grenzen hinweg.) Entliefen die Ärmsten ihrem Elend, was oft genug vorkam, so drang der Heilige Vater natürlich auf Rückgabe an ihre Herren. Er stellte den entsprungenen Sklaven eines römischen Klosters ebenso nach wie dem durchgebrannten Bäcker seines eigenen Bruders. Doch da der Papst auch großzügig war, wollte er Vergehen der «coloni» nicht durch Besitzentziehung, sondern durch Verprügeln bestraft sehen und schenkte «regelmäßig seinen Freunden Sklaven» (Richards).[54]

So tätigt Gregor, der doch gar eindringlich das baldige Weltende verkündet, neben dem Glaubenskampf geradezu die «Leitvorstellung» seines Pontifikats, vorher noch große Geschäfte. Er macht den hl. Petrus zu einem immer reicheren Mann. Er hebt die Profite seines Besitzes beträchtlich und begründet entscheidend die folgenreiche Territorialherrschaft des Papsttums. Er versorgt durch seine sizilischen Latifundien Rom mit Getreide, er bezahlt die kaiserlichen Truppen der partes Romanae, er kümmert sich um Nachschub und Verteidigung, ja, befehligt in Krisenzeiten die römische Garnison. Derart leitet der «Säckelmeister des Kaisers», der «Kassenverwalter der Armen», wie er sich selbst nennt, der «Konsul Gottes», wie ihn seine Grabschrift feiert, die Entwicklung zum Kirchenstaat ein mit einer kaum übersehbaren Folge von Fehden, Kriegen und Betrug.[55]

Doch ist das Papsttum schon jetzt eine (sehr) weltliche Macht und Gregors Verhalten gegenüber Byzanz bereits bemerkenswert.

## MANCHMAL NOCH MIT DEM KAISER, MANCHMAL SCHON GEGEN IHN

Während der Stürme der Völkerwanderung hatte Rom sich unter den Schutz der östlichen Kaiser geflüchtet, unter dem mächtigen Goten Theoderich aber gelegentlich kräftig gegen Byzanz agiert (II 345 ff.), ja, noch während des Gotenkrieges zeitweise gemeinsame Sache mit den «Ketzern» gemacht, von manchen weniger gefürchtet als der «Cäsaropapismus». Seinerzeit, unter den gotischen Königen, tasteten die katholischen Glaubenskämpfer keine arianischen Kirchen an – während sie doch Synagogen der Juden schon niederbrannten! (II 321 ff., 424 ff.)

Nach Vernichtung der Ostgoten aber und der Unterwerfung

Italiens unter den byzantinischen Gouverneur, den obersten Militärbefehlshaber (bald «Exarch» genannt) in Ravenna, dem neuen Regierungssitz, tanzte man in Rom zunächst wieder nach der oströmischen Pfeife (und Rute). Die byzantinischen «Befreier» erpreßten in Italien die gleichen Summen wie zuvor der Gotenkönig. Sie plünderten überdies und bereicherten sich auf eigene Faust. Erst als Ostrom nach Justinians Tod (565) erneut große Machteinbußen, vor allem territoriale Verluste erlitt, bereitete sich im Westen ein abermaliger Frontwechsel vor, die Kollaboration mit den Germanen, die nach dem katholischen Handbuch der Kirchengeschichte ausgerechnet «auf pastoralen Überlegungen beruhte» statt, wie sich bald immer mehr zeigte, auf politischen.

Zu augenfällig nämlich war die Erschöpfung von Byzanz, der Verschleiß. Im Osten drohten die Perser. In Italien schnitten die Langobarden Rom von Ravenna ab. Auf dem Balkan begann das Vordringen der Slawen, der Serben, der Kroaten, in Spanien der Aufstieg des Westgotenreiches. Dazu kamen Autonomiebestrebungen sogar innerhalb des Reichsverbandes, durch die Exarchate etwa von Ravenna, von Karthago oder durch große religiöse Randgruppen, Nestorianer, Monophysiten, Kopten. Auch die sozialen und wirtschaftlichen Strukturen zerfielen. Kurz, das Reich des Ostens war nicht mehr, was es einst war, und so beginnt mit Gregor I. das Papsttum von Byzanz fortzudriften.[56]

Der Heilige Vater operiert dabei mal mit dem Staat, mal gegen ihn. Bediente er sich beim Versuch, die illyrischen Bischöfe unter seine Fuchtel zu bringen, des weltlichen Arms, so handelte er gegen diesen beim analogen Versuch gegenüber den obstinaten Erzbistümern im italienischen Norden, Ravenna, Aquileja und Mailand. Damals baten die Bischöfe aus dem Sprengel von Aquileja Kaiser Maurikios um Hilfe gegen den Papst, da sie um ihre seit dem Dreikapitelstreit errungene Unabhängigkeit bangten. (Erst rund hundert Jahre später erlosch das Schisma völlig.)[57]

Gregors Taktieren war nun freilich nicht im Sinne des Maurikios (582–602) und seiner Reorganisation Italiens. Seit etwa 584

regierte der Kaiser dort durch seine Statthalter in Ravenna. Der
erste sicher bekannte patricius et exarchus (Italiae), so die offizielle Titulatur, war Smaragdos, ein tüchtiger General, der aber
(589) lange Zeit geisteskrank und durch Romanos abgelöst wurde. Den Exarchen, den höchsten, nicht nur militärischen Machthabern im Exarchat, blieben nach der Langobardeninvasion bloß
noch die byzantinischen Küstengebiete – außer Ravenna und der
Pentapolis die Venetianischen Inseln, das Gebiet um Genua, Rom,
Neapel und Amalfi (nach den sie befehligenden Militärs mit dem
Titel eines Dux), Ducatus genannt.

Doch während Maurikios Italien zurückgewinnen wollte,
während seine Pläne noch über das Wiedereroberungsprogramm
Justinians I. hinausgingen, während im Römischen Meßbuch
noch immer das Gebet stand, «daß Gott dem Kaiser unterwerfen
möge alle barbarischen Völkerschaften», näherte sich Gregor den
neuen Machthabern und einigte sich, vorübergehend, mit den
Langobarden. Gleichzeitig aber gab er Treue gegenüber dem Kaiser vor, mit dem es zu Zusammenstößen kam, und verkündete
seine Obrigkeitslehre, an die sich jedermann zu halten hatte, nur
nicht er. Denn gerade als seine ersten Missionare nach Westen
aufbrachen, 595, erklärte er auch, die Franken überträfen alle
anderen Nationen wegen ihrer Rechtgläubigkeit, ja (im Hinblick
auf König Childebert II., dem er die Schlüssel zur Confession von
St. Peter sandte): «Ebenso wie die königliche Würde jene jedes
anderen Menschen übertrifft, so überragt das fränkische Königreich alle anderen Völker.»[58]

In Italien, wo sich die Langobarden ausbreiteten, war die
Macht des Kaisers gering. Und je mehr sie abnahm, desto mehr
wuchs die des Papstes. Er gebot wohl auch über die höchsten
Beamten des Kaisers in Rom, und zwar im zivilen, politischen wie
militärischen Bereich; zumindest hatte er über ihre Amtsführung
eine Art Aufsichtsrecht, und es stand ihm der Rekurs an den
Kaiser zu. So konnte man Gregor den Gründer der weltlichen
Herrschaft des Papsttums nennen. Es war, auch noch ohne Kir-
chenstaat, bereits eine Art Staat, zumindest ein bedeutender
Machtfaktor. Gregors Bischöfe wählten gemeinsam mit den

Großagrariern die Provinzstatthalter, sie bestimmten deren Befugnisse mit, besonders die richterliche Gewalt. Der Papst hatte zudem Einfluß auf den Handel; er kontrollierte, neben dem Senat, Maß und Gewichte. Und ihm gehörte, was seine Macht vielleicht am meisten mehrte, eben ein gewaltiger Grundbesitz, riesige Landgüter in ganz Italien und darüber hinaus.[59]

Dabei aber war Gregor, wie seine Vorgänger, der Untertan des Kaisers, dieser sein Oberherr; seine Person und Regierung galten als heilig. Der Monarch in Byzanz ist es, der auch die «Ketzereien» bekämpft, die kirchlichen Edikte erläßt, die Konzilien beruft. In einem Brief vom Juni 595 nennt Gregor den Regenten seinen «allerfrömmsten Herren», sich selber «unwürdiger Sünder», «sündiger Mensch». Er leistet den «durchlauchtigsten Befehlen» des Maurikios, zu dem er als Apokrisiar im allgemeinen gute Beziehungen unterhielt (zur Kaiserin sogar herzliche), «Gehorsam», jubelt freilich auch nach dessen Tod, um dem Mörder genauso «gehorsam» zu sein. Auch als Papst blieb Gregor sich seiner Unterordnung bewußt, zumal ja selbst die Kirche in Rom nicht unabhängig, der Kaiser vielmehr auch ihr Herr gewesen ist. Er hatte bei Besetzung des Römischen Stuhls das Bestätigungsrecht, bloß in Byzanz genehme Kleriker konnten ihn besteigen. Mußten doch Klerus und Volk von Rom nach jeder neuen Papstwahl den Herrscher ersuchen, «unter Tränen» ersuchen, «daß er geneigen möge das Flehen seiner Sklaven zu erhören und durch seinen Befehl die Wünsche der Bittsteller in Betreff der Ordination des Erwählten zur Erfüllung zu bringen». Auch für andere bedeutende italienische Bischofssitze beanspruchte der Kaiser gelegentlich dies Recht. Und Papst wie Klerus hatten zu gehorchen.

Selbst wenn es um rein Kirchliches ging und Gregor ganz anders dachte, konnte er bereitwillig Kompromisse schließen oder gehorchte einfach, wie nach dem Befehl, die katholischen Schismatiker nicht zu behelligen, die an den «Drei Kapiteln» festhielten. Und als der Kaiser den wahrscheinlich geisteskranken Erzbischof Johannes von Prima Justiniana, Metropolit von Dazien und Apostolischer Stellvertreter, absetzen wollte, machte der Papst, wie so oft, zwar Bedenken geltend, ohne aber wieder dem höchsten Beschluß zu opponieren. Liege es doch am Fürsten zu befehlen, was er wolle, habe doch «unser frömmster Herr die Macht, zu tun, was ihm gefällig ist». Sei die kaiserliche Handlung konform dem Kirchenrecht, dann wollte er sie bestätigen, andernfalls aber «beugen wir uns ihr, sofern wir es ohne Sünde tun können».[60]

Freilich bricht Gregors Selbstbewußtsein ab und zu durch, sagt er etwa einmal «mein Land», als er von Italien spricht. Auch weist er darauf hin, daß die Heilige Schrift «die Priester bald Götter, bald Engel» nenne. Ja, er renommiert in seinem eiferndsten Brief mit dem Beispiel Kaiser Konstantins, der eine Bischöfe beschuldigende Anklageschrift angeblich mit den Worten verbrannte: «Ihr seid Götter und von Gott eingesetzt. Gehet und entscheidet selbst untereinander Euere Angelegenheiten; denn es ziemt sich nicht, daß wir über Götter zu Gericht sitzen.»

Doch im allgemeinen taktiert Gregor geschickt gegenüber seinem Herrn, attackiert er diesen oder den Staat im Konfliktfall nie direkt, sondern die «sündige Welt». Und natürlich bestreitet er die oberste Autorität des Herrschers schon deshalb nicht, weil er nur durch Anlehnung an Byzanz gegenüber den Langobarden sich behaupten kann. So laviert er zwischen Ost und West, immer auf seinen größten Vorteil bedacht. Während er anscheinend loyal dem Herrscher dient, als treuer Anhänger Ostroms auftritt, kann er sich gelegentlich doch eher mit den Reichsfeinden arrangieren, kann er die Beamten des Kaisers für schlimmer als die Langobarden erklären, die «Bosheit» der Byzantiner beklagen, «ihre Erpressungen und ausgedachte Hinterlist», die das Land «zugrunde richte», kann er schließlich sogar den Sturz des Kaisers als Befreiung preisen.[61]

## Der Heilige Vater empfiehlt Rückenangriffe, Geiselnahme und Plünderung

Zwischen dem Exarchen in Ravenna und dem Papst herrschte kein gutes Einvernehmen. Italien, zumal das territoriale Gewirr in seiner Mitte, verursachte fast ständig Kleinkriege. So wollte der Exarch den Landkorridor Ravenna–Rom schützen, der Papst Rom selbst, wofür aber die Truppen nicht mehr reichten. Die römische Garnison, beträchtlich durch die Pest geschwächt und zudem ohne Sold, stand vor der Meuterei. Da übernahm Gregor das Kommando. Er befehligte die Stadt und war bei allen militärischen Aktionen führend dabei, von der Ernennung der Offiziere bis zu den Operationen der Reichsgeneräle oder dem Aushandeln von Waffenstillstandsabkommen. Er sorgte dafür, daß sich niemand unter dem Vorwand des Kirchendienstes der Wehrpflicht entzog. Ja, er rekrutierte selbst aus den Klöstern Leute zur Bewachung der Stadtmauern, mied es aber, Soldaten in Nonnenklöster zu legen. Doch arbeitete er noch für Kampanien, Korsika und Sardinien militärische Einrichtungen aus. Er kümmerte sich um Schwachstellen in den mit Truppenstützpunkten und Befestigungen übersäten Reichsenklaven. Er ernannte einen Befehlshaber für Neapel und für Nepe, dessen Bevölkerung er (mit biblischem Anklang) drohte: «Wer sich seinen rechtmäßigen Befehlen widersetzt, der wird als Rebell gegen uns betrachtet, und wer ihm gehorcht, der gehorcht uns.»

Papst Gregor suchte auch mit den drei Generälen an der Grenze des Herzogtums gemeinsam zu operieren, mit Velox, Vitalian und dem Herzog Maurisio von Perusia. (Dieser lief später zu dem Langobarden Ariulf über. So konnte er in dessen Namen weiter Perusia beherrschen. Bei der Gegenoffensive des Exarchen trat er wieder in den Dienst des Kaisers – er hatte das Wesen der Politik erfaßt! Freilich, nach Rückeroberung Perusias 593 durch den Langobardenkönig Agilulf konnte Herzog Maurisio seine Wendigkeit nicht abermals unter Beweis stellen und verlor den Kopf.)

Auch Papst Gregor, dessen Thronbesteigung ja mit dem Thronwechsel bei den Langobarden zusammenfiel, hält es mit ihnen je nach Lage der Dinge, was gewiß nicht einfach war; schon weil er es auch religiös gleich mit drei Gruppierungen zu tun hatte. Einmal, größtes Problem, mit der «Ketzerei» der Arianer, dem Glauben des Königs; dann mit einem Restheidentum, hauptsächlich anscheinend im Herzogtum Benevent zentriert, wo es keine katholischen Diözesen mehr gab; und schließlich mit Schismatikern, da die katholischen Langobarden die «Drei Kapitel» unterstützten, wie auch fast alle Bischöfe der Lombardei, mit denen Gregor deshalb auf Kriegsfuß stand.[62]

Gegenüber den Langobarden, die als Räuber und Mordbrenner durch Gregors Schriften geistern, betrieb er eine variantenreiche Doppelstrategie. Er suchte die Landesfeinde, in deren Machtbereich die Kirche alle Einkünfte verloren hatte, durch Krieg und Mission zu unterjochen, dabei mal gegen sie operierend, mal mit ihnen.

Als man 591 einen Angriff Ariulfs von Spoleto, eines Heiden, auf Rom oder Ravenna erwartete, predigte Papst Gregor nicht die christliche Feindesliebe. Vielmehr kündigte er dem magister militum Velox Verstärkung aus Rom an und animierte die drei Generäle, den Herzog von hinten anzugreifen. So schrieb er Velox Ende September 591: «Wenn Ihr in Erfahrung bringt, wohin, ob gegen hier oder gegen Ravenna, Ariulf vorbricht, so müßt Ihr als wackere Männer in seinem Rücken vorgehen . . .» Zwar unterblieb Ariulfs Attacke. Doch im nächsten Jahr wiederholte sich die Sache, und nun, im Juli 592, befiehlt Gregor erneut einen Rückenangriff, just auf den 29., Petri Märtyrertag. Der «große» Papst, der Heilige und Kirchenlehrer, riet ferner zu Plünderungseinfällen in das herzogliche Gebiet sowie zur Geiselnahme! Die Militärs sollten auf ihre Ehre achten, doch nichts unterlassen, worauf er mehrmals insistierte, «was ihr für das Reich vorteilhaft erachtet», «was der Vorteil des Staates gebietet». Er meldete noch die letzte Position des langobardischen Heeres und befahl nachdrücklich, die feindlichen Stellungen zu plündern.[63]

Freilich erstrebte Gregor auch Übereinkünfte mit den Langobarden, ja einigte sich zeitweise wirklich mit ihnen, waren sie doch nun einmal militärisch stärker, die eigentlichen Herren im

Land – und schließlich nur Güter mit weder toten noch entlaufenen Sklaven ertragreich.

Nach dem Waffenstillstand schloß er auf eigene Faust auch einen Friedensvertrag, gewiß zu seinem Vorteil, doch auf Kosten Ravennas und des Reiches. Aber zweimal eine Belagerung Roms in zwei Jahren mochte ihm reichen, eine Atempause zur Verbesserung der Kommandostruktur, der Rüstung, ihm wünschenswert erscheinen, das gezahlte Gold, 500 Pfund, ihn schmerzen, noch mehr wohl das durch den Krieg seit Jahren stark geminderte Geschäft. So konnte er dem Langobardenkönig im Frieden sagen: «Wäre er nicht geschlossen worden, was Gott verhüte, was wäre dann anderes geschehen als daß das Blut der armseligen Bauern, deren Arbeit uns beiden zugute kommt, zur Schande und zum Verderben beider Parteien vergossen worden wäre.»

Es sei dahingestellt, ob es ihm mehr um das Blut der Bauern ging oder um den Nutzen aus ihrer Arbeit. Jedenfalls verhandelte er zeitweise sowohl mit Ariulf als auch mit Agilulf, kontaktierte zugleich aber mit den Reichsbeamten, dem Kaiser, der allerdings sehr unfreundlich reagierte, Gregors Verhalten heftig verurteilte, ihn der Naivität zieh; ja, in Ravenna, wo Exarch Romanos residierte, kam es zu einer so scharfen Plakat-Aktion gegen den Papst, daß dieser die Urheber exkommunizierte. Erst als Romanos 596 oder 597 überraschend starb und ihm der gregorfreundliche Gallicinus nachfolgte, konnte der, unter Hinzuziehung des Papstes, die Friedensverhandlungen mit Agilulf wieder aufnehmen und abschließen. Sowohl der König als auch der Exarch unterzeichneten auf zwei Jahre, der Papst aber, sehr merkwürdig und seine zwielichtige Situation noch einmal beleuchtend, weigerte sich, selbst zu unterschreiben, erlaubte jedoch anderen, es in seinem Namen zu tun.[64]

Erfolgreich war Gregor schließlich über die (schismatische) katholische Königin Theudelinde, die Witwe König Autharis, eine der nicht mehr seltenen, von der Kirche gelenkten suggestiblen Christendamen im Bett heidnischer Fürsten (S. 209 f.).

Der päpstliche Vertrauensmann bei dieser bayrischen Prinzessin, mit der Gregor bald eifrig korrespondierte, war neben dem

Mönch Sekundus, dem einflußreichen Berater der Königin, der Mailänder orthodoxe Diakon Konstantius. Er wurde, sicherlich nicht ohne römische Beihilfe, im Frühjahr 593 Bischof von Mailand. Gregor, der wußte, daß Theudelinde «zu jeglichem guten Werk schnell bereit war» (Paulus Diakonus), begann im selben Jahr mit ihr zu korrespondieren. Seinen ersten Brief bekam sie gar nicht zu Gesicht, Konstantius retournierte ihn, als noch zu unvorsichtig, an den Papst, und dieser überarbeitete ihn. Auch schickte er ihr in Ampullen abgezapftes Öl aus den Lampen römischer Märtyrergräber, einen Span vom Kreuz Christi, fläschchenweise Heilandsblut sowie vier seiner von Wundern strotzenden Opera, zuletzt Geschenke auch für die Königskinder. Denn Theudelinde ließ 603 ihren Sohn Adaloald, wie zuvor schon ihre Tochter Gundiperga, katholisch taufen. Pate des Thronerben wurde Sekundus, «der Knecht Christi» (Paulus Diakonus).[65]

Ohne die vom Papst dirigierte Theudelinde wäre die Taufe des Kronprinzen jedenfalls nicht erfolgt, wie noch manch anderes böse fromme Werk. «Durch diese Königin gewann die Kirche des Herrn viele Vorteile», schreibt Paulus Diakonus. Und schließlich näherte sich auch König Agilulf, der um 595 die aufständischen Herzöge von Verona, Bergamo und Pavia umbringen ließ, dem Katholizismus oder duldete zumindest die missionarischen Bemühungen seiner Gattin und ihrer Berater, was die allmähliche Konversion der Langobarden vorbereitete. Der Kirchenbesitz, bei deren Landnahme enteignet, wurde zurückgegeben, ja durch königliche Schenkungen vermehrt; beispielsweise das Dorf Bobbio samt vier Meilen im Umkreis dem hl. Columban (S. 41 f.) übereignet und ein Kloster erbaut, ein künftiges Zentrum im Kampf gegen Arianismus und Heidentum.[66]

In seiner ganzen pfäffischen Schäbigkeit zeigte sich der römische «Gott» bei einem Umsturz in Byzanz.

## Papst Gregor umjubelt einen Kaisermörder

Als im Jahr 602 die oströmischen Truppen ins Winterquartier für einen Balkanfeldzug rücken sollten, aus Sparsamkeitsgründen aber jenseits der Donau, kam es unter Führung des Hauptmanns Phokas zu einer Meuterei. Er eroberte die Hauptstadt, entthronte Maurikios und wurde am 23. November mit seiner Gattin Leontia vom Patriarchen zum Kaiser gekrönt (602–610). Fast unmittelbar danach ließ Phokas die vier in den vermeintlichen Schutz einer Kirche geflüchteten jüngeren Kaisersöhne vor den Augen des Vaters ermorden, der jedesmal, zuckte das Messer des Mörders über einem Kind, gerufen haben soll: «Du bist gerecht, o Gott, und redlich sind deine Gerichte!» Dann wurde Maurikios selber abgestochen. Und kurz darauf auch sein ältester Sohn und Mitregent Theodosius, das päpstliche Patenkind.

Um die Bluttat zu rächen, ließ 604 der Maurikios-Verbündete, Schah Chosro II., der letzte sassanidische Großkönig (später gleichfalls liquidiert), in Dara und Odessa mehrere tausend gefangene Legionäre erwürgen. Phokas seinerseits tötete auch den Rest der kaiserlichen Familie, die in ein Nonnenkloster gesperrte Kaiserin Konstantina samt ihren Töchtern. Überdies ließ «das von Gott berufene Oberhaupt», so der katholische Kirchenhistoriker Karl Baus (1982), zwischen 602 und 610 noch einige hundert Verwandte, Senatoren und Anhänger des gemeuchelten Herrschers umbringen.[67]

Zu schwach, um politisch selbständig zu sein, mußte der Papst, trotz seiner unbotmäßigen Annäherungen an die Langobarden, immer noch in Konstantinopel Schutz und Anlehnung suchen. Doch wie es ihn nicht störte, einerseits zeitweise die Partei des Reichsfeindes zu ergreifen, andrerseits befreundet mit einem Kaiser zu sein, der nach einem Feldzug gegen die Awaren 12 000 eigene, in Gefangenschaft geratene Soldaten lieber niedermetzeln ließ, als sie freizukaufen, so zögerte der hl. Gregor jetzt nicht, mit dem Mörder des gesamten Kaiserhauses sofort gemeinsame Sache zu machen.[68]

Phokas nämlich, der Thronräuber, der Kaiser- und Kaiserin-,

Prinzen- und Prinzessinnenmörder, dessen acht anarchische Regentenjahre zu den «blutigsten Epochen» (F. G. Maier), zu einer «der katastrophalsten Herrschaften in der ganzen Geschichte des Reichs» zählen (Richards), dieses Jahrhundertscheusal wurde nun in Rom gefeiert. Mit «Jubel» reagierte der Papst auf die Nachricht vom Tode des Maurikios, dem er doch samt seiner Familie so freundliche, herzliche Briefe geschrieben! Und als am 25. April 603 die Bildnisse der neuen Majestäten in Rom ankamen, ging man den «Laurata», den Lorbeerbekränzten, mit angezündeten Kerzen festlich entgegen. Klerus und Adel riefen bei der Huldigungszeremonie in der Kirche S. Cesario: «Erhöre Christus! Phocas dem Augustus und Leontia der Augusta langes Leben!» Und Papst Gregor plazierte die Konterfeis des allerhöchsten Gangsterpaares im Lateranpalast im Oratorium eines Märtyrers, des hl. Caesarius, und schrieb gleichzeitig dem ehrenwerten Thronräuberweib, es überschwenglich auffordernd zur Verteidigung des christlichen Glaubens![69]

Dem kaiserlichen Kopfjäger selbst aber versicherte der päpstliche Kirchenlehrer im Mai 603 brieflich, daß «der Heilige Geist in Eurem Herzen wohnt», und wünschte, «das ganze Volk des Staates, das bisher so sehr betrübt war, möge durch Eure guten Taten froh werden!» «Ehre sei Gott in der Höhe, der, wie geschrieben steht, die Zeiten wandelt und die Reiche überträgt», jubiliert Gregor «der Große». «In des allmächtigen Gottes unerforschlichem Ratschluß sind verschieden die Geschicke des menschlichen Lebens. Bisweilen, wenn die Sünden Vieler zu strafen sind, wird einer erhoben, dessen Härte die Nacken der Untertanen unter das Joch der Trübsal beugt, wie wir es lange in unserer Prüfung erfahren haben. Bisweilen aber beschließt der barmherzige Gott, die vielen betrübten Herzen mit seinem Trost heimzusuchen und erhebt einen Mann zum Gipfel des Regiments, durch dessen mitfühlenden Sinn er die Gnade seines Jubels in alle Herzen gießt. Von solch überschwenglichem Jubel glauben wir in Bälde aufgerichtet zu werden, die wir uns freuen, daß Eure fromme Majestät zur Höhe des Kaisertums gelangt ist. Es freue sich der Himmel und es jauchze die Erde . . .» etc. etc.

Ist das nicht prächtig! Einem Heiligen, dem «großen» Papst und
Kirchenlehrer nur allzu angemessen, mitten aus der Mördergrube
seines feigen, doch machtsüchtigen Herzens geschrieben?! Denselben Kaiser, dessen durch Phokas ermordeten Sohn Gregor einst
– Höhepunkt seiner Nuntiuszeit – glückstrahlend aus der Taufe
hob, diffamiert er jetzt gegenüber dem Mörder als eine Strafe für
die Sünden vieler, als brutalen Unterdrücker. Und den Mörder
dieses Kaisers, den Mörder seiner ganzen Familie, feiert er als
Sendboten des barmherzigen Gottes, des Trost- und Gnadenspen-
ders für alle Herzen, als fromme Majestät. Pfui Teufel, Papst!

Und schon im Juli 603 schreibt Gregor dem Usurpatorenpaar in
Konstantinopel: «Petrus soll der Wächter eures Kaisertums, euer
Schutzherr auf Erden, euer Fürsprecher im Himmel sein dafür,
daß Ihr die schweren Lasten hinweghebt und den Untertanen
eures Reichs Freude bringt.»[70]

608 errichtete man in Rom auf dem Forum Romanum dem
Freudenbringer auch noch eine Ehrensäule. Und während die
anderen Säulen und Statuen ringsum spurlos untergingen, über-
dauerte – o schönes Symbol! – die Säule des Scheusals zwei
Jahrtausende, die letzte erhaltene Kaisersäule der Geschichte.
Kein Wunder, bekam sie das majestätische Monstrum doch – was
bei (katholischen) Kirchenhistorikern freilich kaum steht – von
Papst Bonifaz IV., einem als Heiligen (Fest: 25. Mai) verehrten
Benediktiner!

Aber schließlich hatte Phokas nicht nur einen Kaiser samt Familie ausgerottet, mit dem man in Rom, trotz Gregors Taufpa-
tenschaft, nicht immer so gut auskam, sondern der gekrönte
Staatsbandit hatte Papst Bonifaz auch das Pantheon überlassen,
den prachtvollen, wie der Name schon sagt, allen Göttern geweihten Heidentempel: vom Pontifex im Mai 609 feierlich in eine
christliche Kirche verwandelt, zu Ehren Marias und aller Märtyrer (S. Maria ad Martyres) geweiht und mit vielen Märtyrerreli-
quien ausgestattet – Blut zu Blut, sozusagen, und eine Hand
wäscht die andere «für die zahllosen Wohltaten . . .» Und da das
Pantheon einst allen Göttern diente, introduzierte Bonifaz mit der
Kirchenweihe das Allerheiligenfest. Das nennt man Tradition.[71]

Zumal kirchliche Historiker hat das Verhalten Gregors angeblich erstaunt, bestürzt. Doch tat er nur, was seinesgleichen immer tat, schien es notwendig (heißt da stets nützlich, heißt wieder, in aller Regel, Anpassung an den Potentesten). Oder, so Katholik Stratmann (mit einer in derlei Fällen fast notorischen Floskel): «Der Papst beschaute die Lage von einer sehr hohen Warte.» Und sein Lobpreis ist um so verständlicher, als Kaiser Maurikios, mit dem Gregor zunächst ebenso harmonierte wie dann mit dessen Mörder, den päpstlichen Einfluß schließlich behindert und den Patriarchen von Konstantinopel zu dem Titel «Allgemeiner Bischof» ermutigt hat (S. 161 ff.).

Als Gregors Apokrisiar in Konstantinopel starb, ernannte er keinen Nachfolger; er unterbrach den diplomatischen Verkehr mit Kaiser und Patriarch. Erst als der rechtmäßige Herrscher durch Thronräuber Phokas beseitigt war, schickte Gregor wieder einen Nuntius an den Hof. Denn Phokas war von Anfang an betont romfreundlich. Und während er im Orient, wo er Monophysiten und Juden blutig verfolgen ließ, immer verhaßter wurde, während seine streng orthodoxe Kirchenpolitik Straßenkämpfe in Konstantinopel und bürgerkriegsähnliche Zustände in den Ostprovinzen heraufbeschwor, so daß er zuletzt von der rebellierenden Menge buchstäblich zerrissen und auf Spieße gesteckt worden ist, liebte und ehrte ihn Rom immer mehr. Erkannte er doch 607 in einem an Bonifaz III., Gregors zweiten Nachfolger, gerichteten Erlaß «die apostolische Kirche S. Petri als Haupt aller Kirchen an» (caput omnium ecclesiarum).[72]

Das war das Entscheidende. Da konnte der Papst und Kirchenlehrer zwei Augen zudrücken, wie immer, wenn es um seinen Vorteil ging. So etwa bei der ihm besonders hoch angerechneten Mission, als er nämlich «der Angeln Volk aus der Macht Satans zum Glauben an Christum durch seine Tätigkeit bekehrt», als er «unser Volk, das noch in der Knechtschaft des Götzendienstes befangen war, zu einer Kirche Christi gemacht hat», wie Kirchenlehrer Beda Venerabilis in seiner 731 vollendeten «Historia ecclesiastica gentis Anglorum» schreibt.[73]

## Die päpstliche Propaganda in England beginnt

Der Anfang des Christentums in Britannien liegt im dunkeln.
Wahrscheinlich kam es während des 2. Jahrhunderts durch
Händler und Soldaten auf die Insel, Berufsgruppen, die das älteste
Christentum (eher) verachtet hatte. Aber auch später waren im
Norden die ersten Christen offenbar skandinavische Kaufleute
gewesen. Im Jahr 314 sind drei britische Bischöfe als Teilnehmer
der Synode von Arles bezeugt.[74]

Die römische Herrschaft über Britannien, 43 n. Chr. durch
Kaiser Claudius mit vier Legionen (knapp 40 000 Mann) begründet, war um 400 zu Ende gegangen. 383 gab Theodosius den
Hadrianswall auf, Anfang des 5. Jahrhunderts zogen die Römer
unter Stilicho (II 21 ff.) und Konstantius III. (II 45) ihre Besatzer
endgültig zurück. Wegen Pikten- und Skoten-Attacken von den
Briten zu Hilfe gerufen, bilden darauf germanische Stämme, Jü-
ten und Sachsen, dann auch die Angeln, eine Reihe sich gegenseitig bekämpfender regionaler Königreiche: Kent, Sussex, Essex,
Wessex; später Mercia, Northumbria und Middleesex. Mal gewinnt dieser, mal jener Staat die Vorherrschaft. Doch ist die Zeit
zwischen 450 und 600, den «Dark Ages», noch immer die unbe-
kannteste Epoche der englischen Geschichte.[75]

In den Tagen Gregors bestand die Provinz Britannien im einstigen römischen Raum aus den römisch-britischen Königreichen
im Westen sowie den noch heidnischen Königreichen der eingedrungenen Angelsachsen im übrigen Inselgebiet. Das Volk der
Angeln, schreibt Gregor im August 598 an Bischof Eulogius von
Alexandria, wohnte «an einer Weltenecke draußen» und «verehrte bisher noch Baum und Stein . . .» – immerhin eine schöne,
sinnvolle Verehrung (vgl. S. 38).

Gegen Ende des 6. Jahrhunderts heiratete König Aethelberht
von Kent die katholische Merowingerprinzessin Bertha, eine Ur-
enkelin Chlodwigs, eine Nichte Brunichilds und Tochter des
Frankenkönigs Charibert von Paris. Sie hatte den Bischof Liuthard in ihrem Gefolge und durfte christliche Gottesdienste halten, Aethelberht selbst blieb noch Heide. Doch da er in England

der mächtigste König geworden und als Oberherr (bretwalda) anerkannt war, beeilte sich Gregor und schickte 595 oder 596 den Prior seines Andreasklosters, Augustinus, und etwa 40 Mönche zu den «Barbaren» mit eingehenden Anweisungen und angelegentlichen Empfehlungen an die Frankenherrscher, Königin Brunichild und ihre Enkel Theudebert und Theuderich. Schwierigkeiten in Gallien jedoch, Horrorgerüchte über britische Barbarei, die sie in Aix erreichten, ließen Augustinus nach Rom zurückkehren. Gregor beförderte ihn zum Abt, versprach seinen Mönchen «die Herrlichkeit des ewigen Lohnes», sandte ihn wieder mit Empfehlungsschreiben los, und schließlich landeten sie auf der Insel Thanet, an der Ostküste von Kent.

Augustinus, während der Reise auf päpstliche Anweisung Bischof geworden, kündigte gleich dem Aethelberht «die beste Botschaft» an, «nämlich daß alle, die ihm gehorchen, ewige Freude im Himmel und ein Reich ohne Ende zusammen mit dem lebendigen und wahren Gott haben sollten, und das sei die lautere Wahrheit . . .» Der König allerdings, trotz angetrauter Katholikin aus Paris, blieb vorerst skeptisch: «Schön sind freilich die Worte und Versprechungen, die ihr bringt; aber weil sie neu sind und ohne Gewähr, kann ich ihnen nicht ohne weiteres beipflichten und all das aufgeben, was ich mit dem ganzen Angelnvolke so lange Zeit heilig gehalten habe . . .»[76]

Leider gab Aethelberht den römischen Mönchen sein Reich für ihre Werbung frei. Und da es bloße Predigten, leere Versprechungen nicht taten, kam «nach Lautwerdung der himmlischen Worte», jubelt Papst Gregor (in seiner Einleitung zum Buch Job), die «Erscheinung helleuchtender Wunder» kraftvoll dazu, ergänzte die «Süßigkeit ihrer himmlischen Lehre», mit Beda, den schon siebenjährig ins Kloster Gesteckten, «die Kundgebung himmlischer Zeichen». Augustinus, bald Erzbischof von Canterbury, prahlt geradezu gegenüber dem Papst, nebst seinen Mönchen mit Wundertaten fast wie die seligen Apostel begnadet zu sein. Und Gregor bestätigt es generös aus der Ferne, warnt jedoch auch, nicht in Überhebung zu verfallen, weil «die Seelen der Angeln durch äußere Wunder zur inneren Gnade hingezogen werden».

Ein Jammer, daß wir all den Hokuspokus, diese äußeren Wunder,
nicht auf Video haben. Nichts vermutlich wäre erhellender ...

Anstelle von Odinsdienst also, Druiden, nun römische Pfaffen-
herrschaft, Trinitäts- und Petrusmärchen etc. An Pfingsten 597
oder, etwas wahrscheinlicher, erst 601 – falls überhaupt –, ließ
sich der König mit vielen Angeln taufen, und der fränkische Bischof Liuthard, der entscheidende Schrittmacher wohl, wurde
jetzt als überflüssig gleich von den Römern beiseite geschoben.
Sicher ist die «Bekehrung» freilich nicht, doch Aethelberht sicher
der Gründer dreier Bischofskirchen in Kent und Essex: Canterbury, Rochester, London, die bereits 604, bei Augustins Tod,
bestanden. Und der König schützte in seinen überwiegend weltlichen Gesetzen auch den Kirchenbesitz. Bei seinem Tod 616 (oder
618) aber, dies steht fest, war sein Sohn und Nachfolger Eadbald
noch heidnisch, wahrscheinlich auch seine zweite Frau.

Im Jahre 602 kam bereits Verstärkung, Nachschub aus Rom –
die «schönen Erfolge», meint Katholik Seppelt, «machten es ...
nötig». Abt Mellitus, zwei Jahre später schon Bischof von London, eilte mit seiner bekutteten Truppe, mit allerlei Schmuck,
Kirchengeräten, Reliquien und mehreren Papstbriefen herbei,
darunter ein keine Übertreibung scheuendes Begrüßungsschrei-
ben an das kentische Königspaar, das der römische Oberpriester
mit Kaiser Konstantin und der hl. Helena verglich. Bis nach Konstantinopel sei die Kunde der Bekehrung gedrungen. Auch fehlte
nicht die Aufforderung zur Vernichtung des Heidentums und
Fortsetzung des Bekehrungswerkes unter warnenden Beschwörungen der Schrecken des Endgerichtes. «Also, mein erlauchtester
Sohn», schrieb Gregor dem König, «bewahret sorgfältig die Gnade, die Ihr von Gott empfangen habt, und beeilt Euch, unter dem
Euch untertanen Volk den Glauben zu verbreiten. Steigert noch
Euren edlen Eifer für die Bekehrung; unterdrückt den Götzendienst; zerstört ihre Tempel und Altäre; stärket die Tugenden
Eurer Untertanen durch hervorragend sittliches Verhalten und
dadurch, daß Ihr sie ermahnt, ihnen Furcht einflößt, sie anlockt
und züchtigt und ihnen ein Beispiel der guten Werke zeigt; damit
Ihr im Himmel durch den belohnt sein möget, von dem Ihr auf

Erden Namen und Kenntnis verbreitet habt. Denn der, dessen Ehre Ihr suchet und unter den Völkern verteidiget, wird auch Euren ruhmreichen Namen für die Nachwelt noch ruhmreicher machen.[77]

So schreibt der Prediger der Demut.

Doch wenn es die Opportunität erheischt – immer ihre oberste Richtschnur –, kann Gregor auch behutsamer taktieren, scheinbar versöhnlichere Töne anschlagen, die zuweilen komisch klingen, kann er seinem «geliebtesten Sohn», dem Abt Mellitus, Leiter der neuen Werbeschar, auch sagen, was er «nach langem Nachdenken über die Angelegenheit der Angeln beschlossen habe. Man soll die heidnischen Tempel dieses Volkes nicht zerstören, sondern nur die Götzenbilder darin; dann soll man diese Tempel mit Weihwasser besprengen, Altäre errichten und Reliquien dort niederlegen; denn wenn diese Tempel gut gebaut sind, so können sie ganz wohl aus einer Stätte der Dämonen zu Häusern des wahren Gottes umgewandelt werden, so daß, wenn das Volk selbst seine Tempel nicht zerstört sieht, es von Herzen seinen Irrtum ablegt, den wahren Gott anerkennt und anbetet und sich an den gewohnten Orten nach alter Sitte einfindet. Und weil sie viele Ochsen zu Ehren der Dämonen zu schlachten gewöhnt sind, soll auch dies in eine Art Fest verwandelt werden: am Tag der Weihe oder an den Geburtstagen der heiligen Märtyrer, deren Gebeine dort ruhen, sollen sie um die Kirchen, die aus jenen Tempeln entstanden sind, herum Hütten aus Zweigen bauen und ein kirchliches Fest begehen. Dann opfern sie nicht mehr dem Teufel die Ochsen, sondern töten die Tiere bei ihrem Schmause Gott zu Ehren.»[78]

Noch einmal: Ist das keine herrliche Religion?!

Sind die Tempel «gut gebaut», braucht man das Teufelswerk gar nicht zu schleifen, nein, dann kann es als Gotteswerk dienen. Nur die «Götzenbilder» muß man zerstören: alte Idole raus, neue rein. Und auch die vielen Ochsen können ruhig verbluten, fort und fort – als hätte auch gerade diese Religion je etwas gegen das Schlachten gehabt, der Tiere wie Menschen: nirgends wurde mehr geschlachtet! Nur dem «Teufel» zu Ehren darf nicht mehr geschlachtet werden. «Gott» zu Ehren aber floß da bis heute mehr Blut als für alle sonstigen «Götzen» und «Teufel» zusammen.

Zu den alten Tempeln kamen natürlich neue.

Als Augustinus nahe der Königsstadt Canterbury ein Kloster errichtete (dessen erster Abt Petrus als Legat auf einer Reise nach Gottes unerforschlichem Ratschluß im Meer ertrank), beschwätzte er Aethelberht so lange, bis dieser zu dem Kloster auch noch «eine Kirche der heiligen Apostel Petrus und Paulus vom Grund aus neu aufbaute und mit reichen Geschenken bedachte» (Beda). Alles zur höheren Ehre Gottes. Ein bißchen auch seiner Diener. Denn die Kirche hatte Erzbischof Augustin als bescheidene Grabstätte für sich ausgedacht. Und für seine Nachfolger. Und für die Könige von Kent. Noch im Tod nämlich will man da – schon wegen der Demut – unter sich sein . . .[79]

## BILDUNGSVERÄCHTER
## UND WELTUNTERGANGSPROPHET

Die neuere Forschung rühmt diesem Papst einen geregelten Studiengang und eine sehr gründliche Schulung nach, «eine kulturelle und moralische Bildung von höchstem Rang» (RAC XII 1983). Doch nähere Angaben über eine wissenschaftliche Ausbildung Gregors fehlen. Sie gab es nämlich in dieser gesegneten christlichen Zeit gar nicht mehr. «Kritik und Urteil erloschen», schreibt Mitte des 19. Jahrhunderts Ferdinand Gregorovius. «Wir hören nichts mehr von Schulen der Rhetorik, Dialektik und Jurisprudenz in Rom.» Statt dessen findet er «mehr als je mystischer Schwärmerei und dem materiellen Kultus Platz» gemacht. Und auch der viel jüngere Jeffrey Richards konstatiert: «Die philosophische und wissenschaftliche Ausbildung hatte schon längst aufgehört.» Nur Römisches Recht hatte Gregor studiert, wahrscheinlich, und noch einen letzten Rest klassischer Bildung abbekommen.[80]

Doch mancher neigt neuerdings dazu, unser Kirchenlicht bei-

nah wieder so strahlend leuchten zu lassen wie Johannes Diakonus, der im späteren 9. Jahrhundert im päpstlichen Auftrag
eine pompös verklärende Vita Gregorii Magni in vier Büchern
verfaßte, worin Gregor als Meister der Grammatik, Rhetorik,
Dialektik figuriert und Rom unter seiner Ägide als «ein Tempel
der Weisheit, welchen die sieben Künste stützten».[81]

Sein Schrifttum selbst aber ist wenig, fast gar nicht von antiker
Bildung geprägt, die er auch ausdrücklich verwirft. Zitate aus
Klassikern fehlen auffallend. Die Weltweisen «lügen», sagt Gregor, sie würden nur geschminkte, eitle Worte drechseln, glänzende Fassaden ohne rechten Inhalt; mag oft ja so sein, mehr oder
weniger. In Rom jedenfalls kann damals kaum noch jemand Griechisch. Und wie schlecht man Latein schreibt, zeigen die Papst-
biographen im Liber Pontificalis. Auch Gregors eigene Sprache
bekundet den Verfall der Latinität. Oft ermüdend, monoton sein
Stil, vulgär, die Tautologien häufen sich. Syntax, Grammatik berühren ihn kaum, ja, er prahlt, ein mönchischer Gemeinplatz
freilich, Grammatikregeln zu mißachten, da derlei den Heiligen
Geist nicht binde. Er renommiert geradezu damit. Sei es doch
ganz und gar unwürdig, «die Worte des göttlichen Orakels unter
die Regeln des Donatus zu beugen» (ut verba caelestis oraculi
restringam sub regulis Donati).

Die einzig relevante Philosophie steht für Gregor in der Bibel –
«his supreme authority» (Evans). Und jede Weisheit der Welt, die
Wissenschaft, die Schönheit der Literatur, die «freien Künste», all
dies hat im Grunde nur dem Verständnis «der Schrift selbst» zu
dienen, das heißt einem Leben steter Bußgesinnung und Zerknir-
schung. Alles aber, was nicht unmittelbar der Religion nützt,
verwirft Gregor, unterdrückt er, merzt er aus, philosophisch so
ungebildet wie theologisch.

Es ist nicht ausgeschlossen, daß der Papst, einer der vier «großen» lateinischen Kirchenväter, der Schutzpatron der Gelehrten,
die kaiserliche Bibliothek auf dem Palatin (wo noch die weströmischen Kaiser, ihre germanischen Erben und die byzantinischen
Statthalter residierten) samt der des Kapitols verbrennen ließ.
Jedenfalls behauptet der englische Scholastiker Johannes von

Salisbury, Bischof von Chartres, der Papst habe in römischen Bibliotheken Handschriften klassischer Autoren absichtlich zerstört.[82]

Groß ist Gregor nicht gewesen, vielleicht ein kleiner großer Mönchsfanatiker, im Rahmen seiner Zeit. Eifrig ließ er Askese und Weltflucht propagieren. Und er selbst litt, anscheinend als Folge rigorosen Fastens, an einem chronischen Magenleiden bis zuletzt. Später trat die von ihm oft beklagte Gicht hinzu. Zeitweise plagten ihn Atemnot, Ohnmachtsanfälle. Nach Peter de Rosa war er auch «ein Märtyrer des Zipperleins» (was der Chronist der dunklen Seite des Papsttums – als gebe es auch eine wesentliche, gar ebenso wesentliche helle! – auf den Wein zurückführt, den der hohe Asket eigens aus Alexandria für sich eingeführt hat. Doch, meint ein weiterer moderner Papstgeschichtler: «Was der Leib verlor, gewann der Geist» (Gontard) – obwohl man auch das eigentlich ganz anders kennt: mens sana in corpore sano. Mit dem abgewerteten Leib aber verkam auch der Geist, der eines ganzen christlichen Jahrtausends, zumal im Vergleich mit der Klassik der Griechen und Römer (III 4. Kap.).

Gregor verleiht der Verachtung dieser Bildung oft starken Ausdruck. Besonders verwarf er als Römer die griechische Kultur. Lernte er doch auch in all den Jahren in Konstantinopel als offizieller Papstvertreter nie Griechisch, wie freilich schon sein Vorgänger, der einstige Apokrisiar und Mörderpapst Vigilius (II 427 ff., bes. 446 ff.). Gregor konnte Griechisch weder lesen noch schreiben und es gibt Anzeichen dafür, daß er es für eine inferiore Sprache hielt. Schließlich stand er weltlicher Wissenschaft überhaupt, zumal der Beschäftigung von Klerikern mit den «freien Künsten», schroff feindselig gegenüber. Um 600 kanzelt er in einem berüchtigten Brief den gallischen Bischof Desiderius von Vienne ab, weil er Grammatik und klassische Literatur unterrichtet. Von Scham, Kummer, «großem Widerwillen» erfüllt, unterstellt er ihm «schwere Ruchlosigkeit», eine geradezu blasphemische Beschäftigung, könne doch derselbe Mund «unmöglich das Lob Jupiters und das Lob Christi singen».[83]

Wie sollte einer auch anders denken, urteilen, wie Kultur schät-

zen können, der vom Wahn des nah bevorstehenden Weltendes
besessen war – ein Faktor, schreibt der Gregor doch rühmende
Jeffrey Richards, «der jeden Aspekt seines Denkens in sozialen,
politischen, theologischen und kirchlichen Angelegenheiten beherrschte». Überschwemmungskatastrophen, Pestnöte, Reichs-
und Romverfall, Langobardeninvasion mit verwüsteten Städten,
geschleiften Burgen, zerstörten Kirchen, verrottetem Land, dazu
das eigene Elend eines immer häufiger, dann fast ständig Kranken, Bettlägerigen, all dies bestärkte seinen Glauben an das nahe
Ende der Welt, von Bibel und alten Kirchenvätern ja oft genug als
unmittelbar drohend prophezeit, von Bischof Hippolyt von Rom
(I 159 f.) für das Jahr 500 vorausgesagt.

Man fühlt sich beinah an das Endzeitfieber Jesu, der Apostel,
aller Urchristen erinnert, die sich samt und sonders getäuscht
haben (III 70 ff.), ohne daß es dem Christentum geschadet hätte!
Daß es Papst Gregor ebenso ernst meint, darf eher bezweifelt
werden. Doch immer wieder erklärt er, daß die Welt alt und grau
sei, dem herannahenden Tod schon entgegeneile; daß wir schon
erblicken, «wie alles auf der Welt zugrunde geht»; «daß das Ende
der gegenwärtigen Welt schon nahe ist». «Sehet darum auf den
herabrückenden Tag des ewigen Richters mit achtsamen Herzen
und kommet seinen Schrecken durch Buße zuvor. Waschet mit
Tränen alle Sündenflecken ab. Besänftigt den Zorn, der mit ewi-
ger Strafe droht . . .» Besonders in seinen Predigten hat er die
Katastrophe, die nicht eintrat, «in erschütternder Sprache» (Fischer) geschildert.[84]

Jeder, der Gregors Schriften liest – doch wer liest sie noch –,
wird, ist er nicht kirchenblind, Johannes Haller beipflichten müssen: «Unwissend und abergläubisch, geistlos und geschmacklos,
machen sie in peinlicher Weise fühlbar, auf welchen Tiefstand der
Bildung Rom seit der justinianischen Kriegszeit herabgesunken
war . . . Auch seine verhältnismäßig beste Schrift, die Regula Pastoralis, ist doch im Grunde nicht mehr als eine Sammlung von
Gemeinplätzen.»[85]

# Von Ochsen, Eseln und Gregors Hiobkommentar

Papst Gregors Werke – «ein beredtes Zeugnis», nach dem Katholiken Seppelt, «von seinen hohen Fähigkeiten und der Gotteskraft, die ihm eigen war» – strotzen in Wirklichkeit von Geistlosigkeit, Unwissenheit, Aberglauben, von Banalitäten und Absurditäten. Darin sind sich so unterschiedliche Gelehrte wie Mommsen, Harnack, Caspar, Haller oder Dannenbauer einig. Der hl. Pessimist, der so vergrämt das Elend der Zeit bejammert und sich freut zugleich, weil es, wieder einmal, das Weltende ankünde, schreckt vor keiner Albernheit theologischer Auslegung zurück. Er belehrt uns nicht nur, daß das lange Haar des Bischofs seine äußeren Sorgen, die Tonsur dagegen die nach innen gerichteten Gedanken symbolisiere, sondern er sieht auch die gottmenschliche Natur Jesu dadurch erwiesen, daß dieser den Blinden im Vorbeigehen rufen höre, ihn aber im Stehenbleiben heile, denn: des Menschen Wesen ist Bewegung, Gott aber bleibt sich ewig gleich![86]

Gregor, der in seinen 35 Büchern Moralia in Job eine dreifache Schriftauslegung propagiert, kümmert sich schon im vierten Buch nicht mehr um den historischen Sinn und legt vom fünften Buch an bloß noch allegorisch-moralisch aus, und dies, obgleich er weiß, daß jeder Sinn verlorengeht, ignoriert man den historischen![87]

Das erleichtert indes mächtig die Prozedur. Und so kennen seine Allegoriekünste auch kaum noch Grenzen, wie freilich schon die von Ambrosius oder Augustin (vgl. III 371 ff., 379 ff.). Noch heute verneigt sich jedoch eine gewisse Wissenschaft tief vor Gregor, dem «feinsinnigen Exegeten», tritt für sie seine «Meisterschaft in den Moralia in Job voll zutage» (Reallexikon für Antike und Christentum). Sich und anderen «zum Trost» geschrieben, bereits in Konstantinopel begonnen und um 595 in Rom vollendet, gibt das monumentale Opus des Papstes «von seiner tiefen Menschenkenntnis und abgeklärten Lebensweisheit beredtes Zeugnis» (Altaner/Stuiber).

Hiob selbst zum Beispiel ist da der Typus des Erlösers, sein

Weib natürlich ein Typus des fleischlichen Lebens. Seine sieben Söhne sind einmal moralisch die sieben Gnadengaben des Heiligen Geistes, ein andermal aber allegorisch eine Weissagung auf die zwölf Apostel, denn 7 sei 3 + 4, 12 aber 3 x 4. Die Ochsen in der Bibel bedeuten mal die Dummen, mal die Guten, mal die Juden; die Esel die Heiden; die Schafe und Kamele symbolisieren die bekehrten Juden und Heiden. Doch könne unter dem Kamel auch Christus verstanden werden oder das Volk der Samariter. Die Heuschrecke versinnbildlicht Christi Auferstehung. «Denn wie die Heuschrecke ist er durch den Sprung seiner plötzlichen Auferstehung aus den Händen seiner Verfolger davongeflogen.» Ein Hiob 39,19 ff. geschildertes Pferd («Sooft die Trompete erklingt, wiehert es ‹Hui!›») versinnbildlicht gleich fünferlei, unter anderem einen frommen Prediger, dessen Predigt aus seinem Innern kommt wie das Gewieher des Pferdes![88]

Kein Wunder, daß schon um die Mitte des 7. Jahrhunderts der Bischof Taio von Saragossa voll Ehrfurcht nach Rom pilgert, um zu seiner und aller Spanier Belehrung den Teil aus Gregors berühmten Schriften abzuschreiben, der ihm noch fehlte. Kein Wunder, daß diese Schriften im Westen wie im Osten Furore machen. Daß gerade Gregors allegorische Bibelauslegung auf die mittelalterlichen Mönche und die Moraltheologie «eine tiefreichende Nachwirkung» hat (Baus). Und offenbar darüber hinaus. Denn dieser pseudofromme Stuß wirkt fort. Wirft doch der einstige Bonner katholische Kirchengeschichtler Karl Baus einem großen Historiker wie Johannes Haller «Verständnislosigkeit für die religiösen und moralischen Qualitäten» Gregors vor und preist auch noch im selben Atemzug das «gläubige Volk Italiens und später der übrigen Länder Westeuropas», habe es ja «die Größe des Herzens» dieses Papstes «mit sicherem Gespür empfunden» und «sich willig von der religiösen Welt Gregors jahrhundertelang prägen lassen».

Arme Idioten – teuer genug bezahlt.[89]

Triumphe der Abstrusität, um nicht zu sagen Eselei, in nicht weniger als 35 Büchern, von ihm selbst «libri morales», im Mittelalter, dem sie als Moralkompendium dienten, «Magna Moralia» genannt und stets von neuem exzerpiert, kompiliert, kommentiert und sehr weit verbreitet. Und diese älteste, umfangreichste Schöpfung Gregors begründete seinen Ruf als Schriftausleger («deifluus»), als Moraltheologe: die Ausgeburt eines Kopfes, den Mit- und Nachwelt über Augustinus stellten, als unvergleichlich priesen, dessen Opera in Abschriften oder Auszügen in jeder mittelalterlichen Bibliothek prangten und jahrhundertelang das Abendland verblödeten! Mit Recht kommentiert Dannenbauer, Hiob habe von Satan nicht so viel gelitten wie von seinem Ausleger Gregor, der nicht das leiseste von der sprachlichen Kraft und Schönheit des grandiosen Werkes verspürt habe. «Grausamer ist wohl in der ganzen Weltliteratur nie ein großes Dichtwerk mißhandelt worden.»[90]

Das berühmte Papstbuch, das zwar, wie alles von Gregor Geschriebene, bar jeder Originalität war, aber, so sagte man, zusammenfaßt, was die drei andren «großen» lateinischen «Väter», Tertullian, Ambrosius (vgl. III 371 ff.), Augustinus, (sich) schon geleistet hatten, und die antike Exegese katholischer Koryphäen dem Mittelalter übermittelte, dies grandiose Opus verdient freilich Nachsicht. Entstand es doch «in einem Krankheitszustand», so sein Verfasser selbst, der fortfährt: «Denn wenn der Körper durch Krankheit geschwächt und der Geist ebenfalls niedergeschlagen ist, werden unsere Bemühungen, uns auszudrücken, gleichfalls schwach.» Schwach? Ein schwaches Wort für so viel Schwäche. Und er verteidigt – soll man sagen andrerseits? – dies auch noch damit, daß alles «unmittelbar durch den Heiligen Geist inspiriert worden» sei. Da aber der Papst fast dauernd krank war, oft, nach eigenem Bekenntnis wieder, «von beständigem und heftigem Schmerz gefoltert», da solche Geständnisse sich in seinen Briefen häufen, da er in der zweiten Hälfte seiner Amtszeit das Bett nur selten noch verlassen hat, ja, seine Qual wuchs, je länger er amtierte, wuchs auch, soweit möglich, die geistige Schwäche weiter – falls man seine eigene Erklärung zugrunde legen darf. Und vielleicht auch all dies noch in dauernder Zusammenarbeit mit dem Heiligen Geist . . .[91]

## SELBST DES GROSSEN GRÖSSTER STUSS
### WEIST NOCH «NACH VORNE» ...

Nicht besser, eher übler steht es mit den 593/594 veröffentlichten vier Büchern «Dialogi de vita et miráculis patrum Italicorum», worin Gregors Diakon Petrus aber nur fingiert Gesprächspartner ist, um die Form eines Exsudats zu rechtfertigen, das ihm sogar den Beinamen «Dialogos» eintrug. Die päpstliche Sprache nähert sich hier oft noch mehr als sonst dem Vulgärlatein, für Prälat Josef Funk indes nur ein Beweis, «wie nahe Gregor dem Volke stand». Dieser führt darin umfassend und mit der ihm eigenen Bravour vor, daß auch zu seiner Zeit noch das Wunder floriere, die Prophezeiung, Vision, daß, allem Anschein zum Trotz, «Gott der Herr noch immer am Werk ist»; daß aber nicht nur der Orient glänze durch mirakulöse Asketen, Mönche, sondern auch, wie ihm glaubwürdige Gewährsleute, Priester, Bischöfe, Äbte und andere versichern, sein eigenes Vaterland. Und ein halbes Dutzend Wunder, «Himmelszier», «Gaben des Heiligen Geistes», «Schutzwehr» will er selbst erlebt haben.

Freilich, wen wundert's, daß von all den begnadeten Heiligen kaum einer bekannt ist – Paulinus von Nola beiseite; ebenso Benedikt von Nursia, Gregors Mönchsidol, das wir nur durch ihn kennen (und er kennt es nur vom Hörensagen). Dabei spielt Benedikt im ganzen zweiten Buch eine «Starrolle». Wen wundert's, daß diese Heiligen, immerhin 12 im ersten, 37 im dritten Buch, kaum zufällig, blaß bleiben, während die Wunder häufig wirklich starke Stücke sind. Und wen wundert's, schreibt K. Suso Frank dem päpstlichen Kirchenlehrer neuerdings anzüglich «ein gerüttelt Maß an schöpferischer Kraft» zu und meint: «Der Historiker findet da zuerst Vieles und Gutes über den Erzähler, dann aber wenig Sicheres und Zuverlässiges im Erzählten»?[92]

Das grandiose Machwerk «Dialoge über Leben und Wunder der italischen Väter» wurde mit göttlicher und geistlicher Hilfe rasch und ungewöhnlich populär. Es übte den «breitesten Einfluß auf die Nachwelt» aus (H. J. Vogt). Es half, über die Langobardenkönigin Theudelinde, mit, die Langobarden für den Katholizismus zu

gewinnen. Es wurde ins Arabische, Angelsächsische, Altisländi-
sche, Altfranzösische, Italienische und, durch Papst Zacharias
(741–752), einen vor allem durch «Klugheit» ausgezeichneten
Griechen, der sich das nicht nehmen ließ, ins Griechische übertragen. Es stand in allen Bibliotheken und erweiterte besonders den
geistigen Horizont der Religiosen. Wurde es doch «von jedem
gebildeten Mönch gelesen», ja schuf mit seinen Schule machenden
Einblicken ins Jenseits, vor allem aber mit seinen zahlreichen
Mirakelschwindeleien «einen neuen Typ der religiösen Pädago-
gik» (Gerwing). Nicht genug, Gregors Dialoge wiesen «nach
vorne»; sie stellten (zusammen mit seinen «Homilien», eine Art
Vorläufer der «Dialoge» und ähnlich umwerfend schlicht) «das
Ergebnis einiger der dunkelsten Stunden Roms», wie man mit
herrlich ungewollter Ironie schrieb, «die neue Form des Wissens»
für das Mittelalter dar, «die neue Kultur . . . eher einfache Wahrheiten – das Leiden, das Religiöse, das Gute . . .» (Richards)[93]

Nichts fehlt da an Krassem, Krudem, Abergläubischem, hier
virtutes genannt: Blindenheilungen, Totenerweckungen, Geister-
austreibungen, wunderbare Wein- und Ölvermehrungen, Er-
scheinungen von Maria, Petrus, das Auftreten von Teufeln aller
Art. Überhaupt waren Strafwunder besonders beliebt. Das Angst-
machen war (und ist) die große Domäne der Pfaffen.

Nicht zufällig kreist das vierte und letzte Buch «zur Erbauung
vieler» (Gregor) sehr drastisch um den Tod, die sogenannten letzten Dinge, um Lohn und Strafe im Jenseits – extra mundum, extra
carnem. Während der Pestzeit Anno 590 versichert Gregor, daß
man in Rom «mit leiblichen Augen sehen konnte, wie vom Himmel Pfeile herab schossen und die Menschen zu durchbohren
schienen». Ein heimwehkranker, aus Sehnsucht nach seinen Eltern bloß für eine Nacht aus dem Kloster entwichener Knabe
stirbt bei seiner Rückkehr noch am selben Tag. Doch als man ihn
beerdigt, weigert sich die Erde, einen «so schändlichen Verbrecher» aufzunehmen; wiederholt schleudert sie ihn heraus, bis der
hl. Benedikt ihm das Sakrament auf die Brust legt.[94] – Die Verbrecher waren natürlich sie, die schon Kinder, nur kirchlicher
Macht- und Profitsucht wegen, lebenslang ins Kloster sperrten.

Papst Gregor «der Große» hält eine ganze Reihe von Totenerweckungen fest: durch den Priester Severus, den hl. Benedikt,
einen Mönch vom Berg Argentarius, den berühmten Geisterbe-
schwörer Bischof Fortunatus von Todi, der auch einen Blinden
durch das bloße Kreuzzeichen sofort wieder sehend macht. Anderseits wird ein arianischer Bischof mit Blindheit geschlagen.
Und in Langobarden, von Mönchen aus einer Kirche geschleppt,
fährt der Teufel.

Gregor überliefert uns eine Weinvermehrung des Bischofs Bonifatius von Ferentino, der aus wenigen Weintrauben ganze
Fässer bis zum Überlaufen füllt. Und Prior Nonnosus vom Kloster
auf dem Berg Soracte in Etrurien bewegt allein durch sein Gebet
einen Stein, den «fünfzig Paar Ochsen» nicht von der Stelle hätten
bringen können. Gregor berichtet, wie Maurus, ein Schüler des
hl. Benedikt, auf dem Wasser wandelt – «O Wunder, unerhört seit
Petrus, dem Apostel!»; wie ein «Bruder Gärtner» eine Schlange
dressiert, die einen Dieb stellt; wie ein Rabe ein vergiftetes Brot
beseitigt («‹Im Namen unseres Herrn Jesu Christi nimm dieses
Brot und wirf es an einen Ort, wo es kein Mensch finden kann!›
Da sperrte der Rabe den Schnabel auf . . .») Gregor der Große!
Eine Nonne vergißt, einen Salatkopf, bevor sie ihn ißt, «mit dem
Kreuzzeichen zu segnen», so daß sie den Satan mit verzehrt, der
aus ihrem Mund brüllt: «Was tat ich denn? Was tat ich denn? Ich
saß ruhig auf der Salatstaude, sie kam und hat mich gebissen . . .»
Böses Weib. Aber ein Heiliger treibt ihr den Satan wieder aus,
gottlob. Gregor der Große!

Doch gibt's auch hilfsbereite, dienstfertige Teufel, Teufel, selbst
und gerade dem Klerus ergeben, ihm aufs Wort gehorchend.
«Komm her, Teufel, und ziehe mir die Schuhe aus!» befiehlt ein
Priester beiläufig seinem Diener und wird prompt vom Teufel
persönlich bedient. Oh, Gregor kannte den Teufel in vielerlei
Gestalt, als Schlange etwa, Amsel, als schwarzen Jungen und
schmutziges Scheusal. Nur als Papst kannte er ihn nicht. Ja, Vor-
sicht – Aufklärung war notwendig.

Der hl. Bischof Bonifatius tut bei Gregor ein Wunder nach dem
andern. Als man einst dringend zwölf Goldstücke benötigte, be-

tete er zur hl. Maria, und schon hatte er sozusagen im Sack, was
er brauchte, in den Falten seines Gewandes hatte er «plötzlich
zwölf Goldstücke, die glänzten, als ob sie soeben aus dem Feuer
gekommen wären». Der hl. Bonifatius verschenkt ein Weinfaß,
dessen Wein nie abnimmt, obwohl man ständig daraus trinkt.
Oder das Raupen-, das Kornwunder – nein, Gregor darf sie
«nicht mit Stillschweigen übergehen». Da also der hl. Bonifatius
sah, «wie alles Gemüse zugrunde gerichtet wurde, wandte er sich
zu den Raupen und sprach: ‹Ich beschwöre euch im Namen des
Herrn, unseres Gottes Jesu Christi, gehet weg von hier und ver-
zehret mir dieses Gemüse nicht!› Sofort machten sie sich alle auf
das Wort des Mannes Gottes davon, so daß auch nicht eine innerhalb des Gartens zurückblieb.»[95]

Schon als Junge wirkte Bonifatius Wunder. Als die Scheune der
Mutter durch seine Freigebigkeit fast leer geworden, der Lebens-
unterhalt für ein ganzes Jahr, füllte sie «der Knabe Gottes,
Bonifatius» durch sein Gebet sogleich wieder, und zwar so voll,
«wie sie es früher nicht gewesen war». Und als der Fuchs ein Huhn
der Mutter nach dem andern holte, da eilte der Knabe Gottes,
Bonifatius, in die Kirche und sprach laut: «‹Gefällt es dir, o Herr,
daß ich von dem, was sich die Mutter zieht, nichts zu essen be-
komme? Denn siehe, die Hühner, die sie zieht, verzehrt der
Fuchs.› Darnach erhob er sich vom Gebete und verließ die Kirche.
Alsbald kam der Fuchs zurück, ließ das Huhn, das er in der
Schnauze trug, los und fiel vor seinen Augen tot zu Boden.»[96]

So wird der Böse und das Böse bestraft. So wird man aber auch
Kirchenlehrer und «der Große» – mindestens schließt all dieser
hanebüchene Mumpitz, den ja Generationen von Christen geglaubt haben *und natürlich auch glauben sollten*, diese höchsten
Ehren einer Kirche nicht aus, in der man freilich an Nonsens
gewohnt ist. Von klein auf durch das ganze Leben ...

Strafwunder waren da seit je beliebt. Mal fällt ein Fuchs tot
um, mal ein Spielmann. Hauptsache, man sah die Macht der
Priester!

Als der hl. Bischof Bonifatius eines Tages bei einem Adeligen
speiste und zum Lob Gottes noch nicht den Mund aufgemacht,

geschweige ihn sonst voll genommen hatte, «um mich zu erquik-
ken», da kommt doch, entrüstet er sich, ein armer Spielmann
daher «mit seinem Affen und schlägt die Zimbel!» Unerhört! Man
stiehlt ihm die Schau. Der Heilige ist erbost und prophezeit mehrmals dem Störenfried den Tod. Und schon beim Weggehn er-
schlägt den Kerl ein vom Dach fallender Stein. Damit jeder die
Moral auch versteht, schreibt Gregor: «Bei diesem Fall, Petrus,
legt sich die Erwägung nahe, daß man heiligen Männern eine sehr
große Ehrfurcht entgegenbringen muß; denn sie sind Tempel Gottes. Und wenn ein Heiliger zum Zorn gereizt wird, wer anders
wird da zum Zorn herausgefordert als der Bewohner dieses Tem-
pels? Um so mehr also ist der Zorn der Gerechten zu fürchten, als
in ihrem Herzen, wie wir wissen, derjenige zugegen ist, den nichts
hindert, Rache zu nehmen, wie er will.»[97]

Rache, das liebste Kind der Religion der Liebe.

Nach Johannes Haller konnten (mußten!) diese krassen Wun-
derstückchen, «der Nachwelt als Vorbild und Richtschnur ange-
priesen ..., hemmend und verbildend auf Jahrhunderte wirken».
Meint neuerdings doch sogar der Gregor fast rundum verklärende Bearbeiter des Einschlägigen im «Reallexikon für Antike und
Christentum» angesichts all des Mirakulösen, Monströsen in den
vier päpstlichen Büchern: «Es bleibt die Frage, ob diese Vorstellung vom Göttlichen und vom Wunder nicht auch der Notwendigkeit entspricht, sich auf das Niveau der Gläubigen und der
Erfordernisse des Volksglaubens herabzulassen» ... Denn sie, die
christlichen Gelehrten, glauben selbst nicht, daß er es glaubte, der
Schutzpatron der Gelehrten. So gläubig, das kann der gläubigste
Kirchenmann (nicht erst heute) nicht mehr glauben, kann der
«große» Papst nicht gewesen sein. So log er auf Teufel komm
raus? Nun, es läßt sich feiner sagen: er gab nur, gemäß dem
Sprüchlein «Mich erbarmt des Volks», dem Volke – was der Klerus brauchte. Darin bestand die ganze «Notwendigkeit».[98]

Und Karl Baus, doch «Gregors Größe» gerade «in seinem umfassenden pastoralen Wirken» erkennend, erwähnt im Gregor-
Kapitel des vielbändigen katholischen Handbuchs der Kirchengeschichte die so sehr «pastoralen» Dialoge mit keinem Wort.

Sein Schüler dagegen, der Tübinger Kirchenhistoriker H. J. Vogt, räumt, in demselben Standardwerk, ein, daß Gregors Heilige oder, wie es da schon etwas anzüglich heißt, «Helden kaum bekannt», ergo «die Dialoge als historische Quelle nur sehr vorsichtig zu verwenden» seien; das klingt natürlich (ist aber nicht) besser, als wenn man das allermeiste darin erstunken und erlogen nennt. Doch eröffnet Vogt ja auch sein Gregor-Kapitel mit dem angesichts der Größe Gregors grandios komischen Satz: «Gregor d. Gr., letzter der vier großen lateinischen Kirchenlehrer, lebte in einer Zeit, die große geistige Leistungen weder forderte . . . noch zuließ . . .» À la bonne heure! Schön gesagt, wirklich.[99]

Auch die Topographie der Hölle bereichert der Wegweiser für Jahrhunderte. Ihre Eingänge, verrät er, sind feuerspeiende Berge. Und daß die Krater in Sizilien sich ständig vergrößern, erklärt der (wieder einmal) bevorstehende Weltuntergang: infolge des Andrangs der Verdammten bedarf es breiterer Zugänge zur Hölle! Wer da hineingeht, kommt nicht wieder. Doch seien, wußte Gregor, bestimmte Verstorbene für bis zu 30 Messen aus dem Fegefeuer erlöst worden; so ein Mönch, der sich gegen das Armutsgelübde vergangen. Aber Gregor wußte auch, daß nicht alle aus der Vorhölle erlöst werden, daß selbst ungetauft sterbende Kinder im ewigen Feuer schmoren. Päpste *sind* eben informiert. Und Gregor, dessen Fegefeuerlehre der theologische Hintergrund ist «für den Kult der Seelenmessen (Gregorianische Messen)» (Fichtinger), gab seine Informationen über Hölle und Teufel – sicher aus erster Hand – an das Mittelalter, an die Neuzeit weiter, wo sie Dichter und Künstler stimulierten, vom Volk nicht zu reden . . .[100]

Da die gegenwärtige Zeit, wie der Papst immer wieder einschärft, «sich dem Ende nähert», drängt sich die Befassung mit der Hölle einfach auf. Wo liegt sie überhaupt? Gregor wagt dies «nicht leichthin zu entscheiden». Doch aus dem Wort des Psalmisten «Du hast erlöst meine Seele aus der unteren Hölle», schließt er messerscharf, «daß die obere Hölle auf der Erde, die untere aber unter der Erde liegt». Mit der oberen Hölle hat es sicher seine Richtigkeit. Was die untere betrifft, steht für Gregor

fest – und erhärtet Mt. 25, 46 auch biblisch –, wer in die Hölle
kommt, muß ewig brennen. (Neuerer also, Progressisten, die das
Höllenfeuer – weil unglaubhaft inzwischen – jetzt flink erlöschen
lassen wollen, haben nicht nur den großen Papst und Kirchenlehrer, sondern auch Jesus gegen sich samt ungezählten anderen
Kirchenkoryphäen.) Nach Gregor ist die Ewigkeit der Höllenqualen «ganz gewiß und unzweifelhaft wahr», und doch – er
müßte denn kein Pfaffe sein, und was für einer! – lehrt er, «ist ihre
Feuersqual zu etwas gut».

Zu etwas gut?

Unsereinem schwer vorstellbar. Ewige Höllenqualen . . . Wofür das gut sein soll? Aber wir sind unbedarft. Doch ist man Papst
und Heiliger und Kirchenlehrer und «der Große», weiß man's
eben. Gut ist's für die «Gerechten», für all die lieben Engelein im
Himmel, die da der Anblick des Elends der Verdammten (gleich
vis-à-vis dem Paradies) belohnen, erbauen, denen dies die Seligkeit, die ewige, versüßen, ewig versüßen soll – «es erkennen
nämlich die Gerechten in Gott die Freude, deren sie teilhaftig
werden, und sehen in jenen die Qualen, denen sie entrannen;
dadurch sollen sie um so mehr ihre ewige Dankespflicht der göttlichen Huld gegenüber erkennen, je mehr sie die Sünde auf ewig
bestraft sehen . . .»[101]

Ist das keine herrliche Religion, die Religion der Liebe?

## RELIQUIEN – ODER LÜGEN,
### DASS SICH DIE BALKEN BIEGEN

Gregor vertrat auch den abstrusesten Reliquienglauben, und er
wirkt damit fort bis heute.

Reliquien freilich gab's, bei aller Fülle, nicht unbeschränkt. So
beschritt der Papst den Weg der «Multiplikation», indem er zum
Beispiel mit der Apostelleiche berührte und dadurch geweihte
Tücher in Umlauf brachte. Oder indem er von angeblichen Ketten
Petri Eisenstaub abfeilen und als «benedictiones sancti Petri» in

alle Welt verschicken ließ; selbstverständlich nur an Hochgestell-
te, vor allem an Fürsten. Kranken aufgelegt oder am Körper, etwa
am Hals, getragen, taten sie Wunder. Mit dem Patriarchen von
Alexandria betrieb der Papst Tauschgeschäfte. So erwarb er gegen «benedictiones» Petri solche des Apostelschülers Markus.
Dem spanischen König Rekkared sandte er 599 ein Stück von der
(vermeintlichen) Halskette des Petrus, ein Kreuz mit angeblichem
Holz vom Kreuz Christi und sogar Haare von Johannes dem
Täufer! Der fränkische König Childebert bekam Schlüssel des hl.
Petrus mit Kettenteilen. Auch die Königin Brunichild erhielt Reliquien des Apostelfürsten. Der gallische Patrizier Dynamius
gelangte außerdem durch Gregor zu Stücken vom Rost des (legendär) langsam zu Tode gebratenen hl. Laurentius. Ja, Papst
Gregor bringt es fertig, Reste von der Nahrung des Täufers zu
verschicken sowie zwei Hemden und vier Taschentücher «ex be-
nedictione S. Petri».[102]

Das sind starke Stücke des Großen!

Aber es gab eben sehr viele Reliquien. Und wahre Kostbarkeiten (III 241 ff.). Schatz- und Knochengräber zogen im Auftrag von
Bischöfen oder auf eigene Faust und Rechnung umher und ver-
hökerten ihre mehr als dubiosen Funde. Gregor selbst importierte
aus dem Orient einen Arm des Apostels Lukas, ebenso einen des
Apostels Andreas, ohne Zweifel Raritäten. Und der angeblich
gleichfalls von ihm erworbene Rock des Evangelisten Johannes
soll noch nach Jahrhunderten die schönsten Wunder gewirkt und
beim Ausschütteln vor dem Lateran, je nach Bedarf, Regen oder
Sonnenschein gebracht haben – ganz wie sein Vorfahr einst, der
lapis manalis, der Regenstein der göttergläubigen Römer, der bei
ihren Prozessionen auf der Via Appia von Jahrhundert zu Jahrhundert schon dieselben Mirakel verursacht hatte![103]

Ermuntert offenbar von Gregors Großzügigkeit, begehrte die
Kaiserin Konstantina, Gattin des Kaisers Maurikios, gleich den
Kopf des hl. Paulus oder zumindest «sonst ein Glied von seinem
Leibe». Das war natürlich zuviel verlangt, doch Gregor weder um
Ausreden noch um Wunder verlegen. Es sei ein todeswürdiges
Verbrechen, belehrte er die hohe Frau, heilige Leiber zu berühren,

sie nur anzusehen. Er selbst habe einen Beauftragten beobachtet, der am Grab des hl. Paulus Gebeine berührte, nicht einmal die des Apostels (*dies* glaubt man sofort), doch jäh getötet wurde. Und Papst Pelagius I. od. II., so schreckte der mit wunderbaren göttlichen Strafen aufwartende Experte weiter, habe einst das Grab von St. Laurentius, dem zu Tod Gerösteten, öffnen lassen – und sämtliche Mönche und Aufseher, die den hl. Leichnam erblickt, seien innerhalb von zehn Tagen gestorben. Doch erbot sich der Papst, für die Monarchin einiges von den Ketten des hl. Petrus abfeilen zu lassen, falls es gelinge; oft feile man, ohne daß auch nur irgendwas abfiele.[104]

Sie lügen, daß sich die Balken biegen.

Obwohl im Christentum nahezu jeder Kitsch und jede Absurdität bereits floriert hatten, übertrifft Papst Gregor mit seinen Histörchen vieles bis dahin Dagewesene. Es wimmelt bücherweise von Teufels- und Engelsgeschichtchen, von Geschmacklosigkeiten jeder Art: Dämonen ringen grotesk mit himmlischen Geistern; ein Bär hütet Schafe; eine Nonne frißt einen Teufel; beim Tod einer andern, der hl. Romula, Anno 590 in einem römischen Kloster, singen, behauptet Gregor, Engel, «männliche und weibliche Stimmen wechselweise in entzückenden Chören»; eine dritte wird halbiert und verkohlt zur Hälfte, weil sie geschwätzig gewesen. Alles scheinbar todernst gemeint und, wie gesagt, von vielen Generationen für bare Münze genommen, geglaubt.

Das Schönste aber: trotz all der Wunderdinge, der vielen mirakelwirkenden Reliquien, die Gregor laufend verschickte, die besonders seine Diplomaten verschenkten, sanktionierte Sensationen sozusagen, die man in Rom schon fabrikmäßig herstellen ließ, trotz allem half ihm selber, der an Magenschmerzen, an Podagra, Gicht, an stets neuen Leiden litt und 598/599 fast zwei Jahre im Bett lag, nichts. Er wurde, nach eigenem Bekenntnis, «beständig davon geplagt», bejammerte «Martern ohne Unterlaß». Dem Patriarchen von Alexandria schrieb er: «Meine Schmerzen wollen weder weichen noch mich töten» – und rühmte in Begleitbriefen beim Versand seiner Reliquien deren fabelhafte, Kranke heilende Kraft . . . Wie denn auch er, der sich selbst nicht helfen konnte, nach seinem qualvollen Tod noch selber mancherlei Wunder bewirkte.[105]

Dieser Papst nun, der die Priester mit Göttern und Engeln vergleicht, der den Untergebenen verbietet, sogar schlechte Vorgesetzte zu kritisieren, der Gehorsam gegenüber der Obrigkeit lehrt, aber selbst dem Kaiser nicht gehorcht, der die Entwicklung zum Kirchenstaat einleitet mit kaum übersehbaren Ketten von Raub- und Eroberungskriegen, der noch mit den größten Bluthunden seiner Zeit kollaboriert, mit Phokas, der Brunichild, der den Religions- und Angriffskrieg gutheißt, zu Überfällen aus dem Hinterhalt, zur Geiselnahme rät, der Prügel, Folter, Kerker, hohe Steuern zu Bekehrungszwecken propagiert, der den Antisemitismus fördert, die Literatur, die Wissenschaften unterdrückt, dessen Werke von haarsträubendem Unsinn strotzen, von jeder Menge Wunder- und Reliquienkitsch – dieser Mann wurde Heiliger der katholischen Kirche, bekam als einziger Papst des Mittelalters und der Neuzeit den Beinamen «der Große» und – schon seit dem 8. Jahrhundert (Leo I. erst seit dem 18.) – den raren Titel eines «Kirchenlehrers». Er wurde für Bernhard von Clairvaux, gleichfalls Kirchenlehrer (von Schiller freilich «Schuft» geschimpft), das Musterbeispiel gelungenen Zusammenwirkens weltlicher und geistlicher Herrscherpflichten, wurde der wohl meistzitierte Kirchenautor bei Theologen, Kanonisten, Publizisten, wurde überhaupt einer der meistgelesenen Schriftsteller des Mittelalters, für lange ein Vorbild Ungezählter und eine Idealfigur des Papsttums.

Doch attestiert auch noch P. E. Schramm Gregor «Größe» selbst auf «dem geistigen Gebiet», einen «Mund» – schlimm genug –, «der die Sprache des nächsten halben Jahrtausends zu reden wußte»; doch feiern auch noch katholische Kirchenhistoriker des 20. Jahrhunderts Gregor als einen «der bedeutendsten Seelsorger unter den Päpsten» (Baus), «eine der edelsten, lautersten Gestalten auf dem Stuhl Petri» (Seppelt/Schwaiger), und sehen ihn auch längst auf einem «Platz unter den Großen des Himmelreiches» (Stratmann). Harnack freilich, kaum bestreitbar gelehrter als die Genannten zusammen und wohl auch ehrlicher, hat Gregor mit Recht «pater superstitionum» genannt, den Vater des (mittelalterlichen) Aberglaubens.[106]

Und sieht auch das große Reallexikon für Antike und Christentum am Ende einer ausführlichen Würdigung Gregor I. als einen «Knotenpunkt des kulturellen und spirituellen Übergangs, Filter und zugleich Schöpfer von Werten, der eine neue Geisteshaltung verwirklicht und den Weg zu ihr weist, die jetzt definitiv christlich ist . . .»[107]: – schlimm genug.

Gegen renitente Bischöfe konnte Gregor I. oft nicht wirksam durchgreifen oder zog gar den kürzeren. Auf die Entwicklung in Spanien, die Katholisierung der Westgoten, nahm er so gut wie keinen Einfluß. Bei den Merowingern, wo er durch alle möglichen Zugeständnisse, alle möglichen Warnungen um Mitsprache buhlte, prallte er völlig ab; weder kam eine Reform der fränkischen Kirche noch auch nur die von ihm verlangte Synode zustande. Die merowingische Reichskirche wurde noch unabhängiger von Rom, als sie es schon war. Auch gegenüber den Langobarden hatte er kaum durchschlagende Erfolge. Und selbst sein größtes Ruhmesblatt, die Katholisierung Englands, verdorrte bald und brach, wenn auch erst nach seinem Tod, zusammen. Die Nachfolger mußten von vorn beginnen und erreichten, was man fälschlich ihm zuschreibt.[108]

Der Gregorianische Gesang aber, «dieses Juwel der Kirche» (Daniel-Rops), noch vielen derer zumindest nominell bekannt, die sonst von Gregor überhaupt nichts kennen, stammt gar nicht von ihm, so ungern das sentimentale Christen hören. In Wirklichkeit gehen nur wenige und geringfügige liturgische Änderungen auf ihn zurück. Doch galten im ganzen Mittelalter das Gregorianische Sakramentar, Meßbuch, das Gregorianische Antiphonar, das Meßgesangbuch, und der Gregorianische Gesang als Werke Gregors, der die tradierten Kirchengesänge neu geordnet, verbessert, vermehrt habe. Die neuere Forschung spricht sie ihm so gut wie einhellig ab; die Beweise sind einwandfrei. Ebensowenig ist er, dem man allerlei Preislieder zuschrieb, Hymnendichter gewesen – von Ergüssen auf Großverbrecher wie Phokas und andere abgesehen.[109]

Als Gregor I. am 12. März 604 starb, war die Welt für ihn immer finsterer geworden. Er war krank, in den letzten Jahren nicht mehr gehfähig, fast ständig bettlägerig, von Schmerzen drangsaliert, zermürbt. Die Langobarden, von ihm nicht gezähmt, bedrohten Rom, dessen Bevölkerung, von einer Hungersnot heimgesucht, den Papst verfluchte, ja, seine Bücher verbrannt hätte, hätte sie davor nicht sein Schüler Peter bewahrt. Doch «die Welt», wie Paulus Diakonus geistvoll kommentiert, mußte «Hunger und Durst leiden, weil nach dem Hingang eines so großen Lehrers in den Herzen der Menschen Dürre und Mangel an geistiger Nahrung herrschte»! Auch Paulus hatte, man sieht es, von dem Großen gelernt. Und während man Gregor nach seinem Tod im Norden verehrte, wurde er in Rom selbst jahrhundertelang fast vergessen, eine Folge wahrscheinlich des Weltklerus-Sieges über sein Mönchsregiment.[110]

Daß man diesen machtgierigen Intoleranten, diesen geistesarmen Papst den «Vater Europas» nennen konnte, ehrt es Europa?[111]

# BRUNICHILD, CHLOTAR II. UND DAGOBERT I. ODER «DIE VERCHRISTLICHUNG DES KÖNIGSGEDANKENS»

«... ein wildes politisches Tier». J. Richards über Brunichild[1]

«Gerade unter diesem Herrscher erreichte – wie klar belegt werden kann – die Verchristlichung des Königsgedankens einen ersten Höhepunkt.» H. H. Anton über Chlotar II.[2]

«... Gott über alle Maßen gefällig ... hörte er vor allem auf den Rat des heiligen Arnulf, des Bischofs der Stadt Metz ... hörte er weiterhin auf die Ratschläge seines Hausmeiers Pippin und Kuniberts, des Bischofs von Köln». Fredegar über Dagobert I.[3]

«Alle Königreiche im Umkreis versetzte er in Angst und Schrecken.» Liber historiae Francorum[4]

# Papst Gregor I.
## hofiert «ein wildes politisches Tier»

Im Frankenreich war inzwischen der merowingische Senior König Guntram nach einer Reihe von Morddrohungen und Mordanschlägen 592 kinderlos verstorben. Doch hatte er nach dem Tod der eigenen Söhne seinen unmündigen ältesten Neffen Childebert II. (575–596) adoptiert und ihm sein Teilreich hinterlassen, so daß dieser über zwei Teilreiche gebot, Austrien und Frankoburgund. Freilich stand Childebert, der in seiner letzten Lebenszeit im Westen rebellierende Bretonen, im Osten aufständische Warnen niederrang, ein thüringisches Volk zwischen Saale und Elbe, bald ganz unter dem Einfluß seiner Mutter.

Die mächtige Brunichild, lange die führende Figur im Frankenreich, hatte 575 die Herrschaft ihres fünfjährigen Sohnes in Austrien durchgesetzt und den darauf ausbrechenden Machtkampf mit den austrischen Großen an der Seite Guntrams für sich und das Königtum entschieden. Seinen Ausdruck fand dies im Vertrag von Andelot (S. 130 f.), der innerdynastische Spannungen eindämmte und den Einfluß der Aristokratie beschnitt. Auch als Brunichild nach dem frühen Tod ihres Sohnes Childebert (596), vielleicht, samt seiner Frau, durch Gift, für dessen erst zehn und neun Jahre alten Söhne regierte, ihre Enkel Theuderich II. von Burgund und Theudebert II. von Austrien, spielte sie die politisch ausschlaggebende Rolle, wurde eher noch bedeutender.

Auf der Gegenseite, in Neustrien, wo der erst drei Monate alte Chlotar II. (584–629) seinem Vater Chilperich gefolgt war, bekam spätestens seit Beginn der neunziger Jahre seine Mutter Fredegunde maßgebliche Bedeutung. Die Intimfeindschaft beider Königinnen tobte sich jetzt, nach Guntrams Tod, hemmungslos aus, wobei alle Chancen bei Brunichild und Childebert II. lagen. Sie hielten fast das ganze Frankenreich, ausgenommen einen schmalen Küstenstreifen nordwestlich von Paris, in ihren Händen. Zwar gewann Fredegunde in raschem Angriff noch Paris und andere Städte des Westens, starb aber schon 596 oder im Jahr darauf.[5]

Der stets mächtigeren Brunichild, die auch persönlich der Kirche ergeben, Verehrerin des hl. Martin, Förderin seines Kultes, überhaupt eine Stifterin von Gotteshäusern und Wohltäterin der Catholica war, hingen natürlich viele Bischöfe an, darunter der Mainzer Sigimund und sein Nachfolger Leudegasius. Auch Gregor I. machte ihr den Hof. Und seine sehr rege Post an die anrüchig-skrupellose Königin ist ganz von jener schleimigen Lobhudelei geprägt, die er auch gegenüber dem kaiserlichen Bluthund Phokas praktiziert. Dabei spricht alles dafür, daß der Papst die Methoden dieser «entsetzlichen Frau» (Nitzsch) durchaus kannte: eine Mächtige, die oft genug über Leichen ging, «ein wildes, politisches Tier, das zu allem bereit war, um die Macht zu behalten» (Richards).

Desungeachtet ignoriert der Heilige Vater in seinen Briefen Brunichilds gräßlichen Familienzwist völlig. Er sieht sie, ihren Sohn, ihr Reich, alle übrigen Reiche durch den rechten Glauben überragen «gleich einer strahlenden Leuchte in nächtlicher Finsternis des Unglaubens funkelnd und glänzend». Er dankt ihr wiederholt für die Unterstützung seiner englischen Missionare auf deren Reise durch das Frankenreich. Er rühmt ihre «Liebe zum Apostelfürsten Petrus, dem Ihr, wie ich weiß, von ganzem Herzen anhanget». Er erbittet, oft vergeblich freilich, ihre Hilfe gegen Simonisten, schismatische Gruppen, heidnische Kulte. Gregor ermahnt Brunichild, durch Zwangsmittel die Anbetung heiliger Bäume sowie andere Götzendienste zu verhindern, und befiehlt zur Bekehrung widerspenstiger Heiden die Anwendung von Prügel, Folter und Kerker. (Als aber Johannes der Faster von Konstantinopel [S. 161 ff.] einen orthodoxen Mönch wegen «Ketzerei» verurteilen und mit Ruten bearbeiten ließ, trat Gregor 595/596 energisch für den Geprügelten ein.)

Natürlich schickte der Papst der Königin auch Reliquien. Ja, wie er schon auf Wunsch ihres Sohnes Childebert den Bischof von Arles zum Apostolischen Vikar ernannt hatte, so verlieh er, wiewohl widerstrebend, auch ihrem Günstling und Berater Syagrius von Autun das Pallium, und zwar ohne daß man eine entsprechende Tradition oder einen Präzedenzfall kannte; ohne daß der Prälat selbst es auch nur für nötig erachtet hätte, den Papst persönlich darum zu bitten; ja, obwohl der Bischof im Verdacht stand, die Schismatiker zu unterstützen, und sogar einen Schismatiker zu seiner Vertretung nach Rom beordert hatte. (Syagrius wurde gleichwohl Heiliger; Fest: 27. August.)

Autun war überdies kein metropolitanischer Stuhl. Syagrius' Metropolit und damit Vorgesetzter war Bischof Aetherius von Lugdunum. Doch als der vom Papst das Pallium erbat, lehnte Gregor es ab, weil es keinen Präzedenzfall gebe. Offenbar wollte er das Pallium nur an besondere Protegés der Krone verleihen. Denn auch als es Childebert 595 für den Erzbischof Vergilius von Arles begehrte, erfüllte der Papst prompt das königliche Verlangen. Dagegen dachte er nicht daran, den gebildeten Bischof Desiderius von Vienne (S. 204), der gleichfalls um das Pallium ersuchte, damit auszuzeichnen. Desiderius gehörte zwar, was dem Papst sympathisch sein mußte, einem Reformflügel der fränkischen Kirche an, gerade deshalb aber schätzte man ihn nicht bei Hof. Desiderius war persona non grata bei der Königin, die ihn 602 oder 603 durch das Konzil von Chalon-sur-Saône wegen Unzucht amtsentheben, auf ein Inselkloster verbannen und nach seiner Rückkehr am 23. Mai 607 steinigen ließ.

Papst Gregor nahm auch das in Autun von Brunichild und Bischof Syagrius gegründete Kloster St-Martin unter seinen ausdrücklichen Schutz (1099 haben dessen Mönche den Abt Hugo vergiftet). Auch das Xenodochium wurde von der frommen Königin gegründet (und später in eine Frauenabtei umgewandelt). Wie ja wohl gleichfalls das Nonnenkloster St-Jean-le-Grand in Autun auf Brunichild zurückgeht, der das katholische «Lexikon

für Theologie und Kirche» generell gegenüber «der Kirche Will-
kür und Gewalt» unterstellt (um den Hochverrat Pippins und des
hl. Bischofs Arnulf von Metz abzuschwächen: S. 230 ff.).[6]

Gregor I. schrieb der mächtigen, angeblich die Kirche befeh-
denden Königin nahezu ein Dutzend Briefe, die meisten ganz in
jenem honigsüßen Schmeichelton, den er auch das Kaiserhaus
vernehmen ließ, das (spätere) Mordopfer wie den Mörder.

Noch verhältnismäßig gedämpft begann die erste Papstepistel:
«Die lobenswerte und gottgefällige Gesinnung Eurer Exzellenz
zeigt sich sowohl durch Eure Regierung als durch die Erziehung
Eures Sohnes.» Aber bald steigerte er sich. Und während der
«Gregorianische Gesang» tatsächlich nichts mit Gregor zu tun
hat, hier konnte er singen, in immer höheren Tönen: «Wie große
Gaben Gott Euch verliehen und mit welcher Milde die Himmels-
gnade Euer Herz erfüllt, das bezeugen nicht nur Euere sonstigen
Verdienste, sondern wird besonders daraus allgemein erkannt,
daß Ihr die rohen Herzen heidnischer Völker durch die Kunst
vorsichtiger Klugheit regiert und, was noch ruhmvoller ist, der
königlichen Gewalt den Schmuck der Weisheit beifügt.» Denn
schließlich war Brunichild nicht nur mächtig, sie war auch der
Kirche dienstbar. Sie machte ihr zahlreiche Schenkungen, sie erbaute auch Abteien, ergo wurde sie vom Papst sogar um eine
Reform der fränkischen Kirche und den Schutz der Kirchengüter
ersucht.

Als aber Brunichilds Macht ins Wanken geriet, wandelte sich
sofort Gregors Ton. «Sorget für eure Seele, sorget für eure Enkel,
denen ihr ein glückliches Regiment wünschet, sorget für die Provinzen und denkt an die Besserung des Frevels, ehe der Schöpfer
seine Hand zum Schlage ausreckt . . .»[7]

## BRUNICHILDS UNTERGANG UND DER ERSTE HÖHEPUNKT IN DER VERCHRISTLICHUNG DES KÖNIGSGEDANKENS

Beim Tod Childeberts II. 596 folgten ihm seine beiden Söhne in der Herrschaft nach: Theudebert II. (595–612) in Austrien, Theuderich II. (595–613) in Burgund. Tatsächlich indes regierte zunächst Brunichild für die noch minderjährigen Enkel, die erst allmählich, nach dem Erreichen der Mündigkeit, in die abermals ausbrechenden Kämpfe mit dem neustrischen Königshaus einzugreifen begannen. Dabei revoltierte jedoch die austrische Hocharistokratie. Sie verband sich mit Chlotar II. von Neustrien, und Brunichild, schon nah daran, gegen diesen die Macht über Gallien zu gewinnen, wurde 599 – durch eine (bereits früher) mit Neustrien konspirierende Gruppe ihres eigenen Adels – vom Metzer Hof vertrieben und floh zu dem von ihr bevorzugten Enkel, zu Theuderich II.

In Burgund, dessen eigentliche Herrin sie in Kürze wurde, setzte sie den Kampf gegen Chlotar fort und trieb, um sich an ihren austrischen Gegnern zu rächen, Theuderich gegen seinen Bruder Theudebert von Austrien, keines Königs, sondern eines Gärtners Sohn, wie sie ständig sagte. Beide Brüder hatten noch im Jahr 600 gemeinsam den damals 16jährigen Chlotar II. an der Marne schwer geschlagen, sein Reich verheert, geplündert und wieder auf einen schmalen Küstenstreifen um Rouen, Beauvais und Amiens reduziert. Noch 602 hatten sie zusammen auch die Basken bekriegt und «mit Gottes Hilfe» tributpflichtig gemacht. Dann aber stritten sie äußerst erbittert und blutig gegeneinander. Und Theuderich, einst durch den großen Wundertäter Bischof Veranus von Cavaillon (der mit bloßen Kreuzzeichen «sofort durch Gottes Gnade heilte») aus der Taufe gehoben, siegte 612 zweimal über Theudebert durch den Hausmeier Warnachar, einmal im Mai bei Toul, danach in einer zweiten Schlacht bei Zülpich, zu der ihn besonders der Bischof Leudegasius von Mainz aufgestachelt hatte: «Führe zu Ende, was du begonnen hast; du mußt diese Angelegenheit mit aller Kraft zu Ende bringen», sagte «der heilige und apostolische Herr Leudegasius» zum König, und der vollendete die Sache «unter Gottes Führung».

Fredegar berichtet, «daß seit Menschengedenken die Franken und andere Völker niemals einen Kampf so erbittert begonnen hätten. Dabei wurde unter beiden Heeren ein solches Morden angerichtet, daß dort, wo die beiden Haufen die Schlacht eröffneten, die Körper der Toten keinen Platz fanden, wo sie hätten hinfallen können, sondern daß die Toten zwischen den übrigen Körpern so eingezwängt standen, als lebten sie noch. Theuderich aber besiegte unter Gottes Führung Theudebert nochmals, und Theudeberts Mannen wurden auf der Flucht von Zülpich bis Köln niedergemetzelt und bedeckten stellenweise die Erdoberfläche. Noch am selben Tage kam Theuderich nach Köln und empfing dort alle Schätze Theudeberts.» Theuderich ließ den Bruder in Köln, wo die Frankoburgunder Einzug hielten, tonsurieren, später köpfen und seine ganze Familie umbringen. Selbst sein «noch ganz kleiner Sohn», berichtet Fredegar, «wurde auf Befehl Theuderichs von einem (seiner Leute) am Fuß ergriffen und gegen einen Felsen geschleudert; das Hirn trat ihm aus dem Kopfe . . .»
Ende eines der ungezählten rein katholischen Bruderkriege.

Der Sieger suchte jetzt ganz Gallien zu beherrschen und rüstete bereits gegen Neustrien. Doch als er, auf dem Gipfel seines Triumphes, schon 613 in noch jungen Jahren unerwartet starb, wurden auch seine Söhne durch Chlotar II. von Neustrien, den Sohn Fredegundes und Chilperichs, ermordet; nicht freilich das Patenkind Merowech, das Chlotar zwar in ein Kloster sperrte, ansonsten aber «mit der gleichen Liebe umfing, mit der er es aus dem heiligen Taufbecken gehoben hatte» (Fredegar).[8]

Nach Theuderichs Tod in Metz ließ Brunichild sofort dessen Ältesten, ihren etwa zehnjährigen Urenkel Sigibert II., zum König von Austrien und Burgund erheben. Doch die Großen Austriens verrieten sie. Angeführt von den Ahnherren der Karolinger, den beiden Abtrünnigen Majordomus Pippin dem Älteren und Arnulf, dem künftigen Heiligen und Bischof von Metz, gingen sie zu Chlotar II. über. Und nach dem Hochverrat der austrischen Aristokratie wurde die Königin auch von den burgundischen Feudalherren unter dem Hausmeier Warnachar verlassen. Sie hatten dies von vornherein beschlossen, «und zwar die Bischöfe ebenso wie die übrigen weltlichen Großen», berichtet der zeitgenössische Chronist und meldet als Ziel der frommen Fronde, «nicht einen einzigen von Theuderichs Söhnen entkommen zu lassen, sondern sie alle zu töten und dann Brunichild zu vernichten und die Herrschaft Chlotars anzustreben . . .» Damit war der Untergang der Königin, die Ausschaltung, ja, Ausrottung der austroburgundischen Linie der Merowingerdynastie und zugleich der Sieg des Adels über die Krone besiegelt.

Brunichilds Heer desertierte bei Châlons, ohne Widerstand geleistet zu haben. Sie floh in den Jura und versuchte in das Innere Burgunds zu entkommen. Aber in Orbe, beim See von Neuchâtel, wurde sie durch den frankoburgundischen Hausmeier gefangengenommen und an ihren Neffen ausgeliefert. Der ganz kirchlich gesinnte, ebenso gottesfürchtige wie grausame Chlotar, den man als ersten fränkischen König mit David verglich (vgl. I 85 ff.), dessen «Frömmigkeit» Fredegar betont, ein Regent, der dem Klerus neue Rechte und reiche Geschenke gab, ihm die Freiheit der Bischofswahlen garantierte, alle Abgaben von seinen Gütern erließ, überhaupt «milde und voll Güte gegen alle» war, dieser jüngste Sohn ihrer Todfeindin Fredegunde ließ 613 die etwa Siebzigjährige drei Tage lang ausgesucht foltern, danach auf einem Kamel durch seine Soldateska führen, endlich mit ihrem Haar, mit einem Arm, einem Fuß «an den Schwanz des wildesten Pferdes» binden und zu Tode schleifen, «bis ihr Glied um Glied abfiel» (Fredegar). Die Knochen verbrannte man. Auch die Nachkommenschaft, ihre Urenkel, mit Ausnahme des Prinzen Merovech, Chlotars Patenkind, hat man ausgelöscht.

Ein moderner Forscher aber schreibt: «Gerade unter diesem Herrscher erreichte – wie klar belegt werden kann – die Verchristlichung des Königsgedankens einen ersten Höhepunkt» (Anton). Und Mönch Jonas von Bobbio triumphiert in seiner Kolumban-Vita: «Wie nun Theuderichs ganzes Geschlecht ausgerottet war, herrschte Chlotar allein über drei Königreiche und Kolumbans Weissagung hatte sich in allem erfüllt.» (Jonas konnte leicht weis-

sagen lassen, schrieb er doch, als sich alles längst «erfüllt» hatte;
der alte Schwindel schon der Bibel: vaticinia ex eventu.)

Der besondere Schutzpatron des Königs war, wie dann auch
der seines Sohnes Dagobert, der hl. Dionys, sein Schatzmeister
der spätere Bischof Desiderius von Cahors; und auch die nachmaligen Bischöfe Paulus, Audoin von Rouen, Eligius von Noyon,
Sulpicius von Bourges hatten zuvor Ämter am Königshof beklei-
det. Chlotar II. residierte in Paris, der Hauptstadt des Gesamtreiches, und wurde nun im ganzen Frankenreich anerkannt.
Allerdings mußte er, wie dem Klerus, so auch dem Adel, den Preis
für die Unterstützung zahlen und die austrischen Großen durch
das Edictum Chlotarii und die Einsetzung seines Sohnes Dagobert als Unterkönig in Austrien belohnen. Die Hocharistokratie
war damit gestärkt worden.

Papst Gregor aber hatte sich verkalkuliert. Nicht Brunichild,
nicht der austrische Zweig ging aus den unablässigen Greueln als
Sieger hervor, sondern der Neustrier Chlotar II., dem Gregor nur
einen einzigen seiner 854 erhaltenen Briefe hatte zukommen lassen. Anno 614 berief der König eine Reichssynode nach Paris –
der Beginn der von Rom für ein Jahrhundert unabhängigen fränkischen Landeskirche.[9]

Stärker als Papst Gregor waren freilich fränkische Kirchenfürsten in die Politik des Reiches verstrickt. So der schon genannte
Mainzer Bischof Leudegasius (S. 227 f.). Oder der Bischof Leudemund von Sitten. Oder der hl. Arnulf von Metz.

## Der hl. Hochverräter von Metz

Schon gleich nach Chlotars II. Herrschaftsantritt hatte es in Burgund eine Verschwörung gegeben, bei der wieder ein Seelenhirt
eine maßgebliche Rolle spielte.

Im Konflikt um Königin Brunichild waren mehrere führende
Personen des regnum Burgundiae, der Hausmeier Protadius (604)
und sein Gegner, der Patricius Wulfus, umgebracht worden.

Chlotar II. ernannte den Herpo im «transjuranischen Gau», in der heutigen Westschweiz, zum Herzog, einen frühzeitig zu ihm übergewechselten Frankoburgunder. Doch auch Herpo wurde ermordet: auf Befehl des Patricius Aletheus, ebenfalls eines Überläufers von 613, und des Bischofs Leudemund von Sitten. Dieser eilte darauf an den Hof, seinerzeit in Marlenheim bei Straßburg, und eröffnete Königin Berthetrud, daß ihr Gatte sterben und Aletheus, ein (angeblicher) burgundischer Königssproß, den Beseitigten vertreten werde, in Reich und Bett. Sittens Bischof riet Berthetrud, sich nach Sitten zu verfügen und so viel wie möglich vom Staatsschatz mitzunehmen. Chlotar, der den Anschlag erfuhr, ging blutig gegen die Empörer vor, ließ Aletheus hinrichten, Bischof Leudemund aber, der ins Kloster Luxeuil geflohen war, wurde begnadigt.[10]

Weit mehr involviert in die große Politik war der Verräter Arnulf, der Ahnherr des karolingischen Hauses.

Dieser Sproß eines zwischen Metz und Verdun sitzenden Geschlechts, Sohn «sehr vornehmer und reichbegüterter Eltern», wie seine Vita selbstverständlich festhält, war schon als Knabe an den Hof des austrischen Königs Theudebert II. (595–612) gekommen und gebot später als domesticus – rangmäßig damals etwa zwischen den comites (Grafen) und duces (Herzögen) stehend – über eine Reihe von großen Fiskalbezirken, sechs Krongütern. Zum Dank dafür hatte er dann, gemeinsam mit Pippin dem Älteren und einer austrischen Adelsopposition, dem Neustrier Chlotar II. zur Herrschaft auch über Austrien und Burgund verholfen, hatte er den Landesfeind gegen das eigene Königshaus herbeigerufen, worauf dieser 613 bis Andernach vorgedrungen war. Und zum Dank wieder dafür wurde der abtrünnige Arnulf schon im nächsten Jahr Bischof von Metz, Oberhirte der Landeshauptstadt, deren Könige er verraten. Natürlich wurde der künftige Heilige Bischof bloß, so sein zeitgenössischer Mönchsbiograph, «mit Tränen und nur gezwungen, weil es Gott so gefiel». Doch während er dem Bistum vorstand, behielt er zugleich, wiewohl auch hier wieder «gegen seinen eigenen Willen, das Amt des Haushofmeisters und die Vorstandschaft der Königspfalz». (Der andere Verräter, hier erstmals kurz erwähnt, Freund Pippin der Ältere, avancierte schließlich zum Hausmeier am Hof Dagoberts I.) Und bald wird, damit ja kein Schatten auf den Rebellen falle, fast alles um ihn heilig, die Gattin, die edle, die hl. Itta, die Töchter, die hl. Gertrud, die hl. Begga, die Schwester, die hl. Amalberga «und noch einige Seitenverwandte» (Mühlbacher) – die eine und andere, zumindest in Belgien, bis in die Gegenwart verehrt.

Angeblich soll den treulosen Arnulf nach seiner geschichtemachenden Schuftigkeit das Gewissen geplagt und er seinen Eintritt ins Kloster geplant haben. Dann aber bestieg er doch lieber 614 den Metzer Bischofsstuhl und übernahm 623, nach Einsetzung von Chlotars Sohn Dagobert I. zum austrischen Unterkönig, mit Pippin die vormundschaftliche Regierung.

Der verräterische Frontwechsel des «überaus heiligmäßigen Herrn Bischof Arnulf» (beatissimo vero Arnulfo pontifice: Fredegar) hatte sich bezahlt gemacht. Arnulf ist nun abwechselnd militärisch tätig und sozusagen pastoral. Militärisch etwa in Thüringen 624 oder bei Niederwerfung der Rebellion des Agilolfingers Chrodoald, dem man «an der Tür zu seinem Schlafgemach den Kopf abhieb» (Fredegar). «Wer», rühmt Arnulfs Vita (von dem vielfachen Augenzeugen verfaßt), «wer vermöchte seiner Tapferkeit im Krieg, seine Kunst in Führung der Waffen zu schildern? Oftmals überwand er die Scharen feindlicher Völker im Streit.» Und auch als Konzilsvater 626 in Reims, 627 in Clichy, verfocht Bischof Arnulf die Frohe Botschaft, bevor er sich 629 tatsächlich zu einem einsiedlerischen Leben in die Vogesen, den Wasgenwald, in die Nähe des Klosters Remiremont zurückzog.

Bereits Ende des 8. Jahrhunderts beginnt die liturgische Verehrung, wird erstmals das Fest des hl. Arnulf erwähnt. Einer seiner Söhne, Chlot(d)ulf, wurde ebenfalls heilig und dritter Nachfolger seines Vaters auf dem Metzer Bischofsstuhl (den er immerhin 42 Jahre drückt), so unbedeutend im übrigen, daß Paulus Diakonus, der älteste Chronist der Metzer Kirche, von ihm nichts zu rühmen weiß, als daß er der Sohn seines Vaters war, «ein Reis aus dem edlen Stamme». Der andere Sohn des hl. Arnulf und seiner Gattin Doda (selbstverständlich «die Tochter aus einem edlen Hause», die dann in ein Trierer Kloster ging), Ansegisel (Adalgisel), dann im Verlauf von Adelsfehden erschlagen, heiratete Pippins des Älteren Tochter Begga. Ihrer Ehe entstammt Pippin der Mittlere.[11]

Auch später trat in Burgund das Machtstreben der Bischöfe stark hervor. Das beweisen Oberhirten wie Leodegar von Autun (S. 286 ff.), Genesius von Lyon, Savarich von Auxerre und sein Nachfolger Hainmar. Dieser soll sogar das ganze Herzogtum Burgund an sich gerissen und mit dem aufständischen Herzog Eudo von Aquitanien kollaboriert haben. Auf Geheiß Karl Martells wurde Bischof Hainmar schließlich gefangengenommen und bei einem Fluchtversuch getötet.[12]

622/623 bekriegte Chlotar samt Sohn Dagobert mit starken Kräften wieder einmal die Sachsen und ging barbarisch gegen deren Führer vor. «Der König verwüstete das ganze Sachsenland, rottete die Bevölkerung aus und ließ niemanden am Leben, der größer als sein Schwert, die sogenannte Spada. Das setzte der König in jenem Gebiet als Beispiel . . .» (Liber historiae Francorum). 629 starb er und wurde in der Kirche des hl. Vinzenz bei Paris bestattet.[13]

## «Angst und Schrecken» und immerwährendes Gebet unter Dagobert I.

Der junge Dagobert regierte schon seit 623 als Unterkönig über Austrien, gelenkt und beraten von Pippin und Bischof Arnulf von Metz. Beim Tod des Vaters 629 setzte Dagobert sich als Gesamtherrscher durch, verlegte den Regierungssitz von Metz nach Paris, das er definitiv zum Zentrum der fränkischen Königsherrschaft machte, und gebot als letzter Merowinger noch einmal dem ganzen Frankenreich (629–638/639).

Seinen jüngeren, doch regierungsfähigen Bruder Charibert II., der gleichfalls das väterliche Erbe beanspruchte, verdrängte Da-

gobert rasch in den äußersten Südwesten. Dort durfte er als
Unterkönig über Aquitanien regieren und 631 die widerspenstigen Basken unterwerfen. Chariberts Parteigänger, auch dessen
Onkel und Mentor Brodulf sowie andere Widersacher der eigenen Herrschaft, liquidierte der König 629/630 in Burgund. Der
Rest kroch zu Kreuze, darunter auch «alle Bischöfe». Und als
Charibert selbst schon ein, zwei Jahre später starb und ihm,
merkwürdig rasch, sein kleiner Sohn Chilperich in den Tod folgte
– «man sagt», schreibt Fredegar, «er sei auf Betreiben Dagoberts
getötet worden» –, kassierte dieser wieder das abgetretene Aquitanien und Chariberts Schätze.[14]

Seinen zweijährigen Sohn Sigibert III. erhob der Herrscher zum
Unterkönig über Austrien mit der Residenz in Metz. Die Regent-
schaft für das Kind führten der Bischof Kunibert und Pippins
Schwiegersohn, der Herzog Adalgisel, die so viel Handlungsspiel-
raum hatten. Insbesondere Bischof Kunibert, der das Kölner
Bistum um 626 übernahm und nach 648 starb, gehörte als Erzie-
her sowohl Dagoberts wie Sigiberts III. zu den einflußreichsten
Prälaten Austriens.[15]

Vorübergehend festigte der König wieder das Reich. Er schlug
im Süden die Basken, ging in den nördlichen Grenzgebieten gegen
die Friesen vor und dehnte seine Herrschaft über Maas und Waal
hinaus aus. Dabei unterstützte er die christlichen Priester durch
das Gebot der Zwangstaufe. Vor allem der Mönch und Bischof
Amandus operierte hier, der zwei Klöster im Raum von Gent und
ein Kloster bei Tournai errichtet hatte, Saint-Amand. Und auch
Bischof Kunibert «wirkte» im Auftrag Dagoberts als Friesenmis-
sionar im Schutz des Kastells Utrecht sowie in den nordöstlichen
Randzonen des Reiches, am Oberlauf von Lippe und Ruhr, Gegenden, die dann in Karls Sachsengemetzel eine große Rolle
spielten.[16]

Da er eine enorme Macht vereinte, wurde Dagobert I. vom
Klerus hofiert und hochgeschätzt – obwohl er seine Gattin Go-
matrude verstoßen und, neben zahlreichen Kebsen (sie alle zu
nennen, sagt Fredegar, würde «zu weit führen») drei Frauen,
Nanthilde, die einstige Magd, Wulfgunde und Berchilde, gleich-

zeitig hatte. Kirchliche Kreise aber feierten den seine leudes
ausplündernden Lüstling mit biblischen Tönen als Herrscher der
Gerechtigkeit. Begünstigte er doch viele Bistümer, besonders
Augsburg, wo man regelmäßig für ihn betete, Konstanz, Basel,
Straßburg, Speyer. Er gründete um 637 die Diözese Térouanne
(Boulogne), privilegierte großzügig Klöster, wobei er, wie schon
sein Vater Chlotar, die Häuser der irischen Missionare als Erzie-
hungsstätten für die Sprößlinge des Adels deutlich bevorzugte.
Der König gab Fiskalgut für die Gründung der Abteien Solignac
und Rebais ab und ließ auch das Kloster Elno an der Schelde auf
Königsgut errichten. Er förderte entscheidend die Abtei St-Denis,
die später berühmte Grablege fränkischer und französischer
Herrscher, der er ausgedehnte Ländereien zukommen ließ, auch
aus Konfiskationen von ihm beseitigter «Rebellen», sowie einen
Anteil an den Zolleinnahmen des Mittelmeerhafens Marseille
samt weiteren Vergünstigungen – «so große Schätze und viele
villae und Besitzungen an verschiedenen Orten, daß es bei den
meisten Menschen großes Staunen erregte» (Fredegar). Und nach
dem Beispiel schon König Sigismunds in St. Moritz und König
Guntrams in St-Marcel von Chalon führte Dagobert in der Pariser Basilika (von ihm teilweise mit Gold, Silber und Edelsteinen
«regelrecht bepflastert»: Angenendt) die «laus perennis» ein, das
immerwährende Gebet. Der König förderte auch den Kult des hl.
Dionysius. Er hatte ferner einen Kreis religiös interessierter Männer um sich, darunter einen Heiligen, St. Eligius, damals Gold-
schmied und Münzmeister, später Bischof von Tours.

## MISSION UND MASSAKER

Unter Dagobert I., zu dessen Hauptratgebern nach Bischof Arnulf
von Metz der Bischof Kunibert von Köln gehörte, wurde zunehmend das linksrheinische Heidentum bekämpft, wurden alle
Juden des Reiches zwangsgetauft. (Auch im Osten kam es 631 zu
antijüdischen Attacken, zur Ausweisung der Juden aus Jerusa-

lem.) Mit einem Befehl zur Zwangstaufe eröffnete Dagobert auch die Friesenmission, wozu er Bischof Kunibert förmlich verpflichtet hatte. Und wie der König im Süden, Westen, Norden Krieg führte, wie er die Basken, Bretonen, Sachsen, Friesen heimsuchte, so auch das um Mähren konzentrierte, doch sich vom Erzgebirge bis zu den Ostalpen erstreckende slawische Großreich des fränkischen Kaufmanns Samo, das erste Slawenreich überhaupt. 631 wollte es Dagobert mit Hilfe der Langobarden durch einen Zangenangriff vom Westen und Süden aus erdrücken. Sein Heer endete aber bei Wogastisburg (Kaachen an der Eger) nach dreitägiger Schlacht in einer Katastrophe. Die bereits unter fränkischer Oberhoheit stehenden Sorben zwischen Saale und Elbe schlossen sich darauf Samo an, der 35 Jahre lang regierte. Die Mainlande und das Herzogtum Thüringen allerdings blieben, wie schon vordem, besondere Militärbezirke, fränkische Aufmarschgebiete gegen Awaren und Slawen.

Vielleicht im Zusammenhang mit dem Debakel bei Wogastisburg steht ein schauerliches Blutbad des frommen Dagobert (mit hoher Wahrscheinlichkeit) 631/632, als Tausende von Bulgaren vor den Awaren auf bayrisches Gebiet geflüchtet waren. Denn damals ließ der König nördlich des heutigen Linz die bei ihm Schutz Suchenden samt Frauen und Kindern unter Verletzung der Gastfreundschaft «in *einer* Nacht» ermorden, um sich der unerwünschten Zuwanderer (und nicht zuletzt wohl ihrer Führer) zu entledigen.

Die einzige, das Bulgaren-Genozid berichtende Quelle steht bei Fredegar 4,72: «Nach ihrer Niederlage wurden die Bulgaren, 9000 Männer mit Frauen und Kindern, aus Pannonien vertrieben, woraufhin sie sich an Dagobert wandten und ihn baten, er möge sie in fränkischem Gebiete zu dauernder Siedlung aufnehmen. Dagobert gab den Bayern den Befehl, sie den Winter über bei sich aufzunehmen, während er inzwischen mit den Franken beraten wollte, was weiter geschehen solle. Als sie nun zum Überwintern auf die einzelnen Häuser der Bayern verteilt waren, befahl Dagobert nach dem Rat der Franken den Bayern, jeder von ihnen solle in einer bestimmten Nacht in seinem Haus die Bulgaren mit

Frauen und Kindern töten. Dies wurde von den Bayern alsbald ausgeführt.» Von 9000 Menschen haben sie alle bis auf 700 (die nach der Windischen Mark zu Herzog Walluc entkamen) hingemetzelt.[17]

Das primäre Motiv für diese ungeheure Schlächterei war vermutlich «die Vernichtung der bulgarischen Herrenschicht» (Störmer). Mit «Mission» hat das zunächst nichts zu tun, aber mit Ostpolitik, und diese freilich wieder viel mit «Mission». «Mission, Katholisierung, Seelsorge stehen im 6./7. Jahrhundert in engster Verbindung mit fränkischem König, Amtsherzog in Bayern, fränkischer Aristokratie in West und Ost», schreibt Karl Bosl unmittelbar im Anschluß an die Mitteilung des großen Massakers und fügt später hinzu: «Nicht von ungefähr ist der Name des letzten großen Merowingerkönigs Dagobert I., der eine kraftvolle Ostpolitik betrieb, im Prolog der Lex Baiuarium so stark hervorgehoben . . . Man weiß von dem engen Zusammenwirken Dagoberts und des heiligen Amandus . . .»

Ja, man weiß sogar, daß der «rex torrens» als Heiliger galt – wie andere Massenmörder, Karlmann etwa (S. 369 f.) oder Karl «der Große». Und endlich weiß man, daß der hl. Amandus dem König Dagobert, «was sonst kein Bischof zu tun wagte», «capitalia crimina» vorwarf – ein Heiliger einem «Heiligen», wobei die crimina weniger das Geschlechtsleben des Herrschers betrafen als seine Gewalttätigkeit.[18]

Doch das war eine Ausnahme. Denn nichts hinderte die alten Chronisten, Dagobert, den Großschlächter, den Initiator des Bulgarenmassakers und auch sonst nicht Zimperlichen, mit Salomon, dem «rex pacificus», zu vergleichen, ihn als «Wohltäter der Kirchen» (ecclesiarum largitor) zu feiern, als «gewaltigen Nährvater der Franken» (fortissimus enutritor Francorum), der dem ganzen Reich Frieden verschafft habe und sich selbst bei den Nachbarvölkern Achtung – was man indes (auch) so liest: «Alle Königreiche im Umkreis versetzte er in Angst und Schrecken» (Liber historiae Francorum). Dessenungeachtet oder gerade deshalb lebt der nach kurzer Krankheit am 19. Januar 638 oder 639 verstorbene «große», «kraftvolle» Merowingerherrscher, der

Pfaffenfreund Dagobert I. als «guter König», als der «bon roi
Dagobert» noch heute besonders in Frankreich fort.[19]

Nach dem Tod des Königs wurde gemäß seiner Regelung das
Frankenreich zwischen den zwei Söhnen geteilt. Austrien fiel an
Sigibert III., Neustrien und Burgund an den erst vierjährigen
Chlodwig II., für den die Königinmutter Nanthild regierte, frei-
lich nicht allein. Denn da beide Thronfolger noch unmündig
waren, übte die eigentliche Macht in jedem Reichsteil ein adliger
Hausmeier aus: Grimoald in Austrien, Erchinoald in Neustrien,
Flaochad in Burgund.[20]

Der Hausmeier (Maior domus, Maire du palais), ein bei fast
allen germanischen Stämmen altes Amt, war zunächst nur ein
Hofbeamter unter anderen. Im ausgehenden 6. Jahrhundert stieg
er jedoch vom Verwalter des königlichen Hauses (Oberhofmei-
ster) zu dem des Staatshaushalts auf, allerdings nur bei den
Franken. Er bekam den Oberbefehl über die Haustruppen, die
Antrustionen, die königliche Leibwache, die Oberaufsicht auch
über die Krondomänen, und ist bald der angesehenste, mächtigste unter den höfischen Amtsträgern. Er wird auch Erzieher des
Prinzen, Reichsfeldherr, eine Art Reichsverweser, der bei Min-
derjährigkeit oder Führungsschwäche des Königs selbst regiert.
Dabei laviert er zwischen diesem, dem er schon seinerzeit an
faktischer Macht kaum noch nachsteht, und der Hocharistokratie seines jeweiligen Reichsteils, unter deren Einfluß er seit 600
gerät, als deren Repräsentant er schließlich dem König gegen-
übertritt, mal diese, mal jene Interessen vertretend, vor allem die
eigenen.

Schon am Vernichtungskampf von Fredegunde und Brunichild
ist der Hausmeier maßgeblich beteiligt. Und im späteren 7. Jahrhundert, als man ihn schon «Unterkönig», «Frankenfürst» nennt,
als aus den Reichsteilen längst und definitiv Teilreiche geworden,
ringen die Hausmeier als die eigentlichen Regenten bereits um die
Vorherrschaft. Die merowingischen Könige dagegen werden immer mehr Statisten, Thronpuppen. Sie erreichen selten das drei-
ßigste Lebensjahr. In Luxus und Schwelgerei gammeln sie auf
irgendwelchen Landgütern dahin, jeder das Bild des «roi fainé-

ant», des faulen Königs verkörpernd, freilich auch jeder noch weiterhin die Legitimität.[21]

Bevor wir jedoch unter den letzten Zuckungen dieser Dynastie die Heraufkunft der Karolinger verfolgen, wird ein zusammenfassender Blick auf die christliche Kirche, besonders auf den hohen Klerus jener Zeit, lehrreich sein.

## 9. KAPITEL

# DIE KIRCHE IN DER MEROWINGERZEIT

«Das *Frankenreich* der Merowinger ... war eine Zeit voll
Blut und Mord, voll grausigster Tragödien auf Königsthronen
und doch wieder voll Glaubenseifer und Heiligkeit.» Katholik
Franz Zach[1]

«Niemals wieder in der Geschichte wurden so viele Klöster
gegründet ...» P. Lasko[2]

«... eine Blüteperiode der fränkischen Kirche». A. Hauck[3]

«Überall regierte die nackte Gewalt»; «das immer wiederholte
Schauspiel geradezu unqualifizierbarer Verbrechen». Katholik
Daniel-Rops[4]

Zur Merowingerzeit war Gallien im wesentlichen christlich, und es wurde immer christlicher.

Gewiß, seine älteste, sicher christliche Inschrift stammt erst aus dem Jahr 334, aus Lyon, ist aber heute verloren. Gewiß, noch lange stellten gallische Christen eine Minderheit dar, selbst in Städten, in denen christliche Kaiser und ihr natürlich gleichfalls christlicher Stab residierten.

Gleichwohl hatte die Ausbreitung des Christentums in Gallien offenbar schon im späteren 3. Jahrhundert rasche Fortschritte gemacht, gab es dort bereits Bischöfe anscheinend um 250; in Toulouse den hl. Saturninus, in Arles Bischof Martianus, in Paris den hl. Dionysius, in Narbonne, wo wenige Jahrzehnte später auch ein altchristlicher Friedhof bezeugt ist, Paulus. Allerdings waren diese Bischöfe sowie die von Tours, Clermont, Limoges keineswegs römische Abgesandte. Die angeblich römische Mission ist eine Fälschung wohl erst des 5. oder 6. Jahrhunderts, ein Versuch des Papsttums, seine Autorität zu festigen. Und natürlich sollte die Fälschung auch den apostolischen Ursprung dieser gallischen Bistümer sichern (vgl. II 69 ff.). Das gleiche Motiv begegnet in Spanien.[5]

Im 4. Jahrhundert aber wimmelt es schon in Gallien von Bischofssitzen. Auch im belgisch-germanischen Raum gibt es nun mehr und mehr Bistümer, in Orléans, Verdun, Amiens, Straßburg, Speyer, Worms, Basel, Besançon, Chalon-sur-Saône. Nicht zu reden von den älteren wie Trier, Metz, Köln, die alle, ebenso wie andere, Tongern etwa, Mainz, fälschlich behaupten, Gründungen von Apostelschülern zu sein. Um die Wende zum 5. Jahrhundert, als Gallien zum «Brennpunkt» der westlichen Geschichte wird, amtieren dort, fast ausschließlich in Städten, etwa

115 Bischöfe. Und gegen Ende des 6. Jahrhunderts überziehen 11 Metropolitanverbände mit 128 Bischofssprengeln das Land; Arles hat 24 Bistümer, Bordeaux 17, Bourges 9, Lyon 10, Narbonne 7, Reims 12, Rouen 9, Sens 7, Tours 8, Trier 9, Vienne 5.[6]

## Eine Art heiliges Krebsgeschwür

Diese Zeit, in der die deutsche, die europäische Geschichte aufbricht wie ein Krebsgeschwür, in der das Christentum die germanische Welt infiziert, die fränkische Adelsherrschaft formt, seit dem 7. Jahrhundert die typisch mittelalterliche Gesellschaft von Königtum, Kirche, Adel entsteht, diese Zeit war von zügellosen Leidenschaften gezeichnet und blutigen Greueln wie wenige Epochen zuvor, heimtückisch, verbrecherisch bis zum Exzeß.

Hofintrigen, dynastische Fehden, fortwährender Verrat, die skrupellose Beseitigung von Fürsten und Fürstenkindern (errechneter Lebensdurchschnitt der Merowinger: 24,5 Jahre), bestialische Ausrottungskampagnen, die ganze Familien erfassen, waren ebenso alltäglich wie Suff und Seuchen, Hunger und Raub. Die Geschichte Galliens zur Merowingerzeit ist eine einzige Chronik der Barbarei. Die Verwaltung, der Handel, die Landwirtschaft, das alles lag mehr oder weniger darnieder, und das Verbrechen war obenauf.

Und doch gibt es Historiker, die urteilen: «. . . überall nicht nur ein wildbewegtes politisches Leben, sondern ein zielbewußtes Vorwärtsdrängen der verschiedenen Kräfte des Staatswesens; . . . selten hat ein Herrscherhaus so in ununterbrochener Folge Talent auf Talent hervorgebracht, wie das merowingische» (Schultze). Erst rundum Kriege, wodurch man ein gewaltiges (gewalttätiges) Reich zusammenraubt, dann, zwischen 561 und 613, beinah pausenloser Bürgerkrieg, wobei dieses Reich wieder zerfällt, und fortgesetzte Greuel auch noch unter den «rois fainéants».[7]

Theoretisch regierten die Merowinger in Übereinstimmung mit dem Willen des «Volkes», praktisch herrschten sie, seit

Chlodwig schon, absolutistisch. Die Volksversammlung im politischen Sinn verschwand, die Gerichtshoheit ging auf den König über, der stets mehr Rechte gewann, zumal die strafrechtliche Unverantwortlichkeit. Konnten diese Regenten sich nicht leisten, was immer sie wollten? «Er aber, unerschrocken wie er war», schildert Gregor von Tours einen Merowingerkönig (und hätte es grundsätzlich von jedem sagen können), «bestieg sein Pferd, ritt zu ihnen und besänftigte sie mit guten Worten. Nachher aber ließ er viele von ihnen steinigen.»

Dabei hat die Kirche die königliche Macht noch bedeutend gesteigert. Heilige zwar fehlen unter diesen Herrschern fast ganz. Nur Königinnen erlangten bereits Heiligkeit – es gab viel mehr: Chlotar I. beispielsweise hatte fünf, Charibert I. vier «reginae», ebenso Dagobert I., ohne daß, so der gern etwas schönfärbende Ewig, «im strengen Sinne» Vielweiberei bestand. Doch die Kirche forderte Gehorsam gegenüber jenen, die ihre Gewalt ja «von Gott» hatten, und sie fügte zu der politischen Königsherrschaft «die religiös sittlich verstandene Königswürde» hinzu (Tolksdorf) – «gerade die Bischöfe gingen von der Voraussetzung aus, daß die Macht des Königs unbeschränkt sei» (A. Hauck).[8]

Kaum je war eine Zeit anarchischer in Europa als diese frühen Jahrhunderte des Mittelalters. Und doch dachte der Klerus nicht daran, hier wirklich einzugreifen, zu verbieten. Prälaten drängt es nicht sehr zum Martyrium. Und die Kirche kam selbst in den Genuß all des Raffens und Raubens. Ihr Grundbesitz, schon während des 4. Jahrhunderts gewachsen, mehrte sich nicht zuletzt damals ungemein. Bereits im 6. Jahrhundert stieg ihr Reichtum «ins Unermeßliche» (Dopsch). «Nie kam es in der Merowingerzeit zu einer epochalen Auflehnung der geistlichen Gewalt gegen gewisse Praktiken des Staates und des Krieges, ganz einfach darum nicht, weil die Kirche nicht im Gegensatz zur weltlichen Macht stand, sondern eng mit ihr zusammenarbeitete» (Bodmer). Ja, die fränkischen Bischöfe nahmen teil an den Machtkämpfen zwischen Königen und Großen, «jedoch mit weltlichen und nicht mit geistlichen Waffen» (Bund), und zwar bis zur «de facto Usurpation . . . staatlich-militärischer Machtmittel» (Prinz).[9]

Denn Hochklerus und Hochadel sind geradezu die treibenden Kräfte dieses Tohuwabohus. Inmitten des Imperiums gründen sie halbselbständige Herrschaften und stürzen so jenes, mal auf dieser, mal auf jener Seite stehend, in permanente Krisen, ins Chaos.

Wie die Macht der Könige, war auch die des Adels bereits in der Merowingerzeit nicht nur politisch und wirtschaftlich begründet, sondern auch in einem «religiös gedachten Charisma, das ihm die Beherrschten zuerkannten». Dies führte sogar zu einem neuen adeligen Heiligenideal, aber damit auch zu einer «Rechtfertigung der herrenständischen Ordnung» (Bosl).[10]

Acht sächsische Könige verzichteten auf ihre Krone und gingen ins Kloster. Niemals gab es, die Märtyrerzeit mit ihren Scharen fingierter Blutzeugen vielleicht ausgenommen, mehr Heilige. Allein im 7. Jahrhundert zählte man deren achthundert. Ja, dies «für die abendländische Entwicklung so entscheidende merowingische Jahrhundert» fand «in der Heiligenvita einen zeitgemäßen geistigen Ausdruck», die Hagiographie erfuhr «einen unbezweifelbaren Aufschwung». Die Heiligen genossen hohes Ansehen. Sie erbauten große Klöster mit pompösen Kirchen. Sie standen, samt ihren Biographen, eindeutig positiv zum merowingischen Königtum, zum Adel, entstammten sie doch allermeist selbst der Aristokratie. So konnte man geradezu den Eindruck gewinnen, «als sei Adel eine Vorstufe der Heiligkeit», und von der «Selbstheiligung» der merowingischen Adelsgesellschaft sprechen (Prinz). Der Kirche kam dies ebenso zugute wie der Herrenkaste. Sie festigte ihren durch den Abfall vom alten Glauben lädierten politisch-charismatischen Dominanzanspruch mit den Mitteln des neuen Glaubens; sie gab diesem Anspruch eine christliche Legitimation. Gleichzeitig aber bezeichnet die Epoche, besonders das 7. Jahrhundert, mit einer «Blüte» der Hagiographie und Wundersucht, das heißt «stärkste(n) Verfälschung der Historizität», ganz konsequent «den Tiefstand abendländischer Geschichtsschreibung» – alles in allem «das Ergebnis einer Barbarisierung, nachdem der antike Strom versiegt war» (Scheibelreiter).

## UNWISSEND, HOCHKRIMINELL UND GUT KATHOLISCH

Gewiß, wir dürfen diese Zeit, eine Zeit unwissender, abergläubischer, betrügerischer und blutiger als die meisten, nicht mit unseren modernen, ach so ethischen Maßstäben messen, dürfen nicht anachronistisch gegen die Geschichte verstoßen. Aber wir dürfen, ja müssen doch wohl diese Zeit, diese durch und durch christliche Zeit, an christlichen Maßstäben messen? An gewissen biblischen, an den Geboten der Bergpredigt etwa, des Dekalogs? Und müssen wir sie nicht, gerade so gesehen, an ihren Früchten erkennen?

Auch dem Katholiken Daniel-Rops erweckt sie das vorherrschende Gefühl «des Grauens», «das immer wiederholte Schauspiel geradezu unqualifizierbarer Verbrechen». «Überall regiert die nackte Gewalt, in jedem Augenblick ist sie bereit loszubrechen. Nichts hält sie zurück, weder Familienbande noch die Gebote der elementarsten Anständigkeit, nicht einmal der christliche Glaube.» Nicht einmal? Ließ denn nicht er das alles weitgehend zu? Gab er ihm nicht die höhere Weihe sozusagen, die Sanktion? Betete man nicht für die Herrscher, die Feldherren, die Schlächter? Betete man nicht vor den Kriegen, in ihnen, danach? Kriegte, raubte man nicht selber mit oder ließ sich doch immer wieder Kriegs- und Raubgut schenken? Mästete man sich nicht am Elend der Massen?

Noch nach Daniel-Rops steckt doch selbst eine Reihe heiliger Könige tief in diesem Grauen. Ja, er muß «die noch schlimmere Feststellung machen», daß auch die damaligen Rechtsgrundsätze, die Basis der allgemeinen Moral, «den gleichen Geist verraten. Diese Barbarisierung des Rechtes ist in gewissem Sinne noch beunruhigender als die verbrecherischen Handlungen der Einzelpersonen; das christliche Europa brauchte länger, um sich ihrer zu entledigen.» Zu entledigen? Das christliche Europa hat doch viele dieser kriminellen Praktiken übernommen, oft noch intensiviert, abgesegnet. So behielt es die römische Rechtspraxis der Folter bei; ebenso die germanische der Unschuldsproben, des Gottesurteils, des gerichtlich verhängten Zweikampfes. Erst vom

Klerus zwar vehement verworfen, drangen all diese Barbareien
doch wieder durch: «sie wurden als gerecht angesehen, wenn man
ihnen dadurch eine Weihe verlieh, daß man sie mit Gebeten be-
gleitete. Bischöfe sprachen sich dafür aus.»[11]

Doch nicht nur für einzelne grauenhafte Bräuche trat man ein,
nein, für das ganze blutige System. Rückhaltlos schlug man sich
auf die Seite der Schurken und Schlächter. Und während die Gewaltakte der Könige stets hemmungsloser werden, die Kette der
Blutrache nicht abreißt, die Verwandtenmorde gerade unter den
Großen grassieren, der katholische Sohn den katholischen Vater
tötet, der katholische Bruder den katholischen Bruder, der katholische Onkel den katholischen Neffen, während der Raub der
Merowingerkönige, die erschlagenen Feinden, germanischen
Fürsten, weggenommene Beute an Gold, Schmuck, an Waffen
in den unterirdischen Gewölben des Hofes von Brannaceum
(Braine) beinah nicht mehr zu bergen ist, sieht der Episkopat in
diesen gekrönten katholischen Verbrechern die legitimen Reprä-
sentanten staatlicher Gewalt, die Stellvertreter Gottes auf Erden,
für die das Gebet in die kirchliche Liturgie Eingang findet, wird
die politische Situation von allen Bischöfen Galliens «uneingeschränkt bejaht» (Vollmann).

Denn die Kirche, von Anfang an Bündnispartner der merowingischen Machthaber, konnte sich entfalten wie seit langem nicht.
Ihr Einfluß wird immer größer, der Welt-, der Ordensklerus ungeheuer reich. Und nicht zuletzt die fast dauernde Katastrophe,
der fast nie abreißende Schrecken, das ganze umfassende Elend
begünstigte das Zustandekommen von Schenkungen beträchtlich. «Weil sie von ihnen Schutz und Hilfe erwarteten, wandten
sich die beständig von Plünderungen, Feuersbrünsten, Mord und
Vergewaltigung bedrohten Menschen an die Kirche und ihre Heiligen» (Bleiber). Und das bezahlte der Gläubige natürlich. Zumal
noch schlimme Naturkatastrophen, vermeintliche gerechte Straf-
akte Gottes, dazukamen. Und die Kriege. Auch sie, versteht sich,
gerechte Rachetaten des Herrn. Krieg aber war alltäglich, galt
geradezu als Erwerbsquelle, als ein Geschehen, mit dem sich wie
von selbst die Vorstellung reicher Beute verband.

Die Kirche dachte nicht daran, dagegen zu sein. Ihr Weizen gedieh. Allein zwischen 475 und dem Beginn des 6. Jahrhunderts verzehnfachte sich die Zahl der gallischen Klöster. In der ersten Hälfte des folgenden aber baute man hier mehr Klöster als jemals früher oder später. Und im Hinblick auf die Mitte des 7. Jahrhunderts spricht ein moderner Forscher gar von einem «Bischofs- und Möchsstaat» (Sprandel). Der Episkopat, nicht nur eine wirtschaftliche, auch eine politische «Großmacht» (Dopsch), spielte eine fast ebenso maßgebende Rolle im Reich, wie das noch durchaus dominierende Königtum in der Kirche. Beide waren eng miteinander verflochten. Denn auch der Herrscher sollte der Kirche ergeben sein, devotissimus, und gilt, zumindest in der Karolingerzeit, «als Kleriker» (Brunner).[12]

Diese ganze Epoche, äußerst grausam und ungewöhnlich fraudulent, war zugleich sehr «fromm». Ganz allgemein ist der Besuch der Sonntagsmesse gewesen – «mit dem Glockenläuten stürzten sie in Haufen zu den Kirchen» (Pfister). Fast ebenso allgemein eilte man zum Kommunionsempfang. Eifrig gepflegt wurde der Kirchengesang. Fast alles beteiligte sich an Prozessionen. Die katholischen Feste wurden als große Volksfeste gefeiert. Man betete vor Tisch und trank keinen Becher Wasser, ohne das Kreuzzeichen darüber zu machen. Man betete aber nicht nur zu Gott, man rief fortgesetzt auch alle möglichen Heiligen an. Man baute zahlreiche Kirchen, mit Marmorsäulen und Marmorwänden, Glasfenstern und vielen Gemälden; die Reichen hatten sogar ihre Hauskapellen. Könige verkehrten mit Heiligen, wie 525/526 Theuderich I. mit dem hl. Gallus in Köln (der dort einen Tempel niederbrannte, «weil sich gerade keiner von den törichten Heiden blicken ließ»; nachher floh der Brandstifter in den Königspalast). Childebert I. suchte den hl. Eusicius auf. Königinnen, Radegunde beispielsweise, wuschen Bischöfen die Füße. Man predigte häufig in der Volkssprache. Es gab berühmte Kanzeltäter, wie die Oberhirten Caesarius von Arles, Germanus von Paris, Remigius von Reims. Metropolit Nicetius von Trier soll täglich gepredigt, sich gelegentlich gar als «Reichsbischof» des Reimser Reiches präsentiert haben, dogmatisch aber reichlich unwissend gewesen sein.

Ein Schreiben von ihm an Justinian bekundet dies geradezu peinlich, was Nicetius jedoch nicht abhielt, den Theologen auf dem
Kaiserthron (II 369 ff.) als primitiven «Ketzer» hinzustellen und
ihm – aus der Ferne – zuzurufen, «tota Italia, integra Africa,
Hispania vel Gallia coniuncta» verfluchten seinen Namen. Der
krasseste Wunderglaube war allgemein. Man hortete Reliquien
aus Rom, aus Jerusalem, man wallfahrtete zu den angeblichen
Apostelgräbern, um gesund zu werden.

Kurz, man war tief überzeugt, «von der Wirklichkeit und Gewalt des lebendigen Gottes» (Heinsius). Es grassierte «ein kräftiger, frischer Gottes- und Vorsehungsglaube: man handelte mit dem
Göttlichen nicht als mit einer Abstraktion oder einer Vorstellung,
sondern als mit einer sehr realen Kraft. Diese Überzeugung war
allgemein herrschend: Geistliche und Laien ohne Unterschied teilten sie.» Die erste Hälfte des 7. Jahrhunderts hielt man geradezu für
«eine Blüteperiode der fränkischen Kirche» (Hauck), sah diese «im
Volk der Franken tief verwurzelt» (Schieffer) und Bischöfe, Bi-
schofssynoden «fleißig am Werk» (Boudriot).[13]

## Zwei berühmte Repräsentanten

Liest man Gregor von Tours' ebenso amorphe wie detaillierte
«Fränkische Geschichte», unsere Hauptquelle dieser Zeit, staunt
man, daß derselbe Kopf, in dem so grotesk der Wunder- und
Teufelsglaube spukt, der kaum eine größere Sorge zu kennen
scheint, als irgendeines seiner obskuren Mirakel und Zeichen –
fraglos Fakten für ihn, «gesta praesentia» – nicht zu erwähnen,
nicht für die Ewigkeit aufzubewahren, daß derselbe Kopf, auch
ganz realistisch, oft fast amoralisch gleichgültig, die Greuel der
Epoche referiert, ohne jedes Dekadenzbewußtsein, abgebrüht genug, noch die kriminellsten Helden der Ära zu bewundern. Denn
so wenig der Bischof eine Volksgeschichte schreibt, sondern eine
etwas kuriose Art hagiographischer Heilshistorie, in der alles nur
nach Gottes Ratschluß, mit seiner Zulassung verläuft, unter un-

entwegtem Eingreifen der Heiligen, so wenig das fränkische
«Volk» bei ihm eine Rolle spielt, so sehr schätzt er die neue Herr-
schaftsordnung der Franken, die gesellschaftliche, militärische
Durchsetzungskraft seiner katholischen Führer, jener zumindest,
deren «strenuitas» und «virilitas» der Kirche nützen. Er kennt
dann nicht die geringsten Skrupel, Loyalitätskonflikte, steht uneingeschränkt zu der brutalen Politik der Fürsten, das heißt zu
ihren Verbrechen, vor allem eben soweit sie den Vorteil der katholischen Kirche bedeuten, das heißt halbwegs, trotz allem,
stabile Verhältnisse für sie sichern und nicht zuletzt den ständig
wachsenden Reichtum des hohen Klerus, dem er selber zugehört.
(Dabei sei einmal angemerkt, daß dies angeblich so aufreibende
Bischofsamt Gregor Zeit genug ließ, seine sämtlichen Werke zu
schreiben.)[14]

Die Bruder- und Bürgerkriege zwar passen dem Heiligen nicht
ganz ins Konzept, weil diese natürlich ihn selbst und seine Kirche
betreffen. Aber Kriege nach außen, Kriege zur Vergrößerung des
allerchristlichen Reiches, zur Vernichtung von «Ketzern», zumal
von Arianern (viermal tischt er die Kirchenväterlüge vom Kre-
pieren des Arius im Abort auf), zur Auslöschung von Heiden und
sonstigen Ungläubigen, können gar nicht genug geführt werden.
So bekennt er unverhohlen zu Beginn des fünften Buches seiner
«Fränkischen Geschichte»: «O möchtet doch auch ihr, o Könige,
solche Schlachten schlagen, wie die, in denen eure Vorfahren
ihren Schweiß vergossen haben, daß die Völker voll Furcht wegen
eurer Eintracht, sich beugen müßten vor eurer Macht. Denket an
Chlodovech, mit dem eure Siege begannen, was er getan hat: er
tötete die Könige, die seine Gegner waren, schlug die feindlichen
Völker, brachte die einheimischen unter seine Gewalt und hinterließ euch die Herrschaft darüber ungeteilt und ungeschwächt.»

Schlachten schlagen, gegnerische Könige töten, feindliche Völker und die eignen unterjochen, dazu ruft ein berühmter katholischer Heiliger auf – nach immerhin mehr als einem halben
Jahrtausend Christentum. Denn «die Erfolge der Franken sind
auch Erfolge Gregors» (Haendler).

Selbst wenn es um Sexualmord geht, tut Gregor mitunter wie

ein moderner «Progressist». Ohne zu zucken, erzählt er den Fall der geilen Deoteria. Während ihr Mann nach Béziers reist, schickt sie zu König Theudebert: «Niemand kann dir widerstehen, teuerster Herr. Wir wissen, du bist unser Gebieter. Komm also und tue, was deinen Augen wohlgefällig ist.» Und Theudebert rückt ein in die Festung, macht Deoteria zu seiner Beischläferin, seiner Frau, und Bischof Gregor nennt die katholische Dame (die dann die eigene Tochter als Nebenbuhlerin zu fürchten beginnt und in Verdun umbringt) «ein tüchtiges und verständiges Weib». So tüchtig und verständig wie eben auch Theudebert. Denn, rühmt Gregor, «er regierte sein Reich mit Gerechtigkeit, ehrte die Bischöfe, beschenkte die Kirchen», und «alle Abgaben, welche dem königlichen Schatz aus den Kirchen zu Arvern bisher gegeben wurden, erließ er ihnen in Gnaden.» Also drückt Gregor zwei Augen zu. Die bekannte katholische Doppelmoral.[15]

Ein anderer berühmter Kirchenfürst, Gaius Sollius Modestus Apollinaris Sidonius, der aus gallorömischem Hochadel stammende, ebenso wortreiche wie gedankenarme Bischof der «urbs Arverna», des heutigen Clermont-Ferrand, verherrlichte sogar, in einer Luxusvilla seines Landgutes Aduaticum sitzend, den schon in den Kindern lebendigen Kriegsgeist der Franken. Sidonius schrieb auch (wofür er Graf der Auvergne und Präfekt von Rom wurde mit dem Titel Patricius) Preisgesänge, «Phrasenpomp» (Bardenhewer): 456 auf seinen Schwiegervater Kaiser Avitus, nach dessen Sturz 458 auf den siegreichen Rivalen Kaiser Majoran, dann auf Kaiser Anthemius. Schließlich glorifizierte er noch den zuvor jahrelang von ihm bekämpften Westgotenkönig Eurich – ein typischer Repräsentant seines opportunistischen Standes.[16]

## MACHTGEILE SPEICHELLECKER ODER
## «SIE SIND DIE HANDELNDEN PERSONEN . . .»

Auch wenn man sich schon lange um die Prälaturen riß – mit Religion hatte der Zulauf zum Bischofsamt, damals wie künftig, gewöhnlich gar nichts zu tun. Selbst die Theologie – das Problem des Semipelagianismus einmal beiseite – kümmerte die geistlichen Herren kaum. Um so mehr die wirtschaftliche und politische Seite der Sache. Das kirchliche Amt war wegen seines Einflusses für die führenden Familien attraktiv. Die Bischöfe nahmen seit dem 4. Jahrhundert auch öffentlich-rechtliche Aufgaben wahr, sie wurden spätantike «Civitas-Herren», wobei die immer häufigeren Klostergründungen in ihren Städten ihre Macht noch mehrten (im 6. Jahrhundert so wichtige, vom Königtum zwar begünstigte, doch nicht selbst gegründete Stiftungen wie Arles-Saint-Pierre, Saint-Andochius in Autun, Saint-Marcel in Chalon-sur-Saône, Saint-Croix in Poitiers, Saint-Médard in Soissons, Saint-Germain-des-Près in Paris, Saint-Germain in Auxerre, Saint-Pierre-le-Vif in Sens, das Ingytrudis-Kloster in Tours u. a.). Die Bischöfe hatten im Merowingerreich lange eine weitgehend unabhängige Position, die sich erst unter Pippin dem Mittleren und Karl Martell personell und verfassungsrechtlich ändert.

Rissen noch im 5. und im früheren 6. Jahrhundert die eingesessenen Senatorenfamilien die Bischofspfründen an sich, kamen dann, mit Hilfe ihrer Herrscher, immer mehr die germanisch-romanischen Großen zum Zug. Das Bischofsamt bildete für sie «den Abschluß einer Karriere . . . im Königsdienst» (Ewig). Viele waren widerliche Speichellecker, adolatores – ein Ausdruck, den selbst der hl. Gregor wiederholt gebraucht, nicht ohne einmal hinzuzusetzen, «es schmerzt mich, daß man es von Bischöfen sagen muß». Im späteren Merowingerreich entstehen die größten kirchlichen Fürstentümer. Das Geldgeschäft, die Simonie in allen Formen, grassiert und korrumpiert den Episkopat, soweit er noch zu korrumpieren ist. «Alle Dekrete, alle Verbote der Konzilien, die dem Übel abhelfen sollten, blieben wirkungslos» (Pontal). Man untersagt und – die Doppelmoral – kümmert sich selbst nicht darum: durch die Jahrhunderte. Eine Synode nach der anderen schritt völlig vergebens ein. Unbedenklich unterzeichneten auch simonistische Bischöfe die Verbote der Simonie.[17]

Unentwegt auch schlug der hohe Klerus alle möglichen Befugnisse für sich heraus. Die Befreiung etwa vom Militärdienst, den er andern doch stets so unerbittlich aufbürdet. Oder die Befreiung von Steuern, Zöllen, die natürlich ebenfalls alle übrigen entrichten sollen. Die Bischöfe waren, zumindest bis ins 5. Jahrhundert hinein, von der jährlichen Getreideabgabe (annona) und der Grundsteuer für den gesamten Kirchenbesitz befreit, übrigens auch von den munera sordida (Schmutzarbeiten) und extraordinaria (Sonderleistungen). Sie erstrebten die Entlastung von weiteren öffentlichen Pflichten und die Gewinnung neuer Rechte, etwa das so oft dann mißbrauchte Asylrecht für ihre Kirchen.

Sie brachten auch die (kirchliche) Gerichtsbarkeit an sich, das privilegium fori. Immer mehr erweiterten sie ihre Rechtsprechungsgewalt. Sie hatten fast uneingeschränkt die Jurisdiktion über ihre Kleriker, in gewissen Fällen sogar über Laien, konnten aber selbst prinzipiell nur von einer Bischofsversammlung verurteilt werden. Und Richter, die ohne ihre Ermächtigung über Geistliche Recht sprachen, wurden exkommuniziert.

Selbstherrlich verfügten sie über die Verwaltung der Kirchengüter. Von den Schenkungen der Fürsten kassierten sie den größten Teil. Die Hälfte der Opfergaben zwar ging an den Klerus, doch die viel wichtigeren Liegenschaften behielten die Prälaten ganz. Auch konnten sie einem ungehorsamen Geistlichen wieder nehmen, was sie ihm persönlich geschenkt. Überhaupt brauchte der Klerus bei jedem Anlaß die Erlaubnis des Bischofs.[18]

Dieser dominierte aber auch die Klöster. Er entschied über Vermächtnisse an sie, ordnete sich die Äbte in Ernennungs- und Strafsachen unter und hatte fast vollständig Gewalt über die Mönche. Sie hielten im übrigen oft so wenig ihr Keuschheitsgelübde wie die Priester. Viele kehrten dem Kloster den Rücken und heirateten; sie verfügten auch über Privatbesitz. Überhaupt vergesse man nie H. W. Goetz' Charakteristik: «Mittelalterliches Mönchtum war gewissermaßen das Herrenleben in seiner religiösen Ausprägung. Darin liegt ein wesentlicher Grund für seinen Erfolg . . .» «. . . viele Klöster wurden allmählich zu reinen Adelsklöstern.»[19]

Der Einfluß der Bischöfe aber war um so größer, als die germanischen Reichsgründungen des 5. und 6. Jahrhunderts den Kirchenbesitz unangetastet ließen. Ja, dieser wuchs noch durch umfangreiche Schenkungen der Könige im 6. und 7. Jahrhundert sowie durch viele andere Besitzübertragungen (mit jeweils Scharen von zugeordneten abhängigen Arbeitskräften), wuchs durch Kauf und testamentarische Verfügungen privater Eigentümer. So wurde die Kirche in kurzer Zeit «zum größten Grundbesitzer nach dem König» (Stern/Bartmuss). Und da anderseits der gallorömische Senatorenadel im germanischen Staatsdienst nicht mehr nach oben kam, bedeutete für ihn «der Episkopat die einzige Möglichkeit, Führungsaufgaben (auch politischer Art) wahrzunehmen . . . Von dieser Möglichkeit macht die senatorische Oberschicht regen Gebrauch» (Vollmann). Die Bischöfe stehen in Gregors «Fränkischer Geschichte» im Vordergrund, «sie sind die handelnden Personen» (Dopsch), sind politische Funktionäre, ohne «eine bestimmte innere Haltung» (Scheibelreiter). Und anscheinend wurde man nur Bischof, hatte man dafür gezahlt. So schreibt Papst Gregor I.: «Wie mir einige berichtet haben, konnte in Gallien oder Germanien niemand zur Weihe, ohne dafür etwas entrichtet zu haben.»[20]

# THRON UND ALTAR

Zwar riefen die Macht und der immer größer werdende Reichtum der Kirche gewisse Spannungen, Zwiste hervor. Doch Königtum und Episkopat sahen sich aufeinander angewiesen und arbeiteten zusammen. Die hierarchische Struktur der fränkischen Reichskirche stützte das politische System, und dieses wieder begünstigte jene – das alte Do-ut-des-Geschäft. Es herrschte «eine enge Verschränkung von Staat und Kirche» (Aubin). Gerade die mächtigsten Familien des Merowingerreichs, die Waldebertsippe, die Burgundofaronen, Etichonen, Chrodoine, Arnulfinger, Pippiniden sicherten aufs neue mittels des Christentums, ja, der Heiligen aus ihren Reihen, der «Hausheiligen», ihre seit langem bestehenden Privilegien. Auch die Eigenklöster des merowingischen Hochadels und der dort eifrig betriebene Reliquien- und Wunderkult waren höchst irdische Machtmittel, neue subtilere Unterdrückungs- und Durchsetzungsformen des Führungsanspruchs, waren «in einem viel umfassenderen Sinne, als bisher angenommen, ‹politisch-herrschaftliche Stützpunkte›» (Prinz).

Während jederlei Roheit, Gewalt gegen Schwache, Wehrlose, Arme – die große Masse des Volkes, fast alle – üblich war, verhielten sich die Bischöfe staatsfreundlich, proköniglich, selbst gegenüber brutalsten Naturen. Andererseits trieben die Könige, oft auch und gerade schlimmste Despoten, eine ausgesprochen kirchenfreundliche Politik, förderten sie tatkräftig Missionare und Klöster, unterwarfen sie sich (und ihre Beamten) grundsätzlich dem sittlichen Maßstab der doch so hoch geschätzten Episkopen, deren Wergeld (Sühnegeld für einen Totschlag) denn auch – nach Salischem Gesetz – das Dreifache eines königlichen Beamten, das Neunfache eines freien Menschen betrug.

Selbstverständlich erkannten diese Fürsten auch die kirchliche Autorität des Papstes an, der freilich Beschlüsse gegen ihren Willen kaum durchsetzen konnte. Die Merowinger hatten häufig Geistliche in ihrer Hofverwaltung. Sie vergaben die Bischofsstühle als Sinekuren an verdiente Kombattanten. Sie beschenkten die Prälaten auch persönlich, überschütteten einige nur so mit Besitz, mit Privilegien, behandelten aber fast alle mit großer Hochachtung.

Nicht wenige zog man direkt zu Staatsgeschäften heran, wie den unter Childebert II. (seit 585) hochangesehenen Gregor von Tours, der freilich auch in anderen Herrscherhäusern ein und aus ging und in dessen Familie das Bischofsamt beinah erblich war. Schon sein Urgroßvater mütterlicherseits, Gregorius von Langres, nach dem er sich nannte, ist Bischof gewesen; sein Onkel väterlicherseits war Bischof Gallus von Clermont; sein Großonkel mütterlicherseits Bischof Nicetius von Lyon; sein Vetter und Vorgänger Bischof Euphronius von Tours; ja, Gregor berichtet selbst, alle Bischöfe von Tours, bis auf fünf, seien mit seinem Geschlecht verwandt, das er nicht nur wiederholt ein senatorisches, sondern mit der seinen Kreisen eigenen Bescheidenheit und Demut auch das erste nennt.

Andere mischten sich, wenn auch selten so total wie im benachbarten Spanien, recht eigenmächtig in die Politik. Mancher errang dabei gar die «Märtyrerkrone». Doch vergossen noch die beiden größten «Blutzeugen» der fränkischen Kirche dieser Zeit, Praetextatus und Desiderius, nicht durch Heiden oder «Ketzer» ihr Blut, sondern «hauptsächlich durch die Schuld von zwei anderen Bischöfen, Gliedern derselben Kirche» (Rückert).[21]

Im merowingischen Gallien mit reichlich hundert Bistümern gab es zweitausend bis dreitausend Oberhirten. Von etwa tausend sind die Namen bekannt. Sie gehörten in ihrer großen Mehrheit zur Nobilität des Landes (III, 500). Von 27 bischöflichen Grabinschriften des 4., 5. und 6. Jahrhunderts in Gallien zeigen 24 die vornehme Abkunft der Toten an, von zwei weiteren läßt sie sich vermuten, und nur ein einziges Epitaph aus dem 4. Jahrhundert, das des Bischofs Concordius von Arles, erlaubt kaum dessen soziale Einordnung.

Fast alle also entstammten selbst dem Adel, oft den vornehmsten Familien. Sie besaßen große Landgüter mit Thermen, luxuriösen Speisesälen, Bibliotheken. Doch trieben sie nicht nur jeden Aufwand, sondern auch jede Art Machtpolitik «und wurden dennoch von ihren Zeitgenossen als Heilige verehrt» (Borst). Sie fungierten, juristisch, ökonomisch, sozial gestiegen, zuweilen auch als weltliche Potentaten, leiteten eigene Stadtherrschaften, ganze Fürstentümer; in Nordaquitanien: Poitiers, Bourges, Clermont; in Burgund: Orléans, Châlons, Auxerre u. a. Die mächtigeren Bischöfe hatten besonders großen Landbesitz, eine geradezu feudale Stellung. Einige unterhielten sogar persönliche Beziehungen zum Kaiser in Byzanz. Von merowingischen Königen gern zu Taufpaten der Prinzen gemacht, wurden sie geschützt und beherrscht. Sie anerkannten nicht nur deren Gewalt, sondern unterstützten sie, billigten wohlwollend Kriege und Greuel. Könige zählten für die meisten von ihnen mehr als kirchliche Vorschriften, über die sie sich im Konfliktfall hinwegsetzten. Und natürlich sorgten die Könige für verläßliche, für hörige Hierarchen. Von den 32 auf der Synode von Orléans (511) versammelten Prälaten widersprach keiner der Forderung des Herrschers, den Eintritt in den Klerus von der königlichen Erlaubnis abhängig zu machen.[22]

So kam es zur Ausbildung einer vom König geleiteten Landeskirche. Der Herrscher hatte die Synodalhoheit; er rief Synoden ein, nahm daran teil, zumindest Chlodwig setzte sogar ihre Tagesordnung fest. Und nicht gerade selten fanden sie statt. So tagten in Gallien zwischen der Synode von Agde (506) und der von Auxerre (695) mehr als fünfzig Kirchenversammlungen. Das 5. Konzil von Orléans 549 gestattet ausdrücklich die Einmischung der Könige auch in Angelegenheiten des Episkopats, besonders in die Wahl. Am Tag des Konzils von Paris, am 18. Oktober 614 (615) bestätigt Chlotar II., seit 613 Alleinregent im Reich, die Verordnungen der 79 Konzilsväter und fügt an Kanon 1 den Zusatz an: «Der kanonisch zum Bischof Gewählte bedarf der Bestätigung des Königs» – was wenigstens für einige Zeit eine simoniefreie Bestellung der Bischöfe sicherte, wozu die Kirche von sich aus nicht fähig war.[23]

Die Prälaten wurden häufig nach Reichtum und Herkunft, nach ihren (weltlichen) Führungsqualitäten ernannt. Und schon seit Chlodwig griffen die Merowinger in die Wahl ein, entweder indirekt, wie bei der Einsetzung der Bischöfe von Sens, Paris, Auxerre. Oder direkt. So wurde auf König Chlodomers Befehl der Bischofssohn Ommatius Bischof von Tours. Bald darauf brachte dort Königin Chrodichilde auch Theodorus und Proculus auf den begehrten Stuhl. In Clermont machte ein königlicher Erlaß erst den hl. Gallus, den Onkel des hl. Gregor, dann den «aller Verbrechen» schuldigen Cautinus zum Oberhirten, worauf sich der Klerus in zwei Parteien spaltete und Priester Cato Gegenbischof wurde. König Chlotar I. ernannte Domnolus, den Abt von Saint-Laurent in Paris, zum Episkopus von Le Mans, und er wurde gleichwohl, schwärmt Gregor, «zum Gipfel der höchsten Heiligkeit erhoben», gab «einem Lahmen die Kraft des Gehens, einem Blinden die Sehkraft wieder». (Sich selbst vermochte er allerdings nicht zu heilen und starb an Gelbsucht und argen Steinschmerzen.)[24]

Die Bischofskandidaten scheuten oft keine Mühe, um zum Ziel zu kommen, und keine Charakterlosigkeit. Sie intrigierten bei den Königen. Sie wirkten auf den Klerus ein, das Volk. Sie kauften, sie erpreßten Stimmen. Sie fälschten deshalb gelegentlich Urkunden. Sie erwarben die Bischofswürde käuflich. Wurde es doch überhaupt üblich, in der Kirche durch Kauf, durch Bestechung Karriere zu machen. Selbst die Konzilien klagen darüber, waren aber machtlos – als Bischof brachte man rasch alle Investitionen wieder ein.[25]

## «. . . EHER MATERIELLE INTERESSEN DER KIRCHE DES MEROWINGERREICHES»?

Das plumpe, doch sehr profitable Insistieren des Klerus, der Gläubige möge sich doch durch den Schutz der Heiligen einen Platz im Himmel sichern, trieb Könige und sonstige Begüterte unausgesetzt zu Schenkungen, zu Vermächtnissen an. Indes die einen so reicher und reicher wurden, verarmten die andern, erlitt nicht nur die Krone durch riesige Landverzichte Verluste, sondern auch Teile des nicht selten sich erheblich verausgabenden Adels, zumal ja noch allerlei Immunitätsprivilegien hinzukamen. Kurz: «Die merowingischen Urkunden lassen die große Veränderung der Grundbesitzverhältnisse zugunsten der Kirche erkennen» (Sprandel).

Bertram, beispielsweise, seit 586 Bischof von Le Mans, verfügte, wie sein Testament 30 Jahre später ausweist, über Grundstükke in Paris, von wo er kam, in Le Mans, der näheren und weiteren Umgebung seines Bischofssitzes, aber noch in Aquitanien und Burgund: Felder, Wiesen, Wälder, Weinanbaugebiete, zahlreiche Dörfer, wobei er außer königlichen und privaten Schenkungen auch viele Liegenschaften für beträchtliches Geld gekauft und so immerhin seinem Bistum 35 Landgüter hinterlassen und noch vier Güter (villae) an leibliche Verwandte vererbt hatte. Die Merowinger haben, wie die ersten karolingischen Könige, «das Kirchengut nach Möglichkeit geschont». Die Könige freilich, die den Kirchen gerade damals reiche Zuwendungen machten, wurden selbst bei ihren Reisen von den Kirchen kaum bewirtet. Sie lebten «so gut wie ausschließlich von ihrem Eigengut» (Brühl).

Die Hierarchen aber erhielten niemals mehr und größere Dotationen. Dabei flossen der Kirche «immer nur Gelder zu, niemand trat mit Zahlungsforderungen an sie heran, und sie war nie, wie die Könige, gezwungen, ihren Besitz unter eine Schar von Erben aufzuteilen . . .» (Lasko). Hatte man jedoch erst etwas, verteidigte man es mit allen Mitteln.[26]

Wenig spielt in den Konzilsdekreten der Merowingerzeit eine größere Rolle als der Schutz der Kirchengüter, die man immer wieder für unveräußerlich erklärt. Wer sie zurückbehält oder sie sich widerrechtlich beschafft, verfällt der Exkommunikation, wer sie beschlagnahmt, lebenslänglichem Kirchenbann. Alle Schenkungen zugunsten der Kirche sind unwiderruflich. Das Recht der Verjährung darf niemand zu ihrem Nachteil, wohl aber sie selbst zu ihrem Vorteil anwenden. Ja, sie geht gegen legitime Erben vor, die sich nicht um ihr Erbe bringen lassen wollen. Kurz, nichts bewachte die Kirche so eifersüchtig wie ihren immer größer werdenden Grundbesitz und ihren sonstigen Reichtum.[27]

Das 4. Konzil von Orléans (541) erklärt Schenkungen, schriftlich oder durch Handschlag vereinbart, als heilig und unwiderruflich, sind sie für die Kirche oder ihre Mitglieder bestimmt. Es läßt für Kirchengüter auch nach langdauernder Entfremdung keine Verjährung zu. Das Konzil von Tours (567) droht jedem, der im Bürgerkrieg Kirchengut ohne Rückerstattung raubt oder beschädigt, die Exkommunikation, den Kirchenbann an bis zum Tod. Das Konzil von Mâcon (581 oder 583) exkommuniziert eine Nonne Agnes, die Land an Große veräußerte, um deren Schutz zu bekommen. Und auch diese Großen werden exkommuniziert. Blauäugig schreibt Odette Pontal: «Diese auffallende Sorge um

die Wahrung des kirchlichen Besitzes könnte den Schluß auf eher
materielle Interessen der Kirche des Merowingerreiches nahele-
gen» – während doch diese sich so nur gegen die wölfische Welt
sichert![28]

Und zum stetig wachsenden Kirchenland – eine enorme Ein-
kunftsquelle und, um es zu wiederholen, unveräußerlich – kamen
noch andere finanzielle Vorteile hinzu; Opfergaben etwa, die Erhebung von Gebühren, der Zehnt, den man im 5. Jahrhundert als
eine Art Almosen erfand, bis er im späteren 6. Jahrhundert aus
einer moralischen Verpflichtung zu einer rechtlichen wurde mit
entsprechenden Sanktionen gegen Übertreter. Wer ihn verweigerte, wurde exkommuniziert. Ein Schreiben, kurz nach dem Ende
des Konzils von Tours (567) verfaßt und vom dortigen Metropoliten sowie von dreien seiner Bischöfe unterschrieben, fordert von
den Gläubigen die Zahlung des Zehnten nicht nur von Gütern,
sondern auch von Sklaven; wobei hier erstmals in einem merowingischen Text vom Zehnt die Rede ist. Wer aber gegen die
richtige Verwendung des Zehnten verstößt, dem droht das Konzil
von Mâcon die Exkommunikation an. Und 779 wird bei Karl
«dem Großen» daraus eine obligatorische Steuer!

Güterschenkungen fielen übrigens nicht der Gesamtkirche zu,
sondern gewissen Einrichtungen, Diözesen etwa, Abteien. Und
natürlich waren auch die den Klöstern zufließenden Landschenkungen «als gutswirtschaftliche Sklavenbetriebe organisiert»
(Angenendt). Allein das Kloster Sankt Gallen verfügte gegen
Ende der Karolingerzeit über fast 2000 Zinsbauern. Schenkungen
an die Kathedrale teilte der Bischof mit seinen Priestern: von
Schenkungen an die Pfarrkirchen erhielt er «nur ein Drittel»; aber
Weinberge oder Ländereien bekam er ganz, ebenfalls alle Sklaven.[29]

Man hat vermutet, daß es im Merowingerreich mehr Sklaven
gab als im 4. Jahrhundert. Die Burgunder etwa gelangten zu einem großen Sklavenbestand wohl erst lange nachdem sie Christen geworden, vor allem durch die Kriegszüge nach Italien,
durch Abtretung römischen Grundbesitzes, durch strafweise Verknechtung im Hausdienst und in der Landwirtschaft. Zwar

verwandte sich die Kirche in gewisser Hinsicht für die Sklaven. Für deren Sonntagsruhe zum Beispiel, was pastorale Gründe hatte, also (auch) eigensüchtige. Oder indem sie einem Sklaven Asyl anbot, das er freilich bei bloßer Versicherung seines Herrn, ihn weder zu töten noch zu mißhandeln, wieder verlassen mußte, notfalls mit Gewalt. Auch schützte sie ihn nicht mehr, wenn er Genugtuung verweigerte oder floh. Und christliche Sklaven eines Juden konnte der Bischof selbst behalten; nur gegen entsprechende Bürgschaft des Juden mußte er sie retournieren.

Auch am Eigentumsrecht des Herrn rüttelte eine Kirche nicht, die selber Sklaven haufenweise hielt – «ein grundlegendes Element ihres Eigentums» (Orlandis/Ramos-Lisson). Ihre gewaltigen Domänen ließen sich nur mit gewaltigen Sklavenscharen bewirtschaften. Und ein Sklave wurde, zumindest in der Karolingerzeit, in der Regel schon als Sklave geboren. Er galt rechtlich nicht mehr als eine bewegliche Sache; er konnte verkauft, und zwar auch von seiner Ehefrau getrennt verkauft werden. Nicht einmal durch die Priesterweihe wurde ein Sklave frei. Auch durch die Ehe nicht. Und jedes Sklavenkind blieb Sklave, war auch nur ein Elternteil versklavt. Auch kam es zu neuer Verknechtung, neuer Unfreiheit: bei Geldfälscherei, Verrat, Entführung oder Ehebruch. Ja, die sogenannte obnoxiatio ermöglichte die Versklavung eines Armen um Gottes willen, das heißt natürlich zugunsten der Kirche, der er dann gehörte. («Um Gottes willen!» – bedeutet nie etwas Gutes!) Hatte sie selbst aber Sklaven befreit und losgekauft, wurden ihr diese tributpflichtig. Noch die eigenen Sklaven des Bischofs mußten, ließ er sie frei, im Kirchendienst bleiben. Oder er hatte aus seinem Privatvermögen der Kirche so viel zu überlassen, daß diese Zuwendung den durch die Freilassung entstandenen Verlust mehrfach aufwog. Äbte durften dem Kloster geschenkte Sklaven überhaupt nicht befreien, hielten es doch die Konzilsväter von Epaon (517) für ungerecht, daß Mönche die tägliche Feldarbeit leisteten, während die Sklaven der Faulheit frönten.[30]

Verdienstvollerweise erinnert der Historiker Bosl einmal daran, «alle» daran, «daß die Geschichte der Unterschichten und der

Unfreiheit bzw. Leibeigenschaft für über 98% unserer Menschen ihre eigene Geschichte und die ihrer Familie ist», da «fast 99% aller heutigen Deutschen und Europäer von Leibeigenen abstammen».[31]

Das vielzitierte, durch Gregor überlieferte Wort Chilperichs I. veranschaulicht übertrieben, doch drastisch die Situation: «Seht, arm ist geworden unser Schatz, seht, unser Reichtum ist der Kirche zugefallen (ecce divitiae nostrae ad ecclesias sunt translatae). Nur noch die Bischöfe allein herrschen; mit unserer Macht ist es vorbei.» Begreiflich, daß der König, wie Gregor weiter mitteilt, Testamente zugunsten der Kirche immer wieder vernichtet, daß er die Bischöfe des Herrn unaufhörlich gelästert, über nichts im kleinen Kreis lieber gespottet habe. Begreiflich auch, daß Bischof Gregor den König «Nero nostri temporis et Herodis» nennt (aber weder Nero noch gar Herodes waren die Scheusale, wozu die Kirche sie machte!). Begreiflich, daß Gregor den König einen Säufer schimpft und schreibt, «sein Gott war der Bauch». Doch gerade dieser, von unserem Heiligen so heruntergerissene Herrscher verfaßte nicht nur diverse Schriften, versuchte nicht nur, als Bewunderer der römischen Kultur, dem lateinischen Alphabet neue Buchstaben einzufügen, sondern hatte auch eine Vorliebe für theologische Fragen.[32]

Das hatte die Mehrzahl des damaligen (und nicht nur damaligen) Klerus ganz gewiß nicht. Auch kein Interesse für sonstige gelehrte oder geistige Probleme. Die Wissenschaft, erklärt Bischof Gregor gleich zu Beginn seiner «Fränkischen Geschichte», sei in Gallien «gänzlich in Verfall geraten», «bei uns untergegangen». Sieht doch auch ein Schreiben des Papstes Agatho samt Synodalen Anno 680 an den Kaiser von Byzanz keinen Bischof auf der Höhe weltlicher Wissenschaft stehen. Vielmehr lebten sie unter fortgesetzten Kämpfen, und das einstige Kirchenvermögen sei verschwunden. Schon einige Jahrzehnte früher fand in Gallien der Mönch Jonas von Bobbio nicht nur durch äußere Feinde der Kirche, sondern auch «durch Nachlässigkeit der Bischöfe, die Kraft der Religion beinahe vernichtet».[33]

## «. . . EIN TIEFES NIVEAU»,
## «. . . EIN BARBARISCHES NIVEAU»

So urteilen zwei moderne Gelehrte – Karl Baus und Josef Flekkenstein – über den katholischen Klerus und die Katholische
Kirche der Merowingerzeit. Denn der Durchschnitt der Bischöfe
war um nichts besser als der Adel. Und gerade vom Episkopat aus
verbreiteten sich Gewalt und Korruption durch die ganze Geistlichkeit. Es herrschte in dieser Kirche «ein barbarisches Niveau»
(Fleckenstein).[34]

Die Bischöfe, die ja längst nicht mehr aus der Mitte der Gemeinde kamen – Chlotar II. (584–629) setzte als Norm ihre Wahl
aus den Kreisen des Hofadels durch –, unterdrückten mit der
übrigen Herrenkaste gemeinsam das Volk. Sie herrschten manchmal als wahre Despoten in ihrem Umkreis. Sie hurten und soffen
kaum weniger als die Laien. Sie erzählten sich an der Königstafel
ihre Meineide und Ehebrüche – Bischof Bertram von Bordeaux
stand sogar in Verdacht, es mit Königin Fredegunde getrieben zu
haben. Oft bestimmten sie selber ihre Nachfolger. Entsprechende
Regelungen, Absprachen berichten Quellen immer wieder. Gern
vererbten sie die Bistümer ihren Neffen. Ganze Diözesen gingen
unter Karl Martell von Bischofsvätern auf Bischofssöhne über:
Trier von Liutwin auf Sohn Milo; Mainz von Gerold auf Sohn
Gewilib; Lüttich von Hubert, später sogar als Heiliger verehrt,
auf seinen Sohn Floribert. Andere erwarben die Bischofssitze
durch Urkundenfälschung oder gegen Geldzahlung, wie Bischof
Eusebius von Paris, ein syrischer Kaufmann, der so den Bruder
seines Vorgängers ausstach, Bischof Ragnemond von Paris. Und
nach dem Tod des Cautinus zu Avern (Clermont), schreibt Gregor
von Tours, «machten sehr viele große Anstrengungen, um das
Bistum zu erlangen, indem sie viel Geld ausgaben und noch mehr
versprachen». Auch am Hof arbeiteten manche mit Bestechung,
wie Bischof Aegidius von Reims. Häufig bei Wahlen waren Parteikämpfe, auch Gewaltakte. Ja, es kam vor, daß eine Stadt zwei
Bischöfe zugleich hatte. So teilten sich in Digne Bischof Agapius
und Bischof Bobo das Kirchengut, ehe eine Synode beide absetzte.

Analoges geschah in Klöstern, die überdies im urbanen Bereich seit dem 5. Jahrhundert wichtige Stützpunkte bischöflicher Stadtherrschaft sind, seit dem 6. Jahrhundert sich stark vermehren, seit dem 7. zu den größten Grundherren des Landes gehören, oft reicher als die bischöflichen Kathedralen. Im ausgehenden 7. Jahrhundert, als es im ganzen Reich weit über vierhundert Klöster gibt, besitzen sie und die Kirchen ein Drittel Galliens! Doch verließen Bischöfe und Äbte auch ihre Posten und kehrten ins «weltliche» Leben zurück. Andere blieben und lebten als Kleriker oder Mönche wie irgendwelche Laien. Wieder andere mußten ihre Mitbrüder fliehen, wie Bischof Theodor von Chur, der wegen Differenzen mit seinem Mailänder Metropoliten 599 bei Bischof Syagrius von Autun Zuflucht sucht.[35]

Nicht selten steckten die Prälaten aber auch mit ihren eigenen Priestern fast in einer Art Dauerkrieg, befehdeten so mancher Bischof und sein Archidiakon sich auf Leben und Tod. Haßten die Oberhirten doch aus nichtigsten Gründen oft über jedes Maß und derart häufig, «daß es fast als ein Naturgesetz angesehen wurde, daß jeder Bischof der geborene Feind und Verfolger seines Klerus sei» (Rückert).

Die Priester konspirierten und intrigierten deshalb gegen ihre Vorgesetzten. Sie widersetzten sich offen, verbanden sich auch immer wieder zu Gilden, zu Verschwörungen, Eidgenossenschaften und riefen sogar die Hilfe der Laien an.

Es geschah, daß ein einzelner Geistlicher oder eine ganze Meute einen Bischof in seinem Haus überfiel, einsperrte, vertrieb. Es kam zu Mordversuchen und Morden, auch zu Aufständen in Klöstern. In Rebais mußte Abt Filibert sein monasterium verlassen. In Der wurde Abt Berchar von einem Mönch umgebracht. Der Bischof Aprunculus von Langres konnte nur durch Flucht bei Nacht über die Stadtmauer einem Totschlag entgehn. Den Bischof Waracharius vergifteten seine Kleriker.

In Lisieux konspirierten der Erzdiakon und ein Priester gegen Bischof Aetherius, doch mißlang das Mordkomplott ebenso wie ein Schmierenstück, durch das sie ihn zu diffamieren suchten.

Angeführt von dem Geistlichen Proculus und dem Abt Ana-

stasius sowie dem Statthalter der Provence, attackierte der Klerus
von Marseille den dortigen Bischof Theodorus. Man verhöhnte,
mißhandelte ihn. Wiederholt erbrachen die Priester alle Kirchen-
gebäude, plünderten die Vorratskammern und schleppten einen
Teil der Kirchenschätze fort. Doch was selbst durch königliche
Hand noch Böses dem Prälaten passierte – «es blieb die Rache
Gottes nicht aus, der immer seine Diener dem Rachen räuberi-
scher Hunde zu entreißen pflegt». Oder wie Bischof Gregor nach
einem anderen Skandalfall schreibt: «Denn Gott rächt seine Diener, die auf ihn hoffen.»

Die Rache, das liebste Kind der Religion der Liebe.

Den Erzbischof Praetextatus von Rouen stach, sinnigerweise
am Ostersonntag 586 während der Messe am Hochaltar seiner
Domkirche, ein Sklave der Fredegunde ab. Keiner der vielen
Geistlichen, die um ihn waren, kam ihm zu Hilfe. Als fromme
Beterin weidete sich die Königin selber am Anblick des Sterben-
den. Sie hatte dafür 100 Goldgulden gezahlt; weitere 50 der
Bischof Melantius, ebensoviel der Archidiakon von Rouen – kein
singulärer Vorgang mehr. Später wurde der Mörder von Fredegunde ausgeliefert und durch den Neffen des Erzbischofs ermordet, während Fredegunde straflos blieb: Die Kleinen hängt
man . . .[36]

Immer wieder auch kam es zum Streit zwischen Klerus und
Adel.

So lieferten sich die Diener des Bischofs Priscus von Lyon und
des Herzogs Leudegisel blutige Kämpfe. In Javols wüteten die
comites gegen die Geistlichkeit und den Bischof Parthenius, dem
Graf Palladius auch die «abscheuliche Unzucht» mit seinen «Geliebten» vorwarf. Syagrius, Sohn des Bischofs Desideratus von
Verdun, überfiel samt Haudegen seinen Gegner Sirivald in dessen
Schlafkammer und machte ihm den Garaus. In Angoulême kam
es zu Auseinandersetzungen zwischen dem Ortsbischof Herakli-
us und dem Grafen Nanthin. Als Neffe des ermordeten Bischofs
Marachar von Angoulême erhob Nanthin Ansprüche auf Kirchenvermögen, wobei mehrere Laien und ein Priester getötet,
Häuser geplündert und zerstört worden sind. Der Abt Germanus

des Klosters Münstergranfelden, Elsaß, fiel im späten 7. Jahrhundert gegen die Kriegsknechte des Herzogs Eticho (Vater der hl. Odilia) und wurde sogar Heiliger.[37]

Überfälle auf Kleriker waren schon damals häufig, nicht zuletzt weil man ihre (meist mitgeführten) kostbaren Gewänder und Kirchengeräte begehrte. Und oft wurden «Missionsmönche» bei der Urbarmachung von Klostergrund durch die Selbstjustiz der Bauern oder Jagdhüter erschlagen – mehr hierbei bezeichnenderweise als bei der «Evangelisation».

Auch das Asylrecht wurde fortgesetzt mißachtet, noch in den Kirchen gemordet, waren sie doch besonders geeignet zur bewaffneten Pirsch etwa auf schlachtreife Fürsten. Allein König Guntram hätte dreimal beim Kirchgang liquidiert werden sollen. Und natürlich focht man auch in den «Gotteshäusern», wie zwei verwandte, bei Chilperich hochangesehene Familien, die einander erschlugen «bis vor den Altar». «Viele wurden mit dem Schwerte verwundet, die heilige Kirche mit Blut bespritzt, die Türen von Speeren und Schwertern durchbohrt» (Gregor von Tours).[38]

Bei der Bischofswahl ging es zu wie nicht selten bei einer in Rom, geriet man gern «hart aneinander». In Clermont-Ferrand und Uzès half man mit Bestechungen nach. In Rhodez verschwanden aus gleichem Anlaß fast alle «heiligen» Geräte aus der Kirche und der größere Teil ihres Vermögens. In Langres erstach man bei der Bistumsbesetzung den Bruder des hl. Gregor, den Diakon Petrus, auf offener Straße, weil Petrus, wie Bischof Felix von Nantes behauptete, «auf das Bistum begierig seinen Bischof getötet hatte».[39]

Obwohl die Konzilien das Waffentragen der Geistlichen regelmäßig verurteilten, blieb dies bei ihnen Brauch. Sie zogen damit zur Jagd und in die Schlacht – etwas ungleich wohl ihrem Herrn Jesus. Sie mordeten eigenhändig Menschen, wie die Bischöfe Salonius und Sagittarius. Um 720 marschierte Bischof Savaricus von Auxerre höchst streitbar nach Lyon, um für sich Burgund zu erobern, fiel aber angeblich durch einen «Blitzstrahl» vom Himmel. Wiederholt ließen sich Geistliche auch als Killer dingen, um König Childebert oder Brunichild zu beseitigen. Aetherius, Bischof von Lisieux, sollte auf Betreiben seines Archidiakons durch einen Priester mit der Axt erschlagen werden.[40]

Über den oder die Mörder eines seiner Vorgänger schweigt Gregor. Durch einen vergifteten Trunk, den er 529 genoß, «als gerade die hochheilige Nacht der Geburt des Herrn dem Volke anbrach» (nur dem Volke?), starb auf der Stelle der Bischof Francilio von Tours, ein von Senatoren abstammender, schwerreicher, verheirateter, doch kinderloser Prälat. Durch Gift, in einem Fischkopf gereicht, verblich 576 auch Bischof Marachar von Angoulême auf Anstiften seines Nachfolgers, des Bischofs Frontonius. Beteiligt waren auch einige Priester der dortigen Kirche. Und schon ein Jahr später ereilte Frontonius «das Gericht Gottes» (Gregor von Tours).[41]

Im März 630 wurde der Bischof Rustikus von Cahors von Diözesanen ins Jenseits befördert, ohne daß wir von einem Einschreiten der Kirche gegen die Mörder hören. Ungesühnt blieb auch die Tötung des Bischofs Theodard von Maastricht, wahrscheinlich 671 oder 672, durch Kirchenräuber, wobei ihn seine Begleiter in einem Wald bei Speyer preisgaben. Auch Theodards Nachfolger, Bischof Lambert von Maastricht, endete, wahrscheinlich 705, durch Mord, nachdem er selber zwei seiner Gegner, die Brüder Gallus und Riold, hatte erschlagen lassen. Der Bischof Gaudinus von Soissons, von Bürgern öffentlich des Wuchers bezichtigt, wurde um 707 in eine Zisterne des Dorfes Herlinum gestürzt, in der er erstickte. Nach der Beseitigung des Bischofs Herchenefreda ließ König Dagobert I. die Schuldigen teils verbannen, versklaven, verstümmeln oder töten.[42]

Lassen wir noch einige andere Vertreter dieses Klerus Revue passieren, der selbst nach dem katholischen Handbuch der Kirchengeschichte «allenthalben, vor allem im Frankenreich, auf ein tiefes Niveau abgesunken war». Nun, da fanden wir ihn doch schon in der Antike (III 5. Kap.). Später freilich sank er weiter . . .[43]

# KLEINE REVUE DER GOTTESMÄNNER

Bischof Chramlin von Embrun hatte sich durch eine gefälschte Urkunde sein Bistum beschafft. Bischof Agilbert von Paris und Bischof Reolus von Reims schwuren zur Täuschung des austrischen Herzogs Martin ihre Eide auf leere Reliquienkapseln, worauf dieser, den Prälaten Glauben schenkend, «mit all den Seinen getötet wurde». Dem Bischof von Riez, Contumeliosus, warf das Konzil von Marseille (533) «multa turpia et inhonesta» vor: Ehebruch anscheinend, sogenannte Sittenlosigkeit, auch die Aneignung geraubter Kirchengüter, die er seinem Privatbesitz zuschlug.

Auch Bischof Badegisel von Le Mans (581–586) gaunerte und raubte sich ein Vermögen zusammen, selbst bei seinen eigenen Geschwistern. Prozesse führte er ebenso vortrefflich wie das Schwert, weidete aber auch die eignen Schäfchen mit eiserner Hand. Natürlich hatte er eine Frau, natürlich war sie «noch schlimmer», trieb sie ihn «durch die abscheulichsten Ratschläge zu Schandtaten an». Magnatrude, die edle Bischofsgattin, machte sich ein Pläsier daraus, Männern den Penis mit der Bauchhaut abzuschneiden und die Schamteile von Frauen mit glühenden Eisen zu versengen. «Noch viele andere abscheuliche Dinge tat sie, aber es ist besser, davon zu schweigen», sagt Gregor.[44]

Die Trunksucht, wie der Chronist bezeugt, grassierte beim Klerus nicht weniger als bei den Laien. Auch der hl. Gildas, der erste Geschichtsschreiber der Briten, weist darauf hin. Ebenso der hl. Bonifatius, der einmal Erzbischof Cudberht von Canterbury vorhält, «daß in Euren Sprengeln das Laster der Trunkenheit allzusehr zur Gewohnheit geworden sei». Von manchen Bischöfen, schreibt Bonifatius, daß sie nicht nur sich selbst betrinken, sondern auch «andere durch Darreichung größerer Trinkgefäße zwingen, sich zu berauschen».

Die Bischöfe Salonius und Sagittarius durchzechten und durchsoffen noch die Nächte, «wenn die Geistlichen in der Kirche schon die Frühmesse lasen». Bischof Eonius von Vannes zelebrierte zwar etwas Ähnliches einst in Paris, immer eine Messe

wert, aber so sternhagelvoll, daß er «unter lautem Schreien und
Schnauben» zu Boden ging und vom Altar getragen werden mußte. Er beduselte sich oft derart, «daß er keinen Schritt tun
konnte». Gunther von Tours, ein ehemaliger Abt, wurde als Bischof durch Alkoholismus «fast blödsinnig». Oberhirte Drocti-
gisil von Soisson war so keusch, daß er sich buchstäblich um den
Verstand soff. Der Diakon Theudulf, ein Freund des Bischofs
Audovech von Langres, kam im Suff um.

Cautinus, Erzbischof von Clermont, der, wen immer er konnte, um sein Eigentum brachte, auch durch nackte Gewalt, betrank
sich täglich und wurde gewöhnlich von vier Männern von seinen
Sauforgien geschleppt. Er las weder weltliche noch kirchliche
Bücher, verstand sie angeblich gar nicht, hielt es aber, ihm sehr
verübelt, mit Juden und steckte tief in Wuchergeschäften. Einen
seiner Kleriker, dessen Geld er begehrte, deponierte er, um ihn
gefügig zu machen, neben einer schon faulenden Leiche in einer
Gruft. Zuletzt erlag Cautinus – «am Leidenstage unseres Herrn»
– eben jener Seuche, vor der er dauernd auf der Flucht gewesen.
Etwas später, unter Karl Martell, gehörte Bischof Milo von Trier
zu den Säufern.[45]

Schlimmeren Schlages: die Brüder Salonius von Embrun und
Sagittarius von Gap.

Beide einst tugendhafte Zöglinge des hl. Nicetius von Lyon,
seinerseits Großonkel des hl. Gregor, Neffe und Nachfolger des
hl. Sacerdos. Alles heilig ringsum! Und das edle Prälatengespann
wütete «mit Raub, Blutvergießen, Mord, Ehebruch und anderen
Verbrechen wie wahnsinnig» (Gregor von Tours). Doch erst als
sie den Kollegen Victor von Trois-Châteaux in der Dauphiné, just
während seines Geburtstagsbanketts, überfielen, verprügelten,
bestahlen, seine Diener erschlugen, setzte sie eine Synode von
Lyon (567/570) als «völlig schuldig» ab. Doch König Guntram,
der Heilige, billigte ihre Berufung nach Rom – der einzige bekannte Fall einer solchen aus dem merowingischen Gallien im
ganzen 6. Jahrhundert. Und der Heilige Vater Johannes III. führte
sie wieder in Ämter und Würden und den Schutz Guntrams zurück. Weiter schlugen sie ihre Diözesanen «mit Knüppeln bis aufs

Blut» und erlegten in offener Feldschlacht die Leute mit eigener
Hand, bis ihre Einmischung in das Intimleben des frommen Königs sie hinter (weit voneinander entfernte) Klostermauern versetzte, die Fürsprache vermutlich geistlicher Freunde aber auch
wieder heraus. Erneut bestiegen sie ihre Bischofsstühle, um es
(nach etwas Fasten, Beten, Psalmensingen) nur desto toller zu
treiben mit Schwanz und Schwert. Indes wollte sie ein geistliches
Gericht noch immer nicht depossedieren. Doch der König, einen
Hochverratsverdacht hegend, brachte sie abermals ins Kloster –
und ihr Ausbruch endgültig unter die Räuber.[46]

Ein Kloster war im ganzen Mittelalter häufig kein Ort des
Friedens oder des lebendigen Begrabenseins (wiewohl auch dies,
im schlimmsten Sinne). Und noch kirchenfreundliche Historiker
nennen den Unfrieden dort «eine allgemeine Erscheinung», auch
in «Frauenklöstern». Viele Christusbräute schlugen andere,
schlugen Laienschwestern, Laienbrüder, Kleriker – wurden freilich auch von diesen geschlagen. Und Bekuttete beiderlei Geschlechts lebten selten sehr asketisch. Am wenigsten vielleicht
jene Nonnen, die christkatholische Könige zur Vermehrung des
Reiches Gottes mit ihren Konkubinen gezeugt.[47]

# Rebellion im Nonnenkloster

Im Sainte-Croix zu Poitiers, im Kloster der hl. Radegunde, dieser
zartesten, reinsten Heiligen ihrer Zeit (S. 91), revoltierten Anno
589/590 «vom Teufel verführt», wie zehn Bischöfe schriftlich bekennen, zwei Prinzessinnen. Chrodechilde, die Tochter König
Chariberts, und Basina, die Tochter König Chilperichs (und der
Audovera), lehnten sich gegen die Äbtissin Leubovera auf. Mit
etwa 40 anderen, puellae vermutlich meist vornehmen Standes
und wohl weniger ins Kloster eingetreten als hineingesteckt, ent-
sprangen sie dem heiligen Haus, und ein harter geistlicher Rest
sozusagen verschanzte sich außerhalb von Poitiers in der Kirche
Saint-Hilaire, zusammen mit allerlei Kavalieren: Diebe angeb-

lich, Giftmischer, Mörder. Wochenlang terrorisierte man die
Stadt, stürmte, plünderte das Kloster und verdrosch zurückge-
bliebene Schwestern noch in den Betsälen. Am Grab der hl.
Radegunde, in der Domkirche, auf den Straßen: täglich soll Blut
geflossen sein. Selbst als mehrere Prälaten, der Metropolit Gun-
degisel von Bordeaux sowie seine Suffragane samt Klerikern sich
in die Kirche des hl. Hilarius wagten, das Haus der Großen Freiheit, um auf Befehl des Königs den Streit zu untersuchen, fiel die
Schar «mit solcher Gewalttätigkeit über sie her und schlug die
Bischöfe zu Boden, daß sie sich kaum wieder erheben konnten;
auch die Diakone und die anderen Geistlichen liefen blutbespritzt
und mit zerschlagenen Köpfen aus der Kirche». Die Äbtissin Leubovera aber wurde im Kloster überfallen, von einer Lade mit
(natürlich «echten») Kreuzpartikeln, woran sie sich geklammert,
weggerissen, durch die Gassen geschleift und in der Kirche des hl.
Hilarius verwahrt.

Kein Wunder (oder vielmehr doch eines), daß in diesem Jahr,
wie der hl. Gregor erzählt, so viele Zeichen geschahen (eigentlich
freilich wie fast jedes Jahr), gewaltiger Regen, Hagelschlag nie-
derging, die Flüsse über die Maßen schwollen, und Bäume blüh-
ten im Herbst. «Im November sah man Rosen . . .» Zeichen über
Zeichen, oh, die Entartung der Welt. Nur mit Gewalt, mit neu-
erlichem Blutvergießen konnte der comes Macco, der Graf der
Stadt Poitiers, schließlich die Rebellen bezwingen. Man geißelte
manche, schnitt ihnen christlich das Haar, die Hände, einigen
auch Ohren, Nase ab – «und die Ruhe kehrte zurück» (Gregor).
Die beiden Prinzessinnen aber schickte das Konzil von Metz (590)
zurück nach Poitiers und hob, auf Intervention König Childeberts II., ihre kurz zuvor, im selben Jahr erst, ausgesprochene
Exkommunikation auf. Basina wanderte wieder ins Heiligkreuz-
kloster, die unversöhnliche, eigenwillige Chrodechilde bekam
eine «villa» in (oder bei) der Stadt, ein Geschenk König Childeberts.

So ging man sonst nicht mit widerspenstigen Nonnen um. Gerade in Klöstern hagelte es, oft schon für lächerliche «Vergehen»,
drakonische Strafen. Doch waren (und sind) Bischöfe in aller

Regel ein feiges Pack. Sie machten hier, formuliert Georg Scheibelreiter (vornehmer), «keine gute Figur». Und so kamen die
Gottgeweihten aus dem Königshaus, trotz ihrer «maiora crimina», auffallend glimpflich davon. Ja, wir hören von keinerlei
Strafe oder auch nur Buße. Um so merkwürdiger, als der Non-
nenaufstand von Poitiers eine blutige Geschichte war, das der
Äbtissin Unterstellte aber teils grundlos, teils eher geringfügig
erscheint – «causae leviores»; wenn man etwa davon absieht, daß
Männer das Nonnenbad benutzt, gelegentlich Schmausereien gefeiert haben (die allerdings gar keine waren, da nur «geweihtes
Brot» gegessen wurde und überdies von «christlich gesinnten,
gläubigen Personen»), absieht auch davon, daß mehrere Nonnen,
doch nur infolge der «Wirren», schwanger geworden. Oder daß
die Nichte der Äbtissin im Kloster wohnte, ohne Klosterfrau zu
sein.[48]

Wundert man sich? Die Regel des hl. Caesarius, Bischof von
Arles und Gründer eines Frauenklosters, gestattete es, bereits
sechsjährige Mädchen zu heiligen Jungfrauen, «Gottgeweihten»
zu machen. Und die Regel des hl. Benedikt sorgte dafür, im selben
Alter Knaben für immer hinter Klostermauern zu vergraben, um
den Mönchsnachwuchs zu decken.[49]

Alles haben die Herrschenden unterdrückt und ausgesogen.
Am meisten verachtet aber wurden vermutlich die Juden; zumal
vom christlichen Klerus verachtet, der ja mit der ihn kennzeich-
nenden Demut den Rangunterschied noch von Christen, von
Klerikern und «Laien», zum Gegenstand von Konzilien machte.
So dekretiert Mâcon (585) den steten Vorrang des Priesters vor
dem Laien, der ihn nicht nur grüßen, sondern auch vom Pferd
steigen mußte, ging jener zu Fuß.[50]

Und nun gar die Juden!

## «... UND BEGABEN SICH NACH MARSEILLE» ODER
## OHNE JUDE BLEIBT DER CHRIST GESUND

Die christliche Judenfeindschaft geht vom Neuen Testament aus, besonders von Paulus und dem sogenannten Johannesevangelium. Und die meisten, die prominentesten alten Kirchenväter und -lehrer haben diese Feindschaft dann weitergetragen und oft enorm verschärft (I 2. Kapitel, I 438 ff., 511 ff., II 48 ff., 271 ff., 391 ff. u. a.).

Nach vielen katholischen Vorgängern schleuderte auch Kirchenlehrer Isidor von Sevilla eine Schrift «Contra Judaeos». Und auch der hl. Julian, Erzbischof von Toledo, selbst jüdischer Abstammung, schrieb 686 ein christliches Opus mit antijüdischer Tendenz. Wie denn das 12. Konzil von Toledo (681) nicht weniger als 28 judenfeindliche Gesetze dekretiert, das 16. Konzil (693) sie bestätigt und die Juden vor allem wirtschaftlich schädigt. Das 17. Konzil von Toledo (694) aber erklärt alle Juden wegen staatsfeindlicher Umtriebe und Beleidigung des Kreuzes Christi zu Sklaven; ihre Vermögen werden konfisziert und ihre Kinder ihnen vom siebten Jahr an fortgenommen.

Die Kirche im Merowingerreich verbot jede Verbindung zwischen ihrem Anhang und den Juden, die vor allem in den gallischen Handelsstädten saßen. Katholiken durften Juden nicht heiraten, nicht einmal mit diesen essen. Kein Jude durfte sich im Beisein eines Priesters setzen, ohne dessen Erlaubnis. Schwere Strafen drohten Juden, die christliche Sklaven zu bekehren suchten. Ihre Freilassung gar, wenn sie übertraten, wurde für ungültig erklärt. Und seit dem Konzil von Mâcon (581 oder 583) gestattete man Juden überhaupt keine christlichen Sklaven mehr.[51]

Die Konzilien im Merowingerreich verboten im 6. Jahrhundert Juden alle öffentlichen Ämter; auch militärische. Im 7. Jahrhundert konnten sie beamtet bleiben, falls sie zu Kreuze krochen, das heißt sich taufen ließen. Ergo: nur religiöse Gründe oder das, was man so nennt, waren maßgebend.[52]

Die dauernde Judenfeindschaft der Catholica zeitigte natürlich Früchte.

So arbeitete beispielsweise der hl. Avitus von Vienne (S. 58, 63 ff.), noch im 20. Jahrhundert im «Lexikon für Theologie und Kirche» als «Säule der Kirche im Burgunderreiche» gerühmt, nicht nur «unermüdlich an der Ausrottung der Häresie», sondern auch, was da freilich nicht steht, an der des Judentums. Denn «sehr häufig», berichtet der hl. Gregor von Tours, ermahnte Avitus die bösen Juden, sich zu bekehren. Und einmal war es dann soweit, just während einer Prozession, «an dem heiligen Tage, da der Herr nach der Menschheit Erlösung glorreich zum Himmel auffuhr, stürzte sich plötzlich, als der Bischof unter Chorgesang von der Hauptkirche zu der Kirche zog, die ganze Menge derer, die ihm folgte, über die Judenschule und zerstörte sie von Grund aus, so daß ihre Stätte der Erde gleich gemacht wurde».

Ein Terrorakt? O nein. Schon anderntags schickte der überaus tolerante Heilige den Juden die Botschaft: «Mit Gewalt will ich euch nicht zwingen, den Sohn Gottes zu bekennen.» Nein, er, «zum Hirten gesetzt über die Schafe des Herrn», müsse nur, wie dieser, auch jene anderen «Schafe, die nicht aus seinem Stalle seien, die müsse er herbeiführen, auf daß Ein Hirt und Eine Herde werde. Wenn ihr deshalb glauben wollt wie ich» – darum geht es in ihrer ganzen unseligen Geschichte: alles soll glauben wie sie oder zum Teufel fahren! –, «so sollt ihr Eine Herde sein und ich euer Hirte, wenn aber nicht, so verlaßt diesen Ort.» Wahrlich eine klare, eine großartige, eine durch und durch christkatholische Botschaft. Und so wollten denn die einen glauben und sich auf diese «milde» Weise bekehren lassen. Die anderen aber, «welche die Taufe verschmäht hatten, zogen aus von der Stadt und begaben sich nach Marseille».

So einfach – und begaben sich nach Marseille . . . Was im übrigen Gregor nur erzählt, «weil unser Gott nimmer müde wird, seine Priester zu verklären . . .»[53]

Auch der hl. Gregor ist – natürlich! – ganz antijüdisch orientiert, was oft bei ihm durchschlägt, etwa wenn er den «Zorn», die «Bosheit» der Juden brandmarkt, ihren «Sinn, der sich geweidet hatte am Blut der Propheten», der erst recht danach gierte, «ungerecht den Gerechten» zu töten. Selbst der hl. Martin, der doch

Wunder über Wunder tut, ist ohnmächtig, wird ein Judenarzt hinzugezogen, wie bei dem erblindeten, dann wunderbar wieder sehenden und schließlich wieder wunderbar erblindeten Leunast, Erzdiakon von Bourges. «Denn er wäre gesund geblieben, wenn er nicht nach Gottes Wundertat noch den Juden gerufen hätte.»[54]

Der fromme König Guntram, der die Juden «schlecht und treulos» schimpft und «immerdar arglistigen Herzens», der sich weigert, die erst kürzlich von Christen zerstörte Synagoge wieder aufbauen zu lassen, hat Bischof Gregors ganzen Beifall. «O du herrlicher und du hochweiser König!»[55]

## 10. KAPITEL

# DIE HERAUFKUNFT DER KAROLINGER

«. . . mit der Hilfe Christi, des Königs der Könige und des
Herrn der Herrn . . .» Fredegarii Continuationes[1]

«Bald drangen die Franken mit Schiffen und Wurfspeeren
auf sie ein, durchbohrten sie in den Fluten und töteten sie.
So triumphierten schließlich die Franken über die Feinde und
eroberten viel Kriegsbeute; als sie viele Gefangene gemacht
hatten, verwüsteten die Franken mit ihrem siegreichen Feldherrn das Gotenland. Die hochberühmten Städte Nîmes,
Agde und Béziers ließ er samt ihren Haus- und Stadtmauern
bis zum Boden niederreißen, legte Feuer und steckte sie in
Brand; er zerstörte auch die Vorstädte und Befestigungen
dieses Gebietes. Als er, der bei allen Entscheidungen von
Christus geleitet wurde, in dem allein das Heil des Sieges
liegt, das Heer seiner Feinde besiegt hatte, kehrte er wohlbehalten in sein Gebiet zurück . . .» Fredegarii Continuationes[2]

«Das Handwerk der Karolinger war der Krieg. Nichts anderes
hatten sie gelernt, für nichts anderes waren sie erzogen, durch
nichts anderes konnten sie sich beweisen.» Wolfgang Braunfels[3]

Im Laufe des 7. Jahrhunderts wurden die drei Reichsteile Austrien, Neustrien, Burgund zunehmend selbständig. Ein Zeichen für diese Entwicklung ist auch das Auftreten der drei für das 7. und 8. Jahrhundert charakteristischen Ländernamen. Jedes Teilreich hatte eigene Gesetze, und der Adel zwang den König, keine höheren Beamten aus anderen Reichsteilen zu ernennen.[4]

Zeitweise schien sogar deren Auflösung in Adelsanarchien nahe. Keiner der vielen Herrscher erreichte das reife Mannesalter. Doch in den mörderischen Auseinandersetzungen zwischen den Teilreichen, den Hausmeiern, dem Adel schob sich das austrische Majordomat immer mehr an die Spitze. Und während das Hausmeieramt weder in Neustrien noch in Burgund erblich wurde, setzte sich die Tendenz dazu im Osten allmählich durch.

## BLUTIGER AUFTAKT UNTER BISCHOF KUNIBERT, PIPPIN DES ÄLTEREN SOHN GRIMOALD UND DEM HL. SIGIBERT

In Austrien hatte seit 622 Hausmeier Pippin das Heft in der Hand. Als freilich Dagobert I. Alleinherrscher geworden und 631 von Metz nach Paris übergesiedelt war, wurde der Hausmeier in Metz entmachtet, zum Erzieher des Königssohnes degradiert und der dreijährige Sigibert III., Heiliger der katholischen Kirche, als König von Austrien eingesetzt. Der eigentliche Regent aber, neben dem Herzog Ansegisel – dem Sohn des hl. Arnulf, Bischofs von Metz –, war bereits Bischof Kunibert von Köln (623–663). Als Archidiakon der Trierer Kirche «durch den Hl. Geist, die Synode und den Befehl des Königs» natürlich wider seinen Willen Bischof geworden, spielte Kunibert, wie so viele seinesgleichen ein «political saint» (Wallace-Hadrill), im späten Merowingerreich eine große Rolle. Er führte Krieg mit den Wenden. Er bekam von Dagobert das eroberte Castell Trajectum (Utrecht) zu eigen, mit der Auflage, von hier aus die Friesen zu bekehren. Und als Dagobert 639 stirbt, fördert Bischof Kunibert den Aufstieg der Karolinger.

Unter Sigibert III. nämlich wird Pippin sofort wieder austrischer Hausmeier. Und Bischof Kunibert, zwischen Trier und Metz aufgewachsen, wo Pippins Güter liegen, und daher seit frühen Tagen mit ihm bekannt, schließt mit ihm einen «ewigen Freundschaftsbund». Auch sichern sich beide, da sie alle «leudes» geschickt und «mit Süße» behandeln, deren dauernde Ergebenheit. Beide partizipieren an der Teilung des Königsschatzes. Beide regieren zusammen. Und nach Pippins Tod (640) steigt sein Sohn Grimoald I. (der Ältere) als Protegé Bischof Kuniberts und gestützt auf seine große materielle und noch größere politische Macht, in Austrien zum Hausmeier auf. Dabei versucht er als deren erster die Merowingerdynastie zugunsten des eigenen Geschlechts zu entthronen, womit allmählich die Erblichkeit des Majordomats entsteht; allerdings nur im Ostreich, wo man den Hausmeier im 7. Jahrhundert auch schon «Frankenfürst» nennt, «Unterkönig».[5]

Freilich war der Machtübergang vom Vater auf den Sohn nicht ganz unblutig verlaufen. Rivalisierten damals doch vor allem zwei Gruppen.

An der Spitze der Pippiniden stand Pippins Sohn Grimoald, verbunden, neben anderen, mit Bischof Kunibert, mit den Söhnen Arnulfs von Metz, dem Herzog Bobo von der Auvergne, dem Alemannenherzog Leuthari. Die andere Gruppe führte ein gewisser Otto an, dessen Vater, der domesticus Uro, noch Dagobert I. zum Erzieher seines Sohnes Sigibert III. gemacht hatte. Otto, Vormund des minderjährigen Königs, beanspruchte gegen Pippins Sohn Grimoald die Nachfolge im Hausmeieramt. Zu Otto standen der Thüringerherzog Radulf und der Agilolfinger Fara.

Sein Vater Chrodoald war bei Dagobert, «auf Anstiften» des hl.
Bischofs Arnulf von Metz und Pippins, in Ungnade gefallen und
625 auf königlichen Befehl in Trier ermordet worden. Um den
Vater zu rächen, schloß Fara sich dem Thüringerherzog Radulf
an. Von Dagoberts hl. Sohn Sigibert (später als «Wetterherr» verehrt, Reliquien in Nancy, Fest: 1. Februar) um 640 in einer
«wilden Schlacht» vermutlich zwischen Mainz und Vogelsberg
geschlagen, wobei Fara umkam, konnte der verfolgte Radulf dennoch in Thüringen an der Unstrut den Sieg für sich buchen. «Man
sagt, es seien dort viele Tausende Männer durch das Schwert
gefallen» (Fredegar). Otto freilich wurde auf Betreiben Grimoalds, Bischof Kuniberts engem Freund (in amiciciam constrin-
gens), 642 oder 643 von dem Alemannenherzog Leuthari ermordet. Jetzt stand Grimoalds Hausmeieramt nichts mehr im Weg;
etwa 14 Jahre lang beherrschte er Austrien.

König Sigibert, zunächst kinderlos und unter Grimoalds Ku-
ratel, mußte nun dessen Sohn adoptieren, der den merowingischen Königsnamen Childebert (III.) erhielt, eine in tiefes Dunkel
gehüllte Regierungszeit, etwa zwischen 660 und 662. Doch bekam
Sigibert selbst noch einen Sohn, Dagobert II. Und als der hl. König
(der sich dem gleichfalls hl. Papst Martin I. bei der Bekämpfung
des Monotheletismus [S. 337 ff.] verweigerte, auch den Bischöfen
Synoden ohne königliche Genehmigung verbot) im Januar 656
tödlich erkrankte, trafen sich Grimoald und Bischof Dido von
Poitiers im pippinischen Familienkloster Nivelles und stellten die
Weichen für den Todesfall.[6]

König Sigibert, am 1. Februar 656 mit 27 Jahren bereits sterbend,
hatte zwar sein unmündiges Kind der Obhut Grimoalds anvertraut. Doch der ehrgeizige Majordomus über Austrien unternahm
nun seinen sogenannten Staatsstreich, den ersten Versuch, die
Pippiniden auf den fränkischen Königsthron zu bringen. Durch
Bischof Dido ließ er den noch unmündigen Merowingerprinzen
Dagobert II. zum Mönch scheren, um seinem eigenen Sohn Childebert (III.) die Krone zu sichern. Absprachegemäß nahm Bischof
Dido den rechtmäßigen Thronfolger Dagobert zunächst zu sich
nach Poitiers und steckte ihn 660/661 in ein Kloster nach Irland, um

ihn für immer zu beseitigen. Freilich mißlang dies sowohl durch mächtige austrische Oppositionelle wie vor allem durch den Widerstand der neustrischen Franken, die ihren eigenen, noch immer unmündigen König Chlotar III. zum Gesamtherrscher machen wollten. So wurde Grimoald in eine Falle gelockt, der neustrischen Dynastie ausgeliefert und in Paris gefangengesetzt. Dort endete er um 662 wegen Dagoberts II. Exilierung auf dem Schafott. Auch sein Sohn Childebertus adoptivus fiel vermutlich mit ihm, starb jedenfalls. Statt seiner wurde Childerich II. (662–675), ein jüngerer Bruder Chlotars III., Königin Balthildes jüngster, erst sieben Jahre alter Sohn, in Austrien König.

Schon nach drei Generationen war 662 der Mannesstamm der Pippiniden erloschen. Einen König und zwei Hausmeier hatten sie hervorgebracht. Jetzt lebten nur noch zwei Schwestern Grimoalds, die Äbtissin Gertrud von Nivelles und Begga, seit etwa 635 mit Ansegisel verheiratet, dem zweiten Sohn des hl. Arnulf von Metz. Das pippinidische Erbe zwischen Kohlenwald und Maas ging auf die moselländischen Arnulfinger über, deren Güter um Metz, Verdun, Tongern, vielleicht auch um Trier lagen. Der Sohn Ansegisels und Beggas, nach seinem Großvater mütterlicherseits Pippin genannt (Pippin II., der Mittlere), und seine Nachkommen verfügten damit über den gewaltigen Besitz von Arnulfingern und Pippiniden, ihre Hausgüter im Maas- und Moselraum – ein geschichtemachendes Herrschaftspotential.[7]

### . . . und viel Frommes

Das politische Geschehen dieser Jahre ist reichlich nebulos. Zählt doch die zweite Hälfte des 7. Jahrhunderts zu den «dunkelsten Epochen» der mittelalterlichen Geschichte. Denn einmal schweigen mit dem Ende der Fredegarchronik 643 die zeitgenössischen Quellen fast ganz. Sodann werden die fast durchweg minderjährigen merowingischen Kinderkönige immer mehr zum Spielball großer Reichsparteien, nicht zuletzt der Arnulfinger-Pippiniden.

Deutlicher tritt die Kirchenpolitik Grimoalds und seines Kreises hervor. Der nachmals Geköpfte hatte enge Kontakte mit den religiös führenden Figuren der Zeit. Er war mit den Bischöfen Desiderius von Cahors und Dido von Poitiers befreundet. Er ließ um 646/648 König Sigibert in den nordöstlichen Ausläufern der Ardennen die Klöster Stablo (Stavelot) und Malmédy in den Diözesen Maastricht und Köln stiften, wofür Sigibert ein Waldgebiet von zwölf Meilen zur Verfügung stellte.

Grimoalds Mutter, die hl. Iduberga (Itta), ist die Stifterin einer pippinischen Hausabtei, des Frauenklosters zu Nivelles, des ältesten in den Niederlanden. Und beide gründeten 651 auch die Abtei Fosses westlich von Namur für jene irischen Mönche, die Hausmeier Erchinoald samt ihrem Abt Foillan aus Neustroburgund ausgewiesen. Ein Teil von ihnen vergrößerte das «Familien»- und «Mutterkloster» Nivelles – «eine Stätte der Zucht inmitten eines zuchtlosen Volkes» (Hümmeler), machte es also zu einem der seit der christlichen Antike berüchtigten Doppelklöster.

Erste Äbtissin wurde die Tochter der hl. Iduberga, die gleichfalls hl. Gertrud (= sehr hold) von Nivelles, Grimoalds junge Schwester. Nur «Magd und Braut Jesu Christi» wollte sie sein, ganz allein «ihre Jungfräulichkeit dem himmlischen König» weihen (Hümmeler); eine Gottesbraut aber mit engen Beziehungen auch zu den irischen Mönchen, zumal zum ebenfalls hl. Abt Foillan. Dieser, der bald nach seiner Vertreibung bei der hl. Iduberga, der hl. Gertrud, Aufnahme fand und «weiterhin Kontakt mit dem ‹Mutterkloster›» hielt (van Uytfanghe), wurde um 655, von Nivelles heimkehrend, im Forst von Seneffe erschlagen und in den Abzugsgraben eines Schweinestalls geworfen. In großer Prozession freilich gelangte er nach Nivelles zurück, worauf der Kult des «Märtyrers» von Wallonien bis ins Rheinland expandierte.[8]

Die hl. Gertrud aber, die schon als Zwölfjährige ewige Keuschheit gelobt, war durch ihre «Askese ausgezehrt». Bereits mit dreißig Jahren trat sie zurück, übertrug das aufreibende Äbtissinnen-Amt Grimoalds einziger Tochter Wulfetrude, ihrer Nichte, auf daß alles in der Familie bliebe. Nur noch drei Jahre lebte sie dann «in Gebet und Buße» (van Uytfanghe). Und folgte während der hl. Messe dem hl. Märtyrer Foillan ins Paradies – indes auf Erden ihr Kult sich rasch von Brabant über Deutschland bis nach Polen ausdehnte, ja, eine der meistverbreiteten mittelalterlichen Heiligengemeinschaften wurde.

Sinnigerweise avancierte Gertrud zunächst zur Patronin der Reisenden (sie «trinken beim Abschied die ‹Gertrudenminne›»), dann aber auch zur Schutzheiligen für einen guten Tod («Sankt Gertrud möge dir Herberge bereiten!»). Und vom 15. Jahrhundert an nahm ihre Anrufung gegen Ratten und Mäuse zu. In der Ikonographie erscheint sie im Nonnen- oder Fürstengewand mit Krone, Fürstenhut, doch auch mit überall an ihr oder auf dem Äbtissinnenstab hinaufkletternden oder auf ihrem Bauch sitzenden Mäusen: Symbol des Unreinen, Bösen! Mäuse waren es, die sie «beim andächtigen Spinnen störten».[9]

Nun, fabulöses Rankenwerk, klerikale Propaganda. Tatsache aber ist, daß das pippinische Familienkloster, gleich so vielen Klöstern, der Hausmacht der Familie zugute kam und deshalb auf den – selbstverständlich politisch motivierten – heftigen Widerstand der neustrischen Aristokratie stieß.[10]

## DIE HL. BALTHILDE TÖTET NEUN BISCHÖFE

Grimoalds mißglückter Thronsturzversuch brachte die Pippiniden für zwei Jahrzehnte machtpolitisch ins Abseits. Statt ihrer kamen Neustrien und Burgund zum Zug, weniger allerdings das Königshaus als der Hochadel dieser Länder.

Zunächst freilich hatte Balthilde, die als angelsächsische Sklavin durch den Hausmeier Erchinoald an den neustroburgundischen Hof gelangte und um 648 von Chlodwig II. (639–657) geehelichte «kostbare Perle um geringen Preis» (Vita s. Balthildis) mit allen Mitteln die fortgesetzte Schwächung des Königtums bekämpfte. Dagegen blieb ihr Gatte, dem sie drei Söhne geboren, Chlotar, Theuderich und Childerich, ohne wirklichen Einfluß. Er starb 657, erst 23 Jahre alt, ein Lüstling, Wüstling angeblich und in den letzten Lebensjahren wahnsinnig. Und als gleich danach auch Hausmeier Erchinoald verschied, sorgte wohl Balthilde dafür, daß ihm nicht sein Sohn Leudesius, sondern Ebroin, ein anscheinend im Soissonnais begüterter Grundherr, im neustrischen Hausmeieramt folgte, der de facto jedoch auch über das Majordomat Burgunds verfügte; zweifellos der Mann des Tages.

Da Ebroin nicht aus der Hocharistokratie kam, hoffte die einstige Sklavin vermutlich, leichteres Spiel mit ihm zu haben. Und zumindest zunächst konnte sie auch, gemeinsam mit ihm und unterstützt von den Bischöfen Chrodebert von Paris, Eligius von Noyon und Audoin von Rouen, eine zentralistische Politik verfolgen. Sie verhinderte eine Reichsteilung unter ihren Söhnen und regierte das neustroburgundische Teilreich ausschließlich im Namen Chlotars III., sicherte aber nach dem Sturz der Pippiniden, des Hausmeiers Grimoald in Austrien, dort ihrem jüngsten Sohn Childerich II. 662 die Nachfolge.

In Burgund ließ Balthilde zwischen 660 und 663 den Erzbischof Aunemund von Lyon sowie seinen Bruder Dalfinus, den «praefectus» der Stadt, hinrichten, da der Metropolit offensichtlich die burgundische Hocharistokratie gegen das neustrische Königshaus mobilisierte. Die Anklage gegen ihn lautete aber nicht nur auf Hoch-, sondern auch auf Landesverrat, hatte er doch insgeheim eine auswärtige Macht (extranea gens) ins Reich rufen wollen. Unklar läßt die Quellenlage nur, ob der Metropolit in Chalon exekutiert oder heimlich ermordet worden war. Immerhin meldet der angelsächsische Priester und Mönch Aeddi Stephanus (Eddins) im frühen 8. Jahrhundert, die neue Jezabel (die aber zu einer Heiligen der katholischen Kirche aufstieg; Fest: 26. Januar oder 3. Februar) habe nicht weniger als neun Bischöfe ums Leben gebracht – anscheinend ebenfalls aus rein politischen Gründen, wegen ihrer Opposition zur neustrischen Dynastie, wohl zum merowingischen Königtum überhaupt.

Vielleicht ist die Zahl, die Priester und Diakone freilich noch gar nicht einbezieht, übertrieben. Doch geboten seinerzeit gerade viele hochfeudalisierte Bischöfe über eine Machtfülle, die häufig die Herrschaftsrechte der Herzöge und Grafen erheblich übertraf und Basis, ja Existenz des Throns immer gefährlicher bedrohte. Antiklerikalismus jedenfalls scheidet bei der Königin aus. Sie unterhielt zu verschiedenen Prälaten engere Beziehungen (Audoin von Rouen und Chrodebert von Paris gehörten zu ihren Beratern), sie hat auch viele der damals schon sehr zahlreichen Klöster Neustriens durch generöse Land- und Geldschenkungen, Spenden in Gold und Silber, besonders gefördert, mehrere gegründet. So überaus großzügig die Männerabtei Corbie (Diözese Amiens). Oder das Nonnenkloster Cala, Chelles-sur-Marne (Diözese Paris), in das sie bei ihrem Sturz um 665 als Nonne eintreten mußte und wo sie um 680 starb. Feiert sie doch die Vita Balthildis als tatkräftige Regentin und Christin zugleich. Und schließlich ist sie eine Heilige.[11]

## EBROIN UND LEODEGAR, ANTICHRIST UND NACHFOLGER CHRISTI

Die kirchliche Tradition hat Ebroin als Bestie, Abschaum der Menschheit, Antichrist gebrandmarkt. Eine Quelle nennt ihn zwar einen «ansonsten tüchtigen Mann, aber mit dem Hinrichten von Bischöfen allzu schnell bei der Hand». Doch auch Ebroin war keinesfalls prinzipiell kirchenfeindlich, vielmehr Stifter einer eigenen Hausabtei, des Marienklosters in Soissons (um 667), lebenslanger Freund auch des hl. Bischofs Audoin von Rouen, der als Berater der Pariser Könige allerdings der letzte gewesen ist, der dem Aufstieg der Pippiniden noch wirkungsvoll widerstand.

Ebroin hatte offensichtlich auch gute Beziehungen zum hl. Eligius, Bischof von Noyon-Tournai, einem engen Freund wieder Bischof Audoins. Doch war der Hausmeier eher armer Herkunft und somit nicht verpflichtet, aus familiären Gründen die reichen Adelscliquen zu schonen, die ihn, nicht ganz zu Recht, für einen Emporkömmling hielten. Er drängte ihren Einfluß zurück, minderte indes auch den der Merowinger, betrieb aber rücksichtslos die Interessen der Krone, die Wiedervereinigung des Frankenreiches unter neustrischer Führung. So geriet er in Konflikt mit den stets mehr eskalierenden Machtansprüchen der weltlichen, besonders jedoch kirchlichen Nobilität Neustriens und Burgunds. Sie führte der einst von Ebroin selbst sehr begünstigte Bischof Leodegar (Leudegarius) von Autun an, ein Abkömmling frankoburgundischer Hocharistokratie, ein Bruder des Gairenus (Warin), Grafen von Paris, und ein Neffe des austrischen Bischofs Dido von Poitiers.[12]

Durch Onkel Dido war Leodegar Archidiakon in Poitiers geworden, dann wahrscheinlich auch Abt dort von Saint-Maixent. Und als sich in Autun zwei regionale Adelsfraktionen zwei Jahre um den Bischofsstuhl geschlagen hatten, der eine Kandidat gefallen, der andere verbannt worden war, gelangte Leodegar um 662 durch die Gunst Königin Balthildes auf den begehrten Sitz und wurde einer der wichtigsten Politiker im Gallien des 7. Jahrhunderts. Doch indes er ein aufwendiges, prachtliebendes Leben führte, mit Gewalt und Schrecken die feindlichen Parteien unterdrückte und besonders die Reliquien des Märtyrers und Stadtheiligen Symphorian verehrte, ahnte er kaum, daß er selbst noch ein hl. Märtyrer werden würde.[13]

Denn Leodegars Machtgier brachte ihn bald in Gegensatz zu dem nicht minder herrschsüchtigen Ebroin, dessen Zentralisierungsbestrebungen er scharf widerstand, wobei die Feindseligkeiten wohl durch den Bischof eröffnet wurden, und dies in den diversen Phasen des Kampfes anscheinend wiederholt – Kämpfe «größten Ausmaßes im Merowingerreich» (Büttner). Und während Ebroin sich als Vertreter der Krone gegenüber den Optimaten fühlte, Gegner vor allem auch der burgundischen Separatisten war, wurde Bischof Leodegar zum Wortführer der Opposition, zum Exponenten der Adelspartei, der jede Einherrschaft widerstrebte.

Der unerwartet frühe Tod Chlotars III., des neustrischen Königs, im Frühjahr 673 traf Ebroin schwer und führte zu einem völligen Umschwung. Unter Ausschluß der Großen brachte der Hausmeier den jüngeren Königsbruder, den in Saint-Denis internierten Theuderich III., Balthildes zweiten Sohn, auf den Thron von Neustroburgund. Die Optimaten um Bischof Leodegar pro-

klamierten dagegen den bereits seit 663 in Austrien regierenden
jüngeren Bruder Theuderichs, Childerich II., der rasch Anerkennung fand.

Ebroin und sein König unterlagen im Sommer 673 dem Adel
und Episkopat. Der Hausmeier landete, zum Mönch geschoren,
im fernen Vogesenkloster Luxeuil, Theuderich III. geschoren in
Saint-Denis; Childerich II. von Austrien kam auf den Thron, Leodegar in die unmittelbare Umgebung des Königs. Und da dieser
erkannte, schreibt ein anonymer Mönch aus Saint-Symphorien
von Augustodunum (Autun) in der (vor 693 verfaßten) Vita seines
Heros, «daß der heilige Leodegar mit dem Licht der Weisheit alle
überstrahlte, so hatte er ihn beständig um sich in seinem Palast
und machte ihn zu seinem Hausmeier»; und «jedermann»
wünschte sich Glück, «den Leodegar zum Hausmeier zu haben».
In Wirklichkeit ist Leodegar nie Hausmeier gewesen, wohl
aber ein enger Berater Childerichs, «rector palatii», als welcher er
freilich bald eine so dominante Rolle spielte, daß er dem Hof auf
die Nerven fiel, zumal er auch des Königs Ehe mit dessen Cousine
Bilichilde kritisierte. Mit der Sprache seines Biographen war es
der «alte böse Feind», der zwischen König und Bischof «das Unkraut der Zwietracht säte», weshalb «der Haß des Teufels», «der
Neid der Bösen» sich wider den Heiligen Gottes erhob, und der
Herrscher «suchte eine Gelegenheit zu Leodegars Tod». Mutig
ging da der bischöfliche Held «am Morgen des Karfreitag in den
Palast und bot sich an Christi Todestag selbst zum Opfer dar: der
König wollte ihn auch mit eigner Hand durchbohren . . .», doch
der hl. Leodegar wollte jetzt «lieber entfliehen, als durch seine
Ermordung das Fest von Christi Auferstehung entweihen lassen.
Denn daß er sich vor dem Märtyrertod gefürchtet, wird wohl
niemand glauben.»

Tatsache ist, der hl. Bischof wurde an Ostern 675 gestürzt und
nun seinerseits «nach dem Vorschlag der Großen und Bischöfe»,
wie die Vita zugibt, zu seinem Gegner Ebroin ins Kloster Luxeuil
verbannt, wo sie angeblich, kaum ohne Hintergedanken, so sehr
ein Herz und eine Seele wurden, daß der Abt sie vorübergehend
trennte.[14]

«Aber nicht lange ließ das göttliche Strafgericht bei Childerich auf sich warten», notiert befriedigt der Anonymus aus Autun. König Childerich II. nämlich, der Zwanzigjährige, der sich auch an einigen Komplizen des Bischofs rächte, den Grafen Hector von Marseille hinrichten, den fränkischen Großen Bodilo verprügeln ließ, wurde von diesem, einem Parteigänger Leodegars, und einigen Verschworenen im Spätsommer 675 auf der Jagd im Wald von Lognes, in der silva Lauconis, ermordet; ebenfalls sein etwa fünfjähriger Sohn Dagobert und seine schwangere Gattin Bilichilde, «was schmerzlich zu sagen ist», wie es in den «Taten der Frankenkönige» heißt. Und nun kehrten die Klosterhäftlinge ringsum rachsüchtig zurück, «gleich giftigen Schlangen, welche die erste Frühlingssonne aus ihrem winterlichen Versteck hervorlockt» (Passio Leudegarii).[15]

Leodegar und Ebroin kamen aus Luxeuil, trennten sich aber sofort wieder. Theuderich kam aus Saint-Denis, Dagobert II. aus Irland. Eine Partei in Austrien wollte ihn zum König erheben. Und ein Komet am Himmel kündete Mord und Umsturz an. Wirklich griff bald ein einziges Chaos um sich. Fehden, Verrat, Totschlag waren an der Tagesordnung, eine so große Verwirrung entstand, schreibt der Mönch aus Augustodunum, «daß man glaubte, der Antichrist werde erscheinen». Wie übrigens oft, geht es besonders turbulent zu – unter Christen.

Nicht Ebroin wurde Hausmeier, sondern Erchinoalds Sohn Leudesius. Ebroin aber attackierte mit austrischer Hilfe die Neustroburgunder, nahm in einem Handstreich den Königshof in Nogent, kassierte den Königsschatz in Baizieux und an der Somme-Mündung den König. Hausmeier Leudesius wurde liquidiert zugunsten von Hausmeier Ebroin. Und dessen Parteigänger, darunter Herzog Waimar von der Champagne (der dann Bischof wurde und gehenkt worden sein soll), Bischof Bobo von Valence und Bischof Desideratus (Diddo) von Chalon, der an der Spitze eines Heeres stand, rückten 676 nach Burgund gegen Leodegar.

Nachdem man um Autun «auf beiden Seiten bis zum Abend tapfer gestritten», ergab sich der Heilige. Unerschrocken und

«durch des Herren Mahl gestärkt» schritt er, sagt der Mönchsbiograph, «ins feindliche Lager, sich für seine Mitbürger op-
fernd». Und dort empfingen ihn die (ja gleichfalls katholischen,
teils sogar bischöflichen) Teufel «wie die Wölfe ein unschuldiges
Lamm». Doch kein Schmerzenslaut kam, «als man ihm die Augen
aus dem Kopf riß, sondern er stimmte Psalmen an zum Lobe
Gottes». Und als er, geblendet, an Lippen und Zunge grausam
verstümmelt, fast zwei Jahre im Nonnenkloster Fécamp (Diözese
Rouen) lag, erhielt er mirakulöserweise die Sprache wieder –
«wuchsen doch durch Gottes Hand seine Lippen und Zunge ganz
wunderbar wieder, und ich selbst habe es gesehen, wie ihm die
Worte vom Munde flossen . . .»

Vor einer Bischofssynode 678 seiner «Würde» entkleidet, vom
höchsten Gericht zum Tod verurteilt, wurde Leodegar als Mit-
schuldiger des Königsmordes auf Ebroins Befehl in einem Forst
des Artois enthauptet, schon unmittelbar nach seinem Tod als
Märtyrer betrachtet und nach Ebroins Liquidierung als Heiliger
verehrt, wurde er Patron von Luzern und natürlich von Autun
und in der kirchlichen Heldensage zum «eifrigen Apostel des
Friedens», «Muster eines Priesters», «mit allen christlichen Tugenden geziert». «Die Legende ließ jetzt eine Serie von Wundern
geschehen, zu denen der regierende Bischof nicht recht Zeit gefunden hätte. Bei all seinem Reichtum und Grundbesitz hatte
Leodegar kein Kloster gegründet . . . Auch seine Fürsorge für
Arme schöpfte erst aus dem Vollen, wenn sich die gehäuften
Schätze nicht mehr politisch nutzen ließen» (Borst).

Wirklich, erst als Leodegar «wieder in seiner Stadt Augustodunum war, seine Herde zu weiden», als er, bedroht und umzingelt, die Tore verrammelt, die Bollwerke befestigt, doch keine
Chance mehr hat zu entkommen, da weigerte er sich beharrlich,
mit seinen Schätzen von dannen zu ziehen, wie unser Mönch
rühmt, «sondern teilte sein ganzes Vermögen unter die Armen
aus». Ein echter Ritter Christi. – Und schließlich beteten die Gläubigen: «Bitte für uns, heiliger Leodegar, segenreicher Bekenner
Christi, daß wir unsere Hoffnung allein auf das Kreuz unsers
Herrn setzen . . .»[16]

Dem Historiker Ewig aber gelingt ein szientifisches Kunststück. Er macht Leodegar zu einem Nachfolger Christi. Und dies aufgrund eines einzigen Briefes, seines letzten.

Gefangengesetzt, verstümmelt, ohne Augen, ohne Zunge, schrieb Leodegar an seine Mutter, nach der Hinrichtung seines Bruders und vor der eigenen, plötzlich ganz christlich fromme Sätze, wie: alle Trauer verwandle sich in Freude, «nicht zu hassen, sondern zu lieben» seien wir da. «Keine Tugend ist vollkommener als die Feindesliebe, durch die wir Kinder Gottes werden . . .» Solche Sentenzlein waren dem Bischof wohl kaum je in den Kopf, geschweige über die Zunge gekommen, es sei denn beim Wort zum Sonntag, sozusagen. Aber selbst seine «Passio» versichert ausdrücklich, er sei froh über den Untergang seiner Feinde gewesen. Doch Ewig weiß kraft des von der Todesangst erquetschten Schwanengesangs Leodegar «in seiner Zeit, nach seiner Art, in der Nachfolge Christi»; «blitzartig» sieht er die dunkle Epoche erhellt und warnt, «die merowingischen Jahrhunderte nur nach den Bluttaten zu beurteilen, von denen die Chroniken voll sind».

Nach den Ausnahmen geht's natürlich auch. (Ich ziehe – hier und immer historiographisch! – die Regel vor.)

Die Mutter des Heiligen, Sigrada, kam in Klosterhaft. Sein Bruder, der Graf von Paris, war als (angeblicher) Urheber von Childerichs II. Ermordung schon früher zur Steinigung verurteilt worden. Einige Bischöfe mußten ins Exil. Andere, wie der Metropolit von Lyon, Genesius, gegen den Prälaten noch mit Heeresmacht gezogen waren, akzeptierten schließlich das von Ebroin geschaffene Fait accompli. Wieder andere, vor allem in Neustrien, sympathisierten mit dem Sieger. Die Mordanschläge rissen im übrigen nicht ab – «einer der Höhepunkte fränkischer Geschichte im 7. Jahrhundert» (Fischer).[17]

## PIPPIN II., «DER IMMER SOGLEICH AUF SEINE FEINDE LOSSTÜRZTE . . .»

Der Rückruf des letzten austrischen Merowingers Dagobert II. im Jahr 676 aus fast zwanzigjähriger irischer Klosterhaft durch Hausmeier Wulfoald war zweifellos ein Schlag für Pippin II., den Mittleren. Denn offensichtlich wollte er um jeden Preis Hausmeier in Austrien werden, wie bereits sein Großvater Pippin und sein Onkel Grimoald. Lange mußte er auch nicht warten. Schon zu Weihnachten 679, am 23. Dezember, erschlug einer der Söhne König Dagoberts den Vater auf der Jagd bei Stenay in den Ardennen, in der Nähe von Verdun – «durch die Tücke der Herzöge und mit Zustimmung der Bischöfe» (per dolum ducum et consensu episcoporum: Vita Wilfridi). Adel und Episkopat schlugen Dagoberts Schutzpatron St. Peter von Stablo und Malmédy. Auch Hausmeier Wulfoald verschwand mit dem König.

Wer aber konnte interessierter daran sein als Ebroin, als Pippin?

In Austrien war nach Dagoberts II. Beseitigung und dem gleichzeitigen Ende Wulfoalds der dux Pippin wohl der mächtigste Mann; seit dem 14. Jahrhundert «von Heristal» genannt (obwohl Heristal bei Lüttich, schon 722 in einer Urkunde als Krongut auftauchend, nie Privatbesitz der Karolinger war). Von späteren Sagen stark verklärt, ist der Enkel Pippins I., des Älteren, und des Bischofs Arnulf von Metz, Pippin II., der Mittlere, der Ahnherr sowohl Karl Martells als auch Karls «des Großen» und eröffnet recht eigentlich die Geschichte der Karolinger, die jetzt immer dreister das Erbe der Merowinger rauben.

Pippin, als Dux Austrasiorum Herr des Ostreichs, steht nun, nebst seinem Verwandten, dem Herzog Martin, wohl dux der Champagne, auf der einen Seite im Endkampf um die Frankenherrschaft. Auf der anderen Seite stehen Ebroin, dem sich Bischof Reolus von Reims anschließt, sowie die früheren, auf Veranlassung Leodegars abgesetzten Bischöfe Desideratus, genannt Diddo, von Chalon-sur-Saône, und Bobo von Valence. In einer «blutigen Schlacht» 680 im Buchenwald (Bois-du-Fays), östlich von Laon, «in der von beiden Seiten viel Volk getötet wurde», siegt Ebroin und erzwingt Theuderichs III. Anerkennung auch in Austrien. Während Pippin entkommen konnte, hatte man Martin – nachdem ihm Bischof Reolus durch einen falschen Eid «auf leere Reliquienkästen» freies Geleit zugeschworen (ein von Ebroin schon einmal erfolgreich praktizierter Trick) – gefangengenommen und «mit allen seinen Leuten umgebracht» (Fredegarii Continuationes).

Neustrien schien die Oberhand zu behalten. Nach 18jährigem Ringen war Hausmeier Ebroin faktisch Alleinherrscher in Neustrien und Burgund, ohne jedoch den Thron zu beanspruchen. Doch den Versuch, sich auch in Austrien durchzusetzen, bezahlt er schon im Jahr nach seinem Sieg mit dem Leben. Kurz nach seiner Rückkehr aus dem Krieg, Ende April, Anfang Mai, spaltete ihm Ermenfred, ein hoher neustrischer Palastbeamter, das Haupt, just als Ebroin «des Sonntags vor Tagesanbruch zur Frühmesse gehen wollte . . .» Ermenfred aber flüchtete zu Pippin, der vielleicht auch diesen Mord veranlaßt, jedenfalls wieder davon den größten Vorteil hatte, und belohnte die Bluttat durch Aufnahme des Mörders in den königlichen Rat. Pippin hatte sich im Kampf um die Vorherrschaft gegen die jahrzehntelang führenden neustrischen Hausmeier durchgesetzt; nicht zuletzt, weil ein Teil des neustrischen Adels nun wieder zum austrischen Majordomus überging.[18]

Ebroins Nachfolger im neustrischen Hausmeieramt, Waratto, suchte zwar Frieden mit Pippin. Doch gegen Warattos Sohn Gislemar führte Pippin «Bürgerkriege (bella civilia) und viele Kämpfe». Und Warattos Nachfolger und Schwiegersohn Berchar, der die Würde seiner Schwiegermutter Ansfled verdankte, trat erneut in Opposition zu dem Arnulfinger, dessen Verschwörerfront noch allerlei Überläufer verstärkten, auch bischöfliche, wie eben Metropolit Reolus, der jetzt eine Schwurfreundschaft mit Pippin schloß. Der Bischof und die Seinen stellten dem Hausmeier Geiseln «und hetzten ihn gegen Berchar und die übrigen Franken auf» (Fredegarii Continuationes).

Pippin trat wieder an die Spitze der Rebellen und stieß 687 mit dem austrischen Adel aus dem Kohlenwald vor. War er doch, sagt

Paulus Diakonus, «ein Mann von ungemeiner Kühnheit, der immer sogleich auf seine Feinde losstürzte und sie schlug». In der
Schlacht bei Tertry an der Somme, von der karolingischen Tradition als Epochenereignis hochgespielt, besiegt Pippin die neustrische Armee unter Theuderich III. und seinem Hausmeier
Berchar. Gleich danach verbündet er sich mit Warattos Witwe
Ansfled, und diese läßt bald darauf ihren Schwiegersohn Berchar
ermorden. Nachfolger des Opfers im Amt des neustrischen Hausmeiers wird Pippin, der damit auch die Führung in Neustrien
bekommt, wo er, wie es in alten Annalen heißt, den König «mit
seinen Schätzen und der Hofhaltung» in Empfang nimmt, als
handle es sich um ein «Inventarstück». Tatsächlich sind die Könige nur noch Statisten, bloße Thronpuppen, die bis zur Mitte des
8. Jahrhunderts lediglich noch nominell regieren.

Pippin beläßt den Merowinger Theuderich in Neustrien, gibt
ihm freilich auch, während er nach Austrien zurückkehrt, eigene
Leute, ihm selbst ergebene Hausmeier, zur Hand, zunächst Norbert, dann seinen Sohn Grimoald. Sein älterer Sohn Drogo, zum
Herzog in der Champagne erhoben, aber führt nun Ansfleds
Tochter Anstrud als Frau heim, die Witwe des von ihrer Mutter –
der «vornehmen und tüchtigen Ansfledis» (matrona nobilis et
strenua) – zugunsten Pippins ermordeten Berchar. So fügt sich
alles schönstens. Das Erbe der Merowinger ist de facto beinah
angetreten, die Familie der Pippiniden beginnt ihren Aufstieg aus
dem Provinzadel zu den Herren Europas.[19]

Pippin residierte weniger in Metz als in Köln, wo wahrscheinlich seine Gattin Plectrudis, eine Tochter des späteren Bischofs
Hugobert von Maastricht, das Stift Maria im Kapitol gegründet
hat. Und auch Pippin selbst, der Neffe der ersten Äbtissin (Gertrud) des großen Klosters von Nivelles in Brabant (S. 281 f.) war
bereits der Kirche besonders verbunden, war Gründer und Förderer von Klöstern, verehrte vor allem St. Peter, den er zu seinem
Schutzpatron wählte, und stand überhaupt bei den Zeitgenossen
im Ruf besonderer Frömmigkeit und Glaubensverbreitung. Denn
Krieg und Klerus, Blut- und Taufbad, Massenmord und Mission,
das gehört stets enger und enger zusammen.

Auch jene Züge zeigen dies, mit denen Pippin die Friesen unter ihrem fest zum alten Glauben haltenden König Radbod heimsucht.[20]

## SCHWERTMISSION BEI DEN FRIESEN

Neben den Sachsen (und Bretonen) widerstanden die Friesen den Franken am heftigsten. Für ihre Unterwerfung brauchten christliche Soldaten und Missionare ein rundes Jahrhundert.

Die Friesen waren ein Bauern-, Fischer- und Händlervolk, das seine Stammsitze an der Nordsee, die Küstengebiete zwischen Ems und Weser, auch während der Völkerwanderung nicht verließ. Vielleicht wurden die Friesen (teilweise) bereits Mitte des 6. Jahrhunderts unter Chlotars I. Botmäßigkeit gebracht. Sicher aber übertrug König Dagobert 630 dem Kölner Bischof das Kastell Utrecht mit der Auflage der Friesenbekehrung. Während der blutigen Querelen unter Dagoberts Nachfolgern kam es zum Aufblühen Frieslands, seiner Macht, seiner Wirtschaft, und einige irische Prediger unternahmen erneut Bekehrungsversuche, allerdings vergeblich. Und nicht mehr Glück hatte offenbar auch Bischof Wilfrid von York, ein Schrittmacher der römischen Observanz. Wiederholt durch seine Amtsbrüder, die Erzbischöfe Theodor und Brihtwald von Canterbury vertrieben, holte er sich jeweils in Rom Zuspruch und wirkte im Winter 678/679 in Friesland, wo ihn Fürst Aldgisel, König Radbods Vater, gastlich aufnahm.[21]

Der Erfolg aber kam erst mit den Waffen, nur wenige Jahre nach Wilfrids Gastspiel. Jetzt nämlich bekriegt Pippin, im engen Bündnis mit der Kirche, 689 und 695 die Friesen. Er besetzt Westfriesland bis zum Altrhein, worauf er und der fränkische Adel in den eroberten Gebieten der Kirche Land übertragen. Endlich hatten Haudegen und andere Frohe Botschafter den ersehnten Erfolg. «Als der Waffenlärm verklungen und Radbod von Pippin zurückgeworfen war», schreibt Camill Wampach, «strömten be-

sitzsuchende Franken in diese Gegenden nach. Das Land lud zur
Einwanderung ein . . .» Das klingt nicht schlecht. Und befriedigt
schreibt der einstige Bonner Professor weiter, viele «Großgrund-
herren» werden nun «zu Wohltätern . . .» Nicht der Friesen
freilich; «zu Wohltätern Willibrords . . . Wir stellen fest: der Apostel findet Eingang in den großen Kreisen.»[22]

Auch das klingt wieder gut – für den «Apostel der Friesen». Der
Northumbrier Willibrord nämlich, ein Schüler Wilfrids in York,
erschien bereits ein Jahr nach Pippins Feldzug mit zwölf anderen
Propagandisten, stellte sich sofort unter den Schutz des Franken-
herrschers und predigte im Einvernehmen mit ihm – täglich dem
Teufel unzählige Verluste bringend, dem christlichen Glauben
entsprechenden Gewinn (Beda). Dabei ist bezeichnend, daß zuerst der Adel zum Christentum überlief.

Der hl. Willibrord, schon als Kleinkind, als sechsjähriger «Oblate», von den Schottenmönchen zu Ripon bei York indoktriniert,
brachte mit päpstlicher Ermächtigung und dem Beistand des
austrischen Hochadels die christliche Wissenschaft weiter unter
die Unwissenden (S. 310). Dabei dienten ihm zuerst Antwerpen,
dann das Kloster Echternach als rückwärtige Stützpunkte. Seine
besondere Gönnerin wurde die Äbtissin Irmina von Oeren bei
Trier, wahrscheinlich die Mutter von Plektrud, Pippins Frau.
Irmina machte Echternach dem Willibrord 697 oder 698 zum
Geschenk. Etwas früher, auf seiner zweiten Romreise, hatte ihn
Papst Sergius I., auf Pippins Wunsch, dem eine ganze friesische
Kirchenprovinz Utrecht vorschwebte, zum Erzbischof ernannt.
Und Pippin bestimmte seine Burg Traiectum (Utrecht) als Willi-
brords Sitz, «weil die Ausbreitung des Christentums bei den
Germanen an der Grenze des Reiches dessen politischen Einfluß
stärkte» (Buchner). «Fränkische Herrschaft und christliche Mis-
sion unterstützten einander» (Levison). «Das politische und das
kirchliche Interesse in dem neuen Missionsgebiet ging Hand in
Hand» (Zwölfer). Das alles ist längst erwiesen und unbestritten.
Erst das Adelsschwert, dann das Klerusgeschwätz, dann das gemeinsame Schröpfen.

Nach Pippins Tod aber (714) schlug der heidnische Friesenherzog Radbod, der sich selbst auch König nannte, die Franken zurück. Er eroberte wieder die Gebiete westlich des Altrheins, und mit der fränkischen Herrschaft brach auch die christliche Kirche zusammen. Erst als Radbod 719 starb, drangen die Franken wieder in Westfriesland vor. «Das Land lud zur Einwanderung ein . . .» Karl Martell, der Erzbischof Willibrords Wirken durch reiche Schenkungen von Fiskalgut förderte, indes der mehr oder weniger versklavte Rest «angepaßt» worden ist, zog dreimal gegen die Friesen und riß 733 und 734, in zwei Kriegen gegen Herzog Bobo, ganz Mittelfriesland an sich, während die Ostfriesen, zusammen mit den Sachsen, erst Karl «der Große» unterjochen konnte.[23]

Camill Wampach aber (einst auch Direktor des Luxemburger Regierungsarchivs) vermag nach den «glückverheißenden Anfängen des christlichen Glaubens» in Friesland unter dem hl. Willibrord erstehende Gotteshäuser zu melden, Taufkirchen, feierliche Gottesdienste etc.; Franken auch, die in «diesen Grenzgegenden . . . auf verantwortungsvollem Außenposten des Reiches Wache hielten und die auf ihrem ausgedehnten Besitz, in ihren breit hingelagerten Herrenhöfen und ihren casatae, das Oratorium errichteten, die ersten basilicae zu Ehren der Gottesmutter und der Apostelfürsten, wo sie sich mit ihrem mehr oder weniger großen Kolonengefolge zum Gottesdienst einfinden konnten . . .»[24]

Ausgedehnter Besitz, breit hingelagerte Herrenhöfe, Kolonengefolge – ist das kein herrliches Christentum?!

Und herrlich geht es denn auch weiter.


## KARL MARTELL «. . . MIT VIELEM BLUTVERGIESSEN» UND «MIT GOTTES HILFE»

Pippins älterer Sohn Drogo war schon 708 einem Fieber erlegen. Und der jüngere Grimoald (II.), Majordomus in Neustrien und nun eigentlicher Nachfolger Pippins, wurde auf dem Weg zu sei-

nem schwer erkrankten Vater in der Pfalz Jupille bei Lüttich im
April 714 in der Lütticher Basilika des Märtyrers Lambert durch
den Friesen Rantgar erschlagen. Da der Hausmeier selbst schon
wenige Monate später, am 16. Dezember 714, starb, war die
Vorherrschaft der Karolinger im Frankenreich gefährdet.

Kurz vor seinem Tod hatte Pippin Grimoalds außerehelichen
Sprößling Theudoald, damals erst sechsjährig, zum Hausmeier
bestimmt; von der Nachfolge ausgeschaltet aber seinen etwa drei-
ßigjährigen Sohn (aus einer Nebenehe mit der schönen Chalpai-
da) Karl mit dem Beinamen «der Hammer» (Tudes, Tudites,
Martellus), der erst im 9. Jahrhundert aufkommt und das Zerschlagen seiner Feinde versinnbildlicht. Pippins Witwe Plektrud,
die unter der nominellen Herrschaft Dagoberts III. als Vormund
regierte, setzte Karl Martell, ihren Stiefsohn, in Köln gefangen.
Im Sommer 715 aber floh er «mit Gottes Hilfe» und bekriegte
seine neustrischen Gegenspieler, Hausmeier Raganfred und König Chilperich II. (716–721), der als Kleriker Daniel hieß; zwei
Katholiken, selbstverständlich, die kurz zuvor jedoch, im Bund
mit heidnischen Friesen und Sachsen, siegreich gegen Plektruds
Witwensitz Köln vorgerückt waren, «indem sie gemeinsam jene
Lande verwüsteten» (Fregedarii Continuationes).[25]

Dann aber kam Karl zum Zug – «und es geschah ein großes
Blutvergießen auf beiden Seiten», wie dieselbe Chronik meldet.
Karl schlug die Neustrier 716 in den Ardennen, südlich Lüttich,
717 auch bei Vinchy, südlich Cambrai. Er jagte die Fliehenden bis
Paris, kehrte beutebeladen zurück und zwang Plektrud zur Über-
gabe Kölns samt Auslieferung ihres reichen Schatzes. Damit hatte
er zunächst das Regiment in Austrien; doch gab er dem Land mit
Chlotar IV. (717–719) einen – allerdings völlig von ihm abhängi-
gen – König, praktisch einen Gegenkönig zu dem Neustrier
Chilperich.

718 verheerte Karl Martell Sachsen bis zur Weser und besiegte
noch im selben Jahr oder im nächsten bei Soissons ein neustrisch-
aquitanisches Aufgebot unter Hausmeier Raganfred und Herzog
Eudo. Er führte bald neue Kriege gegen die Sachsen und bekämpfte sie noch einmal 738, wobei er jetzt «jene unverbesserlichen

Heiden» zur Tributpflicht und Geiselstellung zwingen konnte –
im Wortlaut unserer Quelle: «. . . brach Karl, der tapfere Mann,
mit dem fränkischen Heer auf, setzte nach klugem Plan, da wo die
Lippe einmündet, über den Rheinstrom, verwüstete den größten
Teil jenes Landstrichs mit vielem Blutvergießen, machte das wilde
Volk zum Teil zinspflichtig, ließ sich viele Geiseln von ihm stellen
und kehrte dann mit Gottes Hilfe siegreich nach Hause zurück.»

Dazwischen zog er noch zweimal gegen die Bayern, einmal,
730, gegen die Schwaben, die endgültig unterworfen wurden, und
führte im folgenden Jahr zwei Kriege gegen Aquitanien, das er
weithin brandschatzte.

Nach langen Kämpfen und schweren Rückschlägen errang
Karl die Anerkennung als gesamtfränkischer Hausmeier. Bei
Chlotars IV. Tod 719 bekam er von Herzog Eudo, den er wieder
tolerierte, den flüchtigen merowingischen Schattenkönig Chilperich II. samt Königsschatz ausgeliefert, erkannte ihn aber in
Neustrien als rex an. Freilich lebte Chilperich nur noch ein Jahr.
Darauf ließ er Theuderich IV. (720–737) «regieren» – ein König
auf dem Thron, von dem keine Quelle spricht, nicht einmal von
seinem Tod, den wir nur zufällig erfahren. Und seit 737 herrschte
Karl ohne jeden Merowinger unumschränkt, der eigentliche Begründer des Karolingerreiches.

Karl Martell hatte seine Macht durch fortgesetztes Schlachten
gefestigt. Jahr für Jahr war er ausgerückt, keineswegs nur um die
Grenzen zu sichern, sondern um sie vorzuschieben, um zu unterwerfen, zu versklaven. Er stritt nicht nur gegen die Neustrier,
sondern rundum, gegen die Alemannen, gegen die er 725 und 730
überaus blutige Siege erfocht und den Bischof Pirmin missionie-
rend im Sinne seiner Herrschaft wirken ließ. Er führte Kriege
wider «das wilde Seevolk der Friesen» («eine der Hauptleistungen
seines Lebens»: Braunfels), zwei Feldzüge, 733 und 734, wobei er
zuletzt sogar in einem «kühnen Seezug» und «mit der gehörigen
Anzahl von Schiffen» über die Zuidersee mit einer Flotte vorstieß,
worauf er das Land vollständig verwüstet, den Herzog, ihren
«hinterlistigen Ratgeber», getötet, die friesischen Heiligtümer geschleift und verbrannt hat – die gute christliche Art, die Frohe

Botschaft zu verbreiten und nebenher ein wenig auch die eigene Macht. Er bekämpfte die Sachsen, zu denen er Bonifatius mit einem Geleitbrief schickte. Er zog gegen die Thüringer, die Bayern, nach Burgund, in die Provence und wider die «gens perfida» der Sarazenen, der Araber 732.[26]

## Der Aufbruch des Islam

Die Expansion des Islam, zunächst von Persien wie Byzanz unterschätzt, war das bedeutsamste Ereignis des 7. Jahrhunderts, ja, ein einzigartiges Geschichtsphänomen. Seit der germanischen Völkerwanderung hat nichts mehr derart die europäische Geschichte bestimmt. Und während das Ergebnis der entfernt vergleichbaren früheren Hunnen-, der späteren Mongolenstürme in Europa nur kurzlebig war, dauern die Folgen des Arabersturms bis jetzt fort. «Noch heute sitzen die Anhänger der neuen Religion fast überall da, wo sie unter den ersten Kalifen zum Siege gelangt ist. Ihre blitzartige Ausbreitung ist, verglichen mit dem langsamen Fortschreiten des Christentums, ein wahres Wunder» (Pirenne).[27]

Einerseits war der Islam (das Wort bedeutet nach koranischem Sprachgebrauch: Unterwerfung, Ergebung in den göttlichen Willen) streng monotheistisch. Er verdammte das in Arabien weit verbreitete und gerade deshalb befehdete Trinitätsdogma des Christentums als Polytheismus. (Doch hatte Mohammed selbst, vorübergehend, drei Göttinnen, engelartige Fürsprecherinnen, bei Allah zugelassen, plötzlich aber, als zu gefährlichen Kompromiß, wieder preisgegeben.) Andererseits ging der Islam aus Elementen des Judentums und Christentums hervor, war diesem sogar eng verwandt, wenn auch mit eigenen Zügen (u. a. der Erlaubnis für den Mann, vier Frauen zu haben und ungezählte Kebsen). Wie das Christentum verkündete der Islam das ganz nahe, furchtbare Endgericht (dessen Zeitpunkt man freilich, als es nicht kam, genau wie bei den Christen, in immer weitere Ferne verlegte). Man kannte auch das Höllenfeuer in der neuen alten Religion, die schattigen Gärten des Paradieses, die Pflicht zu Glaube, Buße, Gebet.

In Moses und Jesus sah der Islam, der die Urreligion, die «Religion Abrahams», wiederherstellen wollte, nicht falsche Propheten, sondern solche, die noch nicht die ganze Wahrheit erkannt oder deren Jünger sie verfälscht haben. Es ist bezeichnend, daß man den neuen Glauben zunächst nur für eine weitere «Ketzerei» orientalischen Christentums hielt; wie ja noch die Scholastiker die Moslems unsicher als «Ketzer oder Heiden» bezeichnen.[28]

Mohammed ibn Abdallāh wurde wahrscheinlich um 570 in Mekka geboren und um 610 auf dem Berg Hirā durch jenseitige Visionen, Stimmen «berufen». Doch erst seine Ehe mit der bereits etwas bejahrten, aber reichen Kaufmannswitwe Khadīdscha, deren Kameltreiber er war, gab ihm die wirtschaftliche Unabhängigkeit für sein Prophetentum, seine Nervenkrisen, Gehörs- und Gesichtshalluzinationen, mystischen Offenbarungen. Und nach Khadīdschas Tod gönnte er sich die Freuden eines wohlbesetzten Harems – zum Übersinnlichen das Sinnliche.

Trotz kräftiger lokalpatriotischer Töne waren die Anfänge kläglich. Meist Sklaven und Arme hingen Mohammed an; es erinnert an die ersten Anhänger Jesu. Von der eigenen Familie blieb – selbst und gerade – sein treuer Pflegevater und Onkel Abū Tālib ungläubig bis ins Grab. So erlaubte Gott schließlich seinem Propheten, Ungläubige auch mit der Waffe zu bekämpfen. Der Missionar mauserte sich zum Kriegsherrn. (Auch das war bei den Christen, seit dem 4. Jahrhundert, nicht anders – nur kam hier ein ungeheuer widerliches Heucheln hinzu; tat man doch das Gegenteil von dem, was man lehrte.) Mohammed missionierte wenigstens mit *erklärter* Gewalt, mit etwas Raub bloß zunächst, bescheidenem Blutvergießen noch, einer Art Kleinkrieg gegen die ungläubige Vaterstadt. «Der Unterhalt meiner Gemeinde», lautet ein ihm zugeschriebenes Ondit, «beruht auf den Hufen ihrer Rosse und den Spitzen ihrer Lanzen, so lange sie nicht den Acker bestellen; wenn sie anfangen das zu tun, so werden sie wie die übrigen Menschen.»

622, dem Jahr 1 mohammedanischer Zeitrechnung, war der Prophet aus dem ungläubigen Mekka nach Medina geflohen. Und als er einmal mit 300 Soldaten eine Karawane aus seiner Geburtsstadt überfiel, wobei Engelscharen auf seiner Seite mitstritten, holte er sich seine ersten militärischen Lorbeeren. Es nährte seine Allüren wohl ebenso wie jener Glaubensakt in Medina, wo er 627 Hunderte von Juden köpfen und ihre Frauen und Kinder in die Sklaverei verkaufen ließ – was für ein inspirierendes Beispiel für die christliche Welt! 630 nahm er Mekka wieder in Besitz und «bekehrte» es, womit sein Sieg in Arabien entschieden war. 632 starb er, das Haupt im Schoß seiner Lieblingsgattin – und mitten in der Vorbereitung zu neuen Feldzügen, zwischen denen, auf denen er immer weitere göttliche Offenbarungen gehabt. «Das Paradies», lehrt er, «liegt im Schatten der Schwerter.»[29]

633 begann der Großangriff. Unter Mohammeds erstem Paladin, seinem Schwiegervater Abu Bekr (632–634) – er avancierte zum Kalifen (Khalifa, Nachfolger) –, gewann man das angrenzende Gebiet zwischen Jordan und Euphrat, erst der Auftakt. Doch unter Kalif Omar (634–644), dem eigentlichen Schöpfer des islamischen Großreiches, folgte ein phantastisch schneller Siegeslauf, vor allem auf Kosten des Christentums, dessen Länder die islamischen Großhändler für ihre Marktwirtschaft brauchten. «Es ist unsere Aufgabe», so Omar angeblich, «die Christen zu verschlingen, und die Aufgabe unserer Söhne, ihre Nachkommen zu verschlingen, solange es noch welche gibt.» Aber selbst das katholische «Handbuch der Kirchengeschichte» läßt die verhältnismäßige Toleranz der Araber bei ihren Eroberungen wiederholt durchblicken: «Die gleichen Steuern waren zu bezahlen, und das kirchliche Leben wurde nicht wesentlich gestört ... im Prinzip genossen Kirchen und Klöster eine relative Freiheit.»

635, nach sechsmonatiger Belagerung wurde Damaskus erobert, 636 Syrien überrannt, 638 Jerusalem und Antiochien gewonnen, 639 Ägypten, 642, nach der Schlacht von Nihawad, Persien. Mittellos und ohne Truppen floh sein letzter König Yazdgard (Jezdegerd) III. von Provinz zu Provinz, bis er 652 im Gebiet von Merw einem Mordanschlag erlag. 644 war auch Kalif Omar durch einen persischen Sklaven in Medina umgekommen; doch zuvor, in wenigen Jahren, war das byzantinische Imperium auf ein knappes Drittel geschrumpft, die Eroberung des Herakleios, sein Lebenswerk, vor seinen Augen zusammengebrochen.

Auch Omars Nachfolger Othman (646–656) wurde ermordet, zuvor aber 647 Tripolitanien, die Cyrenaika genommen, 649 Kypros, 654 Rhodos, wo man den berühmten Koloß als Altmetall an einen jüdischen Händler verkaufte. Sogar die oströmische Flotte unterlag an der Küste von Lykien, ja Konstantinopel selbst geriet in Gefahr. Kaiser Konstans II. (641–668) gab die Stadt bereits auf und regierte in seinen letzten Jahren (663–668) von Italien aus.

Indes, am christlichen Byzanz, an seiner Flotte – vom 8. bis 11. Jahrhundert die beste im Mittelmeerraum und in ganz Europa – prallten die Araber ab. 668, 672, 677 stoppte sie die byzantinische Marine, besser gebaute, besser bewaffnete Schiffe, vor allem mit dem durch Kallinikos von Baalbek erfundenen «griechischen Feuer»: eine vom Bug katapultierte, auch unter Wasser weiter brennende und am Ziel haftende, geheimgehaltene Mixtur wahrscheinlich aus Naphtha, Bitumen, Pech, Schwefel, Harz, Öl und ungelöschtem Kalk, die jahrzehntelang die Seeschlachten entschied – die direkte Vorstufe des Schießpulvers. Obwohl die Araber fünf Jahre lang, zwischen 674 und 678, in härtesten Attacken die oströmische Hauptstadt zu Wasser und zu Land bestürmten, wurden sie stets von neuem abgeschlagen. Kalif Moawijah mußte 678, nach einem Doppelsieg der Byzantiner zu Land und See, einen unvorteilhaften Frieden unterzeichnen.

In der übrigen Welt freilich ging der Siegeslauf der Araber weiter. Unter Abdul Melik (685–705) und seinem Sohn Welid I. (705–715) gewannen sie Turkestan, Kaukasien und Nordafrika, wo man die Berber «bekehrte». 681 wurde erstmals die marokkanische Atlantikküste erreicht, 697 Karthago erobert. Bis 698 waren alle Festungen Nordafrikas endgültig genommen, und von Tunis, der neuen Hauptstadt aus, kontrollierte die Flotte der Okkupanten das westliche Mittelmeer. Noch ehe das Säkulum zu Ende ging, besaßen die Araber das größte Territorialreich der Weltgeschichte, ausgedehnter als das Römische Reich oder das

Alexanders. Schließlich reichte ihr Imperium vom Aralsee bis
zum Nil und vom Golf von Biskaya bis China. Innerhallb eines
Menschenalters verlor die Kirche zwei Drittel ihrer Gläubigen an
den Islam. Und fast alle islamischen Eroberungen, abgesehen von
Teilen Spaniens und des Balkans, sind bis heute islamisch geblieben.[30]

Die Iberische Halbinsel suchte erstmals im Juli 710 ein arabischer Voraustrupp von rund 400 Mann heim. Im nächsten Jahr
folgte die Invasionsarmee, 7000 Soldaten, bald um weitere 5000
verstärkt. Man drang über Gibraltar ein (benannt nach dem arabischen Unterfeldherrn Tāriq ibn-Ziyād). Noch im gleichen Jahr
vernichteten die Invasoren in der Schlacht von Jerez de la Fron-
tera (bei Cádiz) das spanische Westgotenreich. Um 715 hatten sie
alle wichtigen Städte des Landes besetzt und 720, nach Über-
schreitung der Pyrenäen, Narbonne erobert. Schließlich hieß es,
sie rückten auf Tours vor, um den am Grab des hl. Martin auf-
gehäuften Kirchenschatz zu plündern.

Da trat Karl Martell mit dem «Heerbann» des gesamten Rei-
ches den «Ungläubigen» entgegen, Räuber gegen Räuber. Vor der
Schlacht nördlich von Poitiers, einem «später oft überschätzten»
Sieg (Nonn), lag man einander erst sieben Tage lauernd gegen-
über, ehe die Araber, am 17. Oktober 732, geschlagen nach
Spanien retirierten. Der teils mächtig über-, teils untertreibende
Bericht des Paulus Diakonus läßt, bei angeblich nur 1500 eigenen
Schlachtopfern, 375 000 Sarazenen ins Gras beißen, darunter
auch den muslimischen Feldherrn und Statthalter des Kalifen in
Spanien Abd-ar-Rachmān – alles «mit Christi Beistand» (Fredegarii Continuationes). «Um die Weltherrschaft des Islam und der
christlich-germanischen Kultur wurde gekämpft» (Mühlbacher),
«das christliche Abendland vor der Überschwemmung durch die
muhammedanischen Barbaren» gerettet (Aérssen), kurz, ein
«schöpferischer Sieg» (Daniel-Rops), ein Sieg auch, der «den Hi-
lariuskult neu aufleben» ließ (Ewig).

Karl Martell kämpft noch 735, 736, 737 und 739 gegen die
Araber. Er fällt immer wieder in Aquitanien ein, «das Gotenland», in die Provence, die Narbonensis. Er läßt nach der Erstür-

mung Avignons die Verteidiger töten. Er zerstört Nîmes mit
seinem alten Amphitheater. Er ruiniert Agde, Béziers. Er läßt «die
hochberühmten Städte . . . samt ihren Haus- und Stadtmauern
bis zum Boden niederreißen, legte Feuer und steckte sie in Brand;
er zerstörte auch die Vorstädte und Befestigungen dieses Gebietes.
Als er, der bei allen Entscheidungen von Christus geleitet wurde,
in dem allein das Heil des Sieges liegt, das Heer seiner Feinde
besiegt hatte, kehrte er wohlbehalten in sein Gebiet zurück, ins
Land der Franken, den Sitz seiner Herrschaft.[31] – Wer sprach da
von muhammedanischen Barbaren? Und von christlich-germani-
scher Kultur?

Nach jedem Feldzug eilt Karl, wie schon Vater Pippin (un-)
seligen Angedenkens, «samt den Schätzen» heim, «mit vielen
Schätzen», «mit großen Schätzen», «mit großer Beute», «mit reicher Kriegsbeute», «mit ungeheurer Beute und vielen Gefangenen» etc. Und natürlich immer wieder auch mit «dem Beistand
Christi», «mit Gottes Hilfe». Und natürlich, nach dem Mordzug
(und vor dem nächsten), auch «im Frieden». So melden die Fortsetzungen der Chroniken des sogenannten Fredegar nach einem
höchst erfolgreichen Raubunternehmen im Süden: «Siegreich und
im Frieden kehrte er wieder heim unter Beistand Christi, des
Königs der Könige, des Herrn der Herren. Amen.»[32]

Auch wider die eigene Familie hat Karl Martell gewütet, ihren
großen Pfaffen ausgenommen. Er beseitigte 723 die beiden Söhne
von Pippins ältestem Sohn Drogo, Arnulf und Godofred, die seiner Machtsucht offenbar im Wege standen, während er ihren
Bruder Hugo, Erzbischof von Rouen, Bischof von Paris und Ba-
yeux, Abt von St-Wandrille und Jumièges, mit Pfründen über-
schüttete – zufrieden wie der war in seinem Fett und ungefährlich
(für Karl).[33]

Der erste «Karolinger» befehligte unter den merowingischen
Schattenkönigen praktisch das Gesamtreich, wurde in den Quellen dux, princeps, von den Päpsten gelegentlich patricius und
subregulus genannt, und urkundete seinerseits korrekt als «maior
domus». Da aber «der kluge Mann», «der tapfere Mann», «der
treffliche Streiter», «der große Krieger», «der ausgezeichnete

Krieger», «der triumphierende Feldherr» seine vielen Gemetzel auch mittels Kirchengutes finanzierte, von der Forschung oft fälschlich Säkularisation genannt, lebte er als ein dem Teufel verfallener Kirchenräuber fort. In Wirklichkeit war Karl Martell alles andere als kirchen- oder klerusfeindlich, wie schon seine Förderung so prominenter Propagandisten des Christentums wie Pirmin, Willibrord oder Bonifatius zeigt, dem wir uns damit zuwenden.[34]

## 11. KAPITEL

# DER HL. BONIFATIUS,
# «APOSTEL DER DEUTSCHEN»
# UND ROMS

«The Greatest Englishman». Titel einer Anthologie von
Timothy Reuter[1]

«Er war eine durch und durch feine, fast möchte man sagen
eine zarte, keine stürmische oder Kraftnatur. Ein Mann von
einem ganz reinen, hohen Idealismus.» Wilhelm Neuss[2]

«Ferner sollte jeder – auch der atheistische – Historiker zugeben, daß . . . Bonifatius uns das Tor aufgerissen hat, daß
durch ihn die Grenze Europas weiter nach Osten wanderte.
Ein Gleiches gilt von den Sachsenkriegen Karls.»
K. König/K. Witte[3]

«Bonifatius . . . der tiefer auf die Geschichte Europas eingewirkt
hat als jemals ein Engländer nach ihm . . . nicht nur ein Missionar, sondern ein Staatsmann und ein Verwaltungsgenie
und vor allem ein Diener der römischen Ordnung.»
Christopher Dawson[4]

«Die Herrlichkeit des Mittelalters beruht zu einem guten Teil
auf seiner Arbeit . . .» Der katholische Theologe Joseph Lortz[5]

Um 680, im Alter von vermutlich sieben Jahren, wurde der Angelsachse Wynfreth (Winfrid), später in Rom Bonifatius genannt, als puer oblatus von seinem Vater ins Kloster gesteckt. «Im Kloster aber», schreibt heute ein deutscher Gelehrter, «wuchs der ihm willenlos übergebene Knabe zu einem Manne von eigenem Willen heran» (Schramm). Ausgerechnet im Kloster! Ein Mann eigenen Willens? Als wäre Bonifatius nicht zeitlebens Rom sklavisch hörig gewesen!

«Tag und Nacht», behauptet der Priester Willibald in seiner im späteren 8. Jahrhundert zu Mainz geschriebenen Schwulstvita, habe sein Held im Kloster «wissenschaftliche Studien» betrieben, um sich «die ewige Seligkeit zu verschaffen». Und im Frühjahr 716 reiste er samt all seinem Wissen zu den Friesen, wo er ungehindert predigen durfte. Da aber die fränkische Militärmacht ausfiel, ihm politische Unterstützung fehlte, war er ohne jeden Erfolg und verließ wieder «das unfruchtbare Land der Friesen . . ., die ausgedorrten, des Taus himmlischer Befruchtung noch darbenden Gestade» (Vita Bonifatii).[6]

Bald jedoch ging Bonifatius auf eine neue propagandistische peregrinatio, jetzt aber mit einer «Missionsvollmacht» aus Rom. Papst Gregor II. (715–731) beauftragte ihn am 15. Mai 719 bei «allen im Irrtum des Unglaubens befangenen Völkern . . . den Dienst am Reiche Gottes auszuüben». Zu erforschen, so poesiegedüngt Biograph Willibald wieder, «ob die unbebauten Gefilde ihrer Herzen von der Pflugschar des Evangeliums zu beackern seien». Und Bonifatius tat dies «mit einer großen Menge Reliquien» und «der klugen Biene vergleichbar, die nach ihrer Weise durch die Gefilde dahinfliegt, mit sanftem Flügelsummen die Fül-

le duftender Kräuter umflattert und mit prüfendem Rüssel aus-
spürt, wo die honigreiche Süße des Nektars sich birgt».[7]

## BEFREIUNG VON «ALLEM UNFLAT»
## BEI HESSEN, THÜRINGERN UND SACHSEN –
## UND ETWAS BLUTVERGIESSEN

Die honigreiche Süße des Nektars suchte «der größte Engländer»
nun auf ausdrücklichen Wunsch des Papstes bei Hessen und Thüringern. Die Hessen waren noch ziemlich heidnisch, die Thüringer – bei denen die fränkischen Eroberer die ersten Kirchen wohl
in ihren Zwingburgen erbauten – waren durch Sachseneinfälle
und pagane Reaktionen teilweise wieder heidnisch geworden.
Allerdings scheiterte Bonifatius, trotz honigsüßer Lehre, auch
hier wieder rasch, teils an christlichen Bischöfen und Priestern,
teils am fehlenden militärischen Rückhalt.

Noch 719 zog er aus Thüringen fort und ging – über den Tod
des Friesenherzogs Radbod «von hohen Freuden erfüllt» (Vita
Bonifatii) – bis 721 nach Friesland, wo er sich dem greisen Missionar Willibrord unterstellte, übrigens, wie er selbst, «Oblate»,
das heißt schon als Kleinkind geistig genotzüchtigt.

Gestützt auf fränkischen Hochadel und fränkische Waffengewalt, hatte Willibrord seit 690 bei den von Pippin II. niederge-
worfenen Westfriesen sowie, kurz und erfolglos, bei Dänen und
Sachsen seine Erkenntnisse propagiert (S. 295). Mit geringen Nei-
gungen offenbar zum Märtyrer, floh er vor Radbod und kehrte
erst nach dessen Tod zurück. Nur die siegreichen Kriegszüge Karl
Martells 718 und 720 (auch wohl schon wieder 722 und 724)
gegen die Sachsen ermöglichten überhaupt den Christianisie-
rungsbeginn, ihre Befreiung von den «Dämonen», «vom Irr-
wahn» und «teuflischen Trug» (a diabolica fraude: Gregor II.).
Unter Anrufung der Heiligen Dreifaltigkeit zerstörte Willibrord
«Götzenbilder», entweihte und ruinierte friesische Heiligtümer,
tötete den Friesen heilige Tiere, wirkte staunenerregende Mira-

kel. Kurz, in Verbindung mit den Militärs Pippin und Karl
Martell jätete er «das Unkraut des Unglaubens», mühte er sich,
«dieses erst vor kurzem durch Waffengewalt niedergeworfene
Volk durch die Taufe zu erneuern» und «unverzüglich das ganze
Licht des Evangeliums» zu verbreiten (Alkuin).

721 trennte sich Bonifatius von Willibrord aus uns unbekannten Gründen. Er hatte es abgelehnt, sich von Willibrord zum
Bischof weihen zu lassen, und kehrte in den hessisch-thüringi-
schen Grenzraum zurück, wo er ein kleines Mönchskloster auf
der Amöneburg gründete.

Spuren des Christentums vor Bonifatius finden sich in Mittel-
und Nordhessen bezeichnenderweise nur auf großen Burganla-
gen oder in deren nächster Umgebung. So war 721 auch Amöneburg, die hochgelegene fränkische Festung östlich von Marburg,
die erste Missionsstation des Bonifatius, die, wie einst, 716, das
Kastell Hammelburg an der Saale bereits als Basis Willibrords,
für die Missionierung Thüringens dienen sollte. Andere Klostergründungen, stets auch politische Stützpunkte, die den fränkischen Einfluß weit nach Thüringen trugen, waren die monasteria
Fritzlar in Hessen, nahe der mächtigen Frankenfestung Büraburg,
Ohrdruf bei Gotha und vor allem 744 das Kloster in der «Bucho-
nia», im Buchenwald: Fulda. Ihm schenkte Karlmann alles Königsgut im Umkreis von vier Meilen, wobei er noch die angrenzenden Großen veranlaßte, auch ihren Besitz in der Nähe den
(bald 400) Mönchen zu überlassen.

Auch zu Bischofssitzen wurden fränkische Burgplätze gemacht. Würzburg (castellum Wirzaburg); Büraburg bei Fritzlar
(oppidum Buraburg), eine der größten frühmittelalterlichen deutschen Burgen, in der Bonifatius (741) das Hessenbistum Büraburg
errichtete; und – später als zu gefährdet wieder aufgegeben –
Erfurt (locus Erphesfurt), schon früher eine heidnische Bauern-
burg.

Nach ersten Erfolgen hatte Gregor II. den Bonifatius noch einmal zu sich befohlen und ihn am 30. November 722 zum Missionsbischof (ohne festen Sitz) geweiht. Dabei wurde er ganz auf
Rom eingeschworen, mußte er nicht nur geloben, den Päpsten «in

allem» gehorsam zu sein, sondern auch «mit den Bischöfen, welche gegen die alten Satzungen der hl. Väter lebten, keinerlei Gemeinschaft zu halten». Ferner bekam er ein Empfehlungsschreiben an den aus schweren Schlachten siegreich hervorgegangenen Karl Martell.

Offensichtlich erkannte der Papst den staatsrechtlich ja nicht als Herrscher Legitimierten an, vermied indes die Zuständigkeit juristisch zu benennen, verlangte jedoch Unterstützung. Möglicherweise aber ist dieser dem «Herzog» Karl, dem «Domino glorioso filio Karolo duci» geschriebene Brief auch gefälscht. Jedenfalls nahm der Hausmeier, der eine starke Bischofskirche zur Stütze der Staatsmacht wünschte, Bonifatius 723 ausdrücklich in seine Obhut, «so daß niemand etwas Nachteiliges oder Schädliches gegen ihn verüben darf, sondern er allezeit unter unserem Schutz und Schirm unangefochten und wohlbehalten wohnen soll». Andererseits nützten Karls Kriegszüge Bonifatius, ebenso Karls Geschenke für die Kirche in Utrecht und das Kloster Echternach, diese bald immer riesiger, bis zu Maas, Schelde, den Rheinmündungen sich hinziehende katholische Propagandabasis.

Gregor II. hatte dem «Apostel der Deutschen» 722 auch einen Missionsauftrag an die Sachsen gegeben. Sie waren zwar 718 durch Karl vom Niederrhein zurückgetrieben und geschlagen worden, blieben aber fast gänzlich dem alten Glauben treu – einer jener Germanenstämme östlich des Rheins, die der Papst «gleich rohen Tieren» umherirren und in deren «Truggottheiten» er natürlich «Teufel» (demones) sah.

Zur planmäßigen «Bekehrung» der Sachsen mit Massentaufen kam es erst nach Karls Feldzug von 738; lange und sorgfältig vorbereitet, war er in engster Zusammenarbeit mit dem Klerus erfolgt. Gregor III. (731–741), der den fast Jahr für Jahr Krieg führenden Franken einmal den «geliebten Sohn» des hl. Petrus nennt, deutet dies selbst in einem Brief vom 29. Oktober 739 an Bonifatius klar an: «Du hast uns Kenntnis gegeben von den Völkern Germaniens, die Gott aus der Gewalt der Heiden befreit hat, indem er an hunderttausend Seelen durch Dein und des Franken-

fürsten Karl Bemühen (tuo conamine et Carli principis Francorum) im Schoß der heiligen Mutter Kirche vereinigte.» Die Zahl
ist sicher übertrieben. Doch «befreit» wurden die Sachsen «aus
der Gewalt der Heiden» nur durch Karl Martells Heerfahrt (738)
– «mit schrecklichem Blutvergießen» (Fredegarii Continuationes). Und im Anschluß daran kam es zu Massentaufen der
Sachsen. Ihre Christianisierung erfolgte damals «in engster Anlehnung an die militärisch-politische Organisation» (Steinbach);
wahrscheinlich handelt es sich hier sogar um «den größtangeleg-
ten Versuch einer Sachsenmission vor dem Zeitalter Karls des
Großen» (Schieffer).

Zwar war Karl Martell nicht sehr religiös, aber aus politischen
Gründen an der Verbreitung des Christentums im Osten aufs
«höchste interessiert» (Buchner). Und es gibt keinen Zweifel, daß
Bonifatius «den siegreichen Waffen und dem persönlichen Schutz
Karl Martells alles verdankte» (Zwölfer) – «ein gezieltes Zusammenwirken von innerem Ausbau und militärischen Schutzmaß-
nahmen durch den Staat und übergreifender Organisation durch
die fränkische Kirche» (Wand).[8]

Schon 718, wie erwähnt, 720, 722, 724 hatte Karl die Sachsen
bekriegt. Wiederholt schlug er friesische und sächsische Aufstände nieder, und nur von solch blutigen Gewaltakten hing die
«Bekehrung» ab, die Befreiung, so Bonifatius, von «allem Unflat
der Heiden». Gregor III. schrieb den Missionserfolg ebenso Karl
Martell wie Bonifatius zu. Und dieser selbst bekennt dem englischen Bischof Daniel von Winchester: «Ohne den Schutz des
Frankenfürsten [sine patrocinio principis Francorum] kann ich
weder das Volk der Kirche leiten noch die Priester und Geistlichen, die Mönche und die Gottesmägde beschirmen, noch ohne
seinen Auftrag (mandato) und die Furcht vor ihm, heidnische
Bräuche und die Greuel des Götzendienstes in Germanien verhindern». Nicht zufällig schickt Bonifatius, «Knecht der Knechte
Gottes», dem König Aethelbald von Mercien 745/746 außer
einem Habicht und zwei Falken auch «zwei Schilde und zwei
Lanzen».[9]

## Wiehernde Hengste, heilige Nonnen
## und ein «so gewinnbringendes Geschäft»

Der Heilige beschenkt übrigens Seine Majestät, obwohl dieser König (nicht als einziger christlicher Regent) auf Teufel komm raus herumhurt, und dies, «was noch schlimmer ist . . . vor allem mit heiligen Nonnen und gottgeweihten Jungfrauen in den Klöstern». König Osred von Northumbrien huldigt der gleichen Leidenschaft, und ebenfalls – es mußte was Besonderes an ihnen sein! – mit gottgeweihten Jungfrauen und Nonnen. Weiß Bonifatius doch auch sonst «in den Zellen der Klöster die Unzucht» am Werk, sieht er die «heiligen Nonnen» ja sogar ihre «im Bösen empfangenen Kinder . . . auch oft zu einem großen Teil töten . . . [‹Schützt das keimende Leben!›] und die Hölle mit armen Seelen vollstopfen».

Wie die Nonnen, die bekanntlich die ambulante Prostitution in Europa eröffnen, nebst anderen christlichen Schwestern ja auch bei ihren Rom-Wallfahrten, schreibt der Apostel dem Bischof Cudberht, «zum großen Teil zugrunde gehen». Denn da seien «nur sehr wenige Städte in der Lombardei, in Francien oder in Gallien, in der es nicht eine Ehebrecherin oder Hure gibt aus dem Stamm der Angeln. Das ist aber ein Ärgernis und eine Schande für Eure ganze Kirche.» Leidet der Heilige doch überhaupt darunter, daß «das Volk der Angeln» keine rechtmäßigen Ehefrauen nimmt, sondern aller «göttlichen Ordnung» zuwider «nach der Gepflogenheit wiehernder Hengste oder in der Art schreiender Esel durch Ausschweifung und Ehebruch alles in schändlicher Weise besudelt und verwirrt». Durch Hurerei aber, durch rasende Sinnenlust, werde man, bemerkt Bonifatius einmal, «am Ende weder in einem weltlichen Krieg stark (in bello saeculari fortem) noch im Glauben standhaft».[10]

Denn der christliche Klerus pries ja den «richtigen» Glauben immer wieder als unabdingbare Voraussetzung für Waffenerfolge, für Kriegsruhm an! Mit Unkeuschheit und «Ketzerei» war da gar nichts zu gewinnen. «Denn Ihr habt», schreibt Papst Zacharias Ende Oktober 745 allen Bischöfen, Äbten, allen Herzögen,

Grafen, überhaupt »allen Gottesfürchtigen, die in Gallien und in
den Provinzen der Franken wohnen» – «Ihr habt als Folge Eurer
Sünden bis heute falsche und im Irrtum befangene Priester gehabt, weshalb auch alle heidnischen Völker Euch im Kampfe
überlegen waren . . .» Doch haben die Franken erst «keusche Priester», beteuert der Papst, sind sie dem Bruder Bonifatius «in allem
gehorsam», ja, dann «wird kein Volk vor Eurem Angesicht bestehen, sondern alle heidnischen Völker werden vor Euren Augen
zusammenbrechen und Ihr werdet Sieger sein». Und großzügig
verheißt er obendrein «das ewige Leben».[11]

Zurück zu den geilen Angeln. Denn, um gerecht zu sein, nicht
alles war aller «göttlichen Ordnung» da zuwider und «nach Gepflogenheit wiehernder Hengste oder in der Art schreiender
Esel». O nein. Es gab, unterschlagen, vergessen wir es nicht, da
auch ganz andere, ganz christliche Stimmen aus Britannia.

Ganz keusch und rein zum Beispiel klingt gleich der Brief einer
Schülerin des Bonifatius, der frommen Jungfrau Egburg, die offensichtlich unter der Trennung, vielleicht gar unter – gewiß nicht
anrüchigen – Entzugserscheinungen leidet, vielleicht. Jedenfalls
bevorzugt Egburg den «liebwerten» Bonifatius (mi amande), wie
sie ihm ganz christlich offen gesteht, vor «fast allen Personen
männlichen Geschlechts in herzlicher Liebe». Um so mehr beklagt
sie, «das Band Deiner Liebe nur durch den inneren Menschen»
gekostet zu haben. Ein Klagegrund, fürwahr. Doch «dieser Ge-
schmack haftet wie etwas Honigsüßes». Zwar will sie bloß
«Deinen Hals immer mit den Armen einer Schwester umschlin-
gen». Aber andererseits: «glaube mir, Gott ist mein Zeuge, daß
ich Dich mit höchster Liebe umfasse» (summo complector amore). Nicht genug: «kein Seefahrer, den der Sturm dahinjagt, sehnt
sich so sehr nach dem Hafen, kein Acker, der dürr ist, verlangt so
sehr nach Regen . . ., wie ich Euren Anblick genießen möchte».
Indes, o weh, «wie geschrieben steht: Die Liebe zu einem Menschen führt den Schmerz herbei». Und so hat sie, die Ärmste, die
Frevlerin, immer nur «in Verzweiflung . . . unter dem Druck meiner Sünden und unter der Last zahlreicher Verfehlungen . . . vor
den Füßen Deiner Hoheit liegend, aus der innersten Tiefe des

Herzens flehend von den Enden der Erde zu Dir geschrieen, o
glückseligster Herr . . .»[12]

Andere aus dem «Stamm der Angeln» zog der beatissimus do-
minus näher heran. Seine um ein volles Menschenalter jüngere
Verwandte Leoba ernannte er zur Äbtissin in Tauberbischofs-
heim; eine Verwandte der Leoba, Thecla, zur Äbtissin in Kitzin-
gen und Ochsenfurt am Main. Doch alles, ganz gewiß, nur um der
großen Sache, der gesamtdeutschen Mission willen, wegen des,
wie Gregor III., als er den «Apostel der Deutschen» (recte: Roms)
auf einer erneuten Romfahrt 732 zum Erzbischof macht, in diesem Zusammenhang ausdrücklich bemerkt, «so gewinnbringen-
den Geschäftes» (talis commercii lucro). Mit der ganzen Kirche
spendet deshalb der Papst dem Apostel Beifall.

Natürlich ist mit «Geschäft» nicht das bißchen «Silber und
Gold» gemeint (argenti et auri tantillum), das Bonifatius auch
gelegentlich dem Heiligen Vater schickt, sondern die Bekehrung
vom «Heidentum und Irrglauben zur Erkenntnis des wahren
Glaubens». Von Hessen bis Friesland zerstört er, «mehr Eroberer
als Bekehrer», allenthalben die heidnischen Kulthäuser und erbaut auf ihren Ruinen, mit ihrem Stein, ihrem Holz, christliche
Kirchen. Er zertrümmert die Götterbilder des Stuffo, Reto, Bil,
der Astarot u. a. Er stürzt die Altäre, fällt die heiligen Bäume im
Hessenland, wahrscheinlich, da im direkten Schutz der fränkischen Festung Büraburg stehend, ohne jede persönliche Gefahr
die Donareiche bei Geismar, das Stammesheiligtum, und errichtet aus ihrem Holz St. Peter, eine Kapelle, «sein erstes Siegesmal»
(Haller). Doch erlebt es Bonifatius noch, daß man ihm dreißig
Kirchen und Kapellen in Thüringen auch wieder vernichtet.[13]

Der Apostel Roms bekämpfte indes nicht nur das Heidentum,
sondern mindestens ebenso sehr, wahrscheinlich mehr noch – das
Christentum, das nicht romhörige nämlich, wie bei Bayern und
Alemannen: die zweite und kürzere, doch bedeutendere Phase
seiner Tätigkeit.[14]

## Der «Pfaffenwinkel» entsteht

Über die geschichtlichen Anfänge des bayrischen Stammes, seine Herkunft, den Zeitpunkt der Stammesbildung, die Zusammensetzung der Baibari, Baiovarii, Baioarii sowie über deren frühe religiösen Verhältnisse gibt es (fast) keine zuverlässigen Quellen. Anders als Goten, Langobarden, Franken haben die Bayern zunächst keinen Geschichtsschreiber aufzuweisen. Erst ein rundes Vierteljahrtausend nach ihrer «Landnahme» liegen schriftliche Zeugnisse aus ihrem eigenen Reich vor. Ihre frühesten namentlichen Nennungen entstammen der Mitte des 6. Jahrhunderts.

Es steht auch nicht fest, woher die Bayern kommen. Vielleicht, ein prägender Kern, von Böhmen, wie ihr Name andeutet: die Männer aus dem Land Baia, die «Leute aus Bojohaim», seit etwa 550 belegt, als die ersten Einwanderer aus Böhmen sich vor allem in der späteren Residenzstadt Regensburg ansiedelten. Vielleicht aber waren die Baiovarii Kelten, ein kelto-romanisch-germanisches Mischvolk. Vielleicht stammten sie von den Markomannen, den Alemannen, Sueben ab. Sie alle und mehr, Thüringer, Hermunduren, Hunnen, können in ihnen aufgegangen sein, auch die, gegenwärtig gern betont, in Rätien und Noricum ansässigen Alpenromanen. Jedenfalls hat sich der bayrische Stamm erst bei und nach der (wie man annimmt friedlichen) Besetzung des Landes im früheren 6. Jahrhundert gebildet, östlich der Alemannen, zwischen Enns und Lech, Donau und Alpen. Und zwei Jahrhunderte später ist dort bereits alles voll von Klöstern, der «Pfaffenwinkel» noch heute. Wahrscheinlich sind die Bayern auch schon durch König Theudebert I. (533–548) (S. 95 ff.) unter fränkische Oberhoheit gekommen.

Wie man ethnogenetisch auf Vermutungen, Kombinationen angewiesen ist, so weiß man auch von der ursprünglichen Religion der Bajuwaren wenig. Schon zur Römerzeit mag das Christentum auf der späteren terra Bavariae, in Noricum und Rätien, durch Händler und Soldaten eingedrungen sein. Bestand aber damals dort bereits (wahrscheinlich) eine Kirchenorganisation, verschwand sie doch nach Abzug der römischen Soldaten und

Staatsbehörden nahezu gänzlich wieder – mit der einzigen Ausnahme von Chur. Die christliche Kirche, jahrhundertelang rigoros pazifistisch, konnte zwar gegen den Staat groß werden, dann
aber nur mit dem Staat, in enger Bindung an den «weltlichen»
Apparat, mit Gewalt, sich am Leben erhalten.

Bezeichnend, daß auch hier die Mächtigen zuerst zum Christentum überliefen. Das Herzogsgeschlecht war von Anfang an
katholisch. Und wie gewöhnlich hat sich wohl auch hier zuerst
der Adel aus politischen Gründen, das heißt aus Macht-, aus
Prestigesucht, dem Christentum zugewandt. Das Volk, mehrheit-
lich im 6. Jahrhundert noch heidnisch, wurde (in seiner Masse)
erst im Laufe des 7. Jahrhunderts christianisiert.

Vielleicht aber hatten schon vorher irische Mönche und Prediger
aus Byzanz die Bayern teilweise «bekehrt». Vielleicht waren zumindest Teile von ihnen zuerst Arianer, wofür es immerhin eine
Fülle von Hinweisen – und natürlich Bestreiter gibt; nicht zuletzt,
weil man die ältesten Bajuwaren viel lieber als Heiden denn als
«Ketzer» sieht. Schismatiker (infolge des Dreikapitelstreites) gab
es sicher unter ihnen, wie ja Königin Theudelinde zeigt.

## DER ANFANG VOM ENDE DER AGILOLFINGER
## ODER BAYERN GERÄT INS RÖMISCHE NETZ

Die Bayern wurden schon in ältester Zeit von den Agilolfingern
beherrscht. Deren Stammesherkunft ist ebenso unsicher wie Beginn und Form ihrer Herrschaft: sicher – und bezeichnend – ihr
Ende: 788 (S. 481 ff.). Mehrfach wird fränkische Abstammung
bezeugt; doch erwog man auch eine von den Burgundern, den
Langobarden, mit denen sie enge Beziehungen pflegten. Die Lex
Baiuvariorum, im früheren 8. Jahrhundert aufgezeichnet, die zuerst Angelegenheiten des Klerus behandelt, dann des Herzogs,
zuletzt des Volkes, schreibt: «Der Herzog aber, der dem Volke
vorsteht, war immer aus dem Geschlecht der Agilolfinger und
muß es immer sein.»

Der erste urkundlich faßbare Bayernherzog aus der Familie der Agilolfinger ist Garibald I. (ca. 550–590). Er suchte sich gegenüber den Franken durch politische und verwandtschaftliche Bindungen an die Langobarden zu sichern. Selbst, wenn auch erzwungenermaßen, mit der Langobardenprinzessin Waldarada, Chlotars I. verstoßener Gattin, verehelicht, gab er eine Tochter dem Langobardenherzog Ewin von Trient, 589 eine andere, Theudelinde, dem Langobardenkönig Authari, nachdem ihm eine Verständigung mit den Franken mißglückt war. Diese aber, die in den siebziger, achtziger Jahren die Langobarden bekriegt, schlossen, nach einem wenig erfolgreichen weiteren Zug gegen sie 590, im folgenden Jahr Frieden (S. 130 f.) und setzten 592 Tassilo I. in Bayern ein.[15]

Nun orientierte man sich wieder mehr an den Franken. Doch versickern die Nachrichten aus Bayern, und auch die fränkischen Quellen schweigen zwischen etwa 630 und 680 über den Stamm ganz. Er löste sich allmählich mehr und mehr vom Frankenreich – wie ja auch andere, die nicht unbedingt unter fränkischem Joch leben wollten, Sachsen, Thüringer, Alemannen oder die einst in Aquitanien eingewanderten Basken. In Bayern aber drängte Pippin der Mittlere wieder auf stärkeren Einfluß über die christliche Mission, die das alte Heidentum restlos ausrottet. Und als Herzog Theodo um 716 eine selbständige bayrische Kirche erstrebt, interveniert schließlich Karl Martell. 725, unter Theodos Sohn Grimoald, verwüstet er das Land, macht große Beute und führt Grimoalds Frau mit fort, die Herzogin Pilitrud, und deren Nichte Swanahilt, die spätere Mutter seines Sohnes Grifo, den man 741 einkerkern, dessen Mutter Swanahilt man ins Kloster Chelles stecken wird (S. 369).

Und bereits 728 führte der Franke einen weiteren Feldzug gegen die aufbegehrenden Bayern, wobei Grimoald, damals in Freising residierend, vielleicht einem Meuchelmord erlag, jedenfalls brutal durch «Feinde» umkam. Ende der dreißiger Jahre aber, als Karl die Araber in Südfrankreich bekämpfte, konnte der von ihm selbst eingesetzte Herzog Odilo sich erneut der fremden Herrschaft ziemlich entziehen. Doch wurde seit Karls Kriegen mit

Bayern das neue Bistum Eichstätt zu einem kirchlichen Stützpunkt fränkischer Macht.[16]

Bonifatius hatte Bayern erstmals 719 auf seiner Reise von Rom
nach Thüringen berührt, länger dort aber 736, vielleicht auch
mehrfach in den beiden folgenden Jahren «gewirkt», besonders
wider einen sonst nicht weiter bekannten Eremwulf, einen Schismatiker, in «ketzerischen Wahn» versunken. Natürlich wurde der
verdammt, ausgestoßen, das Volk von der «verkehrten götzen-
dienerischen Irrlehre» befreit.

Bei seinem dritten und letzten Romaufenthalt 738 bekam Bonifatius den Befehl zur Reorganisierung der Kirche in Bayern
(und Alemannien). Gregor III. rief – wiederum «das Hundertfa-
che» und «das ewige Leben» versprechend – alle ihm liebwerten
fränkischen Bischöfe, alle ehrwürdigen Priester und gottesfürchtigen Äbte auf: «teilt ihm Helfer zu aus Eurem Schafstall» (ex
vestro ovile) – ein da gern gebrauchtes Bild. Auch Nachfolger
Zacharias spricht von «unserer Gemeinschaft in einem Schafstall»; und es trifft ja auch zu.[17]

Allerdings sollte Bayern schon zwei Jahrzehnte früher zu einer
ganz von Rom abhängenden Landeskirche werden und selbstverständlich zu einer päpstlichen Schutzmacht jenseits der Alpen.
Denn bereits Herzog Theodo war als «der erste seines Stammes»
nach Rom geeilt «mit dem Wunsch zu beten» (Liber Pontificalis).
Nach Rom pilgert man immer nur zum Gebet. Natürlich trägt es
Früchte. So erteilte Gregor II. schon am 15. Mai 716 eine Instruktion für die Errichtung von Bistümern und befahl die Schaffung
einer Bayrischen Landeskirche in Übereinstimmung mit dem Bay-
ernfürsten. Jeder suchte dabei seinen Vorteil: der Herzog die
Lösung seines Landes vom fränkischen Einfluß, der Papst eine
Kirche, in der er, und nur er allein, den Ton angab, weshalb die
bayrischen Priester auch auf ihre «Rechtgläubigkeit», das heißt
Romhörigkeit, überprüft werden sollten.[18]

Doch damals wurde aus den päpstlichen Wünschen offensichtlich wenig oder nichts. So kam es zu einem neuen und nun
erfolgreichen Versuch unter Gregor III. (731–741) mit Bonifatius.
Wieder war die Errichtung einer bayrischen Kirchenprovinz im

Einvernehmen mit dem bayrischen Herzog geplant, aber nicht
mit dem fränkischen Hausmeier. Denn Odilo ging es natürlich
um seine Selbständigkeit. Und die richtete sich (indirekt) gegen
Karl Martell. Er hatte eine Bistumsorganisation für das Frankenreich «in keiner Weise gefördert» (Reindel). Deshalb ließ sich
auch die von Rom beabsichtigte Einbeziehung des schwäbischen
Herzogtums, Alemanniens, in die bonifatianische Reform nicht
realisieren. Der Einfluß des fränkischen Staates wie der fränkischen Kirche war hier schon zu groß.[19]

Nach seiner dritten Romreise nun teilte Bonifatius 739, in An-
knüpfung an den römischen Organisationsplan von 716, im
Einvernehmen mit Herzog Odilo und Gregor III., Bayern in vier
Bistümer. Dabei lehnte er sich bezeichnenderweise an die bereits
bestehenden herrschaftlichen Zentren an: Regensburg, Salzburg,
Freising und Passau. Nur in Passau beließ er den vom Papst geweihten Bischof Vivilo. Die übrigen Bischöfe aber, «die Zerstörer
der Kirchen und die Verderber des Volkes» (Vita Bonifatii), vertrieb er und bestimmte drei andere: Gaubald für Regensburg,
Johannes für Salzburg und Erembert für Freising.[20]

## «Setze den Kampf weiter fort, Geliebtester . . .»

Bayern, wo Bonifatius, nachdem sein Verhältnis zu Karl Martell
offenbar abgekühlt war, 739 die Kirche mit Hilfe Herzog Odilos
reformierte, war schon früher christianisiert, doch eben nicht
romanisiert worden. Denn hierher und ins Österreichische, nach
Mähren, hatte die meist im 7. und 8. Jahrhundert predigende
iroschottische Mönchskirche ihr «Wandern für Christus» (per-
egrinare pro Christo) geführt. Weder mit Hilfe des Schwertes
wurde da bekehrt noch durch Massentaufen. Nicht der Bischofs-
sitz war der eigentliche Mittelpunkt, sondern das Kloster, das die
organisierte Hierarchie verachtet hat, was häufig Konflikte heraufbeschwor.

Noch die höchstwahrscheinlich im Auftrag des Hausmeiers

Pippin 743 von Mönchen des Klosters Niederalteich verfaßten kirchenrechtlichen Satzungen der lex Baiuvariorum verraten keine Spur römischen Einflusses. Und noch damals hielten die östlichsten bayrischen Bischofssitze, Salzburg und Passau, zwei irische Mönchsbischöfe besetzt, trotz der Gegnerschaft Roms. In einer Kosmographie verspottet Bischof Virgil von Salzburg (767–784), ein Vertrauter Pippins, an dessen Hof er sich zeitweise aufgehalten, die Bonifatianer. 22 Jahre leitete der Priesterabt vom Kloster St. Peter aus seine Diözese, ehe er sich selbst zum Bischof weihen ließ.

So prallten das römische und das iroschottische Missionschristentum, «die erste ‹Los-von-Rom-Bewegung›» (Behn), nun in Bayern «mit aller Wucht aufeinander» (Schieffer). Bonifatius aber hat hier und in Thüringen dies alte, gewaltlos vorgehende Christentum, auf Betreiben Gregors II., soweit möglich, ausgerottet. Er hat den Nachfolgern dieser Geistlichen die Gemeinden zu entreißen versucht, sie entrissen und mit Hilfe der Staatsgewalt rücksichtslos unter das päpstliche Joch gezwungen. «Ich habe nämlich», meldet er, «die größten Kämpfe durch falsche Priester und Heuchler (hypocritas), die Gott widerstehen und sich selbst zugrunderichten, die das Volk durch viele Ärgernisse und mancherlei Irrlehren verführen . . .» Sooft er an den Hof komme, um Hilfe zu erbitten, klagt Bonifatius wiederholt, könne er die Berührung mit den «falschen Priestern und Heuchlern» nicht vermeiden.

Doch befehdet der Papstadlatus auch und gerade den fränkischen Klerus, der seine Selbständigkeit gegenüber Rom gewahrt hatte und dessen Reformer eher mied, wenn nicht bekämpfte. So schärft um 738 Gregor III. den Bischöfen Bayerns und Schwabens Gehorsam gegenüber seinem Mann ein und betont: «und ihr sollt heidnische Gebräuche und Lehren von umherziehenden Briten oder falschen häretischen Priestern und alle Schändlichkeiten aufhalten und verhindern und vernichten». Und am 22. Juni 744 schreibt Papst Zacharias an Bonifatius über gewisse Geistliche, «falsche Christen», «Diener und Vorläufer des Antichrist»: «Du hast wohl getan, daß Du sie nach aecclesiasticam regulam verdammt und ins Gefängnis geschickt hast» (dampnavit et in custodiam misit). Oder wie Zacharias, der kein Ende findet gegen «des Teufels Diener und nicht Christi Diener» zu donnern, «die Betrüger, Landstreicher, Ehebrecher, Mörder, Lüstlinge, Knabenschänder», wider «die falschen, abtrünnigen, mordbefleckten und unzüchtigen Priester», am 31. Oktober 745 mit typisch pfäffischem Zungenschlag Bonifatius anreizt: «Deine heilige Brüderlichkeit möge unaufhörlich dem Gebet obliegen ... und nach Herstellung geistlicher Hacken und Ausrottung des Unkrauts dieses zum Verbrennen wegschaffen».[21]

Bonifatius, der bei vielen freien Menschen auf «erbitterten Widerstand» stieß (Epperlein), der nach außen rüd, rücksichtslos und stets mit großem Gefolge vorging, war gegenüber Rom so hörig, wie man dies dort nur wünschen konnte, päpstlicher als der Papst. Er sagt nie, warum; er ist es einfach; man hatte ihn so indoktriniert. Er war tatsächlich «der Erbe der römischen Kirche in England» (Lortz). Und indes er nach unten trat, dienerte er nach oben, ließ sich, in Glaubensdingen peinlich skrupulös und von kleinlichstem Formalismus geplagt, immer wieder weiter «belehren», so wie er das von klein auf eben gewohnt war.[22]

Der «Apostel der Deutschen» ist sich so wenig seines Glaubens sicher und auch zeitlebens derart vom eigenen Sündenwahn erfüllt, daß er laufend förmliche Fragebogen nach Rom schickt, «als ob wir auf den Knien zu Euren Füßen liegen würden», um sich die letzten Gewissensfragen beantworten zu lassen, und natürlich auch, damit «die räuberischen Wölfe (lupi rapaces) überführt und überwältigt zugrunde gehen». Zum Beispiel fragt Bonifatius, der «Kämpfer in der Rennbahn des Geistes» (Vita Bonifatii), was mit tollwutverdächtigen Tieren zu tun sei. Er fragt: Ist es erlaubt, Opferfleisch zu genießen, war darüber das Kreuz geschlagen worden? Wie viele Kreuze müssen bei der Messe gemacht werden? Sind mehrere Kelche zugelassen oder nur einer? Darf man Dohlen, Krähen, Störche essen? Fleisch vom Wildpferd oder Hauspferd? Wie steht es mit Speck? Ist es Nonnen gestattet, sich gegenseitig die Füße zu waschen? etc. etc.

Am 4. November 751 antwortet ihm Papst Zacharias: «Zunächst fragst Du wegen der Vögel, das heißt der Dohlen, Krähen und Störche. Von deren Genuß sollen sich Christen vollständig enthalten. Und weit ängstlicher noch soll man sich hüten, von Bibern, Hasen und wilden Pferden zu essen.» Zu ungekochtem Speck rät der Heilige Vater «erst nach dem Osterfeste». Ja, Bonifatius wußte noch nicht einmal, was «notwendig» zur Taufe gehörte. (Immerhin war sie, nach Papst Zacharias, sogar gültig, spendete sie ein Priester, aus Unkenntnis, wie vorgekommen, mit der Formel: «Ich taufe dich im Namen Vaterland und Tochter und des heiligen Geistes», in nomine patria et filia et spiritus sancti. Und als ein Ire dem «Apostel der Deutschen» sagt, die Taufe sei überflüssig, fragt dieser deshalb an. Sogar der Kirchenzins verunsichert ihn, doch solle er «bedenkenlos», belehrt ihn Zacharias, «einen Solidus von jedem Hof» kassieren. Und als er gar wissen will, ob auch die Wenden – für ihn «der häßlichste und geringste Menschenschlag» – Zins zahlen müßten, antwortet Rom brüsk, das verstehe sich von selbst. Denn als Zinszahler wissen sie, «daß dieses Land einen Herrn hat».[23]

Gregor II., der am 22. November 726 den Fragedurst seines Apostels stillt, teilt als «den Stand in unserer Kirche» beispielsweise mit: Haben Eltern ihre Söhne oder Töchter schon früh «hinter Klostermauern» (inter septa monasterii) gebracht, dürfen diese später keinesfalls austreten und heiraten. «Das vermeiden wir durchaus, weil es Sünde ist, Kindern, die von ihren Eltern Gott geweiht worden sind, die Zügel der Lust schießen zu lassen.»

Welche Barbarei steckt hinter dieser Antwort. Oder hinter dieser: «Du hast auch noch die Frage aufgeworfen, wenn eine ansteckende Krankheit oder ein Sterben eine Kirche oder ein Kloster befallen hat, ob die noch nicht Betroffenen zur Vermeidung der Gefahr von diesem Ort fliehen sollen. Das erscheint recht töricht, denn niemand vermag der Hand Gottes zu entrinnen.»

Zeitgebunden? Doch welche Tragödien haben diese Zeitgebundenheiten – Jahrhundert um Jahrhundert – heraufbeschworen! Wie viele Schicksale für immer ruiniert! Zeitgebunden? Aber betont der Papst nicht ausdrücklich, er sage «nicht von uns aus (non quasi ex nobis), wie Du es halten sollst, sondern dank dem, der den Mund des Stummen öffnet und die Zungen der Kinder beredt macht . . .»²⁴

Ist auch das zeitgebunden? Ja, ist es.

Auch den Ersten, den Zweiten Weltkrieg, die Gaskammern, die Atombomben auf Japan, das Vietnamgemetzel und weitere Großtaten unseres stolzen Säkulums kann man später, wann immer es beliebt, als zeitgebunden bezeichnen, mit Recht. Wie wieder spätere Brutalismen wieder später. Ad infinitum. *Zeitgebunden ist alles!* Ergo gehört diese, nicht zufällig so gern strapazierte, weil historisch alles «verstehbar», moralisch alles «entschuldbar» machende Floskel zum Lieblingsvokabular ordinierter Anpasser oder Schwachköpfe (häufig beides) und endgültig auf den Müllhaufen ausgedienter Apologetentricks. Sie hat, nicht immer, doch in der gängigen Praxis fast stets eine Verharmlosungs-, Entlastungs-, Schönfärbefunktion. Theologen und Historiker brauchen so dank all dem «Zeitgebundenen» Kirchen- und Staatsverbrechen, Kirchen- und Staatsverbrecher nicht Verbrechen und Verbrecher zu nennen.

Die Geistlichen (nicht nur) der deutschen Stämme waren seinerzeit so, wie sie, mit geringfügigen Einschränkungen, noch viele Jahrhunderte sein werden: vielfach brutal, unwissend, verheuchelt. Bonifatius fand im Frankenreich Kleriker und Bischöfe, die «in Wollust verstrickt schlimmere Vergehen als die Laien begehen»; «die sich nicht von Unzucht und verbotenen Ehen fernhalten und ihre Hände nicht rein halten von Menschenblut»; «die von Jugend auf stets in Ehebruch, stets in Unzucht und in jedem Schmutz lebten»; auch «einige Bischöfe, die . . . Trunkenbolde und Zänker oder Jäger und Leute sind, die bewaffnet im Heer kämpfen und Menschenblut, sei es von Heiden oder von Christen, vergießen». Bischof Gewilip von Mainz verübte an dem sächsischen Mörder seines Vaters bei einer Unterredung auf einer Weserinsel Blutrache mit eigener Hand. Es gab auch solche, die beiden Seiten dienten, christlichen Gottesdienst hielten, zugleich aber dem Wotan Opfer darbrachten, «die Stiere und Böcke den Heidengöttern opferten, wobei sie davon aßen», was weder Christus noch Wotan geschadet haben dürfte. Die Pseudo-Priester,

klagt Bonifatius, seien viel zahlreicher als die katholischen, sie
seien Häretiker, falsche Propheten, voller Anmaßung, Bischöfe
und Presbyter angeblich, doch von keinem katholischen Bischof
geweiht. Abtrünnig seien sie, äußerst gottlos. Sie betrügen, sagt
er, das Volk, berufen sich, von Rom zurück, auf den Papst;
schlimme Vagabunden, Ehebrecher, Mörder, wollüstige sakrile-
gische Heuchler. Trunk- und streitsüchtig sind sie, geschorene
Sklaven, ihren Herren entlaufen, Diener des Teufels, die sich
selbst in Diener Christi verwandeln. Sie leben, wie es ihnen gefällt . . .[25]

Die Synoden hatten seit 695 völlig aufgehört. «Die Bischofssitze», schreibt Bonifatius, «sind großenteils habgierigen Laien und
unzüchtigen Klerikern zu weltlichem Genuß überlassen.» Und
nicht grundlos mahnte Zacharias am 1. April 743 die Oberhirten
in Büraburg, Würzburg und (vielleicht) Erfurt – drei Bistümer, die
Bonifatius nur dank der Hilfe des Hausmeiers Karlmann einzu-
richten vermochte: «Ihr sollt euch nicht unterstehen, einer in des
anderen Sprengel einzudringen oder euch Kirchen zu entziehen.»
In Reims zerstörte der Bischof die Häuser seiner eigenen Geistlichen und verschleuderte sie. In anderen Städten war es ähnlich.
Die Prälaten fochten Händel mit ihren Diözesangeistlichen aus
und bedrückten sie hart unter den albernsten Vorwänden. Häufig
stritten Bischöfe beispielsweise mit ihren Kanonikern, raubten
deren Burgen, Höfe, Pfründen, während umgekehrt Kanoniker
gegen Bischöfe auftraten (S. 265 ff.).

Wieder andere Oberhirten attackierten die Klöster, um sie zu
unterwerfen, vor allem auch wirtschaftlich. So suchte sich Ma-
delgarius von Laon, freilich vergeblich, ein Nonnenkloster füg-
sam zu machen. So konkurrierten selbst Bonifatius' Lieblings-
schüler jahrelang miteinander, der Mainzer Bischof Lul mit dem
Abt Sturmi von Fulda, der 763 auf drei Jahre verbannt, dann
rehabilitiert worden ist. Dagegen ging Abt Otmar von St. Gallen
im Streit mit Bischof Sidonius von Konstanz 759 als Gefangener
auf der kleinen Rheininsel Stein zugrunde. Später berichtet Hadrian I. (772–795) von den unaufhörlichen Kämpfen lombardi-
scher Prälaten um ihre Bistumsgrenzen. Und Papst Hadrian selber

rang mit dem Erzbischof Leo von Ravenna um eine ganze Reihe von Städten in der Poebene und an der Adria. Und noch später, um 800, klagt der Patriarch Paulinus von Aquileja, daß die Bischöfe das Kirchengut für Kriege und Luxus verschleuderten, daß sie «raubgierig und kriegerisch» seien, «diejenigen anstachelnd und aufhetzend, die Blut vergießen und viele Verbrechen begehen».[26]

Einen gewissen Aldebert niederer Herkunft aus Neustrien, der lehrte, wie unnütz Beichten, Romwallfahrten, Kirchenweihen zu Ehren der Apostel, der Märtyrer seien, ließ Bonifatius 744 auf der Synode von Soissons verdammen, all seine Kreuze und Kapellen (oratoriola) an Quellen und auf Feldern verbrennen. Denn seine Wunder, weswegen man ihm nachlief, hatte er «betrügerischerweise getan» (false fiebant); er war, so Papst Zacharias auf der Römischen Synode 745, «ganz gewiß ... wahnsinnig geworden». Auch der irische Wanderbischof Clemens, ein Zölibatsgegner und Familienvater, wurde seinerzeit verurteilt und, wie Aldebert, «im Benehmen mit den Fürsten der Franken», abgesetzt, inhaftiert. Und natürlich sah Papst Zacharias «die falschen und abtrünnigen Bischöfe» zu Recht als Satansdiener, als Vorläufer des Antichrist verdammt, ihres Amtes enthoben und ihre «äußerst gottlose Lehre» entlarvt. «Das alles erklären wir für abscheulich und verrucht.» Ohne viel Erfolg wurde der Staat zum Einschreiten aufgefordert, als sie dem Klosterkerker entkamen. (Nach späterer Überlieferung freilich soll Aldebert bei der Flucht aus Fulda von Schweinehirten erschlagen worden sein.) «Setze den Kampf weiter fort, Geliebtester, handle mannhaft und bleibe wachsam im Dienste Christi ...», schrieb der Papst.[27]

Nun waren freilich alle Päpste Bonifatius wohlgesinnt, nicht ohne bösen Grund. Hatte er doch die von Rom fast völlig freie fränkische Reichskirche nach römischem Muster reorganisiert, Rom dort die Führung verschafft, überhaupt das für Europa folgenschwere Bündnis zwischen Papsttum und Frankenreich vorbereitet, das dann zur päpstlichen Weltmacht führte, zur «Herrlichkeit des Mittelalters» (Lortz); alles kaum denkbar ohne den «Baumeister des Abendlandes» (Semmler).[28]

## BLUTIGER KRIEG UM BAYERN
## UND PÄPSTLICHE WINKELZÜGE

Man kam Bonifatius am römischen Hof, wo er vielvermögende
Freunde hatte, in jeder Hinsicht entgegen, überhäufte ihn mit
Ehren, wollte keinen andern an seiner Seite sehen, weder, worum
er selber bat, einen zweiten Legaten noch einen Nachfolger zu
seinen Lebzeiten – «alles hast du aufs beste und nach den kirchlichen Satzungen ausgeführt (omnia optime et canonice)», lobte
ihn wieder Zacharias.

Der Papst hatte freilich besonderen Grund, Bonifatius zu
schmeicheln. War er diesem doch jäh in die Parade gefahren, als
nach Karl Martells Tod sich die Herzöge von Aquitanien,
Schwaben und Bayern 743 gegen Karls Söhne Karlmann und
Pippin erhoben. Nun hatte zwar die fränkische Schwert- und
Wirtschaftshilfe das Missionswerk des Bonifatius überhaupt
erst ermöglicht. Der Papst aber wollte im Bund mit dem romeif-
rigen Odilo, dem Kopf der antifränkischen Liga, der Bayern
vom Reich zu trennen suchte, auch die bayrische Landeskirche
von der Reichskirche unabhängig haben und Rom direkt unter-
stellen. Und da er die fränkische Sache für verloren hielt, wechselte er sofort ins vermeintlich stärkere Lager, entsandte einen
eigenen (zweiten) Legaten, den Presbyter Sergius, und unterstützte kräftig den bayrischen Separatismus gegen die beiden
Hausmeier.

Doch Karlmann und Pippin warfen 743 die Aquitanier nieder.
Sie verheerten ganz Alemannien bis zur Donau und lagen dann 15
Tage den Bayern am Lech gegenüber. Vor der Schlacht gebot der
päpstliche Legat im Namen des hl. Petrus Pippin den Abzug und
Verzicht auf die Oberhoheit. Vergeblich. Und wiewohl alemannische, sächsische, slawische Truppen die Bayern verstärkten,
wurde Odilo (den Pippin kurz vorher mit seiner Schwester Hil-
trud verheiratet hatte) durch einen fränkischen Flanken- und
Rückenangriff, offenbar einen heimtückischen nächtlichen Überfall auf das schlafende bayrische Heer, geschlagen und bis auf den
Inn zurückgeworfen. «Herzog Odilo entrann kaum mit Wenigen

in schimpflicher Flucht über den Inn-Fluß» (Annales Mettenses priores).

Der Papst aber schwenkte nun schnell wieder zur anderen Seite. Er unterließ nichts, um den aufgebrachten Bonifatius zu besänftigen. Sein Legat habe alles falsch dargestellt, behauptete er und gestattete Bonifatius jetzt nicht nur Bayern, sondern «das ganze gallische Land an unserer Statt zu reformieren». Und er selbst, «von seltener Herzensgüte», ja, noch seinen Feinden «die zärtlichste Liebe» beweisend (Donin), befahl 745 den Bischöfen, Herzögen und Grafen Frankens, jährlich zu einer Synode zusammenzukommen, «damit, sowie etwas *Gegnerisches* auftreten sollte, es mit *Stumpf und Stiel* ausgerodet werde» (radicitus amputetur).

Zusammen mit dem päpstlichen Legaten Sergius wurde auch der erste Regensburger Bischof Gawibald, der zu Odilo stand, als Gefangener Pippins vorgeführt, der schließlich zwei eigene Vertrauensmänner, die beiden iroschottischen Mönche Virgilius und Sidonius, auf die Bischofsstühle von Salzburg und Passau setzte. Dies geschah natürlich entgegen den Bestrebungen von Bonifatius und Papst Zacharias, der in einem Schreiben vom Mai 748 die beiden gebildeten Mönche mit einer Vorladung nach Rom bedrohte, weil sie die «ketzerische» Ansicht von der Kugelgestalt der Erde vertraten! Weil sie lehrten, «es gebe noch eine andere Welt und andere Menschen unter der Erde und auch noch eine Sonne und einen Mond . . .» Zwei Jahre zuvor hatte der Papst die beiden noch «fromme Männer» (religiosi viri) genannt. Jetzt aber fordert er gegen Virgils «verkehrte und sündhafte Lehre» ein Konzil – «und stoße ihn aus der Kirche, nachdem Du ihm seine priesterliche Würde genommen hast». Mit der Bibel nennt er die beiden wegen eines immerhin schon seit einem Jahrtausend bekannten Faktums (III 369 f.) unklug, töricht, gottlos, ist aber doch auch wieder zur Milde gestimmt, übt Nachsicht: «wer den geringeren Verstand hat, denkt an Nichtiges», tröstet er, entschuldigt fast und dringt in Bonifatius: «mahne, beschwöre, widerlege . . .», vielleicht gelangen sie ja doch noch «vom Irrtum zum Wege der Wahrheit».[29]

Ist's nicht schwer, keine Satire zu schreiben?

Schon 749, sechs Jahre nach der Vernichtung des bayrischen Heeres, war Pippin abermals mit einem großen Aufgebot in das Land zwischen Lech, Donau und Inn eingefallen. Die Bayern flohen damals, vielleicht Deportationen fürchtend oder Massaker, «von Angst ergriffen über den Inn». Doch nach den Blutbädern von 743 am Lech und 746 bei Canstatt gab man schnell nach, und so kehrte Pippin, wie die Fortsetzungen des Fredegar wieder melden, «unter Christi Führung glücklich und in großem Triumphe ins Frankenreich zurück».

Seinerzeit war Odilo gestorben, und Pippin ernannte dessen achtjährigen Sohn Tassilo III. (749–788), den letzten Agilolfinger, zum Herzog von Bayern. 757, mit 16 Jahren mündig geworden, mußte er seinem Onkel König Pippin und dessen Söhnen in Compiègne auf die Reliquien mehrerer namentlich genannter fränkischer Reichsheiliger den Vasalleneid leisten. Doch 763, als die Gelegenheit zur Erringung seiner Unabhängigkeit günstig schien, entfernte sich Tassilo wegen Krankheit, ohne Erlaubnis abzuwarten, von Pippins Heer, das durch Mißernte und Hungersnot litt. Er fand Beistand bei dem Langobardenkönig Desiderius (dessen Tochter Luitperga er heiratete), aber nicht bei Papst Paul. Der hielt es nach der blutigen Erfahrung von 743, diesem «ausgeklügelten Vernichtungsplan» (Störmer) der Franken gegenüber Bayern, mit dem eindeutig Stärkeren.[30]

Bonifatius aber verlor in Bayern, und nicht nur dort, stetig an Einfluß. Mehr und mehr formierte sich die klerikale Opposition, darunter «hochstehende Persönlichkeiten», und verweigerte ihm Bischofsstühle. Weder in Sens noch in Reims konnte er Erzbischöfe etablieren. Er selbst wäre gern Erzbischof von Köln geworden. Doch die fränkischen, besonders rheinischen Prälaten, die ihre Bistümer wiederholt von Onkel zu Neffen, ja Vater zu Sohn weitergaben, sträubten sich gegen sein Eindringen. Sie machten dem Heiligen und seinen Schülern «Schwierigkeiten, wo immer sie konnten» (Falck). Zwischen Bonifatius und der Mehrheit des austrischen Episkopats begann «offene Feindschaft» (Butzen). Hervorragend darunter der hochadelige Bischof Gewilip von Mainz, der, später durch Karlmann abgesetzt, auf einer Heerfahrt, wahrscheinlich 744, mit eigener Hand Blutrache verübte. Ferner Karl Martells ebenfalls dem Hochadel entstammender enger Freund Milo, Bischof von Trier und Reims zugleich, der offenbar recht großzügig Kirchengut an seine Kinder verteilte und um 757 auf der Eberjagd umkam. Und anscheinend auch Bischof Hildegar von Köln, der im Sachsenkrieg fiel, 753 aber Utrecht für seine Diözese zurückgewinnen wollte, was Bonifatius ihm verwehrte.[31]

Als dieser nach dem Sturz eines seiner größten Gegner, des Gewilip von Mainz (745), dort Bischof geworden war, wurde sein persönlicher Erzbischofsrang nicht mit seinem Stuhl verknüpft, der Mainzer Einfluß am Mittelrhein vermutlich von Trier aus beschnitten. Auch hatte der Legat nicht die von ihm erstrebte völlige Unterordnung der fränkischen Kirche unter das Papsttum erreicht. Nur von 13 besonders romhörigen Bischöfen aus Neustrien und Austrien war eine von ihm initiierte Kirchenversammlung im Jahr 747 besucht. Kein Fürst ließ sich blicken. Bonifatius, der oft genug über «die falschen Brüder», die «falschen Priester» lamentiert, wurde auch von den zeitweise ihm verbundenen Karolingern mehr auf die Peripherie des Reichs verwiesen, indes die Päpste sich ins Herz der Herrscher logen. So zog er sich, «von bitteren Enttäuschungen erfüllt» (Tellenbach), aus der «großen» Politik zurück und wurde wieder Missionar. «Überall Mühe, überall Kummer. Außen Kämpfe, innen Angst», klagt der Gekränkte einmal einer Freundin, der Äbtissin Eadburg von Thanet. «Die Feindseligkeit der falschen Brüder ist schlimmer als die Bosheit der ungläubigen Heiden.»[32]

Am 5. Juni 754 wurde Bonifatius nach 25jährigem Wirken mit seinem Utrechter Chorbischof Eoban und 50 Gefährten von den Friesen bei Dokkum an der Doorn erschlagen – durchaus verteidigt von seinen «Mannen», im Kampf «Waffen gegen Waffen» (Vita Bonifatii). Wie sich das für Christen gehört. Vergeblich hielt er gegen den tödlichen Streich «das heilige Evangelienbuch» über den Kopf. Und in echt christlicher Weise fielen «alsobald schnelle Krieger der künftigen Rache ... wohlbehaltene, aber ungehaltene Gäste», wie Priester Willibald von Mainz witzelt (sospites sed indevoti hospites), in «das Land der Ungläubigen» ein und brachten den «entgegentretenden Heiden eine vernichtende Niederlage bei». Die Friesen flohen, «wurden in gewaltigem Metzeln niedergemacht und verloren, den Rücken wendend, das Leben samt Habe und Hausrat und Erben. Die Christen aber kehrten mit den erbeuteten Weibern, Kindern, Knechten und Mägden der Götzendiener heim» (Vita Bonifatii).

Ist das keine fröhliche, keine fromme Religion? Zumal die überlebenden Beutefriesen, die versklavten Frauen und Kinder, jetzt auch noch, durch die Mörder, die Räuber, «durch das göttliche Strafgericht erschreckt», den Glauben dessen annahmen, den sie getötet hatten. Bis auf den heutigen Tag liegt der Rest davon in Fulda.[33]

Das ist natürlich nur die halbe Wahrheit. Die ganze berichtet Priester Willibald am Schluß des 8. Kapitels seiner Vita (das 9. und letzte Kapitel ist «nachträglich angefügt»: Rau). Denn nun strömten dort, «wo der heilige Leichnam beigesetzt war . . ., reichlich die göttlichen Wohltaten, und alle, die hierhin, von den verschiedensten Krankheiten gedrückt, kommen, finden durch die Fürbitten des heiligen Mannes Heilung an Leib und Seele, so daß einige, deren ganzer Körper beinahe abgestorben, die beinahe ganz entseelt waren und den letzten Atem auszuhauchen schienen, die frühere Gesundheit wiedererlangen, andere, deren Augen von Blindheit bedeckt waren, das Gesicht wiederempfangen, noch andre, die sich in den Stricken des Teufels befanden, geistesgestört und wahnsinnig waren, nachher des Geistes ursprüngliche Frische erhalten . . .» – Und das alles durch den «Kämpfer in der Rennbahn des Geistes». Und, versteht sich, so schließt Willibalds Werk (soweit echt), durch den «Herrn, dem da ist Ehre und Ruhm von Ewigkeit zu Ewigkeit. Amen».[34]

Leider sind damit nicht auch wir fertig mit dem Christentum. Im Gegenteil. Denn es entfaltet sich nun immer prächtiger.

Während Bonifatius sich für die Päpste engagierte, engagierten die Päpste sich für sich. Dabei waren die wichtigsten Machtfaktoren für sie zunächst immer noch die Byzantiner und Langobarden.

## 12. KAPITEL

# AUFSTAND DES PAPSTTUMS UND BILDERSTREIT

«Er rüstete sich gegen den Kaiser wie gegen einen Feind.»
Liber Pontificalis[1]

«Wir betreten mit Gottes Güte den Weg in die entferntesten
Regionen des Westens.» Papst Gregor II.[2]

«... trotz aller äußeren Mäßigung das Haupt der italienischen
Revolution». L. M. Hartmann[3]

Im Lauf des 7. Jahrhunderts entwickelte sich der päpstliche Haushalt immer mehr zu einem Hofstaat, dem es auch an weltlichen Würdenträgern nicht mangelte.

Zwar gibt es von Gregors I. nächsten Nachfolgern, Sabinian, Bonifatius III. und IV., Deusdedit und Bonifatius V., kaum Überlieferungsberichte. Doch ganz so «stumm wie die Geisterkönige in Macbeth» (Mann) schreiten sie doch nicht über die Bühne; schon nicht Gregors unmittelbarer Nachfolger Sabinian (604–606). Denn als bei einer der in Rom nicht seltenen schweren Hungersnöte das elende Volk vor den päpstlichen Palast zog und schrie: «Apostolischer Vater, laß uns nicht umkommen!», wies es der Papst brüsk zurück. Er war hart und dachte voraus. Jede Hilfeleistung lehnte er ab. Später verkaufte er sein Korn zu Wucherpreisen. 13, ja 30 Solidi soll er pro Scheffel Getreide gefordert haben. Die Kirchenbestände wurden ein lukratives Geschäft. So sehr, daß er nach seinem Tod schleunigst auf einem Umweg aus der Stadt nach St. Peter gebracht werden mußte: die empörten Diözesanen wollten sich an seiner Leiche vergreifen. Und Papst Bonifatius IV. (608–615), «das schönste Haupt der Kirchen Europas» (Kolumban von Bobbio), ließ auf dem römischen Forum einem der größten Scheusale nicht nur des 7. Jahrhunderts, dem Despoten Phokas, eine Säule mit seiner vergoldeten Statue errichten: «für die zahllosen Wohltaten seiner Frömmigkeit» (S. 194 ff.).[4]

Ein Jahrzehnt darauf bestieg in Rom ein Mann die cathedra «Petri», der bis tief in die Neuzeit, beinah bis heute Geschichte (oder doch von sich reden) machte, ein Heiliger Vater, angesichts dessen die vom Papsttum fort und fort beanspruchte Unfehlbar-

keit in Glaubensdingen, die Definitio ex cathedra, genau als die
Farce erscheint, die sie ist.

## Die Kirche verflucht einen Papst

Fast in allem hätte sich Honorius I. (625–638), ein Schüler Gregors I. und auch wie dieser dem Adel entstammend, gut in die
Galerie seiner Kollegen gefügt.

Honorius förderte den Übertritt der Langobarden zum Katholizismus, indem er gegen den Arianer Arioald zugunsten des
Katholiken Adaloald Stellung nahm. Die schismatischen Prälaten
wollte er durch den Exarchen Isacius zur Bestrafung nach Rom
geschleppt sehen. Den Bischof Fortunatus von Aquileja-Grado
vertrieb er. Südirland schloß sich unter seinem Druck dem römischen Osterbrauch an. Dem englischen König Eadwin von
Northumbrien, der 627 zu Kreuze kroch, empfahl er, eifrig Gregors I. Schriften zu lesen. Und den spanischen Episkopat stachelte
Honorius, als echter Schüler des «großen» Gregor, zu verschärf-
tem Kampf gegen die Juden an (vgl. S. 177 ff.). Dabei verglich er
(ein Wort des Jesaias 56,10 mit einem von Ezechiel verwechselnd)
die Bischöfe mit «stummen Hunden, die nicht bellen können»,
und klagte, daß er allein die Züchtigung der Baalspfaffen betrei-
be! «Sein Lehrer Gregor der Große war sein Vorbild in der
Führung seines Pontifikates», rühmt Papsthistoriker Seppelt.[5]

Honorius I. baute auch gewaltig. Er verschwendete dafür viel
Silber und plünderte ungeniert heidnische Prachtpaläste. Dabei hatte er noch genug Kapital im Lateran. Und obwohl der Exarch 640,
nach dem Tod des Papstes, einen Teil beschlagnahmte, um die Truppen zu bezahlen und die kaiserliche Kriegskasse zu füllen (S. 340),
verfügten die folgenden Päpste noch immer über reiche Geldmittel.[6]

So weit, so gut, sozusagen.

Das dicke und sehr lange Ende dieses Pontifikats aber resultiert
aus einem theologischen Streit, der in die Regierungszeit von
Phokas' Nachfolger Herakleios (610–641) fällt.

Dieser Sohn des Exarchen von Afrika war als neuer Thronräuber mit der Fahne der Gottesmutter vor Konstantinopel erschienen, hatte Phokas so blutig gestürzt, wie er sich selbst einst erhoben und dann vom Patriarchen der Stadt am 5. Oktober 610 die Krone empfangen. Ein bedeutendes Datum; denn mit den Reformen dieses Herrschers beginnt das mittelalterliche griechische Kaiserreich.

Herakleios, oft «der erste Kreuzfahrer» genannt, eröffnete (sinnigerweise am Ostersonntag) 622 einen sechsjährigen Krieg gegen die Perser, die 614 Jerusalem erobert, das Heilige Grab zerstört, das Heilige Kreuz geraubt hatten und 617 bereits am Bosporus, vor der Hauptstadt standen. Also führte Herakleios einen echten Kreuzzug. Patriarch Sergius hatte ihn gefordert und finanzierte ihn auch, indem er dafür alle Kirchenschätze preisgab. Die Sache war auch ersichtlich von Gott gesegnet. «Überall gingen die heiligen Stätten der Mazdäer in Flammen auf» (Daniel-Rops); darunter der Feuertempel in Ganzak und der Geburtsort Zoroasters. 628 schloß Herakleios mit den Persern Frieden, nachdem Chusrau II., von seinem eigenen Sohn Kavadh Scheroe (Siroës) zum Tod verurteilt, noch einige seiner Kinder vor seinen Augen hatte sterben sehen (Februar 628). «Es war ein wunderbar schöner Triumph des Oströmischen Reiches, das die alte römische und zugleich die christliche Überlieferung wahrte» (Cartellieri). Unmittelbar danach freilich wurde Kleinasien von den Arabern überrannt.[7]

Vorerst aber hatte der «erste Kreuzfahrer» gewonnen. Am 21. März 630 richtete man in Jerusalem unter großem Jubel das von den Persern enthüllte heilige Kreuz des Erlösers wieder auf – «wie das Beweismaterial nahelegt» (Mango), ein unterschobenes. Dann suchte der Kaiser durch religiöses Entgegenkommen die monophysitischen Christen, die inzwischen die katholischen Bischöfe verjagt und durch Monophysiten ersetzt hatten, zur Reichskirche zurückzuführen. Er war auch ziemlich erfolgreich vermöge einer vom Hauptstadt-Patriarchen Sergius (wahrscheinlich selbst der Sohn monophysitischer Eltern) vorgeschlagenen Einigungsformel. Danach hatte der Gottmensch, der ja aus zwei

Naturen bestand (dies war Staatsdogma), nicht eine zweifache, sondern nur *eine* Wirkungsweise, eine gottmenschliche Energie (Monoenergismus).[8]

Nun, derlei (freilich das Ostreich fortgesetzt innerlich zerreißende) Rabulistik in einer an sich schon bodenlosen Spinnerei – jawohl! – braucht uns nicht zu kümmern. Als eine Art Brückenschlag zum Monophysitismus war es jedenfalls religionspolitisch geschickt ausgeknobelt, auch anfangs erfolgreich, noch in Syrien und Ägypten, ja – selbst beim Papst. Denn Honorius I. wandte sich gegen die besonders von dem Mönch und späteren Patriarchen Jerusalems, Sophronius, angeführte orthodoxe Opposition und erklärte: «Wir bekennen *einen* Willen unseres Herrn Jesus Christus . . .» Folge davon: das von Sergius verfaßte, vom theologisch persönlich stark interessierten Kaiser erlassene und in der Hagia Sophia angeschlagene Glaubensedikt der «Ekthesis» (638). Anstelle der *einen* Wirkungsweise (Monergeia) trat jetzt die den Monophysiten noch mehr entgegenkommende und hauptsächlich den Frieden mit ihnen suchende Lehre von dem *einen* Willen in Christus: der Beginn des monotheletischen Streites, des letzten Dogmenkampfes zwischen Ost und West, und der – bis ins 19. Jahrhundert reichenden – Honoriusfrage.[9]

Zunächst zwar haben zwei Kirchenversammlungen in Konstantinopel (638 und 639) die «Ekthesis» als konform mit der apostolischen Predigt gebilligt, hat auch die Römische Kirche dies anerkannt, unterschrieben und verbreitet. Doch dann verwarfen die Nachfolger des Honorius, die kirchlich und politisch größere Selbständigkeit gegenüber Byzanz, ja, die Loslösung erstrebten, die monotheletische Lehre wieder.

Auf dem sechsten allgemeinen Konzil in Konstantinopel, 680/681 – wo Patriarch Makarios von Antiochia mit gefälschten Dokumenten arbeitete (wie seine Fälscher, ein Mönch und ein Gelehrter, gestanden) –, hat die Kirche am 28. März 681 Papst Honorius I. in aller Form als Monotheleten verflucht, zusammen mit vier anderen als monotheletische «Ketzer» verschrienen Patriarchen von Konstantinopel: Sergius, seinen Nachfolgern Pyrrhos I., Paulus und Petrus, und sein formell ex cathedra erlassenes

Schreiben feierlich verbrannt. Mit «offensichtlichem Wohlgefallen» (Palanque) erklärte das Konzil, «daß auch Honorius, der gewesene Papst von Alt-Rom, dem Anathem verfallen muß, weil wir in seinem Briefe an Sergius gefunden haben, daß er in allem der Meinung desselben folgte und seine gottlosen Lehren bestätigte».[10]

Nun gab es der «Häresie» überführte «Stellvertreter Christi» schon vor Honorius, etwa die Modalisten-Päpste Viktor I., Zephyrin und Kallist, die alle, mehr oder minder eindeutig, den Modalismus vertraten. Papst Honorius aber, der Schüler von Kirchenlehrer Papst Gregor «dem Großen», wurde von der römisch-katholischen Kirche selber offiziell als «Ketzer» verdammt. Und dies eben nicht nur auf dem sechsten allgemeinen Konzil von Konstantinopel 680/681.

Denn von nun an bezichtigte eine lange Reihe Heiliger Väter, vermutlich durch dreihundertfünfzig Jahre, bei ihrer Thronbesteigung in einem feierlichen Glaubensbekenntnis Papst Honorius I. der «Flamme der Ketzerei»: eine Selbstdesavouierung, um die man fort und fort stritt, zur Zeit des Jansenismus und Gallikanismus, ja, noch auf dem Ersten Vatikanischen Konzil 1870 bei der Dogmatisierung der Päpstlichen Unfehlbarkeit. Geht diese «Unfehlbarkeit» doch davon aus, daß kraft göttlicher Verheißung an den Apostelfürsten Petrus keiner seiner Nachfolger jemals im Glauben geirrt habe ... Bereits Leo II. (682–683) aber sah die Kirche durch des Honorius «unheiligen Verrat beschmutzt» und billigte die Verdammung seines Vorgängers durch das sechste ökumenische Konzil; er bestätigte sie in einem Brief an den Kaiser sowie in zwei Schreiben an die Bischöfe Spaniens. Und jahrhundertelang versuchte niemand, Honorius I. zu entlasten oder zu entschuldigen. In der Neuzeit freilich hat der offizielle Historiker der katholischen Kirche, Kardinal Cäsar Baronius (gest. 1607), die Verdammung des Papstes rundweg geleugnet![11]

Während Honorius regierte, starb 632 der Prophet Mohammed. Und indes der Monotheletismusstreit im Westen weiterschwärte, schickte sich im Osten der Islam an, die Welt zu erobern. Seit 635 wehte die grüne Fahne des Propheten über Damaskus, seit 638 über Jerusalem, seit 639 über Edessa, dem

Hauptsitz christlich-syrischer Theologie. Ganz Syrien war bereits erobert, das byzantinische Mesopotamien besetzt, Ägypten angegriffen.

In Rom aber brauchte nach des Honorius Tod der Heilige Geist fast zwei Jahre, ehe er sich für dessen Nachfolger Severinus (640) entschied. Und noch vor der Inthronisation stürmten römische Truppen den vom Papst drei Tage lang verteidigten Lateran. Dann eilte Exarch Isacius von Ravenna herbei, beschlagnahmte den Kirchenschatz, bezahlte damit das Heer, schickte den größten Teil des Geldes dem Kaiser und jagte die führenden Geistlichen aus der Stadt.[12]

## Rom rebelliert gegen Byzanz

Da es um das Reich schlecht stand, unaufhaltsam der Islam anstürmte, Konstantinopel Palastrevolutionen und Aufstände erschütterten, dachte man in Rom daran, das scheinbar sinkende Schiff zu verlassen. Der neue Papst jedenfalls, Johannes IV. (640–642), setzte nicht den Weg des Honorius fort, sondern den seines Gegners, des Dyotheleten Sophronius von Jerusalem. Dieser zwar war 638, ein Jahr nach Eroberung der Stadt durch die Araber, gestorben. Er hatte aber noch einen seiner Kombattanten, den Bischof Stefan von Dor, durch einen Eid auf Golgatha verpflichtet, die «Heiligen» Roms gegen den Monotheletismus und zur Fortsetzung des Kampfes zu rufen.

In Rom fielen die Beschwörungen des Bischofs auf fruchtbaren Boden. Johannes IV., offenbar schon ohne Bestätigung aus Byzanz eigenmächtig geweiht, erhob sich gegen den Kaiser. Der Papst verfluchte die Ekthesis und forderte ihre Beseitigung. Dabei verteidigte er Honorius durch die Lüge, dessen – doch recht eindeutige – Schreiben hätten griechische Übersetzer gefälscht. Noch unverschämter wird dies, bedenkt man, daß derselbe Abt Johannes, der die Briefe des Honorius geschrieben, jetzt auch den Brief des Papstes Johannes verfaßte.

Der neue Pontifex maximus aber, Theodor I. (642–649), Sprößling eines (gleichnamigen) palästinensischen Bischofs, attackierte
nicht nur mit aller Rücksichtslosigkeit den Monotheletismus,
sondern auch das Kaiserhaus. Ja, es kam zu einer regelrechten
Rebellion, wobei Religion und Politik raffiniert, gleichwohl vergeblich zusammenwirkten.[13]

Eine zentrale Rolle spielte dabei der Mönch Maximos, «der
Bekenner» (Maximus Confessor). Einst Erster Geheimschreiber
des Kaisers Herakleios, war er Abt des Skutari-Klosters, dann
fanatischer Anhänger des Sophronios geworden. Seit einiger Zeit
wirkte er in Afrika, wo der (wahrscheinlich mit dem Kaiserhaus
verwandte) Exarch Gregorius einen Aufstand gegen Byzanz vorbereitete, offensichtlich im Einvernehmen mit dem Papst. In
Afrika erschien aber auch der durch den neuen Kaiser Konstans II.
(641–668), den Enkel des Herakleios, gestürzte Patriarch Pyrrhos I. von Konstantinopel. Und im Juli 645 inszenierte Maximos
in Karthago, wo Exarch Gregorius regierte und kurz vor der
Erhebung gegen Konstans stand, ein Religionsgespräch mit dem
in den Sturz der Kaiserinwitwe Martina verwickelten und selbst,
aus rein politischen Gründen, entthronten Pyrrhos. Am Ende der
Schau, besser Schmierenkomödie, erklärte sich der bisherige Mo-
nothelet und Expatriarch für geschlagen, ging mit Maximos nach
Rom und widerrief feierlich vor Papst Theodor und dem Klerus
sein bisheriges monotheletisches Bekenntnis. Auf ein Stichwort
aus Rom erhob sich darauf Gregorius in Karthago und nahm den
Kaisertitel an. Zugleich tagten in seinem gesamten Machtbereich,
offenbar auf Betreiben des Maximos, Synoden gegen den Monotheletismus.

Ein Abt Thomas berichtet, er sei als päpstlicher Gesandter zu
dem aufständischen afrikanischen Exarchen geschickt worden,
um diesem Mut zu machen und zu melden, im Traum habe Abt
Maximos im Abend- und Morgenland je einen Engelchor am
Himmel erblickt, doch die Stimmen der Engel im Westen sangen
lauter und riefen: «*Kaiser* Gregor, Du sollst siegen!» Der ganze
Westen rebellierte, politisch und kirchlich, gegen den Osten, wo
der neue Kaiser den gestürzten Patriarchen wieder in sein Amt

einsetzen und der Papst den so aufsehenerregend Bekehrten beglaubigen sollte.[14]

Die großangelegte Erhebung scheiterte freilich früh, weil Gegenkaiser Gregorius, der Anwalt der Orthodoxie, schon 647 gegen die aus Ägypten anbrandenden Araber fiel. Als Expatriarch Pyrrhos das mit Maximos und Rom eingefädelte Spiel verloren sah, wechselte er erneut die Front. Rasch widerrief er beim Exarchen in Ravenna sein römisches Bekenntnis und kehrte nach Konstantinopel, so das offizielle Papstbuch, wie ein Hund zur ausgespienen Gottlosigkeit zurück. Der Kaiser aber, beraten von Patriarch Paulus, verbot 648 durch ein «Typos» genanntes Edikt, bei Androhung schwerer Strafen (Amtsenthebung, körperliche Züchtigung, Verbannung), jeden Streit über einen oder zwei Willen in Christus.

Auch der «Typos» war ein Einlenkungs-, ein Vermittlungsversuch. Doch die «Heiligen» in Rom gaben nun erst recht nicht nach. Papst Theodor verkündete die Absetzung des Patriarchen Paulus von Konstantinopel. Dieser verbot darauf dem päpstlichen Legaten den Gottesdienst in seinem Palast, ließ die Kapelle zerstören und die Protestierenden verprügeln, arretieren, verbannen. In Rom aber tauchten viele Afrikaner auf, besonders flüchtige Mönche aus dem Orient, und heizten den herrschenden Aufruhr weiter an. Und als Theodor I. starb, bekam man, ein Jahrzehnt nach dem Tod des Honorius, statt eines «Ketzer»-Papstes sogar einen «Märtyrer»-Papst.[15]

Martin I. (649–653), einst Theodors Nuntius am Hof, setzte den Kampf gegen Byzanz mit aller Schärfe fort. Ohne Genehmigung des Kaisers – schon ein Akt der Rebellion – konsekriert, ließ er, noch 649, durch eine große Synode im Lateran, auf der Stefan von Dor als Ankläger fungierte, die Mehrzahl der Abendländer jedoch kaum die komplizierte theologische Rabulistik zu verstehen vermochte, auch die Gegenpartei gänzlich fehlte, die Ekthesis samt dem «noch gottloseren Typos» als «Häresie» verfluchen. Diesem zufolge, behauptete der Papst, sei Christus ohne Persönlichkeit und natürliche Eigenschaften gewesen. Verflucht wurden, sicherheitshalber, auch alle «Ketzer» von Arius bis zu Hofpatriarch Sergius und Konsorten. Die Beziehungen zwischen Byzanz und dem Papst waren förmlich abgebrochen worden, beide rüsteten zum Kampf.[16]

Exarch Olympios, beauftragt, die Annahme des «Typos» in ganz Italien durchzudrücken und den Papst zu kassieren, verständigte sich indes mit diesem, da ihm ein Frontwechsel aussichtsreicher schien. Gemeinsam mit dem Papst rebellierte er gegen den Kaiser und vermochte auch mit Hilfe der italischen Miliz etwa drei Jahre den Usurpator zu spielen, zumal er auch auf Sizilien über die schon seit Gregor I. stark vom Papsttum abhängige römische Miliz gebot. Aber beide Empörer hatten die Rechnung ohne das Schicksal und den Kaiser gemacht. Olympios erlag auf Sizilien im Kampf gegen die Araber einer Seuche. Und Martin I. wurde das Opfer seines Verrats.

Der neue Exarch Theodor Kalliopa, schon vordem einmal in diesem Amt, rückte im Juni 653 mit einem Heer nach Rom und griff sich seinen Mann, der für Byzanz, da ohne kaiserlichen Konsens geweiht, überhaupt nicht Papst war. Der ängstliche Martin hatte schutzsuchend sein Bett am Altar der Lateranbasilika aufgemacht. Doch wurde er nicht aus Glaubensgründen verhaftet, wie der Exarch dem römischen Klerus entgegenhielt. Man brachte den Papst nachts heimlich zum Hafen, dort tiberabwärts im kleinen Kahn nach Porto, dann zur Flottenstation Miseno und in dreimonatiger Schiffsreise nach Konstantinopel.

Nach weiteren drei Monaten strenger Einzelhaft erfolgte am 20. Dezember die Eröffnung des Verhörs. Als Martin, nach alter Pfaffenart, auf Glaubensfragen rekurrieren wollte, schnitt ihm der Richter das Wort ab: «Bring uns hier nichts über den Glauben vor, über Hochverrat wirst Du jetzt verhört.» Der Papst suchte die Mitschuld am Aufstand des Olympios durch seine Ohnmacht gegenüber dem Exarchen zu rechtfertigen; eine Verbindung mit den Sarazenen aber stritt er wohl mit Recht ab. Er wurde zum Tod verurteilt, auf Fürbitte des schwerkranken Patriarchen Paulus II., seines Gegners, im letzten Augenblick begnadigt, nach weiteren drei Monaten Kerker nach Cherson am Schwarzen Meer verbannt, wo er Mitte Mai 654 eintraf und Mitte September 655

starb: – bis heute von der Römischen und Griechischen Kirche als
Märtyrer verehrt, obwohl er nur das Ende eines Hochverräters
nahm. Als erster Papst wollte er Italien kirchlich und politisch
ernsthaft vom Reich losreißen.[17]

Die Kirche hat den ganzen Vorgang später umgefälscht, sich in
der letzten Lebenszeit des Papstes aber, zumal in Rom, nicht im
geringsten um ihn gekümmert, was Martin selbst mit bitteren
Worten bezeugt. Feig der Staatsgewalt gehorchend, wählte man
schon am 10. August 654 in dem Stadtrömer Eugen I. (654–657)
einen Nachfolger, zu einer Zeit also, da Martin noch am Leben
war. Doch hatte man schon Felix II. an die Stelle des Liberius
gesetzt (II 108 ff.). Martin I. erstaunte über all dies, klagte, daß die
römische Kirche ihn nicht einmal mit Lebensmitteln versorge,
und schrieb noch im September 655, kurz vor seinem Tod: «Ich
habe mich verwundert und wundere mich noch über die gleich-
gültige Erbarmungslosigkeit all derer, die mir einst angehörten,
und meiner Freunde und Nächsten, daß sie meiner im Unglück so
ganz vergessen haben . . .»

Ein Jahrzehnt danach aber beschimpfte dieselbe Kirche Martins Hochverratsprozeß als «Machenschaften falscher Verleum-
dungen» und seine Gegner als «Feinde der Wahrheit und Gottes
selbst». Die ersten Pilger wallfahrteten bereits zu seinem Grab,
schwärmten von «reichen Wundern» des «großen Märtyrers der
Wahrheit» und nahmen als Reliquien ein Stück von seinem
Schweißtuch mit sowie einen päpstlichen Schuh. Siebzig Jahre
später behauptete Gregor II.: «Unser Vorgänger Martin saß zum
Frieden mahnend auf dem Stuhle; deshalb hat ihn der böse Konstans . . . herabgerissen.»[18]

Als Hochverräter endete auch Abt Maximos, der fanatische
Agitator der Orthodoxie und eigentliche Drahtzieher des Ganzen, bei dem freilich religiöse und politische Motive kaum noch
unterscheidbar sind. Da er, der bedeutendste byzantinische Theologe des 7. Jahrhunderts, viel angesehener war als der Papst, gab
man sich die größte Mühe, den Greis wenigstens religiös zum
Nachgeben zu bewegen; vergeblich. Er starb verstümmelt im
Kaukasus (662), und selbstverständlich gleichfalls als Heiliger,

als Märtyrer: die christliche Justiz schnitt ihm die rechte Hand ab
und die Zunge aus. – Maximus Confessor, daran sei erinnert, war
es auch, durch den einer der größten theologischen Fälscher,
Pseudo-Dionysius, «für Jahrhunderte der Lehrmeister der westlichen Welt» (III 147 ff.), mit seinen Fälschungen das «Bürgerrecht
in der Kirche» bekam («Lexikon für Theologie und Kirche»).[19]

Nach dem mißlungenen Aufstand aber geriet das Papsttum erst
recht in die Gewalt des Kaisers. Eugen I. (654–657), schon im
Sommer 654 als Gegenpapst zu Martin I. aufgestellt, kam dem
Osten zunächst sogar in der berüchtigten «Willen»-Frage, dem
kaiserlichen «Typos» von 648, entgegen. Noch nachgiebiger war
Vitalian I. (657–672), der auch nicht den leisesten Widerstand
wagte, nicht einmal theologisch. Und als Konstans II., der im
Osten gewaltige Gebiete an den Islam verlor, wieder mehr im
Westen Fuß zu fassen suchte und dabei in Rom erschien – der
letzte Kaiserbesuch aus dem Osten –, empfing Papst Vitalian den
«Henker Martins» mit höchsten Ehren und einer Kirchenfeier
nach der andern. Am 5. Juli 663 ging er dem, der seinen Vorgänger
elend im Exil hatte umkommen lassen, festlich mit Klerus und
Volk bis zum sechsten Meilenstein entgegen und zog später auch
samt Herrscher und dem ganzen Heer mit Kerzenlichtern nach
St. Peter. Konstans spendete dort eine Altardecke, betete auch in
St. Paul, in S. Maria maggiore. Er eilte von Kirche zu Kirche –
und ließ dann alles Erz in Rom von den öffentlichen Gebäuden,
sogar die ehernen Ziegel von S. Maria ad Martyres reißen und
nach Konstantinopel schaffen. Ähnlich hauste der Christenkai-
ser in Sizilien, wo er den Päpsten einen letzten Schlag versetzte,
indem er die Autokephalie des Erzbistums Ravenna anerkannte
und ausdrücklich bestimmte, daß die dortigen Bischöfe auch
nicht dem Patriarchen von Rom unterstehen. Allerdings: 668
wurde Konstans in seiner Residenz Syrakus von einem Kämmerer, dem Handlanger eines größeren Komplotts, im Bad ermordet, und der Nachfolger fand «den Beifall der Geistlichkeit»
(Finley).

Auch auf Sizilien jedoch unterlag zuletzt Rom. «In der zweiten
Hälfte des siebenten Jahrhunderts war die sizilische Kirche in

jedem Punkt, auf den es wirklich ankam, östlich orientiert . . . So vollständig war damals der Triumph des Ostens in Sizilien, daß sogar die gebildete und politisch einflußreiche Minorität die lateinische Sprache aufgab und zum Griechischen zurückkehrte» (Finley).[20]

Wenn auch die Päpste, in Erinnerung an das Schicksal Martins, zunächst sehr vorsichtig agierten, Vitalian sogar für den durch einen Gegenkaiser (den Armenier Mezezios) bedrohten Sohn des ermordeten Konstans II., Konstantin IV., eintrat, so strebten sie doch von dieser rechtmäßigen Obrigkeit immer entschiedener fort. Die Versuchung war zu groß, der Augenblick zu günstig. Die Byzantiner verloren riesige Provinzen an den Islam; und sie hatten auch im Westen, wo die Franken sich immer mehr in den Vordergrund schoben, keine Erfolge, weder gegen Westgoten noch Langobarden.[21]

## Bücherverbrennungen und Schlachten – die Katholisierung der Langobarden

Der nordgermanische, allmählich mehr und mehr romanisierte Volksstamm der Langobarden besaß seit seinem Einfall 568 (S. 107 ff.) Oberitalien und Teile Mittelitaliens; nur im Süden und auf Sizilien, dem Schwerpunkt freilich des päpstlichen Großgrundbesitzes, hatte er keinen Einfluß. Die Byzantiner aber wollten ihre eigene Herrschaft wenigstens in den Küstenstrichen und im Süden halten. Dazwischen lavierten die Heiligen Väter, mal mit Byzanz, mal mit den Langobarden im Bund, und gewannen so langsam, aber sicher mehr Macht. Äußerlich erfolgreicher waren zunächst die Langobarden durch Siege über die Byzantiner am Calore und bei Forino sowie, unter dem beneventinischen Herzog Romuald, durch Vorstöße bis Tarent und Brindisi (668).[22]

Mit der zunehmenden Katholisierung der Langobarden freilich im Laufe des 7. Jahrhunderts bekam die Römische Kirche bei ihnen immer größeres Gewicht. Sie untergrub diese schließlich

katholischen Germanen – und begrub sie ja zuletzt auch. Doch
bevor man, unter dem Diktat des Klerus, eine Menge Kirchen-
fragen rechtlich regelte (von der Ehe bis zu den Gottgeweihten
Jungfrauen, auch den Kampf gegen «Ketzer» gesetzlich veranker-
te und, nach Liquidierung des Arianismus, zur Ausrottung noch
der letzten heidnischen Reste schritt), hatten kirchliche Fragen
unter den arianischen Königen der Langobarden in der Gesetzgebung so gut wie keine Rolle gespielt. Von den 388 Kapiteln des
Edictum Rothari (643), der ersten Aufzeichnung langobardischen
Rechts und zugleich der bedeutendsten Leistung germanischer
Rechtsgebung, betreffen nur zwei die Kirche direkt.[23]

Mit Aripert I. (653–661), dem Herzog von Asti, gewann die
katholische Richtung der Theudelinde wieder das Übergewicht.
Als erster männlicher Vertreter der von ihr abstammenden «bayrischen» Dynastie soll König Aripert, ihr Neffe, im Gegensatz zu
seinen arianischen und römerfeindlichen Vorgängern, katholische Bischöfe bevorzugt, vielleicht gar den Arianismus bekämpft
haben. Jedenfalls konvertierte unter ihm in Pavia, seiner Residenz, der letzte arianische Bischof Anastasius. Und Ariperts
Sohn Perctarit, 671 von den Langobarden zum König proklamiert, ausgesprochen papstfreundlich, auch philo-byzantinisch,
betrieb «eine intensive Katholisierungspolitik im Einverständnis
mit der römischen Kirche» (Tabacco). So erhob sich bei Perctarits Tod (688), getragen von allen oppositionellen Gruppen, von
den letzten Resten der Arianer und den Dreikapitelschismati-
kern, der Herzog Alahis von Trient gegen Perctarits Sohn Cunincpert. Zwar hatte Alahis bei dem schlagkräftigen Erzengel
Michael, dem Schutzpatron der Langobarden, beiden Königen
die Treue geschworen, zwang aber nun Cunincpert, der, seit 680
gemeinsam mit seinem Vater regierend, seine Katholizität auch
durch eine Zwangsbekehrung der Juden demonstriert hatte, zur
Flucht.

Vorübergehend amtierte Alahis als König in Pavia, machte sich
freilich beim katholischen Klerus, den er drangsalierte, verhaßt,
und Cunincpert, der priester- und römerfreundlich, dessen Tochter Äbtissin war, konnte in die Residenz zurück. An der Adda, auf

der Ebene von Coronate, führten bald darauf beide Fürsten ihre Heere gegeneinander, zugleich ein Kampf der Orthodoxie wider das Schisma. Es gab «ein ungeheures Blutvergießen». Doch «unter des Herrn Beistand» (Paulus Diakonus) siegte der rechtgläubige Cunincpert (und erbaute dann dort zu Ehren des hl. Märtyrers Gregor ein Kloster). Alahis fiel. Der flüchtige Feind wurde abgestochen oder ertrank im Fluß. Und nachdem noch der in Fortsetzung von Alahis' Plänen rebellierende Ansfrit in Verona gefangen, geblendet und exiliert worden war, folgte der politischen Einigung des Langobardenreiches auch die kirchliche. War doch Cunincperts wichtigstes Ziel «die vollständige Katholisierung der Langobarden» (Jarnut). Die schismatischen Bischöfe beugten sich Papst Sergius, der ihr «ketzerisches» Schrifttum feierlich verbrennen ließ und dem König für seinen blutigen Schlachtensieg Vergebung seiner Sünden versprach. Das hundertfünfzig Jahre dauernde Dreikapitelschisma war beendet.[24]

Nie freilich zögerten auch künftig die Langobarden, gegen römisches Gebiet zu ziehen, noch andererseits die Päpste, selbst mit deren Schlimmsten zusammenzuspielen. Etwa mit Aripert II. (701–712), einem Usurpator, der in den Thronwirren nach Cunincperts Tod dessen unmündigen Sohn Liutpert im Bad umbringen, die Familie seines Vormunds, des späteren Langobardenkönigs Ansprand, der an den bayerischen Herzogshof floh, scheußlich verstümmeln, Ansprands Sohn Sigiprand die Augen ausstechen, Ansprands Frau Theoderada Nase und Ohren abschneiden ließ, ebenso der Tochter Aurona, der Schwester des späteren Königs Liutprand, der gleichfalls nach Bayern zu seinem Vater entkommen war. Doch nicht genug: auch alle Blutsverwandten Ansprands strafte König Aripert II. «auf mancherlei Weise». Wie, verrät Paulus Diakonus nicht; doch hören wir, daß Aripert auch einem Rivalen, dem Herzog Rotharit von Bergamo, Haupt und Bart scheren, ihn nach Turin verbannen und ermorden ließ.[25]

Dem Heiligen Vater brachte das Bündnis mit dem Verbrecher auf dem Thron die Rückgabe päpstlicher Besitzungen an der ligurischen Küste – «in goldenen Buchstaben» stellte König Aripert die Schenkungsurkunde aus und schickte sie nach Rom. Als aber Bayernherzog Teutpert dem Drängen Ansprands nachgab, mit Heeresmacht in Italien einrückte, in einer Schlacht «auf beiden Seiten viel Volk umkam» und König Aripert zu den Franken fliehen wollte, da ertrank er, mit Gold beladen, beim Durchschwimmen eines Flusses und wurde «in der Kirche unseres Herrn und Heilands beigesetzt . . .» Denn schließlich meldet Paulus Diakonus von dem vielfachen Mörder auch: «Er war ein frommer Mann . . .»[26]

Nach Ariperts Ende bestieg kurz der zurückgekehrte Ansprand den Thron; dann folgte ihm sein Sohn Liutprand, unter dem die Macht der Langobarden kulminierte. Noch auf dem Totenbett hatte der Vater die Nachricht von dieser Erhebung erhalten. Doch obwohl der neue König ein devoter Katholik und großer Begünstiger der Kirche war (S. 363 f.), bekämpfte ihn das Papsttum bis zuletzt, wie es Byzanz bekämpfte, nur vehementer, rücksichtsloser noch, weil es selber Italien beherrschen wollte.[27]

Mit der römischen Revolution verflocht sich eine große theologisch-politische Tragödie vor allem des Ostens, die unter dem Namen «Bilderstreit» (725–843) Geschichte machte, die damals begann und ein enormes Ausmaß annahm.


## DER BILDERSTREIT BEGINNT

Sind wir über das 6. Jahrhundert der byzantinischen Geschichte, besonders durch die eingehenden Schilderungen des Historikers Prokop, gut informiert, so liegen das 7. und 8. Jahrhundert reichlich im Dunkel. Nur die Chroniken zweier Theologen, zweier Bilderverteidiger, die beide im Exil starben, des Patriarchen von Konstantinopel, Nikephoros, und, etwas ausführlicher, des Theophanes Confessor, werfen ein kümmerliches Licht auf diesen gewaltigen Zeitraum, in dem zumal das ausgehende 7. und beginnende 8. Jahrhundert als eine der düstersten Epochen byzantinischer Geschichte gilt.

Kaiser Justinian II. (685–695, 705–711), der sich so mühte, die Kaisermacht vom Willen Gottes abzuleiten, ließ viele Tausende durch ihn deportierte slawische Familien hinrichten. 695 wurde er vom Thron gestoßen und mit abgeschnittener Nase auf die Krim verbannt. Rasch lösten die nächsten Regenten einander ab, zwei Jahrzehnte herrschte totale Anarchie. Zudem brachen die Bulgaren, Nomaden aus dem Wolgagebiet, ins Reich ein und drangen 711, unter Chan Terwel, bis in die Vorstädte Konstantinopels. 717 erschienen dort wieder die Araber, zernierten die Hauptstadt, konnten von Leo III. (717–741), dem Isaurier, aber abgewiesen werden. Doch just dieser von der Christenheit bis heute hochgepriesene Retter von Byzanz wurde auch der Urheber eines blutigen christlichen Streites, der die byzantinische Welt länger als ein Jahrhundert und stärker als jeder Religionskrawall zuvor erschüttert, auch zur Entfremdung zwischen Ost- und Westrom nicht unerheblich beigetragen hat.[28]

Nach allgemeiner Annahme begann der Konflikt 726, als man ein verheerendes Erdbeben in der südlichen Ägäis für ein «Gottesgericht» hielt wegen des in der Kirche eingedrungenen neuen «Götzendienstes», des Bilderkults. Kaiser Leo III. befahl die Entfernung aller Heiligen-, Märtyrer- und Engeldarstellungen, 730 ihre Vernichtung, einschließlich aller Bilder Christi und Mariens. Der Ikonoklasmus, der Bildersturm, der nicht nur den Klerus, sondern auch die Volksmassen ergriff und, häufig untersucht, vielleicht gegensätzlicher erklärt wurde als jedes andere Phänomen der byzantinischen Geschichte, zerrüttete das Kaiserreich in kaum noch nachvollziehbarer Form. Weit mehr als bloßes Theologengezänk, als religiöse Reformbewegung, Auseinandersetzung vielmehr auch zwischen weltlicher und kirchlicher Gewalt, hat er den Staat an den Rand des Ruins gebracht, und dies zur Zeit einer gewissen außen- und innenpolitischen Erholung, nach dem Abklingen auch der christologischen Querelen.[29]

Ausgangspunkt des Bilderstreites war allerdings ein rein theologisch-dogmatisches Problem.

Schon die urindogermanische Religion ist bilderlos, die vedische, zarathustrische, altrömische, altgermanische Religion, be-

sonders aber die jüdische. Bereits das Alte Testament verbietet
strikt jede Bilderverehrung. Und auch das Urchristenum kennt
keine figürliche Gottesanbetung. Im Gegenteil. Wie das (alte)
Judentum das Anfertigen von Darstellungen ausdrücklich verdammt, wie die Propheten die verhöhnen, «die einen Gott machen und einen Götzen anbeten», «das Werk ihrer Hände», «die
Kälber küssen», so haben auch die frühen Kirchenväter den nachher so in Schwung gekommenen Bilderkult lang und scharf
bekämpft. Noch im 4. Jahrhundert sind Theologen wie Eusebius
oder Erzbischof Epiphanius von Salamis bilderfeindlich, untersagt das Konzil von Elvira das Anbringen von Bildern und ihre
Verehrung. Dagegen waren es «Ketzer», Gnostiker, die mit dem
Übergang begannen, die offenbar das Christusbild und seine Verehrung ins Christentum eingeführt haben.[30]

Seit dem 4. Jahrhundert grassiert der Brauch im Osten, im 6.
bereits ist er dort so ausgedehnt wie heute, werden nicht nur die
Bilder Christi, sondern auch die der Maria, der Heiligen und Engel
verehrt. Besonders die Mönche fördern die Sache und haben auch
sehr handfeste, materielle Gründe dafür; die Ikonolatrie ist ein Teil
ihres Geschäfts (geldbringende Wallfahrten, zum Beispiel, zu den
«Gnadenbildern»). Und die bilderfreundlichen Theologen rechtfertigen all dies, da man nach ihrer Auffassung im Bild nicht das
tote Bild, sondern den lebendigen Gott verehrt und überhaupt, wie
Nikephoros sagt, «das Sehen zum Glauben führt». Die Bilderzer-
trümmerer dagegen suchten den unbestreitbar älteren christlichen
Grundsätzen wieder zu ihrem Recht zu verhelfen.

Das Volk aber verehrte die Ikone selbst als heilkräftig und
wundertätig. Sie war geradezu der Inhalt seines Glaubens. Sie
erschien auf Möbeln, Kleidern, Ohrgehängen. Dank dem Himmel oder der Priesterkunst begannen Ikonen zu sprechen, zu
bluten, sich zu verteidigen, wenn man sie angriff. Ja, es gab
schließlich als Novitäten Ikonen, die «nicht von Menschenhand
verfertigt waren» (acheiropoietai), auch solche, die gar die Stelle
eines Paten bei der Taufe vertraten. So verhimmelte das gläubige
Volk die Bilder immer mehr, identifizierte sie mit dem Heiligen
selbst. Es küßte die Statuen, Darstellungen, entzündete Kerzen,

Lampen vor ihnen. Kranke fraßen gelegentlich abgekratzte Farb-
teilchen, um gesund zu werden. Man räucherte mit Weihrauch,
fiel davor nieder, kurz, behandelte diese Objekte nicht anders als
die Heiden ihre «Götzenbilder».

Und als eine Art Götzendienst wurde dies eben auch von den
Gegnern der Ikonolatrie, den Ikonoklasten («Bilderzertrümme-
rern»), empfunden. Sie kamen aus dem Kaiserhaus, der Armee
und zumal aus gewissen, stark unter dem bilderfeindlichen Einfluß des Islam stehenden Landschaften, namentlich aus Gebieten
Kleinasiens. Sie wohnten auch in jenen östlichen Grenzländern
des Reichs, in denen vor allem die «ketzerischen», besonders Paulus schätzenden Paulicianer Kreuz- und Bilderverehrung, Zeremonien und Sakramente bekämpften, Christen, die um die Mitte
des 7. Jahrhunderts erstmals in Armenien auftraten und für mehr
als zwei Jahrhunderte eine äußerst aktive Macht an der byzantinischen Ostgrenze blieben.[31]

Nun ist es allerdings bemerkenswert und wirft ein bezeichnen-
des Licht auf den ganzen Krawall, daß die Kaiser und Kreise der
Armee, die zu den heftigsten Gegnern des Bilderkultes gehörten,
vordem seine besonderen Förderer waren. Die Herrscher des
6. und 7. Jahrhunderts hatten, den Massenwahn betreffs der Bilder
nutzend, sich seiner für ihre Zwecke bedient, politisch und zumal
militärisch. In ungezählten Schlachten waren Bilder mitgeführt,
ganze Städte unter ihren Schutz gestellt, sie zu Verteidigern von
Festungen gemacht worden. Aber freilich hatten sie nur allzuoft
versagt, war Stadt um Stadt in die Hand von «Ungläubigen»
gefallen, was uns der unmittelbaren Ursache des Ikonoklasmus
wohl recht nahe bringt. Hätten die Bilder nämlich die erwarteten
Wunder gewirkt, hätte es mit großer Wahrscheinlichkeit gar keinen Bildersturm gegeben. «Aber die Ikonen hatten nicht gehalten,
was man sich von ihnen versprochen . . .» (Mango)[32]

Ausgegangen war der Aufruhr vor allem vom orientalischen
Episkopat. Die bilderfeindliche Partei hatte ihre Hauptvertreter
in den kleinasiatischen Bischöfen Konstantin von Nakoleia, den
Metropoliten Thomas von Klaudioupolis und Theodoros von
Ephesos. Die bilderfeindliche Partei hatte auch die ersten Todes-

opfer: mehrere der zur Bilderentfernung befohlenen Soldaten wurden bei einem Volksaufstand getötet. Die Bilderverehrer, die Ikonodulen, fanden sich fast überall im Reich. Im Orient gehörten dazu besonders der neunzigjährige Patriarch Germanos von Konstantinopel (715–730), der Metropolit Johannes von Synnada sowie die Mönche. Im Westen zählte die große Masse zu den Bilderverteidigern, vor allem auch, von Anfang an, das Papsttum, das ja mehr Selbständigkeit, auch politische Führung erstrebte. Nicht zufällig brach die byzantinische Herrschaft in Mittelitalien weithin zusammen.

Allerdings wurde die Bedeutung des Bilderstreites für Rom lange überschätzt. Der Kaiserhof hat auf ikonoklastische Aktionen in Italien bald verzichtet. Doch verfaßte der vehement bilderfeindliche Monarch Konstantin V. (741–776), der sich den wahren Freund Christi nannte, einen Verehrer nicht seines Bildes, sondern des Kreuzes, sogar persönliche Streitschriften und schuf eine eigene Theologie besonders gegen das Christusbild – für ihn Ausdruck entweder des Nestorianismus (II 156 ff.) oder des Monophysitismus (II 213 ff.), also der Trennung oder Vermischung der «beiden Naturen» in Christus. Scharf verwarf das Konzil von Konstantinopel 757 den Bilderkult als Satanswerk und Götzendienst.[33]


## Eine päpstliche Revolution scheitert

Die Masse des Klerus wußte natürlich, daß ihre Macht vor allem auf der Magie der Sache, dem schönen Schein, dem äußeren sinnlichen Zauber des Gottesdienstes beruhte, weshalb sie es mit dem bilderverehrenden Volk halten mußte. Schließlich hatte man dies die Wunderkraft der Idole beinah anzubeten gelehrt und hätte ihm durch deren Entzug den Fundus seiner Sitte, seiner Frömmigkeit entzogen. Als daher nach einem Erlaß des Kalifen Jezid (der 723 die Beseitigung der Bilder aus allen christlichen Kirchen des arabischen Reichs befohlen hatte) auch der energische Kaiser

Leo III., der Isaurier, der als Sarazenensympathisant (sarake-
nophron) galt, mit Zustimmung eines Konzils in einem förmlichen Edikt (726) aus den Kirchen alle Bilder von Märtyrern oder
Engeln zu entfernen und unter Verschluß zu bringen gebot (730
ordnete ein weiteres Edikt ihre Zerstörung an), kam es zu Exzes-
sen des Fanatismus in Ost und West: Christen gegen Christen, wie
so oft – durch alle Jahrhunderte.[34]

Ganze Provinzen füllten sich mit den Trümmern von Kitsch
und unersetzlichen Kunstwerken. Die Bilderverehrer wurden verfolgt, die bilderfeindliche Menge revoltierte. Papst Gregor II.
(715–731) verbat sich – in unerhört herausfordernder Diktion,
wie sie zuvor allenfalls Symmachus unter ostgotischem Schutz
riskiert hatte – die Einmischung des Kaisers in Glaubensfragen
und hatte ganz Italien auf seiner Seite, zumal die Bischöfe. Die
Drohungen des Monarchen, daß er «nach Rom senden, das Bild
des hl. Petrus einschließen und den Papst Gregor gebunden ab-
führen werde, wie es Konstantin [Konstans II.] mit Martin [I.]
machte», nahm er auf die leichte Schulter, ja er höhnte: «Wenn Du
Dich brüstest und uns drohst, so haben wir nicht Not mit Dir zu
ringen. Drei Milien [weit] wird der Papst von Rom ins Land
Campanien entweichen, dann Wohlan! jage den Winden nach!»
«Das ganze Abendland», behauptete der Papst, «hat auf unsere
geringe Person seinen Blick gerichtet, und wenn wir dessen auch
nicht würdig sind, so haben sie doch großes Vertrauen auf uns
und auf den, dessen Bild Du vernichten und verschwinden lassen
willst, des heiligen Apostelfürsten Petrus, den alle Reiche des
Westens als einen Gott [!] auf Erden achten. Wenn Du es wagen
solltest, das zu erproben, so sind wahrlich die Leute des Westens
willens, Recht zu schaffen denen des Ostens.»[35]

Das Aufbegehren Gregors war freilich nicht nur theologisch,
sondern auch höchst handfest, materiell motiviert.

Kaiser Leo III. hatte 717/718 Konstantinopel zu Land und See
erfolgreich gegen die Araber verteidigt – eines der entscheidenden
Gemetzel der Weltgeschichte. Blieb so doch Kleinasien, das er in
jahrelangen Feldzügen von jenen befreite, noch für fast sieben
Jahrhunderte byzantinisch und christlich. Zum Finanzausgleich

freilich mußte er nach dem Araberkrieg neue Steuern eintreiben, was vor allem die Römische Kirche traf, infolge ihres gewaltigen Grundbesitzes die erste wirtschaftliche Macht Italiens. Doch wie sie früher Steuernachlässe staatsfreundlich gestimmt hatten, so ging sie nun auf Gegenkurs. Die italienischen Bischöfe, die größten Steuerzahler des Landes, führten den Widerstand gegen die Zahlung an und verhinderten sie. Und zugleich bekämpften sie natürlich den Ikonoklasmus des Kaisers. Nicht genug, die Steuerverweigerung, die weder das Alte noch das Neue Testament erlaubt, wurde nun noch ein frommes Werk, wurde allmählich umgefälscht zum Widerstand gegen die bilderfeindliche Politik des Monarchen, der am Eingang seines Palastes ein Bild Christi durch ein Kreuz ersetzen ließ.

Papst Gregor II. aber war der eigentliche Führer Italiens im Aufstand gegen seinen Herrn, «das Haupt der italienischen Revolution» (Hartmann). «Seid untertan der Obrigkeit» galt jetzt nicht mehr. Jetzt galt: «Ihr sollt Gott mehr gehorchen als den Menschen.» Und Gott ist – in praxi! – da immer der Papst. Er ermutigte nicht nur den Patriarchen von Konstantinopel, den hl. Germanos, zum Kampf gegen den Kaiser, sondern rief alle Welt dazu auf, so daß ringsum der Bürgerkrieg begann. Ja, Gregor drohte mit einer Loslösung von Byzanz: «Wir betreten mit Gottes Güte den Weg in die entferntesten Regionen des Westens.»

Der Papst opponierte offen gegen den Kaisererlaß. Er verbot, dem Herrscher Steuern zu zahlen, und stellte sich damit an die Spitze der Erhebung. Sogar der offiziöse Liber Pontificalis schreibt: «Er rüstete sich gegen den Kaiser wie gegen einen Feind.» Der antipäpstliche Chartular Jordanes und der Subdiakon Johannes Lurion wurden von den Römern ermordet, den dux Basilios warf man ins Kloster – evidente Attacken gegen die Regierung. Folglich bekam Exarch Paulus den Befehl, Gregor von seinem Stuhl zu entfernen. Als aber die Milizen aus Ravenna heranrückten, widerstand ihnen der Papst im Bund mit italienischen Soldaten und Langobarden. In Venedig, Ravenna, Rom vertrieb man die kaiserlichen Befehlshaber und Beamten, aus Be-

nevent und Spoleto die byzantinischen Truppen. Exarch Paulus
fiel durch Mörderhand. Man beseitigte auch seine Generale. Der
dux Exhilaratus und sein Sohn Adrian, letzterer schon seit Jahren
vom Papst wegen unerlaubter Ehe gebannt, wurden von der römischen Miliz gefangen und getötet. Dem römischen dux Petrus
stach man die Augen aus, weil er dem Kaiser «gegen den Papst
geschrieben». Überall siegte der Aufstand: Seine Heiligkeit und
die Langobarden in einmütiger Rebellion wider den Kaiser. Selbst
der Liber Pontificalis versichert, «daß das ganze Italien, empört
über die Bosheit des Basileus, beschloß, einen andern zu erwählen
und ihn nach Konstantinopel zu führen». Tatsächlich rief man in
Griechenland den Gegenkaiser Cosmas aus, eine Flotte erschien
mit ihm vor Konstantinopel, wurde aber in der Seeschlacht vom
18. April 727 gänzlich geschlagen, Cosmas gehängt.[36]

Noch 729 sah sich Gregor II. als Mittelpunkt des Widerstandes,
sah er «den gesamten Okzident» zu sich emporschauen. «Die
Völker des Westens sind bereit», schreibt er dem Kaiser. «Wir
leiten unsere Macht und Autorität vom Apostelfürsten Petrus her,
und wir könnten, wenn wir wollten, über Dich zu Gericht sitzen,
aber Du hast Dir und Deinen Räten das Urteil bereits selbst gesprochen: Du und sie, Ihr seid gleichermaßen verflucht.»

Doch der Kaiser wurde des Aufstands Herr. 730, als er den
greisen Hofpatriarchen Germanos, der die Bilderverehrung, zu
Unrecht, weder im Widerspruch zum Alten Testament fand noch
zur altchristlichen Tradition, durch Anastasios ablöste (falls Germanos nicht von allein zurücktrat), scheiterte die Revolution
auch in Italien. Eben noch rechtzeitig war Gregor ins kaiserliche
Lager geschwenkt. Als die italienischen Revolutionäre, wie die
griechischen in Griechenland, auch in Italien einen gewissen Ti-
berius Petasius zum Kaiser ausriefen, mahnte der Papst, dem ein
Kaiser in Rom, wo er selbst kommandieren wollte, denkbar un-
erwünscht sein mußte, das Volk, «nicht von der Liebe und Treue
zum römischen Reich zu lassen», und gab dem Exarchen noch die
römische Miliz zur Bekämpfung des neuen Gegenkaisers mit. Im
römischen Tuszien wurde Petasius getötet, sein Kopf nach Konstantinopel geschickt.[37]

Im Bilderstreit blieb Gregor II. allerdings so unerbittlich wie sein Nachfolger. Durch eine Synode in Rom, November 731, verhängte Gregor III. (731–741) gegen Abnahme, Zerstörung und Schmähung der Bilder die Exkommunikation. Doch seine mit Mahnschreiben nach Konstantinopel gesandten Legaten wurden schon auf Sizilien von dem kaiserlichen Strategen Sergius abgefangen, monatelang eingekerkert und zurückgejagt. Zugleich holte der Imperator zu einem gewaltigen Gegenschlag aus, der die materielle Basis des Papsttums traf und die politische Geographie veränderte.

Nachdem eine gegen Italien befohlene Flotte Schiffbruch erlitten, rächte sich der Monarch auf andere Weise. Er zog nicht nur die Steuerschraube in Unteritalien und Sizilien extrem an, sondern löste die illyrische Kirchenprovinz sowie ganz Süditalien samt Sizilien von Rom und unterstellte alles der Jurisdiktion des Patriarchen von Konstantinopel; ein Schritt, den Byzanz nachdrücklich verteidigt, jeder neue Papst aber zu blockieren sucht. Außerdem nahm der Kaiser dem Papst seine sämtlichen süditalischen Patrimonien, wobei allein Sizilien einen Verlust von 350 Pfund Gold bedeutete.[38]

Der Bilderstreit dauerte durch Leos ganze Regierungszeit fort und verschärfte sich noch unter seinem Sohn und Nachfolger Konstantin V. (741–776), Ikonoklastes genannt, der Bilderstürmer (aber auch Kopronymos, weil er das Wasser bei seiner Taufe verunreinigte, und Caballinus, weil er gern Pferdemist roch). Als sich freilich 742 ein bildverehrender Usurpator, sein Schwager Artabasdos, erhob, hielt es Rom mit dem bilderfeindlichen Kaiser, der dem Besiegten samt seinen Söhnen die Augen ausstechen ließ, Papst Zacharias aber eine reiche Landschenkung vermachte. Konstantin, aktiv an der einschlägigen Diskussion beteiligt und überhaupt theologisch hervorragend interessiert, ließ die Anrufung der Heiligen und Marias verbieten sowie sämtliche Heiligenbilder aus den Kirchen nehmen oder zerstören.

Besonders verfolgt hat dieser Kaiser die Mönche, um so fanatischere Fürsprecher des Bilderkults, als sie ein wirtschaftliches Monopol für die Fabrikation der Ikonen hatten. Klöster wurden

enteignet, geschlossen, in Kasernen, Badeanstalten umgewandelt
oder wie das Kallistratos-Kloster, Dios-Kloster, Maximinos-Klo-
ster etc. total zerstört. Die Insassen standen vor der Wahl,
entweder die Kutte abzulegen, eine Frau zu nehmen oder geblendet und verbannt zu werden. In Ephesos hat man Mönche und
Nonnen zur Heirat gezwungen, andere (mit Rückendeckung
durch ein Konzil von Konstantinopel 754) hingerichtet. Bilder-
verehrende Megären zerstückelten Soldaten, und Soldaten veranstalteten Martyrien im Hippodrom. Nicht weniger als 338
Bischöfe unterzeichneten 754 auf der Synode von Hieria die iko-
noklastischen Erlasse Leos III. 50 000 Mönche, vom Kaiser ge-
ächtet, fliehen nach Rom. Und dies alles, während die Bulgaren
bereits ihren Großangriff auf das Reich beginnen.[39]

Der Kampf «mit Feuer und Schwert» kulminiert in den sech-
ziger Jahren.

Abt Stephanos vom Auxentiosberg, Anführer der bilderfreundlichen Opposition, wird im November 765 in den Straßen
Konstantinopels gelyncht. Allein im August 766 richtet man 16
höhere Beamte und Offiziere hin, Anhänger des Bilderkultes. Im
nächsten Jahr fällt auch der Kopf des Patriarchen Konstantin in
der Arena. Der Kaiser hatte ihn erst geißeln, dann, am 6. Oktober, ihm vor versammeltem Stadtvolk in der Großen Kirche die
Leviten lesen lassen. «Nach jedem Kapitel», schreibt der spätere
Abt Theophanes, «schlug der Geheimschreiber dem Pseudopatri-
archen ins Gesicht, wobei der Patriarch Niketas in seinem Stuhl
saß und zusah.» Anderntags wurde Konstantin, kahlgeschoren
und im ärmellosen Spottkleid, verkehrt auf einen Esel gesetzt, ins
Hippodrom geführt und vom ganzen Christenvolk umheult, be-
geifert.

Den Esel führte sein Neffe Konstantin, dem man die Nase
abgeschnitten hatte. «Als er zu den Zirkusparteien gekommen
war, stiegen sie von ihren Sitzen herab, bespuckten ihn und be-
warfen ihn mit Unrat. Zum Halteplatz vor der Kaiserloge gelangt, warfen sie ihn vom Esel herab und traten auf seinen
Nacken.» Ende des Monats verleugnete der Mann seinen Glauben, und nachdem man sich noch diese Genugtuung verschafft,

enthauptete man ihn. Sein Leib wurde durch die Straßen auf den Schindanger der Gehenkten geschleppt, sein Kopf an den Ohren drei Tage zur öffentlichen Besichtigung am Milion aufgehängt.[40]

Ist das kein fröhliches Christentum?

Gewiß, dies geschah in Byzanz. Doch wie stand es in Rom?

## 13. KAPITEL

# DIE ENTSTEHUNG
# DES KIRCHENSTAATES
# DURCH KRIEGE UND RAUB

«Aber gebet acht, o Söhne, bemühet euch eifrig, teilzunehmen an dem, was wir begehren! Denn wisset: wer immer auf die andere Seite tritt, der wird ausgeschlossen sein vom ewigen Leben.» Papst Stephan II.[1]

«Kampf für Christus und die Kirche wird den Franken als ihr geschichtlicher Beruf zugewiesen.» Johannes Haller[2]

## Päpstliches Lavieren zwischen Byzanz, Langobarden und Franken

Während in Byzanz der Bilderstreit tobte und seine Auswirkungen noch das byzantinische Italien erschütterten, suchte König Liutprand die Gelegenheit zu nützen, das Langobardenreich auf ganz Italien, vor allem aber in der Emilia und Romagna auszudehnen. Er annektierte systematisch byzantinisches Gebiet, gewann Kastell um Kastell, festigte seine Autorität aber auch in den Herzogtümern Spoleto und Benevent, kurz, er vergrößerte innen- und außenpolitisch stetig seine Macht. Und als Liutprand 732 (oder 733) erstmals auch Ravenna – bisher fast zweihundert Jahre in oströmischer Hand – eroberte und der Exarch in die venetianischen Lagunen floh, wurde der Bundesgenosse dem Papsttum zu gefährlich.

An sich hatte der römische Bischof kaum Grund, ungehalten über Liutprand zu sein. Der König gab einst Gregor II. dessen eroberten Dukat sogleich frei. Und er erstattete auch das vom Papst heiß begehrte, die Straße nach Ravenna beherrschende Kastell Sutri zurück (in Form einer an die Apostel Petrus und Paulus ausgestellten Urkunde). Alles nur aus Respekt vor dem Apostelfürsten! Denn Liutprand war auch persönlich fromm – ein den Priestern ergebener gläubiger Katholik und ein demonstrativer Förderer der Kirche. Er errichtete in seinem eigenen Palast eine Hauskapelle und war der erste Langobardenkönig, der sich Hauskapläne hielt. Er stellte Geistliche ein, «die täglich den Gottesdienst für ihn halten mußten» (Paulus Diakonus). Einer seiner Verwandten wurde Bischof von Pavia. Dem Klerus gegenüber war er freigebig. Er gründete Klöster, erbaute viele Kirchen, schmückte sie aus, und er pflegte den superstitiösen Reliquienkult. Ein Prolog zu seinen Gesetzen beginnt mit einem Bibelzitat. In einem späteren Prolog tritt er ausdrücklich als Verteidiger des römisch-katholischen Glaubens auf. Gregor II. bekämpfte die Rückkehr von Nonnen ins weltliche Leben, Liutprand unterstützte ihn mit einem entsprechenden Gesetz. Der Papst bekämpfte die Schwägerehen, Liutprand sprang ihm mit einem staatlichen Verbot bei.

Doch obwohl der König sich auch bei der Rebellion gegen den Kaiser an der Seite Roms befand, verriet ihn der neue Papst Gregor III. (731–741) an das aufsteigende Venedig. Denn Gregor fürchtete nicht nur die Macht Liutprands, sondern begehrte selber die Romagna. So befahl er, ungeachtet des mit Liutprand geschlossenen Vertrags, nun dem Metropoliten von Reichs-Venetien, Antoninus von Grado, dem in die Lagunen geflüchteten Exarchen beizustehen, damit Ravenna «wieder zu dem alten Verbande der heiligen res publica und der kaiserlichen Untertanenschaft zurückgeführt werde». (Um 735, nachdem die Langobarden etwa drei Jahre die Stadt besetzt hatten, nahmen sie die Venetianer in einem Handstreich von der See her.) In einem Brief an den Dogen aber schmähte der Papst die Langobarden, seine gläubigen Bundesgenossen, Bilderverehrer auch wie er, ein «schandbares» Volk, während er den Kaiser und dessen Sohn Konstantin Kopronymos «seine Herren und Söhne» nannte – bevor seine Nachfolger auch sie verrieten.[3]

Denn auch Byzanz schien dem Papst zu gefährlich.

So verbündete er sich, nachdem er die venezianische Flotte zur Rückeroberung Ravennas für den Exarchen getrieben, 738 mit dem verräterischen Herzog Transamund von Spoleto und mit dem Rebellen Godschalk, der Benevent an sich gerissen. Und wie (wahrscheinlich) schon Gregor II., so hetzte auch Gregor III. die langobardischen Herzöge gegen ihren König. Er selber aber ließ einen großen Teil von Roms Stadtmauern wiederherstellen und die Civitavecchia befestigen.

Transamund II. hatte 724 seinen Vater Farwald II. gewaltsam

abgesetzt, zur Tonsur und zum Eintritt in den geistlichen Stand gezwungen. Als König Liutprand nun 738/739 gegen ihn vorging, die Pentapolis brandschatzte, Spoleto überrannte, Transamund zum Papst floh, der ihm das römische Heer gegen Liutprand zur Verfügung stellte, der seinerseits plündernd in den römischen Dukat einbrach und dessen Grenzkastelle im Norden nahm, da entbrannte der Krieg ringsum, im römischen Raum ebenso wie im ravennatischen. Zwar gewann Transamund vorübergehend (im Dezember 740) seine Hauptstadt und tötete den neuen, von Liutprand eingesetzten Herzog Hilderich. Doch der Papst, der auch seine Bischöfe im Langobardenreich gegen dessen Herrn ausspielte, fürchtete des Königs Macht, und so appellierte er an den zwar fernen, aber starken Frankenfürsten Karl Martell.[4]

Der fränkische Hausmeier, der seit 720 unbestritten das Gesamtreich beherrscht und fast pausenlos Krieg führt (S. 297 ff.), wobei er auch weitgehend die Kirche heranzieht und Klöster als Brückenköpfe, Stützpunkte benutzt (Schwarzach, Gengenbach, Schuttern, die Abtei Reichenau), für den aber die Ausbreitung seiner Herrschaft und des Christentums untrennbar zusammengehörten, kurz, Karl, der mächtigste Mann Europas, so gewöhnt an Krieg und Eroberung, daß zeitgenössische Quellen es ausdrücklich vermerkten, kam es in einem Jahr einmal nicht dazu (und dies war nur Anno 740 der Fall), ein solcher schien gerade der richtige Schutzpatron für den Stellvertreter Christi.[5]

So suchte der dritte Gregor 739 und 740 mehrmals Karl Martell gegen Liutprand aufzustacheln, obwohl beide persönlich befreundet waren.

Der Papst lockte mit der Loslösung Roms vom byzantinischen Reich und bot Karl die Übertragung des römischen Konsulats sowie den Rang eines Patriziers an. Eine Gesandtschaft und zwei Schreiben schickte Gregor an «den liebevollen Sohn des heiligen Petrus», den «ganz ausgezeichneten Herrn Karl», beschwor ihn 741, noch kurz vor seinem Tod, «bei dem lebendigen und wahrhaftigen Gott und bei den heiligsten Schlüsseln zum Grabe St. Peters»: «Wir schweben in der äußersten Not, und Tag und Nacht rinnen Tränen aus unseren Augen, da wir sehen müssen, wie die heilige Kirche Gottes täglich und überall verlassen wird von ihren Söhnen, auf die sie ihre Hoffnung gesetzt . . .» Beschwor Karl Martell, der mit Gattin und Söhnen immerhin zur Gebetsbruderschaft des St. Peter geweihten Klosters Reichenau gehörte, sich der päpstlichen Bitte nicht zu verschließen, auf daß der Apostelfürst, der Torwart des Himmels, ihm das Himmelreich nicht verschlösse. Auch schickte der heilige Oberhirte dem «princeps» der Franken «große und unermeßliche Geschenke, wie sie noch nie zuvor gehört und gesehen worden waren» (Fredegarii Continuationes). Und natürlich hatte der Papst nicht versäumt, Karl Martell etwas Alteisen beizulegen – angeblich Teile der Ketten des hl. Petrus und die Schlüssel des Apostelgrabes, um seine fürchterliche Knechtschaft unter Langobarden und Griechen diplomatisch zu verdeutlichen. Von irgendwelchen Gegenleistungen des Papstes war nirgends die Rede; bloß von den «Lügen» der Langobarden sowie dem Schutz der römischen Kirche und ihres Besitzes – «nur dieser wird immer betont» (Mühlbacher).

Aber Gregor III., der seine Bemühung bis zu seinem Tod fortsetzte – «Zu keiner Zeit vorher», sagt geschmeichelt ein fränkischer Chronist, «habe man etwas derart gehört oder gesehen» –, appellierte vergeblich an den «Unterkönig» Karl. Dieser, wenig kirchenfromm, stammverwandt mit den Langobarden, verbündet und befreundet mit Liutprand, der 737 seinen Sohn Pippin adoptiert und im folgenden Jahr, auf Karl Martells Wunsch, «ohne Zögern» und «mit dem ganzen Heer der Langobarden» (Paulus Diakonus) siegreich gegen die Sarazenen in der Provence interveniert hatte, blieb auf den ersten päpstlichen Hilferuf gänzlich taub und starb, ehe er sich eventuell zum zweiten hätte äußern können.

Als einziger unter den Ahnherrn der Karolinger wird Karl von den späteren Kirchenautoren verdammt, ewig in die Hölle verstoßen, besonders freilich wegen der durch ihn – precaria verba regis – erfolgten systematischen Schmälerung des Kirchengutes (S. 305). Zu seinen Lebzeiten hörte sich das alles ganz anders an – auch wenn er einen seiner geistlichen Verwandten, den Abt Wido von St. Vaast und St. Wandrille, der nach der Klosterchronik Jagd

und Krieg lieber hatte als den Gottesdienst, enthaupten ließ –
nicht deshalb natürlich, sondern wegen einer Verschwörung gegen Karl. Denn ganz gewiß war der alles andere als ein grund-
sätzlicher Gegner der Kirche. Acht Güterschenkungen sind
bekannt, die er selbst ihr machte.[6]

## DER ZUNGENFLOTTE ZACHARIAS
## BESCHWÄTZT DIE LANGOBARDEN

Einen Monat nach Karl Martell, im Dezember 741, starb auch
Gregor III., der sich als letzter römischer Bischof vom Kaiser in
Konstantinopel hatte bestätigen lassen. Sein Nachfolger wurde
Zacharias (741–752). Und da dessen Vorgängers wiederholte
Kriegshetze gegen die Langobarden an Karl Martell gescheitert
war, schützte sich Papst Zacharias, dieser «Mann von seltener
Herzensgüte» – der in Wirklichkeit ein raffinierter Kopf von gro-
ßer Überredungskunst war – vor dem erneut anrückenden Lan-
gobardenkönig, indem er die Politik seines Vorgängers umkehrte
und sich mit jenem verband.

Dies war um so leichter, als Liutprand, um den Ausklang der
Langobardengeschichte des Paulus Diakonus zu zitieren, «immer
mehr auf Gebet als auf Waffen» baute. Schloß die Kirche eben erst
eine Allianz mit Herzog Transamund, einem Rebellen, gegen den
Langobardenkönig, so ließ sie nun Transamund fallen und bekriegte ihn gemeinsam mit ihrem bisherigen Gegner. Transamund
hatte keine Chance. Von zwei Seiten angegriffen, unterwarf er
sich und verschwand mit Tonsur und Kutte im Kloster.

Papst Zacharias aber wallfahrtete 742 mit allem priesterlichen
Pomp in das Lager König Liutprands in Terni, um die Früchte
seines Verrats einzuheimsen. Und nach glänzendem Empfang und
gemeinsamem Gebet beredete er (wohlpräpariert als exzellenter
Kenner der von greulichem Aberglauben und grandiosen Mirakeln strotzenden Dialoge Gregors I. [S. 209 ff.], die er ins Griechische übersetzte) den gutgläubigen und nun schon altersge-

beugten König noch erfolgreicher als seinerzeit Gregor II. So erhielt Zacharias jetzt auch nicht nur ein Kastell, sondern gleich vier Kastelle (Horta, Ameria, Polimartium und Bleda) nebst Bewohnern in der Heilandskapelle der Peterskirche von Terni urkundlich geschenkt; ein Besitz, der freilich rechtmäßig dem griechischen Kaiser gehörte! Ja, der König machte dem hl. Heiligen Vater eine Reihe weiterer Zugeständnisse, auch territorialer Art, Rückgabe päpstlicher Ländereien, andrer Städte, sämtlicher Gefangenen. Jeder Bissen, den Liutprand an der päpstlichen Tafel verzehrte, höhnt Ferdinand Gregorovius, kostete ein Stück Land. Doch der alte König erhob sich vom Mahl und sagte mit artigem Lächeln, er erinnere sich nicht, je so kostbar gespeist zu haben.[7]

Als aber Liutprand im nächsten Jahr, 743, das Exarchat angriff, ja, die Erstürmung Ravennas vorbereitete und als Exarch Eutychius nebst dem Ravennater Erzbischof den Papst um Beistand baten, schickte dieser nicht nur eine Gesandtschaft nach Pavia, sondern eilte wieder selber zu dem höchlich überraschten König. Und nach zwei Messen, einer am Vorabend des Apostelfestes vor der Stadt in der Petersbasilika zum «goldenen Himmel», einer am nächsten Tag in der Residenz in Gegenwart des Königs, bedrängte er am dritten Tag im Palast wieder beschwörend Liutprand, vom Exarchat abzulassen. Und schließlich, wenn auch nach langem Sträuben, gab der König auf Drängen des Papstes, der im Lauf dieses Jahres den byzantinischen Kaiser als legitimen Herrscher anerkannt hatte, diesem die gemachten Eroberungen zurück, der nun seinerseits, auf päpstliches Ersuchen, dem Heiligen Vater, offenbar für geleistete Dienste, die zwei großen Domänen Nympha und Norma in Latium schenkte. «Die Souveränität des Papstes wurde der Kirche sehr ersprießlich», kommentiert Katholik Clemens Siemers.[8]

Liutprand starb, nach 32jähriger Regierung, Anfang 744. Und als der neue Langobardenkönig Ratchis (744–749), vordem Herzog von Friaul und eifriger Mitkämpfer Liutprands, sich trotz seiner feindlichen Politik gezwungen sah, 749 die Pentapolis anzugreifen, begab sich der Papst alsbald in sein Lager. Und hier konferierte der Zungengewandte nun wie vordem mit Liutprand.

Und nach einigen Tagen schon hatte er Ratchis so meisterlich beschwatzt, daß dieser im August 749 die Krone niederlegte, mit Frau und Kind nach Rom zu St. Peter pilgerte und alsbald in eine Mönchskutte kroch, um sein Leben in Monte Cassino zu verbringen. Gattin Tasia und Tochter Rotrudis verschwanden im nahen Nonnenkloster Plumbariola . . . Freilich könnte sich hinter dieser renommistischen Darstellung des päpstlichen Chronisten auch die Möglichkeit verbergen, daß man den König gestürzt und mehr oder weniger gewaltsam ins Kloster gesteckt hat, was unter anderen Ludo Moritz Hartmann und Johannes Haller ebenso annahmen wie der Oxforder Historiker und hochrangige Geistliche John Kelly, der dem Papst überdies Bestechung unterstellt. Und liegt's nicht um so näher, als Ratchis, nachdem sein Bruder Aistulph im Herbst 756 sein Leben auf der Jagd verloren, Monte Cassino verließ und die Regentschaft in Pavia übernahm?'

## KARLMANNS SCHWABENMASSAKER UND DAS BISTUM KONSTANZ

In Monte Cassino war etwas früher auch der Franke Karlmann gelandet . . .

Karl Martell hatte vor seinem Tod am 21. Oktober 741 die Regierungsgewalt unter seine Söhne Karlmann, Pippin III. (den Jüngeren, den Kurzen) und Grifo geteilt. Der ältere Karlmann hatte Austrien, Thüringen, Schwaben erhalten, der jüngere Pippin Neustrien, Burgund und die Provence. Bayern und Aquitanien (das Land zwischen Atlantikküste, Loire und Pyrenäen) sollten beiden gemeinsam unterstehen. Ihr Halbbruder Grifo aber, der Sohn von Karls zweiter Gattin, der bayrischen Prinzessin Swanahilt (S. 319), wurde nicht als gleichberechtigter Erbe anerkannt, von seinen Stiefbrüdern gefangengenommen und auf einer Burg in den Ardennen eingekerkert, seine Mutter Swanahilt ins Kloster Chelles bei Paris gesteckt.

Schon ein Jahr nach dem Machtwechsel waren die (seit 732 von

Bonifatius geplanten) Bistümer in Hessen und Thüringen gegründet, 743 und 744 drei große Synoden in Austrien und Neustrien gehalten und dabei die Ausrottung von «Ketzerei» und Heidentum beschlossen worden. Außerdem führten Karlmann und Pippin – beide Mönchsschüler, Karlmann wahrscheinlich in Echternach durch Willibrord, Pippin in Saint-Denis erzogen – Kriege nach allen Seiten. Waren doch beide, wie Papst Zacharias von seinen «erlauchtesten Söhnen» (744) sagt, «Genossen und Helfer» des Bonifatius, ja, sie standen unter «Gottes Eingebung» (inspiratione divina). Also kann der Heilige Vater beiden Großschlächtern auch «reichen Lohn ... im Himmel» garantieren; «denn gesegnet ist der Mensch, durch den Gott gesegnet wird».

Der Gott segnende Karlmann fiel 743 – in einem Jahr, in dem er dem neugegründeten Bistum Würzburg 26 Königskirchen überließ – ins südliche Ostfalen, 744 in Engern ein, wobei dem Schwert jedesmal das Kreuz nachfolgte: Missionare, Predigten, Massentaufen. Im selben Jahr folgte die endgültige Unterwerfung Schwabens. Einen maßgeblichen «Brückenkopf» bildete dabei das Bistum Straßburg mit seinen Klöstern an der Kinzigstraße, die über den Schwarzwald ins Schwäbische führte. Ein letzter Aufstand in Cannstatt wurde 746 durch Karlmann, später etwa im Kloster Fulda als Heiliger verehrt, beim Cannstatter Blutbad barbarisch bestraft: die fränkischen Truppen metzelten – die Quellen sind ziemlich wortkarg oder widerspruchsvoll – vermutlich Tausende der zur Heerschau befohlenen (längst chistlichen!) Alemannen nieder. Mindestens ein Teil, wenn nicht fast der gesamte alemannische Adel, wurde ausgerottet, wahrscheinlich auf der Altenburger Höhe. Anstelle der heimischen Aristokratie traten fränkische Grafschaften, der alemannische Adelsbesitz verfiel weitgehend der Konfiskation.

Es gibt freilich Historiker, für die das Blutbad von Cannstatt nur ein «sogenanntes» war, das heißt der Adel des Landes, das klingt gleich viel besser, allenfalls «zur Rechenschaft gezogen wurde», ja, die ganze Sache «dem Bereich der geschwätzigen Legende» angehört (Büttner).

Als großer Profiteur dieser «Legende» aber ging die Kirche

hervor, genauer das Bistum Konstanz – «Ausgangspunkt der christlichen und fränkischen Durchdringung Alemanniens» (Tellenbach). Konstanz, dessen Bischof die Herrschaft der Franken zu sichern hatte, wurde zum Dank dafür ungemein begütert, wurde die größte deutsche Diözese des Mittelalters, von Bern bis Ludwigsburg reichend, vom Walsertal bis Breisach: 45 000 Quadratkilometer im Jahr 1435 umfassend und 1760 Pfarrkirchen. Doch auch die Klöster St. Gallen und Reichenau bereicherten sich am beschlagnahmten Grundbesitz der Besiegten und Geschlachteten und zählten «sehr bald zu den größten Grundbesitzern in Alemannien» (Nový).

Im Herbst 747 tritt Karlmann, «dieser heilige Mann» (Abt Regino von Prüm), angeblich freiwillig überraschend zurück, obwohl er noch im August dieses Jahres «alles tat, um seine und seines Sohnes Stellung zu sichern» (Bund). Er «weihte sich», vielleicht von Gewissensbissen wegen des Schwabenmassakers gequält, «dem hl. Petrus» (Vita Zachariae). «Freiwillig ließ er sein Reich zurück und empfahl seine Söhne seinem Bruder.» Das klingt gut christlich. Vom Papst zum Mönch geschoren, verschwindet Karlmann im Kloster auf dem Berg Sorakte vor den Toren Roms. 750 geht er nach Monte Cassino, auf langobardisches Gebiet; ein Schritt, dessen religiöse Motivierung (vermutlich mit Recht) des öfteren bezweifelt wird. «Nackt folgte er Christus nach» (Regino von Prüm).[10]

Wie Ratchis also. E tutti quanti . . .


## PIPPIN III. – «EIN GUTER CHRIST»
## UND «EIN GROSSER SOLDAT»

Auch Pippin der Jüngere (741–768), meist in den Pfalzen Quierzy, Attigny, Verberie und Compiègne residierend und schon 747 von Papst Zacharias «christianissimus» genannt, war «ein guter Christ» (Daniel-Rops), «von dem christlichen Geist völlig durchweht» (Büttner). Nicht nur der St.-Martins-Kult begann unter

Pippin seinen rechtsrheinischen Siegeszug, auch die Kapelle wurde jetzt zur «wichtigsten zentralen Institution des Reiches» (Ewig), überhaupt die Kirche durch ihn geschützt und unterstützt.

Auf Drogo, den Neffen aber, der selbständig über Austrien regieren sollte, nahm Pippin keine Rücksicht. Er schob ihn brutal beiseite und führte einen Krieg nach dem anderen – «ein großer Soldat, der keinen einzigen Feldzug seines Lebens gegen Alemannen, Sachsen, Langobarden, Aquitanien verloren hat» (Braunfels). Nur in vier Jahren seiner Regierung (749, 750, 759, 764) führte er nicht Krieg!

742 zog er, mit Karlmann gemeinsam, gegen den Alemannenherzog Theudobald, 743 gegen die Bayern, 744 wieder gegen Theudobald. 752 gewann er Septimanien, den Küstenstrich nebst Hinterland zwischen Ostpyrenäen und Nîmes. Gegen Ende des Jahrzehnts eroberte er Narbonne, stach die sarazenische Besatzung ab, vertrieb die Sarazenen, wobei seine Truppen «wahrscheinlich nicht weniger dazu beigetragen, dieses einst reiche Gebiet zu plündern, als die eingedrungenen Ungläubigen» (Bullough). Im Kampf gegen die Sachsen kam er 753 bis zur Weser, ein Kriegszug, auf dem der Kölner Bischof Hildegar am 8. August fiel. 758 drang er ins Münsterland vor und ließ sich von den schwer geschlagenen Westfalen Treue, 300 Pferde jährlich und die Zulassung christlicher Missionare versprechen.

In acht Feldzügen zwischen 760 und 768 ringt er Aquitanien nieder, wo er, noch zusammen mit Karlmann, einst die Vorstädte von Bourges in Brand gesteckt und Loches zerstört hatte. Nun bricht Pippin die Burgen, ruiniert das Land. Er brennt Bourbonl'Archambault nieder, brennt Clermont nieder, ungezählte Dörfer stehen in Flammen. Pippins Ältester, Karl («der Große»), begleitet ihn: eine Schule fürs Leben! Systematisch beraubt und verwüstet der Franke Jahr für Jahr weit und breit die Gegend – noch durch Generationen waren die Verheerungen dieser Kriege spürbar.

Erst mit der heimtückischen Ermordung des unentwegt, schlimmer als jedes Tier, zunächst von Ort zu Ort, dann von Wald zu Wald gejagten Waifar, des letzten Herzogs von Aquitanien, Anfang Juni 768 im Wald von la Double (bei Périgueux) verliert Aquitanien vorläufig seine Selbständigkeit. Dabei kam der Verdacht auf, Waifar, nach dem ganze Scharen Pippins gefahndet, sei auf dessen Anstiften umgebracht worden, was man heute «übereinstimmend» annimmt (de Bayac). Auch Waifars Onkel Romistan wurde gehängt, standrechtlich, Waifars Mutter und Schwestern nahm man gefangen. Derart hatte Pippin das ganze Gebiet von der Loire bis zu den Pyrenäen gewonnen und die Grundlage für das spätere Frankenreich gelegt. «Die Nachwelt hat die Erwerbung Aquitaniens als die größte Tat Pippins verzeichnet» (Mühlbacher). Verzeichnet![11] Und das vielbändige «Handbuch für Europäische Geschichte» bescheinigt ihm gar ein schon «seit 749 nach innen und außen befriedetes Reich»!

Weithin hatte man erwartet, daß Grifo gut abgefunden werde, weshalb der hl. Bonifatius Ende 741 nicht versäumte, ihn, «Eure Gottseligkeit bei Gott dem allmächtigen Vater und bei Jesus Christus seinem Sohn und beim heiligen Geist, bei der heiligen Dreifaltigkeit» etc. zu beschwören, «den Geistlichen und Priestern in Thüringen zu helfen ... gegen die Bosheit der Heiden» (paganorum malitiam), «wenn Dir Gott die Gewalt gibt». Aber das wollte Gott nicht. Der später da und dort als Heiliger verehrte Karlmann hatte Halbbruder Grifo in Neufchâteau, nahe den Ardennen, für sechs Jahre hinter Schloß und Riegel gebracht, ihn dann aber, in bewährter Nächstenliebe, laufenlassen. Der edle Pippin speiste ihn mit einigen Grafschaften ab. Grifo eilte zunächst zu den Sachsen – die Pippin 748 unterlagen, wobei es wieder zu Massentaufen kam. Dann trommelte Grifo Bayern, die Heimat seiner Mutter Swanahilt, zum Aufstand, den Pippin 749 niederschlug. Und nachdem auch ein Kontakt mit Waifar von Aquitanien zu nichts führte, wurde Grifo 753 auf der Flucht zu den Langobarden in den Alpen bei Maurienne von fränkischen Grenzposten erschlagen, wobei auch zwei fränkische Grafen fielen.[12]

## Die «folgenschwerste Tat des Mittelalters»

Da man so beide Brüder Pippins unschädlich gemacht, trachtete der Herrscher über alle Franken nach der Königskrone. Doch standen ihm das Geburtsrecht und der letzte Merowingerkönig Childerich III., das Privileg des königlichen Blutes und der göttlichen Abstammung im Weg. Für seinen Sturz und den Thronraub brauchte der karolingische Hausmeier eine Rechtfertigung vor seinen römisch-katholischen Untertanen. Und wo hätte er die besser bekommen können als in Rom beim «Träger der höchsten sittlichen Autorität» (Seppelt/Schwaiger)?

Die «Träger der höchsten sittlichen Autorität» waren für Siege und Sieger stets sehr empfänglich. Bezeichnenderweise findet sich in ihren Briefen seit Stephan II. für die Frankenherrscher – neben den Versicherungen ihres hier beginnenden Gottesgnadentums («a Deo institutus»), ihrer göttlichen Inspiriertheit («a Deo inspiratus») – auch die verbale Feier ihrer militärischen Siege bis zum monströsesten Superlativ: «victor», «victoriosissimus», etwas später «invictissimus», ja, Papst Hadrian I. stellt alles in den Schatten durch das von ihm geprägte Wortungeheuer «triumphatorissimus» – Speichellecker![13]

Pippin schickte also 751 den Würzburger Bischof Burchard, einen Angelsachsen, und den Abt Fulrad von Saint-Denis, einen der führenden fränkischen Politiker, zum hl. Zacharias, «um bei ihm anzufragen, was von den Königen im Frankenreich zu halten sei, die keine königliche Macht besäßen: ob dies gut sei oder nicht» (si bene fuisset an non). Pippin bewies dadurch «seinen politischen Spürsinn» (Braunfels). Und der Papst wohl auch. Er erfaßte schnell die Lage und erklärte, «es sei besser, daß der den Königsnamen führe, der die Macht habe (qui potestatem haberet), und nicht der, der ohne Macht sei» – die «folgenschwerste Tat des Mittelalters» (Caspar).

Der Papst erkannte den eidbrüchigen Usurpator, der sich als erster treffend «von Gottes Gnaden» nannte, als König an, und Pippin wurde kraft dieser Weisung wohl gegen Jahresende auf einer Reichsversammlung «nach der Sitte der Franken» (secun-

dum morem Francorum) zum König gewählt. Eine wenig spätere
Quelle spricht von einer «Vollmacht», geradezu «einem Befehl
des Papstes Zacharias». Dann ließ ihn dieser nach der zeitgenössischen Karolingischen Chronik von fränkischen Bischöfen, nach
den Reichsannalen aus der Zeit Karls «des Großen» durch Erzbischof Bonifatius als ersten fränkischen König feierlichst salben,
legitimierte ihn also durch einen kirchlichen Weiheakt, was ihn
zwar nicht zum Geistlichen machte, doch über einen Laien hin-
aushob. Von Childerich III. aber, dem rechtmäßigen König, dem
letzten Merowinger – durch Pippin (und Karlmann), nachdem
Karl Martell schon Jahre ohne König regiert hatte, 743 zum König eingesetzt, um den damaligen Aufständen einen Vorwand zu
nehmen –, hieß es jetzt, er werde «fälschlich König genannt»
(Annales regni Francorum und Chronicon Laurissense). Er verschwand geschoren im Kloster als Mönch; nach mehreren Quellen im Kloster Sithiu (Saint-Bertin). Seinen Sohn Theuderich, den
letzten Merowinger, steckte man im nächsten Jahr geschoren ins
Kloster Sainte-Wandrille.

Später steigerte man die Schwäche der Merowinger bis zu
Blödsinn und Geisteskrankheit, um ihre Beseitigung noch einleuchtender zu machen. «Kraft der Autorität des hl. Petrus
befehle ich dir, schere diesen und schicke ihn ins Kloster» (tonde
hunc et destina in monasterium), wie eine etwas jüngere Quelle
(Erchanberti breviarium) den Papst sagen läßt. Ein fiktives Wort.
Doch die hier beginnende Schiedsrichterrolle der Päpste wurde
beispielhaft und verheerend folgenreich in der europäischen Geschichte. Denn die päpstliche Weisung, Pippin zum König zu
erheben, schon bald als «Befehl» ausgegeben, diente noch oft als
Grundlage für das Verfügungsrecht des Papstes über Königskro-
nen.[14]

Diese Erhebung war in mehrfacher Hinsicht einmalig. Weder
hatte man im Frankenreich je den Papst zum Schiedsrichter in
Staatsdingen gemacht noch je einen König aus königlichem
Stamm durch einen Mann aus nichtköniglichem ersetzt, noch je
einen König durch die Kirche weihen lassen. Theodor Mayer
schreibt über diese Staatsauffassung der Karolingerzeit: «Was bei

Pippin und bei Karl in der Königszeit in Erscheinung trat, ist klar. Es ist die Auffassung des Königtums als eines Amtes, das nicht von der göttlichen Abstammung des Königsgeschlechtes oder von einem Heerkönigtum herzuleiten, sondern von Gott eingesetzt und vom Papst übertragen war.»[15]

Spätestens in karolingischer Zeit wurde das Königtum theokratisch fundiert, wurde der Herrscher «König von Gottes Gnaden» (rex Dei gratia), mehr eine Legitimations- als Devotionsformel, unter welcher Bezeichnung sie bekannt ist. «Die neubelebte Idee des Gottesgnadentums hatte seit der Salbung Pippins die königliche Würde erhöht und geheiligt» (Tellenbach). Und seit Pippins Söhnen Karlmann und Karl «dem Großen» haben alle mittelalterlichen Könige den neuen Titel «gratia Dei rex (Francorum)», König von Gottes Gnaden, geführt.

Der König wurde dadurch scharf vom Volk, dessen Wahl er ursprünglich seine Stellung verdankte, geschieden und in die nächste Nähe Gottes gerückt. Das heißt, da «Gott», recht verstanden, politisch gesehen, stets nur eine Chiffre für den hohen Klerus und sein Machtbedürfnis ist: in dem Maße, in dem man den König vom Volk trennte, wurde er mit der Priesterhierarchie verknüpft, in ihren Dienst genommen. Er wurde zu ihrem Organ, einem Teilhaber ihres Amtes, zu ihrem Geschöpf, einer «persona ecclesiastica». Gott, das heißt de facto die Kirche, die allmählich immer mehr den Ton angab, hatte ja das Königsamt vergeben, und je mehr man dessen theokratischen Charakter betonte, desto mehr stärkte man den Einfluß der Kirche. Ihre Kollaboration aber mit dem König führte zu einer immer größeren Entmachtung, zur totalen Ohnmacht des Volkes. Denn nicht das Volk sollte den König kontrollieren, sondern der hohe Klerus. Der König wurde dem Volk bewußt entfremdet, stand als «majestas» hoch über ihm. Das Volk ist nicht mehr Träger von Rechten, sondern von Pflichten, dem Herrscher, der ihm keine Verantwortung schuldet, absolut untertan – so wollten es jedenfalls die von der Hierarchie hergestellten, wenn auch erst im Laufe der nächsten Jahrzehnte und Jahrhunderte hochgezüchteten Leitbilder.[16]

Der Cambridger Historiker Walter Ullmann schreibt über diesen vom Klerus geschaffenen, unsere Geschichte Jahrhundert um Jahrhundert prägenden Souveränitätsgedanken in den mittelalterlichen Krönungsordines: «Daß die Lösung des Königs vom Volk, d. h. also dem Laientum, dem (höheren) Klerus nur willkommen sein konnte, läßt sich leicht begreifen. Durch die königlicherseits vollzogene Wendung zum theokratischen Gedanken wurde der Hierarchie erst die Möglichkeit geboten, in die Krönungssphäre einzugreifen . . . Die Aussonderung des Königs vom Volk und seine Übernahme in den kirchlichen Dienst wurde noch durch die verheißene Mitregentschaft des Königs mit Christus im Himmel stärkstens betont . . . Die Übernahme des Königs in den kirchlichen Dienst hatte zur Folge, daß er dem Volk gegenüber weder rechtlich noch sonst verbunden war: im Gegenteil, das Volk war ihm nicht nur anvertraut – deshalb auch die Gleichstellung des Volkes mit einem Minderjährigen –, sondern hatte auch, wie die Krönung darlegen sollte, kein Recht, an der Königsherrschaft teilzunehmen, oder gar, was wohl der Prüfstein ist, dem König auf rechtliche Weise zu widersprechen oder sich ihm zu widersetzen . . . Daß sich damit große Vorteile für den König selbst ergaben, steht fest: von jeder Bindung an das Volk war er frei und in diesem Sinne auch in der Tat souverän. Die Kehrseite ist allerdings die wenigstens theoretisch gewollte Bindung des Königs an die Hierarchie, die ihn ja als König konstituiert hatte.»[17]

Die hier gezeichnete Entwicklung setzt spätestens jetzt ein.


## Offener Rechtsbruch und Trennung von Byzanz

In Italien suchten sich die Langobarden, die das Papsttum so kläglich hereingelegt hatte, endlich durch ihren König Aistulph (749–756), den Bruder Ratchis', zu revanchieren. Forciert setzte er die Angriffe Liutprands fort. Erst brachte er Comacchio an der Pomündung, dann Ferrara an sich und eroberte schon in seinem zweiten Regierungsjahr 751 fast kampflos Ravenna. Er besetzte das ganze Exarchat, außer Venedig und Istrien, den byzantinischen Besitz somit in Nord- und Mittelitalien. Ja, er bedrohte und beanspruchte energisch Rom selbst, als dort gerade Papst Zacharias durch Stephan II. abgelöst wurde, nachdem ein anderer Erwählter, wieder mal recht plötzlich, schon nach drei Tagen, noch vor seiner Inthronisation, verblichen war. (Es ist, beiläufig, einer jener «Päpste», derentwegen niemand weiß, wie viele Päpste es überhaupt gegeben hat. Denn dieser Stephan [II.] wird bis ins 15. Jahrhundert nirgends als Papst geführt, aber allmählich danach bis ins 20., bis 1960, und zwar als Papst Stephan II. Doch seitdem wieder unterdrücken ihn alle Ausgaben des offiziellen Annuario Pontificio.)[18]

Der «richtige» Papst Stephan II. – bzw. III. – (752–757), als Theologe so versiert, daß er ein alttestamentliches Wort als paulinisch oder auch vermeintliche Stellen des Neuen Testaments zitieren konnte, die gar nicht in der Bibel stehen, war im übrigen, wie die Papstbiographie rühmt, «ein äußerst mutiger Verteidiger seines Schafstalls». In der Tat hatte er als Politiker Glück. Zunächst zwar rief er seinen Oberherrn, den durch die Araber gebundenen Kaiser Konstantin V., umsonst gegen Aistulph zu Hilfe. Auch bei Aistulph selbst, dem er, als das byzantinische Heer ausblieb, seinen Bruder Paul mit reichen Geschenken schickte, prallte er ab. Und noch eine weitere päpstliche Gesandtschaft, bestehend aus den Äbten von Monte Cassino und S. Vincenzo am Volturno, blieb erfolglos. Vergeblich forderte Stephan die Rückgabe der «verlorenen Schafe des Herrn» und «des Eigentums an seine rechtmäßigen Besitzer» – die Manöver von Papst Zacharias seligen Angedenkens gegenüber Liutprand und Ratchis ließen sich offensichtlich nicht noch einmal wiederholen, jedenfalls nicht bei den Langobarden, die nahe vor ihrem Ziel, der Eroberung Italiens, standen.[19]

Die Not war groß. Im Osten tobte der Kampf um die Bilder schärfer als je zuvor. Im Westen drang Aistulph, der eben noch die wichtige Festung Ceccano, an der Straße nach Neapel, weggenommen hatte, auf Unterwerfung. Ohne Zweifel war er auf Vernichtung der Römerherrschaft aus. Er verschärfte die Wehr-

pflicht, die Grenzbewachung und drohte für den Verkehr mit
Römern ohne königliche Erlaubnis Konfiskation aller Güter an.

Der Papst, weniger theologisch als demagogisch begabt, mit
einer suggestiven Wirkung auf die Massen, machte in Rom, bloß-
füßig, das Haupt mit Asche bestreut und selbst das «nicht mit der
Hand gemalte» Christusbild auf den gebeugten Schultern tra-
gend, eine Bittprozession, scheinbar alles Gott anheimstellend. In
Wirklichkeit trieb er wieder einmal ein doppeltes Spiel. Noch
während seine Gesandten in Konstantinopel den Kaiser um Hilfe
baten, Italien von «dem Zugriff des Sohnes der Ungerechtigkeit»
zu befreien, worüber Aistulph «wie ein Löwe» brüllte, wandte er
sich schon heimlich durch einen Pilger an Pippin. Und der, der als
«Gesalbter des Herrn» (Papstes) diesem in jeder Weise entgegenzukommen suchte, schickte auch umgehend den am Hof Karl
Martells aufgestiegenen Bischof Chrodegang von Metz, das
«Haupt des fränkischen Episkopats» (Oexle), nach Rom, von wo
ihn der Papst dann wieder mit zwei Schreiben eiligst zurücksand-
te. Eines an Pippin mit der Mahnung: «Erfülle das Wort des
Herrn», wofür er ihm «hundertfältigen Lohn» und «das ewige
Leben» verhieß. Und ein zweites an «die ruhmreichen Männer,
unsre Söhne, die gesamten Führer (duces) des Volkes der Franken», worin er genau dasselbe versprach – was hätte er auch sonst
versprechen können! Wie er überhaupt unentwegt auf den «Beschützer Petrus», den «Apostelfürsten» verwies, den «Schlüssel-
bewahrer des Himmels», und natürlich auf den «Stuhl des ewigen
Richters». «Aber gebet acht, o Söhne, bemühet euch eifrig, teilzunehmen an dem, was wir begehren! Denn wisset: wer immer
auf die andere Seite tritt, der wird ausgeschlossen sein vom ewigen Leben.»[20]

Die Quellen zu all diesen Vorgängen sind zwar, wie so oft im
Mittelalter, dürftig, vieldeutig, tendenziös. Doch was der Papst
begehrte, war eindeutig: Krieg! «Jesus Christus war nun der Nationalgott der Franken» (Burr). Und dies wieder hieß: «Kampf für
Christus und die Kirche wird den Franken als ihr geschichtlicher
Beruf zugewiesen» (Haller). Da aber die Franken zunächst nicht
so reagierten, wie vom Papst erhofft, machte er sich im Spätherbst

753 unter dem Wehklagen der Römer persönlich auf den Weg. Begleitet von fränkischen Boten nebst einem Gesandten des Kaisers, durchwandelte er das langobardische Gebiet und vergoß bei der Audienz in Pavia Tränen. Doch weder sie noch die reichen Geschenke stimmten den König um.

In Trauerkleidung überschritt Stephan, mitten im Winter, die Alpen – der erste Papst, der fränkischen Boden betrat. Anfang Januar 754 traf er Pippin in der königlichen Pfalz zu Ponthion, bei Châlons an der Marne. Der Heilige Vater sang Hymnen und Psalmen bei seinem Einzug. Nach der Vita Stephani des Papstbuches, die König Pippin in Adoration vor dem Ankömmling «cum magna humilitate terrae prostratus» zeigt, warfen Pippin, seine Gattin, Söhne und die Optimaten sich vor dem auf der Pfalz reitenden hohen Priester zu Boden. Dann soll ihm der König den Stratordienst geleistet haben. Davon weiß die fränkische Quelle (die sogenannten Älteren Metzer Annalen) kein Wort. Nach ihr ging vielmehr am zweiten Tag der Papst mit seinem ganzen Gefolge in Sack und Asche vor Pippin zu Boden und flehte unter Tränen, bei den Verdiensten der hl. Apostel Petrus und Paulus, ihn und die Römer aus den Händen der Langobarden zu retten (ut se et populum Romanum de manu Langobardorum et superbi regis Heistulfi servitio liberaret).

Diese Darstellung ist schwerlich erfunden, sondern beruht, wie die Überprüfung anderer Quellen ergibt, «offenbar auf zuverlässigen Informationen ... Auch der päpstliche Fußfall ist allem Anschein nach historisch, da spätere Papstbriefe wiederholt auf ihn anspielen» (Fritze). «Und nicht eher wollte er sich erheben», berichtet der fränkische Chronist, «als bis ihm der König, seine Söhne und die Vornehmen der Franken die Hände gaben und ihn als Zeichen der künftigen Hilfe und Befreiung vom Boden aufrichteten» (Annales Mettenses priores).

Immer wieder sprach der Papst vom «Staat des seligen Petrus und der heiligen Kirche Gottes». Denn schon Kaiser Konstantin sollte die Bischöfe Roms mit dem größten Teil Italiens beschenkt haben! Pippin, der 751 mit Zustimmung des Zacharias inthronisiert worden war, schwor, den «Nutzen des heiligen Petrus im

Römischen Reich» wahrzunehmen, während der Papst bald darauf, die Rechte des Kaisers sich anmaßend, Pippin samt seinen Söhnen zu Patriziern der Römer ernannte. Aber der Titel «patricius Romanorum», den bis 751 der Exarch in Ravenna geführt hatte, bedeutete einen offenen Rechtsbruch und die tatsächliche Trennung von Byzanz.[21]

Auf dem Reichstag zu Quierzy (Carisiacum), im April 754, kommt es dann zur berühmten «Pippinischen Schenkung» und damit zur Begründung des überflüssigsten Staates der Welt, des Kirchenstaates. Wie ein Keil spaltet er künftig Italien, trennt er den Norden vom Süden, bedingt er eine jahrtausendlange Geschichte nicht abreißender Miseren, Querelen und Kriege – bis 1870 Betrug und Blutvergießen. Pippin macht dem Papst ungeheure territoriale Zusagen, verspricht ihm, das heißt dem hl. Petrus, nicht weniger als den größeren Teil Italiens als Geschenk: das Exarchat von Ravenna samt Istrien und Venetien, die Herzogtümer Spoleto und Benevent, die Insel Korsika sowie den ganzen Süden des langobardischen Königreiches. Und er schenkte damit der Kirche, was weder ihr noch Pippin je gehörte, vielmehr rechtmäßiges Eigentum des Kaisers war! Urkunden oder Akten liegen darüber freilich nicht vor – ausgenommen im Liber Pontificalis.[22]

## Der Kult und Trick mit St. Peter

Welches Motiv hatte Pippin für diese Donation des Wahnsinns?

In nicht weniger als 50 Briefen der Päpste an die Karolinger von Karl Martell bis zu Karl «dem Großen» wird auch nur mit einem Wort ein realpolitischer Nutzen, ein Machtgewinn, ein tatsächlicher Vorteil für die Franken angedeutet – es gab auch keinen. Statt dessen wird, plumpschlau und frech angesichts der primitiven fränkischen Gemüter, unablässig mit dem sagenhaften, angeblich in Rom begraben liegenden Apostel Petrus renommiert, wird mit ihm abergläubischen Fürsten, Königen, Kaisern Verheißungsvolles vorgebracht und Furcht eingejagt, wird fortgesetzt mit der Gunst dieses Petrus, des Himmelstorpförtners, mit dem Lohn «drüben» oder schon auf Erden gelockt, selbstverständlich auch mit ewigen Strafen gedroht, die alte, wenn auch heute recht ausgeweitete pseudometaphysische Masche.

Unmittelbar hinter dem Papst stand sozusagen St. Peter, der hier der eigentliche Vertragspartner war und dessen Kult Rom systematisch aufgebaut hatte, besonders bei den Germanen. Um die Wende zum 8. Jahrhundert war Petrus, bei den Angelsachsen wie den Franken, zum bedeutendsten Heiligen geworden (Dutzende erhaltener Urkunden der Merowinger waren an Petersklöster gerichtet, etwa 30 seit Dagobert I.). Die Germanen verehrten Petrus schließlich als Garanten der Macht im Diesseits wie im Jenseits, als großen Schutzherrn und Krieger, den Torwart des Himmels. Noch aus den fernsten Ländern pilgerten selbst ihre Könige zu seiner vermeintlichen Gruft, und manche legten dort Krone und Reichtum nieder und krochen in Kutten.

Wie kaum etwas sonst hat der Kult und Trick mit St. Peter die Macht des frühmittelalterlichen Papsttums, der irdischen Stellvertreter, verstärkt, wenn nicht gar begründet. Dabei weiß man von Petrus weder wann noch wo er gestorben noch wo er begraben ist, und alles, was man über seinen Aufenthalt in Rom berichtet, sind nichts als «Sagen und Fabeln» (Kawerau). (Vgl. II 58 ff.)[23]

Schon in den ersten Schreiben an Karl Martell heißt es: «Wir bauen darauf, du seist dem hl. Apostelfürsten Petrus und uns ein liebreicher Sohn und werdest in Ehrfurcht vor jenem unsern Weisungen gehorchen.» «Verschließe deine Ohren nicht vor meiner Forderung, so wird der Apostelfürst dir auch das Himmelreich nicht verschließen.» «Ich beschwöre dich bei dem lebendigen, wahrhaften Gott und bei den allerheiligsten Schlüsseln vom Grabe des hl. Petrus, die wir dir als Geschenk übersenden, ziehe nicht die Freundschaft der Langobardenkönige der Liebe zum Apostelfürsten vor.» «Wir ermahnen dich vor Gott und seinem furchtbaren Gericht.» «Wir fürchten, es wird dir als Sünde angerechnet.» Und ebenso wird den fränkischen Großen für den Krieg «für eure Mutter, die Kirche», entweder «vom Apostelfürsten die Vergebung eurer Sünden, aus Gottes Hand hundertfachen Lohn und ewiges Leben» vorgeflunkert oder, bei Unterlassung, mit «dem Tage des künftigen Gerichts», der Rechenschaft «vor dem Stuhl des ewigen Richters» geschreckt – eine ebenso dummdreiste wie erfolgreiche permanente Zuckerbrot-und-Peitsche-Taktik.[24]

Noch Stephans II. Nachfolger Papst Paul I. erinnert Pippin einmal: «Ihr habt uns durch euer Schreiben kundgetan, daß keine Überredung, keine Schmeichelei und keine Versprechung euch abbringen könne von der Liebe und dem Treuegelöbnis, das ihr dem Apostelfürsten Petrus und seinem Stellvertreter, unserm Vorgänger und Bruder seligen Angedenkens, dem Herrn Papste Stephan geleistet habt.» Ja, er rühmt ihn seiner Langobardenkriege wegen: «Allen irdischen Gewinn hast du für Kot geachtet, den man mit Füßen tritt; St. Peter zu gefallen, seinen Befehlen mit ganzer Kraft zu gehorchen, das liegt dir am Herzen.»[25]

Kurz, nicht im geringsten politische, sondern pfäffische Gründe machten Pippin zum Hörigen des Papstes. Denn wie abgebrüht er auch als Krieger erscheint, in puncto «Metaphysik» ist er buchstäblich blutiger Laie, ein Gläubiger, der dem «römischen Orakel» (Zwölfer) einfach gehorsam, für den die «Liebe zu St. Peter» Richtschnur, dessen Petrus geleisteter Dienst «ganz durch religiöse Motive begründet» war (Ullmann) – ein naiver, massiv sinnlich denkender Mensch, wie Haller sagt, dem Stephan II., der ihn aus täglichem Umgang kannte, versprechen und drohen konnte: «Laß mich nicht im Stich, so wirst du auch nicht vom Himmelreich zurückgewiesen und nicht gewaltsam von deiner süßesten Gattin getrennt werden!»[26]

## DER VOM PAPST GESALBTE THRONRÄUBER UND KÖNIG «VON GOTTES GNADEN» FÜHRT ZWEI KRIEGE FÜR DEN PAPST

Am 28. Juli 754 salbte Stephan II. in der Kirche von Saint-Denis im Namen der Dreieinigkeit noch einmal feierlich den Majordomus Pippin, den er seitdem immer «Gevatter» nannte, und seine beiden Söhne Karl und Karlmann zu Königen der Franken «von Gottes Gnaden» (Dei gratia), um derart die Legitimität des Thronräubers zu festigen.

Möglicherweise nicht gesalbt hatte der Papst Pippins Gattin, sie vielleicht nur «gesegnet» (benedixit), während später auch die Gattinen gesalbt worden sind. Pippin aber, betonte Stephan, sei durch Gott selbst (oder den hl. Petrus) gesalbt worden. «Darum hat euch der Herr», schrieb er im nächsten Jahr an Pippin und dessen Söhne, «durch meine Wenigkeit unter Vermittlung des h. Petrus zu Königen gesalbt, damit durch euch seine h. Kirche erhöht werde und der Apostelfürst zu seinem Recht komme.»

Die Salbung demonstrierte zwar einerseits die Legalität des Herrschers, andererseits jedoch machte sie ihn zum «Diener der Kirche» (Funkenstein), bedeutete sie «Weihe zum Dienst für die römische Kirche» (Sickel). «Größer und würdiger als der Gesalbte ist der Salbende», sagt später Innozenz III. Unter Androhung der Exkommunikation verbot der Papst den Franken, jemals Könige anderer Abkunft zu wählen, verpflichtete er sie, nie einen König zu küren, der nicht dem Geschlecht angehöre, das zur höchsten Würde bestimmt, «das durch die Vermittlung der Apostel bestätigt und durch die Mittlerschaft ihres Stellvertreters, des Papstes, geweiht sei».

Pippin seinerseits schwor nach dieser «göttlichen Bestätigung» seines Regiments, die Gesetze zu achten, Raub und Unrecht zu verhindern, das Kirchengut zu schützen, zu mehren. Was freilich gerade auf Raub und Unrecht hinauslief; zumal Pippin die Zehntzahlung an die Kirche als Staatsgesetz durchführte, für kirchliches Leihgut sogar den Doppelzehnten (nona et decima) verlangte. Jeder soll geben, schrieb Pippin dem Mainzer Bischof, ob er will oder nicht (aut vellet aut nollet).

Wahrlich, wieder ein «gewinnbringendes Geschäft» (S. 316).

Im übrigen bedeuteten diese ganzen Absprachen, Schwüre, Versprechungen, wohleingebettet in päpstliches Himmelsgeflüster, nichts anderes als Krieg gegen die Langobarden. Seit weit über hundert Jahren aber, seit dem Merowinger Childebert II. (S. 133 ff.), hatte kein Frankenkönig die Langobarden bekriegt.

Man konnte ihnen, als einzigen Nachbarn, keinerlei feindselige Handlung vorwerfen. Auch waren die Franken seit langem ihre Freunde. Sie sahen in ihnen Stammesverwandte. Sie schätzten sie als Waffengefährten aus dem Kampf gegen die Araber. Darum widerstrebten die fränkischen Großen den Forderungen des Papstes fast bis zur Rebellion, und ein Teil der Vornehmen drohte, den König zu verlassen.

Sogar Pippins Bruder, der abgedankte Hausmeier Karlmann, eilte auf Drängen Aistulphs und im Interesse seiner eigenen Söhne aus Monte Cassino herbei zur Verhinderung des Krieges oder, wie der Papstbiograph dies ausdrückt, «um die Sache der h. Kirche Gottes zu untergraben». Karlmann beeindruckte die Franken mächtig, wurde jedoch vom Papst disziplinarisch gemaßregelt und in ein Kloster zu Vienne an der Rhône gesperrt. Er sei, meldet der Reichsannalist elegant, in Vienne «zurückgeblieben». Und hier im Klosterkerker starb Karlmann auch kurz darauf (als Pippin bereits auf dem Weg nach Italien war); während man seine Begleiter, Mönche aus Monte Cassino, noch jahrelang eingesperrt hielt, auch seine Söhne (namentlich bekannt ist nur Drogo) geschoren in Klosterhaft steckte – und Karlmanns Leiche nicht einmal in heimatlicher Erde bestatten, sondern, auf Pippins Befehl, nach Monte Cassino bringen ließ. Nur wenige Jahre früher hatte der hl. Papst Zacharias dem Usurpator die fromme Hand zur Beseitigung der rechtmäßigen Merowinger geboten, und nun der hl. Papst Stephan II. die seine zur definitiven Ausschaltung von Pippins eigener Verwandtschaft! Jeden geistlichen Beistand leistete er dabei.[27]

Die grundsätzliche und Weltgeschichte machende Zusage Pippins zum Krieg erhielt der Papst bereits im Sommer 753. «Besonders umstürzend war an dem Plan, daß auf Wunsch des heiligen Vaters Christen gegen Christen ins Feld geführt werden sollten, wobei der irdische Stellvertreter des Apostelfürsten den fränkischen Großen als gewiß zusicherte, daß Petrus und Gott selbst ihnen Vergebung der Sünden, hundertfältige irdische Vergeltung und das ewige Leben verheißen» (K. Hauck).[28]

Pippin rückte also im Sommer 754, nur um der Liebe zum hl.

Petrus und um Gotteslohn willen, wie er ausdrücklich erklärte, mit seinem Heer, in dessen Mitte sich der Papst befand, über den Mont Cenis, nicht ohne daß man unmittelbar zuvor noch in Saint-Jean-de-Maurienne, der letzten Stadt auf fränkischem Boden, ein feierliches Hochamt zelebriert hatte. Auch übergab Pippin nun das Aistulph als Entschädigung angebotene Geld dem Papst. Das langobardische Heer aber nahm er von vorn und im Rücken alsbald in die Zange und schlug es schwer. So haben die Franken, schrieb Stephan II. unmittelbar nach dem Krieg, «alle übrigen Völker im Dienste St. Peters übertroffen». Aistulph selbst entkam mit knapper Not dem Tod und zog sich mit dem Rest der Armee nach Pavia zurück. Dort verwüstete und plünderte das fränkische Heer die Umgegend, bis die Überfallenen unter harten Bedingungen, einer jährlichen Tributleistung von 5000 Solidi, Frieden schlossen. Der Papst indes, der bekam, wozu Pippin sich in Ponthion verpflichtet, doch nicht bekam, was er in Quierzy versprochen hatte, trieb weiter zum Krieg, den die Franken inzwischen restlos satt hatten.

Kaum freilich waren sie zu Hause, brach Aistulph den ihm aufgenötigten Frieden. Und während er das Land verheerte, Reliquien massenhaft aus Kirchen und Gräbern raubte, Rom mit mehreren Heeren völlig einschloß, drei Monate lang Sturm auf Sturm gegen die Stadt vortrug, deren Verteidigung der fränkische Abt Warnehar im Panzer leitete, rief der Papst zu Bittgängen auf und trug selbst in einer Prozession das Erlöserkreuz der Lateranbasilika, daran angeheftet der vom Langobardenkönig gebrochene Vertrag. Unermüdlich dröhnten die römischen Hilferufe nun erneut in Pippins Ohr, flehte, beschwor der Heilige Vater und zog alle Register seiner geistlichen wie rhetorischen Kunst, kaum an Übertreibungen aller Art sparend. Ja, er bedrohte Pippin samt Söhnen im Fall des Ungehorsams mit dem Bann und einer Art Vorwegnahme gleichsam des Jüngsten Gerichts.[29]

In mehreren Briefen an den König, an die weltlichen wie geistlichen Fürsten Frankens, das Heer und das ganze Volk, seine «Adoptivsöhne», schilderte Stephan II. wortreich die Misere des hl. Petrus, die verwüsteten Weinberge, geschlachteten Kinder, ge-

schändeten Nonnen, behauptete er, daß die der Kirche angetane
Schmach keines Menschen Zunge zu erzählen vermöge, daß
selbst die Steine darüber weinen könnten.

In einem schauderhaften Latein, gespickt mit Bibelphrasen und
Prädikaten im übelsten byzantinischen Kanzleijargon (vom «honigsüßen Blick und Antlitz» bis zu «Euer honigflüssigen Gnaden»
und «von Gott triefend», deifluo), jammerte, lockte, warnte er,
bei Gott dem Herrn, der Jungfrau Maria, dem hl. Petrus natürlich, bei allen himmlischen Heerscharen, Märtyrern und Bekennern, einerseits das gute Werk zu vollenden und dem hl. Petrus
sein «Recht» zu verschaffen, andererseits an ihr «Seelenheil» zu
denken. «Von allem wirst du mit allen deinen Beamten Rechenschaft geben müssen vor dem Richterstuhl Gottes.» «Ihr werdet
Gott und Sankt Peter Rechenschaft geben am Tage des fürchter-
lichen Gerichts.» «Wisset, daß der Apostelfürst euere Schenkung
wie einen Schuldschein festhält.» «Wenn ihr alsbald gehorchet,
wird es euch großen Lohn bringen . . .» «Wenn aber, was ich nicht
glaube, ihr etwa zögert . . . so wisset, daß ich im Namen der
heiligen Dreieinigkeit kraft des apostolischen Gnadenamtes» etc.
etc. «euch ausschließe vom Reiche Gottes und vom ewigen Leben.»[30]

Zuletzt und wohl mit der größten Wirkung schrieb auch der
Apostel Petrus selbst einen Brief an die Franken; natürlich genau
so schlecht und schwülstig. Und auch der Himmelspförtner, versteht sich, protestierend, mahnend, befehlend, auch er die gesamte Paradiesesbesatzung aufbietend, «die immer jungfräuliche
Gottesgebärerin Maria», all die «Throne und Herrschaften und
das ganze Heer der himmlischen Miliz», auch die Märtyrer und
Bekenner natürlich, wirklich, es klang genau, als schriebe der
Papst selbst.

Aber nein, hier sprach der Apostel persönlich für die «heilige
Kirche, so eilt, befreit und erlöset sie von den Händen der ver-
folgenden Langobarden, daß nicht (es sei ferne!) mein Leib, der
für den Herrn Jesus Christus gelitten hat, und mein Grab, worin
er auf Gottes Befehl ruht, von ihnen besudelt, daß nicht mein
angehöriges Volk zerrissen und von eben diesen Langobarden

gemordet werde . . .» Und natürlich drohte auch St. Peter mit
«dem furchtbaren Schöpfer aller Dinge». Und natürlich lockte
auch er «mit ewigem Lohn und endlosen Wonnen des Paradieses».
Aber eilen, eilen sollte man. «Eilet, eilet, bei dem allmächtigen
Gott mahne und flehe ich euch an, eilet . . .»

Also unternahmen die düpierten Franken einen zweiten Krieg
756 mit dem Ziel, Mittelitalien für den Papst zu gewinnen. Pippin
rückte abermals, und wieder nur aus Liebe zum hl. Petrus, den die
fränkischen Haudegen jetzt bereits vor ihren Schlachten anzuru-
fen pflegten, und um Vergebung seiner Sünden willen über den
Mont Cenis, schlug die Langobarden abermals im Sturm von den
Höhen auf die Klausen, die Pässe nach Italien, schloß sie in Pavia
ein und diktierte ihnen dort verschärfte Friedensbedingungen.
Aistulph wurde Pippin tributpflichtig, also fränkischer Vasall.
Begeistert von der «Menge der Schätze und Geschenke» kehrten
die Franken jetzt zurück. Und schon im folgenden Jahr konnte der
Heilige Vater dem Frankenkönig den Tod des «Tyrannen» berichten, «des Nachfolgers des Teufels, des Fressers von Christenblut,
des Zerstörers der Kirchen»; er sei «von Gottes Dolchstoß durchbohrt, in den Schlund der Hölle hinabgefahren».[31]

Der Papst hatte freilich, mit nur allzuviel Grund, Angst vor
Byzanz. So berichtet er einmal, 300 Schiffe seien von Konstantinopel ausgelaufen, ihre Bestimmung wahrscheinlich Rom und
das Frankenreich. Doch keine Flotte erschien. Auch erfolgte kein
Angriff auf den neuen Raub der Kirche an der Adria, wozu der
Papst sich bereits Beistand erbeten, da «die gottlose Schlechtigkeit
der häretischen Griechen nur darauf sinne, die katholische Kirche
zu zertreten, die Rechtgläubigkeit und die Überlieferung der Väter zu vernichten».

Mehr als zur Angst noch aber hatte der Papst Grund zum
Jubeln. Er war nun Herr nicht nur über die Stadt Rom, sondern
auch über das Exarchat und die Pentapolis. 22 Städte und Burgen
heimste er nördlich und östlich des Apennin ein. Zusammen mit
dem Dukat von Rom bildeten sie das «Patrimonium des heiligen
Petrus», den mittelalterlichen Kirchenstaat. Byzanz hätte erwarten können und hat auch erwartet, daß ihm Pippin dies Gebiet

ausliefern werde. Statt dessen zog sein Bevollmächtigter, der Abt
Fulrad von Saint-Denis, von Ort zu Ort, sammelte die Spitzen der
Gesellschaft als Geiseln und legte die Schlüssel der Stadttore
Sankt Peter zu Füßen. Pippin hatte das Territorium dem hl. Petrus
und seinem Stellvertreter urkundlich zu ewigem Besitz geschenkt
und die Gegenansprüche des griechischen Kaisers durch die Erklärung abgewiesen: nicht um eines Menschen, sondern aus Liebe
zum hl. Petrus und für die Rettung seiner Seele sei dies geschehen.[32]

Noch im 8. Jahrhundert nennt der dankbare Klerus Pippin
«David», «Salomon», «Novus Moyses». Und die Franken preist
Papst Paul I. als «heiliges Volk». Hatte die Kurie doch nun ihren
Staat, den Kirchenstaat. Wie aber der römische Bischof, so wollte
allmählich auch jeder andere Bischof, ja, jeder Abt seinen «Prie-
sterstaat». Und wie die Päpste den ihren durch Krieg und Betrug
bekamen und ein Jahrtausend lang weiter durch Krieg und Betrug
zu behalten, zu mehren suchten, so führten auch die übrigen
Diener Christi Fehden um Fehden durch die Zeiten und wiesen,
nach dem Beispiel Roms, ungezählte Schenkungsurkunden vor,
die nicht minder Lug waren und Trug wie die sogenannte Schenkung Konstantins.[33]

Denn da die Franken durch zwei große Kriege für «St. Peter»
den Kirchenstaat nur zusammengeraubt hatten, wollte Rom die
Sache nicht so unchristlich auf sich beruhen lassen. Es schickte
sich an (oder hatte sich bereits angeschickt), zu der begangenen
blutigen Gaunerei noch eine weitere, größere zu begehen: es führte die durch das fränkische Schwert, durch einen zweifachen
Überfall erzwungene territoriale Neuschöpfung auf einen scheinbar uralten Rechtsanspruch zurück.

## 14. KAPITEL

# DIE «KONSTANTINISCHE SCHENKUNG»

«. . . die Fälschung, der freilich nicht ‹Kriminelles› anhaftet.»
Der Theologe Kantzenbach[1]

«Die Urkunde ist wohl in römischen Kreisen angefertigt worden, vielleicht anläßlich der Reise Stephans II. ins Frankenreich, vielleicht erst im Frankenreich, um König Pippin zu den erhofften Landschenkungen in Italien geneigt zu machen.» Die katholischen Papsthistoriker Seppelt/Schwaiger[2]

«Unter der unverkennbaren Leitung Gottes, ohne Unrecht und Gewalt, ohne List und Betrug entstand für das Haupt der Kirche ein unabhängiger, weltlicher Besitz: der materielle Untergrund und die äussere Sicherstellung seiner geistlichen Weltherrschaft.» Dieser ungeheuerliche, allen Tatsachen dreist ins Gesicht schlagende Satz hat einen der größten Gegner des römischen Katholizismus und Papsttums zum Verfasser, den Jesuiten Graf Hoensbroech – allerdings in seiner katholischen Zeit. Heute äußert sich kein Papstknecht mehr so.[3]

Das Fälschen ist stets die besondere Domäne der Priester gewesen, aller Priester wohl, speziell aber der römisch-katholischen. Pius XI., einer der erfolgreichsten Förderer von Mussolini, Hitler und Franco, nennt zwar in seinem Rundschreiben über die christliche Erziehung der Jugend die katholische Kirche «Säule und Grundfeste der Wahrheit». Doch das stellt, wie da üblich, die Wahrheit auf den Kopf. Es soll ja gerade verbergen, daß die Papstkirche, die christliche Kirche überhaupt, eine Säule und Grundfeste der Lüge ist – eine der stärksten ohne Zweifel.[4]

## DAS KATHOLISCHE MITTELALTER – EIN ELDORADO KLERIKALER FÄLSCHUNG

Man hat im Christentum immer gefälscht, von seinem Beginn, vom Neuen Testament an – wie schon im Alten (beides auf über dreihundert Seiten dargelegt und belegt: III 1. und 2. Kap.). Doch wie das christliche Altertum die heidnische Zeit an Fälschungen übertrifft, so wieder das christliche Mittelalter die christliche Antike. Am meisten freilich fälschte man nicht zufällig in jener Epoche, die als besonders katholisch, besonders gläubig gilt, die jedenfalls am meisten vom Klerus beherrscht gewesen war, im Mittelalter, «zu dessen Merkmal die zahlreichen Fälschungen und ihre Wirksamkeit gehören». «In keinem Zeitalter der europäischen Geschichte dürften Fälschungen eine größere Rolle gespielt haben» (Fuhrmann). Nach den Versicherungen moderner Forscher sind diese Fälschungen «zahllos», sind zumal die gefälschten Urkunden, Heiligenviten und Mirakelberichte «Legion», hat diese «typisch christliche Gesellschaft die Fälscherwerkstatt zur Ordnungsinstanz von Kirche und Recht erhoben» (Schreiner).[5]

Das fromme Mittelalter war ein derartiges Eldorado der Fälscher, daß man nicht nur behaupten konnte, es habe fast ebenso viele unechte Urkunden, Annalen, Chroniken gegeben wie echte, sondern daß der Mediävist Robert Lopez geradezu erklärt, man halte alle diese Dokumente bis zum Echtheitsbeweis erst einmal für falsch. «We regard them guilty until proved innocent . . .»

Wann diese hohe Kunst des Fälschens kulminierte, können wir auf sich beruhen lassen. Der deutsche Altphilologe Wolfgang Speyer, ein christlicher Kenner der Materie, meint: «Im griechischen Osten gehörte während des sechsten bis achten Jahrhunderts das Fälschen recht eigentlich zum Beruf des Theologen.» Wilhelm Levison hielt das 9. Jahrhundert, Drögereit das 12. Jahrhundert für «die Blütezeit der Fälschungen», während Marc Bloch der ganze Zeitraum vom 8. bis zum 12. Jahrhundert als besonders ergiebig erschien für die «Massenepidemie» des Fälschergeschäfts.[6]

Man fälschte von der französischen Atlantikküste bis tief in den byzantinischen Osten und von England bis nach Italien. Bei den (noch nicht kritisch edierten) Merowingerurkunden rechnet man mit einem Fälschungsanteil von rund 50 Prozent. Und von den erhaltenen Urkundentexten des Frühmittelalters überhaupt sind «bis zu 50 % und mehr gefälscht oder verfälscht» (Herde). Wobei Herde mit Recht betont, daß ein vom heutigen verschiedener Wahrheitsbegriff des Mittelalters schwer postuliert werden könne, «daß auch im Mittelalter ein fundamentaler Unterschied zwischen echt und wahr, unecht und falsch bestand». Dieser aber wurde eben durch Fälschungen aller Art überbrückt, «um der ‹höheren Wahrheit› willen» (Gawlik). Und bis ins Hochmittelalter waren die Fälscher im Abendland fast ausnahmslos Geistliche. Denn wie das Töten zu den Hauptaufgaben des christlichen Adels gehörte, so das Fälschen fast zu den Standespflichten der christlichen Geistlichkeit – weniger eine «Aporie», wie man flau formulierte, als eine Konsequenz: wo *alles Wesentliche* auf Lug und Trug steht, kann Lug und Trug nur weiterhelfen.[7]

Klerus und Fälschen gehören im Mittelalter zusammen. «Es ist richtig, daß die Fälscher fast nie Laien waren», schreibt Bosl. Und T. F. Touts erklärt geradezu: «It was almost the duty of the clerical class to forge»; die Obliegenheit eines Lügnerhaufens, der freilich das Lügen anderer in Gegenwart eigener Experten als freches Sakrileg betrachtet hat – eine besondere Art Heuchelei dieser geistlichen Ganoven, die schon in der Antike aus Fälschen und Heucheln, zumal auch aus den alttestamentlichen Betrugsmanövern, eine Tugend machen konnten, eine heilsgeschichtliche Funktion. (Noch widerlicher sind ihre modernen, ach so einfühlsamen Verteidiger.)

Frommer Betrug, Doppelzüngigkeit, Verstellung waren im Christentum ja gerade deshalb von Anfang an erlaubt, weil hier der Zweck die Mittel heiligt, weil Lügen, Täuschen um des Seelenheils, der Heils- und Sieghistorie willen, eben kein Lügen mehr und Täuschen war, sondern ein Verdienst. Die «pia fraus» mußte nur «cum pietate», nur der hl. Kirche, des hl. Glaubens, des hl. Gottes wegen, mußte «instinctu Spiritus Sancti» oder «per inspirationem Dei» geschehen, und schon war alles gut. Denn dann ist Fälschen, nach Origenes, bloß ein «ökonomisches», ein «pädagogisches» Lügen. Oder, so der hl. Kirchenlehrer Erzbischof Johannes Chrysostomos, eine «edle List», eine «treffliche Lüge» (III 181 ff.). Oder, wie der hl. Augustinus lehrt, «keine Lüge, sondern Mysterium», nicht «fictio» (Erdichtung), sondern «figura» (Ausdruck) der Wahrheit. Zu den Lügen der alttestamentlichen Patriarchen entwickelten frühscholastische Moralisten und Glossatoren dann gleich eine ganze «reiche Kasuistik» (Schreiner).[8]

Übrigens war das vom Klerus so geliebte Geschäft nicht eben sonderlich riskant. «In große Gefahr begab man sich mit einer Fälschung nicht; normalerweise wurde sie nicht erkannt» (Drögereit).

Schon deshalb fälschten nicht irgendwelche Subalternen der «Grundfeste der Wahrheit» (es sei denn im Auftrag), sondern die

erlauchtesten Äbte und Oberhirten: Hilduin etwa, der Abt von
Saint-Denis (814–840) und weiterer Klöster, der Erzkaplan Kaiser
Ludwigs des Frommen und Erzkanzler Kaiser Lothars I., auch
designierter Erzbischof Kölns. Oder der Erzbischof Hinkmar von
Reims (845–882), der u. a. in einem fingierten Brief des Papstes
Hormisdas seinem Vorgänger, Remigius von Reims, die kirch-
liche Obergewalt im Reich Chlodwigs, das päpstliche Vikariat,
übertragen läßt. Oder der Bischof Pilgrim von Passau (971–991),
der auch persönlich fälschte, darüber hinaus aber durch einen
Notar in der Kanzlei Kaiser Ottos II. sich nützliche Legenden von
Quirin und Maximilian erdichten und überhaupt zur Erweiterung seiner Macht und Förderung seiner Karriere eine ganze Serie
falscher Urkunden in Rom präsentieren ließ, besonders unechte
Pallienurkunden der Päpste Symmachus, Eugen II., Leo VII., Agapet II. und Benedikt VI. Oder Papst Calixt II. (1119–1124), der mit
apostolischer Autorität jene Fälschungen bestätigte, die er kurz
zuvor als Erzbischof von Vienne hatte fabrizieren lassen – «. . .
denn der heilige Geist ‹flieht den Trug und den Lügner›, wie es in
einer Urkunde Papst Hadrians III. (a. 885) . . . heißt.» Und die
Kirche ist die «Säule und Grundfeste der Wahrheit» (Pius XI.).[9]

## EINIGE BEISPIELE FÜR GEISTLICHE FÄLSCHUNGEN VON KONZILSAKTEN, RELIQUIEN UND HEILIGENLEBEN

Ungezählte Kleriker und Mönche haben im Mittelalter mittels
Fälschungen der Kirche religiöse, politische, wirtschaftliche und
rechtliche Vorteile, kurz Glauben, Ansehen und Geld verschafft,
haben mit wahrer Leidenschaft auf allen nur in Frage kommenden Gebieten des religiösen und kirchlichen Lebens gefälscht.[10]
Man fälschte, schon vom 4. Jahrhundert an, Konzilstexte,
fälschte ganze Konzilsakten, alles nur um des wahren Glaubens
willen; wie man denn schon in die Bibel die Trinität hineinfälsch-
te, «die wunderlichste dogmatische Zumutung» (Thomas
Mann).

Während des Sechsten Allgemeinen Konzils in Konstantinopel (680/681) versuchte Patriarch Makarios von Antiochia, gegen Rom die Lehre von der Einheit des Willens in Christus, den sogenannten Monotheletismus, eine freilich auch von Papst Honorius I. anerkannte Ketzerei (S. 336 ff.), aus früheren Synoden und Kirchenvätern zu erweisen. Er arbeitete dabei mit verstümmelten, entstellten, plump erfundenen Texten, wofür er den Rest seines Lebens in einem römischen Kloster verbüßen mußte.[11]

Kirchenvater Abt Anastasius Sinaita bestritt um dieselbe Zeit leidenschaftlich die Monophysiten. Insbesondere bekämpfte er die Fälschereien jener vierzehn Kalligraphen, die unter Leitung des Präfekten Severian, in einer ganzen Fälscherwerkstätte vereint, im monophysitischen Sinne fälschten. Aber Kirchenvater Anastasius, ein veritabler Heiliger der katholischen Kirche (Fest: 21. April), bediente sich ihnen gegenüber derselben Methoden und fälschte seinerseits völlig skrupellos. Nicht genug, er bezeichnete sein Tun als vorbildlich, forderte die Ketzerbekämpfer zum Nachahmen seiner Methode auf und berief sich auf das Pauluswort: «Mit List habe ich euch gefangen!»[12]

Mit dem stets irrer ausartenden Heiligenkult begann eine wahre Blüte hagiographischen Schwindels, lokalpatriotischer und liturgisch-kultischer Betrügereien, Reliquienfälschungen etwa. Es gab so viele «echte» Kreuzpartikel, daß man daraus wohl ein Dutzend, wenn nicht mehr «echte» Kreuze Jesu hätte fabrizieren können. Es gab auch mehr als ein Dutzend wiederum echter Vorhäute des Herrn, die durch eine eigene «Bruderschaft von der Heiligen Vorhaut», durch spezielle Vorhautkapläne, festliche Prozessionen und Hochämter zu Ehren der heiligen Vorhaut verehrt worden sind.

Nur um die Schenkung gewisser Reliquien (neben einigen anderen «Rechten») nachzuweisen, fälschte Bischof Benno von Osnabrück (1068–1088) eine auf den 19. Dezember 803 datierte Kaiserurkunde Karls «des Großen». Und in Regensburg wurde seinerzeit durch einen der «interessantesten Schriftsteller des 11. Jahrhunderts» («Lexikon für Theologie und Kirche»), durch Otloh von St. Emmeram (der auch durch Fälschungen sein Kloster dem Einfluß des Ortsbischofs zu entziehen suchte), ein ganzer Übertragungsbericht, die Translatio Dionysii, gefälscht, wonach man dort die Reliquien des Dionysius Areopagita zu besitzen behauptete, seinerseits selber einer der begnadetsten Fälscher der Christenheit und «für Jahrhunderte» ihr «Lehrmeister» (III 147 ff.).[13]

Es gab auch gefälschte «Teufelsbriefe» und «Himmelsbriefe» im Mittelalter, und je nach Bedarf forderte man mit den Himmelsbriefen zum Frieden oder zum Kreuzzug auf, auch zur Sonntagsheiligung, zu einer Klostergründung, zum Beten des Rosenkranzes oder zum Glauben an Jesu Auferstehung etc. (III 172 f.).

Vor allem aber grassierte jede Menge primitivster Mirakelfabeleien, Jenseitsvisionen, Heiligenlegenden. Denn hatte ein Heiliger keine Vita, war er in der Konkurrenz mit anderen Heiligen einer Stadt, einer Kirche, eines Klosters im Nachteil. Deshalb brauchte man auch für diese Heiligen eine Vita und fälschte sie einfach. So sind die Taten der hl. Genoveva, der Schutzpatronin von Paris (vor deren Gebet ein Attila ebenso zurückweicht wie ein Drachenpaar auf der Seine, eine Heilige, die überhaupt stupende Wunder haufenweise wirkt, auch vor Pest und Krieg, vor Augenleiden schützt und Blattern), wohl samt und sonders ebenso erstunken und erlogen wie die in Köln von den Hunnen hingemordeten elftausend (!) Gefährtinnen der hl. Ursula. «Das Blutbad wird bei Ankunft der Schiffe aufs grausamste verwirklicht. Zuletzt bleibt Ursula allein übrig. Der Hunnenfürst selbst begehrt sie und erschießt die sich verweigernde Standhafte mit seinem Pfeil.» Aber: «Ruhm und Reliquien verbreiten sich nachweislich vom 10. Jh. an.» (Keller)[14]

Völlig gefälscht ist zum Beispiel auch eine angebliche Passio des Abtes Vinzenz von León. Er soll unter dem arianischen Suebenkönig Rechila um seines katholischen Glaubens willen das Martyrium erlitten haben – am 11. März 630. Rechila war aber gar kein Arianer, sondern Heide und regierte überdies fast zweihundert Jahre früher, zwischen 441 und 448. Ebenso gefälscht ist die Passio von Vinzenz, Ranimirs angeblichem Nachfolger, der mit zwölf Mönchen das Martyrium erlitten haben soll.[15]

Gefälscht wurde im Laufe des 10. und 11. Jahrhunderts eine
ganze Reihe von Heiligenviten, die zum Kreis der «falschen Karolinger» zählen. Einerseits hat man da einige bekanntere Karolinger nachträglich zu Heiligen gemacht, andererseits diese
Familie durch völlig erfundene Heilige vermehrt. Zu dem Fäl-
schungskreis gehören die Vita Ermelindis, Vita Berlindis, die
Lebensbeschreibung der Gudula u. a., wobei die Fälscher, wie
üblich, jeweils Geistliche oder Mönche waren.[16]

Nun unterscheidet die «fromme» (und sogar die weniger fromme) Forschung gern zwischen den Produkten einer «unreflektier-
ten Wundergläubigkeit», die zwar ebenfalls historisch bodenlos,
gänzlich erfunden, aber eben «guten Glaubens» erfunden worden
seien, und den bewußten, absichtsvollen, den eigentlichen Fälschungen. Doch auch die Zahl allein dieser Gruppe im Mittelalter
«ist unüberschaubar», «Legion» (Fuhrmann).[17]

## BEISPIELE FÜR BISCHÖFLICHE FÄLSCHUNGEN VOR ALLEM AUS MACHT- UND BESITZPOLITISCHEN GRÜNDEN

Nahezu unabsehbar gefälscht wurde an Bischofssitzen auch aus
kirchenpolitischen Motiven, das heißt im Machtkampf der Bistümer gegeneinander. Man suchte so rivalisierende Ansprüche im
Hinblick auf Rang oder Besitz durchzusetzen mittels Fabrikation
falscher Diplome oder der Interpolation originaler.

Gefälscht wurden, wie überall in der christlichen Kirche, nicht
zuletzt in Rom (II 69 ff.), die Bischofslisten, um die «apostolische
Tradition» zu sichern. (Für die katholische «Forschung» entstand
derart der «spätere Wildwuchs»: Neuss/Oediger.) Sehr früh er-
schwindelte man so die Bischofslisten von Köln, Tongern, Trier.
Das Bistum Metz führt seine apostolische Gründung fälschlich
auf Klemens zurück, das Bistum Mainz fälschlich auf den Pau-
lusschüler Crescens, Salona fälschlich auf den Petrusschüler
Domnius, Mailand fälschlich auf Barnabas usw. usw.[18]

Gefälscht wurde im Wettstreit zwischen den spanischen Bistümern Toledo und Oviedo oder zwischen Barcelona und Mérida oder zwischen den französischen Bischofssitzen Limoges und Périgueux.[19]

Im Jahr 731 wurde in England ein berühmtes angebliches Antwortschreiben Papst Gregors I. an den Bischof Augustin von Canterbury erdichtet, und zwar durch Nothelm, den nachmaligen Erzbischof von Canterbury. Papst Gregor erteilt darin dem Bischof Augustin das Recht, allein Bischöfe zu ordinieren. Er ordnet ihn auch den in Britannien neu zu ernennenden Bischöfen über und stellt ihn den gallischen, besonders denen von Arles, gleich.[20]

In Arles selbst und in Vienne führte der durch Jahrhunderte sich hinziehende Streit zwischen den zwei alten Rivalinnen um den gallischen Primat zu ausgedehnten Urkundenfälschungen, zu zahlreichen unechten Papstbriefen gegen Ende des 11. Jahrhunderts. Und gefälscht hatte diese unter den Namen von Pius I. (gest. 155?) bis Paschalis II. (gest. 1118) offenbar der hochadelige Erzbischof Guido von Vienne – der nachmalige Papst Calixt II. (1119–1124), was später zu einem der aufsehenerregendsten «bella diplomatica» der Forschungsgeschichte führte. (Derselbe Fälscher-Papst, beiläufig, war es auch, der durch eine Synode von Toulouse am 8. Juli 1119 erstmalig die weltliche Gewalt zur Verfolgung von «Ketzern», der Petrobrusianer, einschalten ließ.)[21]

Etwa um die gleiche Zeit fälschte man auch im Erzbistum Canterbury fort, wo ja schon im frühen 8. Jahrhundert Erzbischof Nothelm durch einen gefälschten Papstbrief in Erscheinung getreten war. Nun suchte das Erzbistum in einem viele Jahrzehnte langen Streit seine Primatansprüche gegen das Erzbistum York mittels einer Serie von ergaunerten Papsturkunden durchzusetzen, fingierten Briefen, Privilegien, einem gefälschten Synodalbeschluß der Synode 679 in Rom. Die dem sogenannten Heiligen Stuhl vorgelegten Urkunden wurden zwar 1123 von ihm verworfen; schon 1127 aber stieg Erzbischof Wilhelm von Corbeil zum Päpstlichen Vikar und Legaten für England und Schottland auf. Und seit dem 13. Jahrhundert galten die Erzbischöfe von Canterbury als legati nati Roms. Die Suprematie über York war errungen.[22]

In Deutschland dehnte in der Auseinandersetzung mit dem Erzbistum Mainz das Bistum Würzburg, seit Kaiser Otto III. (983–1002), seine geistliche Jurisdiktion über die Klöster von Amorbach, Neustadt, Homburg, Schlüchtern und Murrhardt aus. So erwarb der Würzburger Bischof Bernward (der dann als Brautwerber Ottos auf der Insel Euböa starb) Anno 993 mehrere ihm angeblich entfremdete Abteien «hauptsächlich vermöge gefälschter Urkunden» (Hotz), und zwar auf den Namen Pippins und Karls «des Großen» – damit dort «*monastica vita – mönchische Lebensform* gepflegt werden könne . . .» (O. Meyer)[23]

Gefälscht ist eine angeblich durch den letzten Karolinger Ludwig IV., das Kind, am 27. Juni 907 zu St. Florian ausgestellte Urkunde, die dem Bischof Burkhard von Passau die ganze Pfalz Ötting zuspricht; wobei der Fälscher nicht nur das Pfalzstift, sondern den gesamten Ort (Alt-)Ötting als persönlichen Besitz des Bischofs ausgibt.[24]

Im Norden Deutschlands war das Bistum Merseburg, gemessen selbst an den unbedeutenden Territorien der Oberhirten von Meißen und Naumburg, ungewöhnlich klein. So halfen die Merseburger Prälaten nach. Bischof Thietmar von Walbeck (1009–1018), der Geschichtsschreiber, sprach sich durch Fälschung einer Königsurkunde den Königsforst «zwischen Saale und Mulde» zu, wobei er das Dokument (im Jahre 1017) auf den 30. Juli 977 datierte. «Seine Wahrheitsliebe ist unbezweifelt» («Lexikon für Theologie und Kirche»). Und der Merseburger Bischof Ekkehard von Rabil (1216–1240) suchte sich durch zwei Falsifikate, zu den Jahren 1021 und 1022 auf den Namen König Heinrichs II. fabriziert, die Städte Leipzig und Naunhof unterzujubeln. Weiter gefälscht wurde unter Bischof Ekkehard ein Lehnsrevers, der auf den Namen des 1221 gestorbenen Markgrafen Dietrich lautete, für dessen fünfjährigen Erben sein Onkel, der Landgraf Ludwig von Thüringen, nach besten Kräften die Vormundschaft führte. Bischof Ekkehard stieß mit dieser neuen, höchstwahrscheinlich 1221 angefertigten (und auf 1210 datierten) Fälschung bei dem Landgrafen begreiflicherweise auf einige Zweifel. So exkommunizierte er diesen samt seinen Ratgebern und verhängte das

Interdikt über das ganze Land, wodurch er auch noch die hohe Summe von 800 Mark Silber erpreßte.[25]

Gefälscht wurde die Gründungsurkunde des Bistums Bremen (auf das Jahr 788), zumal um Zehntansprüche willen. Auch behauptet diese Fälschung, die Kaiser Maximilian 1512 bestätigt, Karl «der Große» habe der Bremer Kirche 70 Hufen (Bauernhöfe) geschenkt. Die gefälschte Gründungsurkunde des Bistums Bremen – und «Bremen hatte ja seit Jahrhunderten gefälscht, um irgendein Recht zu erlangen oder es zu behalten» (Drögereit) – diente dann wieder zum Vorbild der gleichfalls gefälschten ähnlichen Gründungsurkunde des Bistums Verden im 12. Jahrhundert, die sich als ein Original Karls «des Großen» von 786 ausgibt. Noch im 16. Jahrhundert wurde die Verdener Gründungsfälschung, die sowohl die Ausstattung als auch die genaue Abgrenzung des Bistums angibt, bei Grenzstreitigkeiten mit Lüneburg und Bremen als Beweismittel herangezogen.[26]

Aber auch die gefälschte Gründungsurkunde des Bistums Bremen hatte offenbar ihrerseits bereits ein Vorbild, nämlich die im 10. Jahrhundert gleichfalls gefälschte Gründungsurkunde des Bistums Halberstadt, die in Inhalt und Ausdruck weitgehend mit der Bremer Fälschung übereinstimmt. Bischof Bernhard von Halberstadt (923–968) wehrte sich seinerzeit noch erfolgreich gegen die Gründung eines Erzbistums Magdeburg, dessen Erzbischof Giselher (981–1004) dann seinerseits auf die Gründung des Erzbistums Gnesen mit einer auf den Namen Papst Johannes' XIII. gefälschten Urkunde reagierte, wonach Anno 968 dem Erzbischof Adalbert von Magdeburg angeblich der Primat gegenüber allen Erzbischöfen und Bischöfen in der Germania verliehen worden war.[27]

Auch der jahrhundertelang mit allen Mitteln geführte Kampf zwischen den Erzbistümern Köln und Hamburg brachte viele Falsifikate hervor.

So wurden zwei Urkunden im Namen der Päpste Gregor IV. und Nikolaus I. für Hamburg gefälscht, genauer die Pallienbestandteile dieser sogenannten Hamburger Gründungsurkunden. Die Gaunerei bezweckte den Nachweis, daß nicht nur der erste

Bischof und Erzbischof der Stadt, Ansgar, 831 und 832 das Recht
des Palliumtragens erhalten habe, sondern auch seine sämtlichen
Nachfolger für alle Zeiten. Verfälscht wurde weiter eine Urkunde
Agapets II. für Hamburg. Und auch hier geht es um eine inter-
polierte Stelle über die Pallienverleihung und deren Ausdehnung
auf die Nachfolger. Doppelt verfälscht wurde eine Urkunde Papst
Johannes' XV. für Hamburg. Und wieder ist Zweck und Motiv
der Fälschung die Erlangung des Palliums. Weiter erschwindelt
wurde eine Gründungsurkunde Ludwigs des Frommen für Hamburg sowie eine Papsturkunde Gregors IV.[28]

Gefälscht wurden die meisten dieser Urkunden wahrscheinlich
von einem der bekanntesten mittelalterlichen Bischöfe des Nordens, dem Erzbischof Adalbert von Hamburg-Bremen (1043–
1072). Ihm hatte Kaiser Heinrich III., einer der mächtigsten deutschen Herrscher des Mittelalters, nach der Absetzung dreier
Päpste auf der Synode zu Sutri sogar die Papstwürde (falls man
das so nennen mag) zugedacht. Aber Papst wollte Adalbert nicht
werden. Doch sonst stellte «der große Gottesmann», dem bei
seiner Ordination in Aachen zwölf Bischöfe die Hand aufgelegt
hatten, mit Hilfe ihm höriger kaiserlicher Urkundenschreiber fast
systematisch Urkunden früherer Kaiser und Päpste her, um sie für
seine Ansprüche auszuspielen. Kein Wunder, gestand er ja frei-
mütig, «in dem Grad werde ich niemanden schonen, weder mich
selbst, noch die Brüder, noch das Geld, noch die Kirche selbst,
damit mein Bistum endlich einmal vom Joch befreit und den
übrigen gleich gemacht werde».[29]

All dies nur kurze Hinweise, die sich verhundertfachen ließen,
auf Fälschungen vor allem bischöflicher Kurien, wobei die gleichfalls ungeheure Fülle der Fälschungen aus Klöstern noch gar nicht
einbezogen ist.

Die Privilegien der Päpste beispielsweise für Klöster im Merowingerreich sind «fast sämtlich spätere Fälschungen» (Levison).
Und selbstverständlich fälschten auch die Religiosen aus den verschiedensten Motiven, nicht zuletzt, um sich dem Einfluß der
Bischöfe zu entziehen. In Regensburg etwa stritten deshalb die
(zunächst meist dem höheren Adel zugehörigen) Mönche des

Klosters St. Emmeram verbissen durch das ganze Hochmittelalter
mit den dortigen Bischöfen und erschwindelten vom 11. bis ins
13. Jahrhundert Urkunden und schließlich auch Reichsunmittel-
barkeit und die Unterstellung unter den Päpstlichen Stuhl.

Vielleicht noch öfter fälschte ein Kloster zuungunsten des andern. So fabrizierte man in Thüringen unter dem Abt Ernst vom
Kloster Reinhardsbrunn Mitte des 12. Jahrhunderts Urkundenfälschungen zur gebietsmäßigen Absicherung gegen ein benach-
bartes Zisterzienserkloster.

Mitunter aber betrog man nicht nur für das eigene Haus, sondern auf Bestellung auch für viele andere. So im Kloster Reichenau, wo im frühen 12. Jahrhundert ein Mönch mit Billigung des
edlen Abtes Udalrich von Dapfen systematisch alte Urkunden
zwar natürlich auch pro domo fälschte, doch ebenso für die Klöster in Kempten, Lindau, Stein am Rhein, Einsiedeln, Ottobeuren
oder das Nonnenkloster Buchau, vor allem zur Einschränkung
der Hof- und Heerespflicht sowie zur Sicherung der freien Abts-
wahl.[30]

Ein berüchtigter Fälscher, Petrus Diakonus, wirkte im selben
Jahrhundert als Bibliothekar und Archivar in dem berühmten
Kloster Montecassino, dessen Besitzstand er durch steten Betrug
sicherte und mehrte. Er durchsetzte aber nicht nur den gesamten
Casinenser Urkundenbestand mit Fälschungen, sondern fertigte
auch ganze «Originale» an, er arbeitete andere Werke verfäl-
schend um, ja, er gab für diverse hagiographische und historische
Schriften falsche Verfasser vor. Gefälschte Herrscherdiplome
wurden in Montecassino ebenso fabriziert wie gefälschte Papsturkunden.

Ganz ähnlich in Fulda. Etwa um dieselbe Zeit schuf dort der
Mönch Eberhard das zweibändige Chartular seines Klosters, das
dessen gesamtes Urkundenmaterial bis zur Mitte des 12. Jahrhunderts enthält, Papsturkunden, Immunitäten, Besitztitel, Ein-
kunftsverzeichnisse, vielfach interpoliert, teilweise aber völlig
unecht. Der emsig kopierende Benediktiner fälschte diesen Codex
Eberhardi derart passioniert, daß Engelbert Mühlbacher sagen
konnte, bei ihm sei «die Urkundenfälschung zur Manie gewor-

den». Freilich bestand, was Falsa betrifft, im ehrwürdigen Fulda
eine alte Tradition. Fälschten dort doch schon dreihundert Jahre
früher – mit unterschiedlichem Erfolg – der Mönch Rudolf und
der Mönch Meginhard diverse Zehntprivilegien (auf die Namen
Pippin III., Karl «dem Großen» und Papst Zacharias), um dem
Mainzer Erzbischof den Zehnt auf seinen Eigengütern zu entreißen.[31]

All die genannten und tausend andere Katholiken, Bischöfe,
Äbte, Mönche, Priester und Laien also fälschten. Und warum
auch nicht, wenn diese ganze Religion doch, um es zu wiederholen, von Anfang an *in allem Wesentlichen* auf Lug und Trug
gegründet (III 1. und 2. Kap.), wenn zumal das Papsttum im
frühen Mittelalter buchstäblich unübertrefflich mit der größten
Fälschung aller Zeiten beispielhaft für alle folgenden vorange-
gangen war?

## ENTSTEHUNG UND BEDEUTUNG
## DER «KONSTANTINISCHEN SCHENKUNG»

Täuscht nicht alles, entstand die sogenannte Konstantinische
Schenkung, triumphaler Auftakt gewissermaßen ungezählter Fälschungen künftiger Zeiten, zu Beginn der fünfziger Jahre des 8.
Jahrhunderts in der päpstlichen Kanzlei Stephans II., wahrscheinlich noch vor dessen Aufbruch ins Frankenreich. Nach Walter
Ullmann und anderen Gelehrten spricht «alles dafür . . ., daß die
päpstliche Kanzlei der Geburtsort der Fälschung war». Denn man
brauchte einen Rechtstitel für den erhofften Territorialbesitz. So
beseitigte offenbar auf dem Reichstag in Quierzy der Papst mittels des Machwerks alle Bedenken Pippins. Er präsentierte eine
Urkunde, die den hl. Petrus als rechtmäßigen Herrn und Besitzer
Italiens, den Papst als Inhaber kaiserlichen Ranges, ja, geradezu
als «Kaiser des Abendlandes» (Brackmann) auswies und alsbald
die Franken zum Krieg gegen die Langobarden trieb (S. 383 ff.).[32]

Vorlage für das Constitutum Constantini oder das Privilegium

sanctae Romanae ecclesiae, wie die Sache im Mittelalter gewöhnlich hieß, war die im ausgehenden 5. Jahrhundert wohl gleichfalls
in Rom entstandene Legenda sancti Silvestri, die Silvesterlegende,
einer der in Rom, England, im Frankenreich meistgelesenen Hei-
ligenromane des Christentums, das mit Hilfe dieser Literaturgat-
tung historische Tatsachen stets mit Vorliebe verdrängt und
verfälscht hat. Schon Anfang des 6. Jahrhunderts fand die Fabel
bei den sogenannten Symmachianischen Fälschungen (II 341 ff.)
Verwendung.

Nach der in verschiedenen Fassungen umherschwirrenden, in
Hunderten von Handschriften kolportierten Legende war Kaiser
Konstantin Christenverfolger gewesen und zur Strafe dafür vom
Aussatz befallen worden. Papst Silvester heilte aber den Kaiser
und taufte ihn im Lateran. Tatsächlich jedoch hatte Konstantin
die Christen bekanntlich nicht verfolgt, sondern immens begünstigt. Er war auch nie vom Aussatz befallen und nicht von
Silvester getauft worden, sondern von Bischof Euseb von Nico-
medien, einem Arianer, und zwar erst auf dem Totenbett im Jahre
337, während Papst Silvester schon 335 gestorben war. (Die Kirche feiert seinen Festtag am 31. Dezember, als wollte sie sich am
Ende jedes Jahres erinnern, was sie dem hl. Silvester verdankt.)[33]

Die Urkunde nun, mittels deren sich das Papsttum den Kirchenstaat erschleicht und seine Weltherrschaft rechtlich begründet, hat die bestehende Situation völlig verkehrt: der römische
Kaiser, dem bisher das Christentum unterstand, wird verfassungsrechtlich jetzt dem Papsttum unterstellt. Der Schwindel gibt
sich als Erlaß Konstantins I. an Papst Silvester I. aus, mit Datum,
eigenhändiger Unterschrift und dem Vermerk des Herrschers, er
habe dies selbst am Grab des hl. Petrus niedergelegt. Aus Dank-
barkeit für seine wunderbare Heilung vom Aussatz schenkt er
dem Papst und dessen Nachfolgern einen ganzen Kontinent.

Nicht kleinlich, wirklich, der große Kaiser.

Feierlich bestätigt er dem Römer den Primat über alle Priester,
über die Patriarchate von Antiochien, Alexandrien, Jerusalem,
Konstantinopel und den Erdkreis. Er gestattet dem Papst, um
jedem Zweifel an seinem Rang vorzubeugen, alle Abzeichen kai-

serlicher Würde und räumt ihm kaiserlichen Rang ein. Der Papst
soll Oberhaupt aller Kirchen und Oberpriester aller Priester der
Welt sein, ja, Konstantin schenkt ihm und seinen Nachfolgern
den kaiserlichen Palast auf dem Lateran, die Stadt Rom sowie alle
Städte und Provinzen Italiens und des ganzen Westens (omnes
Italiae seu occidentalium regionum provintias, loca et civitates).

Der Imperator selbst, so schließt das überlange Dokument,
wollte sein Reich und seine Macht in die «östlichen Regionen»
verlegen. Denn «dort, wo ein herrliches Reich errichtet und die
Hauptstadt der Christenheit gegründet worden ist, schickt es sich
nicht, daß der irdische Kaiser seine Macht ausübe». Jedermann,
heißt es, werde von ihm gebannt, der vermessen genug sei, die
Verfügung zu ändern. Somit war der Grundstein gelegt für den
jahrhundertelangen Kampf zwischen Kaisern und Päpsten.[34]

Zunächst zwar benutzte Rom sein Supergangsterstück nur sehr
diskret (als erster Papst beruft sich anscheinend Hadrian I. im
Briefwechsel mit Karl «dem Großen» darauf). Man hat zwar die
Erinnerung an den ersten christlichen Kaiser und sein musterhaf-
tes Wohlverhalten gepflegt, nicht aber das Constitutum Constantini als rechtliches Dokument, nie die Urkunde selbst gebraucht.
Offenbar erkannten sie auch die Heiligen Väter als Fälschung; «es
ist zu vermuten, daß sich die Päpste der Unrechtmäßigkeit der im
C. C. erhobenen Ansprüche bewußt waren. Nur so ist es zu erklären, daß immer wieder um die Dinge herumgeredet wurde,
ohne sie beim rechten Namen zu nennen» (Schlesinger).

Erst um die Mitte des 9. Jahrhunderts, als das Falsifikat schon
eine gewisse Geltung genoß, wurde es als rechtlich bindend ver-
wertet und ging in eine weitere große kirchliche Fälschung ein, die
Pseudoisidorischen Dekretalen sowie schließlich in zahlreiche andere kanonische Rechtsbücher. Die ungeheure Territorialpolitik
des Papsttums, das sich allmählich Fürstentümer und ganze Königreiche unterwarf, hatte ihre Rechtsgrundlage in dieser Erschleichung, ja, noch der heute existierende «Kirchenstaat»
beruht darauf.[35]

Von Ausnahmen abgesehen, ruhte die Urkunde jedoch dreihundert Jahre im wesentlichen unbenutzt in den Archiven des

Klerus. (Unser ältester Text steht in den Handschriften der um 850 entstandenen Pseudoisidorischen Dekretalen.) Nachdem sich freilich viele Generationen an die Vorstellung der riesigen «Schenkung» gewöhnt und die Gaunerei eine gewaltige Autorität gewonnen hatte, begann sie eine große Rolle zu spielen, insistierten die Päpste bis ins Spätmittelalter darauf, verdammten sie, durch den Betrug gedeckt, jeden, der sich am kurialen Besitz vergriff oder dies irgendwie begünstigte. Besonders das sogenannte Reformpapsttum berief sich auf den Betrug! Seine Schreiben zitieren lange Passagen daraus. Leo IX. stützt damit (1053) nachdrücklich auch den päpstlichen Primat; wobei der Papst aus der Schenkung versiert eine Rückgabe macht, aus dem donare ein reddere: der Kaiser hatte sozusagen Gott nur zurückerstattet, was er von ihm empfangen. Derart vermied Leo den Anschein einer Abhängigkeit der Kirche von kaiserlicher Gnade.[36]

Zu ihrer vollen Bedeutung kam die «Konstantinische Schenkung» durch Papst Gregor VII. Sie wurde unter ihm zu einem anerkannten Bestandteil des kanonischen Rechts. Und im Krieg gegen Heinrich IV., der die aus krassem Unrecht abgeleiteten papalen Ambitionen nie berücksichtigt hat, forderte Gregor bei der Wahl sowohl des ersten Gegenkönigs Rudolf von Schwaben 1077 als auch bei der des zweiten Gegenkönigs Hermann von Salm 1081 einen Eid, der die Anerkennung des klerikalen Schwindels einschloß.

Der 1881 seliggesprochene Papst Urban II. (1088–1099), Initiator des ersten Kreuzzuges mit der Massenabschlachtung in Jerusalem, erklärte kraft der «Konstantinischen Schenkung» Korsika und die Liparischen Inseln zum Eigentum des Römischen Stuhls. Doch nutzten auch zahlreiche klerikale Schriften die «Konstantinische Schenkung» natürlich für kirchliche Ansprüche, was so weit ging, daß nach Honorius von Augustodunum, einem Scholastiker des früheren 12. Jahrhunderts, Silvester von Konstantin auch die Zusicherung bekam, kein Kaiser dürfe ohne päpstliche Zustimmung im Römischen Reich regieren.

Hier wurde sogar der Kaiser sozusagen der Beschenkte – und zugleich Lehensmann des Papstes, das Imperium ein päpstliches

Lehen. Eine Folgerung, die auch päpstliche Juristen aus der fiktiven Schenkung zogen. Und gerade Päpste wie Innozenz III. oder Gregor IX. leiteten daraus auch territoriale Forderungen ab. Gregor IX. (1227–1241) behauptete im Hinblick auf sie gar, Konstantin habe es für angemessen erklärt, daß der Papst auf dem ganzen Erdkreis nicht nur über Seelen, sondern auch über alle Menschen und Sachen herrsche, wonach es schlicht kein unabhängiges Kaisertum zu geben hatte, der Papst vielmehr der wahre Kaiser war.[37]

Überhaupt wurde die «Konstantinische Schenkung» gegen das Kaisertum der Salier und Staufer höchst effektvoll ausgespielt. Sie stand für die Römische Kirche auf dem ersten Platz aller mittelalterlichen Kaiserprivilegien. Noch bis ins 15. Jahrhundert galt diese in ihrer Wirkung gar nicht zu überschätzende Fälschung, ohne deren Hilfe Rom vielleicht nie seine spätere Macht und Bedeutung erreicht hätte, allgemein für echt. War sie doch nicht nur bei dem letzten großen Kampf des mittelalterlichen Papsttums gegen das Kaisertum, gegen Ludwig den Bayern (1314–1347), für weite Kreise die eigentliche Rechtsgrundlage der Kirche, sondern noch Sigismund mußte als künftiger Kaiser 1433 die Bewahrung der «Konstantinischen Schenkung» beschwören.[38]

Einige kluge Köpfe ließen sich allerdings nicht täuschen.

## Die Aufdeckung der Fälschung

Ob schon Karl «der Große» das Constitutum Constantini für gefälscht hielt, läßt sich nicht nachweisen; manches spricht für diese noch sehr junge Hypothese. Zum erstenmal hat Kaiser Otto III. (983–1002) in einem ganz ungewöhnlichen und singulären Akt gegenüber Papst Silvester II. (999–1003) die «Konstantinische Schenkung», die noch ein Dante für echt hielt, als null und nichtig bezeichnet. In einem berühmten, durch Bischof Leo von Vercelli, den Leiter seiner italienischen Politik, verfaßten Diplom überließ «Otto, der Sklave der Apostel und nach dem Willen

Gottes des Heilandes der Römer imperator augustus» dem Papst beziehungsweise dem «heiligen Petrus» zwar die acht Grafschaften der Pentapolis zur Verwaltung, doch aus eigener Freigebigkeit und «unter Verachtung der erlogenen Urkunden und vorgespiegelten Schriftstücke». Otto III. nannte die «Konstantinische Schenkung» ausdrücklich Lügenwerk und Fälschung (documenta ... inventa). Alle darauf basierenden Ansprüche wies dieser Kaiser als unberechtigt zurück, die ganzen Ländereien der Päpste erkannte er als erschlichen. Und nicht zufällig verlegte er seine Residenz nach Rom selbst. Otto III. war also durchaus informiert über den Riesenschwindel der Catholica. Nach seiner Überzeugung hatte der Papst keinerlei Recht auf Territorialbesitz.

In der außergewöhnlichen Urkunde vom Jahr 1001 macht er seinem früheren Lehrer Gerbert von Reims, dem Papst Silvester II., zwar zu Beginn das Zugeständnis: «Rom verkündigen wir als das Haupt der Welt», um freilich gleich hinzuzufügen, daß der Glanz der Römischen Kirche durch Leichtfertigkeit und Unwissenheit der Päpste lange Zeit verdunkelt gewesen. «Denn sie verkauften nicht nur, was außerhalb der Stadt lag, und entfremdeten es durch viel Mißwirtschaft dem Sitze des heiligen Petrus, sondern sie verschleuderten auch, wovon wir nur mit tiefem Kummer reden können, den Besitz in dieser unserer königlichen Stadt an alle Welt gegen Geld, um nur hemmungsloser ihr ausschweifendes Leben führen zu können, bestahlen den heiligen Petrus, den heiligen Paulus, sogar die Altäre, und sie richteten, anstatt für Wiederaufbau zu sorgen, nur immer mehr Verwirrung an. Sie verdrehten die päpstlichen Gesetze und erniedrigten die römische Kirche, und einige Päpste verstiegen sich so weit, daß sie den größten Teil unseres Reiches für sich beanspruchten. Sie fragten nicht danach, was sie alles durch eigene Schuld verloren hatten, sie kümmerten sich nicht darum, was sie in ihrer Tollheit vergeudet hatten, sondern als sie ihren Besitz durch eigene Schuld in alle Winde verstreut hatten, wälzten sie ihre Schuld auf unser Reich und erhoben Anspruch auf fremden Besitz, nämlich auf unser und unseres Reiches Eigentum. Denn es sind Lügen, von ihnen selbst erfunden (ab illis ipsis inventa), aus denen der Diakon Johannes mit dem Beinamen ‹der Stummelfinger› eine Urkunde mit goldenen Buchstaben zusammenschrieb und unter dem Namen des großen Konstantin einen gewaltigen Betrug spann (sub titulo magni Constantini longi mendacii tempora finxit).»

Anschließend spricht Otto von weiteren Fälschungen der Kirche, wonach Karl II., der Kahle, der römische Kaiser und König des Westfränkischen (Französischen) Reiches 876 dem Papst Reichsbesitz übertragen, ein «besserer Karl», gemeint ist Karl III., der Dicke, römischer Kaiser und König des Ostfränkischen (Deutschen) Reiches, ihn davongejagt habe. «Lüge ist es auch, daß ein gewisser Karl dem heiligen Petrus unser Reich geschenkt habe. Aber wir erwidern darauf, daß dieser Karl überhaupt nicht in der Lage war, irgend etwas rechtskräftig zu verschenken, da er ja von einem besseren Karl verjagt, des Reiches beraubt, abgesetzt und zunichte gemacht worden ist. Er hat also gegeben, was er nicht besaß, und er hat so gegeben, wie er allerdings geben konnte, nämlich wie ein Mann, der unrechtes Gut erworben hat und nicht hoffen kann, lange im Besitz zu bleiben. Wir verachten alle diese erlogenen Urkunden und vorgespiegelten Schriftstücke.»[39]

Im 12. Jahrhundert erkannten auch die Anhänger Arnolds von Brescia den Betrug. Einer seiner Schüler, ein Römer namens Wezel, erklärte brieflich Friedrich Barbarossa bald nach dessen Wahl zum deutschen König 1152 die ganze «Konstantinische Schenkung» für Fabel und Lüge, was in Rom so stadtbekannt sei, daß darüber noch Taglöhner und Weiber den gelehrtesten Köpfen Rede stehen könnten. Im 13. Jahrhundert bezweifelte auch ein so außerordentlicher Herrscher wie Kaiser Friedrich II. ihre Echtheit. Und als um die Wende zur Neuzeit Oberhirte und -hurer Alexander VI. (1492–1503) kraft der «Konstantinischen Schenkung» von Venedig die Übergabe der adriatischen Inseln an den Apostolischen Stuhl verlangte, höhnte der venezianische Gesandte, Seine Heiligkeit möge die Urkunde für das Constitutum Constantini herbeischaffen und finde dann auf der Rückseite den Vermerk, daß den Venezianern das Adriatische Meer gehöre.

Damals verbrannte man noch Menschen, die dieser Urkunde mißtrauten, wie einen gewissen Johannes Dränsdorf nach einem

Verhör 1425 in Heidelberg. Und noch heute handeln Gelehrte den
ganzen Fälschungs- und Schwindelkomplex des Mittelalters unter dem wohlklingenden Stichwort «Vergangenheitsfrömmig-
keit» ab, nennen die Betrüger «ausgezeichnete Personen, bekannt
für ihre Gewissenhaftigkeit», und selbst die Verbrecher der «Konstantinischen Schenkung» figurieren da immerhin als die «ehrwürdigen Fälscher» (Ariès).[40]

Noch das Florentiner Konzil 1439 hatte keinerlei Zweifel an
dieser «Schenkung» aufkommen lassen. Und obwohl schon im
folgenden Jahr der Humanist Laurentius Valla, selbst päpstlicher
Sekretär und Domherr am Lateran, den Betrug in einer durch
Ulrich von Hutten 1519 publizierten Schrift endgültig aufgedeckt
hat, gab die römisch-katholische Geschichtsschreibung die Fälschung erst im 19. Jahrhundert zu. Doch wurden die darin
gemachten Privilegien von der päpstlichen Kurie fast bis an die
Schwelle der Gegenwart immer wieder nachdrücklich bean-
sprucht.[41]

Im 8. Jahrhundert allerdings beherrschten die Päpste noch keinesfalls als selbständige Herren diesen Kirchenstaat; weder zur
Zeit Pippins III. noch seines Sohnes Karl, ja, einige waren noch
nicht einmal Herr im eigenen Haus, im Lateran, wie sich gerade
zu Beginn der Regierung Karls I. drastisch zeigte.

## 15. KAPITEL

# KARL I., DER SOGENANNTE GROSSE, UND DIE PÄPSTE

«... sein Haar war grau und schön, sein Antlitz strahlend und fröhlich. Seine Erscheinung war immer imposant und würdevoll ... seine Gesundheit immer ausgezeichnet.» «Der christlichen Religion, zu der er von Jugend auf angeleitet worden, war er mit größter Ehrfurcht und Frömmigkeit zugetan (sanctissime et cum summa pietate coluit) ... Die Kirche suchte er Morgens und Abends, auch bei den nächtlichen Horen und zur Zeit der Messe fleißig auf.» Einhard[1]

«Die wichtigsten Gesprächspartner Karls während seines ganzen Lebens sind die Päpste gewesen. Die Achse der karolingischen Politik, um die sich alles andere drehte, war das Verhältnis zum Heiligen Stuhl.» «Es ist bezeichnend, daß, solange Karl lebte, jeder Konflikt mit dem päpstlichen Stuhl vermieden werden konnte ... Das Vertrauen der Bevölkerung Italiens hat Karl freilich nie gewonnen. Er blieb dort immer ... ein Feind.»
Wolfgang Braunfels[2]

«Der Staat der Merowinger war vorwiegend weltlich gewesen, das Karolingerreich aber war eine Gottesherrschaft ...»
Christopher Dawson[3]

«Das Bild des karolingischen Gottesstaates gewann eine eindrucksvolle Geschlossenheit in der karolingischen Friedensidee, in der Auffassung des Reiches als corpus christianum.» Eugen Ewig[4]

«Nun schlug die Stunde des Mannes der Vorsehung.» «Die siegreichen fränkischen Waffen sind noch bei Karl dem Großen die Wegbereiter der katholischen Lehre.» «Seine Untertanen in Eintracht zu erhalten, unter den Menschen die *concordia pacis* herzustellen ..., das sind die idealen Ziele dieses gewaltigen Herrschers, unter dessen Regierung vielleicht kein einziges Jahr ohne Krieg verging. Diese Ideale aber entsprechen vollkommen einer christlichen Auffassung seines Berufes.» «Die vom Verstand nicht beherrschte Begeisterungsfähigkeit der Massen, die ein Augustus, ein Konstantin, ein Napoleon – und müssen wir hinzufügen, ein Hitler? – zu benützen verstanden, brannte für Karl in lichterlohen Flammen.» Daniel-Rops[5]

## KRIMINALEXZESSE AM PÄPSTLICHEN HOF BEIM MACHTWECHSEL IM FRANKENREICH

Papst Stephan II., der sich die «Konstantinische Schenkung» im entscheidenden Augenblick großzügig zugedacht, war am 26. April 757 gestorben. Er hatte ein bedeutend größeres Territorium hinterlassen, das indes zunächst in der Familie blieb. Denn Stephans Nachfolger wurde sein jüngerer Bruder Paul I. (757–767), der zweite, im Lateran herangewachsene Papst aus dem Hause Orsini. Er suchte die Politik seines Vorgängers fortzusetzen und Pippin – den auch er als Pate von dessen Tochter Gisla «Gevatter» (spiritualis compater) nannte – erneut gegen die Langobarden zu treiben.

Dem auf der Jagd tödlich verunglückten kinderlosen König Aistulph war inzwischen der Herzog der Toskana, Desiderius (757–774), gefolgt. Der Papst selbst hatte dafür im Einvernehmen mit dem Frankenabt Fulrad gesorgt, da Desiderius von allen Anwärtern am leichtesten zu gängeln schien. Ein Irrtum. Der neue König wollte sein Reich nicht zwischen den Franken und dem Kirchenstaat eingezwängt und erstickt sehen. Eine Konspiration des Papstes mit zweien seiner Vasallen, den Herzögen von Spoleto und Benevent befürchtend, setzte Desiderius sein Heer in Bewegung, marschierte durch römisches Gebiet und verwüstete es mit Feuer und Schwert.

Paul I. bat Pippin um Unterstützung. Er geizte nicht mit Schmeicheleien. In einer Reihe von Briefen feierte er ihn als «Neuen Moses», «Neuen David», «Retter der Heiligen Kirche», ja, als «Fundament und Haupt aller Christen», die Franken als «neues Israel», «heiliges Volk». Er und die Römer, beteuerte er, wollten an der Freundschaft mit Pippin bis zum letzten Blutstropfen festhalten. Er erinnerte den König immer wieder an seine Versprechen und beschwor ihn, sein Werk nicht unvollendet zu lassen. Ein Klagebrief und Hilfeschrei folgte dem anderen. Dabei bat er, der sich selbst «Mittler zwischen Gott und den Menschen» nannte, Pippin dringend in einem offenen Schreiben, dem Langobardenkönig entgegenzukommen, dem «erlauchten Sohne Desiderius» doch die von ihm gewünschten Geiseln zurückzugeben, während er in einem zweiten geheimen Schreiben drängte, dem Langobarden zu widerstehen, Pippin beschwor, die Geiseln zu behalten – die übliche Doppelmoral der Heiligen Väter.

Es war offensichtlich: Papst Paul, dem sein offiziöser Biograph noch mehr als üblich Neigung zur Milde bescheinigt, wünschte einen weiteren Krieg gegen die Langobarden. Doch Pippin war anderwärts gebunden, durch die Sachsen, durch mehrere Feldzüge gegen Aquitanien, dessen Herzog Waifar er jagte. Und er suchte eine langobardisch-byzantinische Verständigung zu durchkreuzen.[6]

Paul I. hatte am 28. Juni 767, von so gut wie allen seinen Nächsten verlassen, kaum die Augen geschlossen, als es in Rom, wie so oft schon (II 3. Kap. und 337 ff.), zu einem Gewaltstreich kam. Bereits am nächsten Tag nämlich drang Toto, der Herzog von Nepi, Haupt einer mächtigen Familie, mit seinen bewaffneten Kolonenhaufen nach Rom und ließ seinen Bruder Konstantin, einen Laien, zu Pauls Nachfolger wählen. Die Gründung des Kirchenstaates, die gesteigerte Machtstellung des Papsttums, machte dieses eben immer interessanter für den Adel.

Konstantin bemächtigte sich des Laterans, erhielt die erforderlichen Weihen und brachte es in sechs Tagen bis zum Papst. Im Petersdom wurde er von den Bischöfen von Palestrina, Albano und Porto feierlich geweiht.

Blitzkarrieren dieser Art sind zwar unkanonisch, aber es gab sie früher und später, und man konnte trotzdem heilig, ja, Kirchenlehrer werden, wie Ambrosius. Acht Tage nach seiner Taufe war er Bischof und hatte noch nicht einmal die Kenntnisse eines gebildeten Laien vom Christentum (I 401). Tarasius, Kaiserin Irenes Geheimsekretär, wurde von ihr 784 vom Laien zum Patriarchen Konstantinopels erhoben und ebenfalls heilig. Die gleiche schnelle Metamorphose machte im Jahre 806 Nikephoros durch den Kaiser gleichen Namens und wird ebenfalls noch heute als Heiliger verehrt. Auch Patriarch Photius, ein Neffe oder Großneffe des Tarasius, durchlief binnen fünf Tagen alle Grade vom Laien bis zum Patriarchen. Und im 10. Jahrhundert stieg Leo VIII. sogar an einem Tag vom Laien zum Papst auf – und gilt doch als rechtmäßiger Papst.[7]

Konstantin II. (767–768), wiewohl unrechtmäßig erhoben, drückte immerhin dreizehn Monate lang unangefochten den berüchtigten Thron, führte die Geschäfte, ordinierte Kleriker, präsidierte auch einer hl. Synode. Dann aber erlag er einer Verschwörung Einflußreicher, darunter vor allem der Primicerius Christophorus, sein Kanzler, das Haupt der päpstlichen Beamtenschaft, sowie dessen Sohn, der Sacellarius Sergius. Vom Papst unter Hausarrest gestellt, wollten beide an Ostern 768 in ein spoletinisches monasterium wechseln, in das Erlöserkloster (St. Salvator) in Rieti. Sie verbürgten sich dafür mit einem Eid, flohen aber zum Langobardenkönig. Mit seiner Erlaubnis sammelten sie in Rieti Hilfstruppen, und Ende Juli 768 marschierten diese unter der Führung des Priesters Waldipert nach Rom. Dort öffnete man ihnen ein Stadttor, blutige Straßenschlachten folgten, wobei ein Verräter, eine Kreatur des Christophorus, der Kirchenarchivar Gratiosus, Herzog Toto hinterrücks erstach. Papst Konstantin floh von einer Kirche in die andere, bis man ihn, samt seinem nächsten Anhang, gefangen und eingekerkert hatte. Nun holte Waldipert, der Mann des Desiderius, eiligst den Priester Philipp aus dem Veitskloster (S. Vito) am Esquilin und rief: «Philippus Papa. Der hl. Petrus hat Philipp zum Papst erwählt.» Als Kandidat des Langobardenkönigs sollte er dessen Politik verfechten. Teile von Adel und Klerus erkannten ihn auch an. Doch Christophorus, erst etwas verspätet eingetroffen, wollte keinen von Desiderius vorgesetzten «Stellvertreter». Er schlug sich auf die fränkische Seite, erzwang augenblicklich Rücktritt und Rückkehr des bereits festtafelnden Papstes Philipp ins Kloster und brachte dafür seinen eigenen Mann, den Frankenfreund Stephan, auf den päpstlichen Stuhl.[8]

Schon am 8. August wurde das Christophorus-Werkzeug Stephan III. (768–772) geweiht. Und alsbald begannen unter dem in langem Kuriendienst herangereiften, ebenso gewissenlosen wie schlauen Sizilianer, einem entschiedenen Parteigänger Pauls I., wilde Racheakte.

Man riß Kardinälen und Bischöfen Zunge und Augen aus. Man schleppte den aufgestöberten und entthronten Konstantin im lächerlichsten Aufzug durch Rom in einen Klosterkerker und verkrüppelte ihn dort unter Anführung des Kirchenarchivars Gratiosus, Mörder auch des Herzogs Toto (später selber Herzog). Nicht minder blutig verfolgte man seinen nächsten Anhang, man verstümmelte und blendete. Dem Bischof Theodor, der bis zuletzt Papst Konstantin gestützt, riß man Augen und Zunge aus, sperrte ihn in das Kloster am Clivus Scauri, wo er bald unter scheußlichen Schmerzen starb. Totos Bruder Passivus kerkerte man geblendet im Silvester-Kloster ein. Ihr gesamtes Eigentum wurde beschlagnahmt. Auch mit dem Priester Waldipert, dem Langobardenagenten, der den Priester Philipp auf den Papstthron gebracht, machte man kurzen Prozeß. Zwar suchte er an heiliger Stätte, in der Kirche Santa Maria Maggiore, Asyl, wurde aber mitsamt dem Madonnenbild, das er umklammerte, in ein Lateranverlies geworfen, verstümmelt und umgebracht.

An Ostern 769 tagte man im Lateran. Außer 24 italienischen waren erstmals auch 13 fränkische Bischöfe vertreten. Das unterstrich sozusagen, wie Seine Heiligkeit in der Eröffnungsrede selbst betonte, den ökumenischen Charakter der Sache. Der blinde Konstantin wurde am 12. und 13. April in der Basilika vorgeführt und verhört. Auf der ersten Sitzung bekannte er, mehr Sünden zu haben, als Sand sei im Meer. Er warf sich in den Staub, erklärte aber, daß ihn das Volk gewaltsam zum Papst gemacht, weil es mit Pauls hartem Regiment nicht zufrieden gewesen. Am nächsten Tag, auf der zweiten Sitzung, änderte er seine Taktik. Er nannte Präzedenzfälle für die Bischofsweihen von Nichtgeist-

lichen, sogar von Verheirateten. Geschickt berief er sich auf das
Beispiel zwei der vornehmsten italienischen Kirchenfürsten, des
Sergius von Ravenna und des Stephan von Neapel, die man ebenfalls als Laien erhoben habe. Sergius war selber unter den Synodalen. (Und Sergius' Nachfolger, Michael, wurde wieder vom
Laien direkt zum Bischof befördert und residierte als solcher über
ein Jahr in Ravenna.)

Wahrheiten sind im heiligen Rom unbeliebt. (Denn man hat «die
Wahrheit»!) So stürzten sich die versammelten Väter jetzt auch
wütend auf Konstantin, ohrfeigten den Entmachteten, schlugen
ihn nieder und stießen ihn vor die Kirchentür. Die Akten seines
Pontifikats wurden verbrannt, auch die seiner Wahl; sogar Stephan
hatte sie unterschrieben. Jetzt aber stimmte der Papst ein Kyrieeleison an und alle warfen sich zu Boden und bekannten sich als
Sünder, weil sie mit dem verdammten Konstantin Gemeinschaft
gehalten. Zu lebenslänglicher Buße verurteilt, vegetierte er wahrscheinlich bis an sein Lebensende in einem Klosterkerker dahin.
Immer wieder zeigt es sich, daß Christen barmherzig sind; nicht
jeden Feind bringt man gleich um. Leben und leben lassen, jawohl,
auch hier. Katholik Seppelt verkennt das. Er spricht da von «Verwilderung», einer «verbrecherischen Zügellosigkeit» auch kirchlicher Kreise; «sie erhoben sich nicht über das Niveau der
Barbaren. Und was das Schlimmste ist: diese Frevel sind nicht eine
einmalige Verirrung geblieben, sondern sie sind nur wie ein Vorspiel der wilden und wüsten Parteikämpfe, die in den folgenden
Jahrhunderten noch so oft in den Mauern Roms getobt haben.»[9]

Auf der Lateransynode von 769 wurde die Laienbevölkerung
zumindest theoretisch von der Papstwahl ausgeschlossen. In den
ersten Jahrhunderten dagegen hatte die ganze Gemeinde, auch
die Roms, die Bischöfe gewählt. Damals konnte auch jeder Laie
sofort Bischof werden, bis in die Mitte des 3. Jahrhunderts – falls
er ehrbar, gastfrei, wahrhaftig, nachgiebig, nicht geldgierig sowie
ein guter Gatte und Familienvater war. Wirklich zuviel des Guten. Und noch bis in das 6. Jahrhundert hatte im Westen grundsätzlich die gesamte Gemeinde den Bischof gewählt. Nun jedoch
wurde das aktive Wahlrecht auf den römischen Klerus beschränkt

und das Volk völlig ausgeschlossen. Nur das Recht der Akklamation behielt es und der Unterzeichnung des Wahldekrets.

Stephans III. Politik konzentrierte sich im übrigen darauf, jede Verständigung zwischen Franken und Langobarden zu verhindern, wobei er sich zuerst auf die eine, dann auf die andere Seite schlug. Erst beschimpfte er den Langobardenkönig Desiderius, dann pries er ihn. Er wechselte «Ansichten und Bundesgenossen nach Bedarf» (Katholik Kühner). Bei den jungen Frankenherrschern, den Pippinsöhnen Karl und Karlmann, beklagte er sich über Desiderius, schrieb dabei zunächst an beide Brüder gemeinsam, dann an jeden getrennt. Ja, er führte schließlich Geheimverhandlungen mit Karlmann gegen die Politik Karls.[10]

## Papst Stephan III.
### treibt zu einem weiteren Langobardenkrieg

Beim Tod Pippins im September 768 hatte Karl den größeren nördlichen, von Westaquitanien bis hinauf zu den Friesen und nach Thüringen reichenden Erbteil erhalten; der zehn Jahre jüngere, vermutlich 16jährige Karlmann die kleinere südliche Region, Alemannien, das Elsaß, Burgund, die Provence, Septimanien und die andere Hälfte Aquitaniens. Die Grenze zog sich somit vom Südwesten zum Nordwesten quer durch das ganze Reich, so daß beide Erben an den fränkischen Kerngebieten Austrien und Neustrien partizipierten, am germanischen Osten wie am römischen Westen; wobei allerdings Karls größerer Anteil den seines Bruders förmlich umklammerte.

Beide Brüder waren bereits 754 in Saint-Denis von Papst Stephan II. gesalbt und zu Patriziern der Römer ernannt worden. Bei ihrer feierlichen Thronbesteigung am 9. Oktober 768, am Tag des ersten Bischofs von Paris, des hl. Dionysius, eines der französischen Nationalheiligen und 14 Nothelfer, wurden sie aber noch einmal von den Bischöfen zu Königen gesalbt, Karl in Noyon, Karlmann in Soissons.[11]

Früh gab es Differenzen zwischen den Reichserben, spätestens seit Karlmann sich nicht an der Niederwerfung des beiden zur Hälfte zugefallenen Aquitanien 769 beteiligt hat – Karls erster Krieg «mit Gottes Beistand» (Reichsannalen). Nach Einhard hat Karl diese «Unfreundlichkeit und Eifersucht» seines Bruders zur allgemeinen Verwunderung «mit großer Geduld» ertragen.

In Rom aber versetzten die zunehmenden Zwiste der beiden Frankenfürsten den durch frankenfreundliche Kurialen, vor allem durch den mächtigen Christophorus, auf den Thron gelangten Stephan III. in Unruhe. Ja, diese steigerte sich zu beträchtlicher Aufregung, als er von einem Heiratsplan zwischen dem fränkischen und langobardischen Königshaus erfuhr. Denn die Franken, bis zu Pippins Kriegen für den Papst (S. 383 ff.) seit langem mit den Langobarden befreundet, sollten nach den Vorstellungen der Heiligen Väter Feinde ihrer Nachbarn in Italien bleiben. Stephans Sorge aber war um so größer, als sich die Langobarden durch eine Heirat von Desiderius' Tochter Liutperga und Herzog Tassilo auch mit Bayern bereits verbunden, Desiderius überdies für seinen Sohn Adelchis die Hand von Karls Schwester Gisla erbat (die allerdings bald Nonne wurde).

Nun hatte selbst der gottesfürchtige Pippin nicht den Titel eines «defensor ecclesiae» führen wollen und sich dem Papst gegenüber begnügt mit einer Hilfe «von Fall zu Fall» (Deér). Ja, er hatte in seinen letzten Jahren nach den in Italien für römische Machtsucht geführten Schlachten jeden weiteren Konflikt mit den Langobarden vermieden. Kein päpstliches Beschwerde- und Kriegsgeschrei konnte ihn mehr zum Einschreiten bewegen. Und nach seinem Tod betrieb die Königinmutter Bertrada eine programmatische Friedenspolitik, suchte sie ein gutes Verhältnis sowohl zu den Langobarden als auch zu den Bayern unter deren Herzog Tassilo. Mit starker Zustimmung der fränkischen Großen betrieb sie – «des Friedens halber» (Annales regni Francorum) – die Heirat des jungen Reichserben Karl mit einer der Töchter des Langobardenkönigs Desiderius. (Ihr Name ist unbekannt; doch wird sie, infolge einer mißverstandenen Quellenstelle, häufig Desiderata genannt; andere Historiker nennen sie Ermengarde oder auch Bertrade.)

Stephan III. und seinen Primicerius Christophorus erregte diese Entwicklung enorm. Der Papst erinnerte die beiden Frankenfürsten an ihre und ihres Vaters Versprechungen, «mit aller Eurer Macht jederzeit einzustehen für die Gerechtsame des heiligen Petrus». Er beschwor sie erneut, «bei dem Tage des Jüngsten Gerichts und der heilige Petrus selbst ermahnt Euch durch sie, unverzüglich der heiligen Kirche zu ihrem Recht zu verhelfen». Vor allem aber rief er den jungen Machthabern ihr Gelöbnis ins Gedächtnis, stets die gleichen Freunde und Feinde zu haben wie der Papst, was jede Verbindung mit einem verbrecherischen Volk ausschließe, «das nicht davon abläßt, die Kirche Gottes anzugreifen und die römischen Provinzen zu verheeren».

Da König Desiderius die von Stephan beanspruchten Güter nicht herausgab, tat dieser alles, um die geplanten Verbindungen wie überhaupt Frieden und Versöhnung zwischen beiden Völkern zu unterbinden. In einer langen und von Gehässigkeit überschäumenden Epistel erinnerte er an die Eide der Könige als Kinder, erklärte die beabsichtigte Heirat für eine teuflische Eingebung, verunglimpfte sie als «Concubinat» und verbot sie feierlich unter Anrufung Gottes und kraft der Autorität des hl. Petrus. Er nannte es einfach Wahnsinn, daß sich das berühmte, alles überstrahlende Frankenvolk und sein herrliches, erlauchtes Königshaus beschmutzen wolle durch die Verbrüderung mit dem treulosen, greulich stinkenden Volk der Langobarden, «welches nicht einmal unter die Zahl der Völker gerechnet wird (quae in numero gentium nequaquam conputatur) und aus deren Nation das Geschlecht der Aussätzigen (leprosorum genus) hervorgeht».

Die kurialen Quellen, der Liber Pontificalis und die berühmten Briefe des Codex Carolinus (99 in der heute allein bekannten Handschrift sämtlich undatierte und fast ausschließlich päpstliche Schreiben an die Karolinger zwischen den Jahren 739 und 791), setzen die Langobarden fortwährend herab. Dabei waren sie damals den Römern bildungsmäßig, kulturell, durch eine bedeutende Kunst (wenn auch mit Hilfe byzantinischer Künstler), gewaltig überlegen. Auch religiös, inzwischen ja leider katholisch, erwiesen sie sich als höchst aktiv durch Gründung von

Kirchen, Xenodochien und Klöstern. «Eine Welle von kirchlichen Stiftungen ging über das ganze Land . . . Wir können . . . sie nicht einmal aufzählen, da es zu viele sind» (K. Schmid). Der Papst aber fragt Karl, ob er der Stammvater von Aussätzigen werden wolle, und beschwört die Frankenfürsten bei Himmel und Hölle, keine Tochter des Desiderius heimzuführen, sondern der Römischen Kirche zur Rückgabe ihrer Güter zu verhelfen.

Der Heilige Vater wird nicht müde, die jungen Frankenherrscher unter Druck zu setzen: «Ihr seid beide nach Gottes Willen und Ratschlag . . . Es ist Euch wahrhaftig nicht erlaubt . . . Ihr dürft nicht . . . Bedenkt auch . . . Erinnert Euch . . . Vergeßt auch nicht . . . Erinnert Euch ferner . . . Bedenkt vielmehr . . .» etc. Der Freund der Freunde des Papstes habe der Franke zu sein und der Feind seiner Feinde. Ergo könne es kein Bündnis geben mit «dem meineidigen Volk der Langobarden», das doch «von jeher der Feind der Kirche Gottes gewesen». Derart donnert sich der allerhöchste Römer rhetorisch zum finis operis heran: «Darum ermahnt Euch durch mich der Fürst der Apostel, der heilige Petrus, dem die Schlüssel des Himmelreichs von dem Herrn gegeben sind und die Gewalt, zu lösen und zu binden im Himmel und auf Erden, und gleichermaßen beschwören auch wir Euch samt allen Bischöfen, Priestern, Äbten, Mönchen und der ganzen Geistlichkeit, allen Großen und Richtern und dem ganzen Volk dieses Landes, bei dem lebendigen und wahrhaftigen Gott, bei dem furchtbaren Tag des Jüngsten Gerichts, bei allen göttlichen Geheimnissen und dem heiligen Leib des Apostels Petrus, daß doch ja keiner von Euch sich mit der Tochter des Königs Desiderius vermähle. Ebensowenig gebt Eure edle und von Gott geliebte Schwester Gisla dem Sohn des Desiderius zum Weib. Verstoßt auch nicht Eure Weiber. Bedenkt vielmehr, was Ihr dem heiligen Petrus versprochen habt. Erhebt Euch kräftig gegen unsere Feinde, die Langobarden, und zwingt sie, das Eigentum der Kirche Gottes und des römischen Staats herauszugeben.»

Überdeutlich, was der Heilige Vater will: Krieg, Krieg, Krieg. Und zur größeren Wirksamkeit seines Schreibens legte er es auf das angebliche Petrusgrab, nahm darüber das Abendmahl, beteuerte, es unter Tränen abzusenden, und drohte nach derartigem Zauber – finis coronat opus: «Wenn jemand gegen den Inhalt dieser unserer Beschwörung zu handeln wagen sollte, so soll er wissen, daß er ... mit der Fessel des Anathem's umstrickt ist, ausgestoßen vom Reiche Gottes und verurteilt mit dem Teufel und seinem schrecklichen Höllenpomp und den übrigen Gottlosen im ewigen Feuer zu verbrennen.»[12]

Es ist die erste Bedrohung eines Frankenkönigs mit dem Anathem. Karl heiratete gleichwohl die langobardische Prinzessin. An Weihnachten 770 nahm er sie in Mainz zur Frau. Mutmaßlich aus persönlichen wie politischen Gründen verstieß er sie freilich ein Jahr später wieder, was deren Vater König Desiderius zu seinem Todfeind machte, den Papst aber nicht zum Protest trieb (so sehr man da sonst die Unauflösbarkeit der Ehe betont!). Stephan, der in seiner Epistel auch an die minderwertige Natur von Frauen generell gemahnte, an die sündige Eva, den Paradiesesverlust, insistierte doch auch darauf, daß beide Könige bereits rechtmäßig verheiratet seien, was indes nur für Karlmann zutraf, für Karl falsch war. Seine Verbindung mit Himiltrud, die ihm bereits einen Sohn, Pippin, geboren, ist keine legitime Ehe gewesen. Auch die darauf folgende Vermählung mit der Enkelin des Alemannenherzogs Gotfried, dem gerade erst 13jährigen Schwabenmädchen Hildegard – der hl. Karl machte ihr in zehnjähriger Ehe fast jedes Jahr ein Kind (S. 498), dann starb sie –, entsprach nicht kanonischen Grundsätzen, ohne daß die Kirche, soweit wir wissen, jemals Einspruch erhoben hätte.

Das konnte die Päpste auch kaum stören. Aber der Verlust ihrer Güter! Stephan wähnte sich von den Franken verlassen. Und fast noch während er gegen die Langobarden intrigierte, hetzte, sie unflätig beschimpfte, knüpfte er zu ihnen bereits Kontakt. Hatte er sie eben mit allem Abscheu diffamiert, ihnen jede Menschlichkeit abgesprochen, hatte er ihren König stets «verruchtest» genannt, so hielt er es nun schnell mit ihm.

Der jähe Schwenk fiel der Heiligkeit um so leichter, als es am Hof eine langobardische Partei gab, an deren Spitze der Kammerherr Paul Afiarta (von Desiderius mit «Spenden» gekauft) und der Herzog Johannes standen, Stephans eigener Bruder. Dagegen wurden die Führer der fränkischen Faktion der neuen Politik geopfert. Der römische Oberpriester zögerte nicht, den Primicerius seiner Kirche, Christophorus, und dessen Sohn, den Sacellarius Sergius, denen er selbst die Papstkrone verdankte, an den Langobardenkönig zu verraten, da sie ihm jetzt bloß im Weg waren. Beide versuchten noch im Einvernehmen mit dem Frankengrafen Dodo, einem Abgesandten Karlmanns, einen Gewaltstreich, die Ergreifung Afiartas, vielleicht sogar ein Attentat auf den Papst. Sie brachen in den Lateran ein, doch Afiarta entkam ihnen, und der Papst floh zum Langobardenkönig, der als Wallfahrer nach Rom zum Beten am Apostelgrab gekommen war, vorsorglich mit seiner Armee, denn natürlich wollte er die frankophile Faktion an der Kurie liquidieren.

Afiartas Anhang schleppte Christophorus samt Sohn vor die Stadtmauer, fesselte die Opfer an Pfählen und riß ihnen vor einem begeistert heulenden Volkshaufen Augen und Zunge aus. Christophorus starb nach drei Tagen im Kloster der hl. Agatha. Der gleichfalls geblendete Sohn Sergius verschwand erst im Kloster auf dem Clivus Scauri, dann in einem Verlies des Laterans, bis schließlich der Blinde, unter Mitwirkung hoher Kirchenbeamter und Papst Stephans Bruder, geprügelt, gewürgt und, noch halb lebendig, verscharrt worden ist.

Derselbe Papst aber, der sonst Desiderius so gern mit dem Attribut «verruchtest» bedacht hatte, der preist ihn nun Königin Bertrada und König Karl als seinen Retter, habe er ihn doch vor den ruchlosen Anschlägen des Primicerius, aus dem Komplott mit dem Grafen Dodo und dessen teuflischen Einflüsterungen, gerettet. Derselbe Papst, der nur wenige Monate zuvor die Langobarden eine stinkende Rasse genannt, von der der Aussatz ausgegangen, der schreibt jetzt an Bertrada und Karl, «daß es uns mit Hilfe unseres Sohnes, des Langobardenkönigs Desiderius, der sich gerade bei uns befand, um seine Verpflichtungen gegen den heiligen Petrus zu erfüllen, gelang, samt unserer Geistlichkeit uns nach St. Peter zu retten». Und betont einige Zeilen später abermals: «Glaubt uns, ohne die Hilfe unseres erlauchten Sohnes, des Königs

Desiderius, hätten wir und unsere ganze Geistlichkeit und alle unsere Getreuen den Tod gefunden.» Um kurz darauf zu schließen: «Mit unserem erlauchten und von Gott beschirmten Sohne, dem König Desiderius, haben wir uns im besten Frieden vertragen, indem er alle Gerechtsame des hl. Petrus vollständig anerkannt hat, was Euch auch Euere Gesandten mitteilen werden.»

Allerdings sah sich Stephan III. vom Langobardenkönig bald grob im Stich gelassen und löste deshalb wieder die Beziehung zu ihm. Trat doch überhaupt ein gänzlicher Umschwung der politischen Verhältnisse ein.[13]

## WIDERRECHTLICHE ALLEINHERRSCHAFT KARLS UND BEGINNENDER KRIEG FÜR DEN PAPST

Kurz vor Stephans Tod Ende Januar 772 war Karlmann (nach großen Geschenken an Kirchen und Klöster, besonders an die Kathedrale in Reims und die Abtei Saint-Denis) am 4. Dezember 771, am Rand der schönen Wälder bei Laon, wo er so gern gejagt, erst zwanzigjährig gestorben. Vermutlich verhinderte nur dies einen sich schon abzeichnenden Bruderkrieg. Karl aber, damals vielleicht 30 Jahre alt, wurde jetzt der Beherrscher des ganzen Frankenreiches: durch einen offenkundigen Rechtsbruch, indem er das Erbrecht der Söhne Karlmanns, beide noch im Kindesalter, mißachtet und so durch raschen Raubgriff das Reich seines Bruders an sich gerissen hat.

Dies war schließlich eine jahrhundertealte christliche Tradition in Ost und West. Und es lag überdies in der Familie. Denn ganz ähnlich hatte schon Karls Großvater Karl Martell – übrigens (ebenfalls?) als Bastard – die unmittelbaren Erben ausgeschaltet. Und hatte nicht auch Karls Vater Pippin die Söhne seines abgedankten Bruders Karlmann 754 zu Mönchen geschoren und so ihr Erbrecht für immer im Kloster begraben? (S. 385) Europas Begründer. Europas große Vorbilder. Europas Ideale!

Karl eilte nach Corbény (ein karolingisches Palatium an einer alten Römerstraße zwischen Laon und Reims), nur wenige Kilometer vom Sterbeort seines Bruders entfernt, und rief dessen Große zusammen. Die meisten kamen, nicht zuletzt Bischöfe und Äbte, und erkannten Karls Staatsstreich an. Die Reichsannalen nennen von denen, die sich ihm unterwarfen, «den Bischof Wilhar von Sedunum (Sitten im Wallis), den Priester Folrad und viele andere Geistliche» an erster Stelle. Denn Gewalt geht vor Recht – auch stets und gerade für den hohen Klerus, sobald große Gewalt ihm auch große Vorteile verspricht. Rechtsbrecher Karl wurde Nachfolger im Reich seines Bruders, das ihm, wie man schon recht euphemistisch sagte, «nach dem Rechte der Anwachsung» zufiel. Er wurde erhoben und gesalbt. Doch noch später vermeiden es seine Urkunden mit Absicht, Karlmanns Namen auch nur zu nennen. Gerberga aber, Karlmanns Witwe, flüchtete mit ihren Kindern an den Hof des Langobardenkönigs Desiderius.

Über Karls Kindheit und Jugend wissen wir fast nichts, seltsamerweise. Sogar das Geburtsjahr ist umstritten. Häufig wird – nach den angeblich verläßlicheren Annalen – der 2. April 742 als Geburtstag genannt. Das neue, noch unabgeschlossene «Lexikon des Mittelalters» meint indes (konform mit den angeblich zweitrangigen Quellen): «wohl 2. April 747». Das Tagesdatum entstammt einem alten Kalender des Klosters Lorsch.

Lange Zeit galt Karl auch als uneheliches Kind; hat man geglaubt, daß er vor der Heirat seiner Eltern geboren worden sei, einer Friedelehe mit Bertrada, der Tochter des Grafen Caribert von Laon entstamme, einer Liaison, die erst Jahre nach seiner Geburt zu einer Vollehe wurde. Das könnte unter anderem verständlich machen, warum er sich mit dem sicher ehelich geborenen Bruder Karlmann nicht verstand. Würde auch gut die auffallende Diskretion seines Biographen Einhard erklären, der in seiner «Vita Karoli Magni» meint: «Ich halte es für sinnlos, von Karls Geburt, Kindheit und Jugendzeit zu erzählen, da bisher noch nie davon berichtet wurde und heute auch niemand mehr lebt, der Auskunft darüber geben könnte.» Zwar schrieb Einhard sein berühmtes Buch erst fünfzehn bis zwanzig Jahre nach Karls Tod, weilte aber selbst schon zwanzig Jahre vor diesem Tod am

Hof des damals etwa fünfzigjährigen Königs. Er verkehrte bald in
dessen engstem Familienkreis, war sein Tischgenosse, Vertrauter,
und es ist ganz und gar unwahrscheinlich, daß er nichts über
Kindheit und Jugend seines Helden gehört haben, daß nicht einmal dessen Geburtsdatum bekannt gewesen sein soll; zumal
Einhard ja selbst sagt, Karl habe fast unaufhörlich gesprochen,
man konnte ihn «geschwätzig» nennen. Auch Paulus Diakonus
berichtet, Karl habe gern von seinen Ahnen erzählt. Doch auch
die Reichsannalen nennen ihn nur ein einziges Mal namentlich
vor seinem Regierungsantritt (bei der Salbung durch Stephan II.
in Saint-Denis 754: S. 383 f.).

Nicht erst in jüngster Zeit allerdings behauptet man eine ehe-
liche Bindung von Pippin und Bertrada bereits bei der Geburt
ihres ältesten Sohnes. Das paßt jedenfalls besser in das Bild vom
«Vater Europas», von seiner Heiligkeit zu schweigen, wovon sich
seinerzeit die Päpste freilich noch nichts träumen ließen.[14]

Nachfolger Stephans wurde Hadrian I. (772–795); kein Papst
zuvor hat je so lang regiert.

Hadrian, aus römischem Adel, war bereits der dritte Papst aus
dem Hause Colonna, und seinerseits wieder ein eifriger Begünstiger seiner Verwandten, die sich in den höchsten Staatsstellun-
gen finden. Sein Onkel Theodat war Primicerius der Kirche und
führte die Titel Konsul und Dux. Sein Neffe Paschalis wurde
unter ihm ebenfalls Primicerius (das Amt entsprach etwa dem
eines heutigen Ministerpräsidenten). Und auch Neffe Theodor
bekam großen Einfluß in Rom.

Außenpolitisch brach Hadrian mit der zuletzt langobarden-
freundlichen Politik seines Vorgängers. Sofort bezog er Front
gegen Desiderius, der sich weigerte, der Römischen Kirche gewisse Städte und Gebiete herauszugeben, die sie den Raubkriegen
Pippins verdankte. Auf päpstlichen Befehl wurde alsbald der Parteigänger der Langobarden, Paul Afiarta, auf dem Rückweg von
deren Hof durch den Erzbischof Leo von Ravenna verhaftet, der
ihn foltern und hinrichten ließ.[15]

Die Vernichtung der Häupter der langobardischen Kurienfak-
tion zeitigte wieder Drohungen und Angriffe des langobardischen

Königs gegen den Kirchenstaat, mit den obligatorischen Brand-
stiftungen, Plünderungen, Morden. So kam es erneut zu Hilfe-
rufen des Papstes, nicht anders als unter seinem Vorgänger Stephan II., der einst Karls Vater Pippin nach Italien gerufen. Und
wie Papst Stephan seinerzeit auf Krieg bestand, so Papst Hadrian
nun. Er erinnerte Karl geradezu an Pippins Beispiel. Er mahnte
ihn wiederholt, drängte ihn, «für den Dienst Gottes und die Gerechtsame des h. Petrus und die Tröstung der Kirche gegen
Desiderius und die Langobarden» einzutreten, «die Erlösung der
h. Kirche Gottes zu vollziehen». Derart bahnte er das Eingreifen
Karls in Italien an, der dann fünfmal in den Süden zog, ein Vorspiel vieler künftiger Italienzüge deutscher Kaiser.

Hadrian selbst, gegenüber Karl vielleicht der geschicktere Di-
plomat, der herauszuschlagen suchte, was rebus sic stantibus
herauszuschlagen war, sah den fränkischen König (der gern versprochen, seine Romfahrten aber immer wieder hinausgezögert
hat) allerdings nur dreimal. Jetzt freilich, da Desiderius sich auch
zum Anwalt der Rechte der zu ihm geflüchteten Witwe Gerberga
und der unmündigen Kinder Karlmanns machte, die der «große»
Onkel um ihr Erbe, um die Hälfte des Frankenreiches gebracht,
überzog dieser, nach eingehender Beratung mit seinen Großen, das
Langobardenreich, neben dem Fränkischen das einzig noch übrig-
gebliebene germanische Reich, 773 mit einem (weiteren) Krieg.
«Für beide war kein Platz auf der Welt» (Cartellieri).

Warum nicht?

Einhard meldet darüber: «Auf Bitten des Bischofs Hadrian von
Rom unternahm er [Karl] den Krieg gegen die Langobarden.
Diesen hatte auch schon sein Vater Pippin auf Andringen des
Papstes Stephan unternommen, nicht ohne große Schwierigkei-
ten, denn einige fränkische Große, mit denen er gewöhnlich zu
Rate ging, sprachen sich so entschieden gegen sein Vorhaben aus,
daß sie sogar offen erklärten, sie würden den König verlassen und
nach Hause zurückkehren.»

Auch diesmal hatten die Franken keine große Lust, die Kasta-
nien für den Heiligen Vater aus dem Feuer zu holen. Auch diesmal
neigten sie zum Frieden. Doch der König gab offensichtlich den

Ausschlag. Sein einstiger Schwiegervater war ihm verhaßt, geradezu gefährlich geworden, seit er sich zum Beschützer der karolingischen Waisen gemacht, das Erbrecht von Gerbergas Kindern nicht nur verteidigt, sondern sogar versucht hatte, Hadrian zur Salbung von Karlmanns Söhnen zu Königen zu bewegen. Nicht zufällig fing Karl in Italien zuerst die Familie seines Bruders und machte sie unschädlich. Der Papst, dessen überall ausgehobene Truppen bei weitem nicht gegen die Kriegsmacht seiner Gegner aufkommen konnten, brannte nur so auf Karls Intervention. Doch da dieser nicht als böser Onkel, der er ja war, und nicht als Anzettler eines Krieges gegen die katholischen Langobarden vor der Welt erscheinen wollte, machte er seinem Glaubensgenossen und Ex-Schwiegervater vermittelnde Angebote, in der Hoffnung freilich, daß sie abgelehnt würden, was auch geschah.

Und noch während die Verhandlungen liefen, hatte Karl Geheimverbindungen mit Oppositionellen in Langobardien aufgenommen. Ein großer Teil des dortigen Klerus zumal war ihm gewogen, darunter ein besonderer Gegner des Desiderius, der Gründerabt Anselm von Nonantola (früher Herzog von Friaul), der auch Karls Sieg erleichtert haben soll. Natürlich hatte der Franke, noch während er auf das Scheitern der Verhandlungen wartete, militärisch mit den Kriegsvorbereitungen begonnen. Seine in Genf aufgestellte Soldateska, darunter Bischöfe, Äbte, die Geistlichen der Hofkapelle, war ungewöhnlich zahlreich und glänzend gerüstet. Nachdem er sie in zwei Kontingente geteilt, rückte eine Heeressäule unter seinem Onkel Bernhard, einem illegitimen Halbbruder Pippins III., über den Großen Bernhard, den «Jupiterberg», die Hauptmacht mit ihm selbst über den Mont Cenis gegen Italien vor.

War es schon schwierig, ungezählte Wagen und Tausende von Pferden über die Alpen zu bringen, so schien es fast unmöglich, die von den Langobarden gesperrten Pässe zu nehmen, die Klausen, «die Türen Italiens». Mauern, Vorwerke, Türme verschlossen von Berg zu Berg die Talengen. Zwischen steilen Gebirgswänden eingekeilt, saßen die Franken fest, ihre Reiterei war noch weniger manövrierfähig als das Fußvolk. Karl hockte verdrossen in sei-

nem Zelt, hielt einen Kriegsrat nach dem anderen mit seinen
Militärs, unterhandelte mit den Langobarden und mäßigte von
Mal zu Mal seine Forderungen – vergeblich. Da führte ein von
dem Erzbischof Leo von Ravenna (S. 441) geschickter Diakon
eine scara francisca (die Leibwache; unter Karl anscheinend eine
stark vergrößerte Sondereinheit, eine sogenannte Elitetruppe, die
als einzige ständig bewaffnet war) über einen hohen, unverteidigten Gebirgsgrat – noch Jahrhunderte später, als noch immer
die Ruinen dieser Befestigungen standen, der «Frankensteig» genannt. Die überraschten Langobarden, die in ihrem Rücken
plötzlich Franken sahen, glaubten sich umzingelt und verließen
fluchtartig ihre Stellungen – eine von Karl auch im Sachsenkrieg,
gegen Tassilo von Bayern und wider die Awaren häufig praktizierte Finte; Seppelt spricht von «überlegener Feldherrnkunst».[16]
Der Aggressor eroberte zunächst Turin, dann brandete sein
Heer über die Poebene «wellenweise wie ein großer Strom aus
Eisen» (Störmer) auf Pavia heran. Er vereinigte es mit der anderen
Heeresgruppe und zernierte Ende September die stark befestigte,
mit Soldaten, Waffen, Lebensmitteln wohlversorgte langobardische Königsstadt. Karl richtete sich auf eine längere Belagerung
ein, ließ aus der fernen Heimat seine Kinder holen, nicht zuletzt
die vierzehnjährige Gattin Hildegard. Und als er hörte, Desiderius-Sohn Adalgis habe mit Karlmanns Witwe und Kindern in
Verona, damals wohl Italiens festeste Stadt, Zuflucht gesucht,
brach er sogleich mit einer kleineren Truppe dorthin auf.

Entweder durch Verrat oder durch reguläre Übergabe kapitulierte Verona sofort. Die Verwandten, Gerberga samt den Söhnen,
gerieten in Karls Gewalt; doch schweigen die Quellen über ihr
Schicksal. Bestenfalls endeten sie – wie schon zwanzig Jahre früher die lieben Verwandten durch Vater Pippin (S. 385) – geschoren
in Klöstern; sie verschwinden jedenfalls aus der Geschichte, und
damit verschwinden auch die letzten Erbansprüche auf fast die
Hälfte des Frankenreichs. Gute fränkische Familientradition.
Adalgis entkam im letzten Augenblick nach Epirus und floh, mit
einem Zwischenhalt in Salerno, im nächsten Jahr, als Karl in
Rom auftauchte, nach Byzanz.[17]

# HADRIANS BESITZGIER
## UND KARLS RAUB DES LANGOBARDENREICHES

Der Winter verging. Während im Norden eine langobardische Stadt nach der andern fiel, suchte der Papst klammheimlich die langobardischen Zentren Mittelitaliens zu nehmen; Ort um Ort geriet in seine Hand. Besonders interessiert war er dabei an dem Herzogtum Spoleto, dem er in eben jenem Hildebrand einen Fürsten bestellte, der sich dann von ihm losgesagt und Karl als seinen Oberherrn anerkannt hat, der seinerseits Spoleto dem Papst nicht mehr zugestand. Vorerst aber erfuhr der Kirchenstaat eine beträchtliche Erweiterung.

In Pavia hatte man längst alle Haustiere verzehrt und jagte nun Spatzen und Ratten. Doch trotz Hungersnot, Epidemien, trotz vieler Todesopfer war die Stadt noch immer nicht gefallen. So lenkte Karl vor Ostern seine Schritte nach Rom, um am (angeblichen) Grab des Apostelfürsten zu beten oder, wie es in den sogenannten Jahrbüchern Einhards heißt: «um daselbst seine Andacht zu verrichten» – eine von den Reichsannalen wiederholt gebrauchte Wendung, als reiste Karl stets nach Rom, um dort vor allem seine Andacht zu verrichten.

Es kam zu einem triumphalen Empfang am Karsamstag, dem 2. April 774. Schon dreißig Meilen vor Rom begrüßten den Franken die Befehlshaber der päpstlichen Armee. Nahe der Stadt standen Schulkinder mit Palmen- und Ölzweigen. Sogar Kreuze, wie nur bei höchsten Herren üblich, schickte der aufmerksame Hausherr dem Gast entgegen. Der seinerseits nahte dem Heiligen Vater vor St. Peter, in dessen Anbau er dann samt seinen Großen logiert, treppenschleckend, jede einzelne Stufe küssend wie jedermann. Oben umhalst ihn, umringt von Kardinälen und sonstigen Würdenträgern, der dankbare Boß, während die Priester singen: «Gesegnet sei, der da kommt im Namen des Herrn!» Händehaltend geht man gemeinsam zum (vermeintlichen) Grab des Apostels und kniet ehrfurchtsvoll nieder.

Es folgten feierliche Gottesdienste am Sonntag und Montag und sicher kaum minder eindrucksvolle Fest- und Arbeitsessen.

(Karl, ein sehr mäßiger Trinker, griff beim Mahl zu, wie er auch sonst gewohnt war, zuzugreifen: angeblich verschlang er, um satt zu werden, einen ganzen Hasen mit vier, fünf Beigerichten). Doch sang er dabei jetzt auf päpstlichen Wunsch auch die königlichen Laudes, Anrufungen, dem Papst geltend, dem König, dem fränkischen Heer. «Christus, erhöre uns!» sang mit hoher Stimme der spätere Heilige, den Hadrian ständig mit der Bezeichnung «Der Große» ehrte, die als Beinamen in die Geschichte eingingen.

Am Mittwoch, dem 6. April, kam der Hausherr dann – in der Peterskirche – zur Sache, zum Geschäftlichen, das auch den langen Rest seines Pontifikats bestimmte.

Gedrängt vom unersättlichen Papst, nun die Versprechungen zu erfüllen, die einst sein Vater ebenso wie er selbst samt Bruder Karlmann dem seligen Stephan im Frankenreich gemacht, erneuerte Karl die «Pippinische Schenkung» aus dem Jahr 754. Er ließ durch seinen Kanzler (Notar) Hitherius eine Urkunde gleichlautend der vielumstrittenen Dotation von Quierzy ausstellen («in dem in jener Schenkung bestimmten Umfang»), das heißt, er vermachte dem hl. Petrus «etwa drei Viertel Italiens» (Kelly). Darauf wurde das Dokument von ihm und seinen Großen unterschrieben, erst auf den Altar des Apostels, dann auf die angebliche Apostelgruft, die Confessio b. Petri, wurde sie mit eigner Hand sozusagen auf St. Peters (fehlende) Leiche gelegt, «zu fester Sicherheit und ewigem Gedächtnis seines Namens und des Königreichs der Franken».

Aber weiß der Himmel, was deren Beherrscher dabei gedacht haben mag. Karl war jedenfalls nicht mehr wie sein Vater Pippin. Er wußte zwischen dem Apostelfürsten und dem Papst zu unterscheiden, auch wenn er großzügig versprach, doch längst nicht so viel hielt, wie der Heilige Vater gern gehabt hätte. Denn der konnte, wie freilich fast jeder Heilige Vater, nicht genug kriegen.

Von den fünfundfünfzig erhaltenen Briefen Hadrians I. sind fünfundvierzig an Karl «den Großen» gerichtet und betreffen fast ausschließlich die päpstlichen Besitzungen, die Furcht, zu verlieren, und die Gier, zu gewinnen; alles unverhüllt nackt und widerlich. («Mein Reich ist nicht von dieser Welt.») Er wollte große Stücke von Italien. Er bestand nicht nur auf Tuszien, Spoleto und Korsika. Er beanspruchte, «eine bisher unerhörte Kühnheit» (Ullmann), auch Gebiete, die nie den Langobarden gehörten, sondern byzantinisch waren, wie Venetien und Istrien. Drohte er doch sogar dem Kaiser den Bann an für nicht zurückerstattete Gebiete!

Hadrian, den selbst ein Konzil 825 in Paris «urteilslos, abergläubisch, sinnlos, unpassend, tadelnswert» nannte, berief sich wohl schon auf die «Konstantinische Schenkung», indem er Karl ermahnte, dem Vorbild des großen Herrschers nachzueifern, der unter Papst Silvester die Kirche so sehr beschenkt habe. «Die Urkunden über diese Abmachung werden in unseren Archiven im Lateran aufbewahrt», erklärte er Karl. Doch als dieser Einblick verlangte, die Bezeugung der Schenkungen sehen wollte, verweigerte der Papst die Vorlage.[18]

Statt dessen schickte Hadrian – «ein Meister im Betteln» (H. v. Schubert) – Beschwerde auf Beschwerde, schickte er Gesandte, forderte er alles, «was im Laufe der Zeit von Kaisern, Patriziern und anderen gottesfürchtigen Leuten dem Apostel Petrus . . .» etc. «Glaube uns, großer christlichster König, guter erhabenster Sohn, und habe volles Vertrauen, daß dir Heil und unermeßlicher Sieg vom allmächtigen Gott unaufhörlich wird verliehen werden, sofern du mit treuem Eifer deinem Versprechen gemäß in der Liebe zum Apostelfürsten . . .» etc. etc.

Im Vertrauen auf Hadrians Biographen glaubten die Historiker lange, Karl habe seinerzeit die Donation seines Vaters wesentlich erweitert und dem Papst den größten Teil Italiens zugestanden, lediglich das langobardische Königreich im Norden ausgenommen. «Heute ist man von dieser Meinung abgekommen» (de Bayac). Doch später fabelte man sogar, Karl soll in Rom dem hl. Petrus einen Teil Sachsens sowie der von ihm bereits zum Christentum bekehrten Provinz Westfalen vermacht haben – worauf sich Papst Gregor VII. einmal als eine allbekannte Sache berief.[19]

Nach der Einnahme des erbittert verteidigten und ausgehungerten Pavia, Anfang Juni 774, setzte sich Karl, der sich nun «König der Franken und Langobarden und Patricius der Römer» nannte, selbst die Eiserne Krone auf und schlug das Langobardische Reich zum Fränkischen. Es gab weder eine Wahl noch eine eigentliche Krönung. Alles geschah aus eigener Macht, durch das «Recht» des Stärkeren. Das Reich blieb bestehen, nur sein König verschwand, und er trat an seine Stelle – in der Geschichte Europas die erste «Personalunion» (Fleckenstein).

Der Räuber bezog den Palast seines einstigen Schwiegervaters, kassierte den ungeheuren langobardischen Königsschatz und spendete davon nicht kärglich seinen Schlächtern. Er selbst behielt allerdings bloß den Norden des Reiches. Ravenna und Rom übergab er dem Papst; sah sich freilich auch hier als den eigentlichen Gewalthaber an.

Desiderius aber, der letzte König der Langobarden, wanderte nebst Gattin und Tochter, Karls früherer Frau, in fränkische Gefangenschaft und verschwand in einem fränkischen Kloster (wahrscheinlich in Corbie), wo er noch einige Zeit gelebt haben soll. Jedenfalls verschwand er für immer.

Das Langobardenreich war ausradiert. Nur ein einziges seiner Herzogtümer bestand bis 1050 relativ selbständig fort, das südlichste und größte, Benevent. Es umfaßte zu Beginn des 8. Jahrhunderts, der Zeit seiner höchsten Blüte, im Süden Teile Kalabriens bis Cosenza und Apuliens bis Tarent und Brindisi und reichte im Norden zeitweise sogar bis Chieti. Das Land war weit, fruchtbar und hatte einen gut entwickelten Handel. Im Innern besaßen seine Herzöge fast so viel Macht wie die langobardischen Könige in ihrem Reich, außenpolitisch wurden sie nahezu autonom. Von den Franken zunächst in loser Abhängigkeit gehalten, mußten sie diesen dann immer größere Tributzahlungen leisten.

Nach dem Raub Langobardiens durch Karl, nach der Beseitigung des Königs, der Vertreibung seines Sohnes aus Italien, setzte Herzog Arichis II. von Benevent das Paveser Königtum gewissermaßen fort. Er war ein besonders kunstbeflissener, von Desiderius 758 berufener und mit dessen ebenso kluger wie gebildeter Tochter Adelperga verheirateter Fürst, der nun den Titel princeps annahm und sich krönen ließ.

Die Franken waren den Beneventanern verhaßt. Um keinen

Preis wollten sie unter deren Knute kommen wie bereits ihre
Nachbarn im Herzogtum Spoleto. Als Karl schon wieder Sachsen
schlachtete, spann Arichis ein gegen den König und den Papst
gerichtetes Komplott mit dem nach Byzanz geflohenen Desiderius-Sohn Adalgis. Er sollte sich mit griechischen Truppen an die
Spitze eines Aufstands stellen, den auch die Herzöge Hrodgaud
von Friaul, Hildebrand von Spoleto und Reginbald von Chiusi
unterstützten. Doch bevor man im März 776 losschlagen konnte,
wurde die Sache verraten, Papst Hadrian alarmierte Karl über
den drohenden Angriff «zu Wasser und zu Lande», wobei er ganz
ähnliche Zungenschläge benutzte wie zwanzig Jahre früher Papst
Stephan gegenüber Pippin. «Darum beschwöre ich Euch bei dem
lebendigen Gott und dem Fürsten der Apostel, uns unverzüglich
zu Hilfe zu eilen, damit wir nicht zugrunde gehen.»

Karl, gerade von einem siegreichen Sachsengemetzel zurück,
eilte trotz der ungünstigen Jahreszeit mitten im Winter des neuen
Jahres 776 zum nächsten, wenn auch kurzen Krieg. Mit einer
ausgewählten Truppe überquerte er die schneeverschütteten Alpen, schlug die nur in Friaul ausgebrochene Erhebung nieder
«und unterwarf ganz Italien seiner Herrschaft», meldet Einhard
lakonisch. Der Langobarde Hrodgaud, der Führer der Rebellen,
von Karl selbst zum Herzog in Friaul eingesetzt, fiel im Kampf.
Karl bestrafte die Verschwörer hart. Viele wurden verbannt, ihre
Besitztümer konfisziert und noch mehr Geiseln genommen als
früher. In die aufständischen Städte warf der Sieger Besatzungen
und löste die langobardischen «duces» weitgehend durch fränkische Grafen ab (et disposuit omnes per Francos: Annales regni
Francorum). Kollaborierende Langobarden blieben als Grafen
zwar im Amt, doch nach ihrem Tod wurden auch sie durch Franken ersetzt.

Der Raub eines zweiten Landes (nach Aquitanien), wodurch
das Frankenreich sich nun bis zur Adria erstreckte, ermöglichte es
dem Räuber, den fränkischen Feudaladel an sich zu binden durch
neue, besonders von mittelgroßen Grundbesitzern erstrebte
Landzuteilungen (und Versklavungen bisher freier Bauern). Karl
verpflanzte viele Franken und Alemannen in den Süden, die dort

(teilweise auch in untergeordneten Stellen) schalteten und walteten. Jedenfalls herrschte seitdem in Italien eine durchaus fränkische Adelsschicht.

Noch in nachkarolingischer Zeit, zwischen 888 und 962, entstammen von etwa 96 aus dieser Periode bekannten Grafen und Markgrafen Oberitaliens nachweislich 74 nordalpinen Familien. Und auch von den meisten übrigen wird dies als sicher angenommen. Innerhalb der ursprünglichen Reichsgrenzen wäre dies ohne gewaltige Eingriffe in den Bodenfonds der Kirche nicht möglich gewesen. Mußte ihr Karl doch als Entschädigung für bereits eingezogenes Kirchengut das Recht auf den Neunten und Zehnten zugestehen. Nun aber wurden auch zahlreiche kleinere Grundherren und Siedler in Italien, vor allem an den politisch-militärisch wichtigsten Plätzen, begütert, wo sie als Vasallen, als «custodes Francorum», Besatzungsaufgaben für den König übernahmen, um sich dann mit Awaren, Griechen und sonstigen Völkern herumzuschlagen.[20]

Auch Bischöfe und Äbte schickte Karl nach Langobardien. Profitierte ja überhaupt die fränkische Landeskirche besonders durch den siegreichen Krieg.

Die wichtigsten Bischofssitze kamen alsbald an Franken, Bayern, Alemannen: Pavia, Spoleto, Verona, Vicenza, Vercelli, Mailand u. a. Die Eingriffe waren derart, daß selbst Papst Hadrian fürchtete, durch einen Franken verdrängt zu werden. Zu Unrecht. Wurde anscheinend doch das ganze unter päpstlicher Oberhoheit stehende Gebiet, der künftige Kirchenstaat, bei der Ansiedlung von Vasallen geradezu «peinlich genau beachtet und gemieden» (Hlawitschka).[21]

Stark begünstigt wurden auch fränkische Klöster. So gab Karl gleich nach dem Zusammenbruch der Langobardenherrschaft dem Kloster Saint-Martin in Tours die Insel Sirmione im Gardasee, das ganze Val Camonica sowie Besitz bei Pavia. Saint-Denis erhielt das Tal Veltlin, die Abtei Saint-Maurice d'Augaune, Güter in Tuszien. Vor allem aber wollte der Aggressor durch solche Schenkungen die Alpenpässe sichern. So kontrollierte jetzt Saint-Martin die Verbindung zu den Paßsystemen der Bündner Alpen und der Ostalpen. Saint-Denis sämtliche Bündner Pässe. Später erlangten die Klöster Fulda, St. Emmeram (Regensburg), St. Gallen, Reichenau in Italien Besitzungen und ließen sie von ihren Mönchen verwalten. (Nach dem Verlust dieser italienischen Güter suchten die Klöster ihre Ansprüche darauf durch so manche Urkundenfälschung noch lange aufrechtzuerhalten.)[22]

Auch gewisse italienische monasteria begabte der König und stellte sie dadurch in den Dienst seiner wirtschaftlichen und zumal militärischen Interessen. Dabei fällt auf, daß er kein einziges der im Landesinnern gelegenen Häuser bedachte, «daß dagegen alle von ihm beschenkten Klöster an strategisch besonders wichtigen Punkten, sei es an den Grenzen des Reiches oder an großen Verbindungsstraßen lagen» (Fischer). So privilegierte er das Kloster S. Dalmazzo in Pedona, das die ins Frankenreich führenden Pässe Colle di Finestre und Col de Larche sicherte, aber auch die Straße zur ligurischen Küste über den Col di Tenda. Dem Kloster Bobbio vermachte Karl schon wenige Tage nach Eroberung des Langobardenreichs das ganze zwischen Kloster und Meer gelegene Gebiet mit dem Montelongo, denn das Kloster kontrollierte die Straße von Piacenza nach Genua sowie die von Pavia nach Tuszien. Und ähnlich verhielt es sich mit Donationen an die Klöster S. Pietro in Brugnato, Montamiata südwestlich von Chiusi, S. Antimo, Farfa u. a.[23]

Sogar eine Hungersnot, die 776 beim Eindringen in Italien herrschte, nützte der Kirche. Viele Menschen hatten nämlich seinerzeit ihre Habe weit unter Preis verkauft, ja verschenkt, mit Weib und Kind sich dienstabhängig gemacht. All dies erklärte zwar ein Capitulare Karls vom 20. Februar 776 für nichtig – ausgenommen die an die Kirchen gemachten Verkäufe und Schenkungen! Über sie sollte das Königsgericht nebst Bischöfen und Grafen entscheiden. Dabei warf doch gerade der König schließlich den Bischöfen in Italien Habsucht vor.[24]

## Genug ist nicht genug

Die unentwegte Besitzgier Hadrians I., dessen Reich doch nicht
von dieser Welt sein sollte, hat etwas Widerliches. Dauernd bittet,
bettelt, mahnt er (häufig im Krieg mit der Grammatik). Er flicht
Segenswünsche für Karls Kriege ein. Er macht Komplimente,
dankt für ein «nektartriefendes» Schreiben. Er versäumt (seit 781)
nie, Karl «Gevatter» zu nennen. Aber es gibt wenig Briefe Hadrians, in denen er nicht auf das Eigentliche pocht, das eine, was
nottut: den Besitz.

Immer und immer wieder kommt der Papst mit wahrlich peinlicher Penetranz darauf zurück. Ja, er scheut sich nicht, den König
an die Konstantinische Schenkung zu erinnern, an «den frommen
Kaiser Konstantin den Großen seligen Angedenkens, durch dessen Freigebigkeit die heilige katholische und apostolische römische Kirche Gottes erhoben und erhöht worden ist». Und wie
(angeblich) damals, so möchte es der Heilige Vater wieder haben,
soll auch unter Karl jetzt «die heilige Kirche Gottes, nämlich die
des seligen Apostels Petrus, aufsprossen und jubeln und mehr und
mehr auf die Dauer erhöht werden, damit alle Völker, denen
davon Kunde wird, ausrufen können: O Herr, behüte den König
und erhöre uns an dem Tage, an dem wir dich anrufen; denn siehe,
ein neuer Konstantin, ein allerchristlichster Gotteskaiser ist in
diesen Zeiten erstanden . . .» etc. Hat sich doch das Papsttum
«auch zu allen Zeiten gern an Geschriebenes gehalten, und sei es
an Gefälschtes, wie jene Konstantinische Schenkung, die auch zur
karolingischen Kultur gehört» (Braunfels).[25]

Der Heilige Vater will Patrimonien in Tuszien, Spoleto, Benevent, in der Sabina, auf Korsika. Er möchte Karl sehen, wie ja
schon Vorgänger Stephan Karls Vater Pippin sehen wollte, um ihn
dann so grandios begaunern und zu zwei Kriegen jagen zu können. Schon für Ostern 778 hatte der Franke seinen (zweiten)
Rombesuch avisiert. «Wie die Erde nach Regen dürstet, so waren
wir in Erwartung auf Eure honigsüße Hoheit», säuselte der Papst
enttäuscht. Die honigsüße Hoheit führten Kriegszüge nach Spanien und Sachsen. So konnte der Römer nur weiter drängen,

«herbeizurücken, um Terracina wiederzugewinnen und zugleich auch Cajeta, Neapel und unser im Neapolitanischen gelegenes Gebiet zu erobern».

Erst zu Ostern 781 durfte Hadrian den Franken samt Gattin und Kindern in Rom empfangen, keinesfalls aber ganz auf seine Kosten kommen, bei weitem nicht. Zwar wurde ihm der Besitz des römischen Dukats, des Exarchats von Ravenna und der Pentapolis bestätigt, auch die Sabina zuerkannt. Doch das Herzogtum Spoleto, das sich die römische Kirche bei Karls Einfall auf eigene Faust unterworfen hatte, mußte Hadrian, trotz seiner Beteuerung, der König habe es persönlich dem hl. Petrus geschenkt, wieder herausrücken. Die fränkischen Bevollmächtigten amtierten darin ohne Rücksicht auf den Papst. Und auch dessen Hunger nach Tuszien blieb weitgehend ungestillt. Denn Karl wollte selber über das ehemalige Langobardenreich gebieten, wenn auch nur als Oberherr.

Die direkte Herrschaft hatte er seinem vierjährigen Sohn Pippin zugedacht – und Hadrian, der diesen taufte und die Patenstelle übernahm, mußte ihn auch zum König salben, ebenso dessen noch jüngeren Bruder Ludwig, der einmal Aquitanien regieren sollte. Karls Souveränität blieb dadurch ebenso gewahrt wie die Einheit des Reiches. Der junge Pippin hatte zwar ganz mit Land und Leuten sich zu verbinden, auch die Aktionen des römischen Bischofs (Taufe, Patenschaft, Salbung) dienten dazu, aber er durfte doch nur eine Art Vizekönig, ein Mitregent sein, ein «Teilhaber am Reich», wie es 806 heißen wird. Einstweilen wurden für jeden der «reges», wie man Pippin und Ludwig nannte, vormundschaftliche Regierungen bestellt.

Karl dachte somit nicht daran, Italien zugunsten des Papstes zu zerstückeln; er dachte nicht daran, sein Schenkungsversprechen von 774 einzulösen. Kam es ihm zustatten, hat er noch so heilig Verbrieftes ignoriert – wie das einem Heiligen allemal zusteht. Auch Hadrians Gebietswünsche in Süditalien blieben damals unberücksichtigt, da Karl sich nicht mit Desiderius' Schwiegersohn, dem Herzog Arichis von Benevent, hinter dem Byzanz stand, anlegen wollte.[26]

War es also seinerzeit auch zu einer Reihe von Schenkungen, zu Bestätigungen, Abgaben, Steuern zugunsten des Papstes gekommen, so blieben doch viele seiner territorialen Wünsche unerfüllt, und Karl, der einmal auch einen päpstlichen Gesandten wegen «einiger unerträglicher Worte» festnehmen ließ, machte sich offenbar nicht die Mühe, dies zu begründen. Er bestimmte über Hadrians Kopf hinweg, schaltete über Gebiete, die er dem Papst versprochen hatte oder die ihm gar schon gehörten, gänzlich unbekümmert. Zumal seit der Vernichtung des Langobardenreiches war der Römer völlig machtlos gegenüber Karl, sein Untertan, Rom eine fränkische Stadt, für deren Landesherrn Karl man im Gottesdienst betete, wie wahrscheinlich schon für Pippin (und später für viele mächtige gottgewollte Obrigkeiten – bis zu Hitler!).

Sogar ein alter geistlicher Rivale Roms, Leo von Ravenna, wurde durch Karl gedeckt, als er, gleich dem Papst, nicht genug bekommen konnte. Kaum nämlich war jener nach seiner Eroberung Pavias wieder zurückgeeilt, um vor allem die Sachsen heimsuchen zu können, entriß der Erzbischof dem Heiligen Vater in der Romagna, der Emilia eine Stadt nach der andern: Faenza, Forli, Cesena, Comacchio, Ferrara, Imola, Bologna . . . Er vertrieb Hadrians Beamte mit Waffengewalt oder nahm sie gefangen, um ganz offensichtlich einen ravennatischen Kirchenstaat auf Kosten des römischen zu schaffen. Und wie der Papst berief er sich auf eine «Schenkung» Karls, dem er schließlich so behilflich im Langobardenkrieg war (S. 431). Er wehrte alle Proteste, Attacken, Verdächtigungen Hadrians ab, vertrat seine Sache persönlich vor dem König, wurde von diesem, zum großen Verdruß des Papstes, offensichtlich gestützt und behielt den annektierten Besitz bis zu seinem Tod.

Wenn ein ravennatischer Bischof so mit Rom umsprang, konnte es der fast allmächtige Franke erst recht. Er erlaubte sich denn auch nicht nur Eingriffe in den territorialen, sondern sogar in den innerkirchlichen Bereich, in die Verwaltung, die Gerichtsbarkeit, und Papst Hadrian mußte dies hinnehmen und replizierte dann kleinlaut: «In dem allen haben wir uns Eurer königlichen Forderung gemäß verhalten.» Oder: «Wir haben dabei, wie wir gewohnt sind, mit günstigem Willen Eure Aufträge erfüllt.»[27]

Doch die unentwegte Gier des Papstes, den Kirchenstaat zu vergrößern, hielt an; was er selbst natürlich ganz anders sah. «Ihr dürft aber nicht glauben», schreibt er noch wenige Jahre vor seinem Lebensende an König Karl, «daß ich Euch solches mitteile, weil ich nach dem Besitz der von Euch dem heiligen Petrus verliehenen Städte begierig bin, sondern es geschieht bloß aus Sorge für die Sicherheit der heiligen römischen Kirche.»[28]

## «. . . SCHICKT SOGLEICH EIN KRIEGSHEER» — PAPST HADRIAN HETZT GEGEN BENEVENT

Nur um Sicherheit ging es Hadrian auch im Falle Benevents, ihm seit je ein Dorn im Auge. Immer wieder eifert er gegen dessen Fürsten. «Der Papst unterließ es nicht in seinem Hasse, gegen die Langobarden auf jede Weise zu schüren» (Hartmann). Dabei versuchte er nicht nur, Karl durch Intrige und Lüge in einen Krieg gegen Benevent zu treiben, dessen Herzog Arichis wiederholt seinen Friedenswillen ausdrücklich bekundete, sondern er verlangte sogar einen Angriffskrieg gegen das griechische Reich. Er behauptete, sichere Informationen über ein Komplott des Arichis mit Byzanz zu haben.

Karl, der im Winter 786 – es ist sein dritter Romzug – mit einem Heer die Alpen überschritt, war im Januar in der «Ewigen Stadt», wo ihn der Papst pomphaft empfing. Dort übermittelte ihm auch Arichis-Sohn Romuald mit reichen Geschenken das Angebot seines Vaters, «in allem den Willen des Königs zu erfüllen», marschiere dieser «nicht gegen Benevent» (Annales Regni Francorum). Der Papst aber wünschte den Krieg. Er wünschte die Besetzung und Unterwerfung Benevents, um einen gefährlichen Gegner beseitigen und die eigenen Besitzansprüche befriedigen zu können – «ein Werk zur Erhöhung der h. römischen Kirche», nannte er dies später.

Karl hielt Romuald fest und rückte auf Capua vor, während Arichis seine Residenz mit der starken Seefestung Salerno vertauschte, wo ihm schlimmstenfalls noch die Flucht übers Meer blieb. Durch eine weitere Gesandtschaft bot er dem Franken Geiseln an, außer Romuald neben anderen auch seinen jüngeren Sohn Grimoald, der mit ihm in Salerno saß. Auch von «einer großen Geldsumme» sprach Einhard.

Nun gab Karl nach. Er schenkte seinen Bitten Gehör und «stand zugleich auch aus Rücksichten der Gottesfurcht vom Krieg ab . . .» Aus Gottesfurcht? Wann je hätte die ihn davon abgehalten?! Mit Gottes Hilfe rückte er ja gerade aus, stets von neuem. Fast jedes Jahr! Doch lag ihm angeblich «mehr daran», so eine fränkische Quelle wieder, «für die Wohlfahrt des Volkes zu sorgen, als den Starrsinn des Herzogs zu beugen». In Wirklichkeit war Salerno, zumal ohne Flotte, schwer zu nehmen. Und eine Erhebung Süditaliens, ein Krieg mit Byzanz, mußte für Karl um so fataler sein, als im Norden ein Krieg mit den Awaren bevorstand. Und schließlich sollten auch «die Bistümer und Klöster nicht verheert werden».

. Grund genug, einmal nicht zu «kriegen». Karl nahm also Grimoald samt zwölf langobardischen Adeligen als Geiseln, schickte Romuald zu seinem Vater, der samt Untertanen den Treueid schwören, die fränkische Oberhoheit anerkennen und künftig einen jährlichen Tribut von 7000 Goldsolidi zahlen mußte.[29]

Rigide Bedingungen. Karl konnte zufrieden sein. Er ging wieder nach Rom, «um an den heiligen Stätten seine Andacht zu verrichten» (Einhard). Mit großer Freudigkeit soll er daselbst das heilige Osterfest gefeiert haben. Der Heilige Vater dagegen war weniger erfreut, obwohl ihm der Frankenkönig seine Ansprüche weitgehend erfüllte. Er «schenkte» ihm eine große Anzahl von Städten, darunter im Süden Arpino, Aquino, Capua. Ferner wurde der päpstliche Patrimonienbesitz im Gebiet um Salerno vermehrt. Und auch nach Norden gestand er dem Papst «eine erhebliche Erweiterung des Kirchenstaates zu», überließ er ihm viele Städte des langobardischen Tuszien, darunter Soana, Viterbo, Orvieto – «ein beträchtlicher Erfolg», konstatiert wieder der katholische Papsthistoriker Seppelt.

Aber Hadrian blieb unzufrieden. Nicht einmal als im Juli und August 787 Herzog Arichis und sein ältester Sohn Romuald starben, beruhigte er sich. Die Beneventaner baten um Freilassung Grimoalds, des noch als Geisel im Frankenreich festgehaltenen nächstberechtigten Thronerben, sowie um Rückgabe der dem Papst abgetretenen Städte, andernfalls sie den Gehorsam aufkündigen wollten. Der Heilige Vater aber drängte Karl wieder, «tut, wie es Eure Weisheit für gut findet; sollten jedoch die Beneventaner nicht, wie sie versprochen haben, Euren Befehlen nachkommen, so schickt sogleich ein Kriegsheer gegen sie. Wir haben auch bereits mit Euren Gesandten ausgemacht, daß, wenn die Beneventaner nicht bis zum ersten Mai Euren Willen tun, Euer an der Grenze bereitgehaltenes Heer sogleich über sie herfalle, später wäre es wegen der Hitze des Sommers nicht ratsam.»

Der Papst verlangte den Einmarsch eines fränkischen Heeres bis zum 1. Mai 788 in Benevent. Darauf ließ sich Karl, wenn auch vielleicht nur infolge der Lage nördlich der Alpen, nicht ein. Er schickte ausnahmsweise bloß Sondergesandte nach Benevent und gab später, da Adalgis, auf einen Einmarsch ins Herzogtum lauernd, schon in Kalabrien stand, gegen Anerkennung seiner Oberhoheit und andere Auflagen, Grimoald zur Machtübernahme in Benevent frei. Dabei hatte der Papst den König gewarnt: «Glaubt also, darum bitten wir Euch sehr, was den Grimuald, des Arichis Sohn, betrifft, niemandem mehr als uns; Ihr könnt Euch darauf verlassen, daß Italien nicht ruhig bleibt, wenn Ihr den Grimuald nach Benevent gehen laßt.» Inzwischen war ein byzantinisches Heer in Kalabrien gelandet. Auf Karls Befehl aber griff Grimoald im Verein mit dem Herzog Hildebrand von Spoleto die Byzantiner an und schlug sie gänzlich.

Auf die Dauer freilich, Hadrian behielt recht, mochte Grimoald Karls drückende Diktate nicht tragen. Er heiratete eine Nichte des byzantinischen Kaisers und brach mit den Franken. Auftragsgemäß verwüstete darauf Pippin von Italien 791 das Gebiet des «Rebellen». Und zwei Jahre später unternahm Pippin, verstärkt diesmal durch aquitanische Truppen unter seinem Bruder Ludwig, einen weiteren Rachezug nach Benevent, ohne jedoch Entscheidendes zu erreichen. Eine Hungersnot hatte ihn zum Rückzug gezwungen und sein Aufgebot sogar genötigt, wie der Lorscher Annalist schaudernd schreibt, in der Fastenzeit Fleisch zu essen! Und noch 801 scheiterte eine neuerliche Attacke an einer Pippins Heer dezimierenden Seuche.[30]

Die päpstliche Politik war natürlich nicht nur gegen Benevent, sondern auch gegen Byzanz gerichtet, dessen Herrscher ja von Jahrhundert zu Jahrhundert über Rom geboten hatten, bevor ihnen die Päpste mit Hilfe von Langobarden und Franken den Laufpaß geben und auf die ihnen von Gott vorgesetzte Obrigkeit pfeifen konnten.

Vielleicht schon seit 774, mit Sicherheit aber seit Karls zweitem Rombesuch 781 zählte Hadrian nicht mehr, wie von Kaiser Justinian I. verfügt, das Papsttum nach Kaiser-, sondern nach Pontifikatsjahren. Der Papst verweigerte dem byzantinischen Herrscher das Vorrecht der Datierung der päpstlichen Urkunden nach dessen Regierungsjahren und beanspruchte es für sich selbst. Dabei denkt er offenbar nicht daran, dieses bedeutende Privileg irgendwie dem König der Franken, der Langobarden zuzugestehen, dem Patricius der Römer, ja, es auch nur mit ihm zu teilen. Vielmehr demonstriert er so, daß er «außer Gott keine Obrigkeit mehr anzuerkennen gewillt sei» (Menzer). Und Hadrian ersetzt auch bereits auf seinen Silberdenaren Namen und Bild des Kaisers durch seinen eigenen Namen und sein eigenes Bild, womit «vielleicht das wesentlichste aller Kaiserrechte» auf den Papst übergeht, der sich dadurch «als *quasi imperator* präsentiert» (Deér).[31]

Hadrian I. starb an Weihnachten 795. Sein Nachfolger wurde schon tags darauf, angeblich einstimmig, zum Papst gewählt.

## Ein (unechtes) Martyrium
## und eine (fast echte) Kaiserkrönung

Leo III. (795–816), ein gebürtiger Römer, von labiler Natur und eher von, wie man so sagt, geringer Herkunft, beeilte sich, Karl seiner Loyalität zu versichern. Er schickte ihm mit der Wahlanzeige die Schlüssel vom vermeintlichen Grab Petri, was keine politische Bedeutung hatte; während die Übersendung des Banners der Stadt Rom, verbunden mit dem Treueeid der Römer, ein deutliches Zeichen der Unterwerfung des Kirchenstaates unter den Frankenherrscher war. Dieser seinerseits sandte seinen Hofkapellan Angilbert, den Abt von Saint-Riquier (der in wilder Ehe Karls Tochter Bertha zwei Söhne machte), nach Rom mit der Instruktion: «Mahne den Papst dringend zu ehrbarem Lebenswandel und vornehmlich zur Beobachtung der heiligen Kirchensatzungen . . . Und mit allem Fleiß verweise ihn an die Ausrottung der simonistischen Ketzerei, welche den Körper der heiligen Kirche an vielen Orten befleckt, und an das, was wir beide, wie Du Dich erinnerst, öfter beklagt haben.»

Karl hatte offenbar Grund, den Heiligen Vater «zu ehrbarem Lebenswandel» anzuhalten. Noch fataler aber wird es für den Papst gewesen sein, in einem gleichzeitig überbrachten Schreiben lesen zu müssen, wie der fränkische König die Gewichte in der abendländischen Welt verteilt, wie er sich als den Herrn sah, der ihm nichts als das Beten überließ. «Unsere Sache ist es, mit Gottes Hilfe die heilige Kirche Gottes überall vor dem Einbruch der Heiden und der Verheerung durch die Ungläubigen mit den Waffen zu verteidigen, nach außen und im Innern den katholischen Glauben zu festigen. Eure Sache, heiliger Vater, ist es, gleich Moses mit zu Gott erhobenen Händen Unsere Streitmacht zu unterstützen, damit durch Eure Gebete mit der Gnade Gottes das christliche Volk überall und immer über die Feinde seines Namens den Sieg erlange und der Name unseres Herrn Jesus Christus auf der ganzen Welt verherrlicht werde.»[32]

Leo III. erkannte Karls Oberherrschaft über den Kirchenstaat von Anfang an. Karl hatte schon früher in Kircheninterna eingegriffen, noch mehr oder weniger Kleinigkeiten verboten, den Geistlichen den Wirtshausbesuch, das Halten von Hunden, Habichten, Gauklern, den Nonnen das Schreiben von «Wonneliedern». Sogar um den Gebrauch von Schuhen beim Gottesdienst hatte er sich gekümmert, um die Verwendung von Altarhüllen. Erst recht regelte er natürlich gewichtigere kirchliche Angelegenheiten in seinem Reich, und der Papst gehorchte so gut wie immer. Auf der Frankfurter Synode von 794 entschied Karl mit seinem Hoftheologen sogar in Glaubensfragen gegen den Papst. Auf Veranlassung des Königs erhob Leo Salzburg (798) zum Erzbistum, berief er eine Synode in Rom ein, organisierte er die Kirche in den geraubten Awarengebieten. Und als Untertan des Kaisers datierte er auch seine Münzen nach dessen Regierungsjahren.

Zeitlebens blieb der Papst abhängig. Dies um so mehr, als sich der rücksichtslose, machtgierige «Stellvertreter» in Rom einer starken geistlichen Opposition gegenübersah, darunter höchste Würdenträger des Hofes, Verwandte seines verstorbenen Vorgängers. Denn da mit dem weltlichen Besitz der Päpste auch deren Nepotentum groß geworden war, führte fast jeder Amtswechsel zu neuen Parteibildungen, zum Hunger des Adels nach Kirchengut und -macht.

So auch jetzt. Unter Führung von zwei Verwandten Hadrians I., des Primicerius Paschalis und des Sacellarius Campulus, entluden sich die wohl seit Leos Pontifikatsbeginn schwelenden Spannungen in einem Anschlag. Bei der sogenannten Prozession der Schwarzen Kreuze, am Markustag, am 25. April 799, versuchte der Anhang des letzten Papstes, den Nachfolger anscheinend zu blenden und umzubringen. Zumindest nach den Reichsannalen wurden ihm, während er vom Lateran zur Kirche des hl. Laurentius ritt, «die Augen ausgestochen und die Zunge wurde ihm abgeschnitten» (ac lingua detruncaverunt).

Auch Einhard berichtet dies ganz ähnlich. So schlimm kann es aber nicht gewesen sein, spricht doch Karl selbst bald darauf von der «wunderbaren Gesundheit des Papstes». Freilich war auch die Version von seiner mirakulösen Heilung in Umlauf, der Wieder-

erlangung seines Augenlichts und seiner Sprache. Und offenbar
hatte der Heilige Vater das Märchen persönlich an Karls Hof
verbreitet. Anderseits bestritten seine Gegner, ihn überhaupt geblendet und verstümmelt zu haben – was die Gegner der Gegner
dann allerdings als kein geringeres Wunder ansehen wollten: habe
der hl. Petrus so das Attentat ja gänzlich vereitelt![33]

Anscheinend war Leo III., während sein Gefolge floh, vom
Pferd gerissen, ins Gesicht gestochen, in eine Kirche geschleppt,
vor dem Altar abermals mißhandelt und liegengelassen worden.
Später sperrte ihn «der Anstifter dieser Tat», ein echter Samariter,
in das Kloster des hl. Märtyrers Erasmus (dessen Abt im Bund mit
den Verschwörern war), «um da geheilt zu werden» (Annales
regni Francorum). Indes die zwei Parteien, beide gut katholisch,
sich noch immer schlugen, wurde der Heilige Vater von seinem
Kämmerer Albinus in der Nacht über die Klostermauer befördert
und durch den herbeigeeilten Herzog Winigis nach Spoleto geführt. Darauf gelangte er – seit den Tagen Stephans II. die erste
Reise wieder eines Papstes über die Alpen ins Frankenreich – zu
Karl.

Ein einziger Triumphzug soll es gewesen, alles Volk herbeigeeilt
sein, den kaum glaubhaft Geheilten zu schauen, seine Füße zu
küssen. In Paderborn geht die Menge vor ihm zu Boden. Er
stimmt ein «gloria in excelsis» an, und Karl und der Papst, der
«rex pater Europae» und der «Summus Leo pastor in orbe», so
das wohl damals dort entstandene panegyrische Epos «Karolus
Magnus et Leo papa», umarmen einander unter Tränen. (Fest-
gottesdienst und Bankett, ganze Wildschweine auf Silberplatten
und Falerner in Goldpokalen. Reste des Thrones, auf dem Karl
seinerzeit saß, wurden 1963 ausgegraben.) Staunend sieht der
König – in der Dichtung – die ausgestochenen Augen wieder
leuchten, hört die verstümmelte Zunge wieder sprechen, und die
Geistlichkeit preist vor der Kirchentür, im Wechselgesang, das
Wunder Gottes.

Bald aber erschienen auch die Vertreter der papstfeindlichen
Partei, die «verruchten Söhne des Teufels», wie der päpstliche
Geschichtsschreiber schimpft, die Leo, sehr präzisiert, Beste-

chung, Meineid und Ehebruch vorwarfen. Es waren keinesfalls
grundlose Anklagen, wie nicht nur fränkische Kreise glaubten,
(der Erzbischof von Salzburg stöhnte in vertrauten Briefen über
die päpstlichen Vergehen), sondern auch die Untersuchungen in
Rom ergaben das. Karl hatte von vornherein an Leos Eignung
zum Papst gezweifelt. Doch wollte man die Autorität des Heiligen
Vaters unter allen Umständen schonen. Denn welcher Hirt in der
Kirche, rief der angelsächsische Theologe Alkuin, Leiter der karolingischen Hofschule und Abt von einem halben Dutzend
Klöstern, bleibe noch unangetastet, «wird der abgesetzt, der das
Haupt der Kirchen Christi ist?» Einen Bericht freilich des streng-
gläubigen und dem Papsttum sehr ergebenen Erzbischofs Arno
aus Rom mit Hinweisen auf die Sittenlosigkeit des Papstes ver-
brennt Alkuin, «aus Furcht vor dem Aufsehen, das daraus entstehen könnte».

Leo aber reinigte sich, «dem Beispiel seiner Vorgänger fol-
gend», am 23. Dezember 800 in Rom in Anwesenheit Karls,
dessen Tribunal er sich unterwarf, «unter Anrufung der heiligen
Dreieinigkeit durch einen Eid von den ihm vorgeworfenen Verbrechen» (Annales regni Francorum). Er hielt das Evangelium
über seinen Kopf und rief Gott, «vor dessen Gericht alle erscheinen müssen», zum Zeugen an für seine Unschuld. Auch betonte er
stark und wiederholte die Freiwilligkeit seines Eides – «Dies aber
tue ich, um allen Verdacht zu beseitigen, aus eigenem freiem Willen» –, obwohl man ihn faktisch zu diesem Ausweg gezwungen
hatte. Worauf seine Gegner als Majestätsverbrecher zum Tod verurteilt, dann gnadenweise ins Frankenreich verbannt wurden und
unter dem nächsten Papst nach Rom zurückkehren durften. (Als
Karl freilich erst kurz gestorben war, führte dieser Papst nach
einem weiteren Komplott gegen ihn ein Hochverratsverfahren in
eigener Regie durch, «verurteilte gnadenlos Hunderte zum Tod»
(Kelly) – und wurde heiliggesprochen, wie dies einem päpstlichen
Schreibtischmörder auch zukommt; sein Fest am 12. Juni wurde
allerdings inzwischen aufgehoben.)[34]

Zwei Tage nach seinem Reinigungseid, Weihnachten 800,
krönte Leo III. Karl während der Messe zum Kaiser – die Krö-

nungszeremonie war «Teil des Gottesdienstes» (Benz). Offenbar wollte der Papst ablenken von seiner peinlichen Rechtfertigung und sich selber eine Sonderstellung gegenüber den übrigen Metropoliten, also größere Selbständigkeit sichern. Jedenfalls war es die Begründung des mittelalterlichen Kaisertums im Abendland. Während die Versammelten Karl zum Augustus ausriefen, huldigte ihm Leo durch einen Kniefall, freilich der erste und letzte Kniefall eines Papstes vor einem westlichen Kaiser.

Karl war angeblich unangenehm überrascht. Denn selbstverständlich erschien dies alles in Konstantinopel wie ein Staatsstreich. Er würde an jenem Tag nie die Kirche betreten haben, versicherte er, laut Einhard, hätte er des Papstes Absicht gekannt. Dies ist zumindest eine starke Schönfärbung, besser wohl: eine Unwahrheit – wenn es ihn auch gestört haben dürfte, dem Papst, zumal diesem Papst, etwas verdanken zu müssen. Immerhin machte er kurz darauf Leo Geschenke im Gewicht von rund eineinhalb Zentner Gold, kam im übrigen nie mehr nach Rom und ertrug «die Eifersucht der oströmischen Kaiser», so Einhard wieder, «mit erstaunlicher Gelassenheit».

Indes wird die Deutung des Krönungsaktes als päpstliches Überraschungsmanöver seit langem wohl mit Recht bezweifelt, ja abgelehnt. Sicher jedenfalls gingen der Krönung, wie die Lorscher Annalen bezeugen, Vorverhandlungen voraus. Sicher war Karl nicht der Mann, sich etwas aufdrängen zu lassen, was er nicht wollte. Und sicher hatte Leo gute oder vielmehr böse Gründe für sein Tun. «Der Papst mag in der Erhöhung seines Schützers seine eigene Rehabilitation verfolgt, mag in der Schaffung eines Kaisers erhöhte Sicherheit für sich selber gesehen, mag mit der Krönung von seiner Hand die Demütigung des Reinigungseides haben verwischen wollen. Sicher stand hinter seinem Tun jene Fälschung auf den Namen Konstantins, die dem Papst die Verfügung über Rom und den Okzident übertrug – welche Leo nun an den Frankenkönig weitergab» (Aubin). Der Papst hatte sich ein Recht angemaßt, das unheilvoll weiterwirken mußte, war es doch, wie Ranke sagt, «zunächst ein seltsamer Anspruch, Kronen zu verteilen».

Weihnachten 804 suchte Leo für einige Wochen Karl in Quierzy und Aachen auf, spielte «die gefälschte Konstantinische Schenkung ... als politischen Trumpf Karl d. Gr. gegenüber aus» (Ohnsorge), und im folgenden Jahr kam es zum Krieg mit Byzanz, wobei man um Dalmatien und Venedig kämpfte, das gewonnen, verloren, wieder erobert wurde. Im Frieden von Aachen 812 gab Karl jedoch seine Eroberungen gegen die Anerkennung als Kaiser und die Gewährung der brüderlichen Anrede heraus. Er verzichtete auf Venedig, das dalmatinische Küstenland und Süditalien, erst danach erkannte ihn Michael I. (811–813) als Kaiser an.[35]

Sein ganzes Leben hatte Karl Kriege geführt. Und nichts tat er lieber.

# 16. KAPITEL

# KARL «DER GROSSE»
# UND SEINE KRIEGE

«Den Franken habe zum Freund, nicht aber zum Nachbarn.»
Griechisches Sprichwort[1]

«Von allen Kriegen, die Karl führte, unternahm er zuerst den
aquitanischen Krieg . . . Nachdem dieser Krieg beendigt . . .
ließ sich Karl durch die Bitten und Beschwörungen des römischen Bischofs Hadrian dazu bewegen, den Langobarden
den Krieg zu erklären . . . Danach wurde der Sachsenkrieg
wieder aufgenommen . . . ununterbrochen dreiunddreißig
Jahre lang . . . und griff dann mit der größten Kriegsmacht,
die ihm zur Verfügung stand, Spanien an . . . Karl besiegte
auch die Bretonen . . . und drohte den Beneventern mit einem
Angriff, falls sie sich ihm nicht unterwerfen wollten . . . Nun
brach plötzlich der bayrische Krieg aus . . . Sobald diese Aufstände unterdrückt waren, wurde den Slawen der Krieg an-
gesagt . . . wohl der größte Krieg, den Karl je führte . . . und
in den Schlachten wurde so viel wertvolle Beute erobert, daß
man mit Recht sagen kann, die Franken hätten den Hunnen
rechtmäßig das weggenommen, was diese früher anderen
Völkern unrechtmäßig geraubt hatten . . . Seinen letzten
Feldzug unternahm Karl gegen die Nordgermanen; man nennt
sie auch Dänen . . . ursprünglich Seeräuber . . . Das waren
also die Kriege, die der mächtige König Karl . . . mit großer
Umsicht plante und erfolgreich ausführte. Er vergrößerte das
Frankenreich, das er bereits groß und stark von seinem Vater
Pippin übernommen hatte, fast um das Doppelte . . . Karl
erwies sich so . . . als großer Herrscher und war dauernd mit
Plänen solcher Art beschäftigt.» Einhard[2]

«Sein Ziel war es, mit dem Einsatz der germanischen Wucht
die Welt, soweit sie ihm erreichbar war, für Gott und Christus
zu gewinnen.» Der Jesuit Schöffel[3]

# 1. Die blutige «Missionierung» der Sachsen
## (772–804)

Die Sachsen, deren Namen (eine Kurzform wohl von Sahsnôtas) Schwertgenossen, Schwertleute bedeutet, werden zuerst von dem im 2. Jahrhundert lebenden Mathematiker, Astronomen und Geographen Klaudios Ptolemaios erwähnt. Ihre Tapferkeit fürchteten schon die Römer, ihre Gerechtigkeit rühmte Tacitus. «Ohne Habgier, ohne Maßlosigkeit, ruhig und abgeschieden, fordern sie zu keinen Kriegen heraus, richten durch Raub- und Beutezüge keine Verheerungen an.» Ihre Waffengänge machten sie zu Wasser und zu Land, erstere in ausgehöhlten Baumstämmen, die etwa drei Dutzend Männer faßten.

Vielleicht von Skandinavien kommend, breiteten sie sich gern an Küstenlinien aus. Längere Zeit weilten sie an der nordfranzösischen Küste, die man sinus saxonicus nannte, und in Flandern sowie, nach dem Abzug der Langobarden, im Lüneburgischen. Um die Mitte des 5. Jahrhunderts ging ein beträchtlicher Teil von ihnen nach England, die Mehrheit aber siedelte weiter auf dem Kontinent, wo ihr Reich sich über das gesamte heutige Nordwestdeutschland erstreckte, ausgenommen die friesischen Gebiete.[4]

Von allen deutschen Gauen blieben allein die sächsischen, von denen wir über hundert noch namentlich kennen, stets in gleichem Besitz. Römischen Einflüssen mehr entzogen, wahrten sie auch mehr ihre nationale Eigenart als die weiter südlich lebenden Völker. Und diese heidnischen Sachsen hatten, so selbst der Fuldaer Abt Rudolf, «die besten Gesetze». «Und sie bemühen sich um vieles Nützliche und gemäß dem Naturgesetz Ehrenhafte in der Redlichkeit der Sitten.»[5]

Ihr Name umgreift keinen Einzelstamm, sondern einen (in der Forschung umstrittenen) Bund von Stämmen, zu dessen Bildung, außer den Sachsen, auch die Chauken, Angrivarier, Cherusker, Langobarden, Thüringer und Semnonen beitrugen. Später gliederten sie sich die Engern, die West- und Ostfalen sowie die Elbsachsen ein. Sie wurden aber alle von den Franken als Glieder eines Volkes betrachtet und meist unterschiedslos «Saxones» genannt. Nach ihrer gemeinsam mit den Franken unternommenen Eroberung Thüringens 531 (S. 89 ff.) bekamen sie dessen östlichen Teil, der noch heute nach ihnen heißt.

Vielleicht hatten ursprünglich auch die Sachsen Kleinkönige; doch ein eigentliches König- oder Herzogtum entwickelte sich da nicht. Ihre Gesellschaft setzte sich aus vier Ständen zusammen: Edelinge (nobiles), Frilinge (liberi), Laten (liti) und Sklaven (servi), wobei schon die Laten an den Boden gebundene Hörige waren. Gerade die untersten Stände wehrten sich gegen die Christianisierung und Herrschaft der Franken, indes der Adel seine Interessen durch Anlehnung an den Staatsfeind zu wahren suchte.[6]

Auch sonst ist es ja wohl weithin die besitzende Klasse gewesen, die zuerst zum Christentum überging. Während, zum Beispiel, der Adel der Civitas Treverorum, des Bistums Trier, im späteren 4. Jahrhundert konvertierte, hielten dort anscheinend die Pächter, Knechte, Landarbeiter länger und zäher am alten Glauben fest und wurden erst gegen Mitte des 5. Jahrhunderts «bekehrt». Ähnlich war es in der Gegend von Trient, wo die Coloni noch als Heiden lebten, während ihre Grundherren schon Christen geworden waren. Und auch bei den Slawen gingen später die Fürsten wahrscheinlich ihren Stämmen in der Taufe voran. «So ist es überall bei der staatlich gesteuerten Missionsarbeit gewesen, also nicht etwas Besonderes, daß die fränkische Mission ‹von oben nach unten› sich entwickelte. Ein ‹demokratisches› Aufbauen von unten her, mit den gesellschaftlich unbedeutenden Volksschichten beginnend, wäre überhaupt unmöglich gewesen,

weil ohne weiteres als Demagogie empfunden und vom Adel abgelehnt worden» (Flaskamp). Es kann kaum ein Zufall sein, daß
sich, in völliger Umkehrung der Situation in den ersten christlichen Jahrhunderten, überall die herrschende Klasse die größten
Vorteile von der Religion der Liebe versprach.[7]

## RAUBEN UND CHRISTIANISIEREN –
## «EIN STÜCK FRÄNKISCHER REGIERUNGSPOLITIK»

Hatten die Franken bei der Vernichtung des Thüringerreichs 531
noch gemeinsam mit den Sachsen gekämpft (S. 90), führte 555/
556 Chlotar I. zwei Feldzüge gegen sie. Er unterlag im ersten
empfindlich, nötigte ihnen im folgenden aber die Tributpflicht auf
(S. 97). Um 629 ließ Chlotar II. bei einem Verwüstungszug alle
Sachsen töten, die länger waren als sein Schwert. Als sie jedoch
632/633 Dagobert I. gegen ein wendisches Heer unter Samo bei-
standen, verzichtete der König, obwohl sie wenig gegen die
Wenden bewirkten, auf den Tribut von 500 Kühen, den sie über
ein Jahrhundert entrichtet hatten. Sie waren damit völlig unabhängig geworden. Nachdem sie aber 715 das Land an der unteren
Ruhr überfallen, unternahm Karl Martell verheerende Angriffs-
kriege gegen sie und zwang sie zu Steuerpflicht und Geiselstellung.

Wie bei den Friesen freilich, so zeitigten auch bei den Sachsen,
die als «Erzheiden» (paganissimi) galten, Überfälle allein keinerlei Erfolg. Allen derartigen Vorstößen über den fränkischen Staat
hinaus «haftete etwas hoffnunglos Verwegenes an» (Schieffer).
Wie bei den Friesen, so kollaborierte darum auch bei der Niederringung der Sachsen der Klerus bald eng mit den Eroberern.
Beide förderten sich gegenseitig. Erst raubte man mit dem
Schwert das Land, dann festigte man mittels christlicher Ideolo-
gie und kirchlicher Organisation die gemeinsame Herrschaft,
paßte die Eroberten und «Bekehrten» politisch an und beutete sie
wirtschaftlich aus.

Die fränkischen Könige und Adeligen hatten keine ergebeneren Helfer als die Geistlichen, und diese wurden durch nichts eifriger gefördert als durch den fränkischen Feudalismus. Der militärische Sieg zog gleich die Christianisierung nach sich. Wohin das fränkische Schwert nicht reichte, zu den Dänen etwa, dort war auch jede Mission ausgeschlossen. Wie bei den Friesen war darum auch bei den Sachsen ihr Kampf um die Freiheit immer zugleich ein Kampf gegen das Christentum, das geradezu als Symbol von Versklavung und Zwangsherrschaft erschien. Deshalb auch haßten Friesen wie Sachsen den Klerus besonders, wurden von ihnen bei jedem Aufruhr die Kirchen zerstört und die Missionare vertrieben, Bischöfe und Priester nicht selten getötet, war überhaupt jeder da auftauchende christliche Prediger von vornherein suspekt. Stand er doch fast immer im Dienst einer feindlichen, auf Unterjochung dringenden Macht, fungierte als ihr Schrittmacher und Stabilisator – der denkbar größte Gegensatz zur altkirchlichen Mission, als man einzelne, langsam Gemeinde um Gemeinde zu gewinnen trachtete.

Nun aber wollte man möglichst viele auf einmal «bekehren», einen ganzen Stamm, ein Volk. Man war von vornherein, wie dann stets im Mittelalter, auf Massenerfolg aus. So ging man im Lauf des 8. Jahrhunderts immer mehr dazu über, dem Christentum um jeden Preis Bahn zu brechen und die Besiegten auch gewaltsam zu taufen. «Diese Verbindung von Krieg und Christianisierung kündigt die neue Form des Zusammenwirkens von Staat und Kirche an» (Steinbach) – gern allerdings auch «Grenzschutz» genannt und «Gegenmaßnahmen» (Schlesinger). Der Unterwerfung folgte jetzt die Christianisierung auf dem Fuß, um, wie nicht zu leugnen ist, die Unterworfenen nur desto fester an das Reich zu ketten – «ein Stück *fränkischer Regierungspolitik*, die von der Überzeugung ausging, daß die Lehre des Evangeliums von pflichtgemäßem Gehorsam mehr noch als die Macht des Schwertes widerspenstigen Trotz zu bändigen vermöge» (Naegle).[8]

Bei den Sachsen, wo es ungewöhnlich viele hörige Bauern gab, sträubten sich besonders die unteren Volksschichten teilweise hef-

tig gegen die fränkische Expansion und Zwangsbekehrung. Sie
führte für sie in eine Art Leibeigenschaft. Der sächsische Adel
hingegen, dessen Herrschaft Frilinge und Liten, ein sich stets
mehr zuspitzender Klassenkampf, bedrohten, ist viel anfälliger
gewesen für die neue, faktisch eben feudale Religion und für
Vertragsabschlüsse. Er war zu einem Teil auch schon christlich
und mit den Franken versippt. (Zumindest ähnlich verhielt es sich
in Thüringen.) Der sächsische Adel hat die Mission somit schon
früh gefördert, um die Botmäßigkeit der niederen Klassen zu
sichern und seine eigene Stellung zu festigen – ein charakteristi-
sches Verhalten im ganzen Krieg. 782 und 898 lieferte dieser Adel
seine unzuverlässigsten Landsleute den Franken geradezu aus.
Und er machte auch bald der Kirche zahlreiche Schenkungen.
Dagegen lehnten die unteren Schichten (plebeium vulgus) noch in
der ersten Hälfte des 9. Jahrhunderts das Christentum ab.[9]

Das Volk hielt an heidnischen Opfern und Bräuchen fest und
haßte die christlichen Pfaffen. Erst Karls Schwert führte zum Ziel.
Unterwerfungen und Aufstände lösten einander ab, Feldzug auf
Feldzug. Ein mehr als dreißigjähriger Krieg, der das Land fortgesetzt verheerte, das Volk dezimierte und rasch den Charakter
eines Religionskrieges bekam, war nötig, um die Frohbotschaft
und das Reich Gottes ein Stück weiter über die Welt zu verbreiten;
um die Sachsen «zum Einen wahren Gott zu führen, um sie zu
überzeugen, daß es noch etwas Höheres gab als Kampf und Sieg,
als Tod auf dem Schlachtfelde und Genuß in Walhall» (Bertram).
Es sei der blutigste und langwierigste aller Kriege der Franken
gewesen, schreibt Einhard, der Vertraute Karls, in seiner Vita
Caroli Magni, der ersten Herrscherbiographie des Mittelalters.
Und diese «Predigt mit eiserner Zunge», durch die, nach einem
Wort aus dem 9. Jahrhundert, das Sachsenland bekehrt worden
ist, wurde eine Art Musterbeispiel für die gesamte christliche
Missionspraxis des Mittelalters, wobei wir zu bedenken haben,
daß uns nur fränkische Berichte über die Sachsenkriege vorliegen.
Und bald fälschten die geistlichen Chronisten die Missionierung
mit Feuer und Schwert in ein gänzlich gewaltloses, friedliches
Bekehrungswerk um.[10]

## Beginn karolingischer Kultur bei den «Erzheiden» oder Mit «christlichen Fahnen nach Sachsen hinein»

Karls Heere, bei seinen größten Feldzügen auf etwa knapp 3000 Reiter und 6000 bis 10 000 Fußsoldaten berechnet, haben in der Regel wohl selten mehr als 5000 bis 6000 Krieger umfaßt – was ihnen, nebst Bagage, schon die Länge eines vollen Tagesmarsches verlieh. Sie waren «gut» geführt. Ihr Kern bestand, ganz anders als noch bei seinem Großvater Karl Martell, aus schwerer Kavallerie; die Ritter ausgerüstet mit Kettenhemd, Helm, Schild, Beinschienen, mit Lanze und Streitaxt (was jeweils dem Gegenwert von etwa 18 bis 20 Rindern entsprach) – alles für Jesus Christus nun in die Waagschale geworfen. Die durchweg noch zahlreichen Fußverbände kämpften mit Keule und Bogen. (Erst seit Karl der Kahle 866 jeden Franken, der ein Pferd besaß, zum Kriegsdienst verpflichtete, spielte Infanterie im Heer keine große Rolle mehr.) Eine Bezahlung der karolingischen Krieger gab es übrigens nicht: der Raub wurde verteilt.[11]

Die christliche Metzelei («Schwertmission»), womit Karl die Sachsenkriege seines Vaters fortsetzte, begann 772. Der «milde König», wie ihn gerade seinerzeit wiederholt die Reichsannalen nennen, eroberte damals die sächsische Grenzfeste Eresburg (heute Obermarsberg an der Diemel), in der ersten Hälfte der Sachsenkriege ein wichtiger Ausgangspunkt seiner Militäroperationen. Und er zerstörte (wahrscheinlich dort) die Irminsul, das sächsische Nationalheiligtum: ein ungewöhnlich großer Baumstamm, den die Sachsen als die «das All tragende Säule» in einem heiligen Hain unter freiem Himmel verehrten. Später vertraute Karl dem Abt Sturmi von Fulda das Kommando über die immer wieder eroberte, verlorene, zerstörte und wieder aufgebaute Eresburg an.

Leisteten doch auch sonst Bischöfe und Äbte Kriegsdienste für ihn. Sie waren überdies, wie die Grafen, zur Unterhaltung eines Waffenlagers verpflichtet; selbst die Äbtissinnen. Auch begleiteten schon damals Scharen von Geistlichen das fränkische Heer, «damit sie», berichtet Sturmis Biograph, «das Volk, welches seit Anfang der Welt von den Fesseln der Dämonen umstrickt war, durch heilige Unterweisung im Glauben unter das sanfte und süße Joch Christi beugten». Genau seit jenem Jahr auch führte Karl einen Siegesstempel mit der Umschrift: «Christus schütze Karl, den König der Franken.»

Nachdem die Christen drei Tage lang die Kultstelle gänzlich verheert, den heiligen Hain verbrannt, die Säule vernichtet hatten, zogen sie mit den dort aufgestapelten Weihgeschenken, reichen Gold- und Silberschätzen, davon – «der milde König Karl», melden die Reichsannalen schlicht, «brachte das Gold und Silber, das er dort fand, mit». Und schon bald erhob sich über dem geplünderten und ruinierten heidnischen Heiligtum eine Kirche «mit Peterspatrozinium» (Karpf) – der Torwart des Himmels anstelle des sächsischen Gottes Irmin (vermutlich identisch mit dem germanischen Gott Saxnoth/Tiwas), welch ein Fortschritt![12]

In den beiden nächsten Jahren stritt der «milde König» vor allem in Italien; hatte ihn doch Papst Hadrian durch den Boten Petrus (der Gesandte hieß wirklich so) eingeladen «aus Liebe zu Gott und für das Recht des hl. Petrus und der Kirche zu Hilfe gegen König Desiderius . . .» (Annales regni Francorum). Doch bereits 774, kaum zurück vom Raub des Langobardenreiches, jagte der gute König Karl vier Heereskontingente zu den bösen Sachsen, drei gingen «mit Gottes Hilfe als Sieger hervor», wie der Reichsannalist abermals meldet, der vierte Trupp kehrte sogar kampflos, aber «mit großer Beute ohne Verluste wieder» ins traute Heim.

Und dann trug Karl gleichsam selbst «die christlichen Fahnen nach Sachsen hinein» (Groszmann), wobei vor seinem «Auge der Krieg immer klarer zum Glaubenskrieg sich gestaltete», wie Domkapitular Adolf Bertram 1899 erkennt.[13]

Karl selber befragte seinerzeit, besorgt um den weiteren Kriegsverlauf, mittels Kurier einen Experten, ob es ein Vorzeichen sei, daß der Mars seinen Lauf beschleunigt und schon das Sternbild des Krebses erreicht habe. Er eroberte die Sigiburg an der Ruhr und drang über die Weser, «viele Sachsen wurden dort erschlagen», nach Ostfalen vor, um «nicht eher abzulassen, bis die Sachsen entweder als Besiegte sich der christlichen Religion unterworfen hätten oder gänzlich ausgerottet sein würden» – das Programm eines 33jährigen Krieges, der eben «mehr und mehr auch religiös motiviert» worden ist (Haendler). Ja, der zumindest in seiner Planung kirchengeschichtlich etwas ganz Neues, «ein direkter Missionskrieg, der nicht Vorbereitung eines Missionswerks, sondern selbst Missionsmittel ist» (H.-D. Kahl).

Man stand gerade in jenem Jahrzehnt, in dem das Gebet eines Sakramentars (Meßbuch) die Franken geradezu das auserwählte Volk nennt. Wie überhaupt Karls Sachsenkriege zu seiner Zeit als Heidenkriege und schon deshalb natürlich als gerecht galten. «Erhebe dich, du von Gott gewählter Mann, und verteidige die Braut Gottes, deines Herrn», rief einer seiner engsten Berater, der Angelsachse Alkuin, ihm zu. Und Mönch Widukind von Corvey schreibt später: «Und da er sah, wie sein edles Nachbarvolk, die Sachsen, im leeren Irrglauben befangen war, mühte er sich auf alle Weise, es auf den wahren Weg des Heils zu führen.»

Auf alle Weise. Zum Jahr 775 verdeutlichen dies die Reichsannalen notorisch lapidar: «Nachdem er die Geiseln erhalten, reiche Beute an sich genommen und dreimal ein Blutbad unter den Sachsen angerichtet hatte, kehrte der genannte König Karl mit Gottes Hilfe (auxiliante Domino) heim nach Francien.»

Die Beute, die Blutbäder und Gottes Hilfe – das kehrt immer wieder. Stets von neuem ist der liebe Gott auf der Seite der Stärkeren. 776: «Aber Gottes Kraft überwand gerechtermaßen die ihre . . . und die ganze Masse von ihnen, die in ihrer Angst einer vom andern in die Flucht mitfortgerissen worden waren, töteten sich gegenseitig . . . wurden von gegenseitigen Stößen getroffen und so von Gottes Strafe ereilt. Und wie viel Gottes Macht zum Heil der Christen wirksam war, vermag niemand zu sagen.» 778: «Dort wurde eine Schlacht begonnen und sehr gut zu Ende geführt: mit Gottes Hilfe blieben die Franken Sieger und eine Menge Sachsen wurden dort erschlagen . . .» 779: «. . . mit Gottes Hilfe . . .» etc. Und zwischen den regelmäßigen sommerlichen Massenmorden feiert dann regelmäßig im Winter, mal auf diesem

Hofgut, mal in jener Stadt, «der genannte milde König Weihnachten . . .»

Man kämpfte gegen Heiden; das rechtfertigte alles. Kleriker-
scharen begleiteten die Schlächter. Mancherlei Wunder geschahen. Und nach jedem Feldzug schleppte man reichen Raub mit
heim. An der Lippe kam es zu Massentaufen, meist wohl von
Adeligen, «kamen die Sachsen mit Frau und Kind in endloser
Zahl (innumerabilis multitudo) und ließen sich taufen und stellten Geiseln, soviel der genannte König von ihnen begehrte».

Und auf dem glänzenden Reichstag 777 zu Paderborn strömten
sie wieder herbei und schworen feierlich ab «Donar und Wotan und
Saxnot und allen den Unholden, die ihre Genossen sind», und ge-
lobten Glauben und Treue «Gott dem allmächtigen Vater, Christo
Gottes Sohn und dem heiligen Geist». Ja, dies wurde nun ein festes
Prinzip: erst das Schlachtfeld, dann das Missionsfeld. Wobei es zur
besonderen, von jetzt an stets praktizierten Missionsmethode des
Frankenkönigs gehörte, erst taufen, dann unterweisen zu lassen.
Eine Abfolge, an die sich die Kirche (die in ihrer ältesten Zeit das
Gegenteil, die Erwachsenentaufe, die Taufe erst *nach* der Unter-
richtung propagierte) aus übelstem Grund noch heute hält.

## MISSION NACH «DEN MILITÄRISCHEN STOSSLINIEN . . .»

Die Sachsen mußten nun nicht nur mit «ihrer ganzen Freiheit und
ihrem Eigentum» für ihre Unterwerfung bürgen, sondern ihr ge-
raubtes Gebiet wurde jetzt gleich in Anwesenheit zahlreicher
Bischöfe, je nach Lage, an die Bistümer Köln, Mainz, Würzburg,
Lüttich, Utrecht sowie die Klöster Fulda und Amorbach in Missionssprengel aufgeteilt und fest in das fränkische Reich eingegliedert. Noch unter Karl entstanden die Bistümer Münster,
Osnabrück, Bremen, letzteres ein «Brennpunkt» christlicher Propaganda unter den Sachsen. Dabei entsprach die Verteilung der
Missionsbistümer seit 777 «den militärischen Stoßlinien der Franken vom Niederrhein und Main aus» (Löwe).

Von allen Seiten holte Karl bald Missionare in das eroberte Land, friesische und angelsächsische Missionare, Missionare aus Mainz, Reims, Châlon-sur-Marne. Von überall drangen die klerikalen Propagandisten vor, aus Bistumsstädten und Klöstern – die schon in der Antike «Zwingburgen» (Schultze) waren, im Frühmittelalter aber häufig bereits Funktionen hatten, die später, als die mittelalterliche Politik zu einem beträchtlichen Teil Burgenpolitik war, den eigentlichen Burgen zukamen. Aus Köln, Lüttich, Utrecht, Würzburg, aus Echternach, Corbie, Visbeck, Amorbach, Fulda, Hersfeld eilten die Frohbotschafter in das angrenzende Heidenland. Denn überall folgte dem Schwert «die Mission in untrennbarer Verbindung» (Petri), verflocht sich das Heilsgeschehen «jetzt untrennbar mit der kriegerischen Eroberung fremden Territoriums als gemeinsames Werk von Kirche und Feudalstaat» (Donnert). Annexionskrieg und Missionspolitik, Schwert und Kreuz, Militär und Klerus, das gehört jetzt in der Tat unlöslich zusammen, arbeitet sozusagen Hand in Hand. Was die Schlacht raubte, sollte die Predigt bewahren – «Die Mission hatte verheißungsvolle Anfänge genommen» (Beumann).[14]

Militärisches Rückgrat von Karls Kriegen, «wahren Blutbädern» (Grierson), waren die (nach römischem Vorbild) auf Bergen und an Flüssen erbauten, schwer einnehmbaren Grenzbefestigungen. Kein Zufall wohl, daß die ersten festeren Bistumsgründungen an den Ein- und Ausgangstoren der Weserfestung lagen: Paderborn, wo Karl dann auf dem Rückweg aus Ostsachsen mit seiner Truppe immer wieder Station machte, wo er eine königliche Pfalz erbaute und auch schon 777 eine «Kirche von wunderbarer Größe» (Annales Laureshamenses), die Salvator-Kirche; ferner Osnabrück, Minden, ebenso die beiden ältesten Klöster der frühfränkischen Zeit in Sachsen, Corvey und Herford. «Unter Karl dem Großen wurden neue Klöster fast nur als Stützpunkte im eben unterworfenen Heidenland begründet» (Fichtenau).

Hatte man doch auch schon die Bistümer Würzburg, Erfurt und Büraburg (bei Fritzlar) eben dort errichtet, wo dann wenige Jahre darauf bereits Karlmann und Pippin ihre Feldzüge gegen die Sachsen führten (743, 744, 748). Neben den Missionszentren in

Sachsen selbst spielte dabei das Kloster Fulda eine besondere Rolle. Nicht zuletzt auch Mainz, das bald, um 780, Erzbistum wurde, wobei man ihm die neuen sächsischen Bistümer Paderborn, Halberstadt, Hildesheim und Verden unterstellte, so daß die Mainzer Kirchenprovinz bis zu ihrer Auflösung 1802 flächenmäßig die größte der ganzen Christenheit war, während die westfälischen Neugründungen Münster, Osnabrück, Minden ans Kölner Bistum kamen.

Es versteht sich von selbst, daß dabei immer ausgedehnter Grundbesitz zugunsten der Kirche konfisziert und durch Burgen geschützt worden ist. Wichtige Klöster hat Karl reich beschenkt und im Streit mit ihren Hörigen unterstützt. So mußten die Sachsen nicht nur in jedem fränkischen Missionar einen Spion oder Festiger der Fremdherrschaft erblicken, sondern auch «in jeder christlichen Niederlassung einen Stützpunkt für die angreifenden fränkischen Heere» (Hauck). Jeder Krieg gegen die Christen war für die Sachsen auch eine Art Religionskrieg, der Kampf für das Heidentum und die staatliche Freiheit dasselbe. Immer wieder intensivierte gerade dies den sächsischen Widerstand, immer wieder wurden gerade deshalb die Kirchen zerstört, die Geistlichen vertrieben oder getötet.[15]

Wie König Karl schon in den ersten Jahren des Sachsenkonflikts wiederholt Heerfahrten gegen die Langobarden gelenkt hatte, so machte er im Jahr 788 auch einen berühmten «Abstecher» zu den Mauren in Nordspanien, einen bewaffneten Ausflug, der allerdings etwas anders verlief als geplant.

## SCHLAPPE IN SPANIEN
### ODER «HIER BEGINNEN DIE KREUZZÜGE»

In Spanien rivalisierten verschiedene arabische Machtgruppen. Der starke Mann war der letzte Omaijade Abd ar-Rahmān ben Muajia. 750 in Damaskus, bei der Machtergreifung der Abbasiden – der Abkömmlinge ihres Prophetenonkels Mohammed, die

systematisch die Omaijaden abgeschlachtet –, nach Spanien entkommen, war er 756 als Emir in Córdoba zur Herrschaft gelangt.
Inzwischen aberbekämpfte ihn eine abbasidenfreundliche Opposition, und zu seinen gefährlichsten Widersachern gehörte Suleiman Ibn al-Arabi, der Statthalter von Barcelona und Gerona.
Schon seit längerem im Aufstand und von seinem Gegner schwer
bedrängt, hatte Suleiman mit anderen prominenten Oppositionellen 777 auf dem Reichstag in Paderborn den Frankenkönig zu
Hilfe gerufen. Stets schnell einsatzbereit und auch willig, zögerte
der nicht und führte einen reinen Eroberungskrieg gegen den
Omaijadenemir, wobei er die Reichsgrenze – noch nach dem
Fehlschlag sein Ziel – bis an den Ebro vorschieben wollte.

Nur politische Motive bestimmten ihn. Er hatte ohne Zweifel
eine sehr schlachtbewährte Armee, die aber nur durch fortgesetztes Schlachten auf ihrem hohen Stand gehalten werden konnte.
Zudem brachten Feldzüge Beute, und fast nichts war notwendi-
ger. «Die Großen des Reiches mußten von Zeit zu Zeit ihren
Happen bekommen, um bei Laune zu bleiben, und neue Vasallen
konnten auch nur durch Freigebigkeit gewonnen werden» (de
Bayac). Der karolingische Staat war ein reiner Raubstaat von
Anfang an, und er blieb es, sogar mit steigender Tendenz. Gerade
unter Karl «dem Großen» lebte man von nichts mehr als von
Raub – und der Hilfe Gottes.

Nun gab es zwar jenseits der Pyrenäen, im gebirgigen Nordwesten, in Asturien und Galizien, noch ein schmales, von Christen gehaltenes Gebiet. Doch die Christen genossen damals
durch die «Ungläubigen» Religionsfreiheit und eine milde Be-
handlung – haben doch überhaupt «die Araber in Spanien immer eine größere Duldung geübt, als sie selbst später von Seite
der Christen erfuhren» (Mühlbacher). Erst nachfolgende christliche Chronisten ließen ihre Glaubensgenossen «in Spanien unter dem Joch der Sarazenen» schmachten und Karl der «leiden-
den Kirche zu Hilfe kommen». In Wirklichkeit hat der fromme
Herrscher dem christlichen, einst von Westgoten gegründeten
Königreich Asturien nie Hilfe geleistet. Vielmehr attackierte er
als erstes eine christliche Stadt, und als letztes, schon auf dem

Heimweg, bescherten ihm christliche Basken noch einen blutigen Denkzettel.[16]

Mit einem ungewöhnlich starken Heer, nach Berichterstattern das bei weitem größte, das er je zusammengetrommelt hatte, brach er noch zu Beginn des Winters 777 auf und überschritt die Pyrenäen «unter Gottes Beistand», wie 840 ein Biograph Ludwigs des Frommen schreibt. «Denn des Königs Sinn . . . wollte weder geringer als Pompejus' noch träger als Hannibals sein, die mit großer Anstrengung und Verlust für sich und die ihrigen einst die Schwierigkeiten dieser Gegend zu überwinden wußten.» Zwar eroberte Karl, nach Einhard, alle Städte und Burgen, die er belagerte. Doch über Saragossa hinaus vermochte er nicht vorzudringen. Der Wali al-Husain verschloß ihm dort die Tore, Karl machte anscheinend nach wenigen Tagen kehrt, und bis heute ist ungewiß, was ihn zu dem jähen Abbruch der «wohl größten militärischen Expedition seines Lebens» (Braunfels) bestimmt hat.

Auf dem Rückmarsch zerstörte er die Baskenstadt Pamplona. Und als er im August 778 sein eisenstarrendes Heer, in schier endlos langer Reihe aufgelöst, wieder über die schmalen Bergpfade der dichten Pyrenäenwälder führte, stürzten sich die Basken, angeführt von den Söhnen Suleimans, die ihren Vater dabei befreiten, vielleicht bei Roncevalles, wohin freilich erst die Sage den Schlachtort verlegt, wahrscheinlich aber am 15. August, in einer engen Schlucht von oben auf Karls Nachhut, warfen die völlig überraschten, in Panik geratenen Soldaten ins Tal und machten sie «in dem darauffolgenden Gemetzel bis auf den letzten Mann nieder» (Einhard).

Viele der vornehmsten Franken waren darunter, der königliche Truchseß Ekkehard – dessen Grabschrift mit dem Todestag 15. August allein das Tagesdatum überliefert –, der Kommandant der Palastwache, Pfalzgraf Anselm, und der Befehlshaber der Bretagne, Markgraf Hruotland (Roland), den im 12. Jahrhundert das altfranzösische Nationalepos «Chanson de Roland» und das deutsche «Ruolantes liet», das «Rolandslied» des Regensburger Pfaffen Konrad, verherrlichten, dessen Titelheld noch jetzt versteint vor Bremens prächtigem Rathaus steht. «Bis heute», klagt Einhard,

«konnte das unselige Geschehen nicht gerächt werden, da sich der
Feind nach vollbrachter Tat so weit verstreute, daß man keine
Ahnung hatte, wo er zu suchen sei.» Und die Reichsannalen halten
fest: «Dieser Verlust überlagerte wie eine Wolke im Herzen des
Königs einen großen Teil der spanischen Erfolge.» Ranke aber no-
tiert: «Man kann sagen, hier beginnen die Kreuzzüge.»[17]

Karls spanisches Intermezzo war gescheitert; auch das, was er
gewonnen, schon bald wieder verloren, und auch jeder jetzt dem
Omaijaden preisgegeben, der mit dem Feind kollaboriert hatte,
ob Christ oder Sarazene. Um so mehr suchte der König nun an
den Sachsen sich schadlos zu halten.

## Der Sachsenschlächter, «ein paar Nullen zuviel» und «die einfache Ruhe einer grossen Seele . . .»

Während Karl in Nordspanien Eroberungen macht und wieder
verliert – die einzige Niederlage, die ein fränkisches Heer unter
seiner eigenen Führung erleidet –, stürmt der aus dänischer Emi-
gration zurückgekehrte westfälische Adlige Widukind (777, als er
dem Paderborner Reichstag fernbleibt, erstmals genannt) mit seinen Sachsen im Süden bis Fulda, im Westen bis Koblenz und
Deutz. Zwingburgen und Kirchen werden ruiniert. Weithin rauchende Dörfer, Vernichtung; offensichtlich weniger ein Beute- als
ein Rachezug.

779 stößt Karl bis zur Weser, 780 bis zur Elbe vor. Wieder tauft
man, nicht nur Ostsachsen, sondern sogar Wenden von jenseits
der Elbe und «Nordleute». Wieder gelobt man Treue und stellt
Geiseln. Auf einem Reichstag in Lippspringe versucht der Herrscher die Verbreitung des Christentums in Sachsen «nachdrücklich zu fördern und damit die Entwicklung feudaler Verhältnisse
zu beschleunigen» (Epperlein). Zwischen den besetzten Burgen
verbreiteten die christlichen Priester die neue «Aufklärung» – «sie
trugen Kreuze und sangen fromme Lieder. Schwer bewaffnete

Soldaten in voller Rüstung waren ihre Begleiter, die mit ihren entschlossenen Mienen die Christianisierung beschleunigten» (de Bayac).

Weiter wird das geraubte Gebiet an Bischöfe und Äbte verteilt, werden Missionssprengel geschaffen, Kirchen gebaut und selbst kleinere Klöster wie Hersfeld, Amorbach, Neustadt am Main, von Karl zur Heidenbekehrung eingesetzt. Erst recht natürlich Fulda, dessen Abt Sturmi noch kurz vor seinem Tod auf der sächsischen Eresburg kirchlich und militärisch das Kommando hat. Im Nordwesten agitiert Bischof Alberich von Utrecht, der in Westfriesland die Reste des Heidentums zerschmetterte. In seinem Auftrag und von Karls Militärmacht gedeckt, vertilgten Alberichs Mönche die Götterbilder, die paganen Heiligtümer und raubten, was ihnen wertvoll war. Überließ der König doch einen Teil der Tempelschätze dem Bischof für kirchliche Zwecke. Auch der hl. Angelsachse Willehad, der ebenfalls früher schon, nicht sehr erfolgreich, die Friesen indoktriniert hatte, organisierte seit 780 auf Karls Befehl den nördlichen Teil des unterworfenen Sachsenlandes. Im mittleren Friesland wirkte, gleichfalls von Karl berufen, in ähnlicher Weise der hl. Liudger.

Als aber die Ostfriesen und offenbar auch große Bevölkerungsgruppen Mittelfrieslands gemeinsam mit den Sachsen sich erhoben, die Kirchen zerstörten und zu ihrem alten Glauben zurückkehrten, verließen die Christentumsprediger eilig das Land. Der Engländer Willehad, bald darauf zum sächsischen Missionsbischof und ersten Oberhirten Bremens ordiniert, floh nach Rom, dann nach Echternach, «2 Jahre lang zu Studium und Gebet» («Lexikon für Theologie und Kirche»). Der hl. Liudger, später Bischof von Münster, flüchtete nach Rom und Monte Cassino. Ohne den Schutz der fränkischen Waffen konnten sich die Verkünder der Frohen Botschaft nicht halten. Kaum aber beherrschten die Okkupanten wieder das Feld, kehrten mit deren Schwertern auch die geistlichen Herren an die Propagandafront zurück. Willehad nahm seinen Sitz in Bremen, der hl. Liudger, auf Karls Befehl, östlich der Lauwers. Hier vernichtete er, gestützt auf die königliche Macht, die heidnischen Heiligtümer (fana), drang bis

auf die Inseln vor und verwüstete, geschützt von fränkischen
Soldaten, noch die Opferstätten des friesischen Gottes Fosete auf
Helgoland.

Viele Geistliche sollen allerdings nur ungern zu den widerspenstigen Sachsen gegangen sein. Und als diese sich 782, zugleich mit
den Wenden, unter Widukind erneut erhoben, traf ihre Wut besonders Klerus und Christentum, flammten weithin die Kirchen
im Feuer und flohen die Priester. Ein fränkisches Heer wird am
Süntel aufgerieben, alles «fast bis auf den letzten Mann niedergehauen», berichten die Reichsannalen und fügen hinzu: «Der
Verlust der Franken war noch größer, als es der Zahl nach
schien.» Wurden doch auch zwei Dutzend sogenannte Erlauchte
und Vornehme getötet. Noch ehe Karl aber selbst zur Stelle ist,
werfen sächsischer Adel und fränkische Truppen gemeinsam den
Aufstand nieder. Die sächsischen «Edlen» liefern die Empörer
aus. Und nun steigert Karl den Expansions- und Missionskrieg bis
zu der bekannten Abschlachtung in Verden an der Aller – und
feierte dann, wie üblich, Weihnachten und Ostern, Geburt und
Auferstehung des Herrn.[18]

Noch im 20. Jahrhundert suchte man gelegentlich von «berufener Seite», im katholischen und evangelischen Lager, die gräß-
liche Abmetzelungsorgie rundherum zu leugnen. Bischofspostil-
len und einige «Fachtheologen» arbeiteten dabei Hand in Hand –
besonders zur Nazizeit.

Der Kirchenbote des Bistums Osnabrück sprach 1935 von dem
«Märchen vom ‹Verdener Blutgericht›». Ähnlich auch der evangelische Kirchenhistoriker der Universität Münster, Karl Bauer,
der 1936 die quellenmäßige Bezeichnung decollare (enthaupten)
als Schreibfehler erklärte statt des angeblich ursprünglich geschriebenen delocare oder desolare (aussiedeln), wonach also
4500 Sachsen nur weggeführt worden seien. Einerseits aber wird
dies Wort oder ein ähnliches in verschiedenen Quellen überhaupt
nicht gebraucht. Anderseits berichten gleich vier damalige Jahrbücher von der «Tötung» (decollare bzw. decollatio) der Sachsen:
die Reichsannalen, die Annales Amandi, die Annales Fuldenses,
endlich, in der ersten Hälfte des 9. Jahrhunderts, auch die Anna-

les Sithienses: und all diese Chronisten aus den verschiedensten
Gebieten hätten somit auf höchst mysteriöse Weise denselben
«Schreibfehler» gemacht.[19]

Und um einen «Schreibfehler» ganz anderer Art handelte es
sich, wenn schon vordem ein Forscher vermutete, der Verfasser
der Quellen habe «in Folge falschen Lesens seiner Vorlage ein
paar Nullen zu viel entnommen» (H. Ulmann). Mit Recht bemerkt dagegen Donald Bullough: «Dem König eine solche Tat
nicht zuzutrauen, hieße aber, ihn tugendhafter zu machen, als fast
sämtliche christliche Könige des Mittelalters gewesen sind. Denn
das Niedermetzeln eines besiegten Feindes auf dem Schlachtfeld
war damals üblich, es sei denn, man versprach sich mehr Vorteil
von Sklaven oder Lösegeld. Auch vergißt man leicht eins: Die
meisten Geiseln, die der König von Jahr zu Jahr mit sich nahm,
wurden regelmäßig getötet, sowie sich diejenigen, für deren Gehorsam sie bürgten, wieder gegen den König erhoben.»[20]

Tatsächlich standen da 782 an einem Spätherbsttag 4500 Sachsen, eng zusammengedrängt, wie Tiere im Schlachthaus, und
umgeben von ihrem eigenen «Adel», der sie ausgeliefert, sowie
von den Helden des «großen» Karl, des «Leuchtturms Europas»,
wie ihn eine St. Galler Handschrift aus dem 9./10. Jahrhundert
nennt. Und auf sein Urteil wurden sie niedergehauen, in die Aller
geworfen, mit der sie in die Weser trieben und dann ins Meer . . .
«4500, und dies ist auch so geschehen» (quod ita et factum est),
wie lakonisch der Reichsannalist festhält (dann, fast noch im
selben Atemzug: «Und er feierte Weihnachten . . .») – just dort,
wo der künftige «Heilige» bald eine Kirche aufsteigen läßt (keine
Sühne-, eher eine Siegeskapelle) und sich heute der Dom von
Verden erhebt. Buchstäblich auf Strömen von Blut – wie, im über-
tragenen Sinn, längst alle Christentempel.

Man stelle sich vor: 4500 Menschen mit abgehackten Köpfen –
und dann Heiligsprechung des Mörders. – Auch Frantisek Graus,
ein «Lichtblick» oft in seiner meist so dunklen Zunft, läßt für
Mord «keinerlei Entschuldigung» gelten, «auch keine ‹historische› im Abstand von Jahrhunderten, und Massenmorde sind ein
Phänomen, das nie genügend gebrandmarkt werden kann . . .»

Das angebliche Gründungsprivileg Karls von 786 für das Bistum Verden ist freilich eine Fälschung, zwischen 1155 und 1157 im Auftrag des Verdener Bischofs Hermann in dessen Kanzlei angefertigt. Hängt es doch wohl nicht zuletzt auch mit Karls Heiligkeit zusammen, daß die Zahl der in seinem Namen gefälschten Urkunden groß ist, mit denen Kirchen sich Privilegien erschlichen. Doch echt oder nicht: «Es ist wahr, er hat die 4500 Sachsen umgebracht», schreibt Ranke und fügt hinzu, «später aber tritt in ihm die einfache Ruhe einer großen Seele hervor.»[21]

## «WIE NUN ÜBERALL FRIEDE WAR . . .»

Das Großverbrechen des christlichen Herrschers, von der Kirche durch das ganze Mittelalter als «Apostel des sächsischen Stammes» gefeiert, verfehlte im übrigen zumindest zunächst auch politisch völlig sein Ziel. Denn der Widerstand der «Erzheiden» gegen Christentum und Frankenherrschaft wurde dadurch nicht geschwächt, sondern erst recht angefacht. Erneut brach der Aufruhr im ganzen Land aus. Wieder trat Widukind an die Spitze und riß auch die Friesen mit in die Empörung hinein. Wieder opferte alles zwischen Lauwers und Fli den Göttern. Was fränkisch und christlich war, wurde verfolgt, vertrieben, ausgerottet.

Karl eilte nach Sachsen, fort vom frischen Grab seiner jungen, am 30. April 783 zu Diedenhofen verstorbenen zweiten Gattin, der Seligen Hildegard, deren Verlust ihn – anders als der Tod von 4500 Sachsen – vielleicht getroffen haben mag. (Doch nahm er sich noch im selben Jahr eine Nachfolgerin. Und wieder fast ein Kind.) Und in Sachsen ging es wieder mit vielem Blutvergießen und «Gottes Hilfe» weiter. «Mit Gottes Hilfe blieben die Franken Sieger, und es fiel dort eine sehr große Zahl von Sachsen, so daß nur wenige sich durch Flucht retteten. Und von da aus kam der genannte ruhmreiche König siegreich nach Paderborn und sammelte dort sein Heer. Und setzte seinen Zug fort, als die Sachsen sich erneut vereinigten, bis zur Haase. Dort kam es wieder zu einer Schlacht und dort fielen nicht weniger Sachsen und mit Gottes Hilfe blieben die Franken Sieger.»

Die eben zitierten Reichsannalen zum Jahre 783 beziehen sich auf die beiden einzigen großen Feldschlachten des ganzen Krieges, nahe dem heutigen Detmold und an der Haase, im Herzen der Weserfestung. Nur «wenige von der ungeheuren Menge», melden die Chronisten über die sächsische Niederlage bei Detmold, «sollen entronnen», «viele Tausend» gefallen sein. Und auch an der Haase bedeckte, nach einer weiteren alten Quelle, eine «unendliche Menge von Sachsen» das Schlachtfeld, «nochmal viele Tausende, mehr als früher». Wieder siegte Karl «mit Gottes Hilfe», kehrte nach Franken zurück und «feierte Weihnachten . . .» Und viele Tausende hatte man inzwischen noch in die Sklaverei geschleppt.

Auch im folgenden Jahr 784 verheerte der Herrscher Sachsen, vor allem Ostfalen, während sein Sohn, bereits ganz in seinen Fußtapfen, Westfalen heimsuchte, auch er, versteht sich, mit Gott. «Mit Gottes Hilfe blieb Karl, der Sohn des großen Königs Karl, Sieger mit den Franken, nachdem viele Sachsen getötet waren. Nach Gottes Willen kehrte er unversehrt zu seinem Vater in die Stadt Worms zurück.»

Den Winter 784/785 verbrachte Karl mit der im Jahr zuvor geehelichten noch sehr jungen Fastrada samt seinen Söhnen und Töchtern auf der Eresburg. Und erst jetzt brach der Widerstand der Sachsen allmählich zusammen – während er das Fest der Auferstehung des Herrn feierte, immer wieder seine Soldateska ausschickte, auch selbst «einen Zug» unternahm, verwüstend, raubend, Straßen säubernd, ganze Wälder verbrennend, Saaten vernichtend, Brunnen verschüttend, Bauern metzelnd, Festungen und verschanzte Dörfer nehmend – «denn für sein Werk ist Ordnung Grundbedingung» (Daniel-Rops).[22]

785 schien die Widerstandskraft des schwergeschlagenen sächsischen Volkes fast erloschen, schien es sich endgültig «unter das sanfte und süße Joch Christi» zu ducken, wie der Biograph des Abtes Sturmi längst verlangt hatte, jenes fanatischen Sachsenmissionars, der den Kampf gegen die Heiden predigte, ihre Götter-

tempel zu zerstören, ihre altheiligen Haine zu fällen und Kirchen
zu errichten forderte.

Widukind, der noch unbezwungen nach Nordalbingien ausge-
wichen war, kam nach Verhandlungen mit Karls Bevollmächtigten um Weihnachten 785 in die Pfalz Attigny an der Aisne, ließ
sich taufen, durch den König, der selbst Pate stand, herrlich be-
schenken und verschwand für den Rest seiner Tage wohl auf seine
Besitzungen und aus der Geschichte. Dafür wurden seine Reliquien aufbewahrt, in Legenden Gotteshäuser von ihm gebaut –
und sein Urenkel Wichert avancierte bereits zum Bischof von
Verden (gest. 908). Karl hatte dem Papst seinen Sieg gemeldet, der
hatte Glückwünsche gesandt und Ende Juni 786 ein dreitägiges
Dankfest durch die gesamte abendländische Christenheit ange-
ordnet, sogar jenseits der Meere, so weit Christen wohnten.[23]

Ansonsten freilich ging der Krieg weiter.

Im selben Jahr noch schickte Karl ein Heer in die Bretagne, um
die aufständischen, zinsbar gemachten Bretonen zu unterjochen,
die sich begreiflicherweise ungern ausbeuten lassen wollten. So
wurden zu ihnen seit Pippin III., unter Karl und Ludwig dem
Frommen immer wieder neue Heerfahrten nötig, worauf jedoch
stets neue Empörungen folgten. Noch 786 mußte auch in Thüringen eine «große Verschwörung» (Einhard), als deren Haupt ein
Graf Hardrard galt, erstickt werden, wobei der edle Karl, angeblich auf Drängen seiner brutalen dritten Gattin Fastrada, hart
durchgriff, töten, verbannen und – eine im Frankenreich seltene
Strafe – blenden ließ.[24]

«Wie nun überall Friede war», melden die Reichsannalen zu
diesem Jahr, «beschloß Karl nach Rom zu ziehen und den Teil
Italiens anzugreifen, der jetzt Benevent heißt, indem er es für
angemessen hielt, auch den Rest des Reichs sich zu unterwerfen . . . dessen größten Teil er in der Lombardei bereits in seiner
Gewalt hatte.» Denn ohne Krieg hielt es «der Große» nicht aus.
Und wäre er denn ohne seine Kriege «der Große»?

## LETZTE AUFSTÄNDE, VERNICHTUNGSKRIEG –
## UND «DIE STILLE HOHEIT DES KRUMMSTABES»

Während der König im Süden agierte (S. 442 ff.), rumorte es im Norden fort. Zwar wird schon im Anschluß an die Meldung von Widukinds Taufe verkündet, «tota Saxonia subiugata est», ganz Sachsen sei nun unterworfen – «befriedet» war es, trotz oder wegen all des Blutes, nicht. So wenig wie Friesland, wo es in den neunziger Jahren im Osten zu neuen Tumulten kam, wo man wieder die Kirchen zertrümmerte, die Missionare vertrieb. Auch Liudger suchte abermals das Weite. Sobald die Heiden vorstießen, floh er, nach der Verfolgung – eine alte, schon frühchristliche Praxis – kehrte er zurück und setzte mit apostolischem Eifer das «Bekehrungswerk» fort: vertilgte fanatisch die paganen Reste, rottete «Götzentempel» aus, machte Blinde wieder sehend, kurz «trocknete allenthalben die Tränen», «verschaffte erquickenden Frieden» und wurde ja auch Heiliger.[25]

Begünstigt durch den Awarenkrieg, kam es in Sachsen ebenfalls zu einer Erhebung. Sie beschränkte sich allerdings im wesentlichen auf das bisher noch am wenigsten betroffene Land im Nordosten, auf die an der Unterelbe und in Holstein wohnenden ursächsischen Nordalbingier sowie, bei starker Zurückhaltung des Adels, auf die breite Masse des Volks.

«Wie der Hund, welcher zu seinem Gespei zurückkehrt (II. Petri 2,22)», melden die Lorscher Jahrbücher, «so kehrten sie zurück zum Heidentum, das sie früher abgeschworen hatten, sie verließen wiederum das Christentum und verbündeten sich mit den heidnischen Völkern im Umkreis. Aber auch zu den Awaren entsandten sie Boten, und sie erkühnten sich zu rebellieren vorerst gegen Gott, dann gegen den König und die Christen . . .» Auch Karls ältester, aber unehelicher Sohn Pippin, ein schöner, doch buckliger Jüngling, empörte sich damals. Während seine Genossen teils hingerichtet, teils ausgepeitscht und verbannt worden sind, landete Pippin zum Mönch geschoren im Kloster Prüm, wo er nach fast zwanzigjähriger Haft (811) gestorben ist.

Doch galt der mehr als zehnjährige Kampf der Sachsen nicht

eigentlich der fränkischen Fremdherrschaft, nicht einmal dem
Christentum als solchem. Vielmehr richtete er sich vor allem gegen dessen Vertreter und Einrichtungen, gegen die Kirche, ihre
rigorosen Eingriffe ins Privatvermögen, ihre rücksichtslose Ein-
treibung der Zehnten, worüber schon Karls angelsächsischer
Ratgeber Alkuin klagte, indem er in den Missionaren eher Plün-
derer (praedones) als Prediger (praedicatores) sah. «Daß die
Zehnten Treu und Glauben vernichtet hatten», scheint bei den
Franken eine sprichwörtliche Rede gewesen zu sein. Und so unbarmherzig die Kirche war, so unbarmherzig bekämpften sie die
Nordalbingier jetzt. Die neuen Gotteshäuser wurden überall zerstört, die Geistlichen verjagt, selbst christliche Sachsen nicht
selten getötet, ihre Besitzungen geplündert, kurz, die ganze Kirchenorganisation nördlich der Elbe mit Stumpf und Stiel vernichtet.

Der Aufstand wuchs sich zu einem mehr als zehnjährigen Ver-
nichtungskrieg von äußerster Grausamkeit auf beiden Seiten aus.
Die erst im Herbst 794 wieder aufgenommene Gegenoffensive,
bei der Karl Reliquien mitführte, bestand in bloßen Verwüstungs-
zügen. Mehrfach setzte er sogar heidnische Slawen, die Wilzen
ein, auch Obodriten, deren König Witzin von den Sachsen bei
Überquerung der Elbe angegriffen und umgebracht wurde. Karl
plünderte, zerstörte, verheerte, mitunter hauptsächlich durch
Feuer, metzelte tausendfach. Nach einem Sieg bei Kiel sollen 4000
Sachsenleichen das Schlachtfeld bedeckt haben. Auch schleppte
er Jahr für Jahr große Mengen an Geiseln weg, einmal jeden
dritten Mann, «so viele er wollte», wie ein Chronist sagt, von
denen er die meisten «regelmäßig getötet» hat (Bullough). Bis 799
zog nun der «Apostel» der Sachsen, «der mit eherner Zunge das
Evangelium predigte» (Bertram), jährlich gegen sie. 802 schickte
er wieder ein Heer, indes er sich den ganzen Sommer in den
Ardennen auf der Jagd vergnügte. 804 rückte er selbst noch einmal ins Feld, wobei die Sachsen endgültig der Übermacht erlagen.[26]

Der Herrscher hatte schließlich, um jede Erhebung unmöglich
zu machen, Massendeportationen befohlen, erschreckend rück-

sichtslose Zwangsverpflanzungen großen Stils, wie sie auch die christlichen Byzantiner handhabten; «eine solche Menge von Geiseln», meldet ein Bericht, «wie man sie niemals in seinen Tagen oder in den Tagen seines Vaters noch jemals in den Tagen der Frankenkönige von dort weggeführt hat». Der Mann, der schon 794, auf der Frankfurter Synode, offen als «Haupt der abendländischen Kirche» auftrat, ließ in den Jahren 795, 796, 797, 798, 799 und 804 Tausende von Sachsen, mit Weib und Kind, rund zehntausend Familien durch seine Soldateska auf altfränkischen Boden verschleppen und diesseits wie jenseits des Rheins, in Gallien und Germanien, als Zinsleute geistlicher und weltlicher Großer ansiedeln. (Noch heute erinnern Ortsnamen in Franken wie Sachsendorf, Sachsenfahrt, Sachsenmühle daran.) Viele Deportierte steckte man aber auch in streng bewachte Lager, wo man sie ihr Leben verbringen ließ. Eine Quelle spricht geradezu von «gründlicher Ausrottung». Und nicht wenige Sächsinnen, die freilich noch nicht durch das heilige Taufbad von allem Heidendreck gereinigt sein durften, wurden während des ganzen Krieges nach Verdun geworfen, auf den großen Umschlagplatz für Sklaven.

Durch all dies haben sich die Besitz- und Eigentumsverhältnisse im Norden teilweise völlig verändert. Denn auch das geraubte Land an der Elbe verteilte Karl wieder an Bischöfe, Priester und seine weltlichen Vasallen. Und im ganzen 9. Jahrhundert wurden dann in Sachsen zahlreiche adlige Eigenklöster gegründet.[27]

So hatte Karl durch einen dreiunddreißigjährigen Krieg die «Erzheiden» doch überzeugt, «daß es noch etwas Höheres gebe, als Kampf und Sieg, als Tod auf dem Schlachtfelde», wie uns Kardinal Bertram, der Anfeurer zweier Weltkriege, der Hitlerbeisteher, versichert, hatte Karl «das Kreuz siegreich und segenspendend im jungfräulichen Boden des Sachsenlandes aufgepflanzt». Und endlich das Wichtigste, «waltete segensreich und vermittelnd die stille Hoheit des Krummstabes neben der Macht des königlichen Scepters und Schwertes».[28]

## Karls Blutgesetze

Während seines Kampfes erließ der König drakonische Gesetze; jeweils dann offenbar, wenn er glauben mochte, die Sachsen endgültig unterjocht zu haben und zur «Ordnung» übergehen zu können: vor allem die Capitulatio de partibus Saxoniae (782) und das Capitulare Saxonicum (797). Und da die Übertritte zum Christentum durch Massentaufen erzwungen worden waren, das sächsische Volk aber insgeheim weithin am Heidentum festhielt und den Klerus verabscheute, drang Karl auf restlose Ausrottung des alten Glaubens und seiner Riten, auf die Zwangstaufe aller Sachsen, die vollständige ideologische Umerziehung. Von den vierzehn die Todesstrafe verhängenden Bestimmungen der Capitulatio betreffen zehn allein Vergehen gegen das Christentum. Er hatte zuvor auch den Rat des Papstes eingeholt und orientierte sich zudem ganz offensichtlich an jener Missionsmethode der Fuldaer Mönche zur Vertilgung des Heidentums, die mit rücksichtslos durchgeführten Massentaufen und vollständiger Vernichtung seiner Heiligtümer begann.

Mit einem stereotypen «morte moriatur» wird alles bedroht, was die Verkünder der Frohen Botschaft ausmerzen wollten: das Berauben und Zerstören von Kirchen, die Verbrennung Toter, das Verweigern der Taufe, das heimliche Umgehen der Taufe, die Verhöhnung des Christentums, die Schmälerung kirchlichen Besitzes, das Darbringen heidnischer Opfer, die Ausübung paganer Bräuche etc.

Das hört sich so an:

«3. Wenn jemand gewaltsam in eine Kirche eindringt und in ihr etwas raubt oder stiehlt oder die Kirche in Brand steckt, so sterbe er des Todes.

4. Wenn jemand das heilige vierzigtägige Fasten aus Mißachtung des Christentums nicht hält und Fleisch ißt, so sterbe er des Todes . . .

7. Wenn jemand nach heidnischer Sitte den Leib eines verstorbenen Menschen durch Feuer verzehren läßt und seine Gebeine zu Asche brennt, so sterbe er des Todes.

8. Wenn jemand künftig im Sachsenvolk ungetauft sich verstecken möchte und unterläßt, zur Taufe zu kommen, weil er Heide bleiben will, so sterbe er des Todes ...

10. Wenn jemand gemeinsam mit Heiden etwas gegen Christen plant und mit ihnen in Feindschaft gegen die Christen zu verharren sucht, so sterbe er des Todes. Und wenn jemand diesem selben Verbrechen gegen den König und das christliche Volk zustimmt, so sterbe er des Todes.»

Sogar die Übertretung des Fastengebotes zog die Todesstrafe nach sich! (Karl selbst war das Fasten zuwider; es sei seinem Körper, klagte er, nicht zuträglich.)

Befohlen wurde: Taufe im ersten Lebensjahr, Kirchenbesuch an allen Sonn- und Feiertagen, Ablegen des Eides in den Kirchen, ja sogar die Einhaltung der kirchlichen Ehegesetze. Man forderte, wie schon Alkuin rügte, «strenge Bußen für die leichtesten Vergehen». (Am Hof Karls aber vögelte man bei Gelagen, an denen auch seine Töchter teilnahmen, ganz schön durcheinander, sollen auch Geistliche manchmal «gestrauchelt» sein.)

Da dem zwangsbekehrten Sachsenvolk wenig oder nichts am Christentum lag, mußte es weiter mit Gewalt zur Erhaltung der Kirche genötigt werden. Jedermann, Adelige, Freie, Liten, hatte den Zehnten vom Ertrag des Grundbesitzes und von allem Erwerb der Kirche zu geben. Außerdem mußte jede Kirche zwei Hufe, also zwei Bauerngüter, erhalten, sowie von je 125 Einwohnern einen Knecht und eine Magd, wodurch die Masse der Sachsen noch stärker ausgebeutet wurde als je zuvor.[29]

Der Christ Johannes von Walter fragt angesichts der grauenhaften Sachsengesetze scheinbar arglos: «Hat Karl hier im Sinne der Vertreter der Kirche gehandelt? Es ist kaum anzunehmen, daß sein Vorgehen viel Beifall fand.» So viel Falschheit, Verlogenheit in zwei Zeilen! Doch gefragt wird in dem Band «Die Nation vor Gott. Zur Botschaft der Kirche im Dritten Reich». Gefragt wird 1934. Dabei hatte Karl diese jahrzehntelangen Sachsen-(und sonstigen)Gemetzel mit dem engsten Beistand der Kirche betrieben und natürlich auch ganz und gar in deren Interesse. «Das Entscheidende war für die Kirche der Kampf für das Christentum, den Karl in Sachsen und Spanien so sichtbar führte. Durch den Heidenkrieg entsprach seine Tätigkeit der kirchlichen Auffassung vom christlichen Imperium . . .» (Zöllner).[30]

Nichts ist mehr evident. Und Einhard, dessen Berichten über Karl besondere Bedeutung zukommt, bemerkt einmal, der so viele Jahre währende Kampf sei erst beendet worden unter der Bedingung, daß die Sachsen ihrem «Teufelskult» (daemonum cultu) abschwören, daß sie den christlichen Glauben und die heiligen Sakramente annehmen und mit den Franken zu einem Volk vereint würden. Klarer, überzeugender kann man Karls Kriegsziel kaum benennen: Vernichtung des Heidentums, Ausbreitung des Christentums und Annexion.

Im (katholischen) «Handbuch der Kirchengeschichte» stehen die Sachsenkriege unter der Überschrift: «Die Abrundung des fränkischen Großreichs».[31] So läßt sich das auch betiteln, gewiß, ohne jede Spur von Barbarei, von Blut. Einfach und sauber! «Die Abrundung» – klingt glatt, beinah elegant. Es hat was Spielerisches, fast Artistisches. Als ging's um ein Kunstwerk, ein Staatskunstwerk. Und für ein Großreich, ist da nicht ohnedies alles erlaubt? Jedenfalls solang es «glückt»?

## 2. Die Beraubung und Auslöschung der Awaren (791–803)

Noch während Karl die Sachsen und Friesen blutig unterjochte, zerstörte er gleichzeitig das um 570 in Ungarn gegründete Awarenreich, zu dessen unmittelbarem Nachbarn er durch die Beseitigung des Baiernherzogs geworden war.

## KARLS KURZER PROZESS MIT TASSILO

Bayern hatte sich staatlich, rechtlich und sozial unter der dort alles dominierenden Führung der Agilolfinger gebildet und entwickelt. Erst mit den beiden Feldzügen Karl Martells geriet das Land, wenn vielleicht auch noch nicht unter die Oberhoheit der Franken, so doch in Abhängigkeit von ihnen, die nach der schweren Niederlage der bayrischen Armee im Jahr 743 (S. 328 f.) noch beträchtlich wuchs. Das Papsttum, das damals Herzog Odilo schmählich verraten hatte, ließ erst recht dessen Sohn Tassilo im Stich, als Karl ihn stürzte.

Dabei war Tassilo III. (748–788), der letzte Agilolfinger, dessen Herrschaft von Anbeginn unter der Hoheit seines Onkels, des Hausmeiers Pippin, stand, klerusergeben wie wenige Fürsten, vor allem «der ewigen Liebe und des furchtbaren Grauens halber, um dem Pfuhle des Teufels zu entgehen und den Himmelssaal zu verdienen». Er förderte die Geistlichkeit in jeder Weise. Er schützte die Priester durch ein hohes, die Bischöfe durch ein unerschwingliches Wergeld. Er begünstigte die Mission der Angelsachsen und des Bonifatius. Er holte Märtyrerleiber herbei, den Leichnam Valentins nach Passau (746), den Corbinians nach Freising (765). Er füllte Bayern mit Kirchen, mit Mönchsbehausungen und beschenkte sie verschwenderischer als irgendeiner seiner Vorgänger. Er gründete wahrscheinlich die Klöster Mattsee, Münchsmünster, Pfaffenmünster, Wessobrunn, sicher aber 769 das Kloster Innichen im Pustertal, «um das ungläubige Geschlecht der Slawen auf den Pfad der Wahrheit zu führen», und 777 das ungewöhnlich großzügig bedachte Kloster Kremsmünster im Traungau, ebenfalls als Vorposten und Stützpunkt der Slawenmission, als Sicherung seines Regiments über die Heiden. Missionarische, politische, wirtschaftliche Motive hängen hier, wie so oft, untrennbar zusammen.

Überhaupt dehnte Tassilo die bayrische Herrschaft immer weiter nach Süden und Osten aus, wobei nicht zuletzt eben Klostergründungen eine wichtige Vorarbeit leisten, die entscheidende Rolle aber ein Krieg spielt. Im Jahr 772 nämlich werden der Her-

zog, die Bischöfe und der Adel Bayerns durch einen gewissen
«Clemens peregrinus» zu einem «Kreuzzug» gegen die Heiden
Karantaniens aufgerufen, ein Land, das vor allem das heutige
Kärnten sowie Teile der Ober- und der Mittelsteiermark umfaßte.
Dort herrschten Slawenfürsten, bis 828 deutsche Grafen an ihre
Stelle traten. «Gott verleihe den Baiern den Sieg gegen ihre Fein-
de, wie einst Gideon; Gott möge Tassilo Mut geben, wie Samson;
Gott sei mit ihnen wie mit David, der Goliath besiegte. Gott . . .»
etc. Tassilo führte den «Kreuzzug», zog nach Kärnten, brachte die
Karantanen um ihre politische Selbständigkeit und eröffnete damit dort «den Beginn der Deutschen Herrschaft bis in die neueste
Zeit hinein» (Waldmüller). *«Dieser Sieg Tassilos III. über die Slawen hat für mehr als ein Jahrtausend die Herrschaft der Deutschen über die Slawen bestimmt* und zugleich Deutschland und
christliche Mission in die gleiche Front gebracht» (Klebel).[32]

Noch Anfang der siebziger Jahre hatte Tassilo seinen Sohn
Theodo von Papst Hadrian I. taufen und salben lassen. Und sein
Herzogtum besaß auch schließlich «quasikönigliche Gewalt, der
nur das *nomen regium* fehlte» (Schlesinger). Doch 781 einigte sich
Karl anläßlich seines Rombesuches mit Hadrian zu einem gemeinsamen Vorgehen gegen Tassilo. Noch im selben Jahr erschienen zwei Gesandte des Königs sowie zwei vom Papst beauftragte
Bischöfe bei dem Herzog und drängten ihn zur Erneuerung des
einst Pippin geleisteten Lehnseides. Tassilo lenkte zunächst ein,
widersetzte sich dann aber erneut und bat 787 den Papst um
Vermittlung. Der jedoch lehnte nicht nur strikt ab, sondern drohte Tassilo und seinen «Mitschuldigen» mit dem Anathem, falls er
nicht Karl in allem gehorche. Ja, er erklärte, ein eventueller fränkischer Angriffskrieg gegen ihn sei ein «gerechter Krieg». «Wenn
der Herzog durch meine Worte nicht bewogen wird, zu seiner
Pflicht zu stehen, werden Karl der Große und sein Heer von jeder
Sünde freigesprochen und der Verantwortung für Brandschat-
zung, Tötung und jeglicher Schadenshandlung, die zum Nachteil
Tassilos und seiner Komplizen geschieht, enthoben.» Karl dagegen versprach er für alles mögliche Unheil, das er über die Bayern
bringe, von vornherein die Absolution. Und als dieser 787 mit drei

Heeren konzentrisch auf Bayern vorrückte, fand er keinen ernsthaften Widerstand. Die bayrischen Großen, «namentlich die Bischöfe» (Heuwieser), hielten es selbstverständlich mit dem Stärkeren. Tassilo mußte sich kampflos ergeben, seinen Treueid erneuern und bekam sein Herzogtum als Lehen zurück.[33]

Schon im folgenden Jahr aber wurde Tassilo auf den Reichstag nach Ingelheim zitiert, wo ihn Karl sofort verhaften und entwaffnen ließ. Dann nahm man in Bayern auch Tassilos Frau, Kinder nebst Gesinde fest und brachte sie gleichfalls herbei. Erst danach beschuldigten ihn auf der Reichsversammlung «Anhänger einer vom bayrischen Episkopat angeführten tassilofeindlichen Partei» (Sprigade); Leute, nebenbei, die in seinem Gefolge nach Ingelheim gekommen waren, eines angeblichen Bündnisses mit den Awaren, und man machte ihm förmlich den Prozeß. Allerdings nicht wegen Hochverrats, was sich offenbar nicht erweisen ließ, sondern wegen seiner – 25 Jahre zurückliegenden! – 763 in Aquitanien begangenen «Fahnenflucht» (harisliz; vgl. S. 330).

Viel Dunkel hängt um diesen Tag – «wie über das Verschwinden der Hedenenherzöge in Mainfranken und der Alemannenherzöge nach 740» (Bosl). Die Versammlung verurteilte den Herzog einmütig zum Tod. Karl wandelte, angeblich «von Mitleid gerührt», so der offiziöse Annalist, «aus Liebe zu Gott und weil derselbe sein Blutsverwandter war», das Todesurteil in Klosterhaft um, gleichbedeutend mit lebenslänglichem Gefängnis – und erschien seinen Zeitgenossen auch noch als der gütige, gottesfürchtige Landesvater. Tatsächlich agierte er nur machtbesessen, bemerkenswert unbarmherzig, wirkt alles «wie eine geschickt arrangierte Szene – ein von Beginn an abgekartetes Spiel» (Epperlein).

Tassilo wurde am 6. Juli in Sankt Goar zum Mönch geschoren, dann in das Kloster Jumièges bei Rouen gebracht. Doch nach sechsjähriger Klosterhaft, wahrscheinlich in Lorsch, holte ihn Karl 794 auf einen Reichs- und Kirchentag nach Frankfurt, ließ ihn hier in einer widerlichen Farce um Verzeihung bitten für alles, was er ihm, Karl, und den Franken angetan, und auch für seine Söhne und Töchter schriftlich auf das Herzogtum Bayern und seinen persönlichen Besitz Verzicht leisten. (Den herzoglichen Schatz hatte er natürlich schon 788 zu seinen Gunsten konfisziert.) Der Rex piissimus, dessen Barmherzigkeit die Annales Laureshamenses in diesem Zusammenhang ausdrücklich rühmen, wollte also nicht nur Tassilo, sondern die ganze Dynastie vernichten. Doch verzeiht ihm Karl auch jetzt, versichert ihn seiner Huld und nimmt ihn, wie es heißt, «wieder auf in seine Liebe, da er in Zukunft sicher sei durch Gottes Erbarmung».

Auf die Erbarmung Karls mußte der Herzog verzichten. Um dessen Land endlich kassieren zu können, hatte der König ja nicht nur Tassilo, sondern auch seine Gattin Liutperga, die Tochter des Langobardenkönigs Desiderius, hinter Klostermauern stecken lassen, ebenso ihre Söhne und ihre Töchter; Rotrud in Soissons und Gotani in Chelles, hier beaufsichtigt von Karls eigener Schwester. Tassilos ältesten Sohn Theodo brachte man nach St. Maximin in Trier, das Klostergefängnis ihres zweiten Sohnes Theopert ist nicht bekannt.

Tassilo starb im Kloster Laurisham (Lorsch) am Rhein; wann, weiß man nicht. Auch König Desiderius war ja durch Karl in einem Klostergefängnis verendet. Und auch Hunald, der Vater des Herzogs Waifar von Aquitanien (S. 373), endete wahrscheinlich dort, nachdem er sich, nach bereits 25jährigem Klosteraufenthalt, 768 noch einmal zu einem Aufstand hatte hinreißen lassen. Bayern wurde fränkische Provinz, wo erst «Statthalter», dann Unterkönige regierten. Und die bayerische Kirche, Tassilos wichtigstes, von ihm reich ausgestattetes Regierungsinstrument, wechselte zu Karl über.[34]

Mit Tassilos III. Absetzung und Gefangennahme zu Ingelheim 788 war Bayern fränkische Provinz und das Awarenreich zum unmittelbaren Nachbarn der Franken geworden.

## Ersichtlich ein heiliger Krieg

Unter dem Druck der Turkvölker (eigentlich Türkvölker, Türken) waren die Awaren, ein zu den Hunnen gehörendes, vermutlich protomongolisches Steppen- und Reitervolk aus Zentralasien, nach Westen gestürmt. In der zweiten Hälfte des 6. Jahrhunderts besetzten sie die Theißebene und den ganzen mittleren Donauraum für mehr als zweihundert Jahre. Bereits um 550 standen sie auch am Ostrand Germaniens und wurden im nächsten Jahrzehnt, als sie unter dem Khagan Baian ein energisch regiertes Großreich zwischen den Ostalpen und dem Schwarzen Meer zu gründen begannen, von dem Merowinger Sigibert I. bekämpft. 561 siegte er zwar über sie an der mittleren Elbe, mußte sich aber fünf Jahre später einen Tributfrieden erkaufen.

Mit breiten Massen slawischer Hilfstruppen attackierten sie weiter den Balkan. Ein Teil der um die Donau ansässigen Germanen und Sarmaten vermischten sich mit ihnen. 506 vernichteten sie, verbündet mit den Langobarden, die ostgermanischen Gepiden (S. 105). Und als jene 568 nach Italien zogen, drangen in die verlassenen pannonisch-norischen Landstriche Awaren und Slawen ein, die damit zu östlichen Nachbarn der Bayern wurden. Doch tendierte ihre Stoßrichtung vorerst noch nach Süden, vor allem nach Konstantinopel, dessen Bundesgenossen sie einst gewesen, das sie aber 626 mit Slawen, Gepiden, Bulgaren und anderen Hilfsvölkern von der europäischen Seite her einschlossen, während es die Perser an der asiatischen abriegelten. Die kleine slawische Flotte wurde vernichtet, und das Landheer scheiterte an den unbezwingbaren Mauern. Als Hunger und Seuchen die Awaren zum Rückzug zwangen, worauf auch die Perser abzogen, war das Ansehen des Khagans bei seinen Untertanen und Verbündeten erschüttert, wurde seine Herrschaft durch die slawischen Hilfsvölker beseitigt: bei den Sudetenslawen, den Bulgaren und in Dalmatien. Zwar erstarkten die Awaren noch einmal um 750, dominierten sie die Slawen ihres Machtbereichs durch neun befestigte, von einem ringförmigen Wall umgebene Lager, die sogenannten «Awarenringe»: Stützpunkte, in denen sich Le-

bensmittel, Kriegsbeute und unermeßliche Schätze häuften, wobei man das Zentrum awarischer Macht östlich des Wiener Walds
vermutet. Doch dann ging Karl gegen sie vor und gab ihnen den
Todesstoß.[35]

Nachdem er Bayern an sich gerissen – von 788 an zählte man in
den bayrischen Urkunden die Jahre «seit König Karl Baiern erwarb» –, wurde es noch mehr in den Dienst der Awaren- und
Slawenmission gestellt, wurden Krieg und Predigt im Südosten
erst recht fortgesetzt, wobei die Annales regni Francorum als
Hauptgrund für die Eröffnung der Feindseligkeiten die Christen-
feindschaft der Awaren anführen, die angebliche allzu große und
unerträgliche Übeltat, «die die Awaren gegen die heilige Kirche
und das christliche Volk begangen hatten, weil man durch Abgesandte keine Genugtuung erlangen konnte . . .» In Wirklichkeit
wollte der König, ein notorischer Eroberer, expandieren, wollte
er offensichtlich das Land zwischen Enns und Donau als «pannonische Mark».

Die Awaren waren 788 zur Rettung Tassilos mit zwei Armeen
nach Bayern und Italien vorgedrungen, aber zu spät gekommen
und überall zurückgeschlagen worden. Viele Tausende von ihnen
krepierten auf den Schlachtfeldern oder kamen fliehend in der
Donau um. Und 791 stieß Karl, während gleichzeitig italienische
Truppen unter dem Herzog von Istrien von Südwesten ins Awarenreich einfielen, mit zwei weiteren großen Truppenkontingen-
ten nach Ungarn vor. Weit und breit verwüstete er das Land bis
zur Raab – nicht ohne alles auch entsprechend kirchlich vorbereitet zu haben.

«Mit Gottes Hilfe» hatte es, wie stets, begonnen. Und als man
am 5. September an die Enns kam, die Grenze zu den Awaren,
hielt man erst drei Tage lang Bittgänge, wobei «alle», wie Karl der
Gattin Fastrada schreibt, «barfuß» mitgegangen seien. Dazu kamen Gottesdienste über Gottesdienste. Jeder Bischof und Priester
hatte drei Messen, jeder Kanoniker und Mönch drei Psalter zur
«Abwendung der Kriegsnot» (Ahlheim) beizusteuern, die man ja
gerade über weite Gebiete zu verbreiten begann. Das Ganze förderte noch allgemeines Fasten. Doch davon konnte man sich

bereits loskaufen – erwarb man die «Licenz» des Weintrinkens oder Fleischverzehrs gegen Geld. Mit alldem erstrebte man «Gottes Trost», schreibt der Reichsannalist, «für die Rettung des Heeres und die Hilfe unseres Herrn Jesus Christus und für den Sieg und die Rache an den Awaren». Über die kommt denn auch bald «vom Herrn ein Schrecken», weil eben «Christus sein Volk führte» – und der allerchristlichste König, darf man ergänzen; begleitet von seinem Erzkapellan, dem Bischof von Metz, Angilram, der dabei starb, dem Bischof Sindpert von Regensburg, der dabei fiel, den Bischöfen Arno von Salzburg, Atto von Freising sowie vielen anderen Klerikern. Sie alle machten sich schließlich ans fromme Werk – «eine ungeheure Arbeit wurde geleistet, die den Samen des Christentums dort zum Keimen brachte, wo das Schwert Karls des Großen die Furchen aufgepflügt hatte» (Daniel-Rops).[36]

Da die Awaren aber sich keiner Feldschlacht stellten, da das wald- und sumpfreiche Land die Offensive hemmte und zudem im Heer eine Männer, vor allem jedoch neun Zehntel der Pferde, Tausende von Tieren hinwegraffende Seuche ausbrach, die jede weitere Verfolgung unmöglich machte, mußte die erste Attacke entscheidungslos abgebrochen werden. Immerhin war ein Teil-, ein Ersterfolg erzielt. Immerhin soll Karl – der hier ja «sichtlich einen heiligen Krieg» führte, «an dessen Ende nur die völlige Besiegung und Bekehrung des Feindes stehen konnte» (Kalckhoff) – eine gewaltige Beute aus seinem Sakralunterfangen weggeschleppt haben sowie eine große Menge von Gefangenen.

Auch gab er nicht nach. Im nächsten Jahr, 792, ließ er eine bewegliche Schiffsbrücke herstellen, um die Donau leichter überqueren zu können. Und 793 befahl er, durch einen «großen Graben», den «Karlsgraben», den Main mit der Donau zu verbinden, das Zentrum Frankens mit dem Südosten – im abendländischen Frühmittelalter der einzig bekannte Versuch (sicher vorwiegend aus strategischen Gründen) eines Kanalbaus, der freilich durch fortgesetzte Regenfälle und an technischen Schwierigkeiten scheiterte.[37]

795 griffen fränkische Truppen unter Karls Sohn Pippin, Un-

terkönig in Italien, und dem Markgrafen Erich von Friaul erneut die Awaren in Südungarn an. Dabei kam es bei diesen zu einer Empörung und Ermordung ihrer Fürsten. Der Haupt-«Ring» (kürijän, Lager), die wichtigste Festung im Landesinnern, wurde erobert, die awarische Königsburg geplündert, eine ungeheure, jahrhundertelang aufgestapelte Menge an Gold und Silber, Waffen und Schmuck geraubt und an Karl nach Aachen übersandt, der einen Teil davon mit «freigebiger Hand» den Bischöfen spendete, bis hinüber nach England, auch dem Herrn Papst, ihm sogar «einen großen Teil». Die ganze abendländische Christenheit erfreute sich «an dem durch Christi Gnade erhaltenen Schatze».

Und bald erfreute sie sich schon wieder. Denn bereits im nächsten Jahr, als der Tudun, ein Awarenfürst, sich in Aachen taufen ließ, drang Karls Sohn Pippin, begleitet wiederum von Bischöfen, den Oberhirten von Salzburg, Passau, Aquileja, von Italien aus in den «Ring» ein, den er zerstörte. Zuvor aber hatte er noch immer riesige Beute herausgeholt, Kostbarkeiten und Edelmetalle, und gleichfalls nach Aachen geschickt, wo man damals wahrscheinlich eine besondere Schatzkammer anlegte. (Die awarischen Khagane hatten im 6. und 7. Jahrhundert von Byzanz jährliche Zahlungen von bis zu 120 000 Solidi erhalten; durch den plötzlichen Zufluß soll der Wert des Edelmetalls im Frankenreich um ein Drittel gesunken sein.) Fünfzehn vierspännige Ochsenwagen mußten das ungeheure Raubgut aus dem «heiligen Krieg» zum hl. Karl nach Aachen bringen. Man erinnere sich nicht, schwärmt Einhard, daß sich die Franken je in einem andren Krieg durch Beute mehr bereicherten. Und wiewohl Laie (der freilich dennoch an der Spitze mehrerer Kirchen stand), fügt er mit pfäffischem Zungenschlag hinzu, «daß man mit Recht sagen kann, die Franken hätten den Hunnen rechtmäßig das weggenommen, was diese früher anderen Völkern unrechtmäßig geraubt hatten».

Doch dauerten die Feldzüge zur Unterwerfung der Awaren noch lange fort, noch 797, 799, 802, 803 gab es Heerfahrten. «Die friaulischen und ostmärkischen Markgrafen standen wohl ständig im Kampf» (Zöllner); «fast jedes Jahr eine neue Aktion» (Brackmann).

Die Härte des Krieges ist freilich umstritten. Die Reichsannalen kaschieren wohl seine Schwere. Andere Quellen melden große
Grausamkeiten der Franken. Auch Einhard schreibt, Karl habe
das Unternehmen leidenschaftlicher und mit größerem Aufwand
geführt als alle anderen, «mit größter Hartnäckigkeit». «Das völlig menschenleere Pannonien und die Verwüstung der Residenz
des Khans, wo heute keine Spur menschlichen Lebens aufzufin-
den ist, sind Zeugen der vielen blutigen Schlachten, die in diesen
Jahren gefochten wurden. Der gesamte hunnische Adel und damit auch sein Ruhm gingen dabei zugrunde.»

Die Awaren erhoben sich wiederholt gegen ihre Unterdrücker,
erschlugen 799 den Markgrafen Erich von Friaul bei Fiume im
Kampf um die hochgelegene Burg Tersatto (Tarsatica), bald darauf
den königlichen Präfekten (Statthalter) von Bayern, Gerold I., den
Schwager Karls, einen besonders begabten und tätigen Haudegen,
dessen Andenken zumal im Kloster Reichenau lebendig blieb –
«märtyrerhaft gesteigert» (Störmer). Auch die Markgrafen Erich
Kadaloh und Gotchramm kamen im Krieg um. Doch 803 wurde
ganz Westungarn, bis in die Nähe des heutigen Belgrad, als «Pannonische Mark» dem Frankenreich lose eingegliedert.

826 werden die Awaren ein letztes Mal genannt. Sie verschwinden tatsächlich aus der Geschichte. Und nichts während der
Regierung Karls beeindruckte die zeitgenössischen und späteren
Geschichtsschreiber und Poeten, die den Königssohn Pippin, den
Führer der Feldzüge, in zahlreichen Gedichten verherrlichten,
mehr als die Erbeutung des gewaltigen Awarenschatzes und die
totale Vernichtung des awarischen Reiches – noch ein Jahrhundert später weist man auf die «Wüste» östlich der Bayern hin. Und
noch im 20. Jahrhundert begeisterten sich die Historiker für diese
Leistung des «großen» Franken, starren sie verzückt auf die Folgen, die Folgen des Elends, das neue Elend, das fortgesetzte
Blutvergießen, den fortgesetzten Raub. Ja, wieder war es natürlich eine «Großtat», «ein unvergleichliches Verdienst Karls des
Großen um die deutsche Geschichte» (Heuwieser). Denn: *«Ohne
Awarenkrieg Karls keine Wendenzüge Heinrichs des Löwen, keine Preußenzüge der deutschen Ritter»* (Klebel). Und natürlich

bildet gerade dies Wirken des Königs auch «für die Kirchengeschichte Österreichs ... einen epochemachenden Abschnitt»
(Tomek).

Während aber König und Kirche im blutig geraubten Reichtum schwammen, grassierten Elend und Hungersnöte im Volk.
Wie überhaupt während der ganzen Regierungszeit Karls Hungersnöte wiederkehrten, chronische Unterernährung herrschte,
häufiger Bettel, und keinesfalls nur infolge Naturkatastrophen,
Überschwemmungen etwa, Seuchen, sondern natürlich auch und
gerade wegen der schaurigen sozialen Verhältnisse, des ständigen
Geschröpftwerdens durch die potentes, die Herrenschicht: durch
die Abgabenlasten, Steuerforderungen über den zugelassenen
Satz hinaus, durch überhöhte Preise, falsche Maße, durch Ver-
schuldung, Verpfändung, Raub des Besitzes, wobei die Armen
schon seit der christlichen Merowingerzeit nicht nur unterdrückt,
sondern verachtet waren, die Besitzenden sich von ihnen belästigt
fühlten, in Notzeiten üblicherweise Hunde auf die Bettler hetzten,
sogar Bischöfen das Vertreiben der Bettler durch Hundemeuten
verboten werden mußte. Regelmäßig unterstützt haben Kirchen
und Klöster «nur wenige Menschen, ausgewählt vom Klerus»
(Mollat), in der Karolingerzeit anscheinend gewöhnlich 12. Und
sie mußten für diesen Vorzug alle möglichen Gegenleistungen
erbringen.

In Notzeiten aßen die Armen Brot aus Traubenkernen, Farn-
wurzeln und Gras. Nicht wenige karolingische Annalenwerke
halten zumindest die Hungerkatastrophen fest. 784 «wurde in
Gallien und Germanien ein Drittel der Bevölkerung dahinge-
rafft ...» «Manche holten die Verhungernden ins Haus, töteten
sie und legten sie in Salz ein», «Menschen aßen Menschen, Brüder
ihre Brüder, Mütter ihr Kinder». Was konnte man dagegen tun?
Pierre Riché schreibt: «Man konnte nur vermehrt beten, um das
Ende der schlimmen Zeit herbeizuführen.»

Denen aber, die das hungernde und mitunter verhungernde
Volk das Beten lehrten, ging es gut, vielen immer bèsser. Denn wie
sie von der Abschlachtung der Sachsen profitierten, so auch vom
Awarenkrieg. Er machte sich, zumal für die österreichische Kir-

che, hochbezahlt: durch ein Jahrtausend, bis zur Säkularisation von 1803, war sie so immens begütert.[38]

## Wieder einmal: Kriegsgewinnler Kirche

Wie Karls Sachsenkriege Sachsen der christlichen Mission erschlossen, so seine, meint Ranke, fast geistlichen Awarenkriege den Raum bis zur Raab, die neue «Pannonische Mark» (Westungarn), ein weites Gebiet, anscheinend mehr slawisch als awarisch. Freilich hatten da schon andere gepredigt, hatten schon die durch Tassilo III. gegründeten Klöster, Innichen etwa oder Kremsmünster, eine systematische Slawenbekehrung betrieben, wozu noch die entsprechende Arbeit der Bistümer trat. Soll doch überhaupt im awarischen Pannonien durch den – von Rom und Bonifatius befehdeten – Salzburger irischen Mönchsbischof Virgil (S. 321 f.) die slawische Bevölkerung bereits christlich gewesen sein.

Wer im übrigen diese «Südostkolonisation», diese «Eindeutschung» des östlichen Alpengebiets und darüber hinaus mehr vorantrug, die Klöster, die Bischofkirchen oder einige (sonstige) hohe Adlige, ist schwer zu sagen, wohl auch von Fall zu Fall verschieden. Kein Zweifel aber: überall wirkten Krieger und Missionar, weltliche und geistliche Herrschaft, Germanisierung und Christianisierung zusammen. Denn die Kirche, die große Ländereien bekam, hatte die geraubten Gebiete zu christianisieren und die unterworfene Bevölkerung an das Frankenreich zu binden.

Noch vor dem Waffengang 796 hatte Pippin in seinem Feldlager am Donaustrand mit den Bischöfen Arn von Salzburg, Paulinus von Aquileja und anderen Prälaten die Christianisierung der Awaren besprochen, wohl auch schon die Aufteilung des eroberten Landes in Missionssprengel ventiliert. Die Erzbischöfe und Bischöfe der angrenzenden Gebiete begleiteten ja auch die Invasoren: Arn von Salzburg, ein Günstling Karls (und seit 798 Erzbischof: eine Folge der Awarenkriege), zog mit den bayrischen, der Patriarch Paulinus von Aquileja mit den italienischen

Truppen. (Sein Nachfolger, Patriarch Ursus, stritt bald mit Erzbischof Arn, da ihre Missionare, vermutlich in der Gegend von
Villach, aufeinanderstießen und keiner von ihnen genug bekommen konnte!)

Aquileja hatte nach dem Krieg ausgedehnte Ländereien erhalten, auch die großen bayrischen Bistümer Salzburg, Freising,
Regensburg, Passau überall reichen Besitz eingestrichen. Und im
9. Jahrhundert griffen sie stets weiter aus: Regensburg im Bur-
genland und in der südlichen Slowakei; Freising in Kärnten, den
Dolomiten; Passau bis zum Wienerwald und zur Raab; Salzburg
weit nach Pannonien, bis gegen den Plattensee und die Mündung
der Drau. Lauter Früchte des siegreichen Raubzugs. Diese «Bauern» der Klöster siedelten bis zum Plattensee und Fünfkirchen.
Mit Vorliebe ließen sich die Deutschen an der Donau nieder,
während die Slawen an die kleinen Flüsse auswichen. Sclavi wurde nun gleichbedeutend mit servi, Leibeigenen. Versklavung und
Verbreitung der Frohen Botschaft hingen untrennbar zusammen,
Staat und Kirche arbeiteten auch hier Hand in Hand. Wie dem
Eroberer der Missionar folgte, so beiden die Verknechtung.[39]

Die durch Karl derart erbeutete und dann christianisierte Pannonische Mark ging 895 bei der madjarischen Landnahme wieder
verloren, das Christentum wurde zum Teil vernichtet. Doch hielten die bayrischen Bistümer und Klöster auch jetzt «ihren Besitz
im Lande fest, so gut oder schlecht es gehen wollte» (Dannenbauer). Und nach der Vertreibung der Ungarn knüpften sie hier
wieder an: Passau, Salzburg, Brixen, Regensburg, Eichstätt, Freising, viele Klöster, besonders Niederalteich und Tegernsee. Hatten sie doch dafür die unerläßlichen Voraussetzungen für jede
größere «Kolonisation»: Menschen und Mittel, die nötigen Hörigen und das nötige Geld. Das Christentum konnte sich im 10.
und 11. Jahrhundert dort wieder ausbreiten und unter Stephan
dem Heiligen endgültig etablieren: eine Basis für weitere fromme
«Ausgriffe» nach dem Osten durch die Kreuzzüge! Die ersten drei
(1096–1099, 1147–1149, 1189–1192) führten durch das christlich
gewordene Ungarn in den Orient.[40]

Vorher aber kamen noch die Slawen an die Reihe.

## 3. Die systematische Offensive gegen die Slawen beginnt

Gab es auch längst vor Karl I. gelegentliche Konflikte zwischen Franken und Slawen (vgl. S. 236 f.), so wurde doch ihr allmähliches Einsickern nach Thüringen, Bayern, bis an Naab und Regen, Main und Regnitz («Reichswenden»), wurde das Vordringen von Menschen serbischer und böhmischer Herkunft im 7. und 8. Jahrhundert durch die fränkische Staatsgewalt nicht gestoppt, sei es, weil man nicht konnte, sei es, weil man nicht wollte. Die slawische Landnahme im 8. Jahrhundert im Gebiet am oberen Main soll sogar im Einvernehmen mit dem Reich erfolgt sein. Karl aber eröffnete als erster Frankenherrscher eine systematische antislawische Politik, mischte sich auch in innerslawische Verhältnisse ein und machte diverse benachbarte Stämme tributpflichtig bis zur Oder.

Es war die Vernichtung des Awarenreiches, die den Beginn der Christianisierung der mährischen Slawen eingeleitet hat. Sie kamen kurz nach dem ersten Feldzug 791 gegen die Awaren unter fränkische Oberherrschaft.[41]

Doch dieser neue Erfolg stillte den königlichen Aggressionsdrang nach Osten nicht. Nun kam Böhmen an die Reihe, auf drei Seiten ja bereits vom Frankenreich umgeben. Und kaum hatte Karl Sachsen und Awaren endgültig überwunden, setzte er ein weiteres großes Kriegsunternehmen in Gang. Er warf 805, in dem Jahr, in dem sein Diedenhofener Capitulare den Waffenhandel mit Slawen beschränkte, drei Heere gegen die Böhmen, in den fränkischen Quellen Beheimi (Boemani) und Cichu-Windones (tschechische Wenden) genannt. Unter Führung seines ältesten Sohnes Karl ließ er Böhmen von drei Seiten angreifen und bis über die Elbe hinaus verwüsten, auf der ein viertes Heer mit Schiffen bis Magdeburg vordrang. Und während seine Truppen buchstäblich verheerend operierten, auch Lecho, den Böhmenherzog, töteten, vergnügte Majestät selbst sich wieder einmal monatelang auf der Jagd in den Vogesen.

Freilich – «die wahre Jagd war doch die Menschenjagd, der

Krieg» (Riché). Schon 806 erfolgte ein neuer Feldzug gegen Böhmen, der eigentlich aber nur eine Wiederholung des letzten war. Wieder stieß man mit drei Heersäulen aus Bayern, über das Fichtelgebirge und von Norden her gegen die Böhmen vor, die in die unwegsamen Wälder entwichen. Man unterjochte auch die östlich des limes sorabicus siedelnden slawischen Stämme und erzwang Steuern, Gold, Silber, Vieh, das die Böhmen mindestens bis in die Mitte des 11. Jahrhunderts entrichteten. Weitere erfolgreiche Angriffe wider die Heiden im Osten und Norden schlossen sich an. Noch 806 befahl Karl den Krieg gegen die Elbslawen, die Nachbarn der Böhmen. Nachdem einer ihrer Fürsten getötet worden war, unterwarfen sie sich. Und schließlich beugte man auch die Wilzen.[42]

Böhmen, Wilzen und Awaren wurden, wie Notker der Stammler, der Mönch von St. Gallen, von seinem im kaiserlichen Gefolge ziehenden Recken Eishere aus dem Thurgau rühmt, «wie das Gras auf der Wiese gemäht». Sieben, acht oder neun dieser «Kröten» (ranunculi) pflegte er auf seiner «Lanze aufgespießt» mit sich herumzutragen. Und unser Monachus Sangallensis läßt seinen Thurgauer Kämpen noch recht christlich hinzusetzen: «Unnützer Weise haben der Herr König und ich uns mit diesem Wurmzeug (vermiculos) abgemüht.»[43]

Was die Slawen für den Mönch des 9. Jahrhunderts, immerhin einen Seligen der katholischen Kirche, waren, «Kröten» und «Wurmzeug», sind sie durch sehr viele Jahrhunderte für sehr viele Christen geblieben.

Seit der Jahrhundertwende stand die «Slawenmission» für den Kaiser im Vordergrund. Ob es dabei mehr um Christianisierung oder um das Aufzwingen von Tributpflichten ging, sei dahingestellt. Jede Verweigerung der Abgaben wurde als Aufstand betrachtet und als Grund für einen neuen Krieg. Die fortwährenden Feldzüge aber und das – auch im ganzen 9. Jahrhundert – bewußt eingesetzte «Prinzip ‹divide et impera›» (Nový) hatten jeden festeren Zusammenschluß der sorbischen Stämme zu verhindern.

Besonders bemerkenswert dabei, daß der Krieg gegen die Böhmen kurz nach dem Besuch Papst Leos III. im Jahr 804 bei Karl begann, und überhaupt jetzt die Offensiven gegen die Slawen, im Unterschied zu allen früheren, schnell vorübergehenden Zusammenstößen, systematisch geführt worden sind. «Erst mit der Übersendung der Awarenbeute an den Papst und mit der Begründung des Erzbistums Salzburg kam es zu einem planmäßigen Vorgehen, und diese Ereignisse hängen ihrerseits wieder . . . mit dem Bündnisschluß zwischen Karl und Leo III. im Jahre 796 aufs engste zusammen.» «Am Anfang der karolingischen Slawenmission steht Karls des Großen Bund mit Rom» (Brackmann).

Am Ende all dieser Raubzüge stand ein Viertel des heutigen Südosteuropas unter fränkischer Oberhoheit: Böhmen, Mähren, Westungarn und der nordwestliche Balkan.[44]

808 und 810 führte Karl noch Feldzüge gegen die Dänen – ausnahmsweise Verteidigungskriege. König Göttrik hatte 808 Nordalbingien überfallen, den Ostseehafen der Abodriten, der mit den dänischen Häfen konkurrierte, zerstört, hatte zwei Jahre später mit einer Flotte von 200 Schiffen Friesland heimgesucht und die Friesen in drei Schlachten geschlagen. Karls Abwehr war nicht sehr erfolgreich, und Göttrik drohte, demnächst gegen Aachen zu ziehen. Karl, der einen gefährlichen, vielleicht sogar katastrophalen Schlag erwarten mußte, inspizierte seine Flotte und trommelte im ganzen Reich Truppen zusammen. Doch der Dänenkönig kam nicht. Einer seiner Leibgardisten hatte ihn getötet.

Die «Expansionskraft» der Franken war inzwischen erschöpft, auch die Kriegslust vieler, besonders die der freien Bauern; und der Landhunger des Adels war weitgehend saturiert. Im nächsten Jahr schloß Karl Friede mit den Dänen (deren Land Thron- und Parteikämpfe zerrissen) – und jagte gleich darauf drei Heere in die verschiedensten Himmelsrichtungen, «eines über die Elbe gegen die Linonen, welches ihr Gebiet verwüstete und die im vorigen Jahre von den Wiltzen zerstörte Feste Höhbeck an der Elbe wiederherstellte, das andere in die pannonischen Länder, um den Streitigkeiten mit Hunnen und Slawen ein Ende zu machen, das dritte endlich gegen die Bretonen, um sie für ihre Treulosigkeit zu bestrafen. Alle führten ihre Sache glücklich aus und kehrten ohne Verlust zurück» (Annales regni Francorum).[45]

Der Verlust war fast immer auf der anderen Seite. Ganz überwiegend. Und das Unglück auch. Doch davon sprechen die
fränkischen Quellen kaum, andeutungsweise, allenfalls – wie die
Historiker in der Regel (und ich rede hier, wie auch sonst stets,
nur vom *Regelfall*) noch jetzt. Sie halten sich eben an das, was sie
lesen. Woran sonst? Ist das nicht korrekt? Eben nicht. Denn wo so
viel Triumph gemeldet wird, so viel Sieg und Heil und Heil und
Sieg, gibt's stets auch viel vom Gegenteil, und bei den Besiegten
nicht allein. Doch davon schweigen weithin die Sänger, von den
alten Annalisten bis zu den Gelehrten heute. Sie alle liegen vor
Karl «dem Großen» ganz gewöhnlich auf dem Bauch.

Warum? Doch nicht wegen der – um sie denn einmal zu nennen
– Karolingischen Renaissance? Die ja, nach Motiv wie Zusam-
menhang, vor allem mit der «Reform» der fränkischen Kirche
sich verband; die, wie diese, im wesentlichen dieselbe Zielsetzung
hatte, somit auch niemandem mehr als der Kirche diente; den
Geistlichen und Mönchen, ihrem – gewöhnlich! – Minimum an
Wissen, an Bildung, der «Emendation» gerade auch christlicher
Opera, des Alten, des Neuen Testaments, der Kirchenväter . . .
Während etwa die Erstellung einer deutschen Grammatik, die
Sammlung germanischer Literatur schon unter Karls Sohn und
Nachfolger Ludwig dem Frommen wieder abgebrochen worden
ist.[46]

Natürlich leugnet niemand auch sonst einen gewissen Gewinn;
etwa für die Tradierung antiker klassischer Texte. Doch dies
stand nicht im Vordergrund. Und überhaupt: auch die «Karolingische Renaissance» war eine Frucht der karolingischen Kriege.
Wie auch, was sonst noch für diesen Frankenkönig sprechen mag,
ohne diese Kriege nicht denkbar ist. Einzig und allein sie, einzig
und allein dies brutale Ausschreiten über tausendfaches Unrecht
und Leid hinweg, einzig und allein dieser vieltausendfache Terror
zum Nutzen für Reich und Kirche verhalfen Karl I. zu dem Attribut «groß». Wer jedoch war das? Das Reich? Die Kirche? Adel
und Klerus. Zumal: der hohe Adel, der hohe Klerus. Sie allein
wurden die großen Profiteure. Denn selbst die Masse des eigenen
Volkes, 90, 95 Prozent, vielleicht noch mehr, hatte davon nichts.

Nicht einmal den Frieden im eigenen Land – denn die Kriege in Bayern, in Sachsen sind, zumindest zeitweise, schon Bürgerkriege gewesen.

## EINS IM VERBRECHEN – EINS IN DER HEILIGKEIT

«Karolus serenissimus augustus a Deo coronatus magnus pacificus» (Karl, der durchlauchtigste, von Gott gekrönte, große und friedebringende Kaiser), wie der Beginn seines umständlichen Titels seit 801 lautete, dieser friedebringende, von Gott gekrönte und auch «per misericordiam Dei» (durch das Erbarmen Gottes) regierende Kaiser, der sich seit 802 auch «imperator christianissimus» nannte und (angeblich) mit den Worten des 31. Psalms starb: «In deine Hände, Herr, befehle ich meinen Geist», dieser Mensch hatte ein Gemetzel nach dem anderen veranstaltet, in seiner 46jährigen Regierung, von 768 bis 814, nahezu fortgesetzt Krieg geführt, fast 50 Feldzüge, nur in zwei Jahren, 790 und 807, schlachtete er nicht – «eine glückliche Zeit für die Kirche» (Daniel-Rops). Kein Wunder, wenn er in den Chansons de geste, den französischen Heldenepen des Hochmittelalters, bereits «zweihundert und mehr Jahre alt», mit den kühnsten seiner Recken in den Kampf reitet. Er hat die Langobarden, Sachsen, Friesen, die Bayern, Awaren, Slawen, die Basken, die Araber in Spanien, die Byzantiner in Süditalien bekriegt, in fast lauter kalt berechneten Angriffskriegen, und er hat dabei ungezählte Menschen in den Tod getrieben, einen oft grauenhaften, qualvollen Tod. Doch hat er nicht nur in Kriegen gemordet, sondern auch 4500 Gefangene töten und Tausende Familien vertreiben lassen – oder, wie es in einer der frühesten liturgischen Karlsdichtungen heißt, «Tausende niedergeworfen, die Erde von heidnischem Unkraut [!] gesäubert . . ., die Ungläubigen bekehrt, die Götzenbilder zertrümmert, die fremden Götter vertrieben». Wie denn für ihn selbst, nach seinem Biographen Einhard, die Sachsen- und Awarenkriege wichtiger waren als alle anderen politischen Aufgaben. Und wie dann ja gerade kirchliche Kreise des 10. Jahrhunderts die Sachsenkriege als sein bedeutendstes Werk für die christliche Mission in den Vordergrund stellten.[47]

Nicht nur darum nämlich, obschon schlimm genug, geht es, daß Karl «der Große» so gut wie pausenlos (die Winter meistens ausgenommen) geschlachtet, unterjocht, versklavt hat, daß er nichts so sehr war wie Krieger, Eroberer, Mörder und Räuber im größten Ausmaß – das, belehren uns seit längerem die gelehrtesten der Gelehrten, sei damals eben so üblich, sei sozusagen der (gute) Stil der Zeit gewesen, es zu tadeln ein gräßlicher Anachronismus, von unserer «aufgeklärten» (in Wirklichkeit doch noch ganz genau so erobernden, mordenden und raubenden) Zeit her geurteilt, sei überdies unangemessen richterlich, rigoristisch, moralisch beckmesserisch, kleinkariert. Nein, es geht auch darum, daß Karl «der Große» diesen ganzen ungeheuren Blutsumpf mit intensivster Beteiligung des Christentums und der Kirche seiner Zeit (die natürlich auch «zeitgebunden» waren!) angerührt, daß diese Kirche nie dagegen protestiert, vielmehr gewaltig davon profitiert hat. Es geht darum, daß christlicher Feudalstaat und christliche Feudalkirche so gut wie eins waren, eins gerade im Verbrechen.

Denn Karl, dessen eigentliches «Staatsbuch» die Bibel war, zu dessen Lieblingswerken Augustins «Gottesstaat» gehörte, regierte und agierte nicht nur als König der Franken, sondern auch als erklärter Schutzherr der Kirche, als Partner und Bundesgenosse des Papstes, wie seine Gesetzgebung, seine Korrespondenz, die Geistliche führten, und seine nächsten Mitarbeiter bezeugen. Dieser Monarch war eine Art Königspriester, war «rector et devotus sanctae ecclesiae defensor et adiutor in omnibus» (Lenker und der heiligen Kirche ergebener Verteidiger und Beistand in allen Dingen).

Reich und Kirche sind im Imperium christianum unlösbar verquickt, Hoftage und Konzilien kaum noch unterschieden. Karl beruft Synoden, führt dabei den Vorsitz, er bestimmt nach eigenem Ermessen Bischöfe und Äbte, richtet die Bistümer in Sachsen, die er brauchte, selber ein. Er läßt den Papst, als er für seine

Awarenattacke ein Erzbistum benötigt, dazu Salzburg erheben. Und er verfügt über das Kirchengut. Er bereichert die Päpste durch Land, ebenso die Bischöfe. Er gewährt ihnen zahlreiche Immunitätsprivilegien und bedroht die Verletzung kirchlicher Immunität mit dem zehnfachen Königsbann von 600 Solidi. Er gibt Bischöfen Zollbefreiung, verleiht ihnen das Münzrecht. Er läßt Kirchenraub und -brandstiftung mit dem Tod bestrafen. Vor allem aber verfügt er die allgemeine Zehntpflicht zugunsten des Klerus, und er treibt die Zehnten für die Bischofskirchen staatlich ein. Auch vermachte er der Kirche, die ihn in seinen letzten Jahren besonders beschäftigte, drei Viertel seines Barschatzes (während seinen Kindern und Enkeln zusammen nur ein Zwölftel der beweglichen Hinterlassenschaft zufiel, so viel wie der Hofdienerschaft). Und hingen auch die Prälaten ganz von ihm ab, war doch ihr Einfluß unter ihm, den zumindest alle fränkischen als allgemeines Haupt der Kirche anerkannten, beträchtlich gewachsen; sie zogen mit Karl in den Krieg, fungierten neben den Grafen als Richter und spielten die Hauptrolle am Königshof.[48]

Zum engeren Mitarbeiter- und Freundeskreis des Herrschers zählten der Erzbischof Beornrad von Sens, der Patriarch von Aquileja, Paulinus, der Bischof Theodulf von Orléans, der Angelsachse Alkuin, früherer Leiter der Klosterschule von York, dann Abt von Saint-Martin in Tours, der einen fast entscheidenden Einfluß auf die Kaiserpolitik hatte. Überhaupt gehörten zu seinen nächsten, das Hofleben besonders beherrschenden Vertrauten einige weitere Äbte: sein Vetter Adalhard, Abt von Corbie, und dessen Nachfolger, Abt Wala von Corbie, ebenfalls Karls Vetter. Noch stärkeren Einfluß auf den Monarchen hatte Angilbert, der Abt von Saint-Riquier, der, beiläufig, auch noch Karls junger Tochter Bertha, der fünfzehn- und der zwanzigjährigen, je einen Sohn machte (Hartnid und Nithard, den Geschichtsschreiber) und infolge der «Wunder» an seinem Grab als Heiliger verehrt worden ist, in einer Vita des 12. Jahrhunderts als Heiliger erscheint.

Abt Fulrad von Saint-Denis leitete zunächst als oberster Kapellan die Hofkapelle und war «die beherrschende Figur unter

Karls Helfern der Frühzeit». Sein Nachfolger wurde Bischof Angilram von Metz, der 791 auf dem Awarenfeldzug starb, und
dessen Nachfolger wieder Erzbischof Hildibald von Köln, der
«unter Karl den ersten Platz in seiner Aachener Pfalz» einnahm
(Fleckenstein). Die Hofkapelle, an sich ein rein geistliches Insti-
tut, erhielt, ganz konsequent, immer mehr politisches Gewicht.
Ihr Vorsteher, der Erzkapellan (im Rang eines Erzbischofs ohne
erzbischöfliches Amt), war erster Berater des Monarchen und
einer der höchsten Würdenträger des Reiches. Unter Karl erledig-
ten ausschließlich Geistliche die schriftliche Verwaltungstätig-
keit, die bei den Merowingern sogenannte referendarii, meist
Laien, besorgt hatten. Verbunden war die Hofkapelle mit dem
Mittelpunkt der Regierung, der Hofkanzlei, die unter den Karolingern völlig klerikalisiert war und an deren Spitze der Kanzler
oder Erzkanzler stand, gewöhnlich ein Kleriker. (Seit der Mitte
des 9. Jahrhunderts wurde in Deutschland das Amt des Erzka-
plans und Erzkanzlers vereint. Und endlich wird der Primas des
Reiches, der Erzbischof von Mainz, zugleich auch der höchste
Beamte des Königs.)[49]
   Doch auch außerhalb der Zentralregierung, der weitgehend
klerikalisierten königlichen Capella und der Kanzlei, hatte der
fränkische Klerus einen großen und vielseitigen Einfluß auf das
öffentliche Geschehen. Kirchliche Würdenträger übten rein politische Ämter aus. Sie hatten im Reich, das in 300 Grafschaften
aufgeteilt war, neben den Grafen, nach dem Rechten zu sehen. Sie
walteten auch als Königsgesandte (missi dominici), ein besonders
wirksames Instrument der Zentralregierung, doch kein beliebtes,
nicht zuletzt wegen der hohen Unkosten. (Ein Bischof, der in
dieser Funktion kam, konnte für sich und seine Begleitung pro
Tag vierzig Laib Brot erheben, drei Eber, ein Spanferkel, drei
Hennen, drei modii Getränke und vier modii Futter für die Pferde.) – Im späteren 9. und im frühen 10. Jahrhundert wurde für
Italien das Königsbotenamt sogar prinzipiell mit dem Bischofsamt verbunden. «Wir sind hergesandt», beginnt die uns erhaltene
Ansprache eines solchen Sendboten, «von unserem Herrn, dem
Kaiser Karl, um eures ewigen Heiles willen, und wir befehlen

euch, tugendhaft zu leben nach dem Gesetze Gottes und gerecht nach dem Gesetz der Welt. Wir wollen euch zunächst wissen lassen, daß ihr glauben müßt an den *einen* Gott, den Vater, den Sohn und den heiligen Geist . . .» Diese Missi dominici, deren Tätigkeit an den jeweiligen Orten üblicherweise mit einem Gottesdienst begann, kontrollierten mehrmals jährlich Gerichts-, Militär- und Verwaltungswesen und hielten deshalb Inquisitionsgerichte ab. Mit den Grafen nahmen Bischöfe und Äbte in jedem Frühjahr auch an der Reichsversammlung teil, die mit einem Truppenantreten verbunden war, entweder am Königssitz oder im jeweiligen militärischen Aufmarschgebiet. Hatten sich doch überhaupt Bischöfe wie Äbte auch mit militärischen Fragen zu befassen und natürlich auch Heereskontingente zu stellen, sie sogar, entgegen dem Kirchenrecht, in den Kampf zu führen, ja, nicht selten befehligten sie selbst größere Heere.

Wie aber der Klerus in den Staat eingriff, so der König in die Kirche. Er regelte in seinen Kapitularien noch die Heiligung des Sonntags, den Kirchengesang oder die Aufnahme von Novizen in den Klöstern. Er kümmerte sich um die Ausstattung von Bethäusern, die Ausgestaltung des Gottesdienstes, um Ausbildung wie Lebensführung der Geistlichen. Er introduzierte 790 das sogenannte Sacramentarium Hadrianum, das heißt die Gründungsordnung der römischen Messe. Kirchengesetze machte er oft zu Reichsgesetzen, und die Vergehen gegen die Reichsgesetze wurden mit Kirchenstrafen bedroht.

Karl mischte sich sogar in dogmatische Angelegenheiten ein, etwa in den Adoptianismusstreit, und wollte «diese ungesunde Pest mit jedem Mittel ausrotten», die spanischen «Ketzer» gar den Sarazenen ausliefern. Er agierte eifrig im Bilderstreit (S. 349 ff.), wo er gegen den Papst stand, weshalb denn auch 794 ein großes, vom König berufenes Konzil der westlichen Bischöfe 794 in Frankfurt die Lehren der Bilderverehrer widerlegte. Fühlte er sich doch als «Stellvertreter Gottes», wie er in seinem ersten Brief an Leo III. schrieb, als «Herr und Vater, König und Priester, Führer und Schützer aller Christen». Auf der anderen Seite rühmt Papst Hadrian I. schon 785: Karl, der König der Franken und Lango-

barden und Patricius der Römer, habe «unseren Mahnungen
Folge leistend die Barbaren des ganzen Ostens und Westens seiner
Herrschaft angegliedert».

Nun war «der Große» ja auch persönlich ein gläubiger Katholik, der seinen Untertanen gegenüber so gern die christliche Moral
vertreten, sie den armen Seelen eingeschärft hat, der aber selbst
nicht nur nicht zögerte, die Kinder seines Bruders Karlmann um
die Hälfte des Frankenreiches zu bringen, sondern der auch alles
sonst verstieß, was ihm lästig war: die Fränkin Himiltrud, die ihm
schon vor seiner ersten Ehe einen Sohn, den buckligen Pippin,
geschenkt, ebenso wie seine rechtmäßige erste Gattin, die Tochter
des Langobardenkönigs. Und der dann noch drei weitere Ehefrauen verbrauchte. Alle drei starben jung, an einer Krankheit;
und die vierte, Liutgard, teilte bereits sein Bett, als die dritte,
Fastrada, noch am Leben war. Dazu kamen, ohne daß der Hof-
klerus auch nur den geringsten Einspruch erhob, noch Nebenfrauen, die der Alternde sogar am Hof bei sich hatte (vier
Konkubinen sind namentlich bekannt, doch gab es weitere). Ihnen machte er acht uneheliche Kinder, vier Söhne und vier
Töchter. Sie kamen vor, zwischen und vor allem nach den Ge-
burten von elf ehelichen Kindern, vier Söhnen und sieben Töchtern, zur Welt.

Beim Tod der heißgeliebten Hildegard (783), der Seligen der
Kirche, wurden sogar «die ehernen Herzen der Krieger zu Tränen
gerührt, ihre Zähren sah man zwischen Schild und Schwert nie-
derrinnen». Und wie war Karl erst bewegt! Hatte er sie doch
beinah Jahr für Jahr oder doch wenigstens jedes zweite geschwän-
gert. (Bei drei Historikern las ich dazu drei verschiedene Zahlen:
sechs, acht und zehn Kinder.) Aber wenige Monate später heiratete er schon Nummer drei.

Überhaupt duldete der allerchristlichste Regent, der doch die
Tugend(en) seinen Franken so ans Herz gelegt, im eignen Heim
ein lockeres, hedonistisches Leben. Während die Kirche nur den
ehelichen Geschlechtsverkehr erlaubte, und den lediglich, um
weitere Christen zu machen, ohne Unterbrechung des Koitus und
bloß in einer einzigen Stellung, hurten Karls Töchter mit ihren

Liebhabern – Alkuin warnte vor den «gekrönten Tauben, die in den Räumen des Palastes herumfliegen». Sogar Prostituierte gab es in den Königspfalzen. Und warum nicht, wenn sie doch auch das fränkische Heer, sogar die Pilger in den Wallfahrtsorten befriedigten, etwa die bei Saint-Martin in Tours, wenn es (nicht nur) damals in den Klöstern viele «schmutzige Unzuchtsfälle» gab, einschließlich von Sodomiten unter den Mönchen. (Vgl. auch S. 314) – Wie anders sah es in dieser Hinsicht bei den heidnischen Germanen aus.

Dabei war Karl, «der Vater der Kirche», wie ihn Theodulf von Orléans schon Anno 800 nennt, auch persönlich ein eifriger Christ, ein praktizierender Katholik, der angeblich streng die kirchlichen Fasten hielt, auf seinen Reisen allerorten regelmäßig zuerst in die Kirche ging, ja täglich der Messe beiwohnte. Die Aachener Marienkirche besuchte er mehrmals täglich, sogar nachts. Er ließ sich gerne aus Augustins «De civitate Dei» vorlesen. Er besaß ein umfangreiches Reliquienarsenal. Als Talisman trug er in einem Medaillon «im Leben und auch im Tode» (natürlich unechte) Haare der Muttergottes. Aachens Basilika füllte er mit (vermeintlichen) Reliquien von Aposteln, Märtyrern, Bekennern, Jungfrauen, zum Schutz des Reiches und Nachlaß der Sünden. Auch unter seinen Steinthron dort konnten Reliquien geschoben werden, und noch in sein Grab kam ein Reliquiar.

Aachen selber wurde im 12. Jahrhundert als «sacra civitas» bezeichnet und überhaupt, in Deutschland wohl am meisten von Legenden umrahmt, zu einer «mythischen Stadt», einer «Art Nationalheiligtum» (Meuthen), zu einem hochbedeutenden Wallfahrtsort, nicht zuletzt wegen des hl. Karl. Er wurde von der Kirche über die Maßen gefeiert, galt als «rex et sacerdos», als Priesterkönig, als «mit dem Namen Christi gezeichnet», sein Reich als «Corpus christianum», «imperium christianum», ja, für die «Libri Carolini» ist Christus selber «unser König» (noster rex), «unser Kaiser» (noster imperator). «Christ ist Sieger, Christ ist König, Christ ist Kaiser», lautete der Refrain der Laudes, der Litaneien, die man Ende des 8. Jahrhunderts im Frankenreich an hohen kirchlichen Feiertagen in Gegenwart des Königs sang. Und in Rom gedachte man seiner in Meßgebeten und beugte in der Liturgie der Fastenzeit am Samstag auf Anordnung Papst Hadrians I. das Knie bei Nennung seines Namens. Die Synode von Mainz 813 preist ihn als «den frommen Leiter der Kirche», der Mönch Notker von Sankt Gallen (gest. 912) als «Bischof der Bischöfe», ja «nicht dem Wort, aber der Sache nach – als Abbild Gottes» (Löwe). Erzbischof Odilbert von Mailand als «vom heiligen Geiste erleuchtet».[50]

Nicht genug. Nachdem man schließlich von Krankenheilungen und Wundern an Karls Grab zu berichten wußte, sprach ihn 1165 Papst Paschalis III., Gegenpapst Alexanders III., auf Betreiben Kaiser Friedrichs I. und dessen Kanzler Rainald von Dassel, heilig. Zur Kanonisierung führte Barbarossa Karls Verdienste für Kirche und Glauben an: Durch seine Bekehrung der Barbaren wurde er ein «wirklicher Apostel» (verus apostolus), und sein Mühen machten ihn zum «Märtyrer» (eum martyrem fecit), und ein Armknochen des hl. Karl wurde als Reliquie in einem kostbaren Schrein aufbewahrt. Papst Gregor IX. bestätigte die Kanonisation, spätere Päpste erklärten sie nicht für ungültig, gestanden vielmehr einzelnen Kirchen die Verehrung Kaiser Karls als eines Heiligen zu. In spätmittelalterlichen Gebetbüchern erscheint er mit einem eigenen Gebet. In Aachen wurde er Stadtpatron, als welchen man ihn noch im 17. Jahrhundert verehrte. Noch 1899 schreibt der damalige Domkapitular Adolf Bertram, in seiner Geschichte des Bistums Hildesheim, daß dieses Karl «den Großen» «als seinen ersten Stifter und als Heiligen hoch verehrt».[51]

Eine Untersuchung aus dem Jahr 1967 zählt nicht weniger als 109 «Kultstätten des hl. Karl» auf; darunter Aachen (wo man noch heute den Todestag Karls, 28. Januar – an dem ich als Kind noch meinen Namenstag beging –, im Münster feiert), Bremen, Brüssel, Dortmund, Frankfurt («einer der Hauptorte der Karlsverehrung»: Kötzsche), Fulda, Halle, Ingelheim, Köln, Konstanz, Lüttich, Mainz, Minden, Münster, Nürnberg, Regensburg, Straßburg, Trier, Wien, Würzburg, Zürich. Bemerkenswert auch, daß Karl im gesamten sächsischen Gebiet kultische Verehrung genoß.[52]

Jahrhundertelang galt Karl «der Große» als Idealbild des Herrschers, und für viele, viel zu viele ist er es noch heute.

Voltaire und Gibbon hatten seine Barbarei gebrandmarkt und ihm persönliche Größe abgesprochen. Ranke aber fand ihn dann sogar «zu groß zu einer Biographie», nannte seine Tätigkeit «vielleicht die großartigste Regierung, die vorgekommen ist», und fand in seiner «Weltgeschichte», wo er weder Alexander noch Caesar, noch den christlichen Heroen Konstantin oder Otto I. so viel Gewicht und Aufmerksamkeit beimaß wie Karl, mit dessen Namen sogar «die Idee moralischer [!] und historischer Größe unwiderruflich» verbunden.

In Frankreich pries man im frühen 19. Jahrhundert Napoleon, ganz in seinem Sinne, als «wiedergeborenen Karl den Großen». Nach der Gründung des deutschen Reiches im 19. Jahrhundert entdeckten die Deutschen Karls «Germanentum» und kriegerischen Geist wieder, überlegten gar britische Gelehrte, ob man ihn nicht lieber «Karl» statt «Charles» nennen sollte.

In der faschistischen Ära, als man mitten im Zweiten Weltkrieg am 2. April 1942 den 1200. Geburtstag des «Großen» beging, wurde er als «Karl der Einiger», der «Europäer» im antikommunistischen, besonders antisowjetischen Sinn ausgespielt, eine Tendenz, auf die man auch in den Adenauerjahren zurückgriff, als man immer mehr das «christliche Abendland» gegen den «gottlosen Kommunismus» mobilisierte. Bezeichnenderweise war es der Kölner Kardinal Frings, der nicht nur als erster öffentlich in Deutschland die Aufrüstung der Deutschen forderte, sondern der auch im September 1952 feststellte: «Die Verwirklichung des Ideals, das Reich Karls des Großen zu errichten, ist noch nie so nahe gewesen wie jetzt.»[53]

Das karolingische Reich, das «imperium Christianum», wie es Alkuin seit 798 nannte, das «regnum sanctae ecclesiae» (Libri Carolini), reichte von der Nordsee bis zu den Pyrenäen und zur Adria. Es umfaßte das heutige Frankreich, Belgien, Holland, Westdeutschland, die Schweiz, den größten Teil Italiens, die Spa-

nische Mark und Korsika. Es umfaßte etwa 1 200 000 Quadratkilometer, war fast so groß wie das weströmische Imperium, und
so gut wie alles in Nordosten und Süden dieses «Königreichs der
Kirche» war zusammengeraubt.[54]

# ANHANG

# ANMERKUNGEN ZUM VIERTEN BAND

Die vollständigen Titel der angeführten Sekundärliteratur stehen auf S. 563 ff., die vollständigen Titel der wichtigsten Quellenschriften und Abkürzungen im Abkürzungsverzeichnis auf S. 591 ff. Autoren, von denen nur ein Werk benutzt wurde, werden in den Anmerkungen meist nur mit ihren Namen zitiert, die übrigen Werke mit Stichworten.

## ÜBERBLICK

1 Rüger 311 f.

2 Rost, Fröhlichkeit 92. Ders., Die Katholische Kirche 70, 171

3 Huizinga 210. Ähnlich etwa Ullmann, Kurze Geschichte des Papsttums 80 f. u. v. a.

4 HEG I 15 ff., 23 f., 46 f. Scherr zit. nach Löhde 254. Vgl. etwa Kashdan 108 ff. Banniard 13 f., 18 ff.

5 Gregorovius I 1 246, 271

6 LMA II 1227 ff. Jäntere 158 f. Heer, Kreuzzüge 13. Alivisatos 15. Richards 76. Angenendt, Frühmittelalter 238. Vgl. 243, 270

7 Mk. 6,8 f. Mt. 10,10. Lk. 9,3; 10,4. Gregorovius I 1 239 f., 260 ff., 267. Seidlmayer 48. Graus, Volk 434. Deschner, Abermals 239 f.

8 Kühner, Lexikon 48 ff. Haller, Die Karolinger und das Papsttum 38 ff., bes. 62. Heer, Kreuzzüge 13,60. Schramm I 215 ff., bes. 220, 254. Maier, Mittelmeerwelt 341 f. Angenendt, Das geistliche Bündnis 54

9 Stonner, Nationale Erziehung 105. Maier, Mittelmeerwelt 349 f. Heer, Kreuzzüge 14, 60

10 Nietzsche II 1125, 1152, 1190, 1217, III 580, 784 u. a. Mack, Helvetius I 121.

11 Kober, Die Deposition 701. Schnürer, Kirche und Kultur I

247. Sprandel, Über das Problem 117 ff. Deschner, Opus Diaboli 18 f.

12 Haller II 181

13 v. Boehn 16. Lohse 143 ff.

14 Syn. Elv. c. 56, Greg. Tur. 6,46. Kober, Die Deposition 695. Voigt, Staat 174 f. Schubert, Geschichte der christlichen Kirche im Frühmittelalter I 151, 153, 283 ff., 345, II 475. Seidlmeyer 47. Gaus, Volk 438. Zöllner, Geschichte der Franken 183

15 August. ep. 151,14. civ. dei 4,4; 5,17; 19,14; 19,16. Voigt, Staat 97 f. Freund 17 f. Haller, Epochen 42 ff. Engel/Holtz 11,217 ff.

16 Syn. Paris a. 829 3,8. Dazu Sommerlad II 185 ff. Bosl, Die Grundlagen der modernen Gesellschaft 148

17 Seppelt II 241 ff.

18 Levison, Die mittelalterliche Lehre 14 ff. Plöchl II 31 f.

19 Röm. 13,1 ff. Ausführlich Deschner, Abermals 499 ff. Vgl. auch Voigt, Staat 82

20 Kühner, Lexikon 118. Eichmann, Acht und Bann 38 f. Grupp III 151. Tödt 38. Plöchl II 31. Heer, Kreuzzüge 103 f. Gontard 224. Herrmann, Kirchenfürsten 63 ff.

21 Bernh. Clairv. ep. 131. Zit. bei Knotzinger 523. Laehr, Die Konstantinische Schenkung 61.

Schnürer, Kirche und Kultur III 61. Heer, Kreuzzüge 17 f. Mynarek, Denkverbot 11

## 1. KAPITEL
### Die Einführung des Christentums bei den Germanen

1 Stasiewski I 712. Vgl. zur Haltung der katholischen Kirche und besonders der deutschen Bischöfe in den ersten Jahren des Hitlerreiches: Deschner: Die Politik der Päpste I 412 ff., 450 ff., bes. 459 ff.

2 Stonner, Germanentum und Christentum 33,92. Verweist im Vorwort auf «die Richtlinien des Reichsinnenministeriums» und will «gegenwartswach» die «anvertraute Jugend zu ganzen Deutschen und ganzen Christen» erziehen. Vgl. auch 73

3 Euseb. h. e. 10,5. Sozom. h. e. 2,6. Optat. Mil. Contr. Parm. Donat. 1,23 f. RAC VIII Gallia I 894. Vogt, Der Niedergang Roms 425. Dopsch II 196, 201. Ewig, Trier 29. Haendler, Die abendländische Kirche 124

4 RAC VIII Gallia I 921. Stamer, 12 ff., 24. Behn 101 ff. Neuss/Oediger 31 ff., bes. 36 ff. Oediger, Bistum Köln 75. Alföldi 99 f. Ewig, Das Bistum Köln 205. Beisel, Studien 129 f. Haendler, Die abendländische Kirche 125

5 Stamer 13. Zurückhaltend: Haendler, Die abendländische Kirche 125 f. mit vielen weiteren Literaturhinweisen

6 Greg. Tur. glor. conf. 76. RAC VIII Gallia I 897 ff., 921 ff. (Demougeot). HEG 81. Schneider, Das Frankenreich 84. Beisel, Studien 129. Haendler, Die abendländische Kirche 127

7 RAC VIII Gallia I 905 ff. Ausführ-

lich: Beisel, Studien 136 ff. Vgl. auch 147 ff.

8 Isid. Sev. H. G. 84. LMA IV 1343. Altaner/Stuiber 232, 450. Diesner, Das Vandalenreich 12 ff.

9 Blanke 55. Frank, Kirchengeschichte 14. Misch 90. Schulze, Vom Reich der Franken 77. Beisel, Studien 130. Padberg 16 f.

10 Richards 25. Zum «Phänomen der Angst» vgl. etwa Mynarek, Mystik und Vernunft 262 ff., bes. «Die Heilsangst» 277 ff.

11 Wetzer/Welte II 246 ff. LThK II[1] 777 f. Kraft 122. Kolb, Himmlisches 286

12 Notker, Gesta Karoli 2,19. Stern/ Bartmuss 60. Graus, Volk 155 f.

13 Zum Begriff des «Germanen» vgl. etwa LMA IV 1338 ff. HEG 95 ff. v. See, passim, bes. 9 ff., 68 f., 102 ff. Sombart, Händler und Helden, 1915, zit. nach v. See ebd. 69. Döbler 8,91 ff., 125 ff.

14 Schmidt, Germanischer Glaube 52. Richards 29 f. Angenendt, Frühmittelalter 184. Zum hagiographischen Aspekt vgl. etwa Gurjewitsch 40 ff., 87 ff. Ferner Butzen, Die Merowinger östlich des mittleren Rheins 18. Padberg 76. Vgl. 129

15 Kindlers Literaturlexikon III 1605 f. Zwölfler 1 ff. mit einer Fülle von Quellenbelegen. Stonner, Germanentum 65 ff. Der Heliand, aus dem (nach Stonner) zitiert wurde, entstand zwischen 822 u. 840 und hat vermutlich einen Geistlichen zum Verfasser. Dannenbauer, Grundlagen 41

16 Lex. Sal. Prol. 1

17 HKG III/1 23. Schulze, Vom Reich der Franken 32 f. Vgl. auch Deschner, Abermals 517

18 Schutzwaffe war der Schild, der Harnisch anscheinend selten, ebenfalls der Helm: Zöllner, Ge-

schichte der Franken 160 ff. Vgl.
auch 152 ff., 157 ff. Zur Bewaff-
nung der Franken auch: Bachrach, Procopius 435 ff., Bodmer
109 vgl. 120 ff., 127 f., Behn 77,
105. Montgomery I 160 f.

19  Bodmer 137. McKitterick, The
Frankish Kingdoms 61. Vgl. auch
Prinz, Grundlagen 84 f.

20  Greg. Tur. 2,30. Beda, h. e. 2,9.
Heinsius, Mütter der Kirche 15.
Haller I 275. Schmidt, Germanischer Glaube 51 ff. Baetke 46 ff.
Döbler 97. Böhner, Grabmäler
655 f. Angenendt, Frühmittelalter
172 verweist mit Recht darauf,
daß das frühe Christentum kein
«Sieghelfer»-Motiv kannte.

21  Zöllner, Die politische Stellung
67 ff. Oediger, Das Bistum Köln
72 mit weiteren Literaturhinweisen. Ewig, Die Merowinger und
das Frankenreich 139

22  Oros., Hist. advers. pag. 7, 35, 21.
Vgl. August. civ. dei 5,26. Tusculum Lexikon 69. dtv-Lexikon der
Antike, Philosophie I 316 f. Wilpert, Lexikon der Weltliteratur
1,280 f. Maier, Mittelmeerwelt
114

23  Ann. Mett. prior. a. 743, 772, 776.
Vgl. auch die zahlreichen weiteren Quellenbelege bei Zwölfer
115 ff., bes. Anm. 255

24  Hieron. ep. 60,17. Oros. 7, 39.
Tödt 27 ff. Mollat 31. Deschner,
Die Politik der Päpste I 236 ff.,
bes. 270 f. mit den Quellen- und
Literaturhinweisen

25  Schmidt, Germanischer Glaube
57 f. Cram 7. Tödt 27 ff.

26  RGAK 1976 II 49 f. LMA I
1434 ff. Rückert, Die Christianisierung 6, 16 ff.

27  Baetke 1943, 143 ff. 1962, 7 ff.
Frank, Kirchengeschichte 23 f.
Angenendt, Taufe und Politik 159.
Ders., Frühmittelalter 173

28  Schubert, Zur Germanisierung
des Christentums 392 f. Ders.,
Geschichte der christlichen Kirche I 150. Baetke 25 f. Ewig, Die
Merowinger und das Frankenreich 138. Reuter, Germany 42

29  LThK IV¹ 432. RAC VIII Gallia I
913 ff. LMA IV 1339. Hänlein,
Die Bekehrung I 84. A. Hauck 7.
A. 1952 I 116. Schmidt, Germanischer Glaube 41 ff. Stamer, Kirchengeschichte 22 ff. Schubert,
Zur Germanisierung des Christentums 392 f. Ders., Geschichte
der christlichen Kirche I 150.
Graus, Volk 154 f., 162 ff. Flekkenstein, Grundlagen 41. Zöllner,
Geschichte der Franken 177.
Southern, 18. HKG II/1. Gurjewitsch 97 f. Bemmann 53 f.

30  LThK VIII¹ 605. Stamer 14. Egger
410. Schieffer, Winfrid-Bonifatius
147 f.

31  Greg. Tur., Vitae padrum 6,2.
RAC XII 1983, 900. Vogel II 3 f.
Oediger, Das Bistum Köln 70

32  Greg. Tur. 8,15 f.

33  Greg. I. Dial. 2,8; 2,19. Wetzer/
Welte XI 691 f. LThK X¹ 610. dtv-
Lexikon der Antike, Philosophie I
239. LMA I 1867. Donin, II 251 f.
Zöckler 357. Hänlein 63 f. Schultze, II 184, 197. Gregorovius I 1
242. Sparber, Kirchengeschichte
Tirols 8,33 f. Der theol. Verfasser
gebraucht die anschauliche Wendung «vom Feuereifer» gleich
zweimal. Graus, Volk 185. Zur
Herrschsucht Benedikts und seinem Insistieren auf strikter Unterwerfung bis zum Tod vgl. Felten,
201 ff., 236 ff. S. auch 198 f.

34  Jonas von Susa (Bobbio), Vita Co-
lumb. c. 4 f.; 10; 18 ff.; 23 ff. Vita
Galli 5 ff. Wetzer/Welte II 696 ff.
LThK IV¹ 278. III¹ 1 f. Fichtinger
230. LMA III 65 ff. Grupp I 360.
Stonner, Heilige der deutschen

Frühzeit I 15 ff., 27 ff. Buchner, Germanentum 160 f. Tüchle I 54 ff. Levison, Aus rheinischer und fränkischer Frühzeit 248 ff. Mayer, Geschichte des Bistums Chur I 68 f. Walterscheid, Deutsche Heilige 45 ff. Büttner, Frühmittelalterliches Christentum 15. Ders., Geschichte des Elsaß 37 ff. Blanke 34 ff., 49 ff., 64 ff. Helbling 5 ff. Hümmeler 487 f. Frank, Die Klosterbischöfe 25. W. Müller, Der Anteil der Iren 338 f. Schäferdiek, Columbans Wirken 171 ff., bes. 196 ff. Daniel-Rops 296. Berschin 257 ff. Bosl, Europa im Mittelalter 78. Ewig, Die Merowinger 111 f., 123 ff. Steinbach, Das Frankenreich 25 f. Schneider, R., Das Frankenreich 85. Prinz, Entwicklung 237 f. Ders., Askese und Kultur 38 f. Ders., Die Rolle der Iren 203. Wood 63 ff.

35  Wetzer/Welte I 194. Keller, Reclams Lexikon 31, 167 f. LMA I 510. Vogel II 112, 527 ff. Daniel-Rops 296. Ewig, Die Merowinger 137 f., 150. Werner M., Der Lütticher Raum 231 ff. Pontal 266 f.

36  Als zur Zeit der Blut-und-Boden-ära Johannes Watterscheid mit kirchlicher Druckerlaubnis die «Heilige deutsche Heimat» erstehen ließ, konnte man beim Gang durchs Kirchenjahr den hl. Martin natürlich nicht gut als den Ruinierer alles dessen hinstellen, was die Bauern seiner Zeit hoch verehrten, Tempel, Altäre, Götterbilder. Ergo bemerkt Katholik W. darüber nur, daß auf dem Land «das Heidentum noch herrschend» war, daß Tempel, Altäre, Säulen der alten Götter «noch allenthalben» standen; «selbst öffentliche Umzüge mit Götzenbildern wurden noch gehalten». Unmittelbar darauf folgt der die Schandtaten des Heiligen plump kaschierende Satz: «Da wurde Martinus der Apostel des gemeinen Volkes, der Bauern und Hirten, die auf dem flachen Lande wohnten.» Ruinen und Brände aber finden sich allenfalls in dem kurz vorhergehenden Satz versteckt, es «kam auch die feurige Zunge des Apostolates über ihn». Als Martin starb, meldet Gregor von Tours, vernahm im weit entfernten Köln der greise Bischof Severin den Gesang der Engel, die Martins Seele zum Himmel trugen. (Der Historiker Matthias Zender spricht hier von der einzigen halbwegs historischen Nachricht aus dem Leben des hl. Severin, von dem man immerhin über 170 Kultstätten kennt.) Greg. Tur. 1,39. Sulp. Sev. Vit. Mart. 12 ff. Dial. 2,8. Vgl. auch Dial 1,4; Vita b. Maurilii 2. LThK VI[1] 984 ff. dtv-Lexikon der Antike, Religion II 84. RAC VIII 1972 Gallia I 914 f. Schultze, I 271 f. II 104 f. Zwölfer 68 f. Schnürer, Kirche und Kultur I 208. Walterscheid, Deutsche Heilige 13 ff. Ders., Heilige deutsche Heimat II 265. Viller/Rahner 179. Zender, Die Verehrung 257 f. Deichmann 105 ff. Levison, Aus rheinischer und fränkischer Frühzeit 28 f. Schneider, C., Geistesgeschichte II 300. Ewig, Der Martinskult 11 ff. Graus, Volk 154 f. Prinz, Klerus und Krieg 39. Ders., Entwicklung 223 ff. Bosl, Europa im Mittelalter 43, 79 f. Weigel 86

37  Greg. Vit. patr. 6,2. Baudoniv. Vita Radeg. 2,2. Vita Gaug. 13. Vita Eligii 2,8. Vita Lupi Senon. 11. Vita Landiberti 10. Vita Hugberti 3. Vita Amandi 13. Nach Zöllner, Geschichte der Franken 176 f. Ferner RAC VIII 1972, Gallia I 914

38  RAC VIII 1972, 894, 916. Prinz, Entwicklung 255

39  Beda, h. e. 2,13. Kühner, Lexikon 41. Hänlein I 72. Algermissen XI ff., 229. Beisel, Studien 130. Graus, vgl. Anm. 41

40  Concil. Germanicum can. 5

41  Greg. Tur. Vita patrum 6,2; Baudonivia, Vita Radegundis 2,2; Vita Lupi episc. Sen. c. 11; Vita Gaugerici episc. Camerac c. 13; Vita Hugberti episc. Traiect. c. 3; Vita Landiberti episc. Traiect. c. 10; Vita Eligii episc. Noviomag. 2,8. 1. Syn. Orl. (511) c. 30. 2. Syn. Orl. (533) c. 12; 20,4. Syn. Orl. (541) 15 f. Syn. Elusa (Eauze 511) c. 3 Syn. Tours (567) c. 22. Keller, Reclams Lexikon 209 f. Schultze, II 113 ff. Weinhold, Die deutschen Frauen I 71 f. Schmitz 319. Hänlein II 9. Graus, Volk 156 ff., 184 f.

42  RAC VIII Gallia I 917


## 2. KAPITEL
### CHLODWIG, DER BEGRÜNDER DES FRÄNKISCHEN GROSSREICHES

1  Einleitung W. v. Giesebrecht in: Gregor von Tours, Fränkische Geschichte I 9

2  Aland, Kirchengeschichtliche Entwürfe 30

3  Grisar, Rom 87

4  Salv., de gub. dei 6,13. Behn 79. Vogt, Der Niedergang 510. A. v. Müller, Geschichte unter unsren Füßen 118. Lasko 211. Maier, Mittelmeerwelt 126. Dannenbauer, Grundlagen 103. Zöllner, Geschichte der Franken 25 ff. Steinbach, Das Frankenreich 5 f., 10. Döbler 113 ff. Bleiber, Das Frankenreich 42 ff.

5  Bleiber, ebd. 44 f. Zum Begriff von König und Königtum generell vgl. etwa Anton LMA V 1298 ff., bes. 1300 f.

6  Greg. Tur. 2,9. LMA II 1861 f., 1863. HEG I 253. HKG II 2, 114 f. L. Schmidt, Aus den Anfängen 306 ff. Ewig, Die Merowinger und das Frankenreich 13 ff., 38. Bleiber, Das Frankenreich 36

7  Greg. Tur. 2,9 ff. Fredeg. 3,11 f. LMA II 1817 ff., 1863 f. HEG 253 f. Hauck I 98 ff. Menzel I 80. Vogt, Der Niedergang 510. Dannenbauer, Grundlagen 103 f. Stern/Bartmuss 61. Stroheker, Der senatorische Adel 141. Löwe, Deutschland 35, 40. Zöllner, Geschichte der Franken 167. Falco 53 ff., bes. 58 u. 67. Lasko 200, 202, 211 ff. Lautermann 866. Steinbach, Das Frankenreich 8. Bund 236 ff. Grahn-Hoek, Die fränkische Oberschicht 134 ff. Ewig, Die Merowinger 16 f., 20, 78. Schneider, Königswahl 66 ff. Bleiber, Das Frankenreich 44 ff., 48 f. Vgl. auch die folg. Anm.

8  Greg. Tur. 2,31. Avit. ep. 46. Behn 79 f. Koeniger 218. Zöllner, Geschichte der Franken 44 ff. Daniel-Rops 234. Aland, Kirchengeschichtliche Entwürfe 29 f. Bleiber, Das Frankenreich 50

9  Greg. Tur. 2,27. dtv-Lexikon der Antike, Geschichte III 233. LMA II 1863. Hauck I 98 ff. Böhner, Grabmäler 653. Löwe, Deutschland 40. Stern/Bartmuss 61 f. Zöllner, Geschichte der Franken 48. Steinbach, Das Frankenreich 8 f. Ewig, Die Merowinger und das Frankenreich 20 f. Pfister, Gaul. Narrative of Events 110

10  Greg. 2,28 f. Fredeg. 3,17 ff. Lib. hist. Franc. c. 11 ff. LMA II 1948. Stern/Bartmuss 61. Zatschek 24. Zöllner, Geschichte der Franken 51, 53 ff. Bleiber, Das Frankenreich 50 ff. Steinbach, Das Frankenreich 10 f.

11  Greg. Tur. 2,28 ff. Hauck I 106.

Rückert, Culturgeschichte I 314 ff. Schubert, Geschichte der christlichen Kirche I 93. Stratmann IV 63 f. Schnürer, Kirche und Kultur I 35. Daniel-Rops 238. Pörtner 20 ff. Bosl, Europa im Mittelalter 64

12 Cass. Dio 78,13. Agath. 1,6. RGAK I 123. HEG I 227 f. LMA I 263 ff. Tüchle I 20 ff. Werner, Zu den alamannischen Burgen 439 ff. Peschel 259 ff., bes. 306 ff. Butzen, Die Merowinger östlich des mittleren Rheins 27. H. Keller, Spätantike und Frühmittelalter 1 ff. Demandt 276. Beisel, Studien 80 f. Selbst das HKG II/2 («Christus gab den Franken den Sieg») erinnert an die «wunderbare Offenbarung Christi an den Kaiser» Konstantin vor seinem Sieg an der Milvischen Brücke (105)

13 Greg. Tur. 2,30. RGAK 1973 I² 140 f. LMA I 264. III 1852 f. HEG I 228 f. Tüchle I 34. Büttner, Geschichte des Elsaß 31 f. Löwe, Deutschland 42. Zöllner, Geschichte der Franken 56. Werner, Zu den alamannischen Burgen 453. Butzen, Die Merowinger östlich des mittleren Rheins 27. Ewig, Die Merowinger 24 f., 55 f. Pörtner 22 f. Bleiber, Das Frankenreich 55 f. Ein Teil der Forscher setzt den Alemannenkrieg 506 an und auch Chlodwigs Taufe im gleichen Jahr oder 507/508. Vertreter beider Ansichten nennt Zöllner, Geschichte der Franken 57 f.

14 Greg. Tur. 2,31. Fredeg. 3,21 erhöht die 3000 auf 6000. RGAK IV 1981, 478 ff., I 129. Die Umstrittenheit der Datierung in der älteren Forschung bei Levison, Aus rheinischer und fränkischer Frühzeit 202 ff. S. auch Aland, Kirchengeschichtliche Entwürfe 27 f.

Haendler, Geschichte des Frühmittelalters 21 vermutet Chlodwigs Taufe 498. Ebenso Maier, Mittelmeerwelt 214. Ebenso Vogt, Der Niedergang 512 u. v. a. F. Oppenheimer, Francish Themes 17 ff. nimmt die Taufe im Jahr 508 an. Ebenso R. Weiss: Chlodwigs Taufe: Reims 508; geht vor allem auf die Ergebnisse von den Steinens zurück. – Vgl. ferner Kawerau, Geschichte der alten Kirche 38. Hauck I 109 ff. Hartmann, Geschichte Italiens I 155. Böhner, Grabmäler 655. Zöllner, Geschichte der Franken 60 ff., 187. Prinz, Die bischöfliche Stadtherrschaft 13. Cartellieri I 46 f. Flekkenstein, Grundlagen und Beginn 41. Stamer 21. Schulze, Vom Reich der Franken 27. Bleiber, Das Frankenreich 53 f. Fleckenstein, Das großfränkische Reich 272 f.

15 Greg. Tur. 2,31. Wetzer/Welte, IX 204. LThK VIII¹ 477, 817 f. Vogel II 348 ff. Schultze, II 107. Angenendt, Frühmittelalter 170 f.

16 Greg. Tur. 2,31. Dante, Inferno 11,9. Wetzer/Welte IX 204. LThK VIII¹ 817 f. Vogel II 349. Seppelt I 250 ff. Speyer 302, 309

17 Avit. ep. 46. Wetzer/Welte I 566, IX 204. LThK I¹ 547, 874 VIII¹ 817 f. VII¹ 541 f. LMA I 1307 f. (Zotz) II 1865. Görres 33 ff. Fischer, Die Völkerwanderung 221. Böhner, Grabmäler 655. Stroheker, Der senatorische Adel 154. Zöllner, Geschichte der Franken 58 f., 63. Vgl. 179. Pfister, Gaul. Narrative of Events 112. Staubach 27 f., 43. Angenendt, Kaiserherrschaft und Königstaufe 2 ff. Ders., Frühmittelalter 171 f.

18 Hartmann, Geschichte Italiens I 155. Kosminski/Skaskin 72. Wein 88. Fleckenstein, Die Hofkapelle 6. Pfister, Gaul. Narrative of

Events III f. Altamira 159 f. Pontal 9 ff.

19 Nicet. MG Ep. III 122. LMA II 1865. Algermissen 186

20 Hauck 1952 I[7] 104, 111. Stamer 20 f. Haller, Entstehung 303 f. Stern/Bartmuss 62. Steinbach, Das Frankenreich 20 f. Ballesteros 37. Bosl, Europa im Mittelalter 66. Brown 161. Angenendt, Frühmittelalter 170. Die kurzen Ausführungen Alands, Über den Glaubenswechsel 48 ff., die für den Übertritt Chlodwigs das politische Motiv leugnen, überzeugen nicht. Nach Aland hätte Chlodwig aus politischen Gründen *Arianer* werden müssen. Aber konnte er als Katholik nicht viel überzeugender arianische Staaten bekämpfen? Aland inkriminiert, daß wir «*unsere* Maßstäbe» an frühere Epochen anwenden. Doch wendet er nicht seine *religiösen* Maßstäbe an sie an? Den Beweis für seine Behauptung, Chlodwig sei, wie Konstantin und Friedrich der Weise, «vom neuen Glauben innerlich überwunden worden», tritt Aland nicht an, sondern will lieber «hier abbrechen...» Vgl. auch Aland, Kirchengeschichtliche Entwürfe 30 f.

21 Taddey 180. Schmidt, Die Ostgermanen 129. Behn 61. K. D. Schmidt, Die Bekehrung der Ostgermanen 404 ff. Schwarz, Goten 181 ff. Bohnsack 105

22 Oros. 7,38,3. Chron. Gall. ad a. 436; 443. Zu den Burgundern generell: Wenskus, Die Burgunder HEG I 230 ff. K. F. Werner, Burgund, in LMA II 1062 ff. J. Richard, Burgunder, LMA II 1092 f. Bühler 49. Löwe, Deutschland 20. Behn 61, 69. Stroheker, Germanentum 246 ff., 257 ff. Schmidt, Die Ostgermanen 131. Schmidt,

Die Bekehrung der Ostgermanen 404 ff. Dannenbauer I 208, 308. Dopsch 1961 I[2] 217 f. Conrad I 83. Bleiber, Das Frankenreich 41

23 Greg. tur. 2,28. LThK II[1] 644. LMA I 1092 ff., 1824 f. IV 1530 f., 1792. Schmidt, Die Ostgermanen 169. Peyer 98. Conrad I 83. Beck, Bemerkungen 446. Bleiber, Das Frankenreich 41

24 Socrat. h. e. 7,30. Oros. advers. pagan. 7,32. Greg. Tur. 2,28. Wetzer/Welte II 216 f. LMA IV 1530 f., 1791 f. Giesecke 141. Vogt, Der Niedergang 429. Dannenbauer I 308. Schmidt, Die Bekehrung der Ostgermanen 404 ff. Schmidt, Die Ostgermanen 137. Zöllner, Die polit. St. 110

25 Avit. ep. 5. Marius Avent. a. 500. Greg. Tur. 2,23; 2,28; 2,32 f. Wetzer/Welte, III 603. LThK IX[1] 549. LMA II 1093, 1865 f. IV 1530 f. HEG I 233 f. Rückert, Culturschichte I 318 ff. Schubert, Geschichte der christlichen Kirche I 93. Hartmann, Geschichte Italiens I 155 f. Giesecke 142, 162. Schmidt, Die Bekehrung der Ostgermanen 408 f., 413 f. Fischer, Die Völkerwanderung 222. Büttner, Der Alpenraum 63. Ensslin, Theoderich 132 f. Zöllner, Die polit. Stell. 85. Bosl, Europa im Mittelalter 66. Menzel I 150. Ewig, Die Merowinger und das Frankenreich 24. Beck, Bemerkungen 447 f., 451. Bund 164

26 Greg. Tur. 2,34. Wetzer/Welte 216 f. Kraft 101. Menzel I 150. K. D. Schmidt, Die Bekehrung der Ostgermanen 411 ff. Giesecke, 142 f., 159 f. Fischer, Die Völkerwanderung 117

27 Olymp. fr. 26 (FHG IV 63). Prosper Tiro ad a. 415. Oros. 7,43. Kleine Pauly, V 1121 f. dtv-Lexikon I 235. Stein, Vom römischen

404. Cartellieri I 23 ff. Schmidt, Westgermanen 207 f. Dannenbauer I 204, 209, 306. Capelle 250 ff. Ensslin, Einbruch 109 f. Culican, 191. Löwe, Deutschland 19 f. Claude, Geschichte der Westgoten 20. Ders., Adel, Kirche 30 f.

28 Apoll. Sidon. ep. 1,2; 7,12. Jord. Get. 44. Kleine Pauly IV 1350 V 684. Giesecke 91 ff. Schmidt, Die Westgermanen I 208 ff. Löwe, Deutschland 20. Stroheker, Eurich 4 ff. Claude, Geschichte der Westgoten 31 f., 51 f. Ders., Adel, Kirche 37. Bund 551 ff. Bleiber, Das Frankenreich 41

29 K. D. Schmidt, Die Bekehrung der Ostgermanen 300

30 Ennod. Vita Epiph. 7. Apoll. Sidon. ep. 6,12; 7,6. Wetzer/Welte I 355 f. Kleine Pauly II 439, V 176. LMA IV 104 f. Capelle 304 f. Claude, Geschichte der Westgoten 48 f. Haendler, Die abendländische Kirche 105

31 Apoll. Sidon. ep. 7,6 f. Jord. Get. 47. Giesecke 96. Stroheker, Germanentum 167. Vogt, Der Niedergang 473. Schnürer, Die Anfänge 98. Dannenbauer, Die Grundlegung I 306 f. Ensslin, Der Einbruch 117 f. Daniel-Rops 255. Maier, Mittelmeerwelt 208 ff. Langgärtner 108. Prinz, Die bischöfliche Stadtherrschaft 9. Claude, Geschichte der Westgoten 32 f.

32 Greg. Tur. 2,35. RGAK I 129. dtv-Lexikon der Antike, Geschichte 2,25. Ensslin, Einbruch 125. Maier, Mittelmeerwelt 209. Claude, Geschichte der Westgoten 33 f. Büttner, Die Alpenpolitik 63

33 Greg. Tur. 2,36. Hartmann, Geschichte Italiens I 158 f. Bodmer 38. K. D. Schmidt, Die Bekehrung der Ostgermanen 308. Stroheker, Germanentum 167 f. Giesecke 98.

Dannenbauer I 311. Thompson, The conversion 5 ff. Langgärtner 108 f. Marschall 94 ff.

34 Greg. Tur. 2,26; 2,36. Vita patr. 4,1. Wetzer/Welte II 246 ff. Kleine Pauly II 276 f. HEG I 255. Giesecke, Die Ostgermanen 98 ff. Schmidt, Die Ostgermanen 347. K. D. Schmidt, Die Bekehrung der Ostgermanen 308. Ensslin, Theoderich 293. Altamira 159 f. Thompson, The conversion 5 f. Bleiber, Das Frankenreich 57. Zöllner, Geschichte der Franken 117

35 Conc. Agath. Praev. Wetzer/Welte II 247. Giesecke 100. Stroheker, Germanentum 167 f. Steinbach, Das Frankenreich 12. Claude, Geschichte der Westgoten 45. Haendler, Die abendländische Kirche 105

36 Greg. Tur. 2,37. HKG II/2, 107: «Wie ein Fanfarenstoß klingt die Proklamation» Chlodwigs. Hartmann, Geschichte Italiens I 159 ff. Cartellieri I 50. Steinbach, Das Frankenreich 11. Dannenbauer, Grundlegung I 311. Zöllner, Geschichte der Franken 65. Ewig, Zum christlichen Königsgedanken 19. Ders., Die Merowinger 25. Lasko 212. Claude, Geschichte der Westgoten 35. Pfister, Gaul. Narrative of Events 113 f. Bleiber, Das Frankenreich 56 ff.

37 Greg. Tur. 2,37. LMA II 2154. HEG I 258. Zu Ewig vgl. Anm. 36 und 400

38 Algermissen 187

39 Greg. Tur. 2,37

40 Prokop, bell. Goth. 1,12,33 ff. Chron. Gall. a. 511. Greg. Tur. 2,37. Fredeg. 3,24. RGAK I 129. HEG I 258. Rückert, Kulturgeschichte I 324 ff. Hauck I 170 f. Dannenbauer, Grundlegung I 311. Altamira 160. Zöllner, Geschichte der Franken 65. Claude,

Geschichte der Westgoten 35.
Ennslin, Theoderich 142 f. Ewig,
Die Merowinger und das Frankenreich 25 f. Bleiber, Das Frankenreich 56 f. Pontal 10

41  Greg. Tur. 2,37. Fredeg. 3,24.
HEG I 258. Beisel, Studien zu den
fränkisch-römischen Beziehungen
92 f. Vgl. ferner die folg. Anm.

42  Prokop. bell. Goth. 1,12. Jord.
Get. 58. Isid. hist. Got. 36 ff. Cas-
siod. Variae 4,17. Chron. Caesar
august. (MG Auct. ant. XI 222 f.)
Greg. Tur. 2,37. 1. Conc. Orl.
(511) c. 5.7; 10. Hauck I 130. Bod-
mer 102. Hartmann, Geschichte
Italiens I 159 ff. Caspar II 6.
Schmidt, Die Ostgermanen 155.
Ennslin, Theoderich 138 ff. 151.
Ders., Einbruch 127. Steinbach,
Das Frankenreich 11 f. Neuss/Oe-
diger, Das Bistum Köln 110. Dannenbauer II 22 f. Ewig, Zum
christlichen Königsgedanken 19.
Zöllner, Geschichte der Franken
66, 171. Claude, Geschichte der
Westgoten 36, 54 f. Thompson,
The Goths 7 ff. Bund 553 f. Falco
53 ff., bes. 58 und 67. Bleiber, Das
Frankenreich 56 f. Ewig, Die Me-
rowinger und das Frankenreich
25 ff. Pontal 11, 31

43  Greg. Tur. 2,40. Bodmer 106 f. Fi-
scher, Die Völkerwanderung 235.
Pfister, Gaul. Narrative of Events
116. Anton, Fürstenspiegel 49.
Schneider, Königswahl 70 f.
Grahn-Hoek, Die fränkische
Oberschicht 143 ff. Steinbach,
Das Frankenreich 12. Zöllner, Ge-
schichte der Franken 70. Borst
229 ff. Ewig, Die Merowinger 30.
Bleiber, Das Frankenreich 58 f.

44  Greg. Tur. 2,41 f. Zur Kritik an
Gregor: Zöllner, Geschichte der
Franken 70 ff. LMA V 1919. Men-
zel I 151. Hauck I 111. Schneider,
Königswahl 71. Sprigade, Ab-

schneiden 145 f. Ders., Die Einweisung 15 f. Graus, Über die
germanische Treue 105 ff. Bosl,
Europa im Mittelalter 64 f. Ewig,
Die fränkische Reichsbildung
259 f. Bleiber, Das Frankenreich
59. Borst 232 f. Bund 241 ff.,
245 ff. Pfister, Gaul. Narrative of
Events 115. Falco 68

45  Greg. Tur. 2,42. Bodmer 106 f. Fi-
scher, Die Völkerwanderung 235.
Für Daniel-Rops ist Chlodwigs
Abmurksen lästiger Verwandter
«nur ein vom Volk erfundenes
Märchen», wobei sich der Katho-
lik auf ungenannte «verläßliche
Historiker» beruft: 317

46  Fredeg. 3,21. Syn. Orl. (511) Praef.
u. c. 4. Rückert, Culturgeschichte
I 328 ff. Schubert, Geschichte der
christlichen Kirche I 93. Steinbach, Das Frankenreich 13. Bosl,
Europa im Mittelalter 64. Pörtner
17 ff. Zöllner, Geschichte der
Franken 44, 182 ff. Prinz, Die Entwicklung 226, Anm. 9. Ewig, Der
Martinskult 17 f. G. Wolf rühmt
zwar, wie üblich, Chlodwigs
«Staatsraison», seine «historische
Größe», spricht aber doch von
dem «recht zweifelhaften Grad
der persönlichen Religiosität» –
«von christlicher Moral keine
Spur!»: Chlodwig 27, 29, 31 f., 35.
Angenendt, Frühmittelalter 191

47  Aland,       Kirchengeschichtliche
Entwürfe 31

48  Greg. Tur. 2,40. Zöllner, Geschichte der Franken 73. Wolf,
Chlodwig 35. Der Historiker E.
Ewig schreibt im HEG 259 f. u. a.:
«In seinen letzten Regierungsjahren (508–511) vollendete Chlodwig die territoriale Abrundung
seines Reiches . . . hat die Franken
aus kleinräumigen Verhältnis her-
ausgeführt . . . *eine germanisch-
romanische Synthese neuer Art*

angelegt. Die ungestüme Expansionskraft der Franken erhielt durch die Annahme des katholischen Glaubens neue Impulse ...»

## 3. KAPITEL
### DIE CHLODWIG-SÖHNE

1 Anton, Fürstenspiegel 49
2 Zach, Christlich-Germanisches Kulturideal 83
3 Buchner, Germanentum 147. Schultze, Vom Reich der Franken 76 f. Vgl. auch die folg. Anm.
4 Greg. Tur 3,1. Fredeg. 3,29. LMA II 1815 f., 1869 f. Die Reichsteile der Chlodwig-Söhne wurden nur in ihrem hauptsächlichen Umfang, also keinesfalls vollständig angegeben. Holtzmann, Sachsen und Anhalt 98. Zatschek 12. Steinbach, Frankenreich 15, 32 f. Bullough, Karl der Große 26. Schneider, Königswahl 73 f. Löwe, Deutschland 49. Zöllner, Geschichte der Franken 76 ff. Butzen 27. Schultze, Das Frankenreich der Merowinger 76 f. Ewig, Die Merowinger 31 f. Bleiber, Das Frankenreich 77 ff.
5 Ewig, Die Merowinger und das Frankenreich 31 f. Bleiber, Das Frankenreich 78 f.
6 Greg. Tur. 3,9 f., 3,12 f., 3,16, 3,23. Vita patrum 4,3; 12,2. Fredeg. 3,36 f., 3,39. Zöllner, Geschichte der Franken 79 f. Von anderen wird der Auvergnatenaufstand ein Jahrzehnt später angesetzt. Grahn-Hoek, Die fränkische Oberschicht 167 ff. Tolksdorf 53 f.
7 Avit. Vienne ep. 8 (MG Auct. Ant. VI, 2, S. 40). Caspar II 126. Giesekke 160 ff. Schmidt, Die Bekehrung der Ostgermanen 415. Fischer, Die

Völkerwanderung 223 f. Daniel-Rops 253 f. Ewig, Die Merowinger 33 f.
8 Marius, Avent. chron. a. 522. Greg. Tur. 3,5. Fredeg. 3,33. Wetzer/Welte III 603. LThK IX[1] 549. Keller, Reclams Lexikon 457 f. Menzel I 155. Giesecke 162 f. Schmidt, Die Bekehrung der Ostgermanen 415. Bodmer 32. Zöllner, König Sigesmund 1 ff. Graus, Volk 396 ff. Daniel-Rops 253. Bund 164 f.
9 Avit. Vienne ep. 8; 29. Wetzer/Welte III 603. LThK III[1] 915. LMA I 1980, 1307; III 2041 f. Caspar II 127. Giesecke 161. Blanke 25. Loening I 567 ff. Pontal 264
10 Syn. Epaon can. 2. Wetzer/Welte III 603 f. LThK III[2] 915. HGK II/2 200. Hauck, zit. bei Giesecke 166 f. Schmidt, Die Bekehrung der Ostgermanen 414. Fischer, Die Völkerwanderung 224. Beck, Bemerkungen 449
11 Greg. Tur. 2,28; 3,6. Fredeg. 3,33. Wetzer/Welte II 491. LMA II 1862 (Ebling), HEG I 234. Vgl. auch die folg. Anm.
12 Greg. Tur. 3,5 f. Liber in gloria martyrum, c. 74 (hier billigt bereits Gregor dem Mörder Sigismund mit gewissen Einschränkungen die Heiligkeit zu.) Marius von Avenches ad a. 523. Die geschichtlichen Tatsachen verkehrt ins Gegenteil die fränkische Passio Sancti Sigismundi regis (SS rer. Merov. II 324), die Sigismunds Ermordung den Burgundern unterstellt. LThK IX[2] 748 f. Keller, Reclams Lexikon 457 f. Schmidt, Die Bekehrung der Ostgermanen 417 f. Ensslin, Einbruch 128. Löwe, Deutschland 49 f. Zöllner, König Sigesmund 1 ff. Ders., Geschichte der Franken 79 f. Graus, Volk 396 ff. Ders., Die Entwick-

lung der Legenden 187 ff. Ewig,
Die Merowinger 33 f. Bleiber,
Das Frankenreich 80. Bund 165 f.

13 Greg. Tur. 3,6. Fredeg. 3,34 f. Vgl.
auch die folg. Anm.

14 Venant. Fortunat. Carm. 2,10.
Greg. Tur. 3,18; Zur frühen Legendenbildung und Ausschmükkung ihrer Vita bereits bei Gregor
vgl. Zöllner, Geschichte der Franken 55 f. S. auch 74. Fredeg.
3,34 f. LMA II 1815 f., 1862, 1869,
1948 IV 1792. Ewig, HEG I 261
verliert über die entscheidende
Beteiligung der hl. Chlotilde kein
Wort. Donin III 344 ff. Menzel, I
148, 155. Rückert, Culturgeschichte II 417. Hauck ⁷1952 I 116,
128. Dill 159. Finke 140 f.
Schmidt, Die Bekehrung der Ostgermanen 417 f. Löwe, Deutschland 49 f. Sprigade, Abschneiden
142 ff. Ders., Die Einweisung
16 ff., 44. Steinbach, Das Frankenreich 14 f. Funkenstein 12.
Zöllner, Geschichte der Franken
80 ff. Irsigler 103 f. Ewig, Zum
christlichen Königsgedanken 19.
Ders., Die Merowinger 34 f.
Grahn-Hoek, Die fränkische
Oberschicht 159 ff. Bleiber, Das
Frankenreich 80. Pontal 18

15 Greg. Tur. 3,18. Fredeg. 3,38. Vgl.
auch die vorh. Anm.

16 Wetzer/Welte II 492. v. Sales
Doyé, Heilige I 210. Ewig, Die
Merowinger 35

17 Greg. Tur. 3,4; 3,7 f. Fredeg. 3,32.
HEG I 262. Menzel I 154. Hauck I
348. Heinsius 16 ff. Schmidt, Die
späte Völkerwanderungszeit 175.
Schmidt, Die Westgermanen 46.
Buchner, Germanentum 137.
Behn 72 f. Löwe, Deutschland 50.
Dannenbauer II 28. Patze/Schlesinger I 322 ff. Zöllner, Geschichte der Franken 82 f., 86. Lautermann 904. Steinbach, Das Frankenreich 14 f. Ewig, Die fränkischen Teilungen 668 f. Grahn-Hoek, Die fränkische Oberschicht 170 ff. Butzen 27 ff. Bleiber, Das Frankenreich 34, 37, 81,
83 f. Haendler, Die abendländische Kirche 39

18 Greg. Tur. 3,7 f. Venant. Fortunat.
Carm. 9,14 (weitere Quellenhinweise bei Scheibelreiter, Königstöchter 24 ff. Wetzer/Welte IV
117 f. LMA II 1869 f. Menzel I
154 f. Weinhold II 15. Heinsius
27 ff. Herrmann, Thüringische
Kirchengeschichte I 10 ff. Dill
131, 282. Schmidt, Die späte Völkerwanderungszeit 175 f. Neuss/Oediger 114. Portmann 29 ff.
Pörtner 30. Zöllner, Geschichte
der Franken 83, 107 f. Schneider,
Königswahl 76. Ewig, Studien zur
merowingischen Dynastie 38 ff.,
bes. 43. Bleiber, Das Frankenreich
84. Butzen 29

19 Greg. Tur. 2,36; 3,2. Zöllner, Geschichte der Franken 83 f.

20 Prokop. bell. Goth. 1,13. Chron.
Caesar-august. a. 531; vgl. a. 541.
Greg. Tur. 3,10; 3,21; 3,29. gloria
conf. 81. Fredeg. 3,30: vgl. 41.
LMA I 505. HEG I 262. Pirenne,
Geburt 187. Claude, Geschichte
der Westgoten 64. Steinbach, Das
Frankenreich 14. Zöllner, Geschichte der Franken 83 ff. Ewig,
Die fränkischen Teilungen 669,
674 f. Ders., Die Merowinger 35.
Pontal 18

21 Prokop. bell. Got. 1,13. Greg. Tur.
3,11; 3,23. LMA II 1062 f. IV 1792.
Giesecke 167. Blanke 25. Steinbach, Das Frankenreich 14. Büttner, Die Alpenpolitik 64. Löwe,
Deutschland 150. Drack/Schib
134 ff. Bleiber, Das Frankenreich
86. Ewig, Die fränkischen Teilungen 670. Ders., Die Merowinger 36

22 Greg. Tur. 3,24; 3,28. Zöllner, Ge-

schichte der Franken 86 f. Ewig,
Die Merowinger 36 f.

23 Prokop. bell. Got. 1,5; 1,13. Agathias 1,6 ff. Buchner, Germanentum 137. Büttner, Die Alpenpolitik 64 f. Egger 401 f. Heuberger,
Rätien 136 ff. Zöllner, Geschichte
der Franken 88 f. Ewig, Die Merowinger 37

24 LMA I 1242. Zöllner, Geschichte
der Franken 89 ff. Ewig, Die Merowinger 37. Heinzelmann, Bischofsherrschaft in Gallien 130 ff.

25 Mar. v. Avenches, Chron. ad a.
538. Prokop. bell. Got. 1,12;
2.21 f.; 2,28. Cass. Var. 12,7. Caspar II 237. Büttner, Die Alpenpolitik 65. Löhlein 29 ff. Zöllner, Geschichte der Franken 89 ff. Bleiber, Das Frankenreich 87. Ewig,
Die Merowinger 37

26 dtv-Lexikon der Antike, Geschichte III 258. Büttner, Die Alpenpolitik 65 f. Löwe, Deutschland 51. Steinbach, Das Frankenreich 14 f., 26. Ewig, Die fränkischen Teilungen 671 ff. Zöllner,
Geschichte der Franken 89 ff.

27 Greg. Tur. 3,25; 3,36. dtv-Lexikon
der Antike, Geschichte III 258.
Auch Ploetz feiert Theudebert I.
als «Vollender des Reiches Chlod-
wigs» 65. Schultze II 120 ff. Löwe,
Deutschland 51. Zöllner, Ge-
schichte der Franken 94 f., 188.
Anton, Fürstenspiegel 50. Bleiber,
Das Frankenreich 87. Ewig, Die
Merowinger 40

28 Mar. v. Avench. Chron. ad a.
555 f. Greg. Tur. 4,10; 4,14; 4,16 f.
Agathias II 14. Vita Droctovei c.
15. LMA II 1869 f. Schultze II
124 f. Stamer 25. Löwe, Deutschland 53. Büttner, Die Alpenpolitik
68. Zöllner, Geschichte der Franken 102 f. Grahn-Hoek, Die fränkische Oberschicht 185 ff. Bund
255 f. Tolsdorf 55

29 Greg. Tur. 4,19 ff. Mar. v.
Avench. Chron. ad a. 560. Wetzer/
Welte VII 7 f. Keller, Reclams Le-
xikon 376. Schultze II 124 f.
Mühlbacher I 39. Bodmer 32.
Goertz, Mittelrheinische Rege-
sten I 9. Zöllner, Geschichte der
Franken 103 f. Lasko 213. Ewig,
Die fränkischen Teilungen 674 f.
Lear/Treason 200 f. Tolksdorf
56 f. Bund 256

30 S. dazu die Quellenzusammen-
stellung durch Zöllner, Geschichte der Franken 104 f. Ferner Ewig,
Studien zur merowingischen Dynastie 43 sowie die drei folg. Anm.

31 Greg. Tur. 4,2

32 Greg. Tur. 4,3; 4,19; 9,39 ff.
Schultze II 125. Bodmer 31. Zöll-
ner, Geschichte der Franken 188.
Anton, Fürstenspiegel 52. Ewig,
Die fränkischen Teilungen 674 f.
Ders., Bistum Köln 214

33 RAC II 122. Fichtinger 382 f.
Hauck I 130, 229 f. Zöllner, Geschichte der Franken 104 f., 178,
186 ff. Anton, Fürstenspiegel 52.
Ewig, Die ältesten Mainzer 122.
Ders., Die fränkischen Teilungen
672 f. Ders., Die Merowinger und
das Imperium 17

34 Lib. pont. Vita Pelagii I. Hart-
mann, Geschichte Italiens I 394 ff.
Caspar II 288. Schubert, Ge-
schichte der christlichen Kirche
I 122. Seppelt/Schwaiger 56 f.
Maier, Mittelmeerwelt 246. Ewig,
Die Merowinger und das Imperi-
um 16 f.

35 Döllinger 53. Lea I 242. Voigt,
Staat 260

## 4. KAPITEL
### DIE LANGOBARDENINVASION

1 Greg. I. dial. 3,38
2 Prokop. bell. Got. 2,14,8. Paul.

Diac. Hist. Lang. 1,9; 1,22 f.; 1,27, 2,7 ff. Greg. Tur. 4,3; 4,41. LMA V 1688 ff. HEG I 222 ff. dtv-Lexikon der Antike, Geschichte II 240. Hartmann, Geschichte Italiens II 1 ff., 18 ff., 34 ff., 56 ff. Schnürer, Kirche und Kultur I 169. Catellieri I 69. Giesecke 199 f. Schmidt, Die Bekehrung der Ostgermanen 387 ff. Behn 54 f., 70. Maier, Kirchengeschichte I 36. Gontard 154. Conrad 86. Haller, Entstehung der germanisch-romanischen Welt 293. Löwe, Deutschland 34. Daniel-Rops 276 ff. Dannenbauer, Die Grundlegung II 13 ff., 18. Kupisch I 139. Herrmann, Slawisch-germanische Beziehungen 26 f. (mit vielen Quellenbelegen). Bosl, Europa im Mittelalter 53 f. Maier, Byzanz 72. Fröhlich 1 ff. Zusammenfassung 21. Bullough, Italien 171 f. Büttner, Die Alpenpolitik 70 f. Misch 50,53 ff., 59 f., 64 ff., 73 ff., 79 ff., 81 ff. Schmidinger 372 f.

3  Marius. Avent. Chron. ad a. 572, 573. Johann. Biclar ad a. 573. Prokop. bell. Got. 4,27. Paul Diac. hist. Lang. 2,14; 2,27 ff.; 2,31; 3,16. Greg. Tur. 4,41. LMA I 1907, III 1382, V 1692
   Hartmann, Geschichte Italiens II 1 ff., 34 ff. Cartellieri I 69 f. Kornemann 454 f. Schmidt, Die Bekehrung der Ostgermanen 390 f. Schnürer, Kirche und Kultur I 169. Büttner, Die Alpenpolitik 71. Bullough, Italien 172. Schneider, Königswahl 14 ff., 22 ff. Montgomery I 134. Zöllner, Die politische Stellung 133 ff. Misch 64 ff., 88 ff., 98 ff., 101 ff. Bund 195 ff. Ewig, Die Merowingerzeit 55. Richards, Gregor 18 ff. Schmidinger 373 ff.

4  Gregor I. dial. 1,4; 3,8; 3,27 f.; 4,22. ep. 1,66; 4,15. Greg. Tur.

4,41. Paul. Diac. H. L. 2,10; 2,25; 2,32. Hartmann, Geschichte Italiens II 1 ff., 41 f. Brechter, Monte Cassino 109 ff. Schnürer, Kirche und Kultur I 169. J. Funk, Allgemeine Einleitung 13. Dannenbauer, Die Entstehung II 14 ff., 18. Misch, Die Langobarden 64 ff., 87 ff., 93 ff. Richards, Gregor 16 ff., 104 ff., 176 f., 183. Altendorf, Gregor 189

5  Gregor I. dial. 3,38

6  Gregor I. ep. 13,38 f. Misch 93

7  Gregor I. ep. 3,4

8  Richards 188

9  dtv-Lexikon II 115. Richards 19. Das Bertram-Zitat bei Deschner, Die Politik der Päpste I 456

10  Paul. Diac. Hist. Lang. 2,12. Greg. Tur. 10,29. LThK VII² 941 f. Funk, Allgemeine Einleitung 13. Giesecke 200 ff. Dannenbauer II 18 f. Misch 93, 97 f. Altendorf 189

11  Paul. Diac. Hist. Lang. 3,16. Giesecke 201 ff.


## 5. KAPITEL
### DIE SPÄTEREN MEROWINGER

1  Greg. Tur. 7,38. Vgl. auch 4,47; 6,29; 7,35 u. a.

2  Ebd. 6,46

3  LThK IV¹ 750. HGK II/2 133. Ewig, Das Merowingische Frankenreich 399 ff. Ders., Die Merowinger 41. Bleiber, Das Frankenreich 122 f., 127. Pontal 116 f.

4  Greg. Tur. 4,25 ff.; 4,30; 5,17; 9,21. LMA IV 1794. Schultze II 128, 140, 161, 494. Giesecke 103. Bodmer 31. Löwe, Deutschland 64. Steinbach, Das Frankenreich 22, 33. Zatschek 13 f. Ewig, Die fränkischen Teilungen 676 ff. Bleiber, Das Frankenreich 122

5  Greg. Tur. 4,22 ff.; 4,30; 4,49 f. Taddey 72, 197, 370, 854. Zur Pro-

blematik civitas–Stadt im MA vgl.
LMA II 2113 f. Schultze II 128,
142. Mühlbacher I 38. Dill 170 f.
Bodmer 29. Zatschek 14 f. Büttner, Die Alpenpolitik 69. Löwe,
Deutschland 64, 66 f. Schneider,
Königswahl 87 ff. Steinbach, Das
Frankenreich 33, 35 f. Ausführlicher Zöllner, Die politische Stellung 57 ff. Ewig, Das Bistum Köln
214. Ders., Die fränkischen Teilungen 676 ff. Ders., Die Merowinger 42 f. Ders., Die Merowingerzeit 54 f. Bleiber, Das Frankenreich 122 ff.

6   Greg. Tur. 4,27 f. LMA IV 1100.
    Mühlbacher I 40

7   Greg. Tur. 4,28; 4,51; 5,18; 5,22;
    5,39; 7,7; 7,20; 8,29; 8,44; 9,34;
    10,18. Fredeg. 3,84. LMA IV 885.
    Taddey 370. Heinsius 15

8   Greg. Tur. 4,28; 4,45 ff.; 4,51; 5,1.
    Fredeg. 3,70 ff. LThK IV² 1279.
    Taddey, Lexikon 474. Ullstein
    Weltgeschichte II 13. Schultze II
    143, 151, 162 f. Menzel I 180 ff.
    Lea III 462. Cartellieri I 73, 84.
    Bodmer 29, 50. Dill 174 f. Berr 14.
    Ludwig 19. Zatschek 15 f. Folz,
    Zur Frage 322 ff. Maier, Mittel-
    meerwelt 242 f. Pörtner 26 f. Bütt-
    ner, Die Alpenpolitik 69 ff. Stein-
    bach, Das Frankenreich 33. Lau-
    termann 866, 870. Ewig, Die
    fränkischen Teilungen 679 ff.
    Ders., Die Merowinger 43 f. Blei-
    ber, Das Frankenreich 126 ff.
    Bund 261. Pontal 119

9   Greg. Tur. 4,47; 5,44. Schultze II
    148 ff. Berr 14. Cartellieri I 73 f.
    Schubert, Geschichte der christ-
    lichen Kirche I 151 ff., bes. 153.
    Zatschek 17. Maier, Mittelmeer-
    welt 242 f. Dannenbauer II 62.
    Steinbach, Das Frankenreich 22

10  Greg. Tur. 5,1; 5,14; 5,18 f., 8,31;
    9,8; 9,10; 9,14; 9,23; 10,19. Fredeg.
    3,74; 3,78. LMA II 1816 IV 1794 f.

Dill 124, 134, 184. Cartellieri I 73.
Zatschek 16 f. Sprigade, Die Einweisung 21 f. Schneider, Königswahl 94 ff. Steinbach, Das Frankenreich 33. Graus, Über die
sogenannte germanische Treue
105. Ewig, Die fränkischen Teilungen 681. Ders., Die Merowingerzeit 54. Ders., Studien zur merowingischen Dynastie 19. Ders.,
Die Merowinger 44. Grahn/
Hoek, Die fränkische Oberschicht 201. Bund 264 f., 265 ff.
Pontal 118 f. Bleiber, Das Frankenreich 128

11  Greg. Tur. 6,46; 7,33; 10,19. Fre-
    deg. 3,93. Ullstein, Weltgeschichte
    II 13. Schultze II 148. Zatschek
    16 ff. Steinbach, Das Franken-
    reich 33 f. Ewig, Die fränkischen
    Teilungen 682 f., 714. Ders., Die
    Merowingerzeit 54. Ders., Die
    Merowinger 45 f. Grahn-Hoek,
    Die fränkische Oberschicht
    220 ff. Bleiber, Das Frankenreich
    128 f. Bund 270 ff.

12  Greg. Tur. 6,46. Fredeg. 3,93.
    Menzel I 182. Ewig, Die Mero-
    winger 47

13  Greg. Tur. 4,50; 5,39; 6,31; 10,19.
    Schultze II 145 f., 151 f., 155 f.,
    160 ff. Bodmer 34, 200. Bund,
    Thronsturz 269 ff.

14  Greg. Tur. 7,4 ff.; 7,44; 9,8. LMA
    II 1816. Steinbach, Das Franken-
    reich 34. Ewig, Die fränkischen
    Teilungen 714. Ders., Die Mero-
    winger 47

15  Bleiber, Das Frankenreich 126 ff.,
    136 ff.

16  Greg. Tur. 5,49; 6,24; 7,28; 7,30 f.;
    7,36; 8,2; 8,7. Fredeg. 3,89. LMA
    IV 1989, 1792. Ewig, Die Mero-
    winger 45, 47. Bleiber, Das Fran-
    kenreich 129 f. Scheibelreiter, Der
    Bischof 226. Vgl. auch die folg.
    Anm.

17  Greg. Tur. 6,36; 7,10; 7,27 ff.;

7,34 ff.; 7,38; 8,2; 9,21. Fredeg.
3,89. LThK IV¹ 750. LMA III 84, IV
1792, 1794 f. Schultze II 135, 154 f.,
161. Bodmer 15 f., 50 f. Dill 195 ff.
Büttner, Die Alpenpolitik 73 f.
Sprigade, Die Einweisung 19 f.
Ders., Abschneiden 147 f. Anton,
Fürstenspiegel 53. Zöllner, Die
politische Stellung 113. Steinbach,
Das Frankenreich 34. Ewig, Die
fränkischen Teilungen 683 ff.,
703 ff. Ders., Die Merowingerzeit
54. Ders., Die Merowinger und das
Imperium 33 ff. Ders., Zum christ-
lichen Königsgedanken 19. Ders.,
Die Merowinger 47 f. Bund 277 ff.
Grahn-Hoek, Die fränkische
Oberschicht 232 ff.

18    Greg. Tur. 5,49; 6,31; 7,10; 7,35;
7,38. Schultze II 147. Berr 15

19    Greg. Tur. 4,25; 5,17; 5,35; 9,20.
Fredeg. 3,82. Daniel-Rops 317

20    Greg. Tur. 9,9; 10,19. S. auch die
folg. Anm.

21    Greg. Tur. 9,11; 9,20. Ewig, Die
Merowinger 48, 50. Bleiber, Das
Frankenreich 132

22    Mar. Avent. chron. ad a. 569; 574.
Greg. Tur. 4,42. Fredeg. 3,68.
Schultze II 129 f. Hartmann, Ge-
schichte Italiens II 56 ff. Holtz-
mann, Italienpolitik 17 f., 21 f.
Büttner, Die Alpenpolitik 79 ff.
Löhlein 53 ff.

23    JK 1048 (MG Epist. III 448 Nr. 9).
Migne 72, 705. Vgl. auch Pelagius'
II. Brief an Aunachar von 586: JK
1057 (MG Epist. III 449 Nr. 10).
Migne 72, 744. LThK VIII¹ 66.
Fichtinger 312. Kelly 79. Hart-
mann, Geschichte Italiens II 167

24    Wetzer/Welte VIII 264. LThK VIII¹
66. LMA III 1382. Denzinger, Enchiridion Symbolorum 113 ff.
NUM 246 f. Kelly 79. Hartmann,
Geschichte Italiens I 397 ff. Seppelt II 13

25    Greg. Tur. 6,42; 8,18; 9,25. Fredeg.

3,92. Paul. Diac. hist. Lang. 3,17;
3,22; 3,28 ff. Joh. Biclar. a. 584.
LMA II 1816. Schultze II 131 f.
Hartmann, Geschichte Italiens II
61 ff. Kornemann II 455 f. Holtzmann, Italienpolitik 22 f. Büttner, Die Alpenpolitik 76 f. Ders.,
Frühmittelalterliches Christentum 126

26    Greg. Tur. 9,11; 9,20; 9,25; 9,29.
Paul. Diac. hist. Lang. 3,22; 3,29.
Schultze II 131. Hartmann, Ge-
schichte Italiens II 69 ff. Büttner,
Frühmittelalterliches Christen-
tum 126

27    Greg. Tur. 9,29; 10,3. Paul. Diac.
hist. Lang. 3,31. Fredeg. 4,45.
Schultze II 131 f. Hartmann, Geschichte Italiens II 72 ff. Holtzmann, Italienpolitik 25 ff. Büttner, Die Alpenpolitik 77 ff. Ders.,
Frühmittelalterliches Christentum 126 ff. Ewig, Die Merowinger 49. Misch 116

## 6. KAPITEL
### DIE WESTGOTEN WERDEN KATHOLISCH

1    Culican 189

2    Ballesteros 56

3    Chron. Caesar Aug. a. 531. Jord.
Get. 58. Greg. Tur. 3,30. Fredeg.
3,42. Isid. Sev. hist. Got. 40 ff.
LMA I 206 f. IV 1573. HEG I
236 f. Buchner, Germanentum
154. Stroheker, Germanentum 97,
168, 209. Maier, Mittelmeerwelt
209. Dannenbauer II 22 f. Conrad
80. Schäferdick, Die Kirche in den
Reichen der Westgoten 22 f.
Thompson, The Goths 12 ff.,
18 ff. Claude, Geschichte der
Westgoten 57 f. Ders., Adel, Kirche 48 f., 56 ff., 63. Bund 554 ff.
Auch im Hinblick auf Eurich aber
schreibt Gert Haendler: «Von einer westgotischen Propaganda für

das homöische Bekenntnis kann keine Rede sein.» Die abendländische Kirche 105. Vgl. auch 108

4 Greg. Tur. 4,8; 4,27. Fredeg. 3,47 f. Isid. hist. got. 46 f. LMA I 206; 1159 V 1950. Stroheker, Germanentum 135 f., 209 ff. Buchner, Germanentum 155. Thompson, The Goths 17 f., 324. Claude, Geschichte der Westgoten 58 f. Ders., Adel, Kirche 49 f. Bund 557 f. Altamira 163 f.

5 Greg. Tur. 4,38; Joh. Bicl. ad a. 568 f.; 573. Fredeg. 3,63. Isid. hist. got. 48, 49. Stroheker, Germanentum 136 f. Buchner, Germanentum 136 f. Thompson, The Goths 18 f., 59. Claude, Adel, Kirche 55, 59 f., 66

6 Greg. Tur. 4,38. Isid. hist. got. 51.

7 Isid. hist. got. 49; 54. LMA V 1903

8 Hydat. Chron. min. 2,25. Isid. hist. got. 85 ff. HEG I 243. Schubert, Geschichte der christlichen Kirche I 29. Schmidt, L., Die Westgermanen 128, 192. Schmidt, K.D., Die Bekehrung der Ostgermanen 373 ff. Thompson, Christianity and the Northern Barbarians 71. Ders., The End of Roman Spain 18 ff. (nimmt an, daß die Sueben mit den Quaden identisch sind). Sprigade, Die Einweisung 46. Maier, Mittelmeerwelt 126 f. Kawerau, Geschichte der mittelalterlichen Kirche 29

9 Isid. hist. got. 87. Schmidt, K.D., Die Bekehrung der Ostgermanen 374 ff. Schmid, L., Die Westgermanen 208 f., 217 ff. Ballesteros 39 f. Voigt, Staat 147. Claude, Geschichte der Westgoten 124. Bund 159 f. Schäferdiek, Die Kirche in den Reichen der Westgoten 82 ff., 108 f., 112 ff.

10 Isid. hist. got. 88 ff. Claude, Geschichte der Westgoten 124. Bund 161

11 Isid. hist. got. 49 ff. Thompson, The Goths 49 ff.

12 Isid. hist. got. 50; 90

13 Greg. Tur. 6,18; 6,43; in glor. confess. 12. Joh. Bicl. ad a. 570 ff., 580, 584, 585. Schubert, Geschichte der christlichen Kirche I 174 f. Schmidt, Die Bekehrung der Ostgermanen 309, 377. Schmidt, L., Die Westgermanen 214 ff. Buchner, Germanentum 155. Stroheker, Germanentum 147 ff., 169 ff., 178 ff., 230. Claude, Geschichte der Westgoten 66 f. Sprigade, Die Einweisung 46 ff. Altamira 165 ff. Thompson, The Goths 60 ff., 87. Bund 162 f. Haendler, Die abendländische Kirche 108

14 Greg. Tur. 4,27 f.; 5,38; 9,24. Fredeg. 3,82 f. Thompson, The Goths 18, 64 f. Altamira 168

15 Greg. Tur. 5,38. Fredeg. 3,83. Joh. Bicl. ad a. 579. Giesecke, Die Ostgermanen 105 f. Stroheker, Germanentum 152, 166. Daniel-Rops 257, 261 f. Thompson, The Conversion 11. Ders., The Goths 64 f. Altamira 168

16 Greg. Tur. 5,38; 6,18; 6,40; 6,43; in glor. confess. 12. Joh. Bicl. ad a. 574; 581 ff. Fredeg. 3,87. Isid. hist. got. 49. LMA V 1776. Grisar, Rom 692. Schmidt, Die Westgermanen I 215 f. Schmidt, Die Bekehrung der Ostgermanen 308 ff., 378. Giesecke, Die Ostgermanen 106 f. Stroheker, Germanentum 152 f., 173, 182 ff., 218 f. Daniel-Rops 257. Culican 192 f. Thompson, The Goths 65 f., 68 ff. Claude, Geschichte der Westgoten 68. Bund 559 ff. Altamira 169 f.

17 Greg. Tur. 6,43. Fredeg. 3,87. Gregor I. Praev. Moral in Iob (PL 75,510 f.) Paul. Diac. Hist. Lang. 3,21. RAC XII 933. Kraft 342. LMA V 1776. Hartmann, Geschichte Italiens II 175. Caspar II

356. Stroheker, Germanentum 177, 185. Thompson, The conversion 14. Ders., The Goths 65 f. Reydellet 49

18 Greg. Tur. 5,38; 6,18; 6,40; 6,43; 8,28. Joh. Bicl. ad a. 584. Isid. hist. got. 49. Keller, Reclams Lexikon 250 f. (legendär entstellt). Giesecke 108 f. Stroheker, Germanentum 184 f. Schneider, Königswahl 221 f. Daniel-Rops 258. Claude, Geschichte der Westgoten 68. Thompson, The Goths 72 f. Bund 560 f.

19 Greg. Tur. 5,38; 6,43; 8,28; 9,16. Joh. Bicl. ad a. 579; 585. Gregor I. dial. 3,1. Isid. hist. got. 49. LThK IX¹ 612 f. u. 2. A IX 811 f. Keller, Reclams Lexikon 250 f. Fichtinger 352 ff. Kühner, Lexikon 213 ff. Giesecke 107, 109. Stroheker, Germanentum 185 f., 219 f. Altamira 168 f. Graus, Volk 396. Claude, Geschichte der Westgoten 68. Thompson, The Goths 91, 94. Bund 561 f.

20 Greg. Tur. 8,28; 9,31. Joh. Bicl. ad a. 585. Isid. hist. got. 54. Schultze II 134. Stroheker, Germanentum 187 f. Büttner, Die Alpenpolitik 74. Thompson, The Conversion 24. Ders., The Goths 75, 92 ff. Ewig, Die fränkischen Teilungen 686. Ders., Die Merowingerzeit 56. Ders., Die Merowinger 94

21 Greg. Tur. 8,46, vgl. auch 4,38. Isid. hist. got. 50. Grisar, Rom 692. Schubert, Geschichte der christlichen Kirche I 176. Schmidt, Die Bekehrung der Ostgermanen 310, 378. Giesecke 103 f., 110. Stroheker, Germanentum 140 f. Claude, Geschichte der Westgoten 70 f. Ders., Adel, Kirche 72. Thompson, The Goths 91, 94. Ders., The Conversion 24 f.

22 Isid. hist. got. 52 ff. Vgl. auch Orlandis/Ramos-Lisson 96 ff.

23 Greg. Tur. 9,31. Joh. Bicl. ad a.

588 f. Giesecke 111 f. Dannenbauer II 25 f. Thompson, The Goths 94, 102 f. Ders., The Conversion 24 ff. Bund 563. Claude, Geschichte der Westgoten 72. Orlandis/Ramos-Lisson 100

24 Joh. Bicl. ad a. 589 f. Giesecke, Die Ostgermanen 112. Thompson, The Goths 103. Ders., The Conversion 26. Bund 563 ff. Claude, Geschichte der Westgoten 72. Orlandis/Ramos-Lisson 100

25 Isid. hist. got. 7 f.

26 HEG I 439. Ballesteros, Geschichte Spaniens 55. Giesecke 113. Buchner, Germanentum 155. Thompson, The Goths 104. Ausführlicher über das Konzil: Orlandis/Ramos-Lisson 101 ff.

27 3. Syn. Tol. (589) c. 3; 5 f.; 14 (De iudaeis) Zu den servi ecclesiae vgl. etwa auch 4. Syn. Tol. (633) c. 67. Kraft 342 f. Hartmann, Geschichte Italiens II 175. Schubert, Geschichte der christlichen Kirche I 175 f. Schmidt, Die Bekehrung der Ostgermanen 308 ff. Ballesteros 40 f. Maier, Mittelmeerwelt 245, 303. Thompson, The Barbarian Kingdoms 24 ff. Ders., The Goths 88, 94 ff., 101. Ders., The conversion 34. Claude, Geschichte der Westgoten 72 f. Ders., Adel, Kirche 77 ff. Ewig, Zum christlichen Königsgedanken 26. Schäferdiek, Die Kirche in den Reichen der Westgoten 205 ff., 212. Orlandis/Ramos-Lisson 107 ff., 116 f.

28 Gregor I. e.p. 9. Hartmann, Geschichte Italiens II 175 f. Seppelt II 27 f.

29 Isid. hist. got. 68 ff. Gams II 2. Abt. 47. Maier, Mittelmeerwelt 306. Claude, Geschichte der Westgoten 74. Reydellet 48 sieht im Werk Isidors eine «Bemühung um intellektuelle und moralische Erneuerung».

30　Joh. Bicl. ad a. 580; 590. Isid. hist.
　　got. 50. Vitae patrum Emerit.
　　5,11. Syn. Toledo (589) c. 5; 9. Syn.
　　Sarag. (592) c. 2. Gregor I. dial.
　　3,31. Fredeg. 4,8. Schubert, Ge-
　　schichte der christlichen Kirche I
　　175. Ders., Zur Germanisierung
　　des Christentums 392. Voigt, Staat
　　148. Schmidt, Die Bekehrung der
　　Ostgermanen 308 ff. Giesecke
　　111, 116. Stroheker, Germanen-
　　tum 177 f., 233. Thompson, The
　　Goths 102 ff. Ders., The conver-
　　sion 27 ff. Altamira 172. Claude,
　　Adel, Kirche 90 f.

## 7. KAPITEL
### Papst Gregor I. (590–604)

1　Seppelt II 33
2　Stratmann IV 85
3　Kraft 244
4　Richards 235
5　Haller I 217, 223
6　Joh. Diac. Vita. Greg. 4,84
7　Dannenbauer II 75 f.
8　Greg. Tur. 10,1. Gregor I. Moral.
　　pref. Joh. Diac. vit. Greg. 4,84.
　　Haller I 217. de Rosa, 397. S. auch
　　folg. Anm.
9　Gregor I. Dial. 4,16; in Ev. 38,15.
　　(PL 76, 129A) RAC XII 930 f.
　　Kühner, Lexikon 31. Kelly 80.
　　LMA IV 1663 f. Gregorovius, I 1
　　252. Hartmann, Geschichte Ita-
　　liens II 92 ff. Funk, Allgemeine
　　Einleitung 15 f. Maier, Mittel-
　　meerwelt 338 f. Gontard 151. Da-
　　niel-Rops 282. Fines 108.
　　Schramm, Kaiser, Könige I 86 f.
　　Misch 121. Richards 34 f. Ange-
　　nendt, Frühmittelalter 238 f.
10　Gregor I. ep. 3,29; 11,37; Hom. in
　　Ev. 1,1. Vgl. auch ep. 3,61; 4,44;
　　11,37 u. a. Gregorovius, I 1 254 ff.
11　Greg. Tur. 10,1. Paul. Diac. Hist.
　　Lang. 3,24. RAC XII 934 f. Grego-

rovius I 1 254 ff. Hartmann, Geschichte Italiens II 97. Giesecke
204. Seppelt II 13 f. Richards 22,
90
12　Gregor I. ep. 1,4; 3,61; 5,53 a.
　　Praef. Dial. 3,33. Greg. Tur. 10,1.
　　Joh. Diac. Vit. Greg. 1,39 f. Paul.
　　Diac. Vit. Greg. 10. RAC XII
　　932 ff. LMA I 758 f. IV 1663. Kel-
　　ler, Reclams Lexikon 234. Kelly
　　79 f. Gregorovius I 1 248 ff.,
　　253 ff., 285. Hartmann, Geschich-
　　te Italiens II 94 ff., 180 ff. Caspar
　　II 343. Haller I 217 f. Seppelt II
　　7 ff. Seppelt/Schwaiger 58 f. Gon-
　　tard 151 ff. Altendorf 186. Misch
　　120 ff. Schramm, Kaiser, Könige I
　　86 f. Richards 47 ff. Fines 108 f.
13　Gregor I. Reg. 5,37 ff.; 5,44 f.; 7,5;
　　7,30 f.; 8,29 u. a. Mor. 3,43,60.
　　Paul. Diac. Vit. Greg. 9. Joh. Diac.
　　Vit. Greg. 1,28 ff. LThK III² 118.
　　RAC XII 937. Kelly 79. Hartmann,
　　Geschichte Italiens II 160 ff.,
　　180 ff. Caspar II 215 f., 264. Sep-
　　pelt II 10, 22 ff. Seppelt/Schwaiger
　　62. Gontard 155, 162. Maier, Mit-
　　telmeerwelt 338 ff. Richards 56.
　　Vgl. auch die folg. Anm.
14　Alle Belege hierzu und weitere bei
　　Richards 224 ff. Vgl. auch Kelly
　　82. Haller I 224 ff.
15　Gregor I. ep. 2,38
16　Richards 129
17　Gregor I. ep. 1,38 ff.; 2,29; 3,3;
　　5,4; 5,55; 7,32; 10,9; 13,31; 14,16
　　u. a.
18　Gregor I. Reg. pastor. 3,4. moral.
　　25,34 ff. Gregorovius I 1 283. Cas-
　　par II 409, 468 f. Haller I 221.
　　Seppelt/Schwaiger 61. Voigt, Staat
　　83. Daniel-Rops 282. Ullmann,
　　Die Machtstellung 58 ff. Buchner,
　　Germanentum 151. Richards
　　257 ff. Altendorf 188
19　Gregor I. ep. 1,5. Dial. Praef.
20　Vgl. Richards, bes. Kap. 9 u. 10. S.
　　auch Haller I 221

21 Hartmann, Geschichte Italiens II 176 ff. Dort und bei Richards 84, 141, 208 ff. alle Quellenhinweise. Caspar II 431 ff.

22 Gregor I. Reg. Past. 1,10

23 Seppelt II 33

24 Gregor I. ep. 2,1

25 Richards 41 ff. Dort die weiteren Quellenbelege

26 Haller I 224. Richards 263

27 Richards 122 ff., 147 ff., 169 ff. mit allen Quellenhinweisen. S. auch Gontard 155 f.

28 Gregor I. ep. 1,14; 2,5. Caspar II 414. Richards 170 f.

29 Gregor I. ep 3,45. Kober, Die körperliche Züchtigung 48, Gruppl I 298. Gregors Keuschheitswahn und Zölibatsrigorismus wäre ein eigenes Kapitel wert. Seine Ausfälle (in jeder Hinsicht des Wortes) sind ungezählt. Vgl. dazu etwa auch Ranke-Heinemann, Eunuchen 110 f., 128, 144, 147: «Die Lust kann nie ohne Sünde sein» u. a.

30 Beda h. e. 1,27. LMA IV 1663 f. Haller I 267 f., 223. Voigt, Staat 260, 296. Seppelt II 25. Maier, Mittelmeerwelt 338 f. Gontard 156. Misch 69. Herrmann, Ketzer in Deutschland 66. Richards, 9. Padberg 22 f. Ullmann, der Gregor schätzt, betont doch als Zweck der missionarischen Unternehmung Gregors, «Den päpstlichen Primatsanspruch seiner Verwirklichung nahezubringen»: Kurze Geschichte des Papsttums 51

31 Herrmann, Ketzer in Deutschland 66

32 Gregor I. ep. 8,4; 1,60; 2,45; 13,36; LThK VII¹ 5 f. Vgl. auch Speigl, Aquileja zwischen Ost und West 37 ff.

33 Gregor I. ep. 4,14; 6,36, Moral. 3,43. Reg. past. 24. Paul. Diac. Hist. Lang. 4,19. Padberg 23 f.

34 Außer Deschner Kriminalgeschichte I 3. Kap. Vgl. dazu und bes. zu Gelasius I. ebd. II 324 ff., bes. 332 ff.

35 Gregor I. ep. 5,3. Moral. 8,1 f.; 16,6. HKG II 2, 318. Hartmann, Geschichte Italiens II 163. Caspar, II 442 ff. Diesner, Der Untergang 76 f.

36 Gregor I. Dial. 3,30. RAC XII 936. Gregorovius I 1 275. Caspar II 74

37 Gregor I. ep. 4,26; 4,29

38 Gregor I. Dial. 3,27 f. ep. 4,26; 9,65; 9,204. Schultze I 425 f. Richards 242

39 Schultze II 191

40 Richards 242 ff. mit allen und weiteren Belegen

41 Gregor I. ep. 2,38; 5,38. Dial. Praef. LMA IV 1664 (Richards) Gregorovius I 1 267. Seppelt II 18 ff. Caspar II 343, 454. Fischer, Der niedere Klerus 43 f. (mit ausführlichen Belegen). Vgl. 74 f. Erben 53. Kühner, Gezeiten I 162. Ders., Die Kreuzzüge, Studio Bern 14. 10. 1970. Patze, Der Frieden 419. Daniel-Rops 476. Richards 92, 97. Herrmann, Kirchenfürsten 47 führt auch die Vokabel vom «Heiligen Krieg» auf Gregor zurück

42 Kühner, Lexikon 38 f. Stratmann IV 85

43 Gregor I. ep. 2,6. Richards 235 f.

44 Gregor I. ep. 3,37; 6,10; 7,21; 9,213

45 Gregor I. ep. 1,10; 1,45; 2,7; 2,38; 4,31; 6,33; 6,45; 7,24; 8,21; 8,23; 8,25; 9,38; 9,109 f., 9,195. Wiegand 236 f. Parkes 210 ff. Seiferth 76. Schopen 32 f. Gontard 153. Richards 123

46 Gregor I. ep. 1,87; 9,213. Browe 128, 138, 145. Caspar II 492. Sogar Angenendt verkennt jüngst Gregors antijüdische Grundhaltung: Frühmittelalter 241

47 Gregor I. ep. 1,39a; 1,73; 8,27.
Lib. Pont. Vit. Greg. 313. RAC XII
935 f. HKG II 2 208. Gregorovius I
1 265 ff. Seppelt 15 ff. Gontard
158. Richards 101, 118, 133 ff.,
144. Altendorf 186 ff., 194

48 Gregorovius I 1 265. Haller I 220.
Richards 134 f.

49 Hartmann, Geschichte Italiens II
149

50 Richards 144 ff. mit den Quellenbelegen

51 Gregor I ep. 1,39; 13,19; 13,23;
13,31. HKG II 2 208, 318. Gregorovius I 1 265 ff. Seppelt II 15 ff.
Richards 102 f.

52 HKG II 2 318

53 Gregor I. ep. 9,30

54 Gregor I. ep. 9,42. Haller I, 220.
Gontard 159. Angenendt, Früh-
mittelalter 219. Orlandis/Ramos-
Lisson 216 f., 230. Richards 65 f.,
116, 135, 246 mit allen weiteren
Quellenbelegen

55 LMA IV 1663. Gregorovius I 1
267. Seppelt II 15 ff.

56 LMA II 1243 ff. HKG II 2 207 f.
Gregorovius, I 1 267. Herde 1. Richards 15

57 Maier, Mittelmeerwelt 339. Reindel, Grundlegung 107

58 Paul. Diac. Hist. Lang. 3,18; 3,26.
Der Kleine Pauly 3,1096. LMA IV
151 ff. HKG II 2 207. Hartmann,
Geschichte Italiens II 106 ff. Cas-
par II 474 ff. Dannenbauer II 21.
Dawson 192, 195. Seppelt/
Schwaiger 60. Richards, 21 f. Ull-
mann, Die Machtstellung 57 f.

59 Gregorovius I 1 260 ff. Jenal 113.
Vgl. auch die folg. Anm.

60 Gregor I. ep. 5,37; 11.29. RAC XII
936 f. Hartmann, Geschichte Italiens II 185 ff. Caspar II 479 ff.
Richards 231 f.

61 Hartmann, Geschichte Italiens II
181. Caspar II 479 ff. Seppelt II 21.
Haller I 226. Richards 93

62 Paul. Diac. Hist. Lang. 4,8. Kelly
21. LMA IV 151 ff. Richards 198.
Jenal 113, 125 f. Hürten 38. S.
auch die folg. Anm.

63 Gregor I. ep. 1,3; 2,7; 2,32. Dial.
3,28. Paul. Diac. Hist. Lang. 4,8.
Hartmann, Geschichte Italiens II
102 f., 131 f. 168. Caspar II 471 f.
Erben 71. Seppelt/Schwaiger 59.
Zöllner, Die politische Stellung
136. Ausführlich Richards 93,
188 ff., dem ich hier zum Teil folge. Dort weitere Quellenhinweise

64 Gregor I. ep. 4,2; 5,36; 7,42; 7,19;
9,44; 9,66 f. Paul. Diac. Hist.
Lang. 4,12. LMA I 208 f. HEG I
379 f. Hartmann, Geschichte Italiens II 105 ff. Caspar 476 ff. Gontard 154. Seppelt/Schwaiger 60 f.

65 Gregor I. ep. 14,12. Paul. Diac.
Hist. Lang. 4,5; 4,25; 4,27. LMA I
208 f. Hartmann, Geschichte Italiens II 68 f., 167 ff. Schnürer, Kirche und Kultur I 169 f. Caspar II
477, 491. Seppelt II 26 f. Stonner,
Germanentum und Christentum
41. Giesecke 204 f. Behn 71. Dollinger 84 f. Misch 126

66 Paul Diac. Hist. Lang. 4,6; 4,27;
4,41. LAM I 208 f. Giesecke 204 f.
Behn 71. Holtzmann, Italienpolitik 30. Richards 199

67 LThK VIII[1] 250. LMA II 1894 f.
HKG II 2 207. HEG I 308. Lecky,
Sittengeschichte II 216 f. Cartellieri I 78. Caspar, Geschichte des
Papsttums II 487 f. Ludwig, Massenmord 19. Baynes, The successors 282. Maier, Mittelmeerwelt
247. Richards, Gregor 232 f.

68 Fredeg. 4,23. RAC IV 576. Grego-
rovius II 23, 33. Donin II 162.
Stratmann IV 107. Caspar II 364.
Maier, Mittelmeerwelt 246

69 Hartmann, Geschichte Italiens II
117. Gregorovius I 1 268 f. Haller
I 219. Caspar II 488. Gontard 155.
Maier, Mittelmeerwelt 247.

Ders., Byzanz 76. Richards 56, 233. Deér, Die Vorrechte 55 ff.

70  Gregor I. ep. 13,32 ff. Vgl. 13,42. Hartmann, Geschichte Italiens II 117 f. Caspar II 488 ff. Stratmann IV 108 f.

71  LThK II² 591 ff. Der Kleine Pauly IV 802 f. LMA II 413. HEG I 308. Fichtinger 74. Kühner, Lexikon 40. Gregorovius I 1 270. Hartmann, Geschichte Italiens II 118. Seppelt II 41. Ostrogorsky 69 f. Kühner, Das Imperium 67. Nach Schieffer HEG I 112 bewahrt Rom durch die Phokassäule bis heute «wenigstens einen Abglanz seines Ranges als Kaiserstadt»!

72  Fredeg. 4,63. Lecky II 217. Hartmann, Geschichte Italiens II 185. Stratmann IV 111. Ostrogorsky 69 f. Daniel-Rops 396. Maier, Mittelmeerwelt 247

73  Beda, h. e. 2,1. LThK II¹ 82 f. u. 2. A. 93 f.

74  Orig. hom. 4,1 in Ez. Tert. adv. Jud. 7. Sozom. 2,6. Vogt, Der Niedergang 534. Delius 17. Lohaus 144 f.

75  LMA III 1924 ff. HEG I 283 f., 451 ff., 467 ff. mit zahlreichen Literaturangaben. Buchner, Germanentum 156 f. Schmidt-Liebich, Daten 10 ff. Collingwood/Myres 291 ff.

76  Beda, h. e. 1,23 ff. Greg. Tur. 4,26; 9,26. Gregor I. ep. 8,30. LMA I 1229 f. III 1926 ff. Gregorovius I 1 244. Hartmann, Geschichte Italiens II 172 f. Seppelt II 30 ff. Cartellieri I 79. Haller I 267. Gontard 156. Buchner, Germanentum 157. Daniel-Rops 291. Lohaus 5 ff., 11 ff., 145. Seppelt/Schwaiger 62. Bosl, Europa im Mittelalter 166. Schieffer, Winfrid-Bonifatius 65. Borst 35 ff. Prinz, Zum fränkischen und irischen Anteil 317 f.

77  Gregor I. ep. 9,43; 11,37; 11,39.

Beda h. e. 1,26; 1,31; 2,1. RAC XII 938. LthK II¹ 82 f. VII² 261. LMA I 187. Hartmann, Geschichte Italiens II 173 f. Caspar II 507 ff. Seppelt II 32. Hänlein I 49 f. Schieffer, Winfried-Bonifatius 294. Gontard 156. Haller I 267. Lohaus 11 ff. Borst 37 f. Prinz, Zum fränkischen und irischen Anteil 318 ff. Viele Söhne christlicher Könige blieben ungetauft, damit sie nach einem event. Sieg der heidnischen Partei regieren konnten. Vgl. etwa Angenendt, Frühmittelalter 231

78  Gregor I. ep. 11,56. Beda h. e. 1,30

79  Beda h. e. 1,33

80  RAC XII 930 f. Gregorovius I 1 271 ff. Richards 35 f.

81  LMA V 569. Gregorovius I 1 279. Hürten 16 ff.

82  Gregor I. ep. 5,53; 11,34. Moral. 10,29; 18,46; 18,74. John of Salisbury, Policraticus 2,26. Der Kleine Pauly IV 424. Hartmann, Geschichte Italiens II 94 f. Buchner, Germanentum 151. Haller I 218 f. Dannenbauer II 73 ff. Sandys 444 f. Altendorf 189, 192. Evans, The thought of Gregory the Great 8

83  Leo I. ep. 3,63; 7,29; 11,55. Kühner, Lexikon 35 f. Gregorovius I 1 279. Funk, Gregor 22. Schubert, Geschichte der christlichen Kirche I 198, Caspar II 344 ff. Seppelt II 9. Dannenbauer II 52 f. Gontard 152. Richards, Gregor 52 ff., 59 ff. Altendorf 186 f. de Rosa 397. Neuerdings überrascht etwa auch Scheibelreiter «die entschiedene und provokative Ablehnung der alten Bildungsgrundlagen»: Der Bischof 66

84  Gregor I, Dial. 4,41 ff. Fischer, Völkerwanderung 109. Richards 60 f., 89. mit allen und weiteren Quellenhinweisen

85  Haller I 218. Neuestens deutet auch Angenendt, wenn auch nur

knapp, «eher den jähen Absturz von dem antiken Niveau intellektueller und theologischer Bildung» an: Frühmittelalter 240. S. auch Herrmann, Kirchenfürsten 47

86 Seppelt II 35. Haller I 218 f. Vgl. Die peinlichen Ausflüchte im RAC XII 940 f.

87 Gregor I. Moral. 21,3. In Ezech. 1 ff. Hofmann, Die geistige Auslegung 12

88 Gregor I Moral. P. L. 75,509 ff., 76,1 ff. Altaner/Stuiber 468 f. RAC XII 943. Altendorf 187

89 Taionis, ep. ad Eugen. Tolet. praef. ad Quiric. Barcinon. ep. Nach Hartmann, Geschichte Italiens II 157 f. HKG II 2 209 f. (Baus). Richards 9. Zu Gregors ungewöhnlicher Hochschätzung im Mittelalter vgl. Hürten, Gregor der Große 16 ff. Noch im 8. Jh. ist im Lateran das «intellektuelle Niveau ... fast ausschließlich geistlicher Art». Banniard, Europa 123; findet aber Gregor I. in seinem Hauptwerk «immer auf hohem Niveau», ja spricht von «literarischer Meisterschaft», ebd. 151ff.

90 Gregor I. ep. 5,53a; LMA IV 1664 f. Funk, Gregor 43. Seppelt, Geschichte des Papsttums II 36 f. Dannenbauer II 76 ff.

91 Gregor I. ep. 5,53a, 11,227. Richards 52 ff. mit vielen Quellenhinweisen. S. auch S. 269

92 Vgl. bes. Greg. dial. prol. 8; 1,7; 3,33; 3,35; 4,55. Moral. 17,31. Hom. in Ezech. 3,23. Altaner/Stuiber 469. Funk, Gregor XIII ff. Richards 260, 265, 267 f. Frank, Benedikt 35 ff. Altendorf 193

93 Paul. Diac. Hist. Lang. 4,5. Kühner, Lexikon 49. HKG II 2 321 (Vogt). LMA IV 1665 (M. Gerwing). Gregorovius I 1 276. Funk, Gregor XVII. Richards 262, 267 f.

94 Gregor I. Dial. 1,2 ff., 1,7; 1,9 f., 1,12; 2,5; 2,7 f., 2,11; 2,24; 2,29; 2,32; 3,17; 3,20; 3,29; 3,38. Lecky II 108 f. Daniel-Rops, Kirche im Frühmittelalter 284. Richards, Gregor 26, 30. Frank, Benedikt 36 f. Altendorf 193. Scheibelreiter, Der Bischof 254, Anm. 74

95 Gregor I. Dial. 1,9

96 Ebd.

97 Ebd.

98 RAC XII 948. Gregorovius I 1 276. Haller I 218 f.

99 HKG II 2 207 ff. (Baus) Ebd. 317 f. (Vogt). Hürten 16 ff. sagt ungeschminkt, daß dessen «Hauptwerke ... kaum mehr genießbar sind».

100 Gregor I. Dial. 4,30; 4,55. Moral. 9,32. Keller, Reclams Lexikon 236. Fichtinger 142. Lecky, II 179 f. Beissel, Die Verehrung der Heiligen 322. Dudden II 437

101 Gregor I. Dial. 4,41 ff.

102 Gregor I. ep. 3,33; 4,30; 7,27; 9,228. Keller, Reclams Lexikon 328. RAC III 869 f. Gams II 2. Abt. 31. Beissel, Die Verehrung der Heiligen I 72. Gregorovius I 1 273 f. Beringer II 231 f. Schnürer, Kirche und Kultur I 258. Buchner, Germanentum 151. Haller I 223. Andresen 513

103 Gregorovius I 1 274

104 Gregor I. ep. 30,3; 4,30. Gregorovius I 1 273. Caspar II 397. Fichtenau, Zum Reliquienwesen 84 f.

105 Gregor I. dial. 1,4; 3,15; 4,51. Donin I 582 IV 293. Beringer II 231 f. Wilpert 17. Hartmann, Geschichte Italiens II 193. Gontard 160. Von den Steinen 245. Fichtenau, Zum Reliquienwesen 84. Misch 126. Dannenbauer II 78 f.

106 Bernh. Clairv. de considerat. 1,9. Kraft 244. Stratmann IV 125. Caspar II 513. Dittrich, Ge-

schichte der Ethik II 235. Seppelt
II 38 ff. Seppelt/Schwaiger 59,
62 f. Gontard 161. Schramm,
Kaiser, Könige I 89

107 RAC XII 950
108 Vgl. Haller I 221 ff.
109 LMA IV 1664, 1688. Seppelt II
34. Daniel-Rops 284. Gontard
160. Richards 125 ff. Ullmann,
Kurze Geschichte des Papsttums
48
110 Paul. Diac. Hist. Lang. 4,29. Richards 265 f. Kelly 82
111 Ullmann, Kurze Geschichte des
Papsttums 50

## 8. KAPITEL
### BRUNICHILD, CHLOTAR II. UND
### DAGOBERT I. ODER «DIE VERCHRIST-
### LICHUNG DES KÖNIGSGEDANKENS»

1 Richards 220
2 Anton, Fürstenspiegel 51
3 Fredeg. 4,58
4 Lib. Hist. Franc. 42
5 Greg. Tur. 9,4: Fredeg. 4,7;
4,14 ff., 4,17. Paul. Diac. Hist.
Lang. 4,11. Jonas, Vita Columb.
1,28. LMA I 595, II 761, 1816,
1870 f. IV 1794 f. Schultze II 162.
Cartellieri I 84 f. Zatschek 20 f.
Löwe, Deutschland 67. Lasko
214. Steinbach, Das Frankenreich 34 f. Ewig, Die fränkischen
Teilungen 687, 689, 691, 706 f.
Ders., Die Merowingerzeit 56.
Ders., Die Merowinger 50 f.
Ders., Studien zur Merowingischen Dynastie 24. Bund 283 f.
6 Gregor I. ep. 5,58 ff., 6,55; 8,4.
Fredeg. 4,24; 4,32. Jonas, Vita Columb. 1,27. LThK II¹ 588 IX¹ 919 u.
2 A II 727, IX 1201. LMA I 1276 III
727. Schultze II 171. Hartman, Geschichte Italiens 171, 174. Seppelt
II 28 f. Caspar II 496 f. Nitzsch,
Geschichte des Deutschen Volkes

164. Haller I 222. Ewig, Die ältesten Mainzer 121. Ders., Der Martinskult 12 f., 18. Richards 220 f.
McCulloh 145 ff.
7 Gregor I. ep. 6,5; 11,46; 11,49.
Caspar II 500. Ewig, Die Merowingerzeit 56. Pontal 119
8 Greg. Tur. 8,31; 9,4. Fredeg. 4,19;
4,27; 4,29; 4,42. Jonas, Vita Columb. 28 f. Ewig, Studien zur merowingischen Dynastie 16, 24.
Ders., Das merowingische Frankenreich 400 f., 410. Ders., Die
Merowinger 50 ff., 122. Pontal
172 f. Bleiber, Das Frankenreich
138 f. Vgl. auch die folg. Anm.
9 Fredeg. 4,20 f., 4,24 ff., 4,38,
4,40 ff. Jonas, Vita Columb. 28.
Lib. Hist. Franc. 40. Vita Marii
appendix. Keller, Reclams Lexikon 317 f. Taddey 197. Altaner/
Stuiber 467. LMA V 624. Schultze,
II 165 f., 168 f. Mühlbacher I 40.
Cartellieri I 85 f. Levison, Aus
rheinischer und fränkischer Frühzeit 119. Zwölfer 70. Delius, Geschichte der irischen Kirche 107.
Zatschek 20 ff. Löwe, Deutschland 67 f. Büttner, Geschichte des
Elsaß 37 ff. Haller, Entstehung
305 f. Steinbach, Das Frankenreich 35 ff. Pörtner 27. Maier,
Mittelmeerwelt 243 f. Doppelfeld
627. Schlesinger, Zur politischen
Geschichte 26 f. Anton, Fürstenspiegel 51. Ewig, Zum christlichen Königsgedanken 19, 21 f.
Ders., Die fränkischen Teilungen
708. Ders., Das Merowingische
Frankenreich 400 f. Ders., Die
Merowingerzeit 56 f. Ders., Die
Merowinger 51 f., 117. Angenendt, Taufe und Politik 161.
Bund 287 ff. Bleiber, Das Frankenreich 139 f. Zu den vatic. ex
event. in der Bibel vgl. Deschner,
Abermals, Kap. 16 «Der Weissa-
gungsbeweis» S. 114 ff.

10 Fredeg. 4,26 ff., 4,43 f. Haller, Entstehung 305 f. Boehm, Geschichte Burgunds 80 ff. Zatschek 22. Zöllner, Die politische Stellung 113 f. Ewig, Die Merowinger 119. Bleiber, Das Frankenreich 145 f. Bund 294 ff.

11 Fredeg. 4,40; 4,52. Paul. Diac. Gesta episc. mett., in MG script. II 260 ff. Vit. Arn. c. 2 ff. zit. c. 2, c. 4, c. 7. RGAK I 436. LThK I[1] 700. Taddey 46, 223. LMA I 678, 1018 f., III 429. Mühlbacher I 37 ff. Stamer 31. Oexle, Die Karolinger 250 ff., 361. Hlawitschka, Die Vorfahren Karls des Großen 51 ff.

12 Zöllner, Die politische Stellung 116 f.

13 Lib. Hist. Franc. c. 41. Fredeg. 4,56. Ewig im HEG I 408 spricht von «der *Neuordnung des Reichs*», von ihm hervorgehoben.

14 Fredeg. 4,53; 4,57 f. Mühlbacher I 42. Ewig, Die Merowinger 126 f., 140. Bleiber, Das Frankenreich 148, 152

15 Fredeg. 4,56; 4,67; 4,75. LMA I 104. Mühlbacher I 42. Ewig, Die Merowinger 128, 131. Bleiber, Das Frankenreich 156

16 LMA I 510. Ewig, Die Merowinger 131. Bleiber, Das Frankenreich 152 ff.

17 Fredeg. 4,53; 4,58 ff.; 4,65; 4,68; 4,72; 4,74 ff. Lib. Hist. Franc. 42. LMA III 429 f. V 790. HKG II 2 117 ff. Hauck I 301. Schultze II 179 ff. Cartellieri I 106 f. Schnürer, Kirche und Kultur I 243 f. Zwölfer 70. Levison, Aus rheinischer und fränkischer Frühzeit 148 ff. Büttner, Die Alpenpolitik 86. Stamer 31. Löwe, Deutschland 72. Bosl, Bayerische Geschichte 28. Ders., Der «Adelsheilige» 170. Ders., Europa im Mittelalter 79. Maier, Mittelmeerwelt 309. Las-

ko 214. Ewig, Zum christlichen Königsgedanken 19, 21. Ders., Die Merowingerzeit 58 f. Ders., Der Martinskult 18. Ders., Die Merowinger 127 f. Ludwig 20. Lautermann 867. Donnert 301. Labuda 241 ff. Flaskamp, Die frühe Friesen- und Sachsenmission 185 f. Anton, Fürstenspiegel 49. Störmer, Früher Adel I 204. Steinbach, Das Frankenreich 25, 38. Vernadsky 264 f., 304. Schlesinger, Zur politischen Geschichte 39. Kunstmann 9 ff., 17 ff., 24 ff. Reindel, Grundlegung 115 ff. Prinz, Die Entwicklung 238 f. Bleiber, Das Frankenreich 145 ff. Meyer-Sickendick 145 f. Angenendt, Frühmittelalter 188

18 Zender, Die Verehrung des hl. Karl 100. Bosl, Der «Adelsheilige» 170, 174 f. Störmer I 204. Ewig, Die Merowinger 140

19 Lib. Hist. Franc. 42 f. LMA III 430. Ewig, Die Merowinger 139 f.

20 Fredeg. 4,79 f. Ewig, Studien zur merowingischen Dynastie 50, Anm. 194

21 Mühlbacher I 41. dtv-Lexikon 8,213. LMA IV 1974 f. Haller, Entstehung 306. Maier, Mittelmeerwelt 322 f. Lasko 214. Daniel-Rops 482. Ewig, Die Merowinger und das Imperium 51 ff. Schneider, Das Frankenreich 16. Butzen 35 f. Bleiber, Das Frankenreich 140 f., 157. Schulze, Vom Reich der Franken 82

## 9. KAPITEL
### DIE KIRCHE IN DER MEROWINGERZEIT

1 Zach 84

2 Lasko 215

3 Hauck, vgl. Anm. 13

4 Daniel-Rops, vgl. Anm. 11

5 Alle Quellenhinweise bei E. De-

mougeot Gallia I RAC VIII 894 ff., 905 ff.

6  Ebd. 897 ff., 913. Hauck [7]1952 I 5 f. Gottlieb 26. R. Schneider, Das Frankenreich 84

7  Schultze II 228. Daniel-Rops 307. Ewig, Studien zur merowingischen Dynastie 51 Anm. 200. Maier, Mittelmeerwelt 308. Prinz, Adel und Christentum 5 ff. Ders., Frühes Mönchtum 144. Richards 219. Pirenne, Mohamed und Karl der Große 36

8  Greg. Tur. 4,49. Hauck [7]1952 I 141. Ewig, Zum christlichen Königsgedanken 19 ff. Ders., Studien zur merowingischen Dynastie 43. Tolksdorf 82 ff., 25

9  Dopsch II 206, 252. Bodmer 39, 68, 78, 80. Bosl, Der «Adelsheilige» 177. Weigel 86. Bund 348. Prinz, Herrschaftsformen der Kirche 2 ff.

10  Bosl, Leitbilder und Wertvorstellungen 10

11  Bosl, Der «Adelsheilige» 186. Daniel-Rops 317 f. Vgl. 314. Boussard 18. Scheibelreiter, Die Verfälschung der Wirklichkeit 299 ff. Angenendt, Frühmittelalter 232. Vgl. auch die folg. Anm.

12  RAC VIII, Gallia I 920. RAC XII 902 ff. (Vollmann). Dopsch, Neudruck [2]1961 II 253. Heinsius 14. Lasko 215. 287. Sprandel, Der merowingische Adel 49. Bosl, Der «Adelsheilige» 177. Bleiber, Das Frankenreich 135 f. Schulze, Vom Reich der Franken 80

13  Greg. vit. patrum. 6,2. RAC VIII Gallia I 910 ff. Lecky, Sittengeschichte II 192 ff. Ausführlich Hauck I 176 ff., 191, 204 ff., 387. Vgl. auch [7]1952 I 299. Schubert, Geschichte der christlichen Kirche I 153. Marcuse, Die sexuelle Frage 39. Heinsius 13 f., 20. Zwölfer 66. Pfister, Gaul. Institutions

145. Ewig, Der Martinskult 18. Schieffer, Winfrid-Bonifatius 57. Steinbach, Das Frankenreich 22. Boudriot 1. Prinz, Heiligenkult 532. Ders., Askese und Kultur 77 ff. Anton, Trier im frühen Mittelalter 136 f. Meyer-Sickendick 156

14  RAC XII 895 ff., bes. 902 ff. (Vollmann). LMA IV 1679 ff. (H. H. Anton). Thürlemann 90. Boussard 18. Angenendt, Frühmittelalter 182 f., 192. Gutjewitsch 39 ff. Banniard, Europa 200 f., feiert Gregor freilich auch, mit Einschränkungen, als «Tacitus der Merowinger» 154 ff. Zugunsten der Franken übertreibt Gregor auch ohne Bedenken, um nicht zu sagen, er lügt: vgl. Beisel, Studien 287 f., Anm. 419

15  Greg. Tur. 3,22, 3,25 f. Angenendt, Frühmittelalter 183, 190 f. Haendler, Die abendländische Kirche im Zeitalter der Völkerwanderung 131

16  Sidon. carm. 2; 5; 7. MG. AA. epp. VIII/9 135 ff., 187 ff., 202 ff. Der Kleine Pauly V 176. LThK IX[1] 535 f. Tusculum Lexikon 239. Bardenhewer IV 652 ff. Schubert, Geschichte der christlichen Kirche 171 f. Pörtner 36. Gautier 237, 273 f. Zöllner, Geschichte der Franken 164

17  Greg. Tur. 5,18. Syn. Orange 529. Kadziela 30. Maier, Mittelmeerwelt 220, 316 f. Boussard 13 ff. Ewig, Die lateinische Kirche 112. Zit. nach Prinz, Die Rolle der Iren beim Aufbau der merowingischen Klosterkultur 206 f. Prinz, Frühes Mönchtum 121 ff., 152 ff. Ders., Askese und Kultur 32 ff. Ders., Herrschaftsformen der Kirche 16. Haendler, Die abendländische Kirche 103. Vgl. auch 50 ff. Pontal 20, 41, 67 ff. Fink 60 f. Heinzel-

mann, Bischof und Herrschaft 37 ff. Kaiser, Königtum und Bischofsherrschaft 94 ff. Mckitterick, The Frankish kingdoms 42 f. Orlandi/Ramos-Lisson 238. Angenendt, Frühmittelalter 264. Scheibelreiter, Der Bischof 16 ff., schreibt auch, daß der Begriff «nobilis» die Viten der merowingischen Bischöfe beherrsche und es wirkliche «gemeine» Abstammung bei keinem merowingischen Bischof gab. S. 24,30. Ders., Der frühfränkische Episkopat 134 ff.: «Tatsächlich scheint eine kirchliche Karriere für Niedriggeborene kaum möglich gewesen zu sein.» (136) Vgl. auch Banniard 78 f.

18 Syn. Orl. (511) c. 14; 15. Syn. Orl. (538) c. 20. Syn. Orl. (541) c. 7; 26; 33. Viele weitere einschlägige Kanones bei Pontal 247 f. Vgl. auch Demougeot RAC VIII 902 f. Kaiser, Bischofsherrschaft 67 ff. Ders., Königtum und Bischofsherrschaft 94 ff. Angenendt, Frühmittelalter 178. Zur «Zwangsgewalt des Bischofs» vgl. auch Heinzelmann, Bischof und Herrschaft 65 f.

19 Vgl. etwa Syn. Epao (517) c. 19. Syn. Orl. (541) c. 11. HGK II 2, 112. Pontal 31, 41 f. Angenendt, Frühmittelalter 178. Goetz, Leben im Mittelalter 65 f., 92. Vgl. auch 113 f.

20 Greg. I. ep. 5,50. RAC XII 987 f., 902 (B. K. Vollmann). Dopsch ²1961 II 253. Stern/Bartmuss 60. Bleiber, Das Frankenreich 135 f. Fink 63 f. Nonn, Eine fränkische Adelssippe 186 ff. Orlandis/Ramos-Lisson 238. Zum geringen Vertrauen Gregors I. zum Weltklerus vgl. etwa Scheibelreiter, Der Bischof 115. Kaiser, Königtum und Bischofsherrschaft 83 f. Natürlich war auch der Grundbesitz

der byzantinischen Kirche schon seit dem 4. Jh. stetig angewachsen, vgl. etwa Winkelmann, Die östlichen Kirchen 137

21 Greg. Tur. 5,49. Vit. patrum. 8. Vgl. auch die Einleitung von M. Gebauer, in: Gregor von Tours, Fränkische Geschichte I 15. LMA IV 1679 f. (Anton) Rückert, Culturgeschichte II 342 ff., 510 f. Hauck ⁷1952 I 127 f. 136. Schubert, Geschichte der christlichen Kirche I 151 ff. Stern/Bartmuss 60. Maier, Mittelmeerwelt 215 f. Stroheker, Senatorischer Adel 72 ff. Ders., Germanentum 195. Zöllner, Geschichte der Franken 129, 132, 183 ff., 188. Lautermann 32. Claude, Die Bestellung 18 ff. Prinz, Entwicklung 238 ff. Ders., Heiligenkult 538 ff. Ders., Adel und Christentum 3 ff. Ders., Herrschaftsformen der Kirche 6 f., 17 f. Sprandel, Der merowingische Adel 49. Graus, Volk 338 ff. Ders., Die Gewalt bei den Anfängen 71. Bund 340. Aubin, Stufen 61 ff., bes. 74 ff. Fleckenstein, Grundlagen und Beginn 41 ff. Kaiser, Königtum und Bischofsherrschaft 85 ff. Angenendt, Frühmittelalter 263 f. Vgl. 299. Anton, Trier im frühen Mittelalter 155 f.

22 Hauck I 127, 137 ff., 144 f. v. Schubert, Geschichte der christlichen Kirche I 260. Bodmer 39 f. Pfister, Gaul. Institutions 141 ff. Maier, Mittelmeerwelt 217, 220, 225. Fleckenstein, Grundlagen und Beginn 42. Prinz, Die bischöfliche Stadtherrschaft 3 ff. Ewig, Die Merowingerzeit 61. Graus, Volk 207 f., 343. Haendler, Geschichte des Frühmittelalters 24. Zöllner, Geschichte der Franken 182 f. Claude, Die Bestellung 4. Borst 502. Pontal 19 f., 75. Schnei-

der, Das Frankenreich 84. Beisel,
Studien 145

23 Schultze II 502 ff. Maier, Mittelmeerwelt 220. Zöllner, Geschichte der Franken 183 f. Ewig, Die fränkischen Teilungen 703. Beisel, Studien 166 ff.

24 Greg. Tur. 3,17; 4,5 ff., 4,11; 6,9. Syn. Orl. (549) c. 10. Stamer 24 f. Scheibelreiter, Der Bischof in merowingischer Zeit 149 ff.

25 Vgl. etwa Syn. Orl. (533) c. 3; 4; 7. Syn. Clermont (535) c. 2. Syn. Orl. (541) c. 3

26 Brühl, Vodrum 25, vgl. 16 f. Sprandel, Grundbesitz und Verfassungsverhältnisse 45 f. Lasko 215. Prinz, Die bischöfliche Stadtherrschaft 1 f. Ders., Die Rolle der Iren 206 f. Ders., Askese und Kultur 30 ff. Pontal 85. Bleiber, Das Frankenreich 137

27 Pontal 89 f.

28 Syn. Orl. (511) c. 23; 538 c. 13; 541 c. 14; 18 f., 549 c. 13; 16. Paris (561/562) c. 1 f. Tours (567) c. 25 f. 4. Syn. Tol. (638) c. 15. Perels, Die kirchlichen Zehnten 14 ff., 22. Pontal 89 f., 130, 250 ff. Orlandis/Ramos-Lisson 113, 158, 183 u. a.

29 Syn. Tours 567. Syn. Mâcon (585) c. 5. Perels 14 ff. Lasko 215. Angenendt, Frühmittelalter 219. Goetz, Leben im Mittelalter 83. Pontal 250 f. mit den Beleghinweisen. Vgl. auch die vorherg. Anm.

30 Syn. Epaon (517) c. 8. Syn. Orl. (511) c. 1 f.; 538 c. 14; 541 c. 9; 24. 549 c. 6; 22. Syn. Mâcon (585) c. 1. Syn. Auxerre nach 585 c. 16. Edict. Chlothari 614 c. 15. 4. Syn. Tol. (633) c. 67. Nehlsen 260 ff. Schmidt, Die Ostgermanen 176. Beck, Bemerkungen 447. Dhondt 31. Prinz, Askese und Kultur 68 ff. Pontal 252 ff. Orlandis/Ramos-Lisson 216, der außer den Sklaven

zwar auch von den «Freigelassenen der Kirche» spricht. Doch wie es sich mit diesen verhält, s. ebd. Vgl. auch 230. Zur biblischen Bejahung der Sklavenhaltung vgl. neuestens Buggle 185 ff.

31 Bosl, Die Unfreiheit 4. Nach dem HEG müßte sich die christl. Gesetzgebung in der Sklavenfrage «schon seit Konstantin . . ., wenigstens ärgste Härten zu mildern»: 85. Zum tatsächlichen Befund: Kriminalgeschichte I 265 ff.

32 Greg. Tur. 5,44; 6,46. Zur Kennzeichnung Chilperichs vgl. u. a. R. Wenskus, Chilperich I. in RGA IV 1981, 460 ff. Bleiber, Das Frankenreich 138. Kaiser, Königtum und Bischofsherrschaft 83 f.

33 Davidsohn I 67. Vgl. auch Stonner, Heilige der Deutschen Frühzeit 15 ff.

34 Hauck I 201 f., 355 ff. Schubert, Geschichte der christlichen Kirche I 166. Marcuse, Die sexuelle Frage 39. Fleckenstein, Grundlagen und Beginn 42. Pontal 240. Auch (Nazi-)Theologe Lortz nennt den Zustand dieser Kirche «überwiegend hoch alarmierend»: Bonifatius 13

35 Greg. Tur. 4,35; 5,47 ff., 6,39; 8,22; 9,14; 10,26. Menzel I 152. Rückert, Culturgeschichte II 467 f., 517. Hauck I 136, 201 ff., 355 ff., 364. Marcuse, Die sexuelle Frage 39. Schubert, Geschichte der christlichen Kirche I 166. Bodmer 49. Neuss/Oediger 112, 120. Dawson 196. Aubin, Die Umwandlung 107. Schieffer, Winfrid-Bonifatius 130, 133. Lasko 215. Graus, Volk 115. Steinbach, Das Frankenreich 23. Eggenberger 305. Prinz, Askese und Kultur 30. Pontal 233, 244, 252. Scheibelreiter, Der Bischof 132 ff., 150 f.

36 Greg. Tur. 2,23; 4,36; 5,36; 6,11;

6,36; 8,12; 8,22; 8,31. Vgl. auch
5,49 f., 6,22; 8,31; 8,41 u. a. Vita
Filib. 4 f. Vit. Berechar. 29. Hauck
I 170, 313. Rückert, Culturge-
schichte II 467 f., 510, 514, 517.
Berr 18 ff. Grupp I 341. Graus,
Volk 115. Scheibelreiter, Der Bi-
schof 142 f.

37 Greg. Tur. 3,35; 4,39; 5,36; 8,20.
MG Scr. Merov. V 37 ff. Keller,
Reclams Lexikon 228, 400. Walterscheid, Heilige Deutsche Heimat I 183. Bodmer 60 ff.

38 Greg. Tur. 5,32. Hauck I 171. Bodmer 62 f., 89 f. Meyer-Sickendick
160. Selbst der Grabraub war im
7. Jahrhundert im Merowingerreich weit verbreitet. Werner,
Fernhandel 586

39 Greg. Tur. 2,13; 6,7; 6,38; 5,5.
Bodmer 65

40 Greg. Tur. 4,42; 6,36; 7,20; 8,29.
Mühlbacher I 64. Bodmer 65 f.
Scheibelreiter, Der Bischof 261.
Kaiser, Bischofsherrschaft 59

41 Greg. Tur. 3,17; 5,36. Vgl. 10,31

42 Vit. Desiderii Cadurca c. 8. Acta
Theodardi auct. anonymo c. 8 ff.
Berr 24 ff.

43 HKG II 2 209

44 Contin. Fredeg. 3. Zu Reolus vgl.
Flodoard, Hist. Rem. eccl. 2,10.
Greg. Tur. 6,9; 7,15; 8,39. Hauck I
363. Rückert, Culturgeschichte II
500 f. Hentig I 389. Prinz, Klerus
und Krieg 47 f. Heinzelmann, Bischof und Herrschaft 61. Kaiser,
Königtum und Bischofsherrschaft
91. Pontal 58 ff.

45 Greg. Tur. 4,7; 4,12; 4,31; 5,20;
5,40; 9,37; 10,14. Vgl. auch 8,34.
Bonif. ep. 78. LThK IV[2] 893 f.
Rückert, Culturgeschichte II
499 f. Petri, Der Rhein 596. Ewig,
Trier im Merowingerreich 141 ff.
Deschner, Das Kreuz 183. Meyer-
Sickendick 151. Heinzelmann, Bi-
schof und Herrschaft 61

46 Greg. Tur. 4,42; 5,20. Vgl. 7,39.
LThK VII[1] 541. Rückert, Culturgeschichte II 502 ff. Bodmer 65.
Ewig, Die Merowinger und das
Imperium 32 f. Richards 70. Pontal 142 f. Scheibelreiter, Der Bischof 253, Anm. 73

47 Grupp II 305 f. III 344

48 Greg. Tur. 6,34; bes. 9,39 ff.,
10,15 f., 10,20. Rückert, Culturgeschichte II 522. Neuss/Oediger
116 f. Bodmer 66. Ewig, Frühmittelalterliche Studien 48 f. Pontal
149 ff. Scheibelreiter, Königstöchter 1 ff., 27 ff. Angenendt, Frühmittelalter 178 f. Ennen, Frauen
im Mittelalter 53 ff.

49 Caesar v. Arles, Stat. sanct. virg.
c. 5. Benedic. Reg. 59,1

50 Syn. Mâcon (585) c. 15

51 Syn. Epaon (517) c. 15. Syn. Orl.
(533) c. 19. 538 c. 14. 541 c. 31.
Clermont (535) c. 6. Mâcon 581 o.
583 c. 14; 15; 16. Syn. Tol. (694) c.
8. Altaner/Stuiber 495 f. Orlan-
dis/Ramos-Lisson 250 f., 254 ff.,
306 ff., 320. Vgl. Deschner, Abermals 453 f.

52 Syn. Clermont (535) c. 9. Syn. Paris (614) c. 17. Vgl. auch Edictum
Chlothari

53 Greg. Tur. 5,11. Wetzer/Welte I
566. LThK I[1] 874

54 Greg. Tur. 1,20; 5,6. Vgl. auch 6,5

55 Greg. Tur. 8,1

## 10. KAPITEL
### DIE HERAUFKUNFT DER KAROLINGER

1 Cont. Fredeg. 15

2 Ebd. 20

3 Braunfels, Karl der Große (1991)
32

4 Lasko 214. Ewig, Die fränkischen
Teilungen 693

5 Fredeg. 4,85. LThK IX[1] 548.
Mühlbacher I 41 f. Ewig, Die Me-

rowinger 163. Bleiber, Das Frankenreich 161. Ebling 54 f. Wallace-Hadrill zit. nach Müller, Bischof Kunibert von Köln 167 ff.,
179, 184 ff. Schulze, Vom Reich
der Franken 82. Vgl. auch die folg.
Anm.

6  Fredeg. 4,86 ff. LThK IX¹ 548.
LMA IV 284, 1717. Kühner, Lexikon 42 f. Mühlbacher I 43. Ewig,
Die Merowinger 143, 145 f. Friese
164 ff. Bleiber, Das Frankenreich
160 f. Ferner die folg. Anm.

7  Lib. Hist. Franc. 43. Vita Wilfr. c.
28; 33. Vit. Gertrudis c. 6. Sigeber-
ti chronica a. 656. LThK IX¹ 548.
LMA IV 1717. Zwölfer 79 f., 82 ff.
Neuss/Oediger 76 ff., 127 f., 130.
Büttner, Aus den Anfängen 164.
Löwe, Deutschland 73, 75 f.
Maier, Mittelmeerwelt 323. Las-
ko 214. Sprigade, Die Einweisung
23 ff. Ders., Abscheiden 152.
Nach Fischer, Der Hausmeier
66 ff., erfolgte Dagoberts Verzicht
freiwillig. Dagegen mit Recht:
Sprigade, Abschneiden 151 ff.
Prinz, Entwicklung 239 f., 250 f.
Ewig, Die Merowingerzeit 59 ff.
Ders., Noch einmal zum «Staats-
streich» Grimoalds 454 ff. Ders.,
Die Merowinger 145 ff., 156 f.,
163 f. Schulze, Das Reich der
Franken 83 f. Steinbach, Das
Frankenreich 39. Braunfels, Karl
der Große I 25. Schneider, Das
Frankenreich 17 f. Bleiber, Das
Frankenreich 161 ff. Bund 297 ff.
Butzen 40 f. Meyer-Sickendick
163

8  LMA IV 604 f., 1356 f. (van Uytfanghe). Mühlbacher I 43. Hümmeler 139 f. Prinz, Frühes Mönchtum 185 ff., 278 f., 359. Werner,
Zur Verwandtschaft 1 ff.

9  LMA IV 604 f., 1356 (Van Uytfanghe). Keller, Reclams Lexikon
228 f. Fichtinger 140 f. Hümmeler

139 f. Schneider, Das Frankenreich 17

10  LMA IV 1356

11  Lib. Hist. Franc. 44. Cont. Fredeg.
1 f. Vit. Balth. 2; 10. LThK II¹ 35 f.
LMA I 1391 f. III 1531 f. Mayr-
Harting 139 ff. Bleiber, Das Frankenreich 158 ff. Ewig, Die Merowinger 149, 153 ff.

12  Zusammenstellung der Quellen
über Ebroin bei B. Krusch in seiner Einleitung zu den Passiones
Leudegarii, SS rer. mer. V 249 ff.
Pass. Leud. II c. 1. Vit. Elig. c. 56.
LMA I 1196 f., 1392. II 1818, III
1531 ff., 1829 f. Ewig, Die Merowingerzeit 60. Ders., Die Merowinger 152 ff., 160. Fischer, Der
Hausmeier Ebroin 7 f., 76 ff.,
109 ff., 174 ff. Zöllner, Die politische Stellung 115 f., 214 f. Steinbach, Das Frankenreich 39. Bleiber, Das Frankenreich 158, 163.
Schulze, Vom Reich der Franken 84

13  Pass. Leud. I c. 1 f. II c. 3. LMA V
1883. Hauck I 357 f. Fischer, Der
Hausmeier Ebroin 105 ff. Prinz,
Askese und Kultur 83 f. Borst
502 f. Ewig, Die Merowinger 160.
Pontal 197 ff.

14  Lib. Hist. Franc. 45. Cont. Fredeg.
2. Pass. Leud. I c. 4 ff. II c. 7. Vit.
Filib. c. 24. LMA III 1532 V 1883.
Hauck I 357 ff. Büttner, Geschichte des Elsaß 69. Löwe, Deutschland 76 f. Maier, Mittelmeerwelt
324. Ewig, Die Merowinger
160 f., 165. Ders., Die Merowingerzeit 60. Sprigade, Die Einweisung 32 f. Fischer, Der Hausmeier
Ebroin 108 ff., 119 ff., 142 ff.,
178 f. Zöllner, Die politische Stellung 215. Borst 503. Ebling 131 f.
Bleiber, Das Frankenreich 163 f.
Steinbach, Das Frankenreich 39

15  Cont. Fredeg. 2. Lib. Hist. Franc.
45. Pass. Leud. 7. S. auch die folg.
Anm.

16  Lib. Hist. Franc. 45. Cont. Fredeg.
1 f. Pass. Leud. I c. 15 ff., 29, 31 ff.
LMA III 1532 V 1883. Vogel II
351 ff. Hauck I 359 ff. Sprigade,
Abschneiden 153 f. Ders., Die
Einweisung 37 f. Maier, Mittelmeerwelt 324. Ewig, Die Merowingerzeit 60 f. Ders., Die fränkischen Teilungen 213 ff. Ders., Die
Merowinger 165 ff. Wallace-Hadrill, The Long-Haired Kings 236 f.
Schneider, Königswahl 165 f.
Steinbach, Das Frankenreich 40.
Borst 503 f. Schulze, Das Reich
der Franken 84 f. Für Fischer, Der
Hausmeier Ebroin 136 ff., ist Bischof Leodegar zwar der «wirkliche Leiter der Verschwörung»,
hat aber mit den Mordtaten angeblich nichts zu tun. Scheibelreiter, Die Verfälschung der Wirklichkeit 310 ff. Ders., Der Bischof
227, stellt überhaupt «eine vermehrte Beteiligung von Bischöfen
an militärischen Aktionen im siebenten Jahrhundert» fest.

17  LMA III 1532. Ewig, Die Merowinger 167 ff. Zur Passio vgl.
Scheibelreiter, Die Verfälschung
der Wirklichkeit 307 ff., bes. 309.
Vgl. auch die folg. Anm.

18  Lib. Hist. Franc. 45 ff. Cont. Fredeg. 3 f. Pass. Leud. I c. 20, 25 f.,
37. LMA III 430, 1531 ff. Vit.
Wilfr. c. 33. Mühlbacher I 37, 44 f.
Buchner, Germanentum 163.
Zwölfer 74. Ebling 142 f. Wallace-
Hadrill, The Long-Haired Kings
238 f. Ewig, Die Merowingerzeit
61. Ders., Die Merowinger 171 f.,
184 ff. Maier, Die Mittelmeerwelt
324. Fischer, Der Hausmeier Ebroin 141, 148 f., 158 ff. Steinbach,
Das Frankenreich 40. Bund 317 f.
Meyer-Sickendick 157 f.

19  Lib. Hist. Franc. 47. Cont. Fredeg.
4 f. Paul. Diac. Hist. Lang. 6,37.
Taddey 292, 943 f. LMA I 1931 III

1404. Mühlbacher I 45, 47. Haller,
Entstehung der germanisch-ro-
manischen Welt 306. Ewig, Die
Merowinger 172, 185 f. Bleiber,
Das Frankenreich 165. Schulze,
Vom Reich der Franken 84 f.

20  Cont. Fredeg. 5. Codex. Carol. ep.
1; 33. Taddey 943 f. Mühlbacher I
45 f. Zwölfer 82 ff. Maier, Mittel-
meerwelt 250, 323 ff. Pfister,
Gaul. Narrative of Events 127.
Stern/Bartmuss 65. Lasko 214.
Hauck, Ein Utrechter 734. Prinz,
Entwicklung 240 f., 248. Tellen-
bach, Europa 395 f. Steinbach,
Das Frankenreich 40 f. Bleiber,
Das Frankenreich 165. Ewig, Das
Merowingerreich 61

21  Vit. Wilf. (MG SS rer. Merov.
6,120). Vgl. auch Beda h. e. 5,19.
LThK X[1] 886. Levison, Aus rheinischer und fränkischer Frühzeit
268 ff., 315 f. Schmidt, Die Westgermanen 71, 76 f., 83. Ausführlicher Alberts 634 ff. Ferner Zöllner, Die politische Stellung 178 ff.
Bleiber, Fränkisch-karolingische
Klöster 127. Petri, Der Rhein 603.
Schieffer, Winfrid-Bonifatius 96.
Döbler 117 f.

22  Wampach, Das Apostolat 247 ff.
Heute formuliert man «sensibel»,
versierter, «wissenschaftlicher»,
nennt das etwa «Landnahme»,
«Besitzverschiebungen» etc. Vgl.
z. B. HEG I 136

23  Beda h. e. 5,9 ff. Lib. pont. Wit.
Sergii 16. Vit. Willibr. c. 9 f. Cont.
Fredeg. 17. LThK X[2] 1166. Neuss/
Oediger 136 f. Zwölfer 81 ff. Le-
vison, England 49 ff., 53 ff. Ders.,
Aus rheinischer und fränkischer
Frühzeit 268 ff., 304 ff., 314 ff.
Wampach, Das Apostolat 244 ff.
Büttner, Mission und Kirchenor-
ganisation 462. Buchner, Germa-
nentum 163. Löwe, Deutschland
82 f., 108 f. Stern/Bartmuss 71, 73,

76. Schieffer, Winfried-Bonifatius 96 ff., 134 f. Bleiber, Fränkisch-karolingische Klöster 127 f., 130 f. Fritze, Zur Entstehungsgeschichte 140 ff., 145 f. Tellenbach, Europa 407. Alberts 647. Hauck, Ein Utrechter 734 f. Prinz, Die Entwicklung 241. Steinbach, Das Frankenreich 41, 43, 46 f. Flaskamp, Die frühe Friesen- und Sachsenmission 185 ff., 194

24 Wampach, Das Apostolat 249, 252

25 Paul. Diac. Hist. Lang. 6,42. Lib. Hist. Franc. 50 ff. Cont. Fredeg. 6 ff. LMA II 1825 f. 1872 III 1404 IV 1717 f. Zu den Ehen Pippins II. vgl. Konecny 47 f., 50

26 Lib. Hist. Franc. 52 f. Cont. Fredeg. 10 ff. LMA II 1825 f., 1872 IV 1717 V 954 ff. Mühlbacher I 51 f., 54. Löwe, Deutschland 111 ff.

27 Pirenne, Geburt des Abendlandes. Zit. nach Kornemann, Weltgeschichte II 462 ff.

28 LMA V 680. HKG II 2, 89. Ploetz 68. Erben 10. Daniel-Rops 415 ff. Kornemann II 468. Dawson 146 f. Maier, Mittelmeerwelt 263 ff. Gauss 278. Gabrieli 337 ff.

29 LMA I 835. HEG I 324 ff. Ploetz 68. Kornemann II 467 ff. Cartellieri I 93 ff. Daniel-Rops 410 ff. Cahen I 14 ff. Gabrieli 335 ff. Bevan 404 ff. Antes 38 f. mit vielen Koran-Verweisen. Wagner, Der Einbruch des Islam 324 ff.

30 LMA I 835 f. HEG I 330 ff., 337 ff. HGK II 2, 91 f. Kornemann II 467 ff., 482 ff. v. Schubert, Geschichte der christlichen Kirche I 226 f. Stadtmüller 102 f., 105 f. Maier, Mittelmeerwelt 259 ff., 268 ff., 282, 348. Montgomery I 147, 150. Bertaux 53. Dawson 148 ff. Eickhoff 143 f. Hunger 11. Gabrieli 357 ff., 364 ff., 374 ff. Cahen I 21 ff., 32 ff. Daniel-Rops

418 ff., 433 ff. Mango 106 ff. Oates 38. Angenendt, Frühmittelalter 233. Wagner, Der Einbruch des Islam 330 ff., 337 ff. Meyer-Sickendick 190. Mazal, Das Byzantinische Reich 354. Zu den Motiven für die arabische Expansion vgl. etwa W. M. Watt 15 f. Im Hinblick auf das Fiasko des Christentums in Afrika betont G. Haendler, Die abendländische Kirche, mit Recht, man habe im Abendland «wenig Anteil genommen am Untergang dieser einst so bedeutenden Kirche» (123).

31 Cont. Fredeg. 13; 20. Paul Diac. Hist. Lang. 6,46. Taddey, Lexikon 974. LMA V 954 f. (Nonn). Mühlbacher I 33 ff., 48, 57 ff. Aerssen 103. Cartellieri I 132. Ewig, Der Martinskult 25. Daniel-Rops 487. Buchner, Germanentum 164. Pirenne, Geburt des Abendlandes 204. Lasko 214. Maier, Mittelmeerwelt 326. Steinbach, Das Frankenreich 45. Schieffer, Winfried-Bonifatius 27. Braunfels, Karl der Große I 25 ff., 32. Hlawitschka, Die Vorfahren 63. Watt 12

32 Cont. Fredeg. 10 ff., 15, 18 ff.

33 Mühlbacher I 53. Angenendt, Frühmittelalter 263

34 Cont. Fred. 14, 18, 20. LMA V 955

## 11. KAPITEL

### DER HL. BONIFATIUS, DER «APOSTEL DER DEUTSCHEN» UND ROMS

1 Reuter (Ed.), The Greatest Englishman

2 Neuss 37

3 König/Witte 18

4 Dawson 211

5 Lortz, Bonifatius 11. Zu Lortz' typisch angepaßten, aber teilweise ekstatischen nazistischen Be-

kenntnissen vgl. Deschner, Mit Gott und den Faschisten 125 f.

6  Willib. Vit. Bonif. c. 1 ff.; 4. LThK X² 1166. LMA II 417 f. Herrmann, Thüringische Kirchengeschichte I 16 f. Wertellieri I 146. Schieffer, Winfried-Bonifatius 103 ff. Schramm, Der heilige Bonifaz 15. Fines 41. Zu England und Bonifatius vgl. Barlow, The English Background 11 ff. Haendler, Bonifatius 69. S. auch die Zeittafel bei Rau, Briefe des Bonifatius 3 ff., 452 f.

7  Bonif. ep. 12. Willib. Vit. Bonif. c. 5. Kühner, Lexikon 48. LMA II 418 IV 1667. HKG III 1 13

8  Bonif. ep. 12; 16; 20 (Zur möglichen Unechtheit dieses Briefes vgl. Rau ZKG 1964 337 f.); ep. 21; 22; 26; 50; 109. Willib. Vit. Bonif. c. 5. Cont. Fredeg. 19. Annal. s. Amandi ad a. 718. Annal. Mossellani ad a. 718. Alkuin, Vit. Willibr. 10,13 f. LThK III¹ 522 f. X¹ 919 f. LMA V 1664 f. Taddey, Lexikon 1310. HEG I 534 f. HKG III 1 12 ff. «Er (B.) fand Rückhalt an den Befehlshabern des fränkischen Kartells Amöneburg.» Mühlbacher I 55 f. Levison, England 74 f. Herrmann, Thüringische Kirchengeschichte I 1, 9. 19 ff. Buchner, Germanentum 168. Caspar II 696 ff. Haller I 290. Löwe, Deutschland 216. Zwölfer 86. Schieffer, Winfried-Bonifatius 27, 114 ff., 139 ff. Lortz, Bonifatius 29. Seppelt/Schwaiger 79. Werner, Iren und Angelsachsen 239 ff., bes. 284 ff. Über die mancherlei Spannungen mit Willibrord ebd. 290 f. Schlesinger, Zur politischen Geschichte 44. Dawson 211. Padberg 31 f., 60 ff. Steinbach, Das Frankenreich 43. Wand, Die Büraburg 208. Haendler, Bonifatius 71, 73. Butzen, Die

Merowinger östlich des mittleren Rheins 53 ff., 64 ff. Lindner 130. Braunfels, Karl der Große. In Selbstzeugnissen I 25. Millot 160 ff. Angenendt, Frühmittelalter 268 ff. nennt Willibrord «Missionar im Zuge der fränkischen Eroberung» und schreibt von dem hl. Erzbischof, er habe sein mit «erheblichem Aufwand ausgestattetes Kloster Echternach den Karolingern und der eigenen Verwandtschaft» anheimgegeben.

9  Bonif. ep. 63; 69

10  Ebd. 73 f., 78. Vgl. Angenendt, Die irische Peregrinatio 76 f. v. Padberg: «Die Prostitution als Endstation der peregrinatio»: Wynfreth-Bonifatius 110

11  Bonif. ep. 61

12  Ebd. 13

13  Bonif. ep. 50. LMA II 939. Donin III 366 f. Grupp I 397. Haller I 286 f., 290. Neuss, Kirche des Mittelalters 35. Levison, England 72 f. Gontard 166. Flaskamp, Der Bonifatiusbrief 381. Schieffer, Winfried-Bonifatius 148. Dawson 211. Neben der Predigt sieht v. Padberg Bonifatius durch die «Tatmission» wirken, durch die demonstrative Zerstörung heidnischer Kultstätten: Wynfreth-Bonifatius 72. Vgl. 74

14  Levison, England 78. Ders., Aus rheinischer und fränkischer Frühzeit 259 f.

15  Greg. Tur. 10,3. Paul Diac. Hist. Lang. 3,10; 3,30. Lex. Baiw. 3,1. Taddey 15, 414. LMA I 1699 IV 1116 V 1928. Spindler, Handbuch I 136 ff., dort eine Fülle von Literaturhinweisen.

16  RGAK I 609. LMA IV 1718. Spindler, Handbuch I 151 f., 154. Mühlbacher I 47. Cartellieri I 122, II 694. Brackmann 78. Tüchle I 79. Stern/Bartmuss 73 ff. Löwe,

Deutschland 117. Zöllner, Die politische Stellung 152. Steinbach, Das Frankenreich 48. Pirenne, Die Geburt 204. Prinz, Grundlagen 83 f. Reindel, Grundlegung und Anfänge 118 ff. Konecny 52, 58. Freilinger 690

17 Bonif. ep. 41 f.; 82. Willib. Vit. Bonif. c. 6. Spindler, Handbuch I 194, 229. Herrmann, Thüringische Kirchengeschichte I 20. Schieffer, Winfried-Bonifatius 173 ff. Rau, Briefe des Bonifatius 4 f.

18 Lib. Pont. Greg. II. c. 4. LMA IV 1666 f. Mühlbacher I 54. Reindel, Grundlegung I 226 f.

19 Mühlbacher I 56 f. Barton 223 ff. Reindel, Grundlegung I 226 ff.

20 Bonif. ep. 45. Willib. Vit. Bonif. c. 7. LMA II 418. Spindler, Handbuch I 229. Mühlbacher I 57. Heuwieser, Geschichte I 100 ff., 108, 115

21 Bonif. ep. 44; 57; 60 f., 80. Willib. Vit. Bonif. c. 7. dtv-Lexikon II 224. Mühlbacher I 56 f. Bauerreiss 47 f. Caspar II 706. Wissig 5 ff., 25 ff. Levison, Aus rheinischer und fränkischer Frühzeit 258. Grupp I 397. Löwe, Deutschland 53 ff., 67 ff., 123. Zöepfel 30. Tomek 71. Delius 125 ff., 133 f. Maier, Mittelmeerwelt 344 f. Stern/Bartmuss 83. Löwe, Ein literarischer Widersacher passim, bes. 85 ff. Schieffer, Winfried-Bonifatius 181 ff., 245 ff. Finsterwallder, Wege und Ziele 203 ff., 210 ff. Levison, England 78 ff., 88 f. Behn 102. Buchner, Germanentum 168. Preidel I 120 ff. Haller I 286. Lautermann 45. Fleckenstein, Grundlegung 64 ff. Wolfram, Der Zeitpunkt der Bischofsweihe 297 ff. Reindel, Grundlegung 165 ff. Ament, Merowingische Grabhügel 93. Kahl, Zur

Rolle der Iren 375 ff., bes. 395 ff. Zu Klosterbischöfen vgl. Frank, Die Klosterbischöfe passim. Zu Kloster- und Wanderbischöfen in Bayern ebd. 148 ff. Daß die Christianisierung der irischen Gesellschaft nicht so umfassend, daß bei der Überlieferung viel Apologetik im Spiel war, hat jüngst M. Richter gezeigt: Die Kelten im Mittelalter 285 f., 294

22 Lortz, Bonifatius 27. Epperlein, Karl der Große 14

23 Bonif. ep. 28; 50 f.; 68; 73; 80; 87. Willib. Vit. Bonif. c. 5. Hämlein II 84. Buchner, Germanentum 170 f. Gontard 166. Haller I 288 f. Schieffer, Winfried-Bonifatius 152 ff. Schramm, Der heilige Bonifaz 25 f., 32 f. Padberg 148 f.

24 Bonif. ep. 26

25 Bonif. ep. 50 f.; 57; 60; 63 f.; 80 u. a. Vgl. auch Grupp I 399. «Im ganzen Westen mit Ausnahme vielleicht von Spanien krankte es an theologisch gebildeten Geistlichen»: Scheibelreiter, Der Bischof 89. Zum geringen geistigen Niveau der Bischöfe: 108 f.

26 Bonif. ep. 50; 52. LThK VI² 1213 IX² 1127. Hauck I 351, 363 II 54 ff. Dresdner 132, 136 ff. Schubert, Geschichte der christlichen Kirche I 310. Pirenne, Geburt 244 f. Haller I 329. Prinz, Klerus und Krieg 89. Kawerau, Geschichte der mittelalterlichen Kirche 37. Hartmann, Die Synoden der Karolingerzeit 47 ff.

27 Bonif. ep. 57; 60. Syn. Soissons c. 7. Syn. Rom (745) MG epist. select. I. Ausführlich über Adelbert (und Clemens): Gurjewitsch 108 ff.

28 Bonif. ep. 60. LMA II 420 (Semmler). Lortz, Bonifatius 11. Seppelt/Schwaiger 82. Haller II 285 f.

29 Bonif. ep. 58; 68; 80. Cont. Fredeg. 25 f. Ann. Mettens. prior. a. 743.

Taddey 882. LMA II 419. Donin II 197 f. Cartellieri I 145. Schubert, Geschichte der christlichen Kirche 308 f. Caspar II 705, 710 f. Haller I 290 f., 297. Beern/Bartmuss 73, 78. Wissig 115. Braunfels, Karl der Große in Selbstzeugnissen 49 f.

30 Ann. reg. Franc. a. 757; 763. Cont. Fredeg. 32. Löwe, Deutschland 131 f. Ders., Die karolingische Reichsgründung 46 f. Wolfram, Das Fürstentum 161 f. Krawinkel 48 ff. Rosenstock 33 ff. Mitteis 65 ff. Störmer I 171 ff. Braunfels, Karl der Große in Selbstzeugnissen 49 ff. Reindel, Grundlegung 127. Epperlein, Karl der Große 46

31 Bonif. ep. 64; 87; 109. Ann. Ss. Amandi ad a. 718. Ann. Mosellani ad a. 718. LMA II 418. HKG III 1 17 f. HEG I 538. Levison, Aus rheinischer und fränkischer Frühzeit 78. Büttner, Frühmittelalterliches Christentum 34. Petri, Der Rhein 596. Herrmann, Thüringische Kirchengeschichte I 21. Falck, Mainz 26. Mckitterick, The Frankish kingdoms 53 f. Schieffer, Winfried-Bonifatius 225 f. Löwe, Deutschland 116. Tellenbach, Europa 412 f. Ewig, Milo et eiusmodi similes 412 ff. Steinbach, Das Frankenreich 51 f., 58 f. Hauck, Ein Utrechter 736. Haendler, Die lateinische Kirche 53 f. Ders., Bonifatius 72, 76. Angenendt, Frühmittelalter 272 f. Butzen, Die Merowinger östlich des mittleren Rheins 68 ff. Anton, Trier im frühen Mittelalter 160 ff. Rau, Briefe des Bonifatius 7. Padberg 89

32 Bonif. ep. 60; 66. LMA II 419. HEG I 539. Schieffer, Winfried-Bonifatius 226 ff., 235 ff. Buchner, Germanentum 170 f. Tellenbach, Europa 412 f. Hartmann,

Die Spuren der Karolingerzeit 59 f.

33 Willib. Vit. Bonif. c. 8 f. Ann. reg. Franc. 754. Hänlein II 96. Schieffer, Winfried-Bonifatius 271 ff. Fines 43 f. Stern/Bartmuss 88. Dörries II 22. Haller I 295. Hauck, ein Utrechter 736. Steinbach, Das Frankenreich 59. Im HEG I läßt Schieffer den geistlichen Komplizen der Räuber – einem «Raubmord» zum Opfer fallen (S. 544).

34 Willib. Vit. Bonif. c. 8. Ferner Rau, Briefe des Bonifatius 453

## 12. KAPITEL
### AUFSTAND DES PAPSTTUMS UND BILDERSTREIT

1 Vgl. Anm. 36
2 Ebd.
3 Ebd.
4 JW 1,220 ff. LP 1,315 f. Kühner, Lexikon 40. Caspar II 518, 629. Mann zit. ebd. 517. Seppelt II 41 f. Seppelt/Schwaiger 63. Gontard 162
5 Caspar II 671. Seppelt II 44 ff. Seppelt/Schwaiger 64. Haller I 272. Orlandis/Ramos-Lisson 186 ff.
6 Caspar II 526 ff.
7 Cartellieri I 90 ff. Daniel-Rops 395, 399 ff. Foss 727
8 Hartmann, Geschichte Italiens II 199 f., 203, 214 ff. Kornemann II 457 ff. Buchner, Germanentum 152. Seppelt/Schwaiger 64 ff. Schwaiger, Honoriusfrage 86 f. Baynes 287 ff. Palanque 36 f. Mango 106 f. Beck, Das byzantinische Jahrtausend 182 f. Diesner, Der Untergang 77. Zum Monenergismus und Monotheletismus ausführlich etwa Winkelmann, Die östlichen Kirchen 62 ff.
9 LThK III² 791 f. Kraft, Kirchenväterlexikon 261. Kelly 85. Hart-

mann, Geschichte Italiens II 217 f. Cartellieri I 108. Seppelt II 46 ff. Kornemann II 461 f. Buchner, Germanentum 152 f. Haller I 233. Seppelt/Schwaiger 65 f. Schwaiger, Honoriusfrage 85 ff. Coler II 17

10 Mansi 11, 195 ff., 207 ff. Kelly, Lexikon 85. HKG II/2,37 ff. Hartmann, Geschichte Italiens II 259 f. Seppelt II 51 ff. Caspar II 602 ff. Vgl. 532 f. Buchner, Germanentum 153. Haller I 246 f. Palanque 38. Seppelt/Schwaiger 69. Schwaiger, Honoriusfrage 91 ff., bes. 94 f.

11 Ps. Tertull. adv. hom. haer. 8. Migne, Pl 96, 399 ff. Hipp. ref. 9,11,1. Vgl. auch 9,12. Kühner, Lexikon 45. Kelly 85. LMA V 18 ff. S. auch Kriminalgeschichte II 95. Harnack, Sitzungsber. d. Preuß. Akad. d. Wissensch. phil. hist. Kl. 1923 51 ff. Hartmann. Geschichte Italiens II 260 f. Seppelt II 46 ff. Caspar II 608. Schubert, Geschichte der christlichen Kirche I 239. Buchner, Germanentum 253. Haller I 247 ff. Seppelt/Schwaiger 69. Der kathol. Theologe Schwaiger spricht 1977 von der «unbestreitbaren historischen Tatsache, daß die gesamte Christenheit des 7. Jahrhunderts, repräsentiert im Ökumenischen Konzil als der anerkannten höchsten Autorität in Glaubensfragen, einen Papst in einer wichtigen christologischen Frage als Häretiker verurteilt hat, daß auch die päpstlichen Legaten und Papst Leo II. . . . ausdrücklich anerkannt haben, daß ein Papst in einer wesentlichen Glaubensaussage geirrt habe»: Honoriusfrage 96

12 Lib. Pont. Vit. Sever. 1,348. Kühner, Lexikon 41 f. Hartmann, Geschichte Italiens II 212 ff. Seppelt II 53 f. Gontard 163. Haller I 231. Coler II 17 f.

13 Kelly 87 f. Hartmann, Geschichte Italiens II 218 ff. Haller I 231 ff.

14 Mansi 10,710 ff.; 11,3 ff. Hartmann, Geschichte Italiens II 220 ff. Seppelt II 57 f. Haller I 234 f., dort die Quellenhinweise S. 392 f.

15 Kelly 88. Hartmann, Geschichte Italiens II 221, 223 f. Seppelt II 57 f. Palanque 38. Haller I 235; dort die Quellenhinweise S. 392 f. Ullmann, Kurze Geschichte des Papsttums 54

16 Lib. Pont. Vit. Mart. 4 ff. Mansi 10,855 ff.; 10,863. Kelly 88. Hartmann, Geschichte Italiens II 224 f. Haller I 235 ff. Palanque 38

17 Lib. Pont. Vit. Mart. 1,336 ff. (Duchesne). 181 ff. (Mommsen) 2078 ff. (Jaffé). Kelly 89. HKG II 2 41 f. Hartmann, Geschichte Italiens II 229 f. Cartellieri I 109. Caspar II 564 ff. Schubert, Geschichte der christlichen Kirche I 237 ff. Seppelt II 62 f. Seppelt/Schwaiger 67 f. Haller I 238 ff. Gontard 163. Maier, Mittelmeerwelt 341. Ullmann, Kurze Geschichte des Papsttums 54 f.

18 JE 2081. Kelly 89 weist u. a. darauf hin, daß Martin als letzter Papst von der Kirche als Märtyrer geehrt worden ist. Caspar II 571 ff. Seppelt II 64. Seppelt/Schwaiger 68

19 LThK VII[1] 22. In der 2. A VII 208 ff. ist davon nicht mehr die Rede. Kraft 370. Altaner/Stuiber 521 ff. HKG II 2,41 f. Hartmann, Geschichte Italiens II 222, 231 f. Haacke 95. Haller I 240. Daniel-Rops 460

20 Lib. Pont. 1,339; 1,343. Hartmann, Geschichte Italiens II 249 ff. Kornemann II 484. Cartellieri I 109 f. Caspar II 574 ff. Seppelt II 65 f. Haacke 95. Haller I 241. Mango 108. Gontard 164.

Kühner, Gezeiten 151. Finley
221 f., 228 f.

21 Lib. Pont. Vit. Vital. 4

22 Paul. Diac. Hist. Lang. 6,1. Hartmann, Geschichte Italiens II 238 ff.
Maier, Mittelmeerwelt 327 ff.,
333 ff.

23 Mar. Avench. ad a. 573. LMA III
1574 f. Hartmann, Geschichte Italiens II 244 ff. Schnürer, Kirche
und Kultur I 169. Caspar II 581.
Schmidt, Die Bekehrung 387 ff.
Voigt, Staat 201 f., 227 f. Schmid,
Zur Ablösung der Langobardenherrschaft 8. Maier, Mittelmeerwelt 329. Njeussychin 339 ff.,
352 ff.

24 Paul. Diac. Hist. Lang. 4,48; 4,51;
5,25; 5,35 ff.; 6,1; 6,3; 6,17. Lib.
Pont. Vit. Sergii 15. Vit. s. Barbadi
ep. Benev. c. 5 ff. Keller, Reclams
Lexikon 379 ff. LMA I 933, 1129.
III 372 (J. Jarnut) V 1695 f. (G. Ta-
bacco). Hartmann, Geschichte
Italiens II 244 f., 266 ff.; 2 H. 25.
Schnürer, Kirche und Kultur I
171. Cartellieri I 108. Giesecke
206. Buchner, Germanentum 156.
Maier, Mittelmeerwelt 329 f.
Misch 130. Schmidinger 383 ff.

25 Paul. Diac. Hist. Lang. 6,19 ff.,
6,27 f. LMA I 691, 933. Caspar,
Pippin und die römische Kirche
58 f. Maier, Mittelmeerwelt 331

26 Paul. Diac. Hist. Lang. 6,35

27 Vgl. 13. Kap. Anm. 3

28 LThK VII[1] 568 f. X[1] 79. LMA V
823. Mango, Erbe 106, 108.
Maier, Byzanz 91 f. Vernadsky,
Das frühe Slawentum 266. Mazal,
Das Byzantinische Reich 352 ff.

29 LThK II[2] 461 f. LMA II 150 f. Daniel-Rops 449. Mango 108. Haller
I 258. Maier, Mittelmeerwelt
351 ff. Ders., Byzanz 92 f.

30 2. Mos. 20,3 ff. 3. Mos. 26,1. 5.
Mos. 4,23 ff.; 27,15. Jes. 2,8;
44,10. Jer. 1,16; 10,3 ff. Hos. 13,2.

Syn. Elvira c. 36. LMA II 151 f. V
371 ff. Heiler, Erscheinungsformen 111 ff. Kitzinger, The Cult
83 ff.

31 LThK VIII[2] 205 f. Hartmann, Geschichte Italiens II 90 ff. Cartellieri I 125 f. Koch 89. Caspar II 650.
Daniel-Rops 447 ff. Maier, Mittelmeerwelt 351 ff. Mango 108 f.
Kühner, Gezeiten I 156. Seppelt/
Schwaiger 76. Dawson 175. Alexander 6 ff. Zu den Hintergründen
des Bilderstreites, seinen sozialen
und wirtschaftlichen Folgen: Savramis 71 ff.

32 Mango 109

33 Greg. II. ep. 2. Kraft 240. LMA II
150 f. V 1376. HKG III 1 33.
Hauck II 276. Caspar II 647. Dannenbauer, Die Grundlagen der
mittelalterlichen Welt 52 f., 68 ff.
Seppelt/Schwaiger 56 f. Dawson
175. Buchner, Germanentum 154.
Daniel-Rops 448, 450. Heiler, Erscheinungsformen 114. Michel 7

34 LMA V 1890. Hartmann, Geschichte Italiens II 91 ff. Caspar II
651, 655. Stadtmüller, Geschichte
Südosteuropas 108 f. Heiler, Erscheinungsformen 114. Seppelt/
Schwaiger 76. Maier, Byzanz
93 ff. Hunger 215. Previté-Orton
245 ff.

35 Caspar II 654 ff., 660 f. Seppelt/
Schwaiger 77. Maier, Byzanz
99 ff. W. Ullmann spricht von
«unerhörter Grobheit» des päpstlichen Schriftverkehrs mit dem
Kaiser «unter Mißachtung sämtlicher Höflichkeitsregeln und -flos-
keln»: Kurze Geschichte des
Papsttums 65

36 2. Mos. 22,28. Mk. 12,14 ff. Mt.
17,24 ff. Lk. 20,22 f. Röm. 13,5 ff.
Vit. Greg. II. c. 16 ff. Lib. Pont.
(Duchesne) 404. Nach Kelly 102
führte Gregor «den zornigen Widerstand ganz Italiens» an,

«wankte» aber «nicht in seiner Loyalität». Ploetz 67 f. LThK IV² 754. LMA V 1890. Hartmann, Geschichte Italiens II 89 ff., 94 ff. Luegs, II 478 f. Haller I 253, 257 f. Dannenbauer, Grundlagen 52 f. Stadtmüller 107 f. Maier, Mittelmeerwelt 281, 300 f., 341. Pirenne, Geburt 218. Sickel 311 ff. Daniel-Rops 450, 478. Maier, Byzanz 95 f. Bosl, Europa im Mittelalter 121 f. Tellenbach, Europa 426

37 Lib. Pont. Vit. Greg. II. c. 23. Kraft 240. LThK IV² 754. LMA IV 1344 f., 5, 1890. Hartmann, Geschichte Italiens II 99. Caspar II 660 ff. Daniel-Rops 450. Pirenne, Geburt des Abendlandes 219 f. Seppelt/Schwaiger 77. Ullmann, Die Machtstellung 69 ff.

38 Lib. Pont. Vit. Greg. III c. 2. Kelly 102 f. Hartmann, Geschichte Italiens II 110 ff. Schubert, Geschichte der christlichen Kirche I 249. Caspar II 664 ff. Pirenne, Geburt des Abendlandes 219 f. Haller I 261 f. Maier, Mittelmeerwelt 341 f. Seppelt/Schwaiger 79 f. Jedin, Kleine Konziliengeschichte 34. Hussey 131. Grotz, Erbe 22. Hartmann, Die Synoden der Karolingerzeit 40 f.

39 LMA I 1057; V 1376. Ostrogorsky 140 f. Michel, Die Kaisermacht 3. Dannenbauer, Grundlagen 53. Wein 90. Pirenne, Geburt des Abendlandes 222. Kühner, Gezeiten I 154 f. Ahlheim 174. Bosl, Europa im Mittelalter 122. Daniel-Rops 451 f.

40 Wein 90. Ostrogorsky 140 f. Daniel-Rops 452. Jedin, Kleine Konziliengeschichte 34. Bosl, Europa im Mittelalter 122

## 13. KAPITEL
### Die Entstehung des Kirchenstaates durch Kriege und Raub

1 S. Anm. 20

2 S. Anm. 21

3 Paul. Diac. Hist. Lang. 6,58. LMA V 708 f., 2041. Gregorovius I 2 347 f. Cartellieri I 128. Hartmann, Geschichte Italiens II 96 f., 126 ff. (hier die Quellenhinweise). Caspar II 662, 727 ff. Maier, Mittelmeerwelt 337, 342

4 Paul. Diac. Hist. Lang. 6,44. Gregorovius I 2 244 f. Hartmann, Geschichte Italiens II 137 ff. Cartellieri I 134 f. Caspar II 729 f. Sickel 316. Pirenne, Geburt des Abendlandes 220. Haller I 262 f. Sprigade, Die Einweisung 52 ff. Brühl, Chronologie und Urkunden 19 ff.

5 Lecky II 219. Mühlbacher I 59. Löwe, Deutschland 115. Nonn, Das Bild Karl Martells 70

6 Lib. Pont. Vit. Greg. III. c. 14. Cod. Carl. 1 f. Paul. Diac. Hist. Lang. 6,53 f. Cont. Fredeg. c. 22. Chron. Moissiacense (MG SS I 292 f.) Ann. Mett. (MG SS I 326 f.) Kelly 103. Gregorovius I 2, 353 ff. Mühlbacher I 59 ff. Hauck I 470. Holtzmann, Italienpolitik 35 f. Caspar II 730. Hartmann, Geschichte Italiens II 136 f., 167 ff. Löwe, Bonifatius 112 f. Ders., Deutschland 118. Ders., Geschichtsschreibung 23. Buchner, Germanentum 170. Schieffer, Winfried-Bonifatius 239. Haller I 263 ff., 296 f. Gontard 167. Seppelt/Schwaiger 30. Lautermann 54. Steinbach, Das Frankenreich 45, 48. Ausführlich: Hlawitschka, Karl Martell 74 ff.

7 Ann. reg. Franc. 741. Lib. Pont. Vit. Zachar. 5 ff. Paul Diac. Hist. Lang. 6,57 f. Kelly 103. LMA V 2041. Gregorovius I 2 356 ff.

Hartmann, Geschichte Italiens II 140 ff., 170 f. Cartellieri I 136 f. Seppelt/Schwaiger 81. Holtzmann, Italienpolitik 35

8 Lib. Pont. Vit. Zachar. 12 ff. Paul. Diac. Hist. Lang 6,58 f. Kelly 104. Siemers 137. Gregorovius I 2 357 ff. Hartmann, Geschichte Italiens II 144 ff. Schieffer, Winfried-Bonifatius 188 ff.

9 Lib. Pont. Vit. Zachar. 23. Krüger, Königskonversionen 213, Anm. 224. Kelly 104. Gregorovius I 2 360. Hartmann, Geschichte Italiens II 146 ff. Cartellieri I 150. Haller I 301. Krüger, Königskonversionen 171 f., 212 ff.

10 Anm. reg. Franc. 743 f., 746. Cont. Fredeg. c. 23; 29 f. Einhard, Vit. Karoli II 4. Ann. Mett. 741. Ann. Petav. ad a. 746. RGAK I 142. Hauck I 471 II 3. Cartellieri I 144 ff. Meyer J., Kirchengeschichte Niedersachsens 16. Schubert, Geschichte der christlichen Kirche I 306. Tüchle I 81 ff. Büttner, Geschichte des Elsaß 107 f., 119 f. Ders., Frühmittelalterliches Christentum 37. Löwe, Deutschland 121 ff. Ludwig 20. Caspar II 722 f. Buchner, Germanentum 129 f. Bosl, Bayerische Geschichte 31, 57. Haller I 297. Krüger, Königskonversionen 183 ff. Wallace-Hadrill, The Fourth Book 100 f. Stern/Bartmuss 78 f. Pirenne, Geburt des Abendlandes 206 f. Behn 80. Zender, Verehrung 100. Steinbach, Frankenreich 49 f., 54. Schieffer, Winfried-Bonifatius 191 f. Nový, Anfänge 16 f. Tellenbach, Europa 403 f. Borst 526 ff. Zöllner, politische Stellung 144 ff. Ewig, Martinskult 24. Bund 363 ff. Schlesinger, Zur politischen Geschichte 52. Holtzmann, Italienpolitik 27

11 Ann. reg. Franc. 742, 753, 758,

760 ff. Cont. Fredeg. c. 25, 52. Capit. Aquitan. ad a. 768. LMA I 830. HEG I 539. Mühlbacher I 112 ff. Cartellieri, Weltgeschichte I 144, 171. Hartmann, Geschichte Italiens II 173 f. Büttner, Aus den Anfängen 165. Ders., Geschichte des Elsaß 111. Neuss/Oediger 135. Daniel-Rops 489. Schieffer, Winfried-Bonifatius 250 f. Lasko 218. Zatschek 46. Ewig, Zum christlichen Königsgedanken 50. Ders., Der Martinskult 24. Brühl, Fodrum 18. Müller-Mertens, Karl der Große 112. Bachrach. Military Organisation 9 ff. Braunfels, Karl der Große in Selbstzeugnissen 29, 32. Bullough, Karl der Große 36 f. de Bayac 27, 38 ff., 386. Steinbach, Das Frankenreich 58

12 Ann. reg. Franc. 747 f. Cont. Fredeg. c. 35. Ann. Mett. 741; 747; 748; 749. Ann. Mett. prior. 751. Ann. regni Franc. 747; 748. Bonif. ep. 48. Mühlbacher, Geschichte Italiens I 67. Hartmann, Geschichte Italiens II 178. Cartellieri I 148, 156. Schieffer, Winfried-Bonifatius 251 f., 130 ff. Löwe, Deutschland 124. Steinbach, Das Frankenreich 54. Reindel, Grundlegung 126. de Bayac 31 ff.

13 Seppelt/Schwaiger 82. Ewig, Zum christlichen Königsgedanken 50 f. Fleckenstein, Rex Canonicus 60 ff.

14 Ann. reg. Franc. ad a. 747 f. Cont. Fredeg. c. 117, Einhard, Vit. Karoli 3. Chronic. Lauriss. 3,12. Gesta patrum Fontanell. 10,4. Nach Ann. reg. Franc. ad a. 750 Cod. C 3, Vita Caroli 1,3 Cod. A 5, Gesta patrum Fontanell. X, 4 kam Childerich in das Kloster Sithiu (S. Bertin); nach Ann. Lobiens. ad a. 750 (MG Script. 13,228) in das Medduskloster von Soissons.

Nach Notker, Gesta Karoli I, 10 wurde Childerich III. bei seiner Absetzung skalpiert: «deposito et decalvato ignavissimo Francorum rege Hilderico». LMA V 1009. S. ferner Caspar, nach Büttner, Aus den Mühlbacher Anfängen I 80 f. 165. Vgl. 157. Buchner, Germanentum 171. Sprigade, Die Einweisung 40 ff. Löwe, Deutschland 124 f. Haller I 299. Bosl, Frühformen 68. Stern/Bartmuss 88 ff. Fleckenstein, Grundlagen 75 f. Seppelt/Schwaiger 82 f. Steinbach, Das Frankenreich 54 f. Schmidt, Zur Ablösung der Langobardenherrschaft 7. Eichmann, Die Kaiserkrönung I 81. Affeldt, Untersuchungen 100 ff. Braunfels, Karl der Große in Selbstzeugnissen 29, 32. Bund 367 ff., 378. Jarnut, Wer hat Pippin 751 zum König gesalbt? 45 ff. Die bis heute sich wiederholenden Versuche, die Karolinger blutsmäßig von den Merowingern herzuleiten, sind nicht stichhaltig: Hlawitschka, Merowingerblut bei den Karolingern? 66 ff., 75 ff., 90 ff. Zu Fulrad von St-Denis, einem, wie freilich üblich, auch beträchtlich besitzgierigen Abt, vgl. auch Angenendt, Frühmittelalter 287 f. Die Gelehrten streiten noch heute darüber, wer Pippin zum König gesalbt hat: entscheidend allein aber ist das Faktum.

15 Mayer, T., Staatsauffassung in der Karolingerzeit 470. Reinhardt, Untersuchungen 6 f.

16 Tellenbach, Europa 415. Fleckenstein, Grundlagen und Beginn 76 ff.

17 Ebd. 78 ff.

18 Chron. Salernit. MG SS 3,471. Kühner, Lexikon 50. LMA I 246 f. Hartmann, Geschichte Italiens II 149 f., 176. Cartellieri I 150 f.

Löwe, Deutschland 128. Haller I 301. Maier, Mittelmeerwelt 348. Bullough, Italien 174

19 Hauck II 16. Hartmann, Geschichte Italiens II 176 ff. Cartellieri I 152 f. Löwe, Deutschland 128. Seppelt/Schwaiger 83. Ullmann, Die Machtstellung 83

20 Lib. Pont. Vit. Steph. II. c. 9 f., 15 ff. Cod. Carol. 4 f. LMA II 1948 f. (O. G. Oexle). Hartmann, Geschichte Italiens II 150 f., 178 f. Cartellieri I 152 ff. Haller I 302 f. Schieffer, Winfried-Bonifatius 260 f. Steinbach, Das Frankenreich 55 f. Kosminski/Skaskin I 85. K. A. Fink weist auf die merkwürdig anmutende biblisch-religiöse Phraseologie hin, womit die Päpste ihre Untertanen und Territorien als «Besondere Herde des hl. Petrus» und ihren Staat als «Eigentum des Apostelfürsten (peculiaris populus s. Dei ecclesiae et b. Petri» bezeichnen: Papsttum und Kirche 15 f.

21 Lib. Pont. Vit. Steph. II. c. 18 ff. Ann. reg. Franc. 753 f. Cont. Fredeg. c. 36 f. Ann. Mett. prior. ad a. 753. HKG III 1, 26. Cartellieri I 157 f. Mühlbacher I 77 ff., bes. 85 ff. Hartmann, Geschichte Italiens II 179 ff. Gontard 168. Schieffer, Winfried-Bonifatius 261 f. Haller I 304 ff., 315. Ders., Abhandlungen 7. Stern/Bartmuss 89 f. Tellenbach, Europa 413. Seppelt/Schwaiger 83 ff. Maier, Mittelmeerwelt 338. Bullough, Karl der Große 31 f. Burr, The Carlovingian Revolution 576. Reinhardt, Untersuchungen 13 ff. Ullmann, Die Machtstellung 84 f. Kantzenbach, Geschichte der christlichen Kirche im Mittelalter 60. Haendler, Die lateinische Kirche 62. Bosl, Europa im Mittelalter 96, mutet die ganze Zeremonie

dem vor zwei Jahren verstorbenen Papst Zacharias zu.

22 Lib. Pont. Vit. Hadriani 41 ff. Vit. Steph. II 29. Das Fragmentum Fantuzzianum gilt den meisten Historikern als späte Fälschung. Mirbt/Ahland, Quellen 6. A. Nr. 508 S. 260. Mühlbacher I 89 f. Cartellieri I 158 ff. Haller I 306 f. Ders., Abhandlungen 8. Seppelt/ Schwaiger 84. Brackmann 397 ff., 418 ff. Fritze, Papst und Frankenkönig 9 ff., 15. Schramm, Kaiser, Könige I 149 ff. bes. 170 ff., 176 ff. Haendler, Die lateinische Kirche 63 f.

23 Zwölfer 64 ff., 75, 79, 152 ff. Buchner, Germanentum 159. Haller I 298, 315. Ders., Abhandlungen 12 ff. Bosl, Europa im Mittelalter 96 f. Kawerau, Geschichte der alten Kirche 37

24 Haller, Abhandlungen 12 ff., bes. 16 f.

25 Cod. Carol. 36 f.

26 Zwölfer 122 ff. mit zahlreichen Quellenbelegen. Haller, Abhandlungen 24. Ullmann, Die Machtstellung 100. Barraclough, The Medieval Papacy 47

27 Lib. Pont. Steph. II. c. 27 ff. Ann. reg. Franc. 754 f. Einhard, Vita Caroli 6. Cont. Fredeg. 119 f. Cod. Carol. 7. Paul. Diac. Hist. Lang. 5,2. Ann. Mosell. ad 753; Ann. Laurenh. ad a. 753. Ann. Petav. ad a. 753. MG I 42 Nr. 17. Sickel, Die Verträge 335. Zit. nach Ullmann, Die Machtstellung 103. Hartmann, Geschichte Italiens II 182 ff. Mühlbacher I 81 ff., 90 ff. Kornemann II 495. Zwölfer 133 f. Löwe, Deutschland 123, 128. Schieffer, Winfried-Bonifatius 262 f. Sprigade, Die Einweisung 57 ff. Konecny 62. Haller I 307 f. Ders., Abhandlungen 13. Gontard 168. Stern/Bartmuss 90 f. Tellen-

bach, Europa 413. Ullmann, Die Machtstellung 85, 103 ff., 112. Tangl 1 ff. Funkenstein 6 ff., 11 ff. Steinbach, Das Frankenreich 56 ff.

28 Hauck, Von einer spätantiken Randkultur 76

29 Cod. Carol. 6. Ann. reg. Franc. 755. Cont. Fredeg. 10,37 f., 45. Vit. Steph. II. 37. Ann. Mett. ad a. 754. Hartmann, Geschichte Italiens II 185, 189 ff. Mühlbacher I 94 ff. Cartellieri I 163 ff. Zwölfer 133 ff. Gontard 168. Haller I 309 ff. Holtzmann, Italienpolitik 38 f. Steinbach, Das Frankenreich 57. Bund 386 f. Burr, The Carolingian Revolution 589 f.

30 Cod. Carol. 3. Mühlbacher I 93. Seppelt/Schwaiger 85. Haller I 309 ff.

31 Lib. Pont. Vit. Steph. II. 43 ff. Cod. Carol 11. Ann. reg. Franc. 756. Cont. Fredeg. 121. Gregorovius I 2 372 f. Mühlbacher I 96 ff. Cartellieri I 166 f. Hartmann, Geschichte Italiens II 194 ff. Zwölfer 153. Haller I 311 f. Bullough, Karl der Große 32. Foakes-Jackson 699 f.

32 Mühlbacher I 98 f. Löwe, Deutschland 129. Bullough, Karl der Große 32. v. Falkenhausen, Untersuchungen 3. Haller I 312. Löwe, Deutschland 129. Gontard 168 f. Seppelt/Schwaiger 85

33 Gregorovius I 2 374 ff. Ewig, Zum christlichen Königsgedanken 51


## 14. KAPITEL
### DIE «KONSTANTINISCHE SCHENKUNG»

1 Kantzenbach, Geschichte der christlichen Kirche im Mittelalter 62

2 Seppelt/Schwaiger 86

3 Hoensbroech, Der Kirchenstaat

4 Archiv für kath. Kirchenrecht 1930; 491

5 Schreiner, Zum Wahrheitsverständnis 131. Zit. dort auch V. Saxer, H. Silvestre u. a. Speyer 200 f. Fuhrmann, Die Macht der Fälschung I

6 Levison, Die Politik in Jenseitsvisionen 236. Drögereit, Die Verdener Gründungsfälschung 64. Frenzel 713. Speyer 309. Zu Bloch vgl. Fuhrmann, Die Macht der Fälschung II. S. auch Deschner, Kriminalgeschichte I 25 f.

7 P. Herde und A. Gawlik, Fälschungen, in: LMA IV 246 ff. Fuhrmann, Einfluß und Verbreitung 79, erblickt darin «Aporie». Kehr 11 ff., 44 ff., 139. Speyer 302. Vgl. auch Fuhrmann, Die Macht der Fälschung I. S. auch die Ironie bei Southern 92 f. Vgl. an neueren Arbeiten über Fälschungen im Mittelalter auch die Aufsätze von P. Landau 11 ff. W. Hartmann, Fälschungsverdacht 111 ff. H. Schneider, Ademar von Chabanes 129 ff.

8 Vgl. außer dem Abschnitt «Der Zweck heiligt die Mittel» in: Deschner, Kriminalgeschichte III 181 ff. auch Schreiner, Zum Wahrheitsverständnis 167. Bosl, Frühformen 418 f. T. F. Touts, Mediaeval Forgers and Forgeries 1918-1920, zit. nach Fuhrmann, Einfluß und Verbreitung 76 ff., 85

9 LThK VI² 1142. LMA V 20. Hauck III 170 ff., bes. 180 ff. Levison, Aus rheinischer und fränkischer Frühzeit 23. Drögereit, Die Verdener Gründungsfälschung 64. Fuhrmann, Einfluß und Verbreitung I 68 f., 87, 89 ff. (dort das Hadrianzitat) und 89 ff. Speyer 303. Fichtenau, Zu den Urkundenfälschungen 157 ff. Erkens 195 ff. Mit Recht polemisiert Herrmann, Kirchenfürsten 51 f.,

gegen das so beliebte Entlasten mittelalterlicher Fälscher.

10 Vgl. etwa Levison, Aus rheinischer und fränkischer Frühzeit 23

11 Haller I 245 ff. Speyer 309. Thomas Mann zit. nach Fuhrmann, Die Macht der Fälschung IV

12 LThK I² 492. Schreiner, Zum Wahrheitsverständnis 167 f.

13 LThK VII² 1298 f. Tangel, Forschungen zu den Karolinger Diplomen 264 ff. Kraus, Die Translatio, passim. Speyer 303. Zur Fülle und Bedeutung der Reliquien vgl. etwa Southern 30 f.: «they were the object of a Huge commerce», ebd. Vgl. auch Deschner, Das Kreuz 118 ff., bes. 120 f., dort auch Literaturhinweise. S. auch ders., Kriminalgeschichte III 241 ff.

14 Keller, Reclams Lexikon 492 ff. Fichtinger 138 ff. Fuhrmann, Einfluß und Verbreitung I 71 f., 99 ff. Speyer 228

15 Schäferdiek, Die Kirche in den Reichen der Westgoten 116 f.

16 Wattenbach-Holtzmann, Geschichtsquellen I 122 f.

17 Fuhrmann, Einfluß und Verbreitung I 71 ff. Vgl. hierzu etwa neuerdings F.-J. Heyen 403 ff. mit dem bezeichnenden Eiertanz des Verfassers, bes. 414 f.

18 Neuss/Oediger 40 f., 113 f.

19 Speyer 302 mit weiterer Literatur.

20 Respons. b. Greg. ad August. episc. in Beda h. e. 1,27. Dazu Müller, Zur Frage nach der Echtheit 94 ff. Ritzer II 123

21 LThK² 884. LMA II 1397. Caspar I 452. Speyer 302

22 LMA II 1451. Speyer 302

23 Hotz 11. Hemmerle 183. Meyer, In der Harmonie 218 f. Verf. setzt das Wort «fälschte» und «Fälschungen» in Gänse-(hier Esel-) füßchen, weniger die feine als die feige Art.

24  Heuwieser, Geschichte I 308 ff.

25  LThK X¹ 106 f. Taddey, Lexikon
1195. Schlesinger, Kirchengeschichte Sachsens I 82 II 148 ff.

26  LMA V 154 ff. Kuujo 236 ff. Drögereit, Die Verdener Gründungsfälschung 1,64

27  LMA IV 1468, 1870. Kuujo 236 ff.

28  Schubert, Geschichte der christlichen Kirche II 505 ff. Schmeidler,
Hamburg-Bremen 128 ff., 151 ff.,
159 ff., 165 ff., 191 ff., 206 ff.,
244 ff.

29  Adam von Bremen 3,2; 3,5. LMA I
97 f. Meyer, Kirchengeschichte
Niedersachsens 35. Vgl. auch die
vorherg. Anm.

30  Levison, Aus rheinischer und frän-
kischer Frühzeit 257. Weller 207.
Schulte, Der Adel 97 f., 212, 216 ff.
Patze, Politische Geschichte 12

31  LThK III² 628: VIII² 360 f. Mühlbacher I 121. Hoffmann, Chronik
und Urkunde 188 ff. Kaminski,
Das Diplom Herzog Romwalds
II.; 16 ff. Speyer 303. Pitz, Erschleichung und Anfechtung
100 ff. Herrmann, Kirchenfürsten
52 zählt auch das Kloster St. Maximin bei Trier «zu den großen
Fälschungszentren» im 10., 11.
und 12. Jahrhundert.

32  LMA V 1385 f. Schubert, Geschichte der christlichen Kirche I
320 f. Heer, Kreuzzüge 17. Kos-
minski/Skaskin 86. Schramm,
Kaiser, Könige II 306 ff. Brackmann 68 f., 262. Kühner, Tabus
52. Lautermann 62. Kawerau, Geschichte der mittelalterlichen Kirche 88. Haller I 316 f. Ullmann,
Die Machtstellung 114 ff. Kupisch I 87. Fuhrmann, Die Konstantinische Schenkung 65 f.
Ders., Einfluß und Verbreitung I
66. Steinbach, Das Frankenreich
57. Barraclough, The Medieval
Papacy 40. Folz, The Concept of

Empire 10 f. Fuhrmann, Konstantinische Schenkung und Abendländisches Kaisertum 63 ff.

33  LMA V 1385. Burckardt, Die Zeit
Constantins 350 f. Caspar I 227 ff.
Laehr 3 f. Levison, Aus rheinischer und fränkischer Frühzeit
395 ff., 409 ff., 417 ff., 466 ff. Ullmann, Die Machtstellung 115 ff.,
122 ff. Haendler, Die abendländische Kirche 95. Ders., Die lateinische Kirche 64

34  LMA V 1385. Schubert, Geschichte der christlichen Kirche I 321.
Laehr 3 f. Haller I 316. Kawerau,
Geschichte der mittelalterlichen
Kirche 88. Ullmann, Die Machtstellung 128, 462. Williams 448 ff.
Hay 340. Prause, Niemand 86 f.,
Haendler, Die lateinische Kirche
64 f. Fuhrmann, Einfluß und Verbreitung I 66. Textgeschichte des
Constitutum Constantini: Fuhrmann, Konstantinische Schenkung und abendländisches Kaisertum 63 ff.

35  Levison, Aus rheinischer und
fränkischer Frühzeit 397 f. Laehr
6 ff. Kawerau, Geschichte der
mittelalterlichen Kirche 89. Schlesinger, Beobachtungen zur Geschichte 273, 416 f. Hlawitschka,
Vom Frankenreich 67 f.

36  LMA V 1385 f. HEG I 545. Laehr
20 ff. Heiler, Altkirchliche Autonomie 239. Fried, Der Regalienbegriff 507 f. Angenendt, Frühmittelalter 286

37  LThK V² 477 f. Kühner, Lexikon
88. LMA V 122.; 1386. Laehr
26 ff., 37 ff., bes. 48 f., 61, 89 f.
Holtzmann, Der Kaiser als Marschall des Papstes 27. Fuhrmann,
Einfluß und Verbreitung I 67

38  Laehr 135 f. Kluke 148. Haller I
317. Lautermann 62. Southern 97.
Fuhrmann, Einfluß und Verbreitung I 67

39 MG DO III 818 f. LMA V 1386.
Wattenbach-Holtzmann, Ge-
schichtsquellen I 11, 323. Hartmann, Geschichte Italiens IV
135 f. Laehr 20 ff. Holtzmann,
Der Kaiser als Marschall des Papstes 26. Seidlmayer 93. Hay 340.
Lautermann 205 f. Schlesinger,
Beobachtungen zur Geschichte
273. Ullmann, Die Machtstellung
354 f. Fuhrmann, Konstantinische Schenkung und abendländisches Kaisertum 128 f. Flecken-
stein/Bulst 106

40 Holtzmann, Der Kaiser als Marschall des Papstes 36 f. Runciman
22. Fuhrmann, Einfluß und Verbreitung I 135 f. Herrmann, Kirchenfürsten 51. Ariès 19

41 Haller I 316 f. Kluke 148. Fink 18.
Fast gleichzeitig mit Valla erkann-
ten die Fälschung als solche auch
Kardinal Nikolaus von Kues und
Reinald Pecock.

## 15. KAPITEL
### KARL I., DER SOGENANNTE GROSSE, UND DIE PÄPSTE

1 Einhard, Vita Karoli 22; 26
2 Braunfels, Karl der Große mit
Selbstzeugnissen 39
3 Dawson 214
4 Ewig, Zum christlichen Königsgedanken 73
5 Daniel-Rops 247, 493, 498, 506
6 Lib. Pont. Vit. Pauli I ff. LMA III
724 f. Gregorovius I 2 378 ff.
Hartmann, Geschichte Italiens II
209 ff. Seppelt II 137 ff. Ewig,
Zum christlichen Königsgedanken 46 f. Bayac 72 ff. Jarnut, Geschichte der Langobarden 116 ff.
7 Lib. Pont. Vit. Steph. III 1 ff. Mansi 12,716 ff. MG Conc. II/1 83 ff.
Einhard, Ann. reg. Franc. ad a.
767. LThK VII¹ 568 f. VIII² 884 f.

IX² 1298 f. Kühner, Lexikon 71.
Gregorovius I 2 385 ff. Hauck II
69. v. Schubert, Geschichte der
christlichen Kirche II 424. Seppelt
II 146 f., 360. Seppelt/Schwaiger
87 f. Haller, Das Papsttum I 321 f.
Zimmermann, Papstabsetzungen
13 ff. Vgl. auch die Beispiele für
unkanonische bischöfliche Blitzkarrieren bei Scheibelreiter, Der
Bischof 123 ff. S. ferner Deschner,
Abermals 236 f.

8 Lib. Pont. Vit. Steph. III. c. 5 ff.
Gregorovius I 2 387 f. Seppelt, Geschichte des Papsttums II 147 ff.
Hartmann, Geschichte Italiens II
231 ff. Seppelt/Schwaiger 88. Haller I 321 f. Bayac 76. Ausführlich:
H. Zimmermann, Papstabsetzungen 13 ff., bes. 16 f. Fuhrmann/
Märtl 10. Hartmann, Die Synoden der Karolingerzeit 83

9 Lib. Pont. Vit. Steph. III. c. 5 ff.
Kühner, Lexikon 52. Hartmann,
Geschichte Italiens II 236 ff. Car-
tellieri I 175 f. Seppelt II 149 ff.
Seppelt/Schwaiger 88. Haller I
321 f. Kühner, Das Imperium 87.
Ferrari 281 ff. Zimmermann,
Papstabsetzungen 17 ff., 20 ff.
Hartmann, Die Synoden 83 ff.
Fuhrmann/Märtl 11

10 1. Tim. 3,1 ff. MG Cons. II/1 79;
86 ff. Kühner, Lexikon 52. Seppelt
II 151 ff. Seppelt/Schwaiger 88 ff.
Kühner, Das Imperium 87.
Schneider, Geistesgeschichte II
246. Zimmermann, Papstabsetzungen 24. Ullmann, Die Macht-
stellungen 469. Lotter, Designation 148. Vgl. auch die vorherg.
Anm.

11 Einhard, Vita Karoli 3. Ann. reg.
Franc. ad a. 754; 768. LMA V 956;
996. LThK III² 408. HEG I 549.
Mühlbacher I 124 f. Brühl, Fodrum 56. Bayac, Karl 43 f. Fleckenstein (1990) 21 f.

12  Cod. Carol. 45; 47. Einhard, Vita Karoli 3; 5 f., 18. Ann. reg. Franc. ad a. 769, LMA II 2202. III 725. Gregorovius I 2 393 f. Hauck II 74 f. Mühlbacher I 125 ff. Cartellieri I 179 f. Hartmann, Geschichte Italiens II 251 ff. Eichmann, Das Exkommunikationsprivileg 164. Haller I 323 f. Ders., Abhandlungen 29 f. Voigt, Staat 436. Wühr, Das abendländische Bildungswesen 35. Konecny 61 ff. Classen, Karl 545 f. Seppelt/Schwaiger 89. Schmid, Zur Ablösung der Langobardenherrschaft 7 ff. Büttner, Geschichte des Elsaß 126. Haendler, Die lateinische Kirche 69. Braunfels, Karl der Große mit Selbstzeugnissen 22. Ders., Karl (1991) 31. Bayac 76 ff. Fuhrmann/Märtl 12

13  Lib. Pont. Vit. Steph. III. c. 28 ff. Ebd. Vit. Hadr. c. 10 ff. Einhard, Vita Karoli 18. Cod. Carol. 48. Hauck II 76 f. Gregorovius I 2 390 ff., 396. Mühlbacher I 128 ff. Hartmann, Geschichte Italiens II 253 ff. Büttner, Geschichte des Elsaß 127. Classen, Karl 546 f. Seppelt/Schwaiger 89 f. Haller I 324 f. Bayac 79 ff. Fleckenstein, Karl (1990) 23. Braunfels (1991) 38 f.

14  Einhard, Vit. Karoli 4; 25. Ann. reg. Franc. ad a. 771. MGH Antiquit. Poet. lat. I 483 ff. Taddey 624. LMA I 2038. III 222; 1737 V 956. Mühlbacher I 119 ff., 136 f. Fichtenau, Das karolingische Imperium 35 ff., 47. Bayac 82 ff., 386. Braunfels, Karl (1991) 22, 117. Fleckenstein, Karl (1990) 23 f. Riché, Die Karolinger 114. Das HEG I 549 (Schieffer) verliert kein Wort über das Widerrechtliche der Annexion – «nahm Karl unverzüglich vom Reich des Bruders Besitz . . .»

15  Lib. Pont. Vit. Hadr. 1 ff. Vita Karoli c. 3. Ann. Lobienses a. 771. LMA IV 1821. Mühlbacher I 133 f. Hartmann, Geschichte Italiens II 259 f. Seppelt II 158 ff. Seppelt/Schwaiger 90. Stern/Bartmuss 92 f., 21. Aubin, Die Umwandlung 122. Epperlein, Karl 17 f. Bullough, Karl 45. Haller I 325. Fuhrmann/Märtl 14 ff. Steinbach, Das Frankenreich 59 f. Fleckenstein, Karl (1900) 25. Braunfels, Karl (1991) 80

16  Ann. reg. Franc. a. 773. Einhard, Vita Karoli 3; 6. LMA IV 1821. Mühlbacher I 134 ff. Seppelt II 161 ff. Brühl, Fodrum 397. Störmer I 175 f. Bayac 101 ff. Fleckenstein, Karl (1990) 25. Braunfels, Karl (1991) 36 ff. Vgl. auch die folg. Anm.

17  Ann. reg. Franc. 773 f. Einhard, Vita Karoli 3; 6. LMA III 725. Mühlbacher I 134 ff. Seppelt II 163. Störmer I 175 f. Epperlein, Karl 20 ff. Bayac 104 f. Fleckenstein, Karl (1990) 25

18  Ann. reg. Franc. a. 774. Cod. Carol 60. Kühner, Lexikon 54. Kelly 111. HEG I 549 f. Sogar das HKG III 1 167 hält fest: «Karl war nicht nur als Beter nach Rom gekommen.» Seppelt II 163 ff. Mühlbacher I 138. Cartellieri I 186. Heiler, Der Katholizismus 297. Ders., Altkirchliche Autonomie 236. Daniel-Rops 495, 501. Caspar, Das Papsttum unter fränkischer Herrschaft 158. Haller I 327 ff. II 33. Ullmann, Die Machtstellung 140 ff., 190. Epperlein, Karl 65. Bullough, Karl 49. Seppelt/Schwaiger 90. Beumann, Das Paderborner Epos 376 ff. Fritze, Papst und Frankenkönig 49 ff. Bayac 106 ff. Riché, Die Karolinger 126 f. Angenendt, Frühmittelalter 292 f.

19  Mühlbacher I 140. Schubert, Ge-

schichte der christlichen Kirche
348 f. Haller I 328 f. Bayac 389

20 Einhard, Vita Karoli 6. Ann. reg.
Franc. a. 774; 776. Cod. Karol 50.
59. Lib. Pont. Vit. Hadr. c. 5 ff.,
29 ff. LMA I 829 f., 930 f., III
190 ff., 724 f. Mühlbacher, I
133 ff., 142 f. Hartmann, Geschichte Italiens II 261 ff. Cartellieri I 183 ff. Hauck II 81. Brühl,
Fodrum 392 ff. Fischer, Königtum
171. Schmid, Zur Ablösung 3 f.,
12, 19 ff. Foakes-Jackson 701 f.
Epperlein, Karl 19 ff. Haller 126 ff.
Steinbach, Das Frankenreich 60.
Schramm, Kaiser, Könige I 35. Bullough, Karl 49. Braunfels, Karl der
Große mit Selbstzeugnissen 39.
Ders., Karl (1991) 39. Bayac
101 ff., 186 f. Prinz, Grundlagen
und Anfänge 94. Hlawitschka,
Franken, Alemannen 33 ff., 39 ff.,
74, 96 f. Fleckenstein, Karl (1990)
26 ff. Deér, Zum Patrizius-Roma-
norum-Titel 271 f.

21 Alle Quellenbelege bei Hlawitschka, Franken, Alemannen 32, 38,
44. Vgl. auch Epperlein, Karl 24.

22 Alle Quellenbelege bei Hlawitschka, Franken, Alemannen 30 f., 66.
Vgl. auch Epperlein, Karl 24.
Schmid, Zur Ablösung 30 ff. Fischer, Königtum 7 f., 173 ff. Flekkenstein, Karl (1990) 28 f.

23 Fischer, Königtum 176 ff.

24 MG Capit. 1 Nr. 88. Schmid, Zur
Ablösung 22 f. Fischer, Königtum
79

25 Mühlbacher I 149 f. Seppelt II
170 f. Braunfels, Karl (1991) 80

26 Ann. reg. Franc. 781. Cod. Carol.
64. Mühlbacher I 145 f., 150 f.
Seppelt II 171 f. Caspar, Das
Papsttum unter fränkischer Herrschaft 45 ff. Prinz, Grundlagen
und Anfänge 94. Fleckenstein,
Karl (1990) 29 f. Braunfels, Karl
(1991) 39, 42, 80 f.

27 Cod. Carol. 86; 94. Annal. Lauriss. a. 786 f. Annal. Maxim. a.
787. Hauck II 84 ff., 89 ff. Hartmann, Geschichte Italiens II
278 ff., 285 ff., 301 ff. Mühlbacher I 150. Dresdner 132. Schubert, Geschichte der christlichen
Kirche I 348 f. Seppelt II 168 f.,
174. Seppelt/Schwaiger 91 ff. Riché, Die Karolinger 128. Haendler, Die lateinische Kirche 71. Betont S. 73, «daß Papst Hadrian . . .
immer in Abhängigkeit von Karl
gestanden hat».

28 Cod. Karol. 90

29 Ann. reg. Franc. ad a. 786 f. Einhard, Vita Karoli 10. Mühlbacher
I 151 ff. Seppelt II 172 f. Bayac
187 ff. Fleckenstein, Karl (1990)
31. Mit Recht schreibt H. Enzensberger, Unteritalien S. 788: «Des
Arichis eigentlicher Gegner war
der Papst Hadrian I.»

30 Einhard, Vita Karoli 10. Cod. Carol. 79 ff. Annal. Guelferb ad a.
790 f. Annal. Lauresham. ad a.
793. Mühlbacher I 153 ff. Hartmann, Geschichte Italiens II
306 ff., 315 f. Seppelt II 173. Caspar, Das Papsttum unter fränkischer Herrschaft 69 ff. Bayac
190 ff. Deér, Zum Patrizius-Ro-
manorum-Titel 241 Anm. 8; 272

31 JE 2395 (22. 4. 772) JE 2435.
(1. 12. 781). JE 2437 (1. 11. 782).
Just. Nov. 47 c. 1. LMA IV 1821.
Deér, Die Vorrechte 34 ff., 38,
108 f. Ders., Zum Patrizius-Ro-
manorum-Titel 288 ff., 306 f. Ullmann, Die Machtstellung 144

32 MG Epp. IV 135 f. Nr. 92. 136 ff.
Nr. 93. LMA I 634 f. V 1877. Gregorovius I 2 444 f. Mühlbacher I
263 f. Bayac 244, 253 ff. Braunfels, Karl (1991) 71, 81

33 Ann. reg. Franc. ad a. 97. MG
Epp. 4 Nr. 178. Einhard, Vita Karoli 28. Kühner, Lexikon 54. Kelly

113, LMA V 1877. Mühlbacher I 265 ff., 271 f. Cartellieri I 215. Beumann, Das Paderborner Epos 310 ff., 348. Wein 94. Braunfels, Karl (1991) 81. Prinz, Grundlagen und Anfänge 94. Bayac 263 f.

34 Ann. reg. Franc. 799 ff. Lib. Pont. Vit. Leon. III. c. 11 ff., 21 ff. MG Epp. V 63 f. MG Poetae 1,366 ff. Annal. Lauresham ad a. 800. Annal. s. Amandi (MG SS I 14) LThK VI² 947. Kelly 114. Simson, Jahrbücher II 224 ff. HEG I 580 f. Hartmann, Geschichte Italiens II 337 ff. Cartellieri I 215 ff. Mühlbacher I 271 ff. Hauck II 95. Stern/Bartmuss 110. Gontard 170 ff. Seppelt/Schwaiger 93 ff. Ferrari 119 ff., 305 ff. Zimmermann, Papstabsetzungen 27 ff. Beumann, Die Kaiserfrage 299 ff. Haller II 218 ff. Epperlein, Karl 67 ff. Beumann, Das Paderborner Epos 309 ff. Ders., Wissenschaft vom Mittelalter 258 ff. Ders., Nomen imperatoris 177 ff. Ders., Die Kaiserfrage 299 ff. Classen, Karl 59. Bayac 263 ff. Braunfels, Karl (1991) 81. Hartmann, Die Synoden 122 f. Haendler, Die lateinische Kirche 74 f. Herrmann, Kirchenfürsten 53

35 Vit. Leon. III. c. 23. Einhard, Vita Karoli 28. Annal. reg. Franc. ad a. 801; 804 ff. Annal. Lauresham ad a. 801. Hartmann, Geschichte Italiens II 348 ff. Kelly 113 f. Ploetz 71 f. Kornemann II 498. Eichmann, Die Kaiserkrönung I 23 ff. Haller II 20 ff. Gontard 172 f. Seppelt/Schwaiger 95 f. Hay 338 f. Tellenbach, Europa 431 ff. Benz, «Cum ab oratione surgered» 341 f., 347 ff. Steinbach, Das Frankenreich 65 f. Classen, Romanum gubernans Imperium 20 f. Epperlein, Karl 69. Brackmann 41 ff. Müller-Mertens 56 f.

Schramm, Kaiser, Könige I 255 ff. Beumann, Nomen imperatoris 182 ff. Braunfels, Karl (1991) 86 f. Aubin, Die Umwandlung 142 f. Haendler, Die lateinische Kirche 75 f. Fleckenstein, Karolingerzeit 709. Ranke nach: Borst, Ranke und Karl der Große 461. Erdmann, Forschungen zur politischen Ideenwelt 16 ff., bes. 26 f. Dannenbauer, Grundlagen 79 ff., 87 ff. Prinz, Grundlagen und Anfänge 99 ff. Fines 53 f. Ohnsorge, Ost-Rom und der Westen 5 ff., zweifelt nicht an «dem Mißvergnügen Karls über die Kaisereinsetzung». Ferner 10 ff.

## 16. KAPITEL
### KARL «DER GROSSE» UND SEINE KRIEGE

1 Einhard, Vita Karoli 16

2 Ebd. 5 ff.

3 Schöffel, Kirchengeschichte Hamburgs I 4

4 Ptolem. geogr. 2,11,7. Plin. hist. nat. 16,76. Tacit. Germ. 35. Schmidt, Die Westgermanen 37 ff., 60 f. Behn 74 f. I 30 f. Stern/Bartmuss 94 f. Zöllner, Die politische Stellung 170. Njeussychin, Die Entstehung 231

5 Greg. Tur. 4,10. Fredeg. 4,74. Marius Avent. Chron. a. 555 f. HEG I 97,283 f. Hauck II 328. Schmidt, Die Westgermanen 46 ff. Petri, Der Rhein 594. Demm 64. Werneburg 15 f. Aubin, Die Umwandlung 123. Hauck, Ein Utrecht 735. Zöllner, Die politische Stellung 170. Cram 158

6 Taddey 1050. HEG I 147 ff. (zur german. Ständeordnung generell) u. 552 f. Schmidt, Die Westgermanen 62 f., 69. Behn 73 f. Jordan 530. Zöllner, Die politische Stellung

171. Haendler, Die lateinische Kirche im Zeitalter der Karolinger 102. Nový, Die Anfänge 41 ff.

7 Flaskamp, Die frühe Friesen- und Sachsenmission 194. Fleckenstein, Grundlagen 162

8 Cont. Fredeg. 13; 27, 35. Annal. reg. Franc. a. 744; 747; 753; 758. Ann. Mett. a. 748; 753; 758. Naegle I 36. Schubert, Geschichte der christlichen Kirche I 338. Schmidt, Die Westgermanen 53 ff. Holl 125. Buchner, Germanentum 162. Sante 204 ff. Löwe, Deutschland 143. Schieffer, Winfrid-Bonifatius 273

9 Epperlein, Herrschaft und Volk 54. Bleiber, Fränkisch-karolingische Klöster 128 ff.
Ann. reg. Franc. a. 743 f.; 747. Transl. s. Liborii c. 7. Vita Lebuini antiqua c. 6. Hauck II 332 f. Bertram 17. Schubert, Geschichte der christlichen Kirche I 335. Ahlheim 162. Dannenbauer, Grundlagen 147 ff. Stern/Bartmuss 96 ff. Drögereit, Die schriftlichen Quellen 466 f. Zöllner, Die pol. Stellung 172 f. Steinbach, Das Frankenreich 49 f. Patze/Schlesinger I 341. Schlesinger, Zur politischen Geschichte 47 f. Ders., Die Franken im Gebiet 1 ff. Kosminski/Skaskin 90. Schulze, Die Entwicklung 32. Epperlein, Herrschaft und Volk 54 f. Ders., Karl 32. Graus, Volk 159. Bei den beiden letzten Autoren Quellen- und weitere Literaturhinweise.

10 Einhard, Vita Caroli c. 7. Transl. s. Liborii c. 5. Mühlbacher I 159 f. Bertram 17. Schubert, Geschichte der christlichen Kirche I 334. Hauck II 351. Wiedemann 11. Brandi 6 f. Epperlein, Herrschaft und Volk 55. Zöllner, Die politische Stellung 172 f. Fleckenstein, Karolingerzeit 707

11 HEG I 155 (hier Literaturhinweise Anm. 18) u. 560. Montgomery I 163, 168. Braunfels, Karl der Gr. mit Selbstzeugnissen 34 ff. Ausführlich: Riché, Die Karolinger 117 ff. Manche Forscher «errechneten» bis zu 100 000 Kriegern, s. ebd. Angenendt, Frühmittelalter 326, spricht von etwa 2000 direkten Vasallen und gegen 30 000 Untervasallen, «letztere großenteils solche der Kirche».

12 Annal. reg. Franc. a. 772. LMA III 2129 f. V 663 (Karpf). Mühlbacher I 163 f. Fichtenau, Das karolingische Imperium 136. Kaminsky, Studien zur Reichsabtei Corvey 19 ff. Beumann, Die Hagiographie «bewältigt» 151. Döbler 104. Prinz, Herrschaftsformen der Kirche 19. Braunfels, Karl d. Gr. mit Selbstzeugnissen 34. Riché, Die Karolinger 134. Bemmann 84 f., 88, 120. Kahl schreibt im Hinblick auf die «ungewöhnlich reiche Beute . . . die frommer Sinn dort niedergelegt hatte: wer läßt sich dergleichen entgehen, wenn es nur irgend in der Reichweite liegt?» Karl der Gr. und die Sachsen 57

13 Annal. reg. Franc. a. 773 f. Groszmann, Kloster Fulda 344. Bertram 18. Die weiteren Zitate Bertrams bei Deschner, Die Politik der Päpste II 202

14 Annal. reg. Franc. a. 775 f. Vita Wigberti c. 13. Widukind 1,15. Schultze I 298 f. Mühlbacher I 163 ff. Hauck II 328 ff. Schubert, Geschichte der christlichen Kirche I 335. Löwe, Deutschland 143. Jordan 533. Büttner, Mission und Kirchenorganisation 468. Mit dieser Mission waren auch «mehrfach Massentaufen» verbunden: Bemmann 75. Ders., Die politische und kirchliche Erfassung 29,

43. Petri, Der Rhein 604 f. Ahlheim 161 ff. Stern/Bartmuss 98 f. Dollinger, Schwarzbuch 118 f. Brandi 8, 14 f. Steinbach, Das Frankenreich 61. Tellenbach, Europa 429. Donnert 309. Novy, Die Anfänge 21 f. Kahl, Karl der Gr. und die Sachsen 65. Steinbach, Das Frankenreich 62. Ebner 56, 70. Vgl. auch Backes 15 ff. Haendler, Die lateinische Kirche 99 f. Beumann, Das Paderborner Epos 314. Epperlein, Karl 33 ff., 46, 92, 95. Braunfels, Karl der Gr. mit Selbstzeugnissen 43 f. Fichtenau, Das karolingische Imperium 45. Viele, vermutlich weitaus die meisten Historiker sind voller Beifall für Karls Sachsengemetzel. Für H.-D. Kahl kommen diesen Sachsenkriegen «an Wirkung und Ausstrahlung und damit an geschichtlichem Rang nicht viele andere in der Vergangenheit der Deutschen» nahe. Karl d. Gr. und die Sachsen 51 ff. Betont und bedauert freilich auch einen so «radikalen Glaubenszwang», wie er «vielleicht in keinem anderen Zusammenhang der Weltgeschichte geschehen war». Und er fügt noch hinzu: «Die Saat eines Ambrosius und eines Augustinus hat in Karls Sachsenpolitik Früchte getragen, von denen man doch gern wüßte, wie diese Kirchenväter selbst sie beurteilt hätten.» Aber das ist nun wirklich keine Frage! Andererseits distanziert sich Kahl deutlich von Karl, vgl. S. 99.

15 Annal. Lauresham. a. 799. Montgomery I 164. Grierson, Der große König 290. Brandi 22. Stern/Bartmuss 99 f. Jordan 533. Löwe, Deutschland 143. Bleiber, Fränkisch-karolingische Klöster 129, dort das Hauck-Zitat. Vgl. auch Hauck, Die fränkisch-deutsche Monarchie 423. Patze/Schlesinger I 341 f. Falck, Mainz 28 f., 35. Epperlein, Karl 92 f. Fichtenau, Das karolingische Imperium 197

16 Annal. reg. Franc. a. 777 f. Einhard, Vita Karoli 9. Mühlbacher I 205 ff. Kalckhoff 45 ff. Bayac 129 ff.

17 Annal. reg. Franc. a. 778. Einhard, Vita Karoli 9. dtv-Lexikon 15, 218 f. Mühlbacher I 207 ff. Epperlein, Karl 28 ff. Ranke nach Borst: Ranke ... 460. Bullough, Karl 57 f. Braunfels, Karl d. Gr. mit Selbstzeugnissen 40 ff. Björkam 674 f. Kalckhoff 46 f. Bayac 131 ff.

18 Annal. reg. Franc. a. 778 ff. LThK VI[1] 681 f. X[1] 917 f. LMA V 2038. HKG III/1 73. Hauck II 324, 338 ff. Schubert, Geschichte der christlichen Kirche I 334 ff. Cartellieri I 194 f. Mühlbacher I 170 ff. Löwe, Deutschland 142. Brandi 14 f. Coler 28 f. Bleiber, Fränkisch-karolingische Klöster 133 f. Zöllner, Die pol. Stellung 188 f. Schulze, Die Besiedlung der Altmark 146 f. Epperlein, Karl 135 ff. Steinbach, Das Frankenreich 60 f. Fines 52 f. Bayac 143 ff. Riché, Die Karolinger 134 f. Kahl, Karl d. Gr. und die Sachsen 54 f.

19 Ann. reg. Franc. 782. Bauer, K., Die Quellen für das sogen. Blutbad von Verden 109 ff. Ulmann, Zur Hinrichtung der Sachsen, 1889 (nach Ahlheim 164). Vgl. etwa auch die klägliche Apologetik von Dörries, Germanische Religion 293, 298 u. a. Ähnlich im 19. Jh. schon Donin I 261. Und neuestens wieder das HEG I, in dem Schieffer permanent die Sachsenkriege abschwächt und auch die «absurde Zahl 4500» zu den «phantastischen Angaben» zählt, wie sie «schon seit dem Al-

ten Testament» begegnen: S. 553 ff. u. Anm. 21. Vgl. auch die Beschönigungen im HKG III/1 74. Auch Büttner, Frühmittelalterliches Christentum, behauptet, daß «die Zahl von 4500 Getöteten weit übertrieben» sei, Beweise bietet er natürlich nicht. Und in seinem Beitrag zu dem großen und natürlich grundlegenden Karlswerk unserer Zeit meldet Büttner in diesem Zusammenhang nur «ein hartes Zuschlagen des Frankenkönigs, der in dem Strafgericht zu Verden die volle Schwere des Kriegsrechts zur Anwendung brachte». Büttner, Mission und Kirchenorganisation des Frankenreiches 469. Weiter nichts. Wobei man aus dem Hinweis auf das Kriegs*recht* sogar noch etwas Gerechtes aus dem Massaker herauslösen könnte. Dagegen zur Kritik ausführlich: von Klocke, Um das Blutbad von Verden 151 ff., bes. 189 ff. Rundnagel, Der Tag von Verden 205 ff., bes. auch 238 f. Schmitt, W., Das Gericht zu Verden 243 ff., wonach allerdings die Zahl der Opfer «bedeutend kleiner» sein soll. Eine Fülle weiterer und neuerer Literatur bei H.-D. Kahl, Karl d. Gr. 104, Anm. 2. S. auch K. F. Werner, Das NS-Geschichtsbild 74 ff.

20 Boullough, Karl 80. Zum Begriff «Geisel» vgl. etwa Döbler 121 f.

21 Annal. reg. Franc. a. 782. Hauck II 348. Cartellieri, Weltgeschichte I 198 f. Bertram 19. Rundnagel, Der Tag von Verden 237. Zender, Die Verehrung des hl. Karl 102 f. Steinbach, Das Frankenreich 61. Epperlein, Karl 40. Braunfels, Karl d. Gr. in Selbstzeugnissen 45 f. Bayac 147. Ranke nach Borst. Ranke und Karl der Große 462. Graus, Die Einheit der Ge-

schichte 639. G. Wolf will den «Sachsenschlächter» zwar nicht «moralisch» rechtfertigen, erklärt aber seine «Härte» aus der «Staatsraison» und seinem «Missionsbewußtsein». Karl 112. Vgl. auch Angenendt, Frühmittelalter 29 f. K. Bemman schreibt, heute sei der Streit «für die Fachwelt entschieden». Es gebe «keinen vernünftigen, sachlichen Grund, der gegen die Richtigkeit der Quellen spricht» (86 f.). Deschner, Die Politik der Päpste II 236 ff.

22 Annal. reg. Franc. a. 783 ff. LThK V[1] 32 f. Sales Doye, Heilige 517. Hauck 322, 349. Schubert, Geschichte der christlichen Kirche I 336. Klocke 188 f. Ahlheim 164. Hampe 70. Brandi 17. Dollinger, Schwarzbuch 120 f. Epperlein, Karl 40. Kalckhoff 81. Steinbach, Das Frankenreich 61. Bayac 148 f.

23 Cod. Carol. 76. Hauck II 349, 365. Cartellieri I 199. Neuss/Oediger 147, 152. Ahlheim 162, 164. Hampe 71. Epperlein, Karl 41 f. Riché, Die Karolinger 135 f. Hauck, K., Die Ausbreitung des Glaubens 158 ff. Althoff, Der Sachsenherzog 251 ff. Angenendt, Taufe und Politik 159

24 Annal. reg. Franc. a. 786. Einhard, Vita Karoli 20. LMA II 616 f. Cartellieri I 200. Dhondt 73. Kalckhoff 99

25 Keller, Reclams Lexikon 338 f. Donin II 294 ff. Bleiber, Fränkisch-karolingische Klöster 133 f.

26 Einhard, Vita Karoli 20. Alkuin ep. 174; 184. Annal. reg. Franc. a. 794 ff.; 802; 804. Annal. Lauresham. a. 792; 795. Annal. Guelferbytani a. 792. Annal. Mosellani a. 791. Mühlbacher I 189 ff., 248 f. Hauck II 364 f. Bertram 18. Schubert, Geschichte der christli-

chen Kirche I 337 f. Cartellieri I 206. Schöffel, Hamburg I 37. Meyer, Kirchengeschichte 18. Winter-Günther 12 ff., 19, 23 f. Hampe 71. Löwe, Deutschland 141. Dawson 218. Stern/Bartmuss 103, 261, Anm. 62. Epperlein, Karl 42 f. Kalckhoff 99, 101 f. Boullough, Karl 60. Hellmann, Die politisch-kirchliche Grundlegung 861 f.

27  Einhard, Vita Karoli 7. Annal. reg. Franc. a. 797; 804. Annal. Lauresham. a. 794; 796; 799. Annal. Mosellani a. 794. Annal. Mettens. prior. a. 804. Chron. Moissiacense 804. HEG I 554 (Schieffer). Hauck II 366 f. Schubert, Geschichte der christlichen Kirche I 338. Cartellieri I 226 f. Beissel II 1. Grupp II 5 f. Ahlheim 164 f. Hampe 71. Löwe, Deutschland 142. Brandi 6 f. Schöffel I 8. Stern/Bartmuss 103. Köhler, Die Ottonische Reichskirche 154. Epperlein, Karl 43. Braunfels, Karl d. Gr. in Selbstzeugnissen 47. Ausführlich: Winter-Günther 24 ff., 32 ff., 59 ff., 78, 85 ff.

28  Bertram 17, 21

29  Capit. de part. Sax. MG Font. rea. Germ. 37 ff. Capt. Sax. ebd. 45 ff. LMA II 1481, 1483. Hauck II 350 ff. Schubert, Geschichte der christlichen Kirche I 336 ff. Schnürer, Kirche und Kultur I 395 f. Meyer, Kirchengeschichte 18 f. Voigt, Staat 332. Drögereit, Die schriftlichen Quellen 457 f. Stern/Bartmuss 100 ff. Epperlein, Karl 37 f., 134. Ders., Herrschaft und Volk 54. Braunfels, Karl d. Gr. in Selbstzeugnissen 45. Riché, Die Karolinger 135. Hartmann, Die Synoden 101 f.

30  Einhard, Vita Karoli c. 7. J. v. Walter 301 f. Zöllner, Die politische Stellung 229 verweist dazu

auf Hirsch, H., Der mittelalterliche Kaisergedanke in den liturgischen Gebeten, und: L. Biehl, Das liturgische Gebet für Kaiser und Reich, 1937. Häufig rühmt die moderne Forschung auch wie etwa Braunfels, Karl der Gr. in Selbstzeugnissen 43: «Durch seine Sachsenkriege hat Karl Deutschland geschaffen.»

31  HKG III/1 71

32  Annal. Iuvav. Maximi a. 772. Vita Corb. c. 39; 41. HEG I 556. Hauck II 376 ff., 418 f. Schubert, Geschichte der christlichen Kirche I 339. Waldmüller 122 f. Holter 43 ff. Zimmermann, Der Gunzwitigau 39 ff. Sparber, Zur ältesten Geschichte 54 ff. Bosl, Geschichte Bayerns 145 f. Ders., Die Gründung Innichens 451 ff., 467 ff. Löwe, Deutschland 145. Huter 450 ff. Ders., Die karoling. Reichsgründung 27 ff. zu Löwe. Klebel, Siedlungsgeschichte 42 ff. (von Klebel gesperrt). Kanzenbach, Geschichte der christlichen Kirche im Mittelalter 80. Reindel, Grundlegung 142, 155 ff., 207 ff., 223. Ders., Die Bistumsorganisation 277 ff. Ders., Herzog Arnulf 220. Störmer, Früher Adel I 214. Oettinger 90. Stern/Bartmuss 104 f. Maier, Kirchengeschichte von Kärnten II 6. Lechner, Studien zur Besitz- und Kirchengeschichte 195 ff. Wolfram, Das Fürstentum 165 ff. Zöllner, Der bayerische Adel 362 ff. Prinz, Entwicklung 355 ff. Lechner, Der «pagus Grunzwiti» 302 ff. Korošec, Die slawische Ansiedlung 103 ff., bes. 105

33  Ann. reg. Franc. 781. Heuwieser, Geschichte I 127. Wolfram, Das Fürstentum 169 ff. Schlesinger, Die Auflösung 805 f. Bullough, Karl 67. Bayac 194 ff. Riché, Die Karolinger 130 f. Haendler, Die

lateinische Kirche 70 f. Vgl. auch
die folg. Anm.

34 Einhard Vita. Karoli c. 11. Conc.
Francof. (794) c. 3. Annal. reg.
Franc. 763, 781; 787 f. Annal.
Lauresham a. 787 f.; 794. Annal.
Mosell. a. 787 (mit falscher Orts-
angabe). Annal. Nazar. a. 788.
Annal. Petav. a. 788. Annal. Ad-
munt. 772. HEG I 563. Mühlbacher I 240 ff., 251. Cartellieri I
202 ff. Grupp II 6. Hartmann,
Geschichte Italiens II 305 f. Löwe, Deutschland 145 f. Faußner
362 ff. Sprigate, Die Einweisung
60 ff. Stern/Bartmuss 105 f. Zöllner, Die politische Stellung 154 ff.
Aubin, Die Verwandlung 127. Tomek, Kirchengeschichte Österreichs 77. Uffelmann, Das Regnum 32 ff. Barraclough, Die mittelalterlichen Grundlagen 6. Mitteis, Lehnrecht 68 f. Krawinkel
57. Reindel, Bayern und Karolingerreich 224 f. Ders., Grundlegung 131 ff. Ders., Herzog Arnulf
215 ff., 246. Bund 388 ff. Graus,
Herrschaft und Treue 17. Steinbach, Das Frankenreich 63. Flekkenstein, Grundlagen 117 f. Bosl,
Bayerische Geschichte 59. Epperlein, Karl 47 f. Reindel, Die politische Entwicklung 250 f. Braunfels, Karl d. Gr. in Selbstzeugnissen 37, 49, 52 ff. Althoff, Der
Sachsenherzog 271. Dabei hatte
A. knapp 20 Seiten früher selbst
unter Hinweis auf Desiderius,
Tassilo und den Karolinger Pippin
von den «entwürdigenden Bedingungen» der «Klosterhaft» gesprochen: ebd. 255. Zur «Zweck-
entfremdung» von Klöstern als
Gefängnisse s. auch Goetz, Leben
im Mittelalter 87

35 Greg. Tur. 4,23; 4,29. Meyers Ta-
schen-Lexikon I 193; VI 130. LMA
I 1283 ff. II 915. Erben 3. Stadt-

müller 93 f., 100, 130 f. Klebel,
Langobarden, Bajuwaren, Slawen
101 ff. Ders., Siedlungsgeschichte
29, 46. Dannenbauer II 9 f. Vernadsky 262 ff., 303 f. Herrmann,
Slawisch-germanische Beziehungen 21 ff. Zahlreiche Belege ebd.
33 ff. Donnert 295. Reindel,
Grundlegung 101, 121, 147, 152,
171. Zöllner, Die politische Stellung 193. Ewig, Die Merowinger
55. Schlesinger, Zur pol. Geschichte 22 setzt den Awarenkrieg
562 oder 563 an. Hellmann, Neue
Kräfte in Osteuropa 357 ff.

36 Annal. reg. Franc. a. 788; 791. Annal. Lauresham. a. 791. Annal.
qu. dic. Einh. 791. Der Kriegsbe-
richt Karls an Kastrada: MG
Epist. IV 528. HEG I 557. Hauck,
II 419 f. Hartmann, Geschichte
Italiens II 314 ff. Simson, Jahrbücher des Fränkischen Reiches II
20 ff. Mühlbacher I 246 f. Cartellieri I 205. Naegle I 39 f. LMA I
635. Tomek, Kirchengeschichte
Österreichs 77. Heuwieser, Geschichte I 128 f. Löwe, Deutschland 146. Stern/Bartmuss 106 f.
Ahlheim 165 ff. Stadtmüller 135
bezeichnet die Beseitigung der
Awarengefahr als «das Haupthin-
dernis für die Missionierung und
Durchdringung des Donaurau-
mes». Winter-Günther 20. Daniel-
Rops 515 ff. Kalckhoff 52 f. Klebel, Siedlungsgeschichte 49 f.
Reindel, Bayern im Karolingerreich 230. Epperlein, Karl 53. Bayac 198 f., 206 ff. Riché, Die Karolinger 116, 139. Steinbach, Das
Frankenreich 63 f. Mckitterick,
The Frankish kingdoms 62. Erdé-
lyi, Slawen, Awaren, Ungarn
154 f. Hellmann, Neu Kräfte in
Osteuropa 360. Die Bischöfe wurden seit der späten Merowingerzeit mehr und mehr zu militä-

rischen Maßnahmen und Kriegszügen herangezogen, ja es gelang
ihnen «eine eigene militärische
Macht aufzubauen»: Kaiser, Bischofsherrschaft 73 ff., bes. 76.
Zur «redemptio» vgl. auch Angenendt, Das Mittelalter 211

37 Annal. reg. Franc. a. 792 f. Mühlbacher I 249 f. Hofmann, Fossa
Carolina 437 ff. Zusammenfassung 451 ff. Epperlein, Karl 53 f.
Bayac 218

38 Einhard. Vita Karoli 13. Annal.
reg. Franc. a. 796; 805, 826. Annal.
Lauresham. a. 796. LThK III² 748.
LMA III 2144 f., 2163 (Dirlmeier)
IV 1350 f. (Störmer). Mühlbacher
I 251 ff. Hauck II 420. Cartellieri I
209. Naegle I 74. Maier, Kirchengeschichte von Kärnten II 6 ff. Tomek, Kirchengeschichte Österreichs 77 f. Herrmann, Slawisch-
germanische Beziehungen 68 ff.,
76 ff. (mit zahlreichen Quellenbelegen). Stadtmüller 136. Löwe,
Deutschland 146. Stern/Bartmuss
107 f. Ahlheim 166 f. Zöllner, Die
politische Stellung 224 f. Kosminski I 195. Epperlein, Karl 54 f.
Heuwieser, Geschichte I 130, 298.
Boullough, Karl 166 f. Klebel, Die
Ostgrenze 2 ff. Ders., Siedlungsgeschichte 49 (von K. gesperrt).
Preidel, Slawische Altertumskunde I 120 ff. Váczy, Die Anfänge 19.
Brackmann 60 f., 65 f., 90 f. Riché, Die Welt der Karolinger 67 ff.
Kalckhoff, Karl 23 ff., 53 f. Steinbach, Das Frankenreich 64. Zu
den geradezu sagenhaften Schätzen der Awaren vgl. auch Kol-
lautz, Die Awaren 143 ff., ferner
164 ff. Zur Armut der Massen vgl.
außer Riché vor allem auch Mollat, bes. 31 ff., 38 f., 41 ff.

39 Alkuin ep. 107. Vgl. ep. 110 f.
Hauck II 420 ff. Stadtmüller
132 ff. Váczy 1 3 ff. Maier, Kir-

chengeschichte von Kärnten II
6 ff., 12 ff. Tomek, Kirchenge-
schichte Österreichs 78 f. Zagiba
280 ff. Preidel I 124 f. Kawerau,
Geschichte der mittelalterlichen
Kirche 130. Reindel, Bayern im
Karolingerreich 242 ff. Bosl, Ge-
schichte Bayerns I 46 f., 67. Ders.,
Europa im Mittelalter 175. Ders.,
Bayerische Geschichte 60 ff.
Brackmann 61 ff., 82 ff., 94 ff. Ep-
perlein, Karl 55. Störmer I 215.
Huter 453. Heuwieser, Geschich-
te I 130 f., 148 f., 206 f. Nový,
Die Anfänge 18 f. Fleckenstein,
Grundlagen und Beginn 96. Borst,
Ranke 477. Zum weiteren Besitz-
zuwachs der bayerischen Bistü-
mer und Klöster im Lauf der
nächsten Jahrhunderte vgl. Prinz,
Entwicklung 355 ff., 373 ff.

40 Stadtmüller 129. Kawerau, Geschichte der mittelalterlichen Kirche 130. Dannenbauer, Grundlagen 438 f.

41 Ann. reg. Franc. 789. LMA III
1779 ff. Stadtmüller 137. Heuwieser I 148 f. Preidel I 89. Reindel,
Grundlegung 151

42 Ann. reg. Franc. a. 805 ff. Chron.
Moiss. a. 805. Ann. Mettens. a.
805. Ann. Quedlinb. a. 805. Ann.
Lobiens. a. 805. LMA II 335 f.
Cartellieri I 227. Aufhauser, Bay.
Missionsgeschichte 1. Stadtmüller 137. Naegle I 39 ff. Hellmann,
Karl und die slawische Welt 717 f.
Herrmann, Slawisch-germanische
Beziehungen 84. Brackmann 67 f.,
97. Reindel, Die politische Entwicklung 188 f. Ders., Grundlegung 256 f. Jenkins 39. Bayac
294 f. Riché, Die Welt der Karolinger 95. Vgl. auch Friedmann,
Untersuchungen zur Geschichte
25 ff. Chropovský, Das Großmährische Reich 162, Herm,
Deutschlands Herz 17 f.

43 Notker, Gesta Karoli 2,12. Daddey, Lexikon 869. dtv-Lexikon XIII 170. Zöllner, Die politische Stellung 150

44 Ann. reg. Franc. 805 f. Stadtmüller 137. Brackmann 67 f. Nový, Die Anfänge des böhmischen Staates 1. Teil 158. Herrmann, Die Slawen in Deutschland 260

45 Annal. reg. Franc. a. 808; 810 f. HEG I 555. Epperlein, Karl 57 ff. Bayac, Karl 298 f.

46 LMA II 187 ff (Fleckenstein)

47 Mühlbacher I 289. Classen, Romanum gubernans imperium 4 ff. Daniel-Rops 524. Bayac 277 f. Zur Wichtigkeit des Titels vgl. auch Ullmann, Die Machtstellung 172

48 HEG I 565. HKG III/1 22. Mühlbacher I 287 ff. Sommerlad II 57,70 f., 78 ff. Wissig 159. Müller-Mertens 54 ff. Steinbach, Das Frankenreich 70. Fleckenstein, Das großfränkische Reich 280 f. Riché, Die Karolinger 117, schreibt: «Karl war mit Leib und Seele Krieger, liebte das Schlachtgetümmel und kannte keine Ruhepause.» Vgl. auch 160 ff.

49 HEG I 561 f. Schubert, Geschichte der christlichen Kirche I 361 ff., 561 f. Grupp II 16. Grierson, Der große König 291. Fleckenstein, Karl der Große und sein Hof 32 ff. Ders., Die Hofkapelle 47 ff. Ders., Grundlagen u. Beginn 83 f. Konecny 76. Epperlein, Karl 87 f., 193. Köhler, Die Ottonische Reichskirche 153. Tellenbach, Europa 408 f., 415 ff. Dawson 216 ff. Aubin, Die Umwandlung 138. Kasten 56 f. Haendler, Die lateinische Kirche 78. Hlawitschka, Franken, Alemannen 29 f. Angenendt, Das Frühmittelalter 261. Vgl. auch 288, 305, 32

50 Libri. Carol. 2,28. Einhard. Vita Karoli c. 24. Theod. v. Orle Carm. 32 v. 4 (MG Poetae latini I 523). Cartellieri, Weltgeschichte I 224. Aerssen, Kirchengeschichte 114 f. Wein 94. Gontard, Die Päpste 176. Voigt, Staat 356 ff. Holtzmann, Geschichte der sächsischen Kaiserzeit I 11 ff. Bosl, Geschichte Bayerns I 50. Löwe, Von Theoderich 49 f. Maier, Mittelmeerwelt 357. Tellenbach, Europa 417 ff., 428. Kaufmann, Vom Talisman 29 ff. Steinbach, Das Frankenreich 60 f. Ewig, Zum christlichen Königsgedanken 64 ff. Hirsch, Der mittelalterliche Kaisergedanke 27. Braunfels, Karl der Große in Selbstzeugnissen 32, 70 f. Grierson, Der große König 270. Hay 338. Zöllner, Die politische Stellung 187 ff. Konecny 65 ff. Meuthen, Aachen in der Geschichte 376 ff. Schramm, Kaiser, Könige I 307 ff., 389 ff. Ders., Karl 312 ff. Anton, Fürstenspiegel 109 ff. Epperlein, Karl 95, 136 ff., 146 ff. Borst, Kaisertum u. N. 43, 225 ff. Deér, Die Vorrechte 89 f. Wemple, Women 78 f. Southern 30. Fink 64 f. Bayac 228. Fleckenstein, Das großfränkische Reich 280 ff. Riché, Die Welt der Karolinger 80. Ders., Die Karolinger 114, 149, 162 f., 170. Boussard 98 ff. Zu der jahrhundertelangen Karl*feindlichen* Tradition vgl. Rundnagel, Der Ursprung der gegenwärtigen Beurteilung 91 ff. Zur (verhimmelnden) Einschätzung Karls in der neueren Forschung vgl. den umfassenden Überblick bei Bullough, Europae Pater 59 ff.

51 Bertram 17. Zender, Die Verehrung 104. Beissel, Die Verehrung der Heiligen I 117

52 Zender, Die Verehrung 102, 106 ff.

53 Ranke, Weltgeschichte V Teil 2 1884, 106. Dazu Borst, Karl der Große 448 ff. Epperlein, Karl 155 f. Kalckhoff 242 f. Bullough, Karl 11

54 Hay 338. Braunfels, Karl der Große in Selbstzeugnissen 148. Ull-mann, Die Machtstellung 162. Novy, Die Anfänge 2 ff. Steinbach, Das Frankenreich 65. Montgomery I 162. Riché, Die Karolinger 117. Mckitterick, The Frankish kingdoms 78

Seite 505–506

# BENUTZTE SEKUNDÄRLITERATUR

Aérssen, Jakob van, Kirchengeschichte für Schule und Haus, 1901 (mit Imprimatur!)

Ahlheim, K., Von Karl dem Großen bis zum Beginn des Ersten Kreuzzuges, in: K. Deschner (Hg.), Kirche und Krieg, 1970

Aland, K., Kirchengeschichtliche Entwürfe. Alte Kirche. Reformation und Luthertum. Pietismus und Erweckungsbewegung, 1960

Aland, K., Über den Glaubenswechsel in der Geschichte des Christentums, 1961

Alberts, J. W., Friesland und die Friesen im ersten Jahrtausend, in: K. Böhner (Hg.), Das erste Jahrtausend II, 1964

Alexander, P. J., The Patriarch Nicephorus of Constantinople. Ecclesiastical Policy and Image Worship in the Bycantine Empire, 1958

Alföldi, M. R., Die constantinische Goldprägung in Trier, in: JbNG Bd. 9, 1958

Algernissen, K., Germanentum und Christentum. Ein Beitrag zur Geschichte der deutschen Frömmigkeit, 1934

Altamira, R., Spain under the Visigoths, in: Gwatkin/Whitney, The Cambridge Medieval History II, 1976

Altaner, B./Stuiber, A., Patrologie. Leben, Schriften und Lehre der Kirchenväter, [8]1980

Altendorf, H.-D., Gregor der Große, in: En, Band 7. Römisches Imperium und frühes Mittelalter. Revidierte A., 1985

Althoff, G., Der Sachsenherzog Widukind als Mönch auf der Reichenau. Ein Beitrag zur Kritik des Widukind-Mythos, in: FMSt 17, 1983

Ament, H., Merowingische Grabhügel, in: Schlesinger (Hg.), Althessen im Frankenreich, 1975

Andresen, C., Die Kirchen der alten Christenheit, 1971

Angenendt, A., Das geistliche Bündnis der Päpste mit den Karolingern (754–796), in: HJb 100, 1980

Angenendt, A., Das Frühmittelalter. Die abendländische Christenheit von 400 bis 900, 1990

Angenendt, A., Die irische Peregrinatio und ihre Auswirkungen auf den Kontinent vor dem Jahre 800, in: H. Löwe (Hg.), Die Iren und Europa im frühen Mittelalter, 1982

Angenendt, A., Kaiserherrschaft und Königstaufe. Kaiser, Könige und Päpste als geistliche Patrone in der abendländischen Missionsgeschichte, 1984

Angenendt, A., Taufe und Politik im frühen Mittelalter, in: K. Hauck (Hg.), FMSt 7, 1973

Antes, P., Ethik und Politik im Islam, 1982

Anton, H. H., Chlodwig, in: RGAK IV, 1981

Anton, H. H., Fürstenspiegel und Herrscherethos in der Karolingerzeit, 1968

Anton, H. H., Gregor von Tours, in: LMA IV, 1989

Anton, H. H., Trier im frühen Mittelalter, 1987

Anton, H. H., Fränkische Frühzeit, Merowingerzeit, in: LMA IV, 1989

Anton, H. H., König, Königtum, in: LMA V, 1991

Ariès, P., Geschichte im Mittelalter, 1988

Aubin, H., Die Umwandlung des Abendlandes durch die Germanen bis zum Ausgang der Karolingerzeit, in: W. Andreas (Hg.), Der Aufstieg des Germanentums und die Welt des Mittelalters, 1940

Aubin, H., Stufen und Formen der christlich-kirchlichen Durchdringung des Staates im Frühmittelalter, in: R. Nürnberger (Hg.), Festschrift G. Ritter, 1950

Auer, W., Heiligen-Legende, ⁵1907

Aufhauser, J. B.: Bayerische Missionsarbeit im Osten während des 9. Jahrhunderts, in: Festgabe Alois Knöpfler, 1917

Babzer, M., . . . et apostolicus repetit quoque castra suorum. Vom Wohnen im Zelt im Mittelalter, in: FMSt 26, 1992

Bachrach, B. S., Procopius, Agathias and the Frankish Military, Spec 45, 1970

Bachrach, B. S., Military Organization in Aquitaine, Under the Early Carolingians, in: Spec, 1974

Backes, M., Kirche und Burg, MSB, Jg. 9, 1960

Baetke, W., Die Aufnahme des Christentums durch die Germanen. Ein Beitrag zur Frage der Germanisierung des Christentums, in: H. E. Stier/Ernst, F. (Hg.), Die Welt als Geschichte. Eine Zeitschrift für Universalgeschichte, 1943. Sonderausgabe 1962

Ballesteros/Beretta, A., Geschichte Spaniens, 1943

Banniard, M., Europa von der Spätantike zum frühen Mittelalter. Die Entstehung der europäischen Kulturen vom 5. bis zum 8. Jahrhundert n. Chr., 1989

Baraclough, G., The Medieval Papacy, 1968

Bardenhewer, O., Geschichte der altchristlichen Literatur, 5 Bde., 1902–1932

Barlow, F., The English Background. In: T. Reuter (Ed.), The Greatest Englishman: Essays on St. Boniface and the Church at Credition, 1980

Barton, P. F., Die Frühzeit des Christentums in Österreich und Südostmitteleuropa bis 788, 1975

Basset, S. (Hg.), The origins of Anglo-Saxon kingdoms, 1989

Bauer, K., Die Quellen für das sogenannte Blutbad von Verden, 1936, wiederabgedruckt in: Lammers (Hg.), Die Eingliederung, o. J.

Bauerreiss, R., Irische Frühmissionäre in Bayern, in: Korbinian-Festgabe, 1924

Bayac, J. D. de, Karl der Große, Leben und Zeit, 1986

Baynes, N. H., The Successors of Justinian and Theodosius the Great, in: Gwatkin/Whitney, The Cambridge Medieval History II, 1976

Becher, M., Drogo und die Königserhebung Pippins, in: FMSt 23, 1989

Beck, M., Bemerkungen zur Geschichte des ersten Burgunderreiches, SZG, 1963

Beck, H.-G., Das byzantinische Jahrtausend, 1982

Behn, F., Römertum und Völkerwanderung. Mitteleuropa zwischen Augustus und Karl dem Großen, 1963

Beisel, F., Studien zu den fränkisch-römischen Beziehungen. Von ihren Anfängen bis zum Ausgang des 6. Jahrhunderts, 1987

Beissel, S., Die Verehrung der Heiligen und ihrer Reliquien in Deutschland im Mittelalter, Nachdruck 1976

Bemmann, K., Der Glaube der Ahnen. Die Religion der Deutschen bevor sie Christen wurden, 1990

Benz, K. J., «Cum ab oratione surgeret». Überlegungen zur Kaiserkrönung Karls des Großen, DAM, 1974

Beringer, F., Die Ablässe, ihr Wesen und Gebrauch, 1915

Berr, A., Die Kirche gegenüber Gewalttaten von Laien (Merowinger-, Karolinger- und Ottonenzeit), 1913

Berschin, W., Gallus abbas vindicatus, HJb, 1975

Bertaux, P., Afrika. Von der Vorgeschichte bis zu den Staaten der Gegenwart, 1966

Bertram, A., Geschichte des Bisthums Hildesheim I, 1899

Berve, H. (Hg.), Das neue Bild der Antike, II. Rom, 1942

Beumann, H., Die Kaiserfrage bei den Paderborner Verhandlungen von 799, in: K. Böhner (Hg.), Das erste Jahrtausend I, 1962

Beumann, H., Nomen imperatoris. Studien zur Kaiseridee Karls des Großen, in: Wolf (Hg.), Zum Kaisertum Karls des Großen, 1972

Beumann, H., Das Paderborner Epos und die Kaiseridee Karls des Großen, in: Wolf (Hg.), Zum Kaisertum Karls des Großen, 1972

Beumann, H., Wissenschaft vom Mittelalter. Ausgewählte Aufsätze, 1972

Beumann, H., Die Hagiographie «bewältigt»: Unterwerfung und Christianisierung der Sachsen durch Karl den Großen, 1982

Bevan, A. A., Mahomet and Islam, in: Gwatkin/Whitney, The Cambridge Medieval History II, 1976

Björkam, W., Karl und der Islam, in: Braunfels (Hg.), Karl der Große, Lebenswerk und Nachleben I, 1965

Blanke, F., Columban und Gallus. Urgeschichte des schweizerischen Christentums, 1940

Bleiber, W., Fränkisch-karolingische Klöster als Grundherren in Friesland, in: JW III, 1965

Bleiber, H., Das Frankenreich der Merowinger, 1988

Bodmer, J.-P., Der Krieger der Merowingerzeit und seine Welt. Eine Studie über Kriegertum als Form der menschlichen Existenz im Frühmittelalter, 1957

Boehm, L., Geschichte Burgunds, Politik – Staatenbildung – Kultur, 1971

Boehn, M. v., Die Mode. Menschen und Moden im Mittelalter. Vom Untergang der alten Welt bis zur Renaissance, 1925

Böhner, K. u. a. (Hg.), Das erste Jahrtausend. Kultur und Kunst im werdenden Abendland an Rhein und Ruhr. I 1962, II 1964

Böhner, K., Rheinische Grabmäler der Merowingerzeit als Zeugnisse frühen fränkischen Christentums, in: Ders., Das erste Jahrtausend II, 1964

Bohm, E., Elb- und Ostseeslaven, in: LMA III, 1986

Bohnsack, D., Die Burgunder, 1940

Borst, A., Lebensformen im Mittelalter, 1973

Bosl, K., Geschichte Bayerns, I. Vorzeit und Mittelalter, 1952

Bosl, K., Frühformen der Gesellschaft im mittelalterlichen Europa. Ausgewählte Beiträge zu einer Strukturanalyse der mittelalterlichen Welt, 1964

Bosl, K., Der «Adelsheilige». Idealtypus und Wirklichkeit, Gesellschaft und Kultur im merowingerzeitlichen Bayern des 7. und 8. Jahrhunderts, in: Spec, 1965

Bosl, K. (Hg.), Zur Geschichte der Bayern. Wege der Forschung, 1965

Bosl, K., Europa im Mittelalter. Weltgeschichte eines Jahrtausends, 1970

Bosl, K., Die Gründung Innichens und die Überlieferung, ZBLG 33, 1970

Bosl, K., Bayerische Geschichte, 1971

Bosl, K., Die Grundlagen der modernen Gesellschaft im Mittelalter, 1972

Bosl, K., Die Unfreiheit im Übergang von der archaischen Epoche zur Aufbruchs-

periode der mittelalterlichen Gesellschaft. Bayer. Akademie d. W. phil. hist. Kl.,
1973

Bosl, K., Leitbilder und Wertvorstellungen des Adels von der Merowingerzeit bis
zur Höhe der feudalen Gesellschaft. Bayer. Akademie d. W. phil. hist. Kl., 1974

Boudriot, W., Die altgermanische Religion in der amtlichen kirchlichen Literatur
(1928), Ndr. 1964

Boussard, J., Die Entstehung des Abendlandes. Kulturgeschichte der Karolingerzeit, 1968

Brackmann, A., Gesammelte Aufsätze, 1941

Brandi, K., Karls des Großen Sachsenkriege, in: W. Lammers (Hg.), Die Eingliederung der Sachsen, 1970

Braunfels, W. (Hg.), Karl der Große, Lebenswerk und Nachleben, 1965 ff.

Braunfels, W., Karl der Große. Mit Selbstzeugnissen und Bilddokumenten, 1972

Braunfels, W., Karl der Große, 1991

Brechter, S., Monte Cassino: Erste Zerstörung, in: SMGBO, 1938

Brennan, B., The immage of the Merovingian bishop in the poetry of Venantius
Fortunatus, in: JMH, 1992

Browe, P., Die Judengesetzgebung Justinians. Pontifica Universitas Gregoriana.
Analecta Gregoriana, 1935

Brown, P., Welten im Aufbruch. Die Zeit der Spätantike. Von Mark Aurel bis
Mohammed, 1980

Brühl, C., Königspfalz und Bischofsstadt in fränkischer Zeit. Rhein. VJbl. 23, 1958

Brühl, C., Fodrum, Histum, Servitium regis, 1968

Brühl, C., Chronologie und Urkunden der Herzöge von Spoleto im 8. Jahrhundert, in: QFIAB, 1971

Buchner, R., Die Provence in merowingischer Zeit, Verfassung – Wirtschaft –
Kultur, 1933

Buchner, R., Germanentum und Papsttum von Chlodwig bis Pippin, in: F. Valjavec (Hg.), Frühes Mittelalter, 1956

Buggle, F., Denn sie wissen nicht, was sie glauben, oder warum man redlicher-
weise nicht mehr Christ sein kann, 1992

Bullough, D., Italien unter den Germanen. Die Königreiche der Ostgoten und
Langobarden, in: Rice (Hg.), Morgen des Abendlandes, 1965

Bullough, D., Karl der Große und seine Zeit, 1966

Bund, K., Thronsturz und Herrscherabsetzung im Frühmittelalter, 1979

Burckhardt, J., Die Zeit Constantins des Großen, 1954

Büttner, H., Geschichte des Elsaß, 1939

Büttner, H., Die Alpenpolitik der Franken im 6. und 7. Jahrhundert, HJb, 1960

Büttner, H., Frühmittelalterliche Bistümer im Alpenraum, HJb 84, 1964

Büttner, H., Mission und Kirchenorganisation des Frankenreiches bis zum Tode
Karls des Großen (K. d. Gr., Lebenswerk und Nachleben I), 1965

Büttner, H., Frühmittelalterliches Christentum und fränkischer Staat zwischen
Hochrhein und Alpen, 1961, ³1973

Butzen, R., Die Merowinger östlich des mittleren Rheins. Studien zur militärischen, politischen, rechtlichen, religiösen, kirchlichen, kulturellen Erfassung
durch Königtum und Adel im 6. sowie 7. Jahrhundert, 1987

Cahen, C., Der Islam I. Vom Ursprung bis zu den Anfängen des Osmanenreiches,
1968

Chropovsky, B., Das Großmährische Reich, in: J. Hermann (Hg.), Welt der Slawen, 1986

Capelle, W., Die Germanen der Völkerwanderung. Auf Grund der zeitgenössischen Quellen dargestellt, 1940

Cartellieri, A., Weltgeschichte als Machtgeschichte. 382–911. Die Zeit der Reichsgründungen I, 1927

Caspar, E., Pippin und die römische Kirche, 1914

Caspar, E., Geschichte des Papsttums von den Anfängen bis zur Höhe der Weltherrschaft, I. Römische Kirche und Imperium Romanum, 1930. II. Das Papsttum unter byzantinischer Herrschaft, 1933

Caspar, E., Das Papsttum unter fränkischer Herrschaft, 1956

Classen, P., Karl der Große, das Papsttum und Byzanz. Die Begründung des karolingischen Kaisertums, in: Braunfels (Hg.), Karl der Große. Lebenswerk und Nachleben I, 1965

Classen, P., Romanum gubernans imperium. Zur Vorgeschichte der Kaisertitulatur Karls des Großen, in: Wolf (Hg.), Zum Kaisertum Karls des Großen, 1972

Claude, D., Die Bestellung der Bischöfe im merowingischen Reiche, in: ZSSR, Kan. Abt., 1963

Claude, D., Geschichte der Westgoten, 1970

Claude, D., Adel, Kirche und Königtum im Westgotenreich, 1972

Coler, C. (Hg.), Ullstein Weltgeschichte, 5 Bde., 1965

Collingwood, R. G./Myres, J. N. L., Roman Britain and the English settlements, [2]1937

Conrad, H., Deutsche Rechtsgeschichte, Bd. I Frühzeit und Mittelalter. Ein Lehrbuch, 1954

Cram, K.-G., Iudicium Belli, Zum Rechtscharakter des Krieges im deutschen Mittelalter, 1955

Culican, W., ‹Am Ende der Welt›. Spanien unter den Westgoten und Mauren, in: Rice (Hg.), Morgen des Abendlandes, 1965

Daniel-Rops, H., Die Kirche im Frühmittelalter, 1953

Dannenbauer, H., Grundlagen der mittelalterlichen Welt. Skizzen und Studien, 1958

Dannenbauer, H., Die Entstehung Europas. Von der Spätantike bis zum Mittelalter. 1. Bd. Der Niedergang der alten Welt im Westen, 1959. 2. Bd. Die Anfänge der abendländischen Welt, 1962

Davidsohn, R., Geschichte von Florenz, 4 Bde., 1896–1927

Davis, H., Moral and Pastoral Theology, 4 Bde., 1935

Dawson, C., Die Gestaltung des Abendlandes. Eine Einführung in die Geschichte der abendländischen Einheit, [2]1950

Deér, J., Die Vorrechte des Kaisers in Rom (772–800), in: Wolf (Hg.), Zum Kaisertum Karls des Großen, 1972

Deér, J., Zum Patricius-Romanorum-Titel Karls des Großen, in: Wolf (Hg.), Zum Kaisertum Karls des Großen, 1972

Deichmann, F. W., Frühchristliche Kirchen in antiken Heiligtümern, in: JAI, 1939

Delius, W., Geschichte der irischen Kirche von ihren Anfängen bis zum 12. Jahrhundert, 1954

Demandt, A., Die Anfänge der Staatenbildung bei den Germanen, 1980

Demm, E., Reformmönchtum und Slawenmission im 12. Jahrhundert. Wertsoziologisch-geistesgeschichtliche Untersuchungen zu den Viten Bischof Ottos von Bamberg, 1970

Demougeot, E., Gallia I, RAC VIII, 1972

Denzinger, H., Enchiridion Symbolorum. Definitionum et Declarationum de rebus fidei et morum, 1937

Deschner, K., Abermals krähte der Hahn. Eine kritische Kirchengeschichte, 1962. Neuauflage 1987

Deschner, K., Mit Gott und den Faschisten. Der Vatikan im Bunde mit Mussolini, Franco, Hitler und Pavelić, 1965

Deschner, K., Das Christentum im Urteil seiner Gegner, 2 Bde., 1969 und 1971

Deschner, K., Kirche und Krieg. Der christliche Weg zum Ewigen Leben, 1970

Deschner, K., Das Kreuz mit der Kirche. Eine Sexualgeschichte des Christentums, 1974, Neuausgabe 1992

Deschner, K., Opus Diaboli. Fünfzehn unversöhnliche Essays über die Arbeit im Weinberg des Herrn, 1987

Deschner, K., Die Politik der Päpste im 20. Jahrhundert. Erweiterte, aktualisierte Neuausgabe, 2 Bde., 1991

Deschner, K./Herrmann, H., Der Antikatechismus. 200 Gründe gegen die Kirchen und für die Welt, 1991

Dhondt, J., Das frühe Mittelalter, Bd. 10, 1968

Diesner, H.-J., Der Untergang der römischen Herrschaft in Nordafrika, 1964

Diesner, H.-J., Das Vandalenreich. Aufstieg und Untergang, 1966

Dill, S., Roman Society in Gaul in the Merovingian Age, 1926

Dittrich, O., Geschichte der Ethik. Die Systeme der Moral vom Altertum bis zur Gegenwart, 2 Bde., 1926

Döbler, H., Die Germanen. Legende und Wirklichkeit von A-Z. Ein Lexikon zur europäischen Frühgeschichte, 1992

Dollinger, H., Schwarzbuch der Weltgeschichte. 5000 Jahre der Mensch des Menschen Feind, 1973

Dollinger, P., Elsaß, in: LMA III, 1986

Döllinger, I. v., Geschichte der gnostisch-manichäischen Sekten im frühen Mittelalter, Neudruck ca. 1960

Donin, L. (Hg.), Leben und Thaten der Heiligen Gottes oder: Der Triumph des wahren Glaubens in allen Jahrhunderten. Mit Angabe der vorzüglichsten Geschichtsquellen und praktischer Anwendung nach den bewährtesten Geistesmännern. Zweite vermehrte und verbesserte Auflage, 7 Bde., 1861/62

Donnert, E., Studien zur Slawenkunde des deutschen Frühmittelalters vom 7. bis zum beginnenden 11. Jahrhundert, JGU 8, 1964

Doppelfeld, O., Köln als Brücke zum Abendland, in: K. Böhner (Hg.), Das erste Jahrtausend II, 1964

Dopsch, A., Wirtschaftliche und soziale Grundlagen der europäischen Kulturentwicklung. Aus der Zeit von Caesar bis auf Karl den Großen, 2 Bde., ²1961

Dörries, H., Wort und Stunde. I. Gesammelte Studien zur Kirchengeschichte des vierten Jahrhunderts, 1966. II. Aufsätze zur Geschichte der Kirche im Mittelalter, 1969. III. Beiträge zum Verständnis Luthers, 1970

Doye, Franz von Sales, Heilige und Selige der römisch-katholischen Kirche. Deren Erkennungszeichen, Patronate und lebensgeschichtliche Bemerkungen I, 1929

Drack, W./Schib, W., Illustrierte Geschichte der Schweiz I, 1958

Dresdner, A., Kultur- und Sittengeschichte der italienischen Geistlichkeit im 10. und 11. Jahrhundert, 1890

Drögereit, R., Die schriftlichen Quellen zur Christianisierung der Sachsen und ihre Aussagefähigkeit, in: W. Lammers (Hg.), Die Eingliederung der Sachsen, 1970

Drögereit, R., Die Verdener Gründungsfälschung und die Bardowick-Verdener Frühgeschichte, 1970

Dudden, F. H., Gregory the Great. His place in History and Thought, ²1967

Dujčev, I., Bulgarien, in: LMA II, 1983

Ebling, H., Prosopographie der Amtsträger des Merowingerreiches. Von Chlotar II (613) bis Karl Martell (741), 1974

Ebner, H., Die Burg als Forschungsproblem mittelalterlicher Verfassungsgeschichte, in: Patze (Hg.), Die Burgen im deutschen Sprachraum I, 1976

Eggenberger, C., Die frühmittelalterlichen Wandmalereien in St. Prokulus zu Naturns, in: FS, 1974

Egger, R., Die Ostalpen in der Spätantike, in: H. Berve (Hg.), Das neue Bild der Antike, II. Rom, 1942

Eichkhoff, E., Seekrieg und Seepolitik zwischen Islam und Abendland. Das Mittelmeer unter byzantinischer und arabischer Hegemonie (650–1040), 1966

Eichmann, E., Acht und Bann im Reichsrecht des Mittelalters, 1909

Eichmann, E., Das Exkommunikationsprivileg des deutschen Kaisers im Mittelalter, ZSRK, 1911

Eichmann, E., Die Kaiserkrönung im Abendland, 2 Bde., 1942

Engel, G./Holtz, E., Deutsche Könige und Kaiser des Mittelalters, 1989

Ennen, E., Frauen im Mittelalter, 1987

Ensslin, W., Theoderich der Große, 1947

Ensslin, W., Einbruch in die antike Welt: Völkerwanderung, in: F. Valjavec (Hg.), Frühes Mittelalter, 1956

Enzensberger, H., Unteritalien seit 774, in: HEG, ³1992

Epperlein, S., Herrschaft und Volk im karolingischen Imperium. Studien über soziale Konflikte und dogmatisch-politische Kontroversen im fränkischen Reich, 1969

Epperlein, S., Karl der Große. Eine Biographie, 1975

Erben, W., Kriegsgeschichte des Mittelalters, 1929

Erdelyi, G. R., Slawen, Awaren, Ungarn, in: J. Herrmann (Hg.), Welt der Slawen, 1986

Erdmann, C., Forschungen zur politischen Ideenwelt des Frühmittelalters, 1951

Erdmann, C., Die nichtrömische Kaiseridee, 1951

Erkens, F.-R., Die Rezeption der Lorcher Tradition im hohen Mittelalter, in: Ostb. Grenzmarken 28, 1986

Evans, G. R., The Thought of Gregory the Great, 1986

Ewig, E., Die fränkischen Teilungen und Teilreiche (511–613), 1953

Ewig, E., Trier im Merowingerreich, 1954

Ewig, E., Milo et eiusmodi similes, in: Bonif. ep., 1954

Ewig, E., Das Bistum Köln im Frühmittelalter, AHN, 1954

Ewig, E., Zum christlichen Königsgedanken im Frühmittelalter, in: Mainau Vorträge, 1954

Ewig, E., Zum christlichen Königsgedanken im Frühmittelalter, in: Th. Mayer (Hg.), Das Königtum, 1956

Ewig, E., Die Merowingerzeit, in: P. Rassow (Hg.), Deutsche Geschichte im Überblick. Ein Handbuch. ²1962

Ewig, E., Die ältesten Mainzer Patrozinien und die Frühgeschichte des Bistums Mainz, in: K. Böhner (Hg.), Das erste Jahrtausend I, 1962

Ewig, E., Der Martinskult im Frühmittelalter, AMK, 1962

Ewig, E., Noch einmal zum «Staatsstreich» Grimoalds: Bauer/Boehm/Müller (Hg.), Spec 1965

Ewig, E., Studien zur merowingischen Dynastie, in: FS 8. Bd., 1974

Ewig, E., Die Merowinger und das Imperium, 1983

Ewig, E., Die Merowinger und das Frankenreich, 1988

Ewig, E., Das merowingische Frankenreich (561–687), in: HEG I, ³1992

Exempla historica. Epochen der Weltgeschichte in Biographien, Bd. 12. Römisches Imperium und Frühes Mittelalter. Menschen des frühen Mittelalters, Revidierte Ausgabe 1986

Falck, L., Mainz im frühen und hohen Mittelalter (Mitte 5. Jahrhundert bis 1244), 1972

Falco, G., Geist des Mittelalters. Kirche, Kultur, Staat, 1958

Falkenhausen, V. v., Untersuchungen über die byzantinische Herrschaft in Süditalien vom 9. bis ins 11. Jahrhundert, 1967

Falkenstein, L., Karl der Große und die Entstehung des Aachener Marienklosters, 1981

Faußner, H. G., Die Verfügungsgewalt des deutschen Königs über weltliches Reichsgut im Hochmittelalter, in: DAEM, 1973

Felten, F. J., Herrschaft des Abtes, in: F. Prinz (Hg.), Herrschaft und Kirche, 1988

Ferrari, G., Early Roman Monasteries, 1957

Fichtenau, H., Das karolingische Imperium. Soziale und geistige Problematik eines Großreiches, 1949

Fichtenau, H., Zum Reliquienwesen im früheren Mittelalter, in: MIÖG, 1952

Fichtenau, H., Zu den Urkundenfälschungen Pilgrims von Passau, in: Ders., Beitr. zur Mediävistik 2, 1972

Fichtenau, H., Diplomatiker und Urkundenforscher, in: MIÖG, 100. Bd., 1992

Fichtinger, C., Lexikon der Heiligen und Päpste, 1980

Fines, J., Who's who in the Middle Ages, 1970

Fink, K. A., Papsttum und Kirche im abendländischen Mittelalter, 1981

Finke, H., Die Frau im Mittelalter, 1913

Finley, M. I., Das antike Sizilien. Von der Vorgeschichte bis zur arabischen Eroberung, 1979

Finsterwallder, P. W., Wege und Ziele der irischen und angelsächsischen Mission im fränkischen Reich, in: ZK 47, 1928

Fischer, B., Der niedere Klerus bei Gregor dem Großen. Ein Beitrag zur Geschichte der ordines minores, in: ZK, 1938

Fischer, J., Die Völkerwanderung im Urteil der zeitgenössischen kirchlichen Schriftsteller Galliens unter Einbeziehung des hl. Augustinus, 1948

Fischer, J., Der Hausmeier Ebroin, 1954

Fischer, J., Königtum, Adel und Kirche im Königreich Italien (774–875), 1965

Flaskamp, F., Die frühe Friesen- und Sachsenmission aus northumbrischer Sicht. Das Zeugnis des Baeda, AK, 51 Bd., 1969

Flaskamp, F., Der Bonifatiusbrief von Herford. Ein angebliches Zeugnis zur Sachsenmission, in: W. Lammers (Hg.), Die Eingliederung der Sachsen, 1970

Fleckenstein, J., Rex Canonicus. Über Entstehung und Bedeutung des mittelalterlichen Königskanonikates, in: Classen/Scheibert (Hg.), Festschrift Percy Ernst Schramm I, 1964

Fleckenstein, J., Die Hofkapelle der deutschen Könige, 1. Teil: Grundlegung. Die karolingische Hofkapelle, 1959. 2. Teil: Die Hofkapelle im Rahmen der ottonisch-salischen Reichskirche, 1966

Fleckenstein, J., Grundlagen und Beginn der deutschen Geschichte, 1974

Fleckenstein, J., Das großfränkische Reich: Möglichkeiten und Grenzen der Großreichsbildung im Mittelalter, in: HZ, Bd. 233, 1981

Fleckenstein, J., Karolingerzeit, in: LMA IV, 1989

Fleckenstein, J., Karl der Große, ³1990

Fleckenstein, J., Karl der Große, in: LMA V, 1991

Fleckenstein, J./Bulst, M. L., Begründung und Aufstieg des deutschen Reiches, 1973

Foakes-Jackson, The Papacy, to Charles the Great, in: Gwatkin/Whitney, The Cambridge Medieval History II, 1976

Folz, R., Zur Frage der heiligen Könige: Heiligkeit und Nachleben in der Geschichte des burgundischen Königtums, in: DA, 1958

Folz, R., The Concept of Empire in Western Europe from the Fifth to the Fourteenth Century, 1969

Foss, C., The Persians in Asia Minor and the end of Antiquity, EH 90, 1975

Frank, H., Die Klosterbischöfe des Frankenreiches, 1932

Frank, I.-W., Kirchengeschichte des Mittelalters, 1984

Frank, K.-S., Benedikt von Nursia, in: M. Greschat, Mittelalter I, 1983

Franz, G., Geschichte des deutschen Bauernstandes vom frühen Mittelalter bis zum 19. Jahrhundert, 1970

Freilinger, H., Der altbayerische Adel im Raum an der oberen Donau unter besonderer Berücksichtigung der Herren von Abensberg, ZBL 40, 1977

Frenzel, E., Gefälschte Literatur. Wesen, Erscheinungsformen und bedeutsame Fälle, in: AGB, Bd. IV, 1963

Freund, M., Deutsche Geschichte. Von den Anfängen bis zur Gegenwart, 1969

Fried, J., Der Regalienbegriff im 11. und 12. Jahrhundert, in: DAEM, 1973

Fried, J., Der karolingische Herrschaftsverband im 9. Jh. zwischen «Kirche» und «Königshaus», in: HZ, Bd. 235, 1982

Fried, P., Das Stammesherzogtum des Früh- und Hochmittelalters (ca. 500–1180), in: LMA I, 1980

Friedmann, B., Untersuchungen zur Geschichte des abodritischen Fürstentums bis zum Ende des 10. Jahrhunderts, 1986

Friese, A., Studien zur Herrschaftsgeschichte des fränkischen Adels, 1978

Fritze, W. H., Zur Entstehungsgeschichte des Bistums Utrecht. Franken und Friesen 690–734, in: RV, 1971

Fritze, W. H., Papst und Frankenkönig. Studien zu den päpstlich-fränkischen Rechtsbeziehungen von 754 bis 824, 1973

Fröhlich, H., Zur Herkunft der Langobarden, QFI 55/56, 1976

Frohnes, H./Knorr, U. W. (Hg.), Die alte Kirche, 1974

Fuhrmann, H., Konstantinische Schenkung und abendländisches Kaisertum. Ein Beitrag zur Überlieferungsgeschichte des Constitutum Constantini, DAM, 1966

Fuhrmann, H., Einfluß und Verbreitung der pseudoisidorischen Fälschungen. Von ihrem Auftauchen bis in die neuere Zeit. Erster Teil, 1972

Fuhrmann, H., Die Macht der Fälschung. Über den Wunsch der Menschen betrogen zu werden, in: Süddt. Ztg. Nr. 206, 7./8. Sept. 1985

Fuhrmann, H./Märtl, C., Karl der Große. Das Papsttum und Byzanz. Die Begründung des Karolingischen Kaisertums, 1985

Funk, J., Allgemeine Einleitung in: BKV, 1933

Funk, F. X., Kirchengeschichtliche Abhandlungen und Untersuchungen, 3 Bde., Neudruck 1972

Funkenstein, J., Unction of the Ruler, in: Fleckenstein/Schmid (Hg.), Adel und Kirche, 1968

Gabrieli, F., Mohammed und die arabische Welt, 1968

Gams, P., Kirchengeschichte von Spanien, 2 Bde., 1. Abtl. 1864

Ganshof, F. L., Was waren die Kapitularien?, 1961

Gauss, J., Anselm von Canterbury. Zur Begegnung und Auseinandersetzung der Religionen, in: S. Bd. 17, 1966

Gautier, E. F., Geiserich, König der Wandalen. Die Zerstörung einer Legende, 1934

Gebauer, M., Einleitung, in: Gregor von Tours, Fränkische Geschichte, 1988

Geuenich, D., Zur Landnahme der Alemannen, in: FMSt 16, 1982

Giesecke, H.-E., Die Ostgermanen und der Arianismus, 1939

Gnilka, Ch., Der neue Sinn der Worte. Zur frühchristlichen Passionsliteratur, in: FMSt 26, 1992

Goertz, A., Mittelrheinische Regesten oder chronologische Zusammenfassung des Quellenmaterials für die Geschichte der Territorien der beiden Regierungsbezirke Koblenz und Trier. Teil I 509–1152, Neudruck 1974

Goetz, H.-W., Leben im Mittelalter, 1986

Gontard, F., Die Päpste. Regenten zwischen Himmel und Hölle, 1959

Görres, F., Bischof Nicetius von Trier, Trierische Chronik 2, 1906

Gottlieb, G., Ost und West in der christlichen Kirche des 4. und 5. Jahrhunderts, 1978

Grahn-Hoek, H., Die fränkische Oberschicht im 6. Jahrhundert. Studien zu ihrer rechtlichen und politischen Stellung, 1976

Grahn-Hoek, H., Chlodwig, in: LMA II, 1983

Graus, F., Über die germanische Treue (Historica I), 1960

Graus, F., Die Gewalt bei den Anfängen des Feudalismus und die «Gefangenenbefreiung» der merowingischen Hagiographie, in: JW, 1961

Graus, F., Volk, Herrscher und Heiliger im Reich der Merowinger. Studien zur Hagiographie der Merowingerzeit, 1965

Graus, F., Die Einheit der Geschichte, in: HZ 231, 1980

Graus, F., Böhmen, in: LMA II, 1983

Gregor von Tours, Fränkische Geschichte I., neu bearbeitet von M. Gebauer, 1988

Gregorovius, F., Geschichte der Stadt Rom im Mittelalter. Vom V. bis zum XVI. Jahrhundert. Vollständig edierte und überarbeitete Ausgabe von W. Kampf, 1978

Greschat, M. (Hg.), Mittelalter I, 1983

Grisar, H., Geschichte Roms und der Päpste im Mittelalter. Rom beim Ausgang der antiken Welt. Nach den schriftlichen Quellen und den Monumenten, 1901

Grotz, H., Erbe wider Willen. Hadrian II. (867–872) und seine Zeit, 1970

Grupp, G., Kulturgeschichte des Mittelalters, 6 Bde., 1907–1925

Guillou, A., Das Byzantinische Reich bis zum Ende der Herakleianischen Dynastie, in: LMA II, 1983

Gurjewitsch, A. J., Mittelalterliche Volkskulturen, 1987

Haacke, R. M., Rom und die Cäsaren. Geschichte des Cäsaropapismus, 1947

Haendler, G., Geschichte des Frühmittelalters und der Germanenmission, 1961, ²1976

Haendler, G., Bonifatius, in: M. Greschat (Hg.), Mittelalter I, 1983

Haendler, G., Die abendländische Kirche im Zeitalter der Völkerwanderung. ²1983

Haendler, G., Die lateinische Kirche im Zeitalter der Karolinger, 1985

Haller, J., Die Karolinger und das Papsttum, in: HZ, 1912

Haller, J., Entstehung der germ.-romanischen Welt, 1935

Haller, J., Abhandlungen zur Geschichte des Mittelalters, 1944

Haller, J., Die Epochen der deutschen Geschichte, 1956

Hampe, K., Karl der Große und Widukind, in: W. Lammers (Hg.), Die Eingliederung der Sachsen, 1970

Hänlein, T., Die Bekehrung der Germanen zum Christentum, 2 Bde., 1913

Hartmann, C. M., Geschichte Italiens im Mittelalter, 4 Bde., 1897, Neudruck 1969

Hartmann, W., Fälschungsverdacht und Fälschungsnachweis im früheren Mittelalter, in: Fälschungen im Mittelalter Teil II. Gefälschte Rechtstexte. Der bestrafte Fälscher, 1988

Hartmann, W., Die Synoden der Karolingerzeit im Frankenreich und in Italien, 1989

Hasdenteufel, M., Das Salzburger Erentrudis-Kloster und die Agilolfinger, in: MIÖG, 93. Bd., 1985

Hauck, A., Kirchengeschichte Deutschlands, 5 Bde., 1887–1920, ⁷1952

Hauck, K., Ein Utrechter Missionar auf der altsächsischen Stammesversammlung, 1965

Hauck, K., Von einer spätantiken Randkultur zum karolingischen Europa. FMSt 1, 1967

Hauck, K., Die fränkisch-deutsche Monarchie und der Weserraum, in: W. Lammers (Hg.), Die Eingliederung der Sachsen, 1970

Hauck, K., Die Ausbreitung des Glaubens, in: FMSt 4, 1970

Hauptfeld, G., Zur langobardischen Eroberung Italiens. Das Heer und die Bischöfe, in: MIÖG, 91. Bd., 1983

Hay, D., Das Reich Christi. Das mittelalterliche Europa nimmt Gestalt an, in: D. T. Rice (Hg.), Morgen des Abendlandes, 1965

Heer, F., Kreuzzüge – gestern, heute, morgen?, 1969

Heiler, F., Altkirchliche Autonomie und päpstlicher Zentralismus, 1941

Heiler, F., Erscheinungsformen und Wesen der Religion, 1961

Heinsius, M., Mütter der Kirche in deutscher Frühzeit, 1938

Heinzelmann, M., Bischofsherrschaft in Gallien, 1976

Heinzelmann, M., Bischof und Herrschaft vom spätantiken Gallien bis zu den karolingischen Hausmeiern. Die institutionellen Grundlagen, in: F. Prinz (Hg.), Herrschaft und Kirche, 1988

Helbling, B. u. H., Der heilige Gallus in der Geschichte, in: ZSG 12, 1962

Hellmann, M., Karl und die slaw. Welt. Karl der Große, Lebenswerk und Nachleben I, 1965

Hellmann, M., Neue Kräfte in Osteuropa, in: HEG, ²1992

Hellmann, M., Die politisch-kirchliche Grundlegung der Osthälfte Europas, in: HEG, ³1992

Hemmerle, J., Die Benediktinerklöster in Bayern, 1970

Hentig, H. v., Die Strafe. I. Frühformen und kulturgeschichtliche Zusammenhänge, 1954. II. Die modernen Erscheinungsformen, 1955

Herde, P., Das Papsttum und die griechische Kirche in Süditalien vom 11. bis zum 13. Jahrhundert, in: DAEM, 1970

Herm, G., Deutschlands Herz. Sachsen, Sachsen-Anhalt und Thüringen, 1992

Herrmann, E., Slawisch-germanische Beziehungen im südostdeutschen Raum von der Spätantike bis zum Ungarnsturm. Ein Quellenbuch mit Erläuterungen, 1965

Herrmann, H., Kleines Wörterbuch des Kirchenrechts, 1972

Herrmann, H., Ketzer in Deutschland, 1978

Herrmann, H., Kirchenfürsten zwischen Hirtenwort und Schäferstündchen, 1992

Herrmann, J. (Hg.), Die Slawen in Deutschland. Geschichte und Kultur der slawischen Stämme westlich von Oder und Neisse vom 6. bis 12. Jahrh., 1970

Herrmann, J. (Hg.), Welt der Slawen. Geschichte. Gesellschaft. Kultur, 1986

Herrmann, R., Thüringische Kirchengeschichte, 2 Bde., 1937/47

Heuberger, R., Raetien im Altertum und Frühmittelalter (Schlern-Schriften 20), 1932

Heuwieser, M., Geschichte des Bistums Passau. I. Die Frühgeschichte. Von der Gründung bis zum Ende der Karolingerzeit, 1939

Heyen, F.-J., Fälschung und Legende. Das Beispiel der Trierer Märtyrerlegende, in: Fälschungen im Mittelalter, Teil V, Fingierte Briefe. Frömmigkeit und Fälschung. Realienfälschungen, 1988

Hirsch, H., Der mittelalterliche Kaisergedanke in den liturgischen Gebeten, in: H. Beumann (Hg.), Heidenmission, 1963

Hlawitschka, E., Franken, Alemannen, Bayern und Burgunder in Oberitalien (774–962). Zum Verständnis der fränkischen Königsherrschaft in Italien (Forsch. z. oberrhein. Landesgesch. 8), 1960

Hlawitschka, E., Die Vorfahren Karls des Großen, in: Karls des Großen Lebenswerk und Nachleben I, 1965

Hlawitschka, E., Karl Martell, das Römische Konsulat und der Römische Senat. Festschrift Edith Ennen, 1972

Hlawitschka, E., Vom Frankenreich zur Formierung der Europäischen Staatenund Völkergemeinschaft 840–1046. Ein Studienbuch zur Zeit der späten Karolinger, der Ottonen und der frühen Salier in der Geschichte Mitteleuropas, 1986

Hoensbroech, P. v., Der Kirchenstaat in seiner dogmatischen und historischen Bedeutung, ²1889

Hoffmann, H., Chronik und Urkunde in Montecassino, in: QFIAB, 1971

Hofmann, D., Die geistige Auslegung der Schrift bei Gregor dem Großen, 1968

Holl, K., Die Missionsmethoden der alten und die der mittelalterlichen Kirche, in: H. Frohnes/Knorr, U. W. (Hg.), Die alte Kirche, 1974

Holter, K., Die Gründung von Kremsmünster und die Besiedelungsgeschichte des mittleren Oberösterreich, in: Mittl. d. oberösterr. Landesarchivs 8, 1964

Holtzmann, R., Der Kaiser als Marschall des Papstes. Eine Untersuchung zur Geschichte der Beziehungen zwischen Kaiser und Papst im Mittelalter, in: Schriften der Straßburger Wissenschaftlichen Gesellschaft in Heidelberg, 8. Heft, 1928

Holtzmann, R., Die Italienpolitik der Merowinger und des Königs Pippin, ²1962

Holtzmann, R., Geschichte der sächsischen Kaiserzeit, 2 Bde., 1971

Hotz, W., Odenwald und Spessart, 1963

Hümmeler, H., Helden und Heilige, o. J.

Hürten, H., Gregor der Große und der mittelalterliche Episkopat, in: ZKG LXXIII, 1962

Huizinga, J., Herbst des Mittelalters. Studien über Lebens- und Geistesformen des 14. und 15. Jahrhunderts, in Frankreich und in den Niederlanden, ⁸1961

Hunger, H. (Hg.), Byzantinische Geisteswelt. Von Konstantin dem Großen bis zum Fall Konstantinopels, 1958

Hussey, J. M., Zitadelle des Christentums. Die byzantinische Welt im 9. und 10. Jahrhundert, in: D. T. Rice (Hg.), Morgen des Abendlandes, 1965

Huter, F., Stift Innichen. Siedlungsleistung und Grundherrschaft, in: ZBLG 36, 1973

Irsigler, F., Divites und pauperes in der Vita Meinwerci. Untersuchungen zur wirtschaftlichen und sozialen Differenzierung der Bevölkerung Westfalens im Hochmittelalter, in: VSW, 1970

Jäntere, K., Die römische Weltreichsidee und die Entstehung der weltlichen Macht des Papstes, 1936

Jahn, J., Urkunde und Chronik. Ein Beitrag zur historischen Glaubwürdigkeit der Benediktbeurer Überlieferung und zur Geschichte des agilolfingischen Bayern, in MIÖG, 95. Bd., 1987

James, E., The origins of barbarian kingdoms: the continental evidence, in: S. Bassett (Hg.), The origins of Anglo-Saxon kingdoms, 1989

Jarnut, J., Geschichte der Langobarden, 1982

Jarnut, J., Wer hat Pippin 751 zum König gesalbt? In: FMSt 16, 1982

Jarnut, J., Genealogie und Bedeutung der agilolfingischen Herzöge, in: MIÖG, 99. Bd., 1991

Jedin, H., Kleine Konziliengeschichte. Die zwanzig ökumenischen Konzilien im Rahmen der Kirchengeschichte, 1959

Jedin, H., Handbuch der Kirchengeschichte II u. III, 1973/1979

Jenal, G., Gregor der Große und die Stadt Rom (590–604), in: F. Prinz (Hg.), Herrschaft und Kirche, 1988

Jenkins, A., Die Eingliederung «Nordalbingiens» in das Frankenreich, in: W. Lammers (Hg.), Die Eingliederung der Sachsen, 1970

Jockenhövel, A., Winter im Jahre 406/407 bis Herbst im Jahre 799. Archäologische Quellen zur Frühgeschichte der deutschen Mittelgebirgszone, in: FMSt 24, 1990

Jordan, K., Sachsen und das deutsche Königtum im hohen Mittelalter, in: HZ, Bd. 210, 1970

Kadziela, H., Die Herkunft der deutschen Bischöfe im 10. Jahrhundert, 1956

Kahl, H.-D., Zum Geist der deutschen Slawenmission des Hochmittelalters, in: Beumann (Hg.), Heidenmission, 1963

Kahl, H.-D., Die Rolle der Iren im östlichen Vorfeld des agilolfingischen und frühkarolingischen Baiern, in: H. Löwe (Hg.), Die Iren und Europa im früheren Mittelalter, Teilbd. 1, 1982

Kahl, H.-D., Karl der Große und die Sachsen. Stufen und Motive einer historischen «Eskalation», in: Beihefte zum Archiv für Kulturgeschichte, Heft 18, 1982

Kaiser, R., Bischofsherrschaft zwischen Königtum und Fürstenmacht. Studien zur bischöflichen Stadtherrschaft im westfränkisch-französischen Reich im frühen und hohen Mittelalter, 1981

Kaiser, R., Königtum und Bischofsherrschaft im frühmittelalterlichen Neustrien, in: F. Prinz (Hg.), Herrschaft und Kirche, 1988

Kalckhoff, A., Karl der Große, ²1990

Kaminsky, H. H., Studien zur Reichsabtei Corvey in der Salierzeit, 1972

Kaminsky, H. H., Das Diplom Herzog Romwalds II. von Benevent für die Äbte Zacharias, Paulus und Deusdedit und seine Verfälschung in Montecassino, in: QFIAB, 1973

Kantzenbach, F. W., Die Geschichte der christlichen Kirche im Mittelalter, 1967

Kashdan, A., Um die Grenze zwischen Altertum und Mittelalter in Europa, in: Das Altertum, Bd. 13, 1967

Kasten, B., Adelhard von Corbie. Die Biographie eines karolingischen Politikers und Klostervorstehers

Kawerau, P., Geschichte der alten Kirche, 1967

Kawerau, P., Geschichte der mittelalterlichen Kirche, 1967

Kehr, P., Rom und Venedig bis ins XII. Jahrhundert, in: QFIAB, 1927

Keller, H. L., Reclams Lexikon der Heiligen und der biblischen Gestalten. Legende und Darstellung in der bildenden Kunst, 1968

Keller, H., Vom Hof Karls des Großen zur ‹höfischen› Welt, in: FMSt 24, 1990

Keller, H., Spätantike und Frühmittelalter im Gebiet zwischen Genfer See und Hochrhein, in: FMSt, 1973

Keller, H., Alamannen und Sueben nach den Schriftquellen des 3. bis 7. Jahrhunderts, in: FMSt 23, 1989

Keller, H., Vom ‹heiligen Buch› zur ‹Buchführung›. Lebensfunktionen der Schrift im Mittelalter, in: FMSt 26, 1992

Kelly, J.N.D., Reclams Lexikon der Päpste, 1988

Kindlers Literaturlexikon, 1965

Kitzinger, E., The cult of images before iconoclasm, DOP 8, 1954

Klebel, E., Siedlungsgeschichte des deutschen Südosten, 1940

Klebel, E., Die Ostgrenze des Karolingischen Reiches, in: Wege der Forschung 1, 1956

Klocke, F. v., Um das Blutbad von Verden und die Schlacht am Süntel 782, in: W. Lammers (Hg.), Die Eingliederung der Sachsen, 1970

Kluke, P., Neue Geschichte, in: Kadelbach, Wissenschaft und Gesellschaft, 1967

Knotzinger, K., Das Amt des Bischofs nach Bernhard von Clairvaux. Ein Traditionsbeitrag, in: SCH.H.IV., 1963

Kober, F., Die Deposition und Degradation, nach den Grundsätzen des kirchlichen Rechts historisch dogmatisch dargestellt, 1867

Kober, F., Die körperliche Züchtigung als kirchliches Strafmittel gegen Cleriker und Mönche, 1875

Koch, H., Die altchristliche Bilderfrage nach ihren literarischen Quellen, 1917

Koder, J., Byzantinisches Reich. Geographische Grundlagen, in: LMA II, 1983

Köhler, O., Die Ottonische Reichskirche. Ein Forschungsbericht, in: Flecken-stein/Schmid, Adel und Kirche, 1968

König, K./Witte, K., Grundprobleme und Aufgaben des Geschichtsunterrichts heute, 1947

Koeniger, A. M., Das Recht der Militärseelsorge in der Karolingerzeit, in: Fest-gabe Alois Kröpfler, 1917

Kolb, H., Himmlisches und irdisches Gericht in karolingischer Theologie und althochdeutscher Dichtung, in: FS, 1971

Kolb, P.,/Krenig, E.-G. (Hg.), Von der germanischen Landnahme bis zum hohen Mittelalter, 1989

Konecny, S., Die Frauen des karolingischen Königshauses, 1976

Kornemann, E., Weltgeschichte des Mittelmeer-Raumes von Philipp II. von Ma-kedonien bis Muhammed. Herausgegeben von H. Bengtson, 2. Bd., Von Augustus bis zum Sieg der Araber, 1949

Korösed, P., Alpenslawen und Slowenen. Die slawische Ansiedlung in den Alpen, in: J. Herrmann (Hg.), Welt der Slawen, 1986

Kosminski, J. A./Skaskin, S. D., Geschichte des Mittelalters, 1958

Kottje, R., Beda Venerabiles, in: M. Geschat (Hg.), Mittelalter I, 1983

Kraft, H., Kirchenväterlexikon, 1966

Kraus, A., Die Translatio S. Dionysii Ariopagitae von St. Emmeram in Regens-burg, 1972

Krawinkel, H., Untersuchungen zum fränkischen Beneficialrecht (Forschung zum deutschen Recht II 2), 1937

Krüger, K. H., Königskonversionen im 8. Jahrhundert, in: FMSt 7, 1973

Kühner, H., Die Kreuzzüge – eine pseudotheologische Grundfrage. 3 Teile Radio Bremen, DRS Studio Bern, September/Oktober 1970

Kühner, H., Gezeiten der Kirche in zwei Jahrtausenden I, 1970

Kühner, H., Lexikon der Päpste von Petrus bis Paul VI., o. J.

Kühner, H., Das Imperium der Päpste. Kirchengeschichte – Weltgeschichte – Zeitgeschichte. Von Petrus bis heute, 1977

Künneth, W./Schreiner, H. (Hg.), Die Nation vor Gott. Zur Botschaft der Kirche im Dritten Reich, ⁴1934

Kunstmann, H., Vorläufige Untersuchungen über den bairischen Bulgarenmord vor 631/632. Der Tatbestand – Nachklänge im Nibelungenlied, 1982

Kupisch, K., Kirchengeschichte I 1973; II 1974

Kuujo, E. O., Das Zehntwesen in der Erzdiözese Hamburg-Bremen bis zu seiner Privatisierung. Akademische Abhandlung, 1949

Labib, S. Y., Araber, in: LMA I, 1980

Labuda, G., Wogastis-Burg (Slavia Antiqua 2), 1949/50

Lacarra, J. M., Das Westgotenreich in Spanien (507–711), in: HEG, ³1992

Laehr, G., Die Konstantinische Schenkung in der abendländischen Literatur des Mittelalters bis zur Mitte des 14. Jahrhunderts, in: HS 166, 1926

Lammers, W. (Hg.), Die Eingliederung der Sachsen in das Frankenreich, 1970

Landau, P., Gefälschtes Recht in den Rechtssammlungen bis Gratian, in: Fäl-schungen im Mittelalter. Teil II, Gefälschte Rechtstexte. Der bestrafte Fälscher, 1988

Langgärtner, G., Die Gallienpolitik der Päpste im 5. und 6. Jahrhundert. Eine Studie über den apostolischen Vikariat von Arles, 1964

Lasko, P., Auf dem Weg zum Frankenreich. Das fränkische Königreich von den Merowingern bis zu Pippin, in: D. T. Rice (Hg.), Morgen des Abendlandes, 1965

Lautermann, W., Mittelalter, 1970

Lea, H. C., Geschichte der Inquisition im Mittelalter. I. Ursprung und Organisation der Inquisition, 1905. II. Die Inquisition in den verschiedenen christlichen Ländern, 1909. III. Die Tätigkeit der Inquisition auf besonderen Gebieten, 1913

Lechner, K., Der «pagus Grunzwiti» und seine Besitzverhältnisse (Jb, LKNÖ, NF 34, 1958–60), 1960

Lechner, K., Stud. z. Besitz- u. Kirchengeschichte der Karolinger und Otton. Mark an der Donau M G 52, 1938; Wiederabdruck in: Ders., Ausgew. Schr., 1947

Lechner, K., Ausgew. Schr., 1947

Lecky, W. E. H., Sittengeschichte Europas von Augustus bis auf Karl den Großen. Zweite rechtmäßige Auflage, mit den Zusätzen der dritten englischen vermehrt, und durchgesehen v. F. Löwe, 2 Bde., 1879

Levison, W., Aus rheinischer und fränkischer Frühzeit. Ausgewählte Aufsätze, 1948

Levison, W., Die mittelalterliche Lehre von den Schwertern, in: DA 9, 1952

Levison, W., Die Politik in Jenseitsvisionen des frühen Mittelalters, in: Ders., Aus rheinischer und fränkischer Frühzeit, 1948

Levison, W., England and the Continent in the Eighth Century. The Ford Lectures, 1946

Lindner, K., Untersuchungen zur Frühgeschichte des Bistums Würzburg und des Würzburger Raumes. Veröffentlichungen des Max-Planck-Instituts für Geschichte 35, 1972

Loening, E., Geschichte des deutschen Kirchenrechts I, 1978

Löhde, W., Das päpstliche Rom und das Deutsche Reich. Eine Dokumentation, 1964

Löhlein, G., Die Alpen- und Italienpolitik der Merowinger im VI. Jh., 1932

Löwe, H., Bonifatius und die bayrisch-fränkische Spannung, in: Karl Bosl (Hg.), Zur Geschichte der Bayern. Wege der Forschung 60, 1965

Löwe, H., Deutschland im fränkischen Reich, in: Gebhard (Hg.), Handbuch der deutschen Geschichte, Bd. 2, 1973

Löwe, H. (Hg.), Die Iren und Europa im früheren Mittelalter, Teilbd. 1, 1982

Löwe, H., Ein literarischer Widersacher des Bonifatius. Virgil von Salzburg und die Kosmographie des Aethicus Ister (Abh. Mainz, Geistes- und sozialwiss. Klasse II), 1951

Löwe, H., Von Theoderich dem Großen zu Karl dem Großen. Das Werden des Abendlandes im Geschichtsbild des frühen Mittelalters, 1956

Lohaus, A., Die Merowinger und England, 1974

Lohse, B., Kirchengeschichte, in: C. Westermann (Hg.), Theologie VI × 12 Hauptbegriffe, 1967

Lortz, J., Bonifatius und die Grundlegung des Abendlandes, 1954

Lotter, F., Designation und angebliches Kooptationsrecht bei Bischofserhebungen. Zur Ausbildung und Anwendung des Prinzips der kanonischen Wahl bis zu den Anfängen der fränk. Zeit, in: ZSSR, Kan. Abt., 1973

Ludwig, G., Massenmord im Weltgeschehen. Bilanz zweier Jahrtausende, 1951

Luegs, S., Biblische Realkonkordanz, 2 Bde., 1928

Mack, V., Claude Adrien Helvetius, in: K. Deschner (Hg.), Das Christentum im Urteil seiner Gegner I, 1969

Maier, Kirchengeschichte von Kärnten, o. J.

Maier, F. G., Die Verwandlung der Mittelmeerwelt, 1968

Maier, F. G. (Hg.), Byzanz, Fischer Weltgeschichte, Bd. 13, 1973

Mango, C., Erbe des römischen Weltreichs. Konstantinopel von Justinian bis Theophilus, in: D. T. Rice (Hg.), Morgen des Abendlandes, 1965

Marcuse, J., Die sexuelle Frage und das Christentum. Ein Waffengang mit F. W. Förster, dem Verfasser von «Sexualethik und Sexualpädagogik», 1908

Marschall, W., Karthago und Rom. Die Stellung der nordafrikanischen Kirche zum apostolischen Stuhl in Rom, 1971

Mayer, J. G., Geschichte des Bistums Chur I, 1907

Mayr-Harting, H., The Coming of Christianity to England, 1972

Mazal, O., Das Byzantinische Reich (641–717), in: HEG, ³1992

Mazal, O., Das Byzantinische Reich unter der Syrischen und der Makedonischen Dynastie, in: HEG, ³1992

McCulloh, J. M., The cult of relics in the letters and Dialogues of Pope Gregory the Great, in: Traditio 32, 1976

Mckitterick, R., The Frankish kingdoms under the Carolingians 751–987, 1983

Mckitterick, R., Zur Herstellung von Kapitularien: die Arbeit des Leges-Skriptoriums, in: MIÖG, 101. Bd., 1993

Menzel, W., Geschichte der Deutschen, 3 Bde., 1872

Merta, B., Helenae conparanda regina – secunda Isebel. Darstellung von Frauen des merowingischen Hauses in frühmittelalterlichen Quellen, in: MIÖG, 96. Bd., 1988

Merta, B., Politische Theorie in den Königsurkunden Pippins, in: MIÖG, 100. Bd., 1992

Meyer, J., Kirchengeschichte Niedersachsens, 1939

Meyer, O., In der Harmonie von Kirche und Reich, in: P. Kolb/E.-G. Krenig (Hg.), I. Von der germanischen Landnahme bis zum hohen Mittelalter, 1989

Meyer-Sickendick, I., Gottes gelehrte Vaganten. Auf den Spuren der irischen Mission und Kultur in Europa, 1980

Meyers Taschenlexikongeschichte in 6 Bden., 1989

Michel, A., Die Kaisermacht in der Ostkirche (843–1204). Mit einem Vorwort von Franz Dölger, 1959

Millot, R. P. (Hg.), Das Heldenlied der Mission. Abenteuer und Missionen im Dienste Gottes vom hl. Paulus bis Gregor XV., 1959

Misch, J., Die Langobarden. Das große Finale der Völkersammlung, 1985

Mitteis, H., Lehnrecht und Staatsgewalt, ²1958

Mollat, M., Die Armen im Mittelalter, 1984

Montgomery of Alamein, B. L., Weltgeschichte der Schlachten und Kriegszüge, 2 Bde., 1975

Mühlbacher, E., Deutsche Geschichte unter den Karolingern, 2 Bde., Neudruck o. J.

Müller, A. v., Geschichte unter unseren Füßen. Archäologische Forschungen in Europa, 1968

Müller, H., Bischof Kunibert von Köln. Staatsmann im Übergang von der Merowinger- zur Karolingerzeit, in: ZKG, 98. Bd., 1987

Müller, M., Zur Frage nach der Echtheit und Abfassungszeit des Responsum beati Gregorii ad Augustinum episcopum, in: Theol. Quartalsschrift, 1932

Müller, W., Der Anteil der Iren an der Christianisierung der Alemannen, in: Löwe (Hg.), Die Iren und Europa im früheren Mittelalter, 1982

Müller-Mertens, E., Karl der Große, Ludwig der Fromme und die Freien. Ein Beitrag zur Sozialgeschichte und Sozialpolitik des Frankenreiches, 1963

Mynarek, H., Mystik und Vernunft. Zwei Pole einer Wirklichkeit, 1991

Mynarek, H., Denkverbot. Fundamentalismus in Christentum und Islam, 1992

Naegle, A., Einführung des Christentums in Böhmen, 2 Bde., 1915/1918

Nehlsen, H., Sklavenrecht zwischen Antike und Mittelalter. Germanisches und römisches Recht in den germanischen Rechtsaufzeichnungen. 1. Ostgoten, Westgoten, Franken, Langobarden, 1972

Neiske, F., Vision und Totengedenken, in: FMSt 20, 1986

Neuss, W., Die Kirche des Mittelalters, 1946

Neuss, W./Oediger, F. W., Das Bistum Köln von den Anfängen bis zum Ende des 12. Jahrhunderts, 1964

Nietzsche, F., Werke, hg. v. K. Schlechta, 1956

Nitzch, Geschichte des Deutschen Volkes

Njeussychin, A. I., Die Entstehung der abhängigen Bauernschaft als Klasse der frühfeudalen Gesellschaft in Westeuropa vom 6. bis 8. Jahrhundert, 1961

Nonn, U., Das Bild Karl Martells in den lateinischen Quellen vornehmlich des 8. u. 9. Jahrhunderts, in: FMSt 4, 1970

Nonn, U., Eine fränkische Adelssippe um 600. Zur Familie des Bischofs Berthram von Le Mans, in: FMSt, 1975

Oates, D., Aufstieg und Untergang des neupersischen Reichs der Sassaniden, in: D. T. Rice (Hg.), Morgen des Abendlandes, 1965

Oechsle, O. G., Die Karolinger und die Stadt des hl. Arnulf, in: FMSt, 1967

Oediger, F. W., Die Kirchen des Archidiakonats Xanten, in: Bibl. d. Ges. für Rhein. Geschichtskunde XII, 1969

Oediger, F. W., Das Bistum Köln von den Anfängen bis zum Ende des 12. Jahrhunderts, ²1972

Oettinger, K., Das Werden Wiens, 1951

Oexle, O. G., Das Bild der Moderne vom Mittelalter und die moderne Mittelalterforschung, in: FMSt 24, 1990

Ohnsorge, W., Die Byzanzreise des Erzbischofs Gebhard v. Salzburg u. das päpstl. Schisma im Jahre 1062, HJb 75, 1955, 1956

Ohnsorge, W., Ostrom und der Westen. Gesammelte Aufsätze zur Geschichte der byzantinisch-abendländischen Beziehungen und des Kaisertums, 1983

Olberg, G. v., Ein sozialgeschichtliches Schlüsselzeugnis im Licht der Textsortenforschung, in: FMSt 20, 1986

Orlandis, J./Ramos-Lisson, D., Die Synoden auf der Iberischen Halbinsel bis zum Einbruch des Islam (711), 1981

Ostrogorsky, G., Geschichte des byzantinischen Staates, ²1952

Padberg, L. E. v., Wynfreth-Bonifatius, 1989

Palanque, J.-R., Die Kirche in der Völkerwanderung, 1960

Parkes, J., The Conflict of the Church and the Synagogue. A study in the origins of antisemitism, 1934

Patze, H., Der Frieden von Christburg vom Jahre 1249, in: Beumann, Heidenmission, 1963

Patze, H. (Hg.), Die Burgen im deutschen Sprachraum I, 1976

Patze, H., Politische Geschichte im hohen und späten Mittelalter, in: Patze/Schlesinger, Geschichte Thüringens II, 1. Teil, 1974

Patze, H./Schlesinger, W. (Hg.), Geschichte Thüringens, 5 Bde., 1967 ff.

Pauly, Der Kleine, Lexikon der Antike, hg. v. K. Ziegler/W. Sontheimer, 1979

Perels, E., Die kirchlichen Zehnten im karolingischen Reiche, 1904

Peschel, K., Die Sueben in Ethnographie und Archäologie, in: Klio (60), 1978

Pirenne, H., Geburt des Abendlandes. Untergang der Antike am Mittelmeer und Aufstieg des germanischen Mittelalters, ²1941

Pirenne, H., Mohammed und Karl der Große. Untergang der Antike am Mittelmeer und Aufstieg des germanischen Mittelalters, 1985

Pitz, E., Erschleichung und Anfechtung von Herrscher- und Papsturkunden vom 4. bis 10. Jahrhundert, in: Fälschungen im Mittelalter, Teil III, Diplomatische Fälschungen (I), 1988

Plöchl, W. M., Geschichte des Kirchenrechts. II. Das Kirchenrecht der abendländischen Christenheit 1055 bis 1517, 1955

Ploetz, Der Kleine, Hauptdaten der Weltgeschichte, ³³1980

Pohl, W., Konfliktverlauf und Konfliktbewältigung: Römer und Barbaren im frühen Mittelalter, in: FMSt 26, 1992

Pontal, O., Die Synoden im Merowingerreich, 1986

Portmann, M. L., Die Darstellung der Frau in der Geschichtsschreibung des früheren Mittelalters, 1958

Preidel, Slawische Altertumskunde des östlichen Mitteleuropa im 9. u. 10. Jahrhundert 1, 1961

Previté-Orton, C. W., The Shorter Cambridge Medieval History. Volume I., The later Roman Empire to the Twelfth Century, 1971

Prinz, F., Frühes Mönchtum im Frankenreich. Kultur und Gesellschaft in Gallien, den Rheinlanden und Bayern am Beispiel der monastischen Entwicklung (4.–8. Jh.), 1965

Prinz, F., Heiligenkult u. Adelsherrschaft im Spiegel merowingischer Hagiographie, in: HZ 204, 1967

Prinz, F., Klerus und Krieg im frühen Mittelalter. Untersuchungen zur Rolle der Kirche beim Aufbau der Königsherrschaft, 1971

Prinz, F., Die bischöfliche Stadtherrschaft im Frankenreich vom 5. bis zum 7. Jahrhundert, in: HZ, 1973

Prinz, F., Askese und Kultur. Vor- und frühbenediktinisches Mönchtum an der Wiege Europas, 1980

Prinz, F., Die innere Entwöhnung: Staat, Gesellschaft, Kirche, Wirtschaft, in: Spindler, Handbuch der bayerischen Geschichte, ²1981

Prinz, F., Die Rolle der Iren beim Aufbau der merowingischen Klosterkultur, in: H. Löwe (Hg.), Die Iren und Europa im früheren Mittelalter, 1982

Prinz, F., Zum fränkischen und irischen Anteil an der Bekehrung der Angelsachsen, in: ZKG, 95. Bd., 1984

Prinz, F., Grundlagen und Anfänge. Deutschland bis 1056, 1985

Prinz, F., Herrschaftsformen der Kirche vom Ausgang der Spätantike bis zum Ende der Karolingerzeit, in: F. Prinz (Hg.), Herrschaft und Kirche, 1988

Prinz, F. (Hg.), Herrschaft und Kirche. Beiträge zur Entstehung und Wirkungsweise Episkopaler und Monastischer Organisationsformen, 1988

Rahner, K., Augustin und der Semipelagianismus, in: ZKT 2, 1938

Ramqvist, P. H., Über okonomische und sozio-politische Beziehungen der Gesell-
schaften der nordischen Völkerwanderungszeit, in FMSt 25, 1991

Rand, K., Founders of the middle ages, 1928

Ranke-Heinemann, U., Eunuchen für das Himmelreich. Katholische Kirche und
Sexualität, 1988

Rau, R., Briefe des Bonifatius. Willibalds Leben des Bonifatius, ²1988

Reindel, K., Herzog Arnulf und das Regnum Bavariae (ZBLG 17), 1953/54. Wiederabdruck in: Die Entstehung des dt. Reiches, Wege der Forschung I, 1956

Reindel, K., Die Bistumsorganisation im Alpen-Donauraum in der Spätantike
und im Frühmittelalter, in: MIÖG 72, 1964

Reindel, K., Bayern im Karolingerreich, in: H. Beumann (Hg.), Karl der Große,
1965

Reindel, K., Grundlegung: Das Zeitalter der Agilolfinger (bis 788), in: M. Spindler
(Hg.), Handbuch der bayerischen Geschichte. I. Das alte Bayern. Das Stammesherzogtum bis zum Ausgang des 12. Jahrhunderts, ²1981

Reindel, K., Die politische Entwicklung, in: Spindler (Hg.), Handbuch der bayerischen Geschichte, ²1981

Reuter, T. (Ed.), The Greatest Englishman: Essays on St Boniface and the Church
at Credition, 1980

Reuter, T., Germany in the early middle ages c. 800–1056, 1991

Reydellet, M., Isidor von Sevilla, in: M. Greschat (Hg.), Mittelalter I, 1983

Rice, D. T. (Hg.), Morgen des Abendlandes, 1965

Richard, J., Burgunder, in: LMA II, 1983

Richards, J., Gregor der Große. Sein Leben – seine Zeit, 1983

Riché, P., Die Welt der Karolinger, ²1984

Riché, P., Die Karolinger, 1987

Richter, M., Die Kelten im Mittelalter, in: HZ, Bd. 246, 1988

Richter-Bernburg, L., Islam, in: LMA V, 1991

Riter, K., Eheschließung. Formen, Riten u. relig. Brauchtum der Eheschließung in
den christl. Kirchen des 1. Jahrtausends, I, 1951, II, 1952

Rosa, P. de, Gottes erste Diener. Die dunkle Seite des Papsttums, 1989

Rosenstock, E., Unser Volksname Deutsch u. die Aufhebung des Herzogtums
Bayern (Mitt. d. Schles. Ges. f. Volkskunde 29), 1928

Rost, H., Die Fröhlichkeit in der katholischen Kiche. Eine Philosophie des Glük-
kes, 1946

Rost, H., Die katholische Kirche, die Führerin der Menschheit. Eine Kulturso-
ziologie, 1949

Rückert, H., Culturgeschichte des deutschen Volkes in der Zeit des Übergangs aus
dem Heidenthum in das Christenthum, 2 Teile, 1853

Rückert, H., Die Christianisierung der Germanen. Ein Beitrag zu ihrem Verständnis und ihrer Beurteilung, ²1934

Rüger, L., Geborgenheit in der katholischen Kirche. Katholisches Familienbuch,
1951

Runciman, S., Die sizilianische Vesper. Eine Geschichte der Mittelmeerwelt im
Ausgang des dreizehnten Jahrhunderts, 1959

Sandys, J. E., A history of classical scholarship, ³1921

Sante, G. W., Bonifatius, der Staat und die Kirche, in: Sankt Bonifatius, Gedenk-
gabe zum zwölfhundertsten Todestag, ²1954

Savramis, D., Zur Soziologie des byzantinischen Mönchtums, 1962

Sawyer, P. H., England, in: LMA III, 1986

Schäferdiek, K., Die Kirche in den Reichen der Westgoten und Suewen bis zur
Errichtung der westgotischen katholischen Staatskirche, 1967

Schäferdiek, K., Columbans Wirken im Frankenreich (591–612), in: H. Löwe
(Hg.), Die Iren und Europa im früheren Mittelalter, Teilbd. 1, 1982

Scheibelreiter, G., Königstöchter im Kloster. Radegund (gest. 587) und der Non-
nenaufstand von Poitiers (589), in: MIÖG, 1979

Scheibelreiter, G., Der Bischof in merowingischer Zeit, 1983

Scheibelreiter, G., Der frühfränkische Episkopat. Bild und Wirklichkeit, in: FMSt
17, 1983

Scheibelreiter, G., Die Verfälschung der Wirklichkeit. Hagiographie und Historizität, in: Fälschungen im Mittelalter, Teil V, Fingierte Briefe. Frömmigkeit und
Fälschung. Realienfälschungen, 1988

Scheibelreiter, G., Griechisches-lateinisches-fränkisches Christentum. Der Brief
Papst Martins I. an den Bischof Amandus von Maastricht aus dem Jahre 649, in:
MIÖG, 100. Bd., 1992

Schieder, Th. (Hg.), Handbuch der europäischen Geschichte, ³1992

Schieffer, T., Winfried-Bonifatius und die christliche Grundlegung Europas, 1954,
Neudruck 1972

Schieffer, T., Voraussetzungen und Grundlagen der Europäischen Geschichte, in:
HEG, ³1992

Schieffer, T., Die wirtschaftlich-soziale Grundstruktur des frühen Europa, in:
HEG, ³1992

Schieffer, T., Das Karolingerreich, in HEG, ³1992

Schlesinger, W., Kirchengeschichte Sachsens im Mittelalter, 2 Bde., 1962

Schlesinger, W., Die Auflösung des Karlsreiches (Karl d. Große, Lebenswerk und
Nachleben I), 1965

Schlesinger, W., Die Franken im Gebiet östlich des Rheins. Skizze eines For-
schungsprogrammes, Hess. Jb. f. LG 15, 1965

Schlesinger, W., Beobachtungen zur Geschichte und Gestalt der Aachener Pfalz in
der Zeit Karls des Großen, in: Claus/Haarnagel/Raddatz, Studien zur europäischen Vor- und Frühgeschichte, 1968

Schlesinger, W., Zur politischen Geschichte der fränkischen Ostbewegung vor
Karl d. Großen (Nationes 2), 1975

Schlesinger, W. (Hg.), Althessen im Frankenreich, 1975

Schmid, K., Zur Ablösung der Langobardenherrschaft durch die Franken, in:
QFIAB, 1973

Schmid, K., Von den ‹fratres conscripti› in Ekkeharts St. Galler Klostergeschich-
ten, in: FMSt 25, 1991

Schmidinger, H./Enzensberger, H., Das byzantinisch-langobardische Italien, in:
HEG, ³1992

Schmidt, B., Die späte Völkerwanderung in Mitteldeutschland, 1961

Schmidt, K. D., Die Bekehrung der Ostgermanen zum Christentum (Der ostgermanische Arianismus), 1939

Schmidt, K. D., Germanischer Glaube und Christentum, 1948

Schmidt, L., Geschichte der deutschen Stämme bis zum Ausgang der Völkerwanderung. Die Ostgermanen, ²1934

Schmidt, L., Geschichte der deutschen Stämme bis zum Ausgang der Völkerwanderung. Die Westgermanen. Erster Teil, ²1938

Schmidt, L., Aus den Anfängen des saalfränkischen Königtums, in: Klio, 1942

Schmidt-Liebich, Daten englischer Geschichte. Von den Anfängen bis zur Gegenwart, 1977

Schmitt, W., Das Gericht zu Verden 788, in: W. Lammers (Hg.), Die Eingliederung der Sachsen, 1970

Schmitz, H. J., Die Bußbücher und die Bußdisciplin der Kirche. Nach handschriftlichen Quellen dargestellt, 1883

Schneider, C., Geistesgeschichte des antiken Christentums I. u. II., 1954

Schneider, H., Ademar von Chabannes und Pseudoisidor – der «Mythomane» und der Erzfälscher, in: Fälschungen im Mittelalter. Teil II, Gefälschte Rechtstexte. Der bestrafte Fälscher, 1988

Schneider, R., Königswahl und Königserhebung im Frühmittelalter. Untersuchungen zur Herrschaftsnachfolge bei den Langobarden und Merowingern (Monogr. z. Gesch. d. MA 3), 1972

Schneider, R., Das Frankenreich, 1982

Schnürer, G., Kirche und Kultur im Mittelalter, 3 Bde., ²1927/29

Schnürer, G., Die Anfänge der abendländischen Völkergemeinschaft, 1938

Schöffel, J. B., Kirchengeschichte Hamburgs, Erster Band: Die Hamburgische Kirche im Zeichen der Mission und im Glanze der erzbischöflichen Würde, 1929

Schopen, E., Geschichte des Judentums im Abendland, 1961

Schramm, P. E., Die Anerkennung Karls des Großen als Kaiser, in: Ders., Kaiser, Könige und Päpste I, 1968

Schramm, P. E., Kaiser, Könige und Päpste I, 1968

Schreiner, K., Zum Wahrheitsverständnis im Heiligen- und Reliquienwesen des Mittelalters, in: S, 1966

Schubert, H. v., Geschichte der christlichen Kirche im Frühmittelalter, I. 1917; II. 1921

Schubert, H. v., Zur Germanisierung des Christentums. Erwägungen und Ereignisse, in: Festgabe von Fachgenossen und Freunden A. v. Harnack zum siebzigsten Geburtstag dargebracht, 1921

Schultze, V., Geschichte des Untergangs des griechisch-römischen Heidentums. I. Staat und Kirche im Kampfe mit dem Heidentum, 1887. II. Die Ausgänge, 1892

Schulze, H. K., Vom Reich der Franken zum Land der Deutschen. Merowinger und Karolinger, 1987

Schwaiger, G., Die Honoriusfrage. Zu einer neuen Untersuchung des alten Falles, in: ZKG (88), 1977

Schwarz, E., Goten, Nordgermanen, Angelsachsen. Studien zur Ausgliederung der germanischen Sprachen, 1951

Schwarz, E., Die Herkunft und Einwanderungszeit der Baiern (Südost-Forsch. 12), 1953

See, K. v., Deutsche Germanen-Ideologie. Vom Humanismus bis zur Gegenwart, 1970

Seidlmayer, M., Geschichte Italiens. Vom Zusammenbruch des Römischen Reiches bis zum Ersten Weltkrieg. Mit einem Beitrag ‹Italien vom ersten zum zweiten Weltkrieg›, von T. Schieder, 1962

Seiferth, W., Synagoge und Kirche im Mittelalter, 1964

Seppelt, F. X., Geschichte des Papsttums, 5 Bde., 1931/1936

Seppelt, F. X./Schwaiger, G., Geschichte der Päpste. Von den Anfängen bis zur Gegenwart, 1964

Sickel, W., Die Verträge der Päpste mit den Karolingern, in: DZG, 1894

Siemers, C., Geschichte der christlichen Kirche für katholische Gymnasien. Zweite vermehrte und verbesserte Auflage, hg. v. Hölscher, A., 1852

Simson, B., Jahrbücher des Fränkischen Reiches unter Karl dem Großen II, 1883

Sommerlad, Th., Die wirtschaftliche Tätigkeit der Kirche in Deutschland. I. Bd. 1990; II. Bd. 1905

Southern, R. W., Western Society and the Church in the Middle Ages, 1972

Sparber, A., Kirchengeschichte Tirols, 1957

Sparber, A., Zur ältesten Geschichte Innichens (Der Schlern 29), 1955

Speigl, J., Aquileja zwischen Ost und West zu einem Brief vom Jahr 591 an Kaiser Maurikios, in: Bavaria Christiana, 1973

Speyer, W., Die literarische Fälschung im heidnischen und christlichen Altertum. Ein Versuch ihrer Deutung, 1971

Spindler, M., Handbuch der bayerischen Geschichte. Erster Bd. Das alte Bayern. Das Stammesherzogtum bis zum Ausgang des 12. Jahrhunderts, [2]1981

Sprandel, R., Der merovingische Adel und die Gebiete östlich des Rheins (Forsch. z. oberrhein. Landesgeschichte 5), 1957

Sprandel, R., Über das Problem neuen Rechts im frühen Mittelalter, in: ZSSR, 1962

Sprandel, R., Grundbesitz- und Verfassungsverhältnisse in einer merowingischen Landschaft: die Civitas Cenomannorum, in: Fleckenstein/Schmidt (Hg.), Adel und Kirche, 1968

Sprigade, K., Die Einweisung ins Kloster und in den geistlichen Stand als politische Maßnahme im frühen Mittelalter, Phil. Diss. Heidelberg 1964, in: FMSt 17, 1983

Stadtmüller, G., Geschichte Südosteuropas, 1950

Stamer, L., Kirchengeschichte der Pfalz, 1936

Stasiewski, B. (Hg.), Akten deutscher Bischöfe über die Lage der Kirche 1933–1945. I, 1933–1934, 1968

Staubach, N., Germanisches Königtum und lateinische Literatur, in: FMSt, 1983

Stein, E., Vom römischen zum byzantinischen Staate (284–476 n. Chr.), 1928

Steinbach, F., Das Frankenreich (Brandt/Meyer/Just, Handbuch der deutschen Geschichte 1,2), 1957

Steinberger, L., Novicum, Baiern, Bayern – Namen, Sprache und Geschichte, in: ZBLG, 1955

Steinen, W. von den, Heilige als Hagiographen, in: HZ, Bd. 143, 1931

Stern, L./Bartmuss, H. J., Deutschland in der Feudalepoche vor der Wende des 5./6. Jh. bis zur Mitte des 11. Jh., 1973

Störmer, W., Früher Adel. Studien zur politischen Führungsschicht im fränkisch-deutschen Reich vom 8. bis 11. Jahrhundert I, 1973

Stonner, A., Germanentum und Christentum. Bilder aus der deutschen Frühzeit zur Erkenntnis deutschen Wesens, [2]1934

Stonner, A., Nationale Erziehung und Religionsunterricht, 1934
Stonner, A., Heilige der deutschen Frühzeit. I. Aus der Zeit der karolingischen und sächsischen Kaiser, 1934
Stratmann, F. M., Die Heiligen und der Staat, 4 Bde., 1949–1952
Stroheker, K. F., Der senatorische Adel im spätantiken Gallien, 1948
Stroheker, K. F., Germanentum und Spätantike, 1965
Tabacco, G., Italien, in: LMA V, 1991
Tabacco, G., Langobarden, in: LMA V, 1991
Taddey, G. (Hg.), Lexikon der Deutschen Geschichte. Personen – Ereignisse – Institutionen. Von der Zeitwende bis zum Ausgang des 2. Weltkrieges, 1979
Tangl, G., Die Sendung des ehemaligen Hausmeiers Karlmann in das Franken-reich im Jahre 754 und der Konflikt der Brüder (QFIAB 40), 1960
Tebbe, W., Quellenbuch zur Kirchengeschichte. Von der Urgemeinde bis zum Beginn des 19. Jahrhunderts, in: Quellenbuch zur Kirchengeschichte I/II, 1967
Tellenbach, G., Europa im Zeitalter der Karolinger (Historia mundi 5), 1956
Tellenbach, G., Kaisertum, Papsttum und Europa im hohen Mittelalter (ebd. 6), 1958
Thompson, E. A., The Conversion of the Visigoths to Catholicism, Nottingham Mediaeval Studies 4, 1960
Thompson, E. A., The Babarian Kingdoms in Gaul and Spain, in: Nottingham Mediaeval Studies 7, 1963
Thompson, E. A., The Goths in Spain, 1969
Thürlemann, F., Der historische Diskurs bei Gregor von Tours. Topoi und Wirk-lichkeit, 1974
Tödt, H. E., Theologie und Völkerrecht. Eine Prüfung gemeinsamer historischer und gegenwärtiger Probleme angesichts der Mitverantwortung für den Welt-frieden, in: Picht/Eisenbart, Frieden und Völkerrecht, 1973
Tolksdorf, M., Politische «Prozesse» der Merowinger des 6. Jahrhunderts. Eine Untersuchung an Hand der Frankengeschichte Gregor von Tours, 1980
Tüchle, H., Kirchengeschichte Schwabens, 1. Bd. Die Kirche Gottes im Lebens-raum des schwäbisch-alamanischen Stammes, ²1955
Tusculum Lexikon der griechischen und lateinischen Literatur vom Altertum bis zur Neuzeit, 1948
Uffelmann, Das Regnum Baiern von 788–911, 1965
Ullmann, W., Die Machtstellung des Papsttums im Mittelalter. Idee und Geschich-te, 1960
Ullmann, W., Kurze Geschichte des Papsttums im Mittelalter, 1978
Váczy, P. v., Die Anfänge der päpstlichen Politik bei den Slawen, 1942
Vernadsky, G., Das frühe Slawentum. Das Ostslawentum bis zum Mongolen-sturm, in: F. Valjavec (Hg.), Frühes Mittelalter, 1956
Viller/Rahner, Aszese und Mystik der Väterzeit, 1939
Vogel, P. M., Lebensbeschreibungen der Heiligen Gottes auf alle Tage des Jahres. Mit zur Nachfolge ermunternden Lehrstücken, 1863
Vogt, J., Der Niedergang Roms. Metamorphose der antiken Kultur, 1965
Voigt, K., Staat und Kirche von Konstantin dem Großen bis zum Ende der Ka-rolingerzeit, 1965
Vollmann, B. K., Gregor IV (Gregor von Tours), RAC XII, 1983
Vries, J. de, Keltische Religion, 1961

Wagner, E., Der Einbruch des Islam, in: HEG, ³1992

Waldmüller, L., Salzburg als Zentrum d. bair. Slawenmission des achten Jhs., 1973

Wallace-Hadrill, J. M. (Hg.), The Fourth Book of the Chronicle of Fredegar with its Continuations, 1960

Wallace-Hadrill, J. M., The Long-Haired Kings, 1962

Walter, J. v., Die äußere Geschichte der Christianisierung der Germanen, in: W. Künneth/Schreiner, H. (Hg.), Die Nation vor Gott. Zur Botschaft der Kirche im Dritten Reich, ⁴1934

Walterscheid, J., Deutsche Heilige. Eine Geschichte des Reiches im Leben deutscher Heiliger, 1934

Walterscheid, J., Heilige Deutsche Heimat. Das deutsche Kirchenjahr mit seinen Festen, seinem Volksbrauch, den Volksheiligen, religiöser Literatur und religiöser Kunst I u. II, 1936

Wampach, C., Das Apostolat des hl. Willibrord in den Vorlanden der eigentlichen Frisia. Aktuelle Fragen um dessen räumliche Bestimmung, in: Annalen des historischen Vereins für den Niederrhein, 1954

Wand, N., Die Büraburg bei Fritzlar, in: KBVF, 1974

Wand, N., Die Büraburg und das Fritzlar-Waberner Becken in der merowingisch-karolingischen Zeit, in: W. Schlesinger (Hg.), Althessen im Frankenreich, 1975

Watt, M. W., Der Einfluß des Islam auf das europäische Mittelalter, 1988

Weigel, H., Das Patrozinium des hl. Martin. Versuch einer Grundlegung von Ostfranken aus, in: Blätter für deutsche Landesgeschichte, 1964

Wein, M. (Hg.), Ich kam, sah und schrieb. Augenzeugenberichte aus fünf Jahrtausenden, 1964

Weinhold, K., Die deutschen Frauen in dem Mittelalter, 2 Bde., 1882

Weiß, R., Chlodwigs Taufe: Reims 508, 1971

Weller, K., Württembergische Kirchengeschichte bis zum Ende der Stauferzeit, 1936

Wemple, S. F., Women in Frankish Society. Marriage and the Cloister 500 to 900, 1981

Wendling, W., Die Erhebung Ludwigs d. Fr. zum Mitkaiser im Jahre 813 und ihre Bedeutung für die Verfassungsgeschichte des Frankenreiches, in: FMSt 19, 1985

Wenskus, R., Chilperich I., in: RGA IV, 1981

Wenskus, R., Die Burgunder, in: HEG I, ³1992

Werneburg, R., Gau, Grafschaft und Herrschaft in Sachsen bis zum Übergang in das Landesfürstentum, 1910

Werner, J., Fernhandel und Naturalwirtschaft im östlichen Merowingerreich nach archäolog. u. numismat. Zeugnissen (Settimane di studio del Centro Italiano di studi sull' alto medioevo 8), 1961

Werner, J., Zu den alemannischen Burgen des 4. u. 5. Jhs. Spec, 1965

Werner, K. F., Burgund, in: LMA II, 1983

Werner, K. F., Das NS-Geschichtsbild und die deutsche Geschichtswissenschaft 1967, in: FMSt 17, 1983

Werner, M., Zur Verwandtschaft des Bischofs Modoald von Trier I; Modoald, Itta und Getrud von Nivelles, in: Jb. f. Westdt. LG, 1978

Werner, M., Der Lütticher Raum in frühkarolingischer Zeit. Untersuchungen zur Geschichte einer karolingischen Stammeslandschaft, 1980

Werner, M., Iren und Angelsachsen in Mitteldeutschland. Zur vorbonifatiani-
schen Mission in Hessen und Thüringen, in: H. Löwe (Hg.), Die Iren und
Europa im frühen Mittelalter, Teilbd. 1, 1982
Westermann, C. (Hg.), Theologie VI x 12 Hauptbegriffe, 1967
Wetzer, H. J./Welte, B., Kirchen-Lexikon oder Encyklopädie der katholischen
Theologie und ihrer Hilfswissenschaften I–XI, 1847–1854
Wiedemann, H., Die Sachsenbekehrung, 1932
Wiegand, F., Agobard von Lyon und die Judenfrage, in: Festschrift für Luitpold v.
Bayern, o. J.
Williams, S., The Oldest Text of the «Constitutum Constantini», in: Traditio 20,
1964
Wilpert, J., Das Grab des hl. Petrus im Lichte der geschichtlichen Nachrichten,
1907
Wilpert, G. v. (Hg.), dtv-Lexikon der Weltliteratur, 4 Bde., 1971
Winkelmann, F., Die östlichen Kirchen in der Epoche der christologischen Aus-
einandersetzungen, ³1980
Winter-Günther, E., Die sächsischen Aufstände gegen Karl den Großen in den
Jahren 792–804, 1940
Wissig, O., Iroschotten und Bonifatius in Deutschland. Eine kirchengeschichtlich-
urkundliche Untersuchung, 1932
Wolf, G., Karl der Große, in: Exempla historica, Bd. 12. Römisches Imperium
und Frühes Mittelalter. Herrscher des frühen Mittelalters. Revidierte Ausgabe,
1986
Wolf, G., Chlodwig, in: Exempla historica, Bd. 12. Römisches Imperium und
Frühes Mittelalter. Herrscher des frühen Mittelalters. Revidierte Ausgabe, 1986
Wolfram, H., Das Fürstentum Tassilos III., in: Mitteil. d. Ges. f. Salzburger Lan-
deskunde 108, 1968
Wolfram, H., Der Zeitpunkt der Bischofsweihe Virgils von Salzburg, MIÖG 79,
1971
Wood, I., The Vita Columbani and Merovingian hagiography, Peritia 1, 1982
Wühr, W., Das abendländische Bildungswesen im Mittelalter, 1950
Zach, R., Christlich-Germanisches Kulturideal. Österreich auf dem rechten
Wege, ⁴1936
Zagiba, F., Die Missionierung der Slawen aus ‹Welschland› (Patriarchat Aquileja)
im 8. und 9. Jahrhundert, in: Hellmann/Olesch/Stasiewski/Zagiba (Hg.), Cy-
rillo-Methodiana, 1964
Zatschek, H., Wie das erste Reich der Deutschen entstand. Staatsführung, Reichs-
gut und Ostsiedlung im Zeitalter der Karolinger, 1940
Zimmermann, F., Der Grunzwitigau (Burgenländ. Heimatb. 22), 1960
Zimmermann, H., Papstabsetzungen des Mittelalters 1, in: Mitteilungen des In-
stituts für Gesch. 69, 1961
Zöckler, O., Askese und Mönchtum, 2. und gänzlich neu bearbeitete und stark
vermehrte Auflage der «Kritischen Geschichte der Askese», 1. und 2. Bd., 1897
Zöllner, E., Die politische Stellung der Völker im Frankenreich (Veröffentl. d.
Inst. f. österr. Gesch. 13), 1950
Zöllner, E., König Sigismund, das Wallis und die historischen Voraussetzungen
der Völsungensage, in: MIÖG, 1. und 2. Heft, 1957
Zöllner, E., Geschichte der Franken bis zur Mitte des sechsten Jahrhunderts. Auf

der Grundlage des Werkes von Ludwig Schmidt unter Mitwirkung von Joachim Werner, 1970

Zoepfl, F., Das Bistum Augsburg und seine Bischöfe im Mittelalter, 1955

Zotz, Th., Karolinger, in: LMA V, 1991

Zotz, Th., In Amt und Würden. Zur Eigenart «offizieller» Positionen im früheren Mittelalter, in: Tel Aviver Jahrbuch für deutsche Geschichte, 1993

Zwölfer, T., Sankt Peter, Apostelfürst und Himmelspförtner. Seine Verehrung bei den Angelsachsen und Franken, 1929

# ABKÜRZUNGEN

von Quellen, wissenschaftlichen Zeitschriften und Nachschlagewerken, die in den Anmerkungen häufiger zitiert werden.

Adam von Bremen, Gesta Hamm: Gesta Hammaburgensis ecclesiae pontificum

Agathias: Agathias (Scholastikos) aus Myrina (Aiolis)

AHVN: Annalen des Historischen Vereins für den Niederrhein, Köln 1855 ff.

Alkuin, Vita Willibr.: Vita Willibrordi (MG Script. rer. Merov. 7,81 ff.)

Annal. Am.: Annales Sancti Amandi

Ann. Iuvav.: Annales Iuvavenses maximi

Ann. Lauresh.: Annales Laureshamenses

Ann. Lauriss.: Annales Laurissenses

Ann. Maxim.: Annales Maximiniani

Ann. Mettens.: Annales Mettenses priores

Ann. Mosell.: Annales Mosellani

Ann. Naz.: Annales Nazariani

Ann. Pet.: Annales Petaviani

Ann. Quedl.: Annales Quedlinburgenses

Ann. reg. Franc.: Annales regni Francorum (Reichsannalen)

Apoll. Sid.: Apollinaris Sidonius (s. auch Sidonius Apollinaris)

August. civ. dei: Augustinus, de civitate Dei

Avit. Vienn.: Avitus von Vienne

Baudon.: Baudonivia, Vita Radegundis (MG Script. rer. Merov. 2,377 ff.)

Beda h.e.: Beda Venerabilis, Historia ecclesiastica gentis Anglorum

Bernh. Clairv.: Bernard von Clairvaux. De consideratione libri V (PL 182,727 ff.)

Bened. Reg.: Regula Benedicti

Bonif. ep.: Bonifatius, Briefe

Caes. Arles: Caesarius von Arles, Statuta sanctarum virginum

Cass. Dio: Cassius Dio

Cass. var.: Flavius Magnus Aurelius Cassiodorus, Variae

Chron. Sal.: Chronicon Salernitanum

Cod. Carol.: Codex Carolinus

Contin. Fredeg.: Fredegarii Continuationes

DAM: Deutsches Archiv für Geschichte des Mittelalters, 1937 ff. (ab Bd. 8: für Erforschung des Mittelalters)

DZG: Deutsche Zeitschrift für Geschichtswissenschaft

Einh.: Einhard, Vita Karoli

Ennod.: Magnus Felix Ennodius, Vita S. Epiphanii

Euseb. h.e.: Eusebius von Caesarea, Kirchengeschichte

Flodoard von Reims, Flodoardi historia Remensis ecclesiae

FMSt: Frühmittelalterliche Studien, Berlin 1967 ff

Fredeg.: Chronicarum quae dicuntur Fredegarii libri quattu

Greg. I. Papst Gregor I. hom.: Homilien

Greg. I. reg. pastor.: Liber regulae pastoralis (4 Bücher)

Greg. I. Dial.: Dialogi de vita et miraculis patrum Italicorum (4 Bücher)

Greg. I. Moral.: Moralia in Job

Greg. Tur.: Gregor von Tours, Historiarum libri X (Hist. Francorum)

Greg. Tur.: Miraculorum libri VIII

Greg. Tur. virt.: De virtutibus

Greg. Tur. vit. patr.: De vita patrum

Greg. Tur. glor. conf.: In gloria confessorum

HEG: Handbuch der Europäischen Geschichte, hg. von Theodor Schieffer, I ³1992

HJb: Historisches Jahrbuch

HKG: Handbuch der Kirchengeschichte, hg. von Hubert Jedin, Bde. II u. III 1973/82

HZ: Historische Zeitschrift

Isid. Sev.: hist. got.: Isidor von Sevilla, Geschichte der Goten, Wandalen und Sueben

JbAC: Jahrbuch für Antike und Christentum

Jer.: Jeremia

Jes.: Jesaja

JK: Regesta Pontificum Romanorum ab condita ecclesia ad annum post Christus natum MCXCVIII von Ph. Jaffé u. a., 1885 ff.

Jonas Vit. Columb.: Jonas von Bobbio, Vita Columbani

Jonas Vit. Ved.: Vita s. Vedasti

Jord. get.: Jordanes, de origine actibusque Getarum (Gotengeschichte)

Liber Pont.: Liber Pontificalis, 2 Bde., ed. Duchesne 1886 ff., ²1955, Bd. 3 ed. v. C. Vogel, 1957

LMA: Lexikon des Mittelalters, 1980 ff.

LThK: Lexikon für Theologie und Kirche

Mansi, Conc. Coll.: J. D. Mansi, Sacrorum conciliorum nova et amplissima collectio. Nachdruck und Fortsetzung ed. v. Petit/Martin, 1899 ff.

MG: Monumenta Germaniae Historica

MIÖG: Mitteilungen des Instituts für Österreichische Geschichtsforschung, 1880 ff

Notk. Gest. Kar.: Notkeri Gesta Karoli (Taten Karls)

Olymp. frg.: Olympiodoros, Verf. von 22 Büchern bes. über die weströmische Geschichte zw. 407 und 425

Optat.: Optatus von Milewe

Oros. hist.: Orosius, Historiae advers. paganos libri VII

Paul. Diac. Hist. Lang.: Paulus Diakonus, Historia Langobardorum

PG: Patrologiae cursus completus . . . series graeca

PL: Patrologiae cursus completus . . . series latina

Prokop. bell. got.: Prokop von Caesarea, Gothenkrieg

Prosper, Chron.: Tiro Prosper, Chronik (PL 61, 535 ff.)

QFIAB: Quellen und Forschungen aus italienischen Archiven und Bibliotheken, Zeitschr. des Preußischen bzw. Deutschen Historischen Instituts in Rom, 1898 ff.

RAC: Reallexikon für Antike und Christentum, 1950 ff.

RGAK: Reallexikon der germanischen Altertumskunde, 1911 ff.

Saec.: Saeculum, Jahrbuch für Universalgeschichte

Salv. de gub.: Salvianus von Massilia, de gubernatione dei

Sid. Apoll.: s. auch Apollinaris Sidonius

Socr. h.e.: Socrates, Kirchengeschichte

Sulp. Sev.: Sulpicius Severus dial. Dialogorum libri duo

Sulp. Sev.: Vit. Mart.: Vita S. Martini

Syn.: Synode

SZG: Schweizer Zeitschrift für Geschichte

ZBKG: Zeitschrift für bayerische Kirchengeschichte, 1926 ff.

ZBLG: Zeitschrift für bayerische Landesgeschichte, 1928 ff.

ZGW: Zeitschrift für Geschichtswissenschaft

ZKG: Zeitschrift für Kirchengeschichte

ZSRG: Zeitschrift der Savignystiftung für Rechtsgeschichte

# REGISTER

Das folgende Register umfaßt alle im vorliegenden Band 4 enthaltenen Namen von Personen, auch von fiktiven, legendären oder gefälschten, sowie die Namen aller mehr oder minder fingierten oder mythischen Gestalten aus alten Literaturen oder anderen Traditionen.

Da sämtliche Zitate buchstabengetreu aus den Quellen übernommen wurden, kommen etliche Namen in verschiedenen Schreibweisen vor.

Zur Erleichterung der Suche wurde in bestimmten Fällen ein und dieselbe Person mit mehreren Namensvarianten in das Register aufgenommen. Auf Querverweise wird weitgehend verzichtet, um dem Benutzer Unbequemlichkeiten zu ersparen.

Vornamen, Titel, Ränge, Verwandtschaftsverhältnisse, Zeitangaben ergänzen pragmatisch, nicht systematisch, das Stichwort, damit der Leser nicht unnötig nachschlägt. In der Regel werden Nebenfiguren genauer charakterisiert als die bekannteren Personen.

# ÜBER DEN AUTOR

Karl Heinrich Leopold Deschner wurde am 23. Mai 1924 in Bamberg geboren. Sein Vater Karl, Förster und Fischzüchter, katholisch, entstammte ärmsten Verhältnissen. Seine Mutter Margareta Karoline, geb. Reischböck, protestantisch, wuchs in den Schlössern ihres Vaters in Franken und Niederbayern auf. Sie konvertierte später zum Katholizismus.

Karlheinz Deschner, das älteste von drei Kindern, ging zur Grundschule in Trossenfurt (Steigerwald) von 1929 bis 1933, danach in das Franziskanerseminar Dettelbach am Main, wo er zunächst extern bei der Familie seines Tauf- und Firmpaten, des Geistlichen Rats Leopold Baumann, wohnte, dann im Franziskanerkloster. Von 1934 bis 1942 besuchte er in Bamberg das Alte, Neue und Deutsche Gymnasium als Internatsschüler bei Karmelitern und Englischen Fräulein. Im März 1942 bestand er die Reifeprüfung. Wie seine ganze Klasse meldete er sich sofort als Kriegsfreiwilliger und war – mehrmals verwundet – bis zur Kapitulation Soldat, zuletzt Fallschirmjäger.

Zunächst fernimmatrikuliert als Student der Forstwissenschaften an der Universität München, hörte Deschner 1946/47 an der Philosophisch-theologischen Hochschule in Bamberg juristische, theologische, philosophische und psychologische Vorlesungen. Von 1947 bis 1951 studierte er an der Universität Würzburg Neue deutsche Literaturwissenschaft, Philosophie und Geschichte und promovierte 1951 mit einer Arbeit über «Lenaus Lyrik als Ausdruck metaphysischer Verzweiflung» zum Dr. phil. Einer im selben Jahr geschlossenen Ehe mit Elfi Tuch entstammen drei Kinder, Katja (1951), Bärbel (1958) und Thomas (1959 bis 1984).

Von 1924 bis 1964 lebte Deschner auf einem früheren Jagdsitz der Würzburger Fürstbischöfe in Tretzendorf (Steigerwald), dann zwei Jahre im Landhaus eines Freundes in Fischbrunn (Hersbrucker Schweiz). Seitdem wohnt er in Haßfurt am Main.

Karlheinz Deschner hat Romane, Literaturkritik, Essays, Aphorismen, vor allem aber religions- und kirchenkritische Geschichtswerke veröffentlicht. Auf über zweitausend Vortragsveranstaltungen hat Deschner im Laufe der Jahre sein Publikum fasziniert und provoziert.

1971 stand er in Nürnberg «wegen Kirchenbeschimpfung» vor Gericht.

Seit 1970 arbeitet Deschner an seiner großangelegten «Kriminalgeschichte des Christentums». Da es für so unruhige und beunruhigende Geister wie ihn keine Posten, Beamtenstellen, Forschungsstipendien, Ehrensolde, Stiftungsgelder gibt, war ihm die ungeheure Forschungsarbeit und Darstellungsleistung nur möglich dank der selbstlosen Hilfe einiger Freunde und Leser, vor allem dank der Förderung durch seinen großherzigen Freund und Mäzen Alfred Schwarz, der das Erscheinen des ersten Bandes im September 1986 noch mitgefeiert, den zweiten Band aber nicht mehr miterlebt hat, dann des deutschen Unternehmers Herbert Steffen.

Im Sommersemester 1987 führte Deschner an der Universität Münster einen Lehrauftrag aus zum Thema «Kriminalgeschichte des Christentums».

Für sein aufklärerisches Engagement und für sein literarisches Werk wurde Karlheinz Deschner 1988 – nach Koeppen, Wollschläger, Rühmkorf – mit dem Arno-Schmidt-Preis ausgezeichnet, im Juni 1993 – nach Walter Jens, Dieter Hildebrandt, Gerhard Zwerenz, Robert Jungk – mit dem Alternativen Büchnerpreis und im Juli 1993 – nach Sacharow und Dubček als erster Deutscher – mit dem International Humanist Award.

# DAS LITERARISCHE WERK
# KARLHEINZ DESCHNERS

*Die Buchveröffentlichungen in zeitlicher Reihenfolge:*

**Karlheinz Deschner** wurde 1924 in Bamberg geboren. Im Krieg Soldat; studierte Jura, Theologie, Philosophie, Literaturwissenschaft und Geschichte. Seit 1958 veröffentlicht Deschner seine entlarvenden und provozierenden Geschichtswerke zur Religions- und Kirchenkritik.

**Kriminalgeschichte des Christentums**
**Band 1. Die Frühzeit.** *Von den Ursprüngen im alten Testament bis zum Tod des hl. Augustinus (430)*
544 Seiten. Gebunden und als rororo sachbuch 9969
**Band 2. Die Spätantike.** *Von den katholischen "Kinderkaisern" bis zur Ausrottung der arianischen Wandalen und Ostgoten unter Justinian I. (527 - 565)*
688 Seiten. Gebunden und als rororo Band 60142
**Band 3. Die Alte Kirche.** *Fälschung, Verdummung, Ausbeutung, Vernichtung*
720 Seiten. Gebunden und als rororo sachbuch 60244
**Band 4. Frühmittelalter.** *Von König Chlodwig I. (um 500) bis zum Tode Karls "des Großen" (814)*
624 Seiten. Gebunden und als rororo 60344
**Band 5. 9. und 10. Jahrhundert.** *Von Ludwig dem Frommen (814) bis zum Tode Ottos III. (1002)*
704 Seiten. Gebunden

**KARLHEINZ DESCHNER**

**OPUS DIABOLI**

Fünfzehn unversöhnliche Essays über die Arbeit im Weinberg des Herrn

rororo

**Oben ohne** *Für einen götterlosen Himmel und eine priesterfreie Welt*
320 Seiten. Gebunden
Wer Deschners blitzschnelle Florettstiche und seine wuchtigen Keulenschläge gegen alle angeblich göttlichen, in Wahrheit jedoch angebbar weltlich-allzuweltlichen Dogmen und Hierarchien schätzt, für den sind diese Texte ein gefundenes Fressen: immer radikal antiklerikal, religiös skeptisch-tolerant, aufklärerisch bis rebellisch. Hier kämpft ein unruhiger Geist mit spitzer Feder und imponierendem Faktenwissen.

**Opus Diaboli** *Fünfzehn unversönliche Essays über die Arbeit im Weinberg des Herrn*
(rororo sachbuch 19764)

*rororo sachbuch*

*Religion*

**rowohlts monographien**
Begründet von Kurt Kusenberg, herausgegeben von Wolfgang Müller und Uwe Naumann.

**Dietrich Bonhoeffer**
dargestellt von
Eberhard Bethge
(236)

**Martin Buber**
dargestellt von
Gerhard Wehr
(147)

**Ulrich von Hutten**
dargestellt von
Eckhard Bernstein
(394)

**Jesus**
dargestellt von David Flusser
(140)

**Johannes der Evangelist**
dargestellt von
Johannes Hemleben
(194)

**Johannes XXIII.**
dargestellt von
Helmuth Nürnberger
(340)

**Martin Luther**
dargestellt von
Hans Lilje
(098)

**Martin Luther King**
dargestellt von Gerd Presler
(333)

**Meister Eckhart**
dargestellt von
Gerhard Wehr
(376)

**Mohammed**
dargestellt von
Émile Dermenghem
(047)

**Moses**
dargestellt von André Neher
(094)

**Paulus**
dargestellt von
Claude Tresmontant
(023)

**Albert Schweitzer**
dargestellt von
Harald Steffahn
(263)

**Simone Weil**
dargestellt von
Angelika Krogmann
(166)

Ein Gesamtverzeichnis der Reihe *rowohlts monographien* finden Sie in der *Rowohlt Revue*. Vierteljährlich neu. Kostenlos in Ihrer Buchhandlung.

*rowohlts monographien*

Ein Gesamtverzeichnis der
Reihe *rowohlts mono-
graphien* finden Sie in der
*Rowohlt Revue*. Vierteljähr-
lich neu. Kostenlos in Ihrer
Buchhandlung.

**Raymond Avery Moody** wurde am 30. Juni 1944 in Porterdale in Georgia geboren. Seinen medizinischen Doktortitel erwarb er 1976 am Medical College of Georgia in Augusta, arbeitete anschließend als Assistenzarzt an der University of Virginia Medical School. Von 1983 bis 1985 war Dr. Moody Forensic Psychiatrist am Central State Hospital in Georgia. Seitdem arbeitet er als niedergelassener Psychiater in eigener Praxis und lehrt zugleich als Associate Professor of Psychology am West Georgia College in Carrollton.

**Paul Perry** ist Chefredakteur des «American Health Magazine» und Dozent am Gammett Center for Media Studies. Er ist Autor zahlreicher Artikel und mehrerer Bücher über medizinische Themen.

*Dr. Raymond A. Moody*

Dr. med. Raymond A. Moody
Autor von «Leben nach dem Tod»
**LEBEN VOR DEM LEBEN**

Dr. Raymond A. Moody
*150 Menschen, die einmal im medizinischen Sinne gestorben waren und doch überlebt haben, berichten über ihr*
**Leben nach dem Tod** *Die Erforschung einer unerklärlichen Erfahrung*
rororo sachbuch 60385
Wenn das Ich den Körper verläßt – was kommt danach? Dr. Moody hat jahrelang Berichte von Patienten gesammelt, die bereits klinisch tot waren, dann aber doch weitergelebt haben und nun von ihrer Erfahrung jenseits der Grenze berichten konnten.

*rororo sachbuch*

Dr. Raymond A. Moody
**Nachgedanken über das Leben nach dem Tod**
rororo sachbuch 60386

Dr. Raymond A. Moody /
Paul Perry
**Das Licht von drüben** *Neue Fragen und Antworten*
rororo sachbuch 60387
Welche Auswirkungen hatte die Todesnähe-Erfahrung auf das spätere Leben der Betroffenen? Welche ärztlichen, rechtlichen und ethischen Folgen ergeben sich aus dem vom sterblichen Körper unabhängigen geistigen Erleben im Grenzbereich?

Dr. Raymond A. Moody /
Paul Perry
**Leben vor dem Leben**
rororo sachbuch 60388
Haben wir vor unserem Leben schon einmal gelebt? Werden wir nach unserem Leben zu einem neuen Leben erwachen? Die Autoren vertiefen sich in die Fragen von Seelenwanderung, Wiedergeburt und Reinkarnation.